2013年度国家出版基金项目

国家出版基金项目
NATIONAL PUBLICATION FOUNDATION

中国文化發展史

总主编 龚书铎

先秦卷

廖名春 主编

山東教育出版社

目　　录

导论
文明的演进

先秦是中国历史上最长的一个时段。其下限为公元前221年秦始皇统一全国，其上限则至史前，具体到哪里，是难以说清楚的。

史家一般将先秦分为两个阶段：一是史前时期，指有文字记载以前的时期，亦称古史传说时代，其大部分处于原始社会阶段；二是史籍所载夏商周（包括西周、春秋、战国）时代。先秦史的研究一般都以第二阶段为重点。第一阶段的研究，"文献不足征"，主要依靠田野考古发掘资料，属于史前考古学的范围。而第二阶段的研究，虽然在很大程度上还要依赖历史考古学，包括其分支古文字学，但由于已有系统的文献记载，属于有文字记载的历史，因此，将传世文献与出土文献相印证，将有文字记载的历史研究与田野考古相结合，则成为其基本的方法。

先秦文化史的研究与先秦史的研究基本是同步的。因此，本卷所写的先秦文化史，主要侧重夏、商、周（包括西周、春秋、战国）时代，对于史前时期，除了追溯和对比外，我们一般都较少论及。即使是对于夏、商、周（包括西周、春秋、战国）时代，由于材料的关系，我们也是略远详近。对先秦文化发展水平的评估，一般也是以后出的春秋、战国作为代表。在史料的处理上，我们基本上以文献记载为主，文献记载不足的则补之以考古材料。当然，在利用传世文献时，我们也要尽可能地以出土材料去印证；在利用考古材料时，也不能忘记古史传说的作用。

先秦文化发展的历史，是一个由野蛮走向文明的进程。古人视上古为黄金时期，以为愈古愈好。其弊今天应该人所周知。但是，近代以来乌托邦思想流行，过分肯定"大同"，憧憬"各尽所能，各取所需"，不但违背人性，也是反历史，反文明的。我们的先秦文化史，揭示的是先民文明演化的过程及其规律，自然要打破愈古愈好的崇古观念。所谓"上古竞于道德，当今争于气力"，其实应该反过来说，是愈古愈争于气力，愈后愈竞于道德。迷信武力，一决于强权，是动物本能的表现。而人的进化，应该动物本能愈来愈淡化，文化性愈来愈强。所以，人的历史应该是一部文化史，而不应是一部武化史。侧重于先民理性的提升和知识的进化，而不是一味纠缠于人与人的政治争斗，从这一角度来表现我们先民的历史，应该是很有意义的。

从纵向的比较看，今胜于昔。特别是今天科技发达，各种制度趋于成熟，学术理论日异月新，人们很容易以今傲古。但从横向的比较看，问题并不如此简单。比如我们今天的科技发展水平，与当今世界各国比，处于什么样的位置？而春秋战国时代的科技，在当时的世界上又处于什么样的位置？两相对比，最能说明问题。对先秦文化发展的评价来说，横向的相对比较较之纵向比较更有意义。我们写先秦的思想、学术、艺术、教育、科技等等，叙事是纵向的，评价则应该是横向的。有许多从纵向角度看似乎很了不起的东西，横向一比较，并不那么了不起；有许多似乎不起眼的东西，横向一比较，意义则了不得。因此，坚持横向比较的原则，是我们避免厚今薄古的浅薄，客观反映先秦文化发展水平的必然。

先秦时期是中国文化的奠基时代，这是先秦文化发展史的一个最大特点。

其后两千多年来的中国文化，她的基本精神、基本结构、基本走向，在先秦时期已经定型。比如长期以来多元一体的文化格局，先秦时即已初步完成；长期以来中央集权的政治制度，先秦时即已成形；汉语、汉字的基本特点，先秦时即已具备；后来诗歌散文的形式和内容的一些主要方面，先秦时已有雏形。后来人们的生活习俗、宗教信仰、艺术欣赏，甚至思维方式等等，都由先秦一脉相承而来。

先秦时期又是中国文化的轴心时代。中国传统文化的核心价值、中国传统文化的主要代表人物、中国传统文化的主要经典都产生于先秦。从思想史的角度看，后来两千多年的中国思想界，能与孔子、老子比肩的思想家，可谓少之又少。像先秦诸子那样百家争鸣、大家辈出的黄金时代，后来也几乎是可望而不可即。其后的两千多年来，兵学上尽管有诸多名家，但与孙子争胜，恐怕也只能是自叹弗如。因此，先秦不但是中国文化的奠基时代，在诸多领域里，更是高峰，甚至是巅峰的时代。

与后来的各个文化阶段相比，先秦文化的差异性也更为突出。先秦的社会结构和政治制度经历了一个相当长的演变过程，它的终点和后来的社会结构和政治制度接近，但其它则相当不同。比如先秦时期的"家"，与后来传统社会的"家"，有本质的区别。先秦时期的"民"，与后来"编户齐民"的"民"，性质也有不同。先秦的甲骨文、金文、战国古文与后来的隶书、楷书等，虽然有源流关系，但认识隶书、楷书的，就不一定认识先秦时期的甲骨文、金文、战国古文。这种差异性，给我们正确认识先秦文化造成了诸多困难。因此，写先秦文化史，较之写其它各个阶段的文化史，应该说难度更大。

本卷拟从多元而一体的文化格局、社会制度文化、思想学说、汉语汉字、文学艺术、兵学、教育、科技、生活习俗、宗教信仰和方术十个方面来反映先秦文化的发展演变。但事实上这十个方面难以反映先秦文化的全部，我们也只是勉力而为。至于理想的先秦文化史，只能有待于来日了。

第一章
多元而一体

　　中国文化的起源，长期以来都是最引人注目的中心话题。随着考古材料的大量发现，经过一代代学者的努力，中国文化起源问题，越来越明朗。今天，我们已经知道，在旧石器时代，中国文化有多个起源地；新石器中期以后，逐渐以黄河中下游为核心汇聚起来；到秦始皇统一天下，这种多元一体的文化格局已经初步形成。为了清楚扼要地展现中国文化的起源和融合进程，本章分为五个部分，着重介绍中国文化起源的本土论和外来论之争、一元论与多元论之争，先秦时的部族区域文化、国别区域文化，以及秦始皇对中国文化一体化的贡献。

一、中国文化起源之谜

中国人从哪里来？中国的国家和民族是如何形成的？至今，这些有关中国文化起源的问题依然是难解的谜。20 世纪 20 年代以来，探索中国文化的起源，一直是学术界的研究热点，至今方兴未艾。中国文化起源的研究，曾经长期围绕本土说和外来说的争议展开。

探索中国文化起源，从一开始，面临的首要问题就是：中国文化是土生土长的，还是其他文化迁徙派生的？1921 年，瑞典地质学家安特生（Johan Gunnar Andersson，1874—1960）在河南渑池仰韶村发掘了后来号称"彩陶文化"的新石器文化——仰韶文化。这之前，西方学者一直认为中国没有新石器文化，仰韶文化的发现使这一说法不攻自破。仰韶文化的发现再次引发了中国文化起源的本土说和外来说的争议，自此，中外考古学者试图通过不断涌现的考古新发现来解决这一问题。然而，在仰韶文化发现以前，中国文化起源的本土说和外来说之争就存在，不仅西方学者大都提倡外来说，某些著名的中国学者也相信中国人和中国文化都不是土生土长的，他们主要是通过文字、语言、风俗、制度等方面的异同进行论证。仰韶文化的发现是本土说和外来说之争的转折点，笔者以此为界把本土说和外来说之争分为前后两期。前期，仰韶文化发现以前，即 1921 年以前，外来说的种类众多，说法不一，论证方法是比较法，尤其是文字的比较，几乎每一种外来说都以文字的类似作为主要论据，在论证中，猜测比附的成分很大。后期，仰韶文化发现以后，即 1921 年以后，外来说集中单一，论证方法是考古学的一系列方法，以考古新发现作为论据，结论也随着考古发现的更新而不断修正和发展。

（一）文字语言学阶段：仰韶文化发现前

仰韶文化发现以前，即 1921 年以前，是本土说和外来说之争的前期。这一时期，外来说的种类众多，五花八门①，有埃及说、巴比伦说、中亚说、印

---

① 说法越多也就越能证明，各说都没有足够可靠的证据使人完全相信。

度说、印度支那说（缅甸）、新疆说等等。此期的本土说，主要是建立在批驳外来说的基础上。

埃及说是最早出现的外来说。17 世纪中叶，德国耶稣会教士基尔什尔（A. Kircher）先后在《埃及迷解》（Cedipi Aegyptiaci，1654）、《中国图说》（China Illustrata，1670）中提出"中国人是埃及人的苗裔"。之后，法国主教胡爱（Huet）、法国人德基涅（M. de Guijnes）和英国人维尔金森（G. Wilkinson）支持并补充了这一说法。他们的主要论据是：（1）中国文字与埃及文字相类似，中国象形文字是腓尼基字母组合字；（2）圣经说"含的子孙在中国建立了殖民地"；（3）古埃及商业悠久发达，中国人和古埃及人有相似的风俗习惯；（4）1834 年，在第伯斯（Thebes）的埃及古墓中发现了中国瓷瓶①。可见，埃及说是通过文字、语言、风俗、制度等方面的相类，甚至是圣经中的字句，以简单的比较加比附，穿凿附会，令人难以相信。这也是前期外来说的共同特色。

巴比伦说是影响最大的外来说。1851 年法国人皮奥（E. Biot）在《周礼导言》中首次提出。此后，法国人查默斯（J. Chalmers）、法国汉学家波提埃（M. G. Pauthier）和卢内尔曼、英国学者拉克伯里（T. de Lacouperie）、日本学者白河次郎和国府种德等支持并补充了这一说法。和埃及说一样，巴比伦说的最主要论据也是语言和文字，方法也是简单的比较法。查默斯《中国人的起源》（1866 年）将古代各种不同的语言相比较；波提埃和卢内尔曼将汉字和楔形文字比较；拉克伯里《中国古代文明西源论》（1894 年）在比较中国和古巴比伦的文字、历法的基础上还假设了一条黄帝为首的中国人祖先的迁徙之路；白河次郎和国府种德合著的《支那文明史》（1899 年）列举了七十多条中国与巴比伦在学术、文字、政治、传说等方面类似处。和埃及说不同的是，巴比伦说在中国影响广泛，不仅有黄节、章太炎、刘师培、丁谦等名家撰文比附，而且激起了本土说和外来说的争论。自从蒋智由的《中国人种考》将拉克伯里的巴比伦说介绍到国内后，黄节、章太炎、刘师培等学者沿着拉克伯里的假说争

---

① 这个所谓的"中国瓷瓶"曾引起许多争议，但最后却被证明并非出土于埃及古墓，而是出自"阿拉伯人的恶作剧"。转引自陈星灿：《中国史前考古学史研究》，65 页，北京，生活·读书·新知三联书店，1997。

相比附。黄节《种源论》认为巴克是盘古的讹音。章太炎《序种姓篇》认为："加尔特亚盖古所谓葛天。"刘师培《国土原始论》认为喀尔迪亚是神州民族的发祥地。丁谦《中国人种从来考》也认为盘古是移住中国的始祖。批驳此说的中国学者以何炳松与缪凤林为代表。何炳松的《中华民族起源之新神话》（《东方杂志》26 卷 2 号）认为此说是"西洋新撰之《山海经》"。缪凤林在《中国民族由来论》（《史学杂志》二卷二、三、四期）中，指出此说有五点错误：（1）地理阻碍；（2）人种不同：巴比伦属白种人，中国人属黄种人；（3）年代悬殊：中国人居住时间至少在数万年以上，而巴比伦原始住民由外迁入距今只有七八千年；（4）文物各异：中国的殷墟甲骨、八卦、琴瑟是巴比伦所没有的，而巴比伦的楔形文字、泥版书、史诗、建筑、美术、星期制等，也是中国没有的；（5）证论不确：如楔形文字即八卦，巴克即百姓，萨尔功即神农，鸟包即伏羲，廓特奈亨台即黄帝等等比喻，都不伦不类，荒谬绝伦。批驳此说的外国学者有沙畹（E. Chavannes，法）、夏德氏（F. Hirth，德）等。沙畹从语言学上证明有熊黄帝说之误。夏德氏在《中国上古史》中力驳拉克伯里的假说为穿凿附会，不足为凭。①

其他的外来说在中国的影响很小，核心内容都是认为中国存在一个移民时代，并各自假设了迁徙途径。1853 年，法国人哥比诺（A. de Gobineau）提出了印度说。他认为，中国文化是由印度英雄时代后的白色雅利安种之首陀罗人传入的，而中国神话中的盘古就是印度民族迁入中国河南的一个酋长。1872 年，俄国院士 B. 皮 . 瓦西里耶夫在《中亚语言与古汉语的关系》一书中，通过对中亚语言与古汉语的比较，得出中国人源于中亚的结论。瓦西里耶夫的中亚说由他的学生 C. 格奥尔吉耶夫斯基、美国考古学家攀伯里（R. Rumpelly）和法国学者边伊（S. Bailly）作了进一步的论证。他们除了根据语言文字的相似外，还根据安诺（Anau）及墨夫（Merv）两地古遗址的发现，推论人类应发生于中亚细亚，乃因其地变干而东迁，一支入巴比伦，一支入中国。另一种外来说，印度支那说，也被称为缅甸说，是维格尔氏（C. Wieger）提出的，后来自动取消。此说假设了中国人从缅甸到中原的迁徙路径：八莫（Bhamo）—

---

① 参见陈星灿：《中国史前考古学史研究》，34 页，北京，生活·读书·新知三联书店，1997。又参见林惠祥：《中国民族史》，50～54 页，上海书店，1984。

莫猛（Momein）—大理—洞庭湖—中原。除此之外，还有一种外来说认为，中国人（汉族）不是在中原土生土长的，而是从新疆迁徙来的，塔里木盆地是中国人的发祥地。这种新疆说是德国地质学家李希霍芬（F. Richthfen）提出的，曾一度被安特生采纳。

此期也有些西方学者主张本土说，他们通过批驳种种外来说的不合理而建立本土说的合理性。主要的代表人物有罗索密（Leon Rossony）、威尔斯（Wells）、约翰·洛斯（John Ross）。约翰·洛斯不仅批驳了所有以文字相似为主要依据的外来说，否认汉民族有移民时代，还认为，其他文化和中国文化有相似因素，正是中国文化对其他文化影响的结果。[1]

（二）考古学阶段：仰韶文化发现后

1921 年，安特生发掘仰韶文化后，提出了新的西来说，本土说和外来说之争进入后期。仰韶文化的发掘是探索中国文化起源的一大转折，标志着研究中国文化起源问题新的阶段——考古学阶段。这之前，无论是外来说还是本土说，都是使用文字和语言材料，以文字学方法研究中国文化起源问题。可以说，仰韶文化发现前，是探索中国文化起源的文字学阶段。仰韶文化的发现，不仅证明了中国有新石器文化，而且显示，以考古学材料和方法解决中国文化起源问题更科学、也更有可能。此后，学者们都使用考古学材料和方法证明他们的本土论或外来论，研究中国文化起源问题进入新阶段：考古学阶段。至今为止，考古学方法依然是探索中国文化起源的最有效方法，不断发现的考古材料使中国文化起源之路越来越清晰可见。

安特生发掘仰韶文化之后，发现仰韶文化的彩陶与中亚安诺文化和特里波列文化的陶器在器工花纹方面很相似，于是，他推断"仰韶陶器中，尚有一部分或与西方文化具有关系者，近与俄属土耳其斯坦相通，远或与欧洲相关"，并说："吾人就考古学上证之，亦谓此著彩之陶器，当由西东来而非由东西去也。使他日可证明制陶器之术来自西方，则其他文化或种族之特性，亦可由此

---

① John Ross, the origin of the chinese people, London, 1916, p. 8. 转引自陈星灿：《中国史前考古学史研究》，67 页，北京，生活·读书·新知三联书店，1997。

输入。"① 他认为中国新石器文化是从两河流域与中亚等地传入，途经新疆、甘肃，进入河南。安特生新的中国文化西来说在西方影响很大。但是，随着考古文化的不断发现，安特生的西来说越来越难以成立，最终安特生本人也放弃了这一说法。②

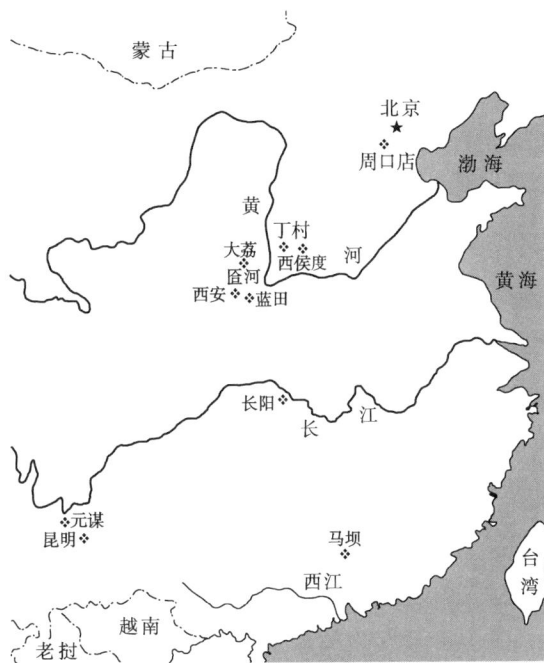

旧石器时代考古遗址分布图

安特生的假说，在很大程度上，是当时中国考古材料太少造成的。随着中国考古学的建立和发展，考古新发现如雨后春笋般大量涌现，发掘的新石器文化已经如"满天星斗"，即便是旧石器文化遗存也遍布中华大地。仅仅是中国西部的新石器文化"就注定了'中国文化西来说'的彻底破产"③，而旧石器

① 安特生：《中华远古之文化》，载《地质汇报》第五号，1923 年。

② J. G. Andersson, Researches into the prehistory of the Chinese, p. 24, 1968. 转引自安志敏：《试论文明的起源》，载《考古》，1985（5），457 页。

③ 安志敏：《中国西部的新石器文化》，载《考古学报》，1987（2）。在文中，安志敏详细分析了中国西部的新石器文化之后，得出结论："目前的考古资料表明，它们是这里的土著，同中国东部的新石器文化有着不可分割的联系，特别是与黄河流域的早期文化息息相关。这就注定了'中国文化西来说'的彻底破产。"

文化和新石器文化遗存整体面貌更证明，中国文化是土生土长的。

在旧石器时代，中国旧石器文化遗存不仅分布广泛，而且有完整的进化序列，证明中国人种很有可能就是在本地进化的，而并非是从其他地方迁徙而来的。从旧石器文化遗存看，至今已经发现的旧石器时代遗存有二百多处，除福建、新疆两地以外，包括西藏、台湾在内的各个省区，都已找到旧石器遗迹。[①] 中华大地最早的旧石器遗迹是距今 180 万年的西侯度文化。1960 年，在山西芮城西侯度村早更新世地层中发掘了石制品 32 件，以及有切割痕迹的鹿角、烧骨和大量动物化石。[②] 西侯度文化证明，至少在 180 万年前，中华大地上已有了人类的足迹，此时正是地质史上更新世带，即早期龙川冰期以后的时代。20 世纪 60 年代，中国不仅发现了更新世居民的踪迹，而且还发掘了更新世的人类化石。1965 年，在云南元谋发掘了两枚猿人的牙齿，据检测，距今约 170 万年，是中国至今所发现的最早的直立人。在直立人之后，人类进化还要经历早期智人和晚期智人两个阶段。这些进化阶段的人类化石在中国都有大量发现，它们不仅有着共同的特征，而且在体形体态和时空分布上都显示出进化上的连续性。中国发现的直立人有元谋人、蓝田人、北京人、和县人等。距今 10 万年至 4 万年前，早期智人有金牛山人、大荔人、马坝人、许家窑人、长阳人、丁村人等。在中国发现的晚期智人比直立人和早期智人更多，比较有代表性的有山顶洞人、河套人、柳江人、左镇人、榆树人、下草湾人、资阳人等。这些直立人、早期智人、晚期智人有着蒙古人种起源与演变过程中各个环节的特征。

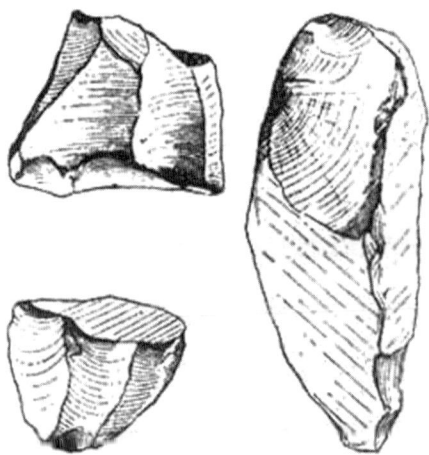

旧石器时代打砸器

[①]《中国大百科全书·考古卷》，北京，中国大百科全书出版社，1986。

[②] 参见贾兰坡、王建：《西侯度——山西更新世早期古文化遗址》，北京，文物出版社，1978。

中国人具有的四大突出特征：铲形门齿，印加骨，面部扁平，下凳圆枕[1]，在各时期不同的人类化石都能找到证据。尤其值得强调的是，各时期不同的人类化石都有铲形门牙，铲形门牙是蒙古人种的基本特征，中国人种铲形门牙的比例是98%，而白色和黑色人种相加也仅为5%。从这些早期的人类体形体态看，他们的进化有着明显的连续性。早期智人阶段，已经出现了向蒙古人种方向演化的萌芽；到晚期智人阶段，蒙古人种已出现南北异型的分化现象。不仅如此，他们的时空分布也显示出进化上的连续性，最有代表的是以华北为中心的演进模式：从以泥河湾早更新世地点为代表的直立人，经蓝田人、北京人、许家窑人、大荔人、金牛山人、峙峪人和山顶洞人为主要演进谱系。这种广泛分布，比较完整的人类进化序列证明，中国人完全有可能是土生土长的，而中国有可能就是蒙古人种的起源地。

到了新石器时代，新石器文化遗存分布不仅比旧石器时代广泛得多，而且呈现出多区域并行的态势，各个考古文化之间的年代序列也很清楚。从现有的考古材料看，距今约1万年左右，我国开始进入新石器时代。新石器时代可以分为早、中、晚三期[2]。公元前10000至前7000年是新石器时代早期，这一时期的遗址有河北徐水南庄头、江西万年仙人洞、广西桂林甑皮岩、广东英德青塘、广西南宁豹子头遗址等。这些遗址已经不限于华南地区，华北地区也有发现，如河北徐水南庄头遗址。公元前7000至前5000年是新石器时代中期，这时期，新石器遗址广泛分布在我国东部的整个低级阶梯和与中级阶梯交接的部分地区。黄河流域分布着老官台文化、李家村文化、磁山文化、裴李岗文化、北辛文化等，长江流域分布着城背溪文化、彭头山文化、河姆渡文化等，辽河流域分布着兴隆洼文化等。新石器时代晚期是公元前5000至前2000年，

---

① 吴汝康：《人类的由来》，北京，科学技术文献出版社，1992。

② 参见严文明：《中国文明起源的探索》，载《中原文物》1996（1），但他将龙山文化（前3000—前2000）作为一个单独的时代，列在新石器早中晚三期之外。严文明认为，新石器时代之后是铜石并用时代，主要指龙山文化及其同时代诸文化，并命名为龙山时代。又参见严文明：《中国史前文化的统一性与多样性》，载《文物》，1987（3），38～50页；《论中国的铜石并用时代》，载《史前研究》，1984（1），36～44页；《龙山文化和龙山时代》，载《文物》，1981（6），41～48页。

主要考古学文化有黄河流域的仰韶文化、马家窑文化、大汶口文化、龙山文化，长江流域的大溪文化、屈家岭文化、崧泽文化、马家浜文化，辽河流域的红山文化等。目前，已经发现的新石器时代遗址有七千多处，其中的很多考古文化之间都有着明显的地层序列，而且它们的类型转变也很清楚。这种连续的年代序列，以黄河、长江中下游文化区最具有代表性。黄河中游文化区，以渭、汾、洛诸黄河支流汇集的中原为中心，北达河套及长城沿线，南接鄂西北，东至豫东，西抵黄河上游甘青接壤地带。此区考古文化的序列是：磁山、裴李岗文化（前6200—前5400）——仰韶文化（前5000—前3000）——庙底沟二期文化及河南龙山文化（前2900—前2000）。黄河下游文化区以泰山为中心，南至淮，东至海，北至无棣，其考古文化的序列是：后李文化（前6300—前5600）——北辛文化（前5400—前4300）——大汶口文化（前4300—前2500）——山东龙山文化（前2500—前2000）。长江中游文化区以江汉平原为中心，南包括洞庭湖，西尽三峡、川东（今渝东），北达豫南与黄河中游，其序列是：城背溪文化（前5700—前5000）——大溪文化（前4000—前3300）——屈家岭文化（前3000—前2600）——石家河文化（前2600—前2000）。长江下游文化区以太湖平原为中心，南到杭州湾地区，北以宁镇地区为中心，其序列是：河姆渡文化早期（前5000—前4000）——马家浜文化（前4300—前4000）——崧泽文化（前4000—前3300）——良渚文化（前3300—前2200）①。考古发现已经证明，中国新石器文化的分布是多区域并行的，各个区域文化都有连续的年代序列和独特的文化特征，是自成体系的文化谱系。还需强调的是，新石器时代各区域文化不仅是独立发展、自成体系的，而且各文化区之间还不断地碰撞、渗透和融合，而长江流域东西相对的两个文化区分别受黄河流域东西相对的两个文化区影响。灿烂的中华文明正是在这种新石器文化的孕育下诞生的。

---

① 参见陈连开：《论中华文明起源及其早期发展的基本特点》，载《中央民族大学学报（哲学社会科学版）》，2000（5），22～34页；也参见严文明：《中国史前文化的统一性与多样性》，载《文物》，1987（3），38～50页。

原始社会遗址分布图

中国文化是土生土长的，这一观点，不仅可以从旧石器文化和新石器文化整个发展脉络得到证明，而且可以从贯穿其中的史前农业的起源得以证实。新石器文化的考古材料表明，中国不仅是世界农业的起源中心之一，而且中国史前农业是独立起源、自成体系的。据统计，全世界主要粮食、经济作物、蔬菜、果树等共有 666 种，起源于中国的有 136 种。其中，稻、粟等最主要的粮食作物都起源于中国。以中国目前的考古资料看，年代最早的粮食作物是稻。在中国新石器时代的百余个遗址中都发现了水稻遗存，其中：在仙人洞与吊桶环遗址的上层发现了近栽培稻和栽培稻的遗存，其年代约在公元前七八千年至 1 万年以前；在蟾岩遗址发现的古栽培稻遗存，其年代推定在距今 1 万年以前。有的学者据此推断："稻作农业大约在公元前 10000 年起源于自然食物来源充足的中国南方腹心地带。"[①] 迄今为止，已发现粟的新石器遗址有四十余处，以河北磁山遗址中发现的粟年代最早。磁山遗址一、二期共有 476 个灰

---

① 朱乃诚：《中国新石器时代早期文化遗存的新发现和新思考》，载《东南文化》，1999（3），27～34 页。

坑，有88座灰堆经灰像法证明是粟的痕迹，其中有10座高达2米以上。据估算，这两期遗址的粟的数量折成新粮大约分别达到了9万余斤和13.82万斤。从储存数量如此之多可见，7000余年前的黄河流域，粟已经大量种植了。除谷物外，家畜的本土驯化也是中国农业独立起源的证据。在中国史前遗址中，不仅发现了"六畜"：鸡、犬、猪、马、牛、羊的野生前代遗骸，而且还发现了经驯化已成家畜后的"六畜"遗骸。从考古材料可见，在新石器时代，"六畜"先后被驯化饲养。猪可能是最早被驯化的家畜，在距今9000年前的广西甑皮岩遗址中出土了家猪骨；最早的家鸡骨、家犬骨出现在距今7600至8000年前的磁山遗址中；而最早的家羊骨出现在距今7000至8000年前的秦安大地湾遗址；在7000年前的河姆渡遗址、马家浜遗址、崧泽遗址中发现了水牛的遗骸；马被家养时间最晚，到了龙山文化阶段，才在黄河流域被饲养。除了谷物的起源和家畜的驯化外，史前农耕聚落的起源和发展也是中国史前农业独立起源的表现。据研究，距今大约9100至8200年前，中国长江中游已出现农耕聚落遗址。距今8000至7000年前，中国的农耕聚落获得了第一次扩展，由磁山遗址和河姆渡遗址的大量粮食遗迹可见，当时农业生产已经较为稳定，人口也达到了一定的规模。距今7000至6000年前，中国农耕聚落进一步扩展，仰韶文化（早期）、大溪文化（早期）、马家浜文化、红山文化的考古遗址表明，此期已有高度的发展大家族组织。此后，距今6000至5500年前的仰韶文化中期（庙底沟期）、大汶口文化中期（刘林期）、大溪文化后期，农耕聚落开始出现中心聚落，不仅规模扩大了，而且聚落内部和聚落之间开始形成主从和不平等的关系。聚落内的族共同体，已开始由家族—宗教结构代表原来的家族—氏族结构。[1] 总之，中国谷物的起源，家畜的驯化，史前农耕聚落的起源和发展都表明中国史前农业文化是独立起源和发展的。

在大量考古资料的支持下，中国文化是本土起源早已经是中国考古学界的共识。夏鼐的结论"中国虽然并不是完全同外界隔离，但是中国文明还是在中国土地上土生土长的"[2]，表明中国文化起源的本土论和外来论的争论告

---

[1] 参见王震中：《中国文明的起源与早期国家形成途径的思考》，见李学勤主编：《中国古代文明与国家形成研究》，昆明，云南人民出版社，1997。

[2] 夏鼐：《中国文明的起源》，100页，北京，文物出版社，1985。

一段落。

（三）遗传学阶段：基因与化石之争

事实上，问题并没有最终解决。新兴的遗传学对中国人种的起源问题提出了严峻的挑战。1987 年，美国加州大学坎恩等人对来自非洲、欧洲、澳大利亚、新几内亚等地区的 148 个个体的线粒体 DNA 进行研究，根据基因突变发生的频率，计算出非洲现代人历史大约 20 万年，欧亚大陆现代人历史最多 13 万年，提出"夏娃假说"，认为现代人类有着共同的祖先"夏娃"——20 万年前生活在非洲的一个古老部落的一位女性。分子生物学的其他一些领域的研究结果似乎也支持"夏娃假说"。如：在比较世界各民族的血红蛋白的分子结构时，也总会得出人类的根在非洲的结论；在比较父系特有的 Y 染色体时，法国科学家热拉尔·吕科德（Gerard Lucotte）等认为，亚当也在 20 万年前起源于非洲；有关语群的资料似乎也归结到非洲[①]。

"夏娃假说"和"非洲起源说"不仅轰动了西方世界，也震撼了中国的学术界，尤其是考古学界、古人类学界和遗传学界。中国人和中国文化是否是在本地土生土长的，这再次成了一个疑问。在这种冲击下，许多学者要求"用分子生物学的技术探索中华民族的起源，把 5000 年的文明史上溯，用科学的事实来续写新的篇章，探明中华文明之源"[②]。美国芝加哥大学生态进化实验室负责人吴仲义提议从母系线粒体 DNA、父系 Y 染色体、线粒体 DNA 序列分析、组织相容复合基因、类化石材料及现代人类体质、语系及考古等六个方面探索中华民族的起源。关于探索中华民族起源的提议得到了谈家桢、贾兰坡、费孝通、钱学森等十位中国科学院院士的签名支持。

近几年来，遗传学家们用分子生物学的技术对中国人的起源做了多次研究，但研究结果无一例外地都支持"非洲起源说"。1998 年，中国的遗传学家利用微卫星探针系统，将涵盖世界五大洲（非洲、欧洲、亚洲、大洋洲、美洲）的 15 个国外人群样本和中国 28 个人群（中国人群样本包括 4 个汉族和 24 个少数民族群落）样本放在一起测试分析，发现亚洲人基因遗传物质的组成成

[①②] 莫鑫泉：《关于探索中华民族起源的提议》，载《科技导报》，1995（2），49～51 页。

分与非洲人相似，首次为中国人起源于非洲的学说提供了重要的遗传学证据。此后，中国科学家和美国、英国、澳大利亚等国的多位科学家合作，通过对遍及东亚、东南亚、大洋洲等地的 88 个人群样本的 Y 染色体进行对比分析，再次证明了亚洲人类起源于非洲，并具体指出了亚洲东南部是人类走出非洲后大迁移的主要"驿站"，一部分非洲人从亚洲东南部往北迁移到达中国，越过长江进入华北和东北亚，成为现代中国人的祖先。2001 年，复旦大学遗传学研究所采取了排除法的研究方式，对涵盖中国各省市、自治区的近一万个男性的Y 染色体进行检测，结果在所有的样本 Y 染色体上都发现了一个突变位点M168G——这个突变位点大约在不早于 7.9 万年前产生于非洲，是一部分非洲人特有的遗传标记，这一研究结果再次支持了"中国人非洲起源说"。

根据以上研究，中国遗传学家金力提出，"夏娃假说"适用于中国，并具体推论出，一部分非洲人大约 6 万年前从亚洲东南部往北迁移到达中国，越过长江进入华北和东北亚，成为现代中国人的祖先。他们的一个根据是华南人群的基因变异大于华北，而华北人群仅具有华南人群的一部分基因变异，某些种类的基因变异仅存在于南方群体中。同时，中国迄今为止没有发现 5 万至 10 万年前的人类化石，这恰好是地质史上最后一个冰川期。由此得出的解释是，第四纪冰川使得这一时期包括中国大陆在内的东亚地区绝大多数生物种类均难以成活，而冰川期结束后，来自非洲的移民便乘虚而入[1]。但是，古人类学家吴新智对遗传学家们的论断提出了质疑。他指出，通过比较基因变异的多少，来判断人种进化历史的长短，这种方法本身就有缺陷。他还认为，关于冰川期中国原住民灭绝的说法不能成立，在冰川期中国东、南部低海拔地区并没有形成大冰盖，气候温暖甚至是炎热的，人类可以生存，而冰川期间没有发现人类化石不等于说不存在人类化石[2]。总之，就中国人种的起源问题，在遗传学家和古人类学家之间已经爆发基因和化石之争，争论的焦点就是最后一个大冰川是否将中国的原有居民全部灭绝了。目前，最后一个冰川期的人类化石材料还存在缺环，尚未发现可以否定或肯定"夏娃假说"的考古材料，究竟"夏娃假说"是否可靠，只能有待于进一步的研究和发现来加以证明了。同时，遗传学

---

[1]《到底谁是中国人远祖》，载《北京日报》2001 年 3 月 27 日。
[2]《两派科学家的相互辩驳》，载《北京日报》2001 年 3 月 27 日。

家也承认,"我们目前只研究了中国人群的 Y 染色体上的遗传标记,并不能完全排除中国人独立起源的可能性"①。也就是说,非洲起源说还不能作为解决中国人起源问题的最终结论。

中国人从哪里来? 中国文化是否是土生土长的? 这依然是未解之谜,谜底的揭示还有待于考古学家、古人类学家和遗传学家的共同努力。

二、多元一心的新石器文化

20 世纪 80 年代开始,随着大量考古材料的发现,中国文化是本地土生土长的文化,这已是学术界的共识。考古学界研究的热点不再限于中国文化是否是本土起源的,而进一步发展到研究中国文化究竟是从中国的哪个或哪些地方起源的,是只有一个起源中心,还是有多个起源中心。新石器时代的考古学文化是这一课题的主要研究对象。围绕着新石器文化的划分和定位,学者们展开了一元论和多元论之争。

(一) 古文献与一元论

一元论是传统史学观点。传统史学认为,中国文化和历史自始至终都是一脉相承的,而且这种一脉相承的文化只有一个起源的中心,就是位于黄河流域的中原地区。在古文献中,从上古时代开始,中国的帝王世系都是一脉相承的,这种一脉相承性是一元论历史观的依据和体现。有关上古史,论述最详细的要算《周易·系辞》,它记载了中国传说时代从包牺氏开始,经神农氏到黄帝、尧、舜一脉相承的世系:

> 古者包牺氏之王天下也,仰则观象于天,俯则观法于地,观鸟兽之文与地之宜,近取诸身,远取诸物,于是始作八卦。以通神明之德,以类万物之情。作结绳而为网罟,以佃以渔,盖取诸《离》,包牺氏没,神农氏作,斲木为耜,揉木为耒,耒耨之利,以教天下,盖取诸《益》。日中为市,致天下之民,聚天下之货,交易而退,各得其所,盖取诸《噬嗑》。

---

① 《到底谁是中国人远祖》,载《北京日报》2001 年 3 月 27 日。

神农氏没，黄帝尧舜氏作，通其变，使民不倦，神而化之，使民宜之。①

《史记》的记载与《周易》有所不同，在《史记》中，中国历史是从黄帝开始的。《史记》开篇就介绍黄帝：

黄帝者，少典之子，姓公孙，名曰轩辕。生而神灵，弱而能言，幼而徇齐，长而敦敏，成而聪明。②

《史记·五帝本纪》还记载了黄帝通过与蚩尤、炎帝等部落的战争，征服天下的过程：

轩辕之时，神农氏世衰。诸侯相侵伐，暴虐百姓，而神农氏弗能征。于是轩辕乃习用干戈，以征不享，诸侯咸来宾从。而蚩尤最为暴，莫能伐。炎帝欲侵陵诸侯，诸侯咸归轩辕。轩辕乃修德振兵，治五气，艺五种，抚万民，度四方，教熊罴貔貅貙虎，以与炎帝战于阪泉之野。三战，然后得其志。蚩尤作乱，不用帝命。于是黄帝乃征师诸侯，与蚩尤战于涿鹿之野，遂禽杀蚩尤。而诸侯咸尊轩辕为天子，代神农氏，是为黄帝。天下有不顺者，黄帝从而征之，平者去之，披山通道，未尝宁居。③

根据这段记载，炎、黄二帝是两个不同部族的代表，经"阪泉之野"的三战后，炎帝臣服于黄帝，炎、黄二帝的两个不同部族融合为一体，这就是汉族的前身华夏族的源头。因此，炎帝和黄帝是中华人习惯上认同的两位始祖。

一脉相承不仅表现在统治时间上的连续更替，更体现在血缘上的同脉连枝。

关于炎、黄二帝的关系，《国语》中还另有一种记载，认为炎帝和黄帝都是少典的儿子，这就是著名的"炎黄同出于少典说"。《国语·晋语》记载："昔少典娶于有蟜氏，生黄帝、炎帝。黄帝以姬水成，炎帝以姜水成，成而异德，故黄帝为姬，炎帝为姜。"④ 按这一说法，黄帝和炎帝不仅是不同部族的首领，而且还是同胞兄弟。由此我们可以推断，在写作《国语·晋语》的时代，一脉相承的历史观已经盛行了。不仅如此，"炎黄同出于少典说"将中国

① 《周易·系辞下》，见《十三经注疏本》，86 页，上海古籍出版社，1997。
② 《史记·五帝本纪第一》卷一，北京，中华书局，1982。
③ 《史记·五帝本纪第一》卷一。
④ 《国语·晋语四》，上海古籍出版社，1978。

人的始祖追溯到少典，使一脉相承的一元性得到进一步加强。

根据古文献记载，黄帝不仅是炎帝的兄弟，还是五帝中其他四帝的祖先。《史记·五帝本纪》记载为：

> 自黄帝至舜、禹，皆同姓而异其国号，以章明德。故黄帝为有熊，帝颛顼为高阳，帝喾为高辛，帝尧为陶唐，帝舜为有虞。帝禹为夏后而别氏，姓姒氏。契为商，姓子氏。弃为周，姓姬氏。[①]

五帝时代以后，夏、商、周三代也都被认为是黄帝的子孙，《史记》分别记载为："夏禹，名曰文命。禹之父曰鲧，鲧之父曰帝颛顼，颛顼之父曰昌意，昌意之父曰黄帝。禹者，黄帝之玄孙而帝颛顼之孙也"[②]；"殷契，母曰简狄，有娀氏之女，为帝喾次妃"[③]；"周后稷，名弃。其母有邰氏女，曰姜原。姜原为帝喾元妃"[④]。

按照传统史学的说法，中国文化不仅一脉相承，从三皇五帝的传说时代开始，在黄河中游的中原地区代代相传，而且还以此为中心，很快扩展到中原以外的四夷地区。在古文献记载中，最早的文化传播可以追溯到尧将共工、讙兜、鲧、三苗分别流放到四夷，使他们改变四夷原有的文化风俗。《史记·五帝本纪》是如此记载这段历史的：

> 讙兜进言共工，尧曰不可而试之工师，共工果淫辟。四岳举鲧治鸿水，尧以为不可，岳强请试之，试之而无功，故百姓不便。三苗在江淮、荆州数为乱。于是舜归而言于帝，请流共工于幽陵，以变北狄；放讙兜于崇山，以变南蛮；迁三苗于三危，以变西戎；殛鲧于羽山，以变东夷。四罪而天下咸服。

《史记》等古文献的这些记载，使中国文化一元性的观念深入人心，影响长达二千多年。在这种传统历史观的影响下，两千年来，历史学家总是用"礼失求诸野"解释中原和其他地区的文化关系，中原不仅是政权的中心，而且还是文化的发源地和中心，甚至中国的边裔民族也是从中原扩散迁徙而去的。

---

① 《史记·五帝本纪第一》卷一。
② 《史记·夏本纪第二》卷二。
③ 《史记·殷本纪第三》卷三。
④ 《史记·周本纪第四》卷四。

（二）考古材料与一元论

一元论的中国文化观，直到考古材料丰富的 20 世纪 80 年代，还是争议的中心，这不仅因为它是根深蒂固的传统观念，有着传统文献两千年来的支持，更是因为这种观念在考古材料，尤其是新石器文化的考古发现中得到了一定的印证。根据几十年来的考古材料，从前往后顺着文化年代序列看，以及从后往前由商代文明向上追溯，都能证明中原地区是中国文化开始和发展的起源地。

从前往后顺着文化年代序列看，在中原地区发现的新石器文化密度最集中，各考古文化的年代序列关系最清楚。中原地区新石器时代文化可分为三个时期：裴李岗文化时期、仰韶文化时期和中原龙山文化时期。

1977 年，在河南新郑的裴李岗发现了仰韶文化的一支前身，命名为裴李岗文化。此后的二十年来，在黄河中游南岸的广大地区，发现了上百处裴李岗文化遗址，在黄河北岸，也有部分裴李岗遗存出土。其中，河南境内的裴李岗文化分布最集中，遍布四十多个市县，尤其以河南中部地区最集中。裴李岗文化在中原地区延续了近千年，绝对年代约为距今 8000 年至 7000 年，代表了中原地区仰韶文化以前的文化特征。从分布范围和各遗址间的密集度看，裴李岗文化已远远超过了同时代的其他文化。从其文化内涵来看，当时已经进入锄耕农业阶段，而且是粟作与稻作兼有的原始农业生产；生产中所使用的磨制石器制作精巧、形状规整，尤其以锯齿镰、长条形扁平石铲、石磨棒和鞋形石磨盘最具特色，为裴李岗文化所独有；陶器均为手制，多采用泥条盘筑法，器形以三足钵和双耳壶最具代表性。有的学者认为："裴李岗文化，以一群明显的器物，经常并独立地出现在它所分布的区域内，形成了具有独特文化面貌的器物群，代表了中原地区仰韶文化以前的文化特征，它并没有受到其他地区同期文化的影响，是土生土长的本土文化。"[1]

承接裴李岗文化的是仰韶文化，因最早发现于河南省渑池县仰韶村遗址而得名。仰韶文化延续了两千年，绝对年代约为距今 7000 至 4900 年之间。迄今

---

[1] 王吉怀：《论黄河流域前期新石器文化的文化特征和时代特征》，载《东南文化》，1999(4)，9 页。

为止，已经发现的仰韶文化遗址有一千多处，分布在以渭、汾、洛诸黄河支流汇集的中原地区为中心的广大地区。从分布范围和类型看，其分布的地域比裴李岗文化和同时代其他文化都大得多，以至于最后在其他地区出现了仰韶文化的变体；仰韶文化类型众多，有半坡、下王岗、史家、后岗、南杨庄、庙底沟、钓鱼台、西王村、秦王寨、大司空村、百家村等类型，各类型间有较明显的变异，可能是因其他地区文化的交流而产生的。从其文化内涵来看，仰韶文化时期已经进入较发达的定居农耕阶段：主要栽培的农作物是旱田作物粟、黍；石器工具大都经过磨制，但打制石器仍占相当比例，已经开始使用穿孔石器。集中表现仰韶文化特征的陶器，以手制泥质红陶和夹砂红陶为主，泥质陶上习见彩绘，其花纹以红底黑花为主，花纹可分为象生性和图案性两类，夹砂陶大多数拍印粗、细绳纹作装饰；主要器类有盆、钵、平底碗、小口尖底瓶、细颈壶、斜沿罐、深腹瓮等，还有少量的釜、灶、鼎类器物。在仰韶文化的陶器上还发现了五十多种刻划符号，多为丨、丨丨、X、Z、T、钩、倒钩等形象。总之，"仰韶文化在长达两千年的历史行程中，逐渐形成为中华民族原始文化的核心部分，它不断吸收周围诸文化的因素，又给周围文化以不同程度的影响，共同为中华民族文化机体的形成奠定了基础"①。

中原龙山文化是仰韶文化的直接继承者，可以分作庙底沟二期文化和河南龙山文化两个阶段。庙底沟二期文化，因 1956 年河南省陕县庙底沟遗址的发掘而得名，主要分布在豫西地区，在豫中、晋南和陕西关中也有发现。庙底沟二期文化发掘不久，学者们根据此文化有彩陶及釜、灶、小口尖底瓶等类似仰韶文化的特征，又有大量灰陶、篮纹陶、斝和细柄豆等接近河南龙山文化的因素，继而断定庙底沟二期文化是一种从仰韶文化到河南龙山文化之间的过渡性质的文化。② 河南龙山文化是由庙底沟二期文化或相当于这个时期的遗存发展而来的，主要分布在豫西、豫北和豫东一带，又可分为王湾、后岗、造律

---

① 石兴邦：《仰韶文化》，见《中国大百科全书·考古学》，北京，中国大百科全书出版社，1986。

② 中国科学考古研究所：《庙底沟与三里桥》，118 页，1959 年版；转引自严文明：《龙山文化和龙山时代》，载《文物》，1981（6）。

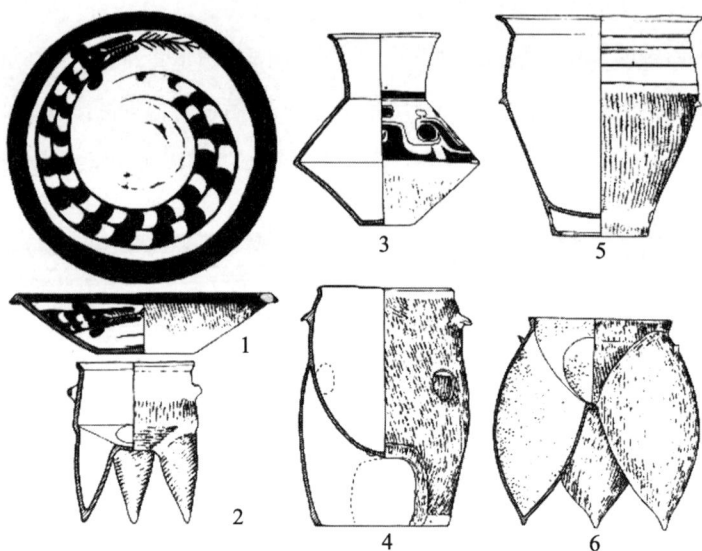

1. 朱绘蟠龙纹盘　2. 斝　3. 彩绘壶　4. 釜灶　5. 圈足罐　6. 鬲

陶寺遗址出土典型陶器

台、三里桥、下王岗等类型。中原龙山文化时期，农业生产已经是当时的主要生产活动，已经学会凿井，掌握了灌溉技术；磨制石器仍是主要的生产工具，但在工具制作中已使用了切割法和管钻法，代表性石器为扁平长方形石铲、长方形或半月形石刀、石镰、石斧、石锛和石凿等；制陶业也有很大的进步，轮制技术在制陶时已被普遍使用，模制法和泥条盘筑法仍然使用，灰陶是出现最多的陶器，器物以鼎、鬲、甑及罐等较典型。此外，冶铜业已经出现，在河南登封王城岗遗址发现的青铜容器残片可以为证。建筑业也有很大的进步，不仅使用了石灰抹墙等新方式，而且发现了大量的城址，如河南淮阳平粮台、登封王城岗、安阳后岗、偃城郝家台、辉县孟庄、新密大樊庄等城邑遗址。河南龙山文化中的王湾三期文化是二里头文化的直接前身，其分布范围和文化内容都与二里头文化有密切联系。也就是说，河南龙山文化是二里头文化的渊源所在。总之，从分布范围和文化特征上看，裴李岗文化——仰韶文化——中原龙山文化——二里头文化这一文化谱系不仅年代序列清楚，而且具有一脉相承的文化性质。

　　从后往前由商代文明向上追溯，殷墟文化、二里岗文化、二里头文化都在中原地区，由河南龙山文化发展而来，相互间有明确地年代序列关系。从临汝煤山遗址的地层叠压关系能清楚反映出，二里头文化压在二里岗文化下面，河南龙山文化又压在二里头文化下面，三者之间紧密相衔，相对年代很明确，其承继关系是勿庸置疑的。不仅如此，几十年的考古发掘已经证明，殷墟小屯是晚商王都，郑州二里岗是早商王都，偃师二里头是夏代王都。在这三处遗址中都发现了城池和宫殿，出土了大量的青铜器，从中可以看出中国国家和青铜文明的发展线索，证明了中原地区是青铜文明的发源地和昌盛地。

殷墟文化是 20 世纪最伟大的发现之一，不仅出土了举世闻名的甲骨文，而且在持续七十余年的发掘中有一系列的重大发现，如王陵大墓的发现、铸铜和制骨作坊遗址的发现、妇好墓的发现、宫殿基址的发现等。殷墟是商代晚期的都城，甲骨文的释读和殷墟的其他考古发现已无可辩驳地证实了这一点。整个殷墟商都东西长 6 公里，南北长约 5 公里，占地面积已达 30 平方公里，以洹水为界，南岸是宫殿区，北岸是王陵区。在宫殿区，发现了五十多座宫殿的基址，并发现了长达 1750 米的人工壕沟。在王陵区，仅大墓就发现了十三座，墓中出土了后（司）母戊

河南安阳殷墟出土妇好鼎

大方鼎等著名器物。王陵区东侧，还发现了大型祭祀场，面积约几万平方米，在一排排的祭祀坑内，埋放着许多用作牺牲的战俘、奴隶和动物。铸铜作坊遗址发现有多处，其中以苗圃北地的遗址最有代表。苗圃北地铸铜作坊遗址有一万平方多米，时间从武丁延续至帝辛，出土陶范和陶模约两万块，以鼎、簋、方彝、觥等礼器为主。制骨作坊遗址发现了两处，分别在大司空村和北辛庄。殷墟考古证明，安阳殷墟是商代晚期的都城，此时灿烂辉煌的青铜文明高度发达，已处于顶峰阶段。殷墟文化的青铜器文明、城址等特征，在郑州二里岗文化和偃师二里头文化中能找到渊源。

20 世纪 50 年代初，在郑州二里岗发掘了一座早于殷墟的商代城市遗址。1978 年，邹衡发表《郑州商城即汤都亳说》一文，认为二里岗文化是早商文化，郑州商城是商汤的都亳，并据此认定早于郑州商城的二里头文化是夏文

化。郑州二里岗出土的早商遗址距今 3500 年，最能反映文化特征的是宫殿基址，城址周围发现的铸铜、骨器和陶器的作坊遗址，以及青铜器窖藏坑。郑州商城有东南西北四面城墙，都由夯土筑成，周长近七公里，以全部城墙的长宽高计算，共用夯土约 174 万立方米，足以说明当时国家的组织力已很强大。宫殿基址在城内东北部，达 37.5 万平方米，有二十余处大型夯土建筑基址，基址内出土了很多玉器。商城内还发现了一些形制较小的平民居住遗址。城址周围还发现了数处铸铜、骨器和陶器的作坊遗址。铸铜作坊遗址有两处，出土了残坩埚、炼渣、红烧土块、木炭和数以千计的陶范，由这些出土遗存可知，当时已能用分铸法制造各种礼器，青铜器的生产规模很大，且有了一定的分工。能集中代表商代二里岗时期铜器铸造水平的，还有三处青铜器窖藏坑，这里出土了铸艺精湛、纹饰繁琐的大方鼎、大圆鼎等商代王室重器。可见，二里岗时期，青铜文明已进入了灿烂辉煌的阶段。

二里头文化是根据古文献资料记载，在夏人活动区内找到的。1959 年，徐旭生根据《左传》、《国语》、《竹书纪年》等古文献中有关夏后氏都邑的记载，在河南中部的洛阳平原及附近、山西西南部汾水下游两地区寻找夏墟，发掘了位于河南偃师西南的二里头文化遗址。[①] 二里头文化是夏文化，从时间和空间上都得到了证明。从时间上看，二里头遗址的年代为公元前 1806 年至前 1540 年，属于夏代范围内。从空间上看，二里头文化的分布，以豫西伊洛颍汝四河流域为中心，边缘所及，西到陕东，南到鄂东江干，东到皖西，与传说中夏代的疆域相符。二里头遗址发现后，中国科学院考古研究所对其进行了长期的发掘，取得了惊人成果。其中，尤为引人注目的是 1 号、2 号两个宫殿遗址的发现。1 号、2 号宫殿平面均为长方形，建于夯土台基之上，由堂、庑、庭、门四部分组成，两座宫殿形制、布局基本相同，坐北朝南，整齐方正，结构严谨，主次分明，都属廊庑式建筑，已具有较成熟的营造设计技术。此外，二里头遗址内出土了大量用作礼器、生活用具和生产工具的陶器、青铜器、玉器、象牙器、骨器、石器、蚌器、漆器，发现了制铜、制骨手工艺作坊遗址，更发现了许多大大小小的夯土建筑基址和上百座墓葬，部分墓葬有丰富的随葬

---

① 参见徐旭生：《1959 年夏豫西调查"夏墟"的初步报告》，载《考古》，1959（11）。又见《夏文化论文选集》，133～150 页，郑州，中州古籍出版社，1985。

品。宫殿是国家政权出现的重要特征和标志物，1 号、2 号两个宫殿遗址的发现，足以证明当时已出现了国家。大量青铜器的出土和铸铜作坊遗址的发现则证明了青铜时代的到来。总之，二里头遗址的考古发掘证明，二里头文化是夏文化，这一时期已出现了国家，并进入了青铜时代。

中原地区的考古材料证明，从新石器时代直到青铜时代，中原地区都是中国文化的发源地，是中国文化和历史发展的中心地带。这一结论，与古文献的有关记载相符。这些古文献记载和考古材料是一元论的主要依据。但是，中原以外地区出土的大量新石器文化，对一元论提出了严峻挑战，证明新石器文化是多元的，中国文化的起源有多个中心。

（三）考古材料与多元一体论

考古学建立的几十年来，新石器遗址的发现最丰富，共有七千多处，在中国各省、市、自治区均有分布，年代从约公元前 10000 年延续至公元前 2000 年。新石器文化不仅遗址众多，而且有各自的文化谱系，各具特色，自成一体。这一现象使黄河流域单一起源的一元论受到质疑。1977 年，夏鼐在《碳14 测定年代和中国史前考古》一文中，将中国新石器文化划分为七大区域，已突破了传统的一元论，涉及了多元起源的问题，但并没有正式提出多元起源的理论。1981 年，苏秉琦在《建国以来中国考古学的发展》、《关于考古学的区系类型问题》等文章中，明确提出中国文化是多中心起源的，创建了中国考古学文化区系类型学说，按地域将中国考古学文化分为六大中心区域：（1）陕晋豫邻境地区；（2）山东及邻省一部分地区；（3）湖北和邻近地区；（4）长江下游地区；（5）以鄱阳湖—珠江三角洲一线为中轴的南方地区；（6）以长城地带为重心的北方地区。① 苏秉琦的"多元论"又被称为"六中心说"。红山文化发现后，苏秉琦又提出了"满天星斗"说，指出"中华大地文明火花，真如满天星斗，星星之火已成燎原之势"，并认为"从中原到北方再折返到中原这

---

① 苏秉琦的此说后又表述为：1. 以燕山南北长城地带为重心的北方；2. 以山东为中心的东方；3. 以关中（陕西）、晋南、豫西为中心的中原；4. 以环太湖为中心的东南部；5. 以环洞庭湖与四川盆地为中心的西南部；6. 以鄱阳湖—珠江三角洲一线为中轴的南方。苏秉琦：《中国文明起源新探》，35～37 页，北京，生活·读书·新知三联书店，1999。

样一条文化连结带，它在中国文化史上曾是一个最活跃的民族大熔炉，六千年到四五千年间中华大地如满天星斗的诸文明火花，这里是升起最早也是最光亮的地带，所以，它是中国文化总根系中一个最重要的直根系"①，而这个直根系就是仰韶文化庙底沟类型和红山文化的南北结合。苏秉琦的"满天星斗"说实质是强调北方红山文化的作用。

苏秉琦提出多元论和"满天星斗"说后，安志敏曾多次撰文批驳，坚持黄河流域是中华文明的摇篮。他认为，在黄河流域的新石器文化之外，虽然还存在很多其他的地区文化，但是它们和黄河流域的新石器文化不能相提并论，更不能作为中国文明的源头，这主要有二大原因。首先，夏、商、周三代都是在黄河流域先建立了阶级国家，中国文明起源开始于黄河中游的"二里头文化"——夏文化，而除黄河流域以外的其他地区文化和夏、商、周的历史传统缺乏一定的必然联系，对于中国历史的发展没有直接的影响。其次，新石器时代各文化的发展客观存在着不平衡性，黄河流域的新石器文化比同时期的其他地区文化发展脉络更清晰，分布更集中，发展程度更快，而且其他地区文化明显受到了黄河流域文化的影响。安志敏还强调，文明诞生必须具备城市、文字和金属器这些基础要素，牛河梁和大地湾遗址完全缺乏这些要素，仅从牛河梁遗址的"坛、庙、冢结合"和大地湾遗址规模庞大的房址并不能证明这些地方也是中国文明起源地。

安志敏和苏秉琦对于中国新石器文化的看法有着严重的分歧，其焦点在于中国只有一个还是有多个文明发祥地。苏秉琦认为新石器文化呈条块分布，黄河中游的新石器文化仅仅是六大块新石器文化中的一块，并非是中国文化的唯一发祥地。安志敏却认为，夏商周文明是由黄河中游的新石器文化直接发展而来，中国文化和历史正是从夏商周开始的，故而，黄河流域是中国文化的唯一发祥地。换言之，安志敏和苏秉琦的分歧就在除黄河流域以外的其他地区新石器文化是否是文明发祥地上。这一分歧，涉及的关键问题是对文明的界定，以及文明初期和文明时代的划分，是软性问题。

在硬性材料上不存在分歧，新石器时代的考古材料至少已经证实两点：

---

① 苏秉琦：《中国文明起源新探》，118～126 页，北京，生活·读书·新知三联书店，1999。

① 新石器文化广泛分布于中国各地区；② 各地区的新石器文化呈现出发展上的不平衡性。陈连开、佟柱臣、李绍连、严文明等先后在对新石器文化的区域进行归纳和划分时，都强调了新石器文化的多元性和不平衡性。基于这一事实，我们可以看到，新石器文化有着两面性：一方面，广泛分布于中国各地区的新石器文化证明中国新石器文化是多元的；另一方面，各地区的新石器文化发展不平衡，中原地区的新石器文化总是比同时期的其他地区发达，是强势文化，它不断渗透和影响着其他地区的弱势文化，证明中原地区的新石器文化处于核心地位。

必须强调的是，在新石器时期，中原地区文化向其他地区扩张，其他地区的文化也向中原地区扩张，各文化区之间不断地碰撞、渗透和融合。但是，各地区新石器文化的发展有着不平衡性，这就决定了各文化之间的影响和扩张也是不平衡的。总体而言，在新石器时代，中原地区对其他地区的影响是主要的，处于主流地位；其他地区对中原地区的影响是次要的，处于非主流地位。仰韶文化和龙山文化在中原地区出现后，很快扩展到黄河下游的海岱地区和长江中下游地区，而长江中下游的两个文化区分别受黄河中下游的两个文化区影响。中原地区新石器文化，一直被看作是起源中心，但也受到了海岱、江汉等地区新石器文化的影响。在中原地区仰韶文化和龙山文化遗址中，发掘了大量大汶口文化和屈家岭文化的墓葬和遗存。大汶口文化的墓葬或遗物，在河南的郸城、商水、淮阳、周口、平顶山、禹州、郑州、上蔡、西华、扶沟、项城、沈丘、新郑、鄢陵、临汝、偃师、洛阳、孟津、渑池、太康、鹿邑、荥阳等市县的五十多处遗址中都有发现，其中，较早的发现是在郑州林山砦和荥阳点军台两处仰韶文化遗址中发掘出大汶口文化类型的陶器，以及在偃师市滑城遗址中发现的大汶口文化墓葬。以上遗存证明了海岱地区的大汶口文化对中原的龙山文化的影响。江汉地区的屈家岭文化也曾向中原地区大举进军，约公元前3400 年，占领了原属仰韶文化地盘的南阳盆地，因而，在河南的淅川、内乡、南阳、社旗、方城、新野、桐柏等市县，都发现了屈家岭文化遗址。在河南的郸城段寨、禹州谷水河、郑州大河村、偃师滑城、陕县庙底沟等遗址的仰韶文化晚期或龙山文化早期遗存中，都先后发现过一些具有鲜明屈家岭文化特征的陶器。当然，尽管在某些时间内，其他地区新石器文化的某些因素比中原地区更先进，得以向中原扩张，对中原地区的新石器文化有一定影响，但是，相比中原地区对其他地区的影响，从时间之长、空间之广和内容之深等各方面看，都小得多。各地区文化的扩张和影响也证明，新石器文化既是多元的，又是以中原地区为核心的。

总之，中国新石器文化处于由"多元"向"一体"融合的发展过程中。在此进程中，新石器文化呈多元性广泛分布在中华大地上，同时又以中原地区为核心不断进行文化的汇聚和辐射，中原地区文化随之越来越强大，最终直接孕育出夏商周三代文明。

三、传说时代的部族区域文化

先秦时期①，中国文化格局一直处于由多元向一体的转变中，各区域文化既有因独立而产生的对峙，又有因对峙而产生的征服，还有因政治征服而产生的文化交融。在这个漫长的文化交流与融合的进程中，文化的区域性逐渐减弱，中心性不断加强，最终形成一体的文化格局。从区域文化出发考察先秦文化，可以较清楚展现中国文化与民族的形成发展进程。

从传说时代开始的先秦区域文化，以周武王分封为转折，分为两个阶段：武王分封之前是传说时代的部族区域文化，武王分封之后是文献可考的国别区域文化。传说时代的部族区域文化，上起传说中三皇五帝时期，下至商代②，以大禹建夏为界，分为前后两期。大禹建夏之前是三皇五帝时期，华夏、东夷、苗蛮三足鼎立，既有夷夏之争，又有苗夏之战，并以苗蛮集团的灭亡告终。后期即夏商时代，华夏和东夷双雄争霸，夷夏之争贯穿始终③，最终，又是华夏集团取得了胜利。

（一）两种学说：三系说与两系说

传说时代部族区域文化的研究，始自20世纪20年代蒙文通的"太古民族

---

① 对先秦的界定，有两种说法，含秦代或不含秦代。本文指的先秦含秦代。
② 本文的这一时间上下限，与蒙文通的"三系说"同。
③ 傅斯年等认为商属于东夷集团，夷夏之争也就是夏商之争。

山西西侯度文化遗址远景

河北保定南庄头遗址

红陶三足壶
新石器时代·裴李岗文化
高14.5米，口径5.8厘米
河南博物馆藏

双鸟朝阳纹牙雕
新石器时代·河姆渡文化
长16.6厘米，残宽5.9厘米，厚1.2厘米
浙江省博物馆藏

鱼纹彩陶盆
新石器时代·仰韶文化
高17厘米，口径31.5厘米
中国国家博物馆藏

网纹彩陶船形壶
新石器时代·仰韶文化
口径4.5厘米，宽24.8厘米，
通高15.4厘米
中国国家博物馆藏

红陶兽形壶
盛器　新石器时代·大汶口文化
高21.6厘米
山东博物馆藏

玉环
新石器时代·庙底沟文化
直径10.3厘米，孔径6.3厘米，厚0.5厘米
山西省考古研究院藏

三系说"。划分传说时代部族区域文化主要有两种说法，一种是以蒙文通和徐旭生为代表的三系说，另一种是以傅斯年为代表的两系说。

蒙文通是最早对区域文化进行研究的学者。他对传说时代的部族进行区域性划分，时间上限为传说中三皇五帝时期，下限为商代。在《古史甄微》①中，他提出"太古民族三系说"，将上古民族划分为江汉民族、河洛民族、海岱民族三大系，即共工、神农、炎帝代表的九黎、东夷族（姜姓），黄帝、颛顼、尧代表的黄帝族（姬姓），伏羲、女娲、少昊代表的泰族、东夷族（风姓）。

徐旭生进一步发展了蒙文通的"三系说"，在《中国古史的传说时代》一书中，提出"华夏、东夷、苗蛮三集团说"。他认为，中国上古部族大致可分为华夏、东夷、苗蛮三个集团。华夏集团包括三个亚集团：① 黄帝、炎帝两大支；② 高阳氏、有虞氏、商人；③ 祝融氏。东夷集团指太暤氏、少暤氏、蚩尤等氏。苗蛮集团指三苗、伏羲氏、女娲氏、讙兜氏等。

三系说的影响很大，白寿彝等都接受了这一说法。除此之外，傅斯年的东西两系说也是一种颇有影响的说法。

1933 年，傅斯年发表《夷夏东西说》，将中国上古史分为东西两大系统，认为东西之别即夷夏之分：

> 在三代时及三代以前，政治的演进，由部落到帝国，是以河、济、淮流域为地盘的，在这片大地中，地理的形势只有东西之分，并无南北之限。……三代及近于三代之前期，大体上有东西不同的两个系统。……夷与商属于东系，夏与周属于西系。②

他还认为，夏商周三代的历史就是东西夷夏交相胜的争斗史：

> 在由部落进为帝国的过程达到相当高阶段时，这样的东西二元局势，自非混合不可，于是起于东者，逆流压迫西方。起于西者，顺流压迫东方。东西对峙，而相争相灭，便是中国的三代史。在夏之夷夏之争，夷东

---

① 初稿成于 1927 年，是任教成都大学时的讲义。整补稿于 1929—1930 年发表在南京《史学杂志》。

② 原载于《历史语言研究所集刊》外编第一种，见《庆祝蔡元培先生六十五岁论文集》。又见《历史学·中国古代史卷》上，16 页，兰州大学出版社，2000。

而夏西。在商之夏商之争，商东而夏西。在周之建业，商奄东而周人西。在东方盛时，"自彼氐羌，莫敢不来享，莫敢不来王，曰商是常"；在西方盛时，"东人之子，职劳不来。西人之子，粲粲衣服"。秦并六国，虽说是个新局面，却也有夏商为他们开路。关东亡秦，虽说是个新局面，却也有夷人"释舟陵行"，殷人"覃及鬼方"，为他们作前驱。[1]

杨宽的《中国上古史导论》，接受了傅斯年的东西两分法，将上起传说时代下至春秋战国的部族分为东西两系，东系包括殷、东夷、淮夷、徐戎、楚、郯、秦、赵等部族，西系包括周、羌、戎、蜀等部族。[2]

傅斯年的东西两系说"是以河、济、淮流域为地盘的"，即黄河中下游地区，这是三代的主要活动地带。但是三代以前，即三皇五帝时代，"只有东西之分，并无南北之别"，仅仅夷夏对峙的说法不成立。据古文献记载，三皇五帝时代，华夏与苗蛮、华夏与东夷分别发生了大规模的战争，是并立的三大部族集团。目前的考古材料也说明，在古史的传说时代，中华大地上有华夏、苗蛮、东夷三大集团，并以华夏集团为中心不断地发生战争。

（二）华夏集团与苗蛮集团之争

华夏集团与苗蛮集团的斗争，从考古遗存中能得到展示。三代之前的考古学文化，以秦岭淮河为界，分为南北两部分。秦岭淮河以南是苗蛮集团的活动区，以北是华夏集团的活动区。新石器晚期，长江中游的屈家岭文化——石家河文化，与黄河中游的仰韶文化晚期——庙底沟文化——河南龙山文化，南北对峙。根据目前的考古材料和传世文献看，华夏集团与苗蛮集团的斗争主要有两个时期。从屈家岭文化早期偏晚到石家河文化中期，苗蛮集团小胜华夏集团；石家河文化从中期到晚期，华夏集团大败苗蛮集团，并彻底消灭了三苗文化。

从屈家岭文化早期偏晚阶段到石家河文化中期，是三苗集团大扩张时期。约距今5000年左右的屈家岭文化时期，三苗集团日益强大，与仰韶文化晚期

① 傅斯年：《夷夏东西说》，见《历史学·中国古代史卷》上，48页，兰州大学出版社，2000。

② 参见刘起釪：《古史续辨》，48页，北京，中国社会科学出版社，1991。

的大河村类型文化产生了激烈冲突，向北发展，很快席卷了豫西南和豫南原仰韶文化分布区，故而在郑州、三门峡地区、晋南、陕西东部发现了屈家岭文化的典型陶器①，说明屈家岭文化的影响曾一度达到黄河之滨。在这次的苗夏文化大碰撞中，苗蛮集团占了上风。

石家河文化从中期开始后走向衰落，与此同时，黄河中游的龙山文化已经崛起。龙山时代相当于古史传说中的五帝时期。古文献记载，五帝时期，苗夏之间有三次大规模的战争，分别发生在尧、舜、禹时期。有的学者将这三次战争看作一个战争的三阶段，将其分为尧时进攻、舜时相持和禹时全胜三个阶段。② 据《史记·五帝本纪》载：尧时，"三苗在江淮、荆州数为乱。于是舜归而言于帝，……迁三苗于三危③，以变西戎"。尧征三苗取得了胜利。继尧之后，舜又征三苗。但舜的征伐似乎并不顺利，从舜令禹征苗而"苗民逆命"④，到"舜舞有苗"⑤，再到"分北三苗"⑥，最后舜"南征三苗，道死苍梧"⑦，有所起伏。如果"舜却苗民，更易其俗"⑧ 的记载可信的话，舜征三苗大大的削弱了苗蛮集团的实力。不久，趁着三苗遭受天灾的机会，禹征三苗。"禹既已克有三苗，焉磨为山川，别物上下，卿制大极，而神民不违，天下乃静"⑨，取得决定性胜利。龙山文化前后期交界时，以王湾三期为主体的河南龙山文化越过淮河，大举向南扩张，代替了原来的石家河文化，在豫南、湖北地区形成了同属于龙山文化的五类文化遗存。王湾三期文化属河南龙山文化，是二里头文化的直接前身，也即是夏文化的前身，王湾三期取代石家河文化，意味着华夏集团对苗蛮集团的胜利和征服。

禹征三苗获胜后，对三苗采取了"人夷其宗庙，而火焚其彝器，子孙为

① 参见向绪威：《试论长江中游与黄河中游原始文化的关系》，载《考古与文物》，1988（1）。
② 参见石兴邦、周星：《试论尧、舜、禹对苗蛮的战争》，载《史前研究》，1988 年。
③ 《尚书·舜典》记载为"窜三苗于三危"。
④ 《尚书·大禹谟》。
⑤ 《战国策·赵策》。
⑥ 《尚书·舜典》。
⑦ 《淮南子·修物训》。
⑧ 《吕氏春秋·召类》。
⑨ 《墨子·非攻下》。

隶，下夷于民"①的文化灭绝政策，三苗彻底灭亡了。自此，古文献中再也没有三苗的记载。与此相应，这一地区的考古文化出现了文化断层，与石家河文化相衔接的史前文化或青铜文化，在长江中游及邻近地区，至今尚未发现。整个夏商时期，苗蛮地区的土著文化极其微弱，几乎处于空白和停滞阶段。尽管如此，由于此前华夏与苗蛮集团的长期战争，各有兴衰胜负，文化凭借武力得以强行交流和融合，禹灭三苗时，华夏文化中已经融入了部分的苗蛮文化。

（三）华夏集团与东夷集团之争

傅斯年的两系说是从"以河、济、淮流域"的"地理的形式"出发，将三代文化划分为东西两系。"河、济、淮流域"也就是黄河中下游地区，此地区的考古文化确实是东西相对的，与傅斯年的二系说相符。

夏代以前，在黄河中下游地区，有黄河中游与黄河下游相对应的两个考古文化系统，即西系的考古文化序列为：裴李岗文化——仰韶文化——庙底沟二期文化——河南龙山文化；东系的考古文化序列为：北辛文化——大汶口文化——山东龙山文化。有的学者认为，大汶口文化时代为太皞——蚩尤时代，山东龙山文化时代为少皞——有虞时代②。

大禹灭苗以前，华夏、东夷、苗蛮三足鼎立，之后，苗蛮集团和文化彻底瓦解。因此，在夏商时期，夷夏之争贯穿始终，其格局是华夏集团与东夷集团两强相争。笔者以为，就三皇五帝时期而言，徐旭生的三系说也许颇为恰当；就夏商两代而言，傅斯年的二系说或者更切合历史。

夏代，夏文化和夷文化东西相对。二里头文化是夏文化，上承西系的河南龙山文化；岳石文化是夷文化，上承东系的山东龙山文化。至于夷夏之间的分界线，傅斯年认为是"济水上流，至于商丘"③，即在郑州与商丘之间，近年来，某些学者认为在"黄河南岸的杞县至淮河北岸的安徽临泉一带"④。比较

---

① 《国语·周语》。

② 王震中：《东夷的史前史及其灿烂的文化》，载《中国史研究》，1988（1）。

③ 傅斯年：《夷夏东西说》，见《历史学·中国古代史卷》上，33页，兰州大学出版社，2000。

④ 宋豫秦、李亚东：《'夷夏东西说'的考古学考察》，见《夏文化研究论集》，54～59页，北京，中华书局，1996。

二里头文化和岳石文化的遗存发现，二者相似的文化因素很少，除直接交汇地区外，很难在一方的文化遗址中发现另一方的典型器物，但在两种文化直接交汇的杞县及附近遗址中，往往再有少量的对方典型器物出土。可见，有夏一代，夷夏的关系以政治上的对抗和争斗为主，文化的交流和融合没有深入下去，仅限于边界地区。

在谈论商代的夷夏之争以前，首先要明确，商人属于东夷集团，还是归到华夏集团？在商代的夷夏之争中，商的主要争斗对象是夷还是夏？傅斯年认为商与夷同属东系，是同一个部族文化集团；徐旭生却认为商人是华夏集团的一支。要确定商人所归属的集团，必然涉及商族的起源问题。

有关商族的起源，历来争论不休，有西方说、东方说、北方说、山西说等说法。西方说是传统说法，源自司马迁。东方说由王国维首创，徐中舒、郭沫若、佟柱臣、王玉哲、龚维英、栾丰实、孙玮等先后响应。北方说始于傅斯年、金景芳、张博泉、蔺新建、干志耿等支持此说。山西说是较新的说法，提倡者有邹衡、李民、姚政、陈昌远等。解决这一争议的关键是找到先商文化。近年来，支持西方说和北方说的人不多，主要原因是在这两地没有找到先商文化。但是，提倡东方说的不乏其人，他们虽未在山东找到先商文化，但依据大汶口文化、山东龙山文化以及岳石文化与早商文化有着密切联系，断定商族起源于山东，属于东夷族，是由东向西迁徙到中原的。徐基、张国硕作专文批驳了东方说，认为，商族是由西向东渐，而不是由东向西渐。张国硕还进一步指出，岳石文化与二里岗早商文化的文化因素衔接不上，山东、豫东地区的龙山文化与二里头文化也无法衔接，故而，"'东方'的龙山文化是不能被看作是先商文化遗存的"[①]，彻底否定了东方说。迄今为止，由于考古界对于先商文化的认识还存在分歧，商族起源的问题尚未完全解决。就目前的考古材料而言，商族起源于东方的说法难以成立，商族也极可能不属于东夷族或东夷集团。另外，大多数学者都把夏、商、周看作华夏族的一支。因而，本文将商人看作是华夏集团的一支。

从考古遗存看，商代初年，商文化没有向东夷扩展，到二里岗上层文化时

---

① 张国硕：《从商文化的东渐看商族起源"东方说"的不合理性》，载《中原文物》，1997（4）。

期，才开始向东夷进发，扩展到原属东夷文化分布区的济南、泗水、青州一带。目前，在山东菏泽安邱堌堆遗址、泗水尹家城、济南大辛庄等遗址，都发现了二里岗上层文化遗存。考古材料所反映的这种情况和古文献的记载相同。古文献中，商代对东夷的征伐，最早的是在仲丁时期。《竹书纪年》记载为"仲丁即位，征于蓝夷"。有的学者认为，在小双桥遗址中发现的方孔石器，可以作为仲丁伐东夷的线索。小双桥遗址时代属二里岗文化上层偏晚阶段，与商王仲丁等时代相当。方孔石器是岳石文化的典型石器，磨制较精，侧刃锋利，既可以用作兵器，也可作为"礼器"，可能是仲丁伐东夷取胜而获得的战利品。此后，商文化对东夷文化的扩张步步深入，仲丁是第十位商王，到了第十七位商王的南庚时期，南庚把都城迁到原属东夷文化地域的"奄"，即今天的山东曲阜。商对东夷的征战最频繁的时期，是商代后期。在甲骨文中，有很多商王征"尸方"的记载，尤其是在帝乙、帝辛时，与"尸方"都有大规模的战争。郭沫若、陈梦家等都认为甲骨文中的"尸"假为"夷"字，"尸方"即"夷方"，也就是东夷人。从考古材料看，最后可能东夷被打败，失去了大部分领土，不得不退守胶东半岛。目前，除胶东地区外，在山东的所有地区都发现了与殷墟基本相同的商代后期文化遗存。① 保留了东夷文化特征的只有胶东的珍珠门遗址，即便是这一遗址，也有受商文化影响的因素。总之，商代的夷夏之争，已打破对抗的局面，华夏胜而东夷败，华夏文化已经占领东夷文化的绝大多数领域，在同化东夷文化的同时，将部分东夷文化的因素融入华夏文化中。

在古史的传说时代，即从三皇五帝到夏商这一相当长的时期内，华夏与苗蛮、华夏与东夷之间不断的武力征伐，带来了文化的交流和融合。尽管三苗文化被华夏集团消灭了，东夷文化也大幅度减小了控制领域，但是，华夏文化将苗蛮文化和东夷文化融入其中，形成内容更丰富、地域更广大的新的华夏文化。华夏与苗蛮之争以及华夏与东夷之争的历史就是华夏文化融合夷、苗文化，不断发展壮大的历史。

---

① 参见张国硕：《试论华夏集团与东夷集团的文化交流与融合》，载《中国史研究》，1993(3)。

四、周秦区域文化

先秦区域文化以武王分封为转折，武王分封之后是文献可考的国别区域文化。

从武王分封到项羽亡秦这段时间，即周秦两代的区域文化。需要说明的是，为什么将历时短短十五年的秦代划入这个时间段？主要有两个原因：① 秦代是战国秦文化的延续，如果不考虑这个时间段，秦文化就被割裂了。② 秦始皇灭六国，"车同轨"、"书同文"等一系列措施，对本来已经相互融合、边界模糊的各国区域文化是致命一击。秦代短短十五年是各国区域文化的转型期，秦亡汉立，山河再次一统，汉民族逐渐形成，武王分封所形成的区域文化告一段落。因此，只有包含秦代，各国区域文化从形成到消亡的全过程才完整，才能体现贯穿各区域文化始终的文化观念，即文化特征，而后者正是本文的重点。

本文以国家说作为划分区域文化的标准①，将周秦区域文化划分为六大区域：齐鲁文化，秦文化，晋文化，楚文化，吴越文化，巴蜀文化。齐与鲁、吴与越、巴与蜀是否放在同一区域，学术界有争议。基于齐与鲁、吴与越、巴与蜀有相同或相似的族源、地域、历史、制度等等，这些相同或相似的因素造成文化观念的相似性，而相似的文化观念反过来又渗透到制度、学术、习俗等各个方面。在周秦时期形成了具有独特特征的"整体性"、"模式化"的齐鲁文化、吴越文化、巴蜀文化；故而本文把它们放在同一区域。

在区域文化研究中，文化的渊源是首先要遇到的问题，既是最重要的问题，也是争议最多的问题。文化特征建立在一定源流的基础上，不谈该文化的起源，就很难知道这些文化特征是如何形成的。因此，本文的重点是文化起源（包括族源）和文化特征。

---

① 区域文化的标准和边界很模糊，学术界曾就楚文化的概念展开讨论。苏秉琦在《楚文化探索中提出的问题——中国考古学会第二次年会闭幕式上的讲话》指出："'楚'有四个互相关联又互相区别的概念。第一，是地域概念；第二，是国家概念；第三，是民族概念；第四，是文化概念。"学者们在划分区域文化时，有地域说、国家说、民族说、文化学术说等多种说法，不尽相同。其中，国家说为大多数学者采纳，笔者也采用此说。

（一）齐鲁文化

周武王五年（前1065），分封天下，"而师尚父为首封。封尚父于营丘，曰齐。封弟周公旦于曲阜，曰鲁"①。自此，齐国和鲁国都在海岱地区建立起来。这里原是东夷文化的主要活动地带。海岱地区即是今天的山东。齐鲁两国，以泰山为界，在此建国。齐国在泰山以北，以临淄为中心，包括今日的鲁东、鲁中、鲁北、鲁西等地。鲁国在泰山以南，以曲阜为中心，包括今日的泰安、新泰、泗水、兖州一带。公元前256年，鲁国被楚国灭亡；公元前221年，齐国被秦国灭亡。齐鲁两国在山东都存在了八百多年，延续和改造了古东夷文化，形成独特的齐鲁文化。

自20世纪80年代以来，齐鲁文化的研究热点集中于齐鲁文化是否同一个思想文化体系，齐鲁文化的融合，齐鲁文化的基本特征。

1. 齐鲁文化是一个思想文化体系还是两个各自独立的思想文化体系

齐鲁文化是一个思想文化体系还是两个各自独立的思想文化体系？这是齐鲁文化比较中的前提性问题，齐鲁文化的融合、齐鲁文化的基本特征等问题都是在这个问题的基础上展开的。对这一问题，有两种完全对立的观点。

一种观点认为，齐鲁文化是两个各自独立的思想文化体系。持此说的有逄振镐、蔡德贵、张景海等。

逄振镐在《齐鲁两国建国方针之比较研究》中，从"建国方针"出发论述齐鲁文化是两个思想文化体系。他认为，齐鲁两国建国方针的不同，决定了其最终命运的不同，也由此而形成了完全不同的两个思想文化体系。在另一篇文章《齐鲁文化体系比较》中，他从文献资料和考古资料两个方面进一步论证"齐文化和鲁文化，从主体上看，是两个各自独立的、各具特征的不同的文化体系"②。

蔡德贵在《齐学、鲁学和稷下学宫》中，从齐学、鲁学的创立出发论述齐鲁文化是两个思想文化体系。他认为：齐、鲁有两种不同的学术体系，即齐学、鲁学。它们的渊源追溯到齐、鲁的建国。周公创立鲁学，至孔子而集大

---

① 《史记·周本纪》卷四。
② 逄振镐：《齐鲁文化体系比较》，载《文史哲》，1994（2）。

成；姜公创立齐学，至管仲而成系统。齐、鲁之学之所以成为两个完全不同的思想体现，是由于两国在政治、经济、地理环境、民俗差异等方面的不同所致。

张景海从考古学的角度出发，证明齐、鲁文化是不同的文化系统。他在《关于齐、鲁文化的两个问题》一文中，以齐、鲁地区的考古资料为依据，论证西周时期的齐、鲁文化是山东两种完全不同的文化系统。

另一种观点认为，齐鲁文化是一个完整的思想文化体系。持此说的有罗祖基、陈启智、郭墨兰、张富祥等。他们观点不尽相同。罗祖基、陈启智完全否认存在齐文化与鲁文化的区别；郭墨兰、张富祥虽然也同意齐鲁文化是一个完整的体系，但认为这个体系内有齐文化与鲁文化之分。

罗祖基完全否认存在齐文化与鲁文化，齐学与鲁学的区别。在《关于齐鲁文化研究中的几个问题》一文中，他将鲁国的孔子与齐国的管子、晏子的思想言行加以比较，认为他们之间没有根本性的分歧，都是周礼制度的奉行者。而且，所谓的"齐学""鲁学"名不符实。他认为：战国时期，齐国的稷下学宫只是各家争鸣的场所，并未形成有完整理论体系的学派，将之称为"齐学"，与当时的显学"儒学"相对立，是不当的。而从"鲁学"看，在战国时期，它已经突破了地域界限，之后又由于汉武帝的"独尊儒术"而成为二千年来占统治地位的思想体系，这一体系也不是"鲁学"这个地域性名称所能概括的。

陈启智与罗祖基的观点相近，也不同意存在齐文化与鲁文化的区别。在《齐、鲁之学与齐国政治》一文中，他指出：齐鲁两国立国之初，所治之地同属东夷，所面临的政治、文化使命一致，所采取的政策措施也基本相同。而姜太公与周公政治主张的不同，也仅限于他们两人之间，不宜提到两国学术高度来认识。总之，齐鲁两国有着共同的文化渊源，在传承时始终没有形成对立的学派，因此，不能说有完全不同的齐文化与鲁文化。

郭墨兰认为，齐鲁文化是一个完整的体系，但在这个体系内，齐、鲁文化有各自的代表，并且不断地相互交流融合。在《齐鲁文化是一个完整的体系》一文中，他认为，古齐鲁文化是一个完整的、庞大的体系。一方面，这一体系几乎涵盖了先秦所有学派，既包括孔孟的儒家文化，也包括管、晏、兵家文化，还包括云集稷下的诸子百家。另一方面，孔孟的儒家产生于鲁国，可看作是鲁文化的代表；管、晏、兵家、稷下诸子产生于齐国，可看作是齐文化的代表。在另一篇文章《齐鲁文化发展论略》中，他指出："周礼文化在齐、鲁（尤其是鲁）得到较充分的继承和发扬，使齐鲁文化沿着西周奠定的礼治文化传统发扬光大，日臻繁荣，形成了齐鲁独特的地域文化圈。""被汉武帝定为一尊的董仲舒新儒学，已经不是鲁国孔子、孟子的儒学，而是以孔孟儒学为核心和骨架把齐鲁文化融为一体的儒学了。"①

张富祥认为，"齐鲁文化"是一个统一的文化实体，而且是一个复合文化，由齐文化和鲁文化两大部分组成。在《齐鲁文化综论》一文中，他对"齐鲁文化"的名称及源流作了界定，将齐鲁文化划分为上古和中古两大阶段，认为：齐鲁文化是由齐文化和鲁文化组成的复合文化。在先秦时期，齐、鲁文化的分野相当明显，在东西文化交流过程中形成，是两个不同风格的文化型种，分属于不同的发展系统。

2. 齐、鲁文化的融合

如果存在齐文化与鲁文化的分野，那么这种分野是什么时候消失的？也就是说，齐、鲁文化的融合是什么时候开始，什么时候完成？许多学者专文论述了这一问题，有两种观点：

一种观点认为齐、鲁文化的融合是在稷下学宫内完成的，持此说的有蔡德贵、郭墨兰等人。蔡德贵在《齐学、鲁学和稷下学宫》中认为：《管子》和《荀子》把齐学和鲁学融合起来。《管子》以齐学为本，鲁学为末；《荀子》以鲁学为本，齐学为末。它们既不同于齐学，也不同于鲁学，而是在稷下学宫形成的新的思维模式，也是齐、鲁文化融合于稷下的体现。郭墨兰在《齐鲁文化比较论》和《齐鲁文化早期交流融合述论》中认为：齐鲁文化在齐景公、晏子时已开始融合，至稷下学宫时，已基本融汇在一起了。

另一种观点认为齐、鲁文化不断交流和渗透，并非在稷下学宫就完成了融合，而是在经过更长一段时间。持此说的有张富祥等人。张富祥在《齐鲁文化综论》中认为：稷下学派的兴起是齐文化与鲁文化的初步融合。秦汉统一，为齐文化与鲁文化在更深层次上的融合创造了社会的和历史的条件。两汉经学最

---

① 郭墨兰：《齐鲁文化发展论略》，载《文史哲》，1995（3）。

后完成了"齐学"与"鲁学"到后世称之为"汉学"的转变，这是齐文化与鲁文化的又一次大融合。齐文化与鲁文化的一体化过程，直到宋代才最终完成。

3. 齐鲁文化的基本特征

关于齐鲁文化的基本特征有两种不同观点。

一种观点认为齐鲁文化是两个思想体系，其基本特征不同：齐文化兼收并蓄，具有开放性的特征；鲁文化固守一家，具有封闭性的特征。持此说者众，有逄振镐、蔡德贵、胡孚琛、刘宗贤、孙开泰、梁宗华等人。蔡德贵在《齐学、鲁学和稷下学宫》中认为，齐、鲁两国在政治、经济、地理、环境、民俗上的差异造成齐、鲁之学的不同特征。齐学主变，主合时，有崇尚变革的革新精神；鲁学主常，主合古，有不肯变革的保守精神。胡孚琛和刘宗贤还指出齐文化是滨海文化。刘宗贤在《试论齐文化的开放性特征》中，更进一步认为：沿海的地域条件，开放的商品型经济及开明的政治方针造就了一批具有民主精神的统治者，使齐文化具有开放性的特征。孙开泰在《邹衍的思想与齐文化的特征》中，不仅认为邹衍的思想学说反映了齐文化开放性的特征，还认为齐文化有另一个特征：丰富的想象力和浪漫色彩。梁宗华在《从孟子看齐鲁文化的交融》中，则强调齐文化的功利性，认为：鲁文化的特征是重礼义、崇礼治；齐文化的特征是尚功利、重霸道与法术，礼法并用。

另一种观点认为齐鲁文化是一个思想体系，其基本特征相同，都是周礼文化，是中国传统文化的主干和核心。持此说的有罗祖基、张富祥、陈启智等人。张富祥在《齐鲁文化综论》中还指出：齐鲁文化"从未显示出次生或派生的文化形态，始终作为典型的'中原文化'而存在"，"齐鲁文化的正统性、传承性、稳固性和辐射性，造成它发展过程中的高度'自我意识'"[①]。陈启智在《齐、鲁之学与齐国政治》中不同意刘宗贤的观点，怀疑沿海的地理环境造成了齐文化开放性特征。他认为，齐国的沿海，并不像希腊那样，有很多岛国和城邦隔海相望，可从海路进行交往。海洋对于齐国而言，只能使边远的齐国，较之内陆国家更为闭塞，远不如内陆国家与四方通商便利。除了鱼盐之便，海洋对齐国的发达没有意义。

---

① 张富祥：《齐鲁文化综论》，载《文史哲》，1988（4）。

（二）秦文化

1. 秦文化的渊源

关于秦文化的渊源，主要有三种观点：东夷说，西戎说，周人说。

东夷说是传统说法，始于司马迁的《史记》。近代持此说的有：卫聚贤的《中国民族的来源》，徐旭生的《中国古史的传说时代》，黄文弼的《嬴秦为东方氏族考》，顾颉刚的《从古籍中探索我国的西部民族——羌》，何汉文的《嬴秦人起源于东方和西迁情况初探》，段连勤的《关于夷族的西迁和秦嬴的起源地、族属问题》，赵化成《寻找秦文化渊源的新线索》，黄留珠《秦文化二源说》等等。东夷说的主要依据可归纳为：① 秦人始祖玄鸟卵生的神话传说，与东夷人从鸟降生的传说相同，是东方古老氏族鸟图腾崇拜的反映。②《史记》称秦是"帝颛顼之苗裔"[1]，并说秦襄公"自以为主少皞之神，作西畤，祠白帝"[2]。颛顼、少皞都是传说中东方夷族部落的首领。③ 嬴姓原蔓延于东方，秦为嬴姓，亦应源自东方。④ 古文献记载秦人远祖柏翳的封地不只一处，但无论是"费"还是"秦"，都在东方。⑤ 秦与殷商关系密切，秦人与殷人有许多共同特点，如玄鸟传说，长于狩猎、畜牧，墓葬形制，鬼神崇拜等等。商代，"嬴姓多显"，秦人始终效忠于商王朝。⑥ 早在夏末商初，秦人就开始从山东迁往山西、陕西、甘肃，这一过程最晚在西周中期非子时结束。大部分秦人是在西周初年周公东征以后被迫西迁的。

持西戎说的有：王国维的《秦都邑考》，蒙文通的《秦为戎族考》、《秦之社会》，刘节的《中国古代宗族移植史论》，熊铁基的《秦人早期历史的两个问题》，俞伟超的《古代'西戎'、'羌'、'胡'考古学文化归属问题的探讨》，韩伟的《试论战国秦的屈肢葬仪渊源及其意义》、《关于秦人族属及文化渊源管见》。此说的主要依据可归纳为：① 秦开国前的世系，都是宗祝伪造的；秦先世的记载，可能出于司马迁的臆断，不足征信。② 所谓颛顼、少典舜禹，都是西方之人或神；秦祖先戎胥轩娶申戎女首领[3]为妻，说明秦之父系和母系皆

---

① 《史记·秦本纪第五》卷五。

② 《史记·封禅书第六》卷二八。

③ 即"郦山之女"，《史记·秦本纪第五》载："申侯乃言孝王曰：'昔我先郦山之女，为戎胥轩妻，生中潏，以亲故归周，保西垂，西垂以其故和睦。'"

为戎，而秦之同族赵亦为戎。③ 大量古文献皆称秦为戎狄。④ 殷末时中潏已在西戎，"保西垂"①，说周公东征后才开始将秦人西迁甘戎，不合常理；秦世系记录可信有据的大骆、非子定居在西犬丘（今甘肃天水西南），秦文化自非子以后逐渐向东发展。⑤ 秦人宗教祭祀仪式与戎狄相同，都以马为牺牲品，祭祀对象庞杂。⑥ 秦墓的屈肢葬、铲形袋足鬲、洞室墓等文化特征与甘青地区古文化因素有密切的渊源关系。

还有一种说法认为，秦文化源于周文化。日本学者饭岛武次的《秦文化的起源》，得出的结论是：秦文化源于周文化这一母体，周、秦文化是时代的差别，不是民族差别。他的论据有两点：① 春秋早期，秦的青铜礼器、随葬陶器深受西周文化影响。② 秦的大型贵族墓中的中字形墓圹、黄肠题凑、墓上建筑属周文化系统习俗。

2. 秦文化的特征

秦文化的基本特征是功利主义。林剑鸣在其《从秦人价值观看秦文化的特点》中，以"中国文化具有'内倾'特点"这一观点作为驳斥点，分析了秦文化的各个层面：物质文明、思想理论、宗法制，得出秦人价值观是"唯大尚多"，是"外倾"的功利主义这一结论。李晓东、黄晓芬的《从〈日书〉看秦人鬼神观及秦文化特征》一文，则从云梦楚简《日书》考察秦人鬼神观，又从秦人鬼神观考察秦文化，得出"秦文化的特质则突出表现为重实效、重结果、重现实的功利主义"这一结论。他们还指出：《日书》是一幅反映秦国社会生活的风俗画，从中可以看出，秦人所关心的问题，不是仁义的施废、礼乐的兴衰，而是攻城夺池、为官为吏、婚丧嫁娶、生老病死……等与人们切身利益直接相关的日常生活和社会生产之事"，"这充分表现了秦人重实惠的功利主义价值观念"。② 黄留珠的《秦文化琐议》和《秦文化的基本特征及其对民族传统的影响》中的"三个主义"，即集权主义、拿来主义、功利主义。与前两个提法不同的是，黄留珠否认秦文化的功利主义是一贯存在的，而是认为"功利主义是秦文化价值层次所具有的特色，它形成于商鞅变法之后，是秦文化'拿来'法家思想的结果"，并提醒注意贾谊描述秦人功利主义世俗那段话开头的

① 《史记·秦本纪第五》卷五。
② 李晓东、黄晓芬：《从〈日书〉看秦人鬼神观及秦文化特征》，载《历史研究》，1987（4）。

"商君"二字，指出："它表明贾生所言之民俗非秦所固有，而是商鞅变法后新形成的。"

（三）晋文化

1. 晋文化的分期

吉琨璋、吴振禄等将晋文化考古与晋国历史结合，以叔虞封唐为上限，秦灭三晋为下限。他们认为，晋文化的时间界限以晋国和三晋国家存在的年代为标志，并强调"新田时期"在晋文化上的特殊地位。吉琨璋在《晋文化考古研究的几个问题》中，提出了以"新田时期"为界的三期分法：

> 第一期：平稳同步期。由叔虞封唐到迁都新田以前。"晋文化"是在一种平稳、渐进的状态下稳步发展。……同宗周乃至周武姬姓封国以及齐、鲁、燕、秦、楚等列国在文化发展水平上同步一致。

> 第二期：繁荣扩张期——新田时期。……创造了与霸主地位相当的晋文化。

> 第三期：衰落扩散期——三晋时期。……晋国政治中心由山西转移到河北、河南，由一元而呈多元化……晋文化扩散但衰落了。

吴振禄在《晋文化几个问题研究》中，把晋文化分为五期：西周时期（姬虞至文侯）、春秋早期（文侯至武公）、春秋中期（献公至定公）、春秋晚期至战国早期（出公至桓公）、战国中期至魏王假降秦。

2. 晋文化的特征

苏秉琦强调晋文化的交汇性、复杂性。他认为，晋文化最本质的特征是："它是独一无二的，是北方、中原二大文化区文化汇合点上相互撞击发生裂变形成。"并指出："晋文化虽然西周的色彩很浓，但仍然是个土著国，当地民族历史文化传统是主要的，晋文化不是周人传统，而是北方传统"，而且晋文化"自有源头、自有独立发展历程的当地夏、戎结合的古代文化"[1]。

王克林强调晋文化的继往开来性、兼收并蓄性。他从考古器物群分析晋文化的特征，认为："晋文化从它发生到基本同周文化融合为一体，始终是继往

---

① 苏秉琦：《华人·龙的传人·中国人——考古寻根记》，243 页，沈阳，辽宁大学出版社，1994。

开来、兼收并用，逐渐发展成为自成体系和独具特色的文化。"①

刘纬毅强调晋文化的民族融合性、兼容并包性、地域差异性和黜华尚实性。他从"不涉韩、赵、魏，专述山西的历史文化"角度，提出"由于地理环境与历史背景的原因，它又不同于齐鲁文化和吴越文化，有其自身的特质。概括起来主要表现在四个方面，即民族融合性、兼容并包性、地域差异性和黜华尚实性"②。

李元庆强调晋文化的革新性和开放性。他从"山西南北两个'小地域文化圈'的划分"出发，提出晋文化有两大基本特点："其一，顺应时变的革新精神"，"其二，兼容并蓄的开放态势"③。

孟繁仁强调晋文化的"义勇"精神。他从分析晋文化源头出发，指出：女娲文化是三晋文化和中华民族文化源头，关公的"义勇"精神是三晋文化和中华民族文化的精神。

（四）楚文化

1. 楚族的起源

楚族的族源问题，有北来说、土著说、东来说、西来说四种说法。

北来说，又称为中土说、华夏说，是传统说法，认为楚族是华夏族系的一支。持此说的有傅斯年、张荫麟、蒙文通、徐旭生、顾铁符、何光岳、马开梁、王劲、王光镐等。此说的主要论据是：①《史记·楚世家》记载，楚的祖先是祝融八姓之一，而"郑，祝融之墟也"，因此认为楚来自北方，是华夏族系的一支。②"楚言"与"夏言"只有方言差异，楚人和诸夏可以通话。楚人所用的文字就是诸夏所用的文字。楚辞的语法结构和基本词汇与"夏言"大同小异。③ 楚国民间通用夏历。④ 楚人所引用语句，多出于中原文献。⑤ 楚制与周制同多异少。⑥ 楚地出土的矮裆矮足鬲是典型的楚鬲，与周氏瘪裆鬲有着密切的联系。⑦ 楚地鼎、簋对偶的青铜文化和仿铜陶文化，是在华夏文化的基础上产生的。

---

① 王克林：《晋文化研究》，载《文物季刊》，1989（1）。
② 刘纬毅：《三晋文化的特质》，载《山西师大学报（社会科学版）》，1998（1）。
③ 李元庆：《三晋古文化源流》，太原，山西古籍出版社，1997。

土著说，又称为苗蛮说，认为楚族是三苗族系的一支。持此说的有林惠祥、范文澜、龙海清、龙文玉、俞伟超、梁钊韬、张正明、吴永章、吴曙光、石宗仁等。此说的主要论据是：① 炎帝亦称神农氏、列山氏，在今湖北随州厉山一带活动，祝融亦当出自江汉地区。② 据《楚辞》和扬雄的《方言》，楚语与苗语相通，有许多读音相同或相近，或可以互转的字。"荆楚"也是苗语。③《楚辞》描述的风俗，与苗族至今仍流行的一些习俗相似，如祭山鬼、招魂、巫卜、莫敖、端午等。④ 出土的晚期楚鬲有些似鼎，说明楚式鬲是由土著鼎发展而来的。

东来说，又称为东夷说，认为楚族是东夷族系的一支。持此说的有郭沫若、胡厚宣、王玉哲、苏仲湘、唐嘉弦等。此说的主要论据是：① 祝融八姓各族所在地主要在河南、山东、江苏交界处，属东夷集团的活动地带。② 风俗与东夷其他民族一些习俗相似，如：好神仙、祀日崇乌等。

西来说，又称为氐羌说，认为楚族是氐羌族系的一支。持此说的有岑仲勉、姜亮夫、一之等。他们的主要依据是祝融与属于羌人的炎帝集团为近亲。

以上说法，北来说和土著说各成体系，属于主流说法；东来说和西来说，考古学上的依据不足，近年来，提倡者稀。无论是北来说还是土著说，都不得不承认，楚文化是多源文化，融合了各种文化因素。

2. 楚文化的特征

学者们往往从屈原及其《楚辞》出发，考察楚文化的特征，认为楚文化有神巫性、浪漫性等特征。如：殷义祥、丹枫在《楚文化的特点及影响》中指出："楚文化是我国古文化的重要一支，它是以江汉地区为中心，在原始宗教、巫术、神话的沃土中发展起来的一支由楚人创造的具有浓郁地方色彩的开放而多元的南国文化。原始楚文化以神巫性、浪漫性、卓然不屈的文化精神的总体特征，对文学加以渗透，形成了南楚文学的独特风格，为后世中华民族灿烂文化的形成和发展做出了突出贡献。"[1]

肖晓阳认为，楚文化有悲剧性特征。他在《悲壮的楚魂——试论楚文化的悲剧性特征》中指出："楚国是一个神奇的国度，楚人创造了具有浓郁悲剧性

---

[1] 殷义祥、丹枫：《楚文化的特点及影响》，载《吉林大学社会科学学报》，2001（2）。

的楚文化。与中原文化相对照，它是居于从属地位的边缘文化，偏僻的地域造成了楚人的自卑心理，柔弱是楚人的哲学要义、悲剧人生的起点，楚人从困境中奋起，与中原抗衡，形成了独特的悲剧性格。与华夏文化重理性的主流观念不同，楚文化是重意气、好冲动的酒神型文化，在歌乐和神话的激荡之下，楚人舍生忘死，用行动展示出自己的人格力量，显得尤为悲壮、感人。与北方已经世俗化的社会相比较，楚文化是充满了传奇色彩的神秘文化，神灵是楚人崇拜的偶像，祝融的神火曾给楚人带来无穷的力量，随着楚国的强大，信仰的不合理性暴露出来，楚人愈顽强，楚国的崩溃愈迅速，楚文化的衰落更具悲剧性。"[1]

（五）吴越文化

吴越文化的研究，是近代最早进行的区域文化的研究，早在20世纪30年代就开始了。1936年8月，由蔡元培、卫聚贤等人发起，成立了"吴越史地研究会"。他们的工作重点是考察吴越文化起源。一方面，在江南各地发掘了南京栖霞山、常州庵城、金山卫戚家墩、苏州石湖、杭州石荡、良渚、湖州钱山漾等新石器遗址；另一方面，对吴越史料进行系统的整理。在考古发现和传世文献的基础上，提出了一些有影响的新观点，如卫聚贤的太伯之封在西吴说。20世纪50年代，湖熟文化和宜侯夨簋的发现，引起学者们对吴越文化的再次关注。80年代，"文化热"兴起，吴越文化的研究有所进展。

1. 吴越文化的起源

吴越文化的起源是个很复杂、涉及很广、观点林立的问题，也是吴越文化的中心问题。本文从吴越是否同源、吴族的起源、越族的起源作一简单介绍。

第一，吴越是否同源。

吴越同源是20世纪80年代以来的热门话题。持此说的有谭其骧、陈桥驿、王文清、张昌倬、张敏等，具体意见有所不同。谭其骧从吴越两地地名、语言、习俗相同，主张"吴越是同语族系的一族两国"。陈桥驿赞同此说，认

---

① 肖晓阳：《悲壮的楚魂——试论楚文化的悲剧性特征》，载《湖北民族学院学报（哲学社会科学版）》，2000（2）。

为"句吴和于越属于一个部属的两个中心"。① 王文清认为："共同的语言、共同的地域、共同的经济生活、共同的文化上共同的心理素质，是构成同一民族的基本特征，也是我们识别一个民族的主要标志。吴越两国土著居民具有这一切特征，自是同族。"② 但是属于百越哪支，尚有争议。王文清认为吴越同属于越族。张昌倬认为吴的土著居民族属是干越，勾践的越国人族是于越。张敏认为，从吴人的图腾、语言、习俗及文化遗物等因素来看，与越人系相近，以人种学的范畴来划分，当为百越的一支——山越。

有大部分学者不同意吴越同源说，认为吴越文化的相同是历史发展形成的，它们的来源都是由当地原始居民发展形成的。具体在以下吴族的起源和越族的起源两部分综述。

第二，吴族的起源有数说。

周族分支说。这是传统说法，起于《史记·吴太伯世家》："太伯、仲雍二人乃奔荆蛮，文身断发，自号勾吴。"郭沫若主编的《中国史稿》亦认为"吴在先是周族的一支，后来与当地居民融合"。

荆蛮说。持此说的有李伯谦、肖梦龙、蒋华、张敬国等。李伯谦认为，湖熟文化是先吴文化，是吴文化的发源地。肖梦龙也明确指出，湖熟文化的属性就是荆蛮族创造的吴国文化。蒋华认为，太伯、仲雍乃奔荆蛮之际，江南确是荆蛮氏族部落的所在地。张敬国认为，"吴国是以荆蛮为主体的奴隶制国家"。

东夷说。持此说的有刘建国、程德祺、王卫平等。刘建国认为，湖熟文化的族属可能是东夷最南边的支系。程德祺也认为，太湖流域的原始居民可以说是东夷族南支。王卫平认为，勾吴的名称应与吴国正干有关，干国是东夷的一支。

句吴族说。刘和惠认为，太伯、仲雍奔荆蛮，改习从俗，因而自称句吴，和土著居民一致起来，句吴为族号。

弓鱼族说。尹盛平、贺云翱认为，太伯、仲雍所奔之地是弓鱼国，弓鱼族因为靠近荆楚又不和周同祖，故被荆人称之为荆蛮。

---

① 陈桥驿：《"越为禹后说"渊源》，载《浙江学刊》，1985（5）。
② 王文清：《论吴越同族》，载《江海学刊》1983（4）；《再论吴越同族》，见《江苏史论考》，南京，江苏古籍出版社，1989。

周人与土著融合说。李学勤认为，丹徒一带是吴（宜）国的始封地，周人是这一国家的统治者，土著是被统治者。

多族融合说。殷伟仁认为，太伯、仲雍所奔之地处在宁镇地区的荆蛮族、太湖流域的越族、长江北岸的夷族交界处，吴族是由周人一支同散居吴地的夷、蛮、越诸族支系余部同化而形成的新民族。

第三，越族的起源也有数说。

马来说。有两种不同意见。一种意见认为，古越族是马来族的祖先留居大陆的一部分。另一种意见认为，东南亚的马来族祖先出自中国的越族。

"越为禹后"与百越同源说。这是传统观点，出自《史记·越王勾践世家》。《汉书·两粤传》、《越绝书》、《吴越春秋》、（明）欧大任《百越先贤志·自序》、王夫之《读通鉴论》等都接受了这个说法。

"越非禹后"与百越不同源说。此说最早是王充在《论衡》中提出的，依据是禹巡狩会稽、葬于会稽之说不足信。清代梁玉绳《史记志疑》也持此说。近代此说者也甚众，如陈国强等人所著《百越民族史》等。

2. 吴越文化的特征

正如王文清所说，吴越文化有"共同的语言、共同的地域、共同的经济生活、共同的文化上共同的心理素质"，因此，吴越文化的特征相同，是相同的文化。

目前，周国荣认为，吴越文化是"鱼文化"加"水文化"加"稻作文化"加"船文化"，其特征是"秀慧、细腻、智巧、素雅"。钱宗范认为，吴越文化是农业文化和江海文化，中原华夏文化和江南荆蛮文化之结合；以农业为主，农工商并重，相辅相成；重文轻武，重学轻政；经济文化景观丰富且独具地方特色。

（六）巴蜀文化

巴蜀文化的研究在抗战时期就开始了。20世纪50年代末，对巴蜀文化有开创性研究，发表了一系列研究成果，如：徐中舒的《巴蜀文化论》、《巴蜀文化续论》，缪钺的《巴蜀文化初论商榷》，蒙文通的《巴蜀史的问题》等。20世纪80年代的"文化热"也带动了巴蜀文化的发展。

第一，关于巴蜀是否同源的问题，有以下两种说法：

巴蜀同源说。王毅在《蜀文化发展渊源的探索》中认为，巴与蜀为同一文化系统，其来源主要是四川盆地及鄂西一部分地区的土著文化和江汉平原入迁民族，还有西北氐羌民族及其夏商民族中迁移扩散而入居者。

"巴人灭蜀"说。薛登否定巴蜀同源说和"巴人戍蜀"说。他在《"杜预禅位"与"巴人灭蜀"——蜀史探源之一》中认为，取代原蜀国君主杜宇的鳖灵是巴人，巴灭蜀后变蜀地为巴人之国，故蜀文化被巴文化所融合。

第二，关于巴族的起源，学者多持多源说，具体意见有所不同。

邓廷良在《巴人族源试探》中指出：古代巴人属于氐系之龙蛇团族，源出于陇右沿东西汉水东南迁。从母系角度论，巴为夏地支亲，而其男系的祖先太皞伏羲氏，本身也是西方龙蛇团族与东方鸟系结合的后裔。所以，巴人虽有部分东夷血统，但主族仍属西方氐系之后裔。

李绍明的《川东南土家与氐羌人部落的融合》认为：巴族有东西二源，是东方濮越人部落与西方氐羌人部落的融合，湘鄂川黔的土家族是古代巴族的后裔。

第三，关于蜀族的起源，主要有以下两种观点：

夏后说。孙华《蜀族起源考辨》认为，蜀与商均崇拜蚕神，蜀与东方古族以鸟为图腾，蜀应是夏代有缗氏后裔，亦即商代山东的蜀人。

多源说。王毅在其《蜀文化发展渊源的探索》中认为，蜀族有多个源头，其来源主要是四川盆地及鄂西一部分地区的土著文化和江汉平原入迁民族，还有西北氐羌民族及其夏商民族中迁移扩散而入居者。

各区域文化的族源之争，归根到底，还是文化的本土说与外来说、一元说与多元说之争。在各区域文化族源问题上，大都可以归结为三种观点：第一种是本地起源的土著说，第二种是由其他各族文化传播而来的外来说，第三种是多源说。笔者支持多源说。文化不是一成不变的，而是在交汇和融合中不断发展变化，各族的形成有一个长期的过程，在这一过程中，可能汇聚了土著和外来文化等不同源流的文化，从而产生冲突与融合，凝聚为一个民族。

至于文化特征问题，重要的不是特征本身，而是这些特征渗透到政治经济制度、学术思想、文学艺术、风俗习惯等各个层面，文化的独特性不断加强。

但是，这只是问题的一个方面。另一方面是，这种区域文化的独特性是有限度的，从整体上而言，各区域文化有着中国文化共有一些的特征，一直以来，中国文化的一体性都在不断加强。在这个二律背反的进程中，多元一体的文化格局终究要形成。

五、多元一体文化格局的初步形成①

从旧石器时期开始，由于起源和地域的不同，中国文化呈现出多元性，各文化在产生和发展的初期都形成了自身的特点。这种种族滋生地多源性不断地延续与发展着，到了新石器早中时期，中华大地上的文化多姿多彩，展现着多元并进的面貌。新石器中期以后，随着各文化不断的发展，地域的扩张和人口的迁徙越来越频繁，各文化之间的交流也越来越密切，而这些文化都是自成体系、各有特色的，交流之后必有冲突和对立，对立之后必是征服和同化，于是以黄河中下游为核心汇聚，逐渐融为一体，形成了多元一体的中华文化。多元一体文化格局的形成，经历了石器时代、青铜时代这一漫长的过程，既有三皇五帝作先驱，又有夏商周三代来开路，终由秦王嬴政的一统天下而告初步形成。

（一）秦始皇对政治与文化的统一

文化的统一必须以政治的统一为基础，秦始皇一统天下的最大功绩就在于完成了政治和文化的双重统一。

政治统一的前提是地域的统一。公元前 221 年，秦始皇灭了六国中的最后一个国家齐国，统一了天下。自此，秦始皇统治的地域，东至海暨朝鲜，西至临洮、羌中，南至北向户，北据河为塞，并阴山至辽东，远远超过三皇五帝以及夏商周三代所实际统治的地域，难怪秦始皇在琅邪刻石中要洋洋自得地说："古之帝者，地不过千里。"重要的或许不是秦代地域的空前广大，而是，这广大的地域，是秦以后历朝历代政治版图的雏形。换言之，中国的地域范围在秦

---

① "多元一体格局"最早是由费孝通提出来的，见于《中华民族的多元一体格局》，见《中华民族多元一体格局》，1～36 页，北京，中央民族学院出版社，1989。

代已基本形成。两千多年来，中国政治与文化的一幕幕、一章章，大都是在这片土地上写就。

秦始皇不仅完成了统一中国的大业，而且实施了一系列政治、经济和文化政策，客观上强化了中华文化的一体性。司马迁在《史记·秦始皇本纪》中，记载了这些政策：

> 分天下以为三十六郡，郡置守、尉、监。更名民曰"黔首"。大酺。收天下兵，聚之咸阳，销以为钟鐻，金人十二，重各千石，置廷宫中。一法度衡石、丈、尺。车同轨。书同文字。地东至海暨朝鲜，西至临洮、羌中，南至北向户，北据河为塞，并阴山至辽东。徙天下豪富于咸阳十二万户。诸庙及章台、上林皆在渭南。秦每破诸侯，写放其宫室，作之咸阳北阪上，南临渭，自雍门以东至泾、渭，殿屋复道周阁相属。所得诸侯美人、钟鼓，以充入之。

从司马迁的记载看来，秦始皇的统一非常彻底，不仅仅停留在"并一海内"这种表面的地域统一，更将统一深入到政治、经济、文化的各个方面。

在政治上，秦始皇打破传统，舍弃商周时期的"分封制"，在全国设立郡县，首次建立了高度中央集权的国家。郡县制是中国最早的行政区划制度，秦统一六国后，被正式确立，通行于全国。自此，两千年来，中国的行政区划制度，从郡县制开始，历经州制、道制、省制，沿用至今。此制度能沿用到现在，很大程度上在于它确保了政治统治的统一性，加强了中央对地方的控制。历史已经证明，秦始皇舍弃传统的"分封制"，采用"郡县制"，是卓有见识的。他的这种选择，有着深刻的原因，从秦始皇二十八年（前219）的琅邪刻石中能得到答案：

> 古之帝者，地不过千里，诸侯各守其封域，或朝或否，相侵暴乱，残伐不止，犹刻金石，以自为纪。古之五帝三王，知教不同，法度不明，假威鬼神，以欺远方，实不称名，故不久长。其身未殁，诸侯倍叛，法令不行。[1]

在秦始皇看来，"五帝三王"时期"残伐不止"、"不久长"的原因就是"诸侯

---

① 《史记·秦始皇本纪第六》卷六。

各守其封域"，"知教不同，法度不明"。当然，他不会再使用这种制度，郡县制的采用也就成了必然的选择。郡县制的确立，标志中央集权制国家的建立，政治统一得到了彻底的深化。勿庸置疑的是，政治上的统一越深化，文化上的统一才会更彻底，毕竟，文化的统一需要政治的统一作保证，即便是政治制度和方针的不同，也会影响到文化政策的制定和实施，甚至可能会深入影响到整个思想文化体系。

在经济上，秦始皇也力行一统，最主要表现在统一货币和度量衡上。秦灭六国之前，各国的货币和度量衡都不相同，各成一体，这无疑会对政治和文化的统治造成障碍。但是，问题不仅限于此，货币和度量衡是任何经济活动都要使用的手段和工具，与每个人的日常生活息息相关，货币和度量衡的不同不仅使人们在生产生活的交换活动中感到不方便，更重要的是，这种不同，久而久之，使人们产生不同的文化认同感，从而对统一的政治和文化有潜在的反抗性。如果说，政治统一是文化统一的必要前提的话，那么可以说，经济统一是文化统一的必要手段。事实上，政治和经济的统一，为文化的统一提供了外在条件，而文字的统一则为文化的统一提供了内在条件。

在文化上，"书同文"是秦始皇最重要的功绩。文字是文化的载体，文化的统一必须有统一的文字。秦灭六国前，正是"言语异声，文字异形"[①] 的战国时代，汉字处于空前混乱的阶段。近现代学者对此都有专门研究。王国维认为战国文字有东、西土之分，《说文》中的籀文为西方秦国文字，而古文为东方六国文字。[②] 李学勤在此说的基础上，进一步提出"五系说"，将东土文字分为晋、燕、齐、楚四系，与秦文字相对立，合为五系。[③] 近年出土的战国文字资料也证明，西方秦国的文字，与东方六国的文字差异很大，且有正俗体之分。秦始皇的"书同文"正是在这种文字背景下产生的，目的当然是为了对六国进行政治统治，但在客观上为文化的统一扫清了道路。有必要指出的是，中国文字从甲骨文以来都是一脉相承的，尽管字形和结构都处于不断的发展变化

---

① 许慎：《说文解字·叙》，北京，中华书局，1963。
② 参见王国维：《战国时秦用籀文六国用古文说》，见《观堂集林》卷七，186 页，石家庄，河北教育出版社，2001。
③ 参见李学勤：《战国时代的秦国铜器》，载《文物参考资料》，1957（8）。

中，但依然是汉字系统，具有汉字的基本特征。无论如何，"书同文"消除了各地文字间的差异，使混乱的文字得到了规范和整理，为文化的统一提供了条件。

（二）秦始皇迁徙政策与文化统一

秦始皇统一天下之后，实施的一系列政治、经济、文化政策，使多元一体的文化格局初步形成了。这些政策中，除了上文已经谈到的郡县制、统一货币和度量衡、书同文之外，还要特别强调的是，秦始皇的强行迁徙人口，对文化统一产生的积极影响。众所周知，文化融合为一体，不是一蹴而就的，而是经历了漫长的发展过程。在这一过程中，人口的迁徙，直接带来了文化的交流和融合，对多元一体文化格局的形成起着深远的影响。古史中的人口迁徙是个极其复杂的问题，尤其是在无信史可考的传说时代，更是争论纷纷，以夏商周三代的人口迁徙而言，首先就涉及确定三代的族源和地望，而这本身又是一个难以解决的问题。但无论怎么说，战争依然是人口迁徙的最主要原因，既有胜利者的步步深入，同化当地土著文化；又有失败者的被迫远迁，开辟新的疆土。如此种种，文化分布越来越广泛，各文化之间的交流也越来越密切，文化的融合也不断加强。到战国末期，长期的分裂和战争，已经使人口的迁徙极其频繁。秦始皇统一六国后，为了消灭六国的潜在势力和建设新的疆土，频频进行强行的迁徙人口。这一政策，客观上加强了文化的交流和融合，使文化的一体性更牢固。

秦始皇的强行迁徙人口，在《史记》和《汉书》等古文献中都有明确的记载：

秦始皇二十六年（前221），秦始皇刚统一，就"徙天下豪富于咸阳十二万户"[1]。

秦始皇二十八年（前219），"徙黔首三万户琅邪台下"[2]。

秦始皇三十三年（前214），"西北斥逐匈奴，自榆中并河以东，属之阴山，以为三十四县，城河上为塞。又使蒙恬渡河取高阙、阳山、北假中，筑亭

---

[1][2]《史记·秦始皇本纪第六》卷六。

障以逐戎人。徙谪，实之初县"①。

秦始皇三十三年（前214），"徙中县之民南方三郡（桂林、南海、象郡），使与百越杂处"②。

秦始皇三十五年（前212），"徙三万家丽邑，五万家云阳，皆复不事十年"③。

秦始皇三十六年（前211），"迁北河榆中三万家"④。

秦始皇三十七年（前210），"徙天下有罪谪吏民置南海故大越处，以备东海外越"⑤。

"秦末世，迁不轨之民于南阳。"⑥

由以上的材料可知，秦代迁徙的规模之大、地方之广都是空前的。从数量和规模上看，仅以文献中有迁徙户数的那部分计算，就有二十六万户，以每户五口人来算，有一百三十万人，而据估计，秦时可统计的人口大约只有二千万。可见，这种迁徙的人口所占比例之大，而这一比例本身也反映了强行迁徙是秦代一个重要的政策。从地方和范围上看，迁徙所到之处，几乎包括东、西、南、北、中各个方向，中在咸阳，西北到北河、榆中，东到琅琊台，南到桂林、南海、象郡。除咸阳外，这些地方大都是新建的郡县，属于边远地区，地广人稀。此外，我们可以看到，强行迁徙的人有两类：一类是"豪富"；另一类是"黔首"、"中县之民"、"有罪谪吏"、"不轨之民"等。这两类人所去地方也不同，前者是居于都城咸阳，后者是迁往边远之地。由此可见，秦始皇的强行迁徙政策有两种不同的目的：对前者，是为了打击原六国的经济，以免他们有潜力东山再起；对后者，是为了"实之初县"，也就是充实边疆，为他建设那些新征服的、地广人稀的领土。无论是出于何种目的，这种大规模、大范围的迁徙都造成了文化上的交流和融合，对于文化的一体性有着不可忽视的作用。

还有必要指出的是，这种强行迁徙，延续了下去，以至在两汉时期也很频繁。

---

① ③ ④《史记·秦始皇本纪第六》卷六。
②《汉书·高帝纪下》。
⑤《越绝书》。
⑥《史记·货殖列传》。

（三）多元一体文化的形成有着漫长的过程

秦始皇的一系列政策，不仅统一了中国的政治、经济，还统一了中国的文化，对中国文化的一体性产生了重大的影响，使多元一体的文化格局得以初步形成。但是，多元一体的文化格局，不是秦始皇一人一时之功，更不是他一人一时可能完成的，而是经过了漫长的岁月，通过战争、迁徙、游学等各种形式，使文化不断地交流和融合，于秦统一时初步形成。秦始皇起的是导火线作用，但是，冰冻三尺，绝非一日之寒。正如前文已指出的，既有三皇五帝作先驱，又有夏商周三代来开路。还要强调的是，春秋战国时期，群雄争霸，百家争鸣，是中国文化大融合、大汇聚时期，尤其到了稷下时期，就狭义上的文化而言，中国文化的思想体系已经基本形成了。没有这些时代的文化积累，也不可能有秦代的统一，更不可能有多元一体的文化的形成。

秦始皇的统一，仅仅标志着中国多元一体文化格局的初步形成，这种文化格局并没有最终完成，此后的汉唐时期，文化的多元一体性都有进一步的发展。

有人把中国文化的形成比作百川汇流，最恰当不过。正如流水一样，文化永远在向前流动，在发展变化。而且，中国的文化还并非是涓涓细流，而是由不知多少的江河之水汇纳而成的巨川，奔腾不已。

第二章
酋邦与早期国家

一、酋邦与等级、专制制度的发生

（一）原始氏族社会的逐渐解体

先秦制度文化发生发展的源头，必须追溯到更加久远的史前时期。在漫长的史前时期，生活于现今中国大地上的远古人群，不仅逐步创造出丰富多彩、各具地域特色的物质文化，还在走向原始社会解体的过程中，逐渐产生了等级制度和专制制度的因素。

由于史前人类的生产力水平非常低下，人们以群体的形式共同生活、共同劳动，所有的食品或用品都为全体成员共同分享。进入氏族阶段之后，人们以血缘关系结成牢固的共同体，在很长的一段时间里，继续保持着人与人之间的平等关系。这种生产、消费的共同性以及成员之间的平等关系，固然是由于当时低下的生产水平、匮乏的生活资源等条件所决定的，但与此同时也决定了这一阶段人群组织无等级区别的平等特性。考古发现亦证明了这一点。

1972年至1979年发掘的陕西临潼姜寨遗址，是迄今中国新石器时代中期的聚落遗址。该遗址仰韶文化堆积由下到上依次为半坡类型、史家类型、庙底沟类型和半坡晚期类型（或称西王村类型）。其半坡类型的村落遗址最为典型[①]。它的总体布局分为居住区、窑场和墓地三个部分。居住区位于中央，西南有临河作为天然屏障，其余三面环绕着人工壕沟。三片墓地分布在东南壕沟之外，窑场则位于西面靠近临河的岸边。

居住区正中有一片约4000平方米的中央广场，广场的西边，有两块可能是牲畜夜宿场的地方。在广场的四周，100多座房屋分成5群，每群均有20间左右，包括大型房屋1座，中型房屋1至2座，小型房屋约近20座，其中每座中型房屋和若干小房屋又组成单元。所有房屋环成圈形，背对围沟，门均朝向中央广场。如此整齐布局的村落，应当曾经经过较为严密的统一规划。而从居住区被分割成若干房屋群、组的现象看，应当与生活于居住区内的居民彼此存在的亲疏关系有关。有研究者认为，这里可能居住着由若干氏族组成的一个胞族或一个较小的部落。

这些房屋大多为半地穴式，房基平面呈方形或圆形。圆形房屋的面积较小，20平方米左右。方形房屋则有大、中、小之分。小的10～20平方米左右，中的40平方米左右，大的达到80甚至160平方米。无论圆形还是方形房屋，其形制大体相似。多数有伸出室外的斜坡形或台阶形的窄长门斗，室内中央偏近门处均设有用于炊事及取暖的瓢形或圆形火塘。绝大多数房屋的居住面上还设有土床，即室内地面涂铺草泥较厚的地方。土床一般位于火塘的左或右侧，约高于室内其余地面10厘米左右。大、中型的房屋其土床除了面积有大小区别外，有些还有两个土床。建造房屋的材料则基本相同，为木材、树枝、

---

① 西安半坡博物馆等：《临潼姜寨遗址第四至十一次发掘纪要》，载《考古与文物》，1980 (3)。巩启明、严文明：《从姜寨早期村落布局探讨其居民的社会组织结构》，载《考古与文物》，1981 (1)。《中国大百科全书·考古学》，230～231页，北京，中国大百科全书出版社，1986。苏秉琦主编：《中国通史》第二卷，101～102页，上海人民出版社，1994。

黍秸、草筋、藤条、绳索、泥土和料姜石等。

在村外的墓地里，半坡类型的墓葬约400座。成人土坑墓集中在墓地中，大多为单人仰身直肢一次葬，少数为单人或多人的二次葬。死者多数头向西，普遍有数量不多的随葬品。

在这个典型的村落遗址中，无论是住房还是墓葬，都没有显示出有悬殊的贫富分化和地位分化的迹象。生活在姜寨遗址这一时期的古代人群当有他们的首领，但从墓葬情况看，并未发现有哪个个人在葬式、葬具和葬仪方面有特异的情况。虽然有大、中、小房屋的区别，但只是房屋面积、土床多寡的区别，建筑技术、材料等方面则没有大的不同。而且这还可能是由整个村落成员的结构：家庭——氏族——部落所决定的。从房屋内的设置及出土器物看，研究者认为，住在小型房屋中的人，已组成一相对独立的生活单位；而中型房屋中，居住的则是因年老已终止婚姻生活的老人、尚未进入婚姻生活的青少年，以及未外出过婚姻生活的成年男子。① 如此，姜寨半坡类型村落遗址反映的正是尚处于原始氏族社会时期的部落形态，其人与人的关系还是以集体主义和平等原则为基础的。他们的首领还没有任何的特权。

随着原始人类创造的物质财富慢慢增多，生产力水平逐步提高，原始氏族社会也渐渐走向解体，即原先以氏族为单位的社会组织原则开始遭到破坏。

还从姜寨遗址来看，其半坡类型的村落中虽然已有居住区分群、分组的现象，表明整个人群组织可能存在一级、二级乃至三级群体（即部落——氏族——家族）。然而所有的房屋呈向心布局；成人土坑墓集中于公共墓地，以单人葬为主。这些都意味着"维系氏族团结的血缘纽带是牢固的"②。至稍晚的史家类型，墓葬盛行多人二次葬，一个坑内常有20具左右人骨，多的达七八十具，一般都分排分层头朝西整齐堆放。两相对比，史家类型较之半坡类型的人群似乎更加强了这种"更亲近的血缘关系"。然而著名考古学家苏秉琦指出："到了距今六千年左右有突变，……墓地下层尚保持单人葬传统，上层压有男女老幼合葬墓，这就突破了原来氏族制男女有别、长幼有别的界限，小孩和成年人埋在一起，没有了辈分的差别，甚至没有了氏族成员与非成员的界限，这

---

① 苏秉琦主编：《中国通史》第二卷，153～154页，上海人民出版社，1994。
② 《中国大百科全书·考古学》，601页，北京，中国大百科全书出版社，1986。

违背了氏族公社的基本原理，已是突破血缘关系的氏族分裂。"①

在原始氏族社会走向解体的过程中，社会发生了大分工。生产专业化所产生的某些专业人员或专业集团，例如武士或巫师，逐渐在社会上获得了较高的地位。虽然在新石器时代早期半坡类型中已产生一定的社会分工，譬如元君庙墓地中，蚌刀和纺轮就只是成年妇女的专用随葬品。② 但随着新石器时代后期武士和巫师的出现，社会的分化程度大大加强了。

中原文化多以陶器作为陪葬品，而距今5000年左右的岭南石峡文化却比较普遍地用工具来陪葬，从中可以较为清楚地看到社会分工的具体情况。有的墓有成套的大小型石锛、石凿，可能反映出木作手工业的专门化。有些墓随葬大量的石镞，它们不仅用于狩猎，同时可作为战斗武器；还有一种长身亚腰斜弧刃石钺，当属兵器。可见当时石峡文化已经产生了专业的木匠和武士。其中较大的一座墓葬M43，它的随葬品包括釜、鼎、盘、豆、罐等陶器，斧、镶、锛、凿、钺、镞等石器，还有陶纺轮及玉璧、玉笄和玉珠等装饰品。很显然墓主是一位较富有者；而随葬凿、镞、斧、钺等专业工具，他当在其所在人群中拥有一定的地位，也许还拥有一定的军事权力。③

在河南濮阳西水坡，考古发掘了一座距今6000年左右的墓葬M45，墓主的身份可能是巫师。这是一座土塘墓，其主体部位埋一壮年男性，仰身直肢，头南足北。其脚下方，横置两根人的胫骨。此外，在壮年男性的东、西两侧，分别用蚌壳精心铺塑一龙一虎图案：龙头朝北，背朝西，状似腾飞；虎头朝北，背朝东，状如行走。在M45的北边，还有一合体龙虎，龙虎尾一躯，虎背上还有一鹿。龙的头部摆塑一蜘蛛，龙的前方摆塑一圆球。在此合体龙虎之南，又有一蚌壳摆塑的龙，龙头朝东，背上骑一人。在这一龙形之北，另有一蚌壳摆塑的虎，头朝西，作奔跑状。④ 张光直即认为，这里出现的龙虎鹿摆塑，可能是与原始道教龙虎鹿三蹻有关的巫术遗存。如此，墓主可推知为一名

　　① 苏秉琦：《中国文明起源新探》，120页，北京，生活·读书·新知三联书店，1999。
　　② 北京大学历史系考古教研室：《元君庙仰韶墓地》，北京，文物出版社，1983。
　　③ 广东博物馆等：《广东曲江石峡墓葬简报》，载《文物》，1978（7）。苏秉琦主编：《中国通史》第二卷，482页，上海人民出版社，1994。
　　④ 濮阳市文物管理委员会等：《河南濮阳西水坡遗址发掘简报》，载《文物》，1988（3）。《濮阳出土六千年前的龙虎图案》，载《中国文物报》1988（1．29）。河南文物研究所：《近十年河南文物考古工作的新进展》，见《文物考古工作十年（1979—1989）》，177页，北京，文物出版社。

巫师。①

　　在史前时代，通过军事和宗教活动，很容易建立起属于某个个人或集团的权威。战争中军事首领有绝对的指挥权力；战胜后通过战利品的分配，他更是有可能将自己的权威扩延到整个社会，从而稳固其个人的地位以及使其权力更加集中。而远古人们对神的信仰，决定了宗教祭祀活动在社会生活中的重要地位。随着祭祀仪式的逐渐复杂，专职的巫师（或巫师集团）也随之出现了。他们在沟通天地人神、充当与神灵交流的桥梁的同时，也沾附了神气，获得其他人的敬畏，从而成为社会中地位较高的个人或集团。上述两例较为特殊的墓葬，墓主身份即可能分别与军事和宗教有关。前者是遗址中规格较高的墓葬；后者虽然没有随葬品，但它的文化性质表明，墓主应是当地人群中较为特殊的人物。可见原始氏族社会的解体过程中，社会分工所造成的社会分化，已使某些个人和集团在社会中占据了较高较特殊的地位。而社会分化和个人权威的提高，正是后来酋邦社会层级结构和最高权力个人产生的基础。

（二）酋邦分层社会与最高权力个人的产生

　　考古证明，在距今 4000 至 5000 年之间，我国中原及周边地区的一些人群进入了一个较部落更高一级的社会组织形式，即酋邦社会。②

　　"酋邦"是现代人类学家提出的一种前国家形态概念，它属于在向国家演进过程中的过渡阶段，也被视为人类社会进入早期国家的一种演化模式。根据学者们的归纳，酋邦的基本特征主要有：① 在酋邦的社会结构中存在着一个最高首领，社会权力如军事权力、主掌宗教祭祀的权力、经济生活的控制与管理权力等，较多地集中在他的手中。② 存在社会分层，各层级之间的关系是不平等的，因而形成一种金字塔式的分层结构。③ 存在一种社会财富的集中与再分配的体制。④ 与国家相比，酋邦社会是缺乏强制力量的、非制度化的社会。在实际的社会管理中，传统习惯、社会与宗教的制裁都要比政治力量更为重要。③ 汇总而言，酋邦社会较之前的原始氏族社会最大的区别就是"分层

① 张光直：《濮阳三蹻与中国古代美术上的人兽母题》，载《文物》，1988（11）。
② 谢维扬：《中国早期国家》，276～313 页，杭州，浙江人民出版社，1995。
③ 施治生、郭方主编：《古代民主与共和制度》，56～59 页，北京，中国社会科学出版社，1998。

社会"和出现了"拥有最高权力的个人"。

所谓"分层社会",意味着这一社会中不同的人群依照某些原则或原因,分属于不平等的几个等级之中。从考古发现来看,当时已经形成了城址与城址之间、城址与普通聚落之间的分层等级结构的社会群落。黄河中下游地区,如河南发现的安阳后岗、辉县孟庄、登封王城岗、郾城郝家台、淮阳平粮台等城址,规模面积从不足万平方米至 16 万平方米不等。其远近周围,均分布有大小不一数量不等的同一时期聚落遗址。山东境内发现章丘城子崖、邹平丁公、寿光边线王、兖州西吴寺、蒙阴吕家庄、费县古城、临淄田旺、五莲县丹土、滕州尤楼薛国古城下层城址等,也有类似现象。例如鲁西聊城地区发现两组八座龙山古城,其中南组三城以阳谷景阳冈为中心,北组五城则以茌平教场铺为中心。山东发现的这些城址,其规模面积更大,从三四万平方米至三十五万平方米以上。①

这种由中心城、次一级城及大大小小聚落所结成的分层网络状社会群落,在长江流域地区亦早已出现。长江中游地区发现不少早到曲家岭文化而稍早于中原龙山文化的古城,如长江北岸湖北江汉平原分布的有天门石家河、江陵阴湘、荆门马家垸,长江南岸分布的有湖南澧县城头山、鸡鸣城、鸡叫城、鼓头山、石首走马岭城址等,面积数万至数十万平方米不等,其周围一带都有许多同期的一般聚落遗址。② 长江上游四川盆地考古文化发展序列尚不清楚,然而近年在川中成都平原发现了相当中原龙山时的城址五座,即新津宝墩、都江堰芒城、温江鱼凫城、郫县古城和崇州双河古城,小者 12 万平方米,大者据说达 60 万平方米,与周围的其他古文化遗址组成有机联系网络。③

北方长城地带陆续发现了上百座距今 4000 年左右的夏家店下层文化时期的石城址,城与城间隔一般为 5～10 公里,大体以 2～3 个城为一组群,有主

① 张学海:《鲁西两组龙山文化城址的发现》,载《中国文物报》,1995 (6.4)。张学海:《鲁西两组龙山文化城址的发现及对几个古史问题的思考》,载《华夏考古》,1995 (4)。

② 北京大学考古系、湖北文物考古研究所:《石家河遗址调查报告》,载《北方民族考古》,第 5 辑,1993。张绪球:《长江中游新石器时代文化概论》,215～219 页,武汉,湖北科学技术出版社,1992。

③《成都平原发现一批史前城址》,载《中国文物报》1996 年 8 月 18 日。《1996 年我国考古获 20 多项重要发现》,载《光明日报》1997 年 1 月 3 日。《成都史前城址发掘又获重大成果》,载《中国文物报》1997 年 1 月 19 日。

次之分，中心城面积有达 10 万平方米以上的，而小城面积仅为数千至数万平方米上下。其中在内蒙古中南部的石城主要集中在凉城岱海周围、包头大青山南麓、准格尔和清水河之间南下黄河两岸。在内蒙古东南部的石城主要分布在赤峰英金河和阴河流域两岸，东迤敖汉旗至辽西阜新一线。①

多级城址和聚落的存在，意义在于它们说明了当时社会结构层级化的日益加剧，不同层级的城址和聚落之间，出现了政治和经济权利的不平等。以河南平粮台为例。它呈正方形，城内面积 3.4 万多平方米，坐北朝南。南门为正门，设于南墙正中；北门为后门，较小，且略偏西。防卫设施严密，城墙坚固，还设有门卫房。有公共下水道设施、手工业设施，有较高级的房屋建筑，一般都是用土坯砌筑的分间式住宅，有的用夯土作台基，房内有走廊，比一般村落中的住房讲究得多。研究者指出，由此可知城内居民主要是贵族。而且城内还发现有宗教活动的遗迹。这些足以说明，规模并不大的平粮台，有可能是当时当地的一个政治、经济或宗教中心。② 这样一个中心城邑的日常生活需求，当有周围大大小小的聚落予以支持，使食物、工业产品、珍玩等物质资源向着这个城邑中的上层居民流通；而政治管理和宗教祭祀的权力，却主要由居住于中心城邑中的这些上层居民独断了。于是，在城址、聚落之间形成的分层网络结构，也使居住于这些城址和聚落中的人群由此产生了层级的分化。

酋邦的"分层社会"最基本的格局，就是权力者与普通成员之间的差异，贵族阶层拥有特权，首领拥有最高权力。权力与特权在少数个人身上的集中，正是酋邦与原始氏族社会最大的区别之一。这种人与人之间巨大的差异，可以在公元前 2500 年至 1900 年间的陶寺墓地清楚地看到。

陶寺墓地在山西省襄汾县陶寺村南，面积达 3 万平方米以上，是陶寺遗址的一部分，现已发现有 1000 多座，可分为大、中、小三类规格的墓葬。大型墓葬迄今发现 9 座，不及墓葬总数的 1%。它们长 3 米左右，宽 2 米多，使用

① 包头市文物管理处：《内蒙古大青山西段新石器时代遗址》，载《考古》，1996（6）。田广金：《内蒙古长城地带石城聚落址及相关诸问题》，见《纪念城子崖遗址发掘 60 周年国际学术讨论会文集》，济南，齐鲁书社，1993。徐光冀：《赤峰英金河、阴河流域的石城遗址》，见《中国考古学研究》，北京，文物出版社，1986。辽宁省文物考古研究所、吉林大学考古学系：《辽宁阜新平顶山石城址发掘报告》，载《考古》，1992（5）。

② 苏秉琦主编：《中国通史》第二卷，318～321 页，上海人民出版社，1994。

木棺，棺底铺垫朱砂。随葬品众多，可达一二百件。有彩绘陶器、彩绘木器、玉或石制的礼器和装饰品、工具、武器，以及整猪骨架等。墓主均为男性。其中甲种墓出土成套的礼器和乐器：鼍鼓、特磬、陶异形器（疑为土鼓）。

中型墓约 80 座，占墓葬总数近 10%。其墓坑较大型墓略小，可分为四种。甲种墓主为男性，分布在大墓附近，棺内铺撒朱砂。随葬成组的陶器（包括彩绘陶器一至两件），少量彩绘木器及玉、石礼器，装饰品等几件至一二十件不等。常见猪下颌骨几个或数十个。乙种墓主为女性，对称分布在大墓左右两侧，用彩绘木棺，死者佩戴玉、石镶嵌的头饰和臂饰，随葬彩绘陶瓶。随葬品数量不多，但异常精美。丙种墓的随葬品中无陶器和木器，但有石钺、石瑗、骨笄等，有的有半个至一个猪下颌骨。丁种多数有木棺，随葬骨笄或石钺、石瑗、猪下颌骨中的一二件。小型墓约占墓葬总数的 90%，有六百余座。墓坑小而狭窄，掩埋极浅。大都没有木质葬具，很多小墓还没有随葬品。[①]

对此，研究者认为，大、中、小墓之间存在的巨大差异充分反映了社会分层现象的发达。而大墓之间、中型墓之间也有差异的现象表明，陶寺社会最高权力者中间已经存在某种金字塔似的等级差别。五座甲种大墓集中在一片，陪葬鼍鼓、特磬和彩绘龙盘，其妻妾的墓葬分布在其两侧，在墓地中显得尤为突出。他们显然是陶寺社会拥有最高权力的统治者。[②]

再如公元前 3300 至前 2200 年分布于长江中下游的良渚文化，也有人墓、小墓之分。浙北地区一般的良渚文化小墓面积仅有 1 平方米余，深约 0.1～0.3 米，[③] 而且随葬陶器的质量一般远逊于实用器。但与之同时，在浙江余杭的瑶山、汇观山、反山，上海青浦的福泉山、江苏武进寺墩、吴县草鞋山和张陵山等地，都出现了人工堆筑的祭坛兼墓地，出土大量精美的随葬器。

位于浙江余杭安溪乡的瑶山遗址，包括 1 座祭坛和 12 座良渚文化墓葬。祭坛在瑶山山顶的西北部位，面积约 400 平方米，平面呈方形。它由里外三重

---

① 中国社会科学院考古研究所山西工作队等：《山西襄汾县陶寺遗址发掘简报》，载《考古》，1980（1）。中国社会科学院考古研究所山西工作队等：《1978—1980 年山西襄汾陶寺墓地发掘简报》，载《考古》，1983（1）。

② 高炜：《试论陶寺遗址和陶寺类型龙山文化》，见《毕高文明》第一集，北京大学出版社，1987。谢维扬：《中国早期国家》，309～312 页，杭州，浙江人民出版社，1995。

③ 王明达：《反山良渚文化墓地初论》，载《文物》，1989（12）。

组成，分别为红土台、灰色土围沟和砾石坎。12座墓葬排成南北两列，集中在祭坛遗址的南半部，全部打破祭坛坛体。其中墓坑较大、随葬品较丰富的几座墓葬（M2、12、7、11）刚好打破红土台，似乎表明墓葬与祭坛的重叠是出于一种有意的安排。发掘11座墓，共出土随葬品707件（组），其中玉器635件（组）。此外M12曾经被盗掘，后经收集的玉器达344件。在琮、冠状饰、三叉形饰、锥形饰、牌饰、璜等器型上雕有神人与兽面合一的图案。其中，M12：1号琮、M2：1号冠状饰、M10：6号和M7：26号三叉形器上都有较完整的神人兽面图案。且每座大墓均出土一件玉冠状饰。①

余杭汇观山遗址的祭坛总面积超过1600平方米，由挖沟填筑的灰色土框将祭坛的平面在土色上分割成内外三层。4座大墓集中于祭坛的西南部，也打破祭坛坛体。其中M4埋在祭坛的第一、二重之间，墓坑长4.75米，南宽2.6米，北宽2.3米，棺椁齐备，随葬玉器有琮、璧、钺、三叉形饰、冠状饰等，石钺有48件，是规格最高的一座。②

反山墓地被称作"贵族坟山"。高4米、东西长90米、南北宽30米，方圆近3000平方米，完全由人工堆筑而成。"根据其上有比较方正的灰色土带来看，原先也可能作祭坛用过"③。在1986年发掘的反山西部的660平方米范围内，共发现良渚文化墓葬11座（M12、M14—23），分别呈南北两列分布。墓穴除M16外，均为长方形土坑。一般长约3米、宽约2米，多数墓深1.3米。有迹象表明墓穴内"原有棺木作葬具"，且可能还有椁室。M20仅随葬玉器就达511单件，170件（组）。M22的随葬玉器也有193单件，60件（组）。各墓分别出土玉璧、玉琮和玉钺，其中M12出土的一件玉琮堪称"琮王"，在其四个正面直槽内上下各有一个神人与兽面的复合像。此外，在M12出土的玉钺上，也发现有同样的形象。④

这三座祭坛兼墓地集中在余杭一地表明，余杭应为良渚文化的中心地区。

―――――――

① 浙江省文物考古研究所：《余杭瑶山良渚文化祭坛遗址发掘简报》，载《文物》，1988（1）。
② 浙江省文物考古研究所、余杭市文管会：《浙江余杭汇观山良渚文化祭坛与墓地发掘简报》，载《文物》，1997（7）。
③ 苏秉琦主编：《中国通史》第二卷，333页，上海人民出版社，1994。
④ 浙江省文物考古研究所反山考古队：《浙江余杭反山良渚墓地发掘简报》，载《文物》，1988（1）。

其上墓葬的墓主，从墓葬规模和所发现的陪葬品看，他们都当是拥有极高地位和权力的贵族身份。发掘者认为，玉璧在随葬品中具有"作为财富的象征物"的意义；玉琮，外方内圆，是贵族"敬天礼地"、沟通天地的法器和礼器；玉钺相当于代表军事权力的"权杖"。至于刻画在玉器上的神人兽面图象，则更是加强了这种巫术、美术与权力的密切联系。① 而大墓之间也有差别，不是每座大墓都出土有玉琮或玉钺。瑶山的 M12、反山的 M12，都是琮、钺共为一人的陪葬，显示神权、军权集于一人的事实。② 另根据良渚文化各地墓葬与其所依附祭坛的关系，有研究者指出，这可能与墓葬的规格有关：瑶山 M12、反山 M12 的墓主，可能是最高首领，福泉山、寺墩、赵陵山葬的则是地方贵族。③ 如此，良渚社会中发达的社会分层，同样也出现了拥有最高权力的个人。

将墓穴葬在宗教祭坛附近的，除了长江中下游的良渚文化的多个遗址，还有在位于东北辽宁凌源、建平两县交界处，距今 5500 至 5000 年前的牛河梁积石冢群遗址。4 座积石冢(Z1～Z4)分布在牛河梁主梁顶南端的斜坡上，附近有三重立石筑成的圆形祭坛；而在牛河梁主梁北山的丘顶，还有出土了彩绘泥塑女神像残块与玉猪龙等物的"女神庙"祭祀建筑遗址。Z2 是一座大型石棺墓，砌造齐整，为中心大墓。Z1 在 Z2 西侧 3.3 米处，与之平行，由外内两层石墙垒砌而成，在内墙外南侧清理出成群排列的小型墓葬 15 座，随葬品均不多。Z3 在 Z2 之东，冢基底面为构成同心圆的三周石桩。在表层积石中有 3 具人骨架，埋葬方式与 Z1、Z2 均不同，无任何随葬品。发掘者说："已发掘的积石冢的中心大墓砌造规整，单人原葬墓随葬品多而精美；反之，二次葬墓室简陋，随葬品或少或无，表示着墓主人之间身份等级的显著差别。"④ 因此，红山文化同样表现为分层社会的特征，并存在少数拥有特别权力和特权的人物。

---

① 张光直：《谈"琮"及其在中国古史上的意义》，见《中国青铜时代》，302 页，北京，生活・读书・新知三联书店，1999。

② 苏秉琦：《中国文明起源新探》，147～149 页，北京，生活・读书・新知三联书店，1999。

③ 董楚平：《良渚文化祭坛释义——兼释人工大土台和安溪玉璧刻符》，载《浙江社会科学》，1999 (3)。

④ 辽宁省文物考古研究所：《辽宁牛河梁红山文化"女神庙"与积石冢群发掘简报》，载《文物》，1986 (8)。

考古学上的这一阶段，与传世文献中的"五帝"时代相吻合；而传说中"五帝"时代各种人群并处的那种状态，也正与上述酋邦的特征有惊人的相似。酋邦社会分层和存在拥有最高权力个人的这两个特征，成为中华大地上的远古人类进入国家社会之后，发展出等级制度和专制主义政治的渊源。

二、早期国家的社会制度（上）

中国的早期国家阶段，是指历史上的夏、商、周三代。据史书记载，夏朝的历史紧接在传说时代之后，是中国历史上最早进入漫长的"家天下"王朝时代的国家。夏的第一位君主是启，其末代君主夏桀无道，商汤奉天命讨伐，商朝取代夏朝；商的末代君主纣亦无道，周武王伐纣，于是西周取代了商朝。当代考古学的研究成果却证明，三代并不是前后相继的三个朝代。它们在年代上有相当的重叠，曾经各自占据和控制不同的地区，它们文明进展的方式是"平行并进式"的，只是各自的势力消长各代不同。①

由此看来，早期国家在中原的产生和发展，是各种势力相互冲击、互相刺激、彼此促长的结果。因此，在夏、商、周三代先平行发展、继而政权更迭的过程中，它们在制度方面，显然应当具有相似的特征。现在学者们大都认同考古上的二里头文化即属于夏代文化。不过，无论从考古发现还是传世记载，有关夏朝的资料，都相对较少。而且就仅有材料来看，夏朝国家明显地带有更多早期国家初始期的特点。所以，研究我国历史上早期国家阶段主要的社会制度，还是以典型期的商朝和周朝（西周和春秋）为对象。

鼎盛期在夏之后的商、周，分别在公元前 1750 年至公元前 1100 年和公元前 1100 年至公元前 250 年成为当时最具权威的中央王朝的统治者。它们在制度方面较夏朝更加成熟，其早期国家的特征也较为稳定。商周时期最重要的社会制度当属宗法制度和封建制度。张光直曾以它们为"古代中国社会的关键制度"之一。此外，土地制度作为政治权力分配的反映和国家经济统治的基础；法律制度作为国家公共强力的表现，则可从另外的角度反映出商周时期早期国

---

① 参见张光直：《从夏商周三代考古论三代关系与中国古代国家的形成》，见《中国青铜时代》，北京，生活·读书·新知三联书店，1999。

家的特征及其制度特点。对于这些重要的社会制度，下文即分述之。

（一）宗族组织与宗法制度

宗法制度，是中国古代社会中凭借血缘关系对族人进行管辖和处置的制度。这种制度与中国古代社会中的宗族组织相配合，成为统治阶级维护政治和社会秩序的重要手段。

宗法制度的施行是以宗族组织的存在为前提的。就古代社会宗族组织的产生而言，商代已经存在称"族"的组织。甲骨卜辞中就有"王族"、"子族"（"多子族"）和"某族"等等的称谓。如"王族"：

令王族？（《铁》93.1）

乎（呼）王族人？（《录》589）

□氏王族从□　叶王事。（《前》7.38.2）

己亥贞，令王族追召方。（《南北》明616）

"子族"：

戊午卜，自，屮子族？（《合》61）

己卯卜，徝，又子族豖用？（《铁》14.2）

"子族"又称"多子族"：

己卯卜，率贞令多子族从犬侯□周叶王事。（《续》5.2.2）

还有"三族"、"五族"之称：

□戌卜，争贞：令三族□（从）沚貳□（伐）土□（方）受□又。（《甲》948）

令三族。（《后》下26.16）

癸巳卜，王其令五族戍□。（《粹》1149）

王母（毋）令五族伐羌方。（《后》下42.6）

此外还有"犬征族"（《甲研》281）、"版族"（《合集》4415正）等族名。

从卜辞"王族爰（援）多子族？"（《南北》明224）可知，"子族"在"王族"之外。而"多子族"、"三族"、"五族"之称，也表明商人的社会是由许多"族"组成的。《左传》定公四年子渔言"（成王）分鲁公以……殷民六族：条氏、徐氏、萧氏、索氏、长勺氏、尾勺氏"，"分康叔以……殷民七族：陶氏、施氏、繁氏、锜氏、樊氏、饥氏、终氏"，则说明在西周初年，殷遗民仍然保留着这种族聚的组织结构。

考古发现的商人族墓地，则从考古学上证实了商人"族"的存在。[1] 在殷墟西区约30万平方米的钻探面积中，共发现939座殷人墓葬。墓葬分片集中，可分为八个墓区；每个墓区中的墓又都呈现着成群分布的特点。墓区之间有明显界限，墓向、葬式和陶器组合，都存在一定差别，反映出在生活与埋葬习俗方面，各个墓区都有一些差异。墓葬分处于不同的特定墓区之中，有墓圹，绝大多数有棺椁，随葬贝，有一定数量的随葬品。少数墓形较大，随葬品丰富，有整套铜礼器随葬，甚至带墓道、有殉人。此外，亦有一些墓形小，无葬贝，没有或极少随葬品的墓葬。

这些不同阶级或阶层人员的墓，都埋在同一块墓地当中，正可说明他们还保留着以血缘关系为纽带的族的组织形式。发掘者认为这里即是殷人八个族的族墓地。而墓区中，各组集中的小墓群，则是其中一个家族的"私地域"。这种人群组成上有两层结构的特点，与《左传》定公四年"分殷人六族"、"使帅其宗氏，辑其分族"的记载正相合。有研究者认为，由于"宗族"亲属组织的主要特征在于有明确的父系祖先与谱系、包含若干分支家族这两点上，因此，殷墟西区墓地有可能即是商代存在宗族的证明。[2]

一些"非王卜辞"进一步透露了有关商代"子族"内部形态的具体线索。这些武丁时期的"非王卜辞"，占卜主体即是"子族"之"子"。卜辞表明，在这样一个"子族"中，除了占卜主体"子"外，还包括其弟辈、子辈、妻妾、弟媳、兄媳，还有其子侄或孙辈。子族有自己的土地、牲畜和住宅；除了农牧业外，还经常进行田猎和武装活动。"子"拥有呼令族中其他人的权力。这样一个"子族"，当是典型的家族的形式。

从卜辞中反映的祭祀关系看，"子"与商王有或近或远的血缘关系。而且商王还经常呼令子族进行藉田、田猎和征伐等活动，子族对商王亦有贡纳、跟随出征等等行为。朱凤瀚即认为，"子"的身份是"王子"，"子族"是王卜辞

---

① 中国社会科学院考古研究所安阳工作队：《1969—1977年殷墟西区墓葬发掘报告》，载《考古学报》，1979（1）。

② 参见朱凤瀚：《商周家族形态》，99～117页，天津古籍出版社，2004。

中具有王子身份的"子某"之族，而"多子族"即多个王子之族的集合。① 另有意见认为，"多子"最有可能是指和商王同姓的贵族。所谓"多子族"应是对这种贵族家族的总称，而"子"则是这些家族的首脑们通用的尊称。②

卜辞还同时反映出商人已有直系、旁系之别。文献也表明，殷代末期出现了嫡庶制。根据上述种种资料，有学者因此提出，商人已经建立了宗法制度。不过由于各家研究者对宗法制度的涵义有不同理解，同时因为卜辞中出现的"大宗"、"小宗"名称，与后世所说的"大小宗"意义确不相同，对这个问题学术界始终存在着不同看法。尽管如此，商代逐渐产生出了后代那种宗法制度的雏形③，这种认识可能是正确的。

到了西周时期，宗法制度得到了充分的发展和完善。这一时期的宗法制度以大、小宗统属关系为中心，以大宗或小宗对不同范围内亲属族人的统辖和管理为内容，组织结构已经相当严密。从金文看，当时关于宗法关系的相关名目是很清晰的。如金文中有表示宗族之"宗"：

> 王弗望厥旧宗小子，……万年保我万宗。（盠驹尊④）

标志宗族首领身份的"大宗"：

> 用追孝于己白，用享大宗，用乐好宗（一作宾），用邵大宗。（虢钟）

> 用扬⎿⏌孝于厥大宗。（作册方尊）

还有宗族长的称谓——"宗子"或"宗君"：

> 善……用作宗室宝尊，……余其用各我宗子雯（与）百生……（善鼎）

> 琱生对扬朕宗君其体，用作朕剌（烈）祖召公尝簋，其万年子子孙保用享于宗。（六年琱生簋）

---

① 朱凤瀚：《商周家族形态》，59页，天津古籍出版社，2004。

② 林沄：《从武丁时代的几种"子卜辞"试论商代的家族形态》，见《古文字研究》第一辑，324页。裘锡圭：《关于商代的宗族组织与贵族和平民两个阶级的初步研究》，见《古代文史研究新探》，306页，南京，江苏古籍出版社，1992。

③ 胡厚宣：《殷代婚姻家族宗法生育制度考》，见《甲骨学商史论丛初集上》，142、143页，台湾，大通书局。另有学者认为当时已有宗法，如裘锡圭：《关于商代的宗族组织与贵族和平民两个阶级的初步研究》；张光直：《中国青铜时代》，19～20页。但他们所言"宗法"，其内涵与本文有所区别。

④ 本文所引金文，未加以说明者，均引自《殷周金文集成》。

西周时期不仅已经明确了相关的各种称谓，大宗支配与庇护小宗亲属的实例，在金文中也有反映。五年琱生簋和六年琱生簋详细记载了琱生与其他贵族发生讼争的经过。在争讼的处理过程中，琱生请求大宗帮忙，召氏宗君亦出面为作为小宗的琱生撑腰。大宗有维护小宗的义务，这在铭文中表达得十分明白：“琱生如果要承担三分责任，作为宗君的召伯虎应当为其承担二分；如果琱生要承担两分责任，召伯虎就应为其承担一分”（“公宕（当）其叁，女（汝）则宕其贰；公宕其贰，女（汝）则宕其一”）。①

诸如此类故事，在记载春秋史事的《左传》中，也有不少。鲁昭公二十八年，“梗阳人有狱，魏戊不能断，以狱上，其大宗赂以女乐”，即是一例。此外，大宗或小宗对其他亲属（族人）的行为和人身拥有支配权的事例，亦见于《左传》。例如鲁成公三年，晋国知罃言“若首其请于寡君，而以戮于宗，亦死且不朽”，就是宗子（荀首）对其宗族成员有杀戮的权力的证明。又有鲁定公十三年，赵午因怠慢了大宗赵鞅的命令而被杀；鲁成公五年，晋国的赵婴因通奸被大宗赵同流放。如此等等，不一而足。因为宗子对其宗族范围内的族人拥有统辖、处置和庇护的权力，所以成为了国家借以管辖宗族人口的中介。如《左传》昭公元年郑国要放逐游楚，事先还曾向游氏大宗游吉进行咨询。

对周代宗法制度较完整的记载，见于先秦礼书《仪礼》和《礼记》当中。关于大宗和小宗的涵义，据《礼记·丧服小记》说：

> 别子为祖，继别为宗，继祢者为小宗。有五世而迁之宗，其继高祖者也。是故，祖迁于上，宗易于下，尊祖故敬宗，敬宗所以尊祖祢也。

《大传》也有相类似的话：

> 别子为祖，继别为宗，继祢者为小宗。有百世不迁之宗，有五世则迁之宗。百世不迁者，别子之后也。宗其继别子者，百世不迁者也；宗其继高祖者，五世则迁者也。尊祖故敬宗，敬宗，尊祖之义也。

其中所谓“别子”，是指“自卑别于尊”、离开王族或公族另立新氏的群王子或公子。在以“别子”为始祖的宗族中，别子的继承人拥有对整个宗族的管辖和统率权，成为整个宗族的首领，这就是大宗或言宗子。在理论上，无论经过多

---

① 释文引自朱凤瀚：《商周家族形态研究》，408页，天津古籍出版社，2004。

少代，大宗对别子的所有后裔都拥有这种权力，以此将别子后裔始终联结成一个具有实体性的宗族团体，故而大宗被称为"百世不迁之宗"。宗族成员对大宗有尊奉和服从的关系。与此同时，他们还对一定近亲范围内的某些亲属有尊奉和服从的关系。《礼记》指出，一个因不是嫡长子而不能作为其继承人者，须尊奉父亲的继承人为小宗，即"继祢者为小宗"。如果他的父亲也不是其祖父的继承人，他就要尊奉其祖父的继承人为小宗。依此类推，直到五世祖的继承人，这就是所谓"五世则迁之宗"。正因为有对小宗的尊奉关系，以大宗为首的宗族才又划分出许多较小而更具凝聚力的近亲集团。

在周人看来，宗子是祖先的化身，尊奉宗子也就是尊敬祖先（"敬宗，尊祖之义也"），所以宗子拥有高于普通宗族成员的地位。平时普通族人"虽富贵，不敢以富贵入宗子之家"；大宗死亡，即使族人的血缘关系已出"五服"之外，仍要服"齐衰三月"，与"庶人为国君"的服制相同。

周代宗法制度的特点，就是血缘领袖对亲属行为及人身的支配权和亲属对这种支配的服从义务。它所涉及的对象是有氏的居民，包括卿大夫、士以及天子和诸侯。但是天子和诸侯作为国家公共权力的代表，在血缘关系上与未立氏的王室和公室成员之间有所淡化。因此，未立氏的王室和公室成员必须视国君为君，己为臣，不得以亲属身份与国君往来，也就是"不得以其戚戚君位"。当然，在天子和诸侯，可以行"合族之食"或"燕饮"，款待臣属中的亲属。不过就总体而言，他们与亲属之间的关系以政治地位上的君臣关系为主。至于天子与分封在外的原王室懿亲的诸侯国君来说，因为诸侯已经领有以其国名为氏名的新氏，他们与天子已经分属于不同的国氏集团，因而他们之间也已基本失去了血缘约束的关系，取而代之的是政治关系即君臣关系。由此可见，在西周时期，天子与诸侯，以及天子、诸侯对于其下的各个宗族的管理，是包含着政治与血缘两层约束关系的。[①]

（二）早期国家的封建制度

我国古代的封建制度，指的是天子将王室懿亲或功臣派往王畿以外的各地

---

① 参见谢维扬：《周代家庭形态》第五章，165～211 页，北京，中国社会科学出版社，1990；《中国大百科全书·中国历史》"案法"条，1026～1027 页，北京，中国大百科全书出版社，1994。

建立邦国，以作王室屏藩，即所谓"并建亲戚，以藩屏周"。这种制度很可能在商代就已经出现其雏形；但大规模、雄心勃勃且在中国后来的历史上留下了深刻影响的封建行动，还是在西周时期。

商代封建并未有直接的文字记载，主要是学者们从"子某"之族和非"子某"之族各自的族居地推断而出。如前所述，"非王卜辞"反映出子族有自己的族众、土地、牲畜和住宅。据学者考证，他们的族居地都集中在今豫西北，离当时的王都安阳不远，是当时商王重要的田猎区和农业区。而另一些非"子某"的贵族，则多集中在商王国的西部区，是当时与外族发生冲突最频繁的地带。这种地理分布格局，有学者即推断是由于商王朝有意分封而造成。

西周时期的封建制度，文献记载较详，今人可了解得更为清楚。它的表现即是"封建亲戚""并建母弟"，通过周王将自己的王室懿亲（前期还包括功臣在内）分封到各处，从而有意识地建立起天子与地方诸侯的统属关系，以达到周王统治天下的目的。

西周封建行动有好几次。在成王分封之前，武王也曾有过分封之举，成王之后又陆续进行，直到宣王，还封过韩、申、郑等。但成王时期的封建无疑是周代历史上分封诸侯规模最大的一次，而且通过这一次封建，基本上克服了武王分封的种种弊病，巩固了周初的统治。

从当时受封的对象看，所分封的同姓诸侯，以周王室的子弟懿亲为主。《左传》僖公二十四年，富辰说："管、蔡、郕、霍、鲁、卫、毛、聃、郜、雍、曹、滕、毕、原、酆、郇，文之昭也。邗、晋、应、韩，武之穆也。凡、蒋、邢、茅、胙、祭，周公之胤也。"《左传》襄公二十九年叔侯又说"虞、虢、焦、滑、霍、杨、韩、魏，皆姬姓也"。这些都是王室懿亲。

同时又封功臣谋士之国：召公于燕①，太公师尚父于齐，司寇苏公于温等。并将武庚庶兄微子所受封的殷人旧民，从武庚禄父据有的纣王之都朝歌迁到殷旧都商丘，即宋国。这时的宋国，较武庚时实力已被大大削弱。殷遗民被整族整族地分给周的新封国，如鲁、晋、卫等，又有被迁至宗周或成周的。而且这次周人为殷民挑选的国君是微子，本来与周为善，加之宋国周遭又有周人

---

① 召公与周的世系关系并不清楚，见谢维扬：《周代家庭形态》第四章，149页。但召氏为姬姓，又在克殷与平叛的战斗中为大功臣，故以之置此。

封国的重重包围，不可能再与周人对抗了。

再从受封国所在的地理位置看，成王时封建的诸侯已完全占据了原来殷人势力范围的中心区域。周之支庶子弟及功臣谋士所封国主要分布在以下几个地区：

河南：蔡、卫、祭、东虢、毛、凡、原、雍、邘、应、蒋、胙、聃、温

山东：鲁、齐、曹、滕、郕、郜、茅

山西：晋、虞、霍、郇

陕西：西虢、毕、酆、韩

河北：燕、邢

湖北：楚

其中以受封于河南地区的诸侯最多，山东次之。这是因为这一带原是商人势力的主要分布地区，周人东征的主要区域也在这里。周人通过分封，控制了北方及黄河中下游的主要地区。再加上其他姬姓国（汉阳诸姬等）和姜姓国（申、吕等）的分布，周人在今长江中下游地区也具有一定的实力。

不但如此，周人的新封国还占据了当时重要的交通要道和战略要地。顾栋高说：

武王既胜殷，有天下，大封功臣宗室。凡山川纠纷形势禁格之地，悉周懿亲及亲子弟，以镇抚不靖，翼戴王室。自三监监殷而外，封东虢于荥阳，据虎牢之险；西虢于弘农陕县，阻崤、函之固；太公于齐；召公于燕；成王又封叔虞与晋，四面环峙。而王畿则东西长，南北短，短长相覆方千里。无事则都洛阳，宅土中以号令天下；有事则居关内，阻四塞以守，曷尝不据形胜以临制天下哉！①

这段话虽然将武王分封与成王分封相混淆，但顾氏“形胜”的观点，大抵不错。除了顾氏在上文所举诸例之外，又比如鲁原封于河南鲁山，在鲁迁封山东以后，这一带由武王的另一个儿子在此建国，这就是应国。② 鲁山在伏牛山西

---

① 《春秋大事表·春秋列国疆域表卷四·后叙》。

② 徐中舒：《殷周之际史料之检讨》，见《徐中舒历史论文选辑》，670 页，北京，中华书局，1998。

北麓，而伏牛山近东西走向，正是成周西面的天然屏障。后来在对抗南淮夷的战斗中，应国在此起到了重要作用。① 另据彭邦炯研究，殷商王邑通往四面八方的交通道路主要有六条，其中一条为东行，与山东益都古蒲姑有要道相通，还有水路估计可沿古黄河或济水而下。而周人新封的祭、胙、曹、郜、茅、滕等国，正是沿此路线分布的。以新封各国占据这些重要的地点和交通要道，无疑可以加强周人对广袤地区实行的统治。

作为一种重要的制度，周代的"封建"有它固定的"授土授民分物"的仪式。封建诸侯时，首先要"授土"。从宜侯夨簋所记内容看，"王省武王成王伐商图，遂省东国图"，"赐土：厥川三百□，厥□百又廿，厥宅邑卅又五，□□百又廿廿"，说明周王授土时以"图"作为依据，对封地内河流、宅邑的具体数目都有明确的规定。在《左传》定公四年所记载的周成王对卫康叔的分封过程中，同样明确了封土的四至："封畛土略，自武父以南及圃田之北竟，取于有阎之土以共王职；取于相土之东都以会王之东蒐。……封于殷虚。"

其次是"授民"。周王向诸侯所授之民，由《左传》定公四年的记载看，一共包括三批属民："一是担任官司的人，一是分配的殷民旧族，一是附着在封地上的原居民。"② "担任官司的人"，即定公四年记载中的祝、宗、卜、史、职官五正之类，《崧高》"迁其私人"中的"私人"，也正是宜侯夨簋铭文中的"王人"和"奠七伯"，大盂鼎中的"王臣"。他们的族属都是周人。"这些由中央派遣的人员，到封国之后对中央仍有一定责任，不是毫无关系。"③ 这种方式某种程度上加强了中央王朝对诸侯的控制与监督。

经过这样一番人员整合，新分封的诸侯既不是占据原地区领有原人民的旧邦国首领，也不是完全由周人组成的殖民队伍。正如台湾学者许倬云指出的那样："分封制度是人口的再编组，每一个封君受封的不仅是土地，更重要的是分领了不同的人群……新封的封国，因其与原居民的糅合，而成为地缘性的政治单位……因此，分封制下的诸侯，一方面保持宗族族群的性格，另一方面也

① 夏麦陵：《公作敔簋及其二三事》，见四川联合大学历史系主编：《徐中舒先生百年诞辰纪念文集》，140页，成都，巴蜀书社，1998。
② 许倬云：《西周史》第五章，147页，北京，生活·读书·新知三联书店，1994。
③ 陈连庆：《论周邦的建立及周王与多方的关系》，见《中国古代史研究——陈连庆教授学术论文集》，22页，长春，吉林文史出版社，1991。

势须发展地缘单位的政治性格。"①

封建诸侯仪式的第三步是"分物"。"诸侯之封也，皆受明器与王室，以镇抚其社稷"。这并不是随意性的赏赐物品，而是要赏赐某些具有象征性含义的器物。《左传》昭公十五年周王说：

> 密须之鼓与其大路，文所以大蒐也；阙巩之甲，武所以克商也。唐叔受之，以处参虚，匡有戎狄。

其中唐叔受赐的"密须之鼓与其大路"及"阙巩之甲"，都是文王、武王的旧物。定公四年又记康叔受的赐物中有"少帛"旗，王引之《经义述闻》认为这即是《逸周书·克殷解》中的"小白"，也是武王克殷时用过的旧物。从这两个例子可以推知，封建鲁、卫时所受赐物亦都与文王、武王事迹有关。在周人有将其祖配天而祀的信仰前提下，这些旧物无疑带上了"文武之道"的象征含义。

同时，受封诸侯所受之物中还包括有"彝器"在内。彝器，即宗庙祭祀之器。② 因为分封实际具有分氏的意义，从周王室受领这些宗庙祭祀之器，一方面表明这些诸侯与周的关系，另一方面也体现了他们分氏之后具有的某种独立特性。因此，无论受封诸侯从周王室受领的是彝器、旗帜或车服，从一定意义上说，是表明这些受封者与周王室存在合法关系，从此拥有合法地位和合法权力的象征。"分物"也就成为确定诸侯合法性的必要程序。

综上所述，西周时期的封建制度，它首先是周人的一种统治手段——在天下范围内建立若干以王室懿亲及功臣谋士之国为首的统治区域，由点及面、由面及片地对广袤地区进行有效控制；再者，它是周人集团内部对政治权力和政治经济利益的再分配形式——以周天子为核心，由受封的王室子弟和王族懿亲进行分割。同时，周代封建是建立在族群大迁移基础上的人口的重新编组，促使诸侯国一级的政治组织由血缘关系向地缘关系转化。周人藉此加强了由王室宗亲建立的诸侯国对周王室的向心力，同时通过这些诸侯国，实际建立起了较为稳定的中央与地方的关系，从而形成周代极有特色的国土结构。"封建"在较长的一段时间内，保证了周王室对天下的有效统治。

---

① 许倬云：《西周史》第五章，150 页，北京，生活·读书·新知三联书店，1994。
② 杨伯峻：《春秋左传注》，1537 页，北京，中华书局，1990。

通过西周时期的封建行动，周人终于建立起了幅员广阔的统治区域。《左传》昭公九年周大夫詹桓伯说：

> 我自夏以后稷，魏、骀、芮、岐、毕，吾西土也；及武王克商，蒲姑、商奄，吾东土也；巴、濮、楚、邓，吾南土也；肃慎、燕、亳，吾北土也。

这段话表明，周人所认可的统治范围，北到燕山南北、辽宁，南到长江流域，东到渤海沿岸，西到今陕、甘一带，地域非常广大。而从考古发掘的情况看，也是如此。西周时期是我国各地古代文化相互交流与融合的重要开展时期，从目前所发现的西周文化遗存或受到西周文化影响的地区文化看，可以说西至甘肃、新疆，东到海滨，南至广东，北达东北三省都有发现。

三、早期国家的社会制度（下）

（一）土地制度

对于古代的国家社会来说，土地制度是国家政权政治权力分配的反映，也是国家经济统治的基础。在商周时期，商王和周王是当时王朝政治最高权威的代表，因此，他们拥有名义上对"天下"的统治权和所有权。《诗经·小雅·北山》所言"溥天之下，莫非王土；率土之滨，莫非王臣"，正是从这个意义上说的。

但实际上，由于商周都仍处于早期国家阶段，商王和周王都是以"天下共主"的方式统治天下，即通过商王和周王对诸侯的权威来实现对广大地域的管理和统辖。当时，在其政治力量所达的广阔地域范围中，分布有许多"邦"。以西周为例，虽然周王已经控制了比商代更为广袤的地域，但周人仍然说：

> 万邦咸休，惟王有成绩。（《尚书·洛诰》）
>
> 居岐之阳，在渭之将。万邦之方，下民之王。（《诗经·大雅·皇矣》）
>
> 曰古文王，……匍有上下，迨受万邦。（墙盘）

"万邦"，周人又称之为"庶邦"。庶者，众也，所以"庶邦"也就是"多邦"之意：

予惟以尔庶邦于伐殷逋播臣（《尚书·大诰》）

庶邦享作，兄弟方来。（《尚书·梓材》）

安劝小大庶邦。（《尚书·顾命》）

王若曰：庶邦侯甸男卫（《尚书·顾命》）

"邦"即是"国"，"万邦"亦称"万国"。尽管这其中有不少已是由周王分封的王室懿亲之国，但也有不少属于"服国"，即由周王承认其对原有族群拥有统治权力的邦国。因此，在商周时期，对所谓"天下"的统治是通过王室和诸侯两级政权组织来进行的，于是对于土地而言，也就是王室和诸侯的等级式占有。

首先，如前所述，王室拥有对"天下"名义上的统治和所有权，虽然它的实现是通过其下的诸侯来实际完成的。同时，王室还直接占据和控制一些地区，以作为其王权的基础。这些地区包括国都、由王委派官吏直接进行管理的田邑（王邑），以及为王所有的籍田、园囿和山林川泽等其他土地资源。例如卜辞显示，商王在国都之外有田猎区，在太行山、沁水与黄河之间，以沁阳为中心，东西 150 公里，南北 50 公里，地处山麓与薮泽之中。① 而西周金文中亦有"王大籍农于諆（籍）田"（令鼎）的记载，以及任命官吏管理这些地区的册命辞：

司易林吴（虞）牧，自虒东至于河，厥逆至于玄水（同簋）

作司土，官司汸圊（师颎簋）

作司土，官司籍田（载簋）

作司土，司奠还戳及吴（虞）及牧"（免簋）

作邑，颗五邑祝（郑簋盖）

此外，周王还有权把王田作为采地赏赐给公卿大夫。由此可见，商周王室对这些直接控制和管理的地区是拥有完全的统治权和所有权的。

其次，由于王室的分封或承认，诸侯国也因而合法地各自占有某一区域的土地。不过在观念上，这些土地的所有权是属于商王或周王的；是商王或周王从自己所有的土地（即"天下"）中"分"赐给诸侯进行管理和使用的部分。

---

① 陈梦家：《殷墟卜辞综述》，263 页，北京，中华书局，1988。

姜寨二音孔陶埙
陶响器 新石器时代·仰韶文化

扁壶附字祭器
新石器时代·陶寺文化
通高27.7厘米，口径18.9厘米
中国社会科学院考古研究所藏

彩绘龙纹陶盘
礼器 新石器时代·陶寺文化
通高9.0厘米，口径37.0厘米，底径15厘米
中国社会科学院考古研究所藏

山西襄汾陶寺遗址全景

错金"鄂君启"铜节
战国
左：舟节水路通行证
长31厘米，宽7.3厘米，厚0.7厘米
右：车节陆路通行证
长29.6厘米，宽7.3厘米，厚0.7厘米
中国国家博物馆藏

玉蚩尤
新石器时代·陶寺文化
长6.4厘米，宽3.4厘米，厚0.2厘米
中国社会科学院考古研究所藏

土鼓
乐器　新石器时代·陶寺文化
山西博物院藏

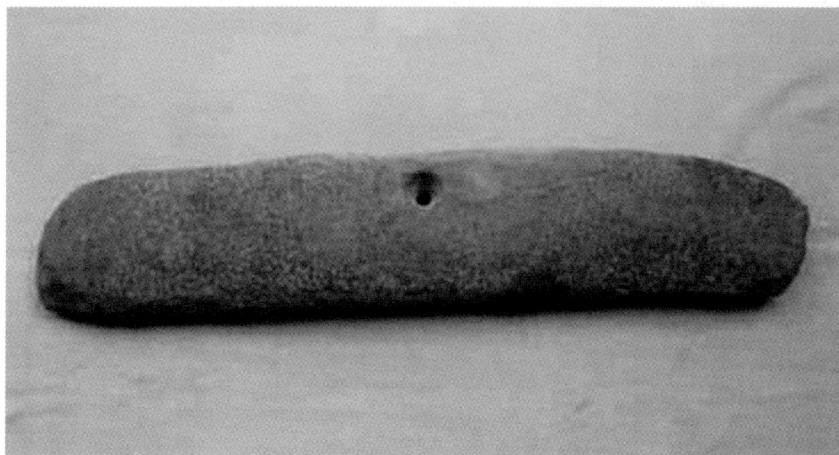

石磬，又名特磬
乐器　新石器时代·陶寺文化
通长95厘米，高32厘米
中国社会科学院考古研究所藏

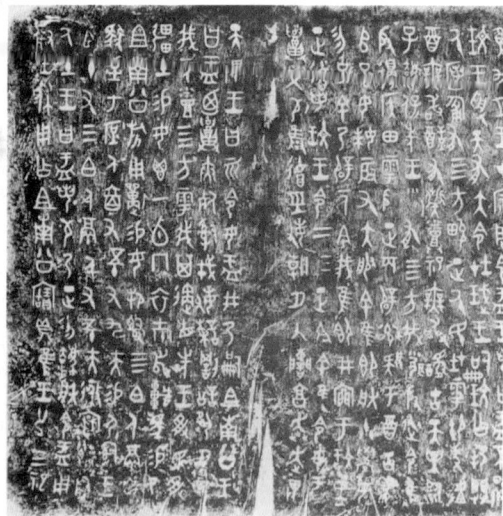

大盂鼎及铭文
西周
高102厘米，重153.5公斤
腹内侧铸铭文19行，共291字
中国国家博物馆藏

这在记录周人分封的文字中表述得尤其清楚：

> 王曰叔父，建尔元子，俾侯于鲁。大启尔宇，为周室辅。乃命鲁公，俾侯于东，锡之山川，土田附庸。……保彼东方，鲁邦是常。[1]

这是成王分封周公元子伯禽时的情况。其中"山川土田附庸"为周王所赐，而"大启尔宇，为周室辅"和"保彼东方"，是周王对伯禽提出的要求。这表明，受封的诸侯并不是独立于王朝的政治实体，在它相应地承担着王朝赋予的政治和经济使命之后，才受赐享有某个地区的统治权和土地的领有权。而且因为天子是天下土地的最高所有者，他有权改变诸侯的封地甚至剥夺他们的封国。例如西周时的鲁国，原封于今河南鲁山县；燕，原封于河南郾城、召陵一带。平定管蔡之乱之后，才分别东徙、北徙到山东和东北。[2] 另有西周宜侯夨簋记"王令虞侯夨曰：□侯于宜"，"□侯"，有学者即释作"迁侯"，将侯夨由虞地改封至宜地。而《国语·周语》载："恭王游于泾上，密康公从，有三女奔之。其母曰：必致之于王。……康公不献。一年，王灭密。"则是天子灭国、剥夺封地的例子。

尽管如此，资料表明西周时期在诸侯所占有的土地上，诸侯还是拥有了周王赋予的实际的统治权力和领有权力。他们有权在此建立自己的公田，或将封国的某些土地赐给手下。如荣伯任命下属卯时，就下令将"于乍一田"、"于宫一田"、"于隊一田"和"于戜一田"赐给卯（卯簋盖）。

另外，由于西周时期周王和诸侯都可以直接向其官吏和下属赐田，于是在天子和诸侯之下，卿大夫对一部分土地也拥有一定的事实权力。不过，将他们的这种权力与诸侯的相比较，则更不完全。赐给他们的采田是作为卿大夫俸禄性质存在的。也就是说，这些土地上的收获，是周王或诸侯向卿大夫提供俸禄的一种形式。即卿大夫可以享有这些土地的收益权，但他们对这些土地没有所有和使用的权力，周王或诸侯可以随时将他们的采田收缴或转赐他人。西周大簋就记有周王把原属趞睽的里转赐给大的事。周王令人通知原主，原主还只好

---

① 《诗经·鲁颂·閟宫》。

② 傅斯年：《大东小东说》，见《历史语言研究所集刊》第二本，第一分册，101 页，1930。徐中舒：《殷周之际史料之检讨》，见《徐中舒历史论文选辑》，670 页，北京：中华书局，1998。

说："天子余弗敢吝。"

商代的其他贵族对土地是否有实际权力，现在还尚不清楚。但仅就西周时期而言，可以说，它的土地所有制是一种贵族土地等级所有制：天子除拥有自己直接控制和管理的地域以外，同时拥有"天下"名义上的所有权；诸侯拥有的权力是由周王授予的对其国内土地的统治权和领有权；而卿大夫对土地的权力，主要是收益权。

由于王和诸侯经常以土地赏赐功臣，随着新君即位，受赐者原有的受封或受赐的土地也会因此产生或大或小的调整。因此，在"王有"的框架内，土地的割让、转移和交换势不可免。在西周中晚期金文中就有多篇关于土地转让的记载。其中土地转让的原因有赏赐（如大簋、师永盂）、赔偿（散氏盘）和交易（格伯簋和裘卫家族器）等。[①] 不论出于何种原因，转让过程几乎都是在王室参与下进行的。转赐某人自然是由天子的意志决定；散氏盘中矢国由于攻击了散而向散赔偿土地，这种裁决，也只能在王权之下作出。同样，在土地交易和交易产生的诉讼事例中，王室的执政大臣或作为公证（卫盉）、或作为裁判者（五祀卫鼎），在土地交换过程中都有出现。换而言之，这些交换都是在王朝参与之下、在贵族阶层内部合法进行的。

上述金文曾使不少学者对《礼记·王制》所言"田里不鬻"的真实性产生一定的怀疑。但如上所言，因为在商周时期由天子、诸侯及各级贵族拥有的这些土地都为"公田"，金文所反映的交换行为也只发生在贵族阶层，所以这些交换当属"王有""公田"的正常流动。对王对天下土地名义上的所有权，总体而言并不构成威胁。与"公田"相对应的是"私田"，是当时村社共同体中每个成员的"份地"。按照规定，份地是每隔三年要在村社内部交换使用的。由于村社成员对土地根本没有私有权，当时也就谈不上能对土地进行买卖了。

据学者研究，这种"公田"、"私田"共存的形态，是商周时期村社内部实行的一种土地制度，即"井田制"。据战国文献《孟子·滕文公上》"方里而井，井九百亩，其中为公田，八家皆私百亩，同养公田，公事毕然后敢治私事"所言，井田是中间一块"公田"，四周八块"私田"的整齐形态。对如此整齐划一的划分，现今学者们多以为其中搀杂着孟子的理想成分；不过井田制

---

① 李学勤：《西周金文中的土地转让》，见《新出青铜器研究》，北京，文物出版社，1990。

度由于田亩划分成方方正正的井字形得名，也有"公田"、"私田"之分，当为事实。①

最早村社中的"公田"，其收益用于祭祀等村社内部的公共事务。到了商周时期，"公田"上的集体劳动所得，已被贵族侵占。天子、诸侯的"公田"，是征调当时各个村社共同体的成员来进行集体耕作的。村社成员在天子的公田中集体劳作，见于卜辞："王大令众人曰：**劦劦**田，其受年，十一月。"亦见于周人文献："噫嘻成王，既昭假尔；率时农夫，播厥百谷。骏发尔私，终三十里。亦服尔耕，十千维耦。"② 这种在"公田"进行集体劳作、"同养公田"的方式，古书中称作"籍"，亦称为"助"。由王、诸侯或贵族所派遣的官员进行管理。金文中就有周王册命"作司土，官司籍田"的记录（**裁簋**），而在《诗经》中，"田畯"是监督农夫们集体耕作的官员："馌彼南亩，田畯至喜"。

井田制中的"私田"即份地，是要实行定期重新分配的，这在古书中称作"换土易居"或"爰田易居"。《公羊传》宣公十五年何休注云："是故圣人制井田之法而口分之，一夫一妇受田百亩……司空谨别田之善恶，分为三品，上田岁一垦，中田二岁一垦，下田三岁一垦。肥饶不能独乐，硗埆不得独居，故三年一换土易居，财均力平。"所说的即是这一制度。从这段话来看，份地是按劳动力平均分配的。百亩是周代分配份地的标准面积；另据《孟子·滕文公上》说，这一标准各代略有不同：夏代五十亩，商代是七十亩。分配的方法是将土地按照土壤的肥硗差别分为上、中、下三等，三年一次进行重新分配。其目的在于使大家平均耕垦等级不同的土地，平均劳动生产的条件，也使各人所得平均。

在西周时期，土地还有"国"、"野"的区别。"国"即天子或诸侯的都城，国都四周的农村地带称作"郊"，郊外广大国土即为"野"。相对野而言，居住在国和郊中的居民称为"国人"，野中的居民就是"野人"。由于国人和野人在西周时期的政治身份不同，③ 在政治地位和社会地位上有些差异。国人享有当兵、受教育、有姓氏等几种特权。在受剥削的方式上，两者亦不相同。这就是《孟子·滕文公上》说的"野九一而助，国中什一使自赋"。国人没有公田

---

① 杨宽：《西周史》，188 页，上海人民出版社，1999。

②《诗经·周颂·噫嘻》。

③ 金景芳认为最初居于野中的是战俘，后是移民。故与国人政治身份不同。参见《中国奴隶社会史》，136 页，上海人民出版社，1983。

（"税夫无公田"①），统治者从其份地的产品中抽取一部分作为赋税。野人则主要助耕公田，以在天子、诸侯或各级贵族的公田上服劳役为其义务（"制公田，不税夫"②）。

（二）法律制度

国家法律作为统治阶级维护自身权益和社会秩序的主要制度，是国家强力和国家意志的充分体现。法律在我国起源很早，三代时已有较为完备的法律体系。根据文献记载可知，夏代法律称作"禹刑"，商有"汤刑"，周有"九刑"。而且各自都已有相当数量：《尚书大传》说"夏刑三千条"，《周礼·秋官·司刑》郑注云："夏刑大辟二百，膑辟三百，宫辟五百，劓、墨各千"；《司刑》又说："（周）五刑之法……墨罪五百，劓罪五百，宫罪五百，刖罪五百，杀罪五百"，周代还有"墨罚之属千，劓罚之属千，剕罚之属五百，宫罚之属三百，大辟之罚其属二百，五刑之属三千"③ 之说，不一而足。

上述构成三代法律中重要内容的"刑"法，其"刑"除了流放之"放"刑、赎罪之"罚"刑外，主要指的都是肉刑。如古书中常说的"五刑"即是如此：墨，是在脸上涂墨的"黥面"之刑；劓，是割鼻；刖或剕，即断趾（又有言为断足）之刑；宫，去势；人辟，死刑。此外又有钻伤膝盖的膑刑、割耳的刵刑，还有作为附加刑或讯问时使用的鞭刑等等。

这种以肉刑为主的刑法，是直接从作战征伐的战争中发展起来的。现存最早的刑事方面的记载，都原是在战争中颁布的军令。如据称是夏启伐有扈氏时发表的《甘誓》、商汤伐夏桀时的《汤誓》以及周武王伐商纣时的《牧誓》中，都有若不听誓言，以杀戮相威胁的内容。以至后来在定义罪行时，还一度保留了"誓命"的形式。《左传》文公十八年有云："先君周公……作誓命曰：'毁则为贼，掩贼为藏，窃贿为盗，盗器为奸。'"即是证明。最早的法官，也是军事指挥长。传说中蚩尤既是战神，又是作刑者。这种"兵刑不分"的"兼职"现象，到西周时期还存在着。而从肉刑"断肢体，刻肌肤"的后果看，正是残

---

①② 《周礼·考工记·匠人》郑注。
③ 《尚书·吕刑》。

酷战争创伤的遗绪。甚至于广义的"刑"，其意义还包括征伐在内。例如《国语·鲁语》上说："大刑用甲兵，其次用斧钺；中刑用刀锯，其次用钻凿；薄刑用鞭扑，以威民也。故大者陈之原野，小者致之市、朝。"《左传》宣公十二年亦有言："伐叛，刑也。"对此兵刑不分的现象，顾颉刚先生曾举多条文献证据予以力证。[①]

远古的战争都是族群之间的争斗，这样残酷的刑法原先也是针对异族俘虏的，这即是《左传》僖公二十五年所谓的"德以柔中国，刑以威四夷"。后来虽然逐渐转变为在社会内部使用，但夏商周三代"刑不上大夫"，贵族内部仍是限制使用肉刑的。因为"（西周春秋时）凡是受了黥、劓、刵、刖、椓等刑的人大半都成为奴隶"[②]，墨刑就是被刑沦为奴隶的下限。

至于"罚"与"放"，则来源于古代社会调节人群内部关系的习惯法。还在氏族社会时期或更早期，同处一个群体当中的人们共同劳动、共同分配，地位平等。失去人们的尊重已是极大的痛苦。传说上古有"象刑"，《尚书大传》言"有虞氏上刑赭衣不纯，中刑杂屦，下刑墨幪以居州里而民耻之"，就是用"象征"的方式标志罪人身份，使"民耻之"，由此达到惩罚罪犯的目的。至于被逐出群体，对于那些犯有伤害行为或其他罪行的人来说，这是最可怕的惩罚。因为面对恶劣的自然生存环境，没有人能够仅仅依靠个人的力量生存下去。传说中远古时期被流放的共工、驩兜等，都是罪大恶极，才会遭此重刑。

同时，在这种环境下，人数还极为有限的社会也必须珍惜每一份人力，在人群间发生利益冲突的时候，不会轻易放弃使用任何能使冲突得到和解的方法。这种方法就是罚锾，即犯罪者偿付若干罚金以赔偿受害者所受的损失。《尚书大传》说："夏后氏不杀不刑，死罪罚二千馔。""禹之君民也，罚弗及强而天下治。一馔六两。"《尚书·汤誓》记商汤伐夏桀时号令，有"予则孥戮汝"句，《史记》即以"孥"为"帑"，也是罚锾的意思。在西周，不仅《吕刑》有所记载，在金文当中，也可以看到"爰千罚千"的誓言（散氏盘）和"罚汝三百锾"的判决（㝬匜），用以调节和缓解上层贵族之间的矛盾。

从上面所引文献材料看，商周时期已经有了较为详细、较为完备的刑罚体

---

① 《古代兵、刑无别》，见《史林杂识（初编）》，北京，中华书局，1963。
② 童书业：《春秋史》，113 页，上海古籍出版社，2003。

系。如《尚书·吕刑》所记，当时不仅刑法条目繁多，刑罚之间有轻重等次差别，不同的刑罚各有定量的规定；在罪行与应受刑罚之间，也已有了相当详细严密的对应关系。又如西周青铜器倰匜记录的"背誓者要服墨刑"的案例，与《周礼·司约》"凡大约剂书于宗彝，小约剂书于丹图。若有讼者，则珥而辟藏，其不信者服墨刑"正符。《尚书大传》也有这方面的记载："决关梁、逾城郭而略盗者，其刑髌。男女不以义交者，其刑宫。触易君命、革舆服制度、奸轨盗攘伤人者，其刑劓。非事而事之，出入不以道义而诵不详（祥）之辞者，其刑墨。降畔、寇贼、劫略、夺攘、挢虔者，其刑死。"等等。

如此严密庞大的刑罚体系表明，商周时期应有所谓的"刑书"存在，以作为诉讼时"罚当其罪"的依据。但文献资料同时显示，这些"刑书"在当时只掌握在少数人手中，并未向大众公开。我们现今可看到的当时付诸文字的法律规范，大多是由统治者发布的诰命，少量则是由后人追记。这些诰命，即使是在当时，也只能由少数人知道。它们主要保留在我国最早的一部历史文献——《尚书》之中。例如《康诰》是周公在康叔即将就封于卫时，指导康叔如何以"殷法"治殷民的训诫之词。文中提出了"明德慎罚"的思想；并根据当时刚刚平定武庚、管蔡叛乱的时代背景，要求对"不孝不友"和不守大法、到处谣言惑众的人进行严处。而《酒诰》中，周公申明严禁周人饮酒，不从者杀。《多士》、《多方》是周公在平叛前后对殷人的训话，要求他们服从周人命令，"乃有不用我降尔命，我乃其大罚殛之"（《多方》）。《吕刑》据说是周穆王时吕侯所作，是西周中期以后统治者关于刑律、审理狱讼指导思想和五刑制度法典化的文献。它继续了"明德慎罚"的传统法律思想，把墨、劓、刖、宫、大辟五种刑罚法典化为五刑刑律条目，并进一步提出"刑罚世轻世重"、"惟良折狱"和"有并两刑"的审理狱讼、定罪量刑原则等。[①] 尽管这些诰命与刑罚有关，也当成为当时具有法律效力的依据，然而它们更多的并不涉及具体条文，而更类似于今天关于法律问题的"指导性文件"。而且它们毕竟是统治者对极少数人发布的，掌握在这些特权阶层手中。

据《周礼·秋官·大司寇》说，当时也有向人民公开法律的方式：正月里

----

① 栗劲、孔庆明主编：《中国法律思想史》，第 29 页，哈尔滨，黑龙江人民出版社，1983。

"布刑于邦国都鄙"，将法律描绘成图像（"刑象之法"），在建筑（象魏）上悬挂，昭示于民。同时公布的还有"治象之法"（《大宰》）、"教象之法"（《大司徒》）、"政象之法"（《大司马》）等。不过从情理推之，如此众多的法律不可能通过这种方式、在有限的时间里被民一一知晓，何况能够被绘成图像的法律也毕竟有限。那些图像，充其量对百姓起到震慑的作用。《左传》中记载，春秋时郑国子产作刑书、晋铸刑鼎这样一些公开法律的举措，分别引起了叔向和孔子的严厉批评。如叔向认为，如果百姓知道有固定的法律规定，就会以此为依据相争不已（"民知有辟，则不忌于上，并有争心，以征于书"），丢弃礼义，以公布的刑书为依据去争夺小利（"民知争端矣，将弃礼而征于书。锥刀之末，将尽争之"），导致"乱狱滋丰，贿赂并行"①，甚至于亡国之灾。由此可知在此之前，虽然有成文的法律，但并不公开，执法者是根据原则和精神来处理具体事件的，这即是所谓的"先王议事以制，不为刑辟"。

当时贵族之间的争讼，可以直接上诉于王室；或者由王册命的官员，代表王室来行使裁决的权力。金文显示，在周王册命的官员中，有些即赋予了司法权。在那些受命的官员中，只有庚季是司寇的副职。《周礼·秋官》上说，司寇是古代的刑官，"帅其属而掌邦禁，以佐王刑邦国"，庚季自然也是专职的司法官员。其他几人都为兼职。其中一些由武官兼任，如"司戎"的盂（大盂鼎），身为冢司马的（趞簋）。此外，扬是司空兼司寇之职（扬簋），牧是百寮之长兼司法官（牧簋），之类的司法职能也是兼任的（龘簋："司成周里人及诸侯大亚，讯讼罚"）。除了这些受命司法的官员，周王朝的执政大臣，也可以代表周王行使这一权力。比如五祀卫鼎记"卫以邦君厉告于井（邢）伯、伯邑父、定伯、琼伯、伯俗父"，其中的"井（邢）伯、伯邑父、定伯、琼伯、伯俗父"就是当朝的几位执政大臣。

与此同时，王仍执有最高的裁决权。西周曶攸从鼎就记曶攸从向周王讼攸卫之罪。君臣之间的争讼上告于周王的例子在春秋时也有。如《左传》记载，桓公十年"虢仲谮其大夫詹父于王。詹父有辞，以王师伐虢"。虢仲为王卿士，詹父是虢仲的大夫，两人也是君臣的关系。詹父能"以王师伐虢"，也当是周

---

① 《左传》昭公六年。

王在判认詹父有理之后，才能赋予詹父这样大的权力。

另外，从金文记录的诉讼案例来看，当时诉讼程序已经基本固定。"两造具备，师听五辞"（《吕刑》），原告、被告当庭，由法官对其察言观色，进行判断。这也是后世常见的诉讼形式。而"命夫命妇不躬坐狱讼"①，智鼎中智和限为奴隶的价格问题发生诉讼，智就是让其"小子"代为出庭的。

在诉讼过程中，"誓"的作用不容忽视。在金文中，"誓"一般是由败诉者进行的。他们所立誓言的内容，基本是关于败诉者所要承担的有关责任或违约时必须受到的相应惩罚。形式上一般应包括两大部分，一是应如何，一是如果不如此则如何。像𫘦匜中牧牛的誓言："自今余敢扰乃小大事，乃师或以汝告，则致乃鞭千黥𪘰（从今往后如果我敢再叨扰各位官长，我的上级再上告我，我就承受鞭打一千下、处墨刑和加蒙黑巾的刑罚）"，就是如此。立誓不仅是诉讼过程的一个重要步骤，同时还是契约制定时的一个必要程序和有机组成部分。包括誓词在内的判决结果和有关契约一般要有官府和当事人共同持有，作为日后执行判决及惩罚违"誓"者的重要依据。如《周礼·秋官》就列有司约、司盟之官："司约，掌邦国及万民之约剂。……若有讼者，则珥而辟藏，其不信者服墨刑。""司盟，掌盟载之法。……凡民之有约剂者，其贰在司盟；有狱讼者，则使之盟诅。"

综上所述，商朝和周朝（西周和春秋）在重要的一系列制度上体现了较高的一致性。这些制度，与后来的成熟国家相比虽然还带着某些原始气息，但作为当时国家政治、经济统治的重要组成部分，它们却显示出了较为成熟和稳定的特点。这表明，商周时期（春秋之前）尚未出现由早期国家向更成熟国家的转变。中国历史上的这一重大转变，是在春秋战国时期完成的。

四、早期国家向成熟国家的转化

如前所述，夏商周三代属于我国历史上的早期国家阶段，而早期国家向成熟国家转化的过程，是始自春秋中晚期，经历战国，到秦始皇统一天下建立秦

---

① 《周礼·小司寇》。

朝帝国才最终完成的。众所周知，战国时代可谓中国历史一大变革时期，其间各国纷纷变法，对许多旧制度进行了重大改革，逐渐建立起崭新的制度体系。这些新的制度，后来不但成为秦汉成熟国家的坚强基石，其影响力甚至延续整个"封建"时代。王夫之谓之为"古今一大变革之会"，就是对这一时期的精辟概括。

这一时期，变革的浪潮可谓汹涌澎湃，不可阻挡：魏文侯任用李悝，作《法经》，"尽地力之教"；韩昭侯用申不害，"内修政教，外应诸侯，十五年。终申子之身，国治兵强，无侵韩者"；楚悼王用吴起，"明法审令，捐不急之官，废公族疏远者，以抚养战斗之士。要在强兵，破驰说之言从横者"；齐威王用邹忌为相，"自附于万民"，"择君子"，"修法律而督奸吏"，"于是齐最强于诸侯，自称为王，以令天下"；秦孝公用商鞅"变法修刑，内务耕稼，外劝战死之赏罚"，"于是法大用，秦人治"；赵武灵王胡服骑射，"灭中山"。[1]

经过这些变法运动，否定了原来的旧制度，逐渐建立起适应成熟国家建构的各项新制度。顾炎武将战国与春秋进行了对比，说："如春秋时，犹尊礼重信，而七国则绝不言礼与信矣；春秋时，犹宗周王，而七国则绝不言王矣；春秋时，犹严祭祀，重聘享，而七国则无其事矣；春秋时，犹论宗姓氏族，而七国则无一言及之矣；春秋时，犹宴会赋诗，而七国则不闻矣；春秋时，犹有赴告策书，而七国则无有矣。邦无定交，士无定主，此皆变于一百三十三年之间。"[2]

事实上，在两百多年的战国时期发生的这些大变革，不仅仅是春秋与战国之间的不同，中国早期国家更由此向成熟国家发生重要转变。从制度文化角度综合而言，当时发生转变的大致可分为以下几个方面：

（一）土地制度的改造

从春秋时期开始，原来的井田制逐渐被破坏。公田是西周国家租税的主要来源，原先由野人"助"耕。但这时，被迫耕种"公田"的村社成员"怠于公

---

① 分别见《史记》卷七四《孟子荀卿列传》、卷六三《老子韩非列传》、卷六五《孙子吴起列传》、卷四六《田敬仲完世家》、卷五《秦本纪》、卷四三《赵世家》。

② 顾炎武：《日知录》卷一三，《周末风俗》。

事", 不肯尽力, 于是出现了公田"维莠骄骄"的荒芜景象。各国统治者逐渐认识到"今以众地者, 公作则迟, 有所匿其力也; 分地则速, 无所匿迟也"①的道理。为了增加本国租税, 还在春秋时期, 各国就开始了对原有土地制度的改造。改造的方向则是把原来由各村社共同体定期轮种的土地作为各家固定耕地一次性分配下去, 使耕地分配固定化、长期化, 并以此为标准征收田税。

公元前 645 年, 晋秦战于韩原, 晋惠公被俘。晋国为了重整旗鼓, "于是乎作爰田"②,《国语·晋语》记为"作辕田"。"爰"与"辕"通, 晋"作爰田"相当于后来战国时秦国商鞅变法时提出的"制辕田"。《汉书·地理志》孟康注: "爰自在其田, 不复易居也。"即把村社成员的份地固定下来, 不再进行村社内部的定期重新分配。

公元前 594 年即鲁宣公十五年, 鲁国改变税制, 实行"初税亩",《公羊传》释为"履亩而税", 即在野人助耕公田的同时, 其份地也要交纳田税, 其实质就是加税。

公元前 543 年, 子产在郑国使"田有封洫, 庐井有伍"③, 整顿田地疆界和沟洫, 也是将耕地分配固定化、长期化的措施。

约与鲁郑两国同时, 晋国六氏分别又进行了一次田制改革。据临沂银雀山汉墓竹简《孙子兵法·吴问》记载: 范、中行氏制田, 以八十步为畹, 以百六十步为亩。智氏制田, 以九十步为畹, 以百八十步为亩。韩、魏制田, 以百步为畹, 以二百步为亩。赵氏制田, 以百廿步为畹, 以二百卌步为亩。不仅田制不同, 所收取的田税也不一样。其余五氏都是抽取五分之一的田税, 而赵氏只抽取十分之一。兵法作者孙子在谈话中把田地亩积大小、田税多少与此六氏的命运联系在一起: 在他看来, 亩积越小, 相同面积的土地上耕种的人越多; 由于负税重, 此氏也富得越快, 但因此灭亡也就越快。与之相反的是, 亩积越大, 相同面积的土地上耕种的人越少; 此氏的田税收入虽然较其他各家减少, 但由于耕作者占田多, 负税轻, 民归之如流水, 其实力反而会大增。作者强调的这种长期效应表明, 这种"制田", 也就是将份地按照各自制定的亩积长期

---

① 《吕氏春秋·审分》。
② 《左传》僖公十五年。
③ 《左传》襄公三十年。

固定了。只有这样，才可能对各氏的命运产生影响。

　　春秋战国，战乱频仍。年年的战争、徭役不仅打击了贵族的宗族势力，也破坏了村社共同体，原有的村社共同体的土地制度加速瓦解。到了战国时期，各国纷纷实行授田制，由国家按照户籍向农民分配土地。一般授田的标准是"一户百亩"，即所谓"一夫挟五口，治田百亩"（《汉书·食货志》）。在授田年龄上，银雀山汉简《田法》有"□□□以上、年十三岁以下，皆食于上；年六十［以上］与年十六以至十四，皆为半作"①。可知是有详细规定的。而授田对象也有规定，某些因特殊身份不能立户者，包括"假门逆旅、赘婿后父"，则不予授田。② 授田对象每年应向国家交纳定量的租税，包括粮食、饲料和禾秆。《秦律》的《田律》即规定："入顷刍稾，以其受田之数，无垦不垦，顷入刍三石、稾二石。"③

　　战国授田制与井田制最大的不同在于，分配土地的主体不是村社，而是国家。这即要求国家地权高度集中，能对全国土地的种类和数量进行核实，确定授田和纳税的基本标准。魏李悝"尽地力之教"，"以地方百里，提封田九万顷，除山泽居邑三分去一，为田六百万亩"④；秦商鞅变法，则"地方百里者，山陵处什一，薮泽处什一，溪谷流水处什一，都邑蹊道处什一，恶田处什二，良田处什四。以此食作夫五万，其山陵、薮泽、溪谷，可以给其材，都邑蹊道，足以处其民"⑤。在此基础上，使地"大小长短尽正"，以核实和确立实际可耕面积。然后将各类土地按正常土地实际可耕面积加以折算，做到"地均以实数"，对土壤肥力加以估算和平均调整。另外，还要"循行立稼之状，而谨□□美恶之所在，以为地均之岁……"⑥通过上述措施，确立授田和纳税的基本标准，既保证授田的公正程度，也满足了灵活要求。

　　在授田之后，各国还要对土地进行定期核查、管理和适当调整，以保持份

　　①⑥《守法守令十三篇·田法》，见《银雀山汉墓竹简》，北京，文物出版社，1985。

　　② 睡虎地秦简整理小组：《为吏之道·魏户律》，见《睡虎地秦墓竹简》，北京，文物出版社，1978。

　　③ 睡虎地秦简整理小组：《秦律十三种·田律》，见《睡虎地秦墓竹简》，北京，文物出版社，1978。

　　④《汉书·食货志》。

　　⑤《商君书·徕民》。

地的稳定性。如齐国实行"三岁修封，五岁修界，十岁更制"的措施，① 秦律对盗徙田封者，要施赎耐之处罚。另外，秦律还规定，每年"秋八月，修封捋（埒）、正疆畔及癹千（阡）百（陌）之大草"②。所有这些，都体现了国家在授田管理方面的权威地位和突出作用。

(二) 严格户籍制度

战国授田制度的实行表明，早先的村社共同体已经解体，取而代之的是一户五口或八口的小农。当时授田和征收赋役即是以户为单位。为了加强对这些个体小农的控制，各国都实行了严格的户籍管理制度。以秦国为例，统治者非常重视对境内各类人口（"仓口之数，壮男壮女之数，老弱之数，官士之数，以言说取食者之数，利民之数"③）的统计工作，要求"四境之内，丈夫女子皆有名于上，[生]者著，死者削"④。户籍登记的内容包括人口数、成年男子的年龄和姓名等。对百姓户籍申报有严格规定，申报不实要受处罚。不仅如此，对有关的基层组织官员里典、伍老也要追究责任："匿敖童及占癃不审，典、老赎耐；百姓不当老，至老时不用请，敢为酢（诈）伪者，赀二甲，典、老弗告，伍人、户一盾，皆迁之。"⑤ 秦律进而规定，迁居必须报告官吏，重新登记户口（"更籍"），以便使官府掌握人口流动的情况。官吏不予办理的，要受到惩罚。⑥

为了加强对人民的管理和控制，各国政权把全国人口都编入户籍，并把个体小农编成五家为一伍的组织，将户籍编制同军队中"伍"、"什"的编制相结合，此即《国语·齐语》所谓"作内政而寄军令"。秦国实行此举较晚，但也同样严厉。如商鞅变法时，规定百姓五家为保，十保相连。一家有罪，其他九家应该告发，若不告发，则十家连坐（"令民为什伍，而相牧司连坐"⑦）。以

---

① 《管子·乘马》。

② 《青川县出土秦更修田律木牍》，载《文物》，1982 (1)。

③ 《商君书·去强》。

④ 《商君书·境内》。

⑤ 《睡虎地秦墓竹简·秦律杂抄·傅律》，北京，文物出版社，1978。

⑥ 《睡虎地秦墓竹简·法律答问》："甲徙居，徙数谒吏，吏环，弗为更籍，今甲有耐赀罪，问吏可（何）论？耐以上，当赀二甲。"

⑦ 《史记·商君孙传》。

这些"伍"和"什"为基础，各国又按照一定的规模将它们继续组织起来，其上再设聚、里、邑、乡或连、闾等地方基层组织。秦制为亭和乡："大率十里一亭，亭有长；十亭一乡，乡有三老、有秩、啬夫、游徼。"① 在乡之上，各国相继设立有更高一级的县和郡，这就是战国时期的郡县制度。如《史记·商君列传》就记有秦孝公徙都咸阳后，"集小（都）、乡、邑、聚为县，置令、丞，凡三十一县"。

（三）郡县制度的建立

战国时期的郡县制度是逐步产生的。县和郡，早在春秋时就已经出现，原先都是作为边地上国君直接统治的领邑。当时楚、晋等大国为了加强中央集权，加强边地防守力量，往往把新兼并的小国改建为县，不作为卿大夫的封邑。如《左传》载，鲁庄公六年楚文王伐申，庄公十四年楚灭息，哀公十七年楚文王以彭仲爽"为令尹"，"实县申、息"。这是楚国伐灭别国置县的开始。晋国设县也很早。《左传》僖公三十三年就有晋襄公赏胥臣以"先茅之县"的记载。最初县都设在边地，一方面便利了国君的集中统治，另一方面又加强了边防。如《左传》成公七年，楚国子重请求将申、吕二县作为赏田，申公巫臣说："不可。此申、吕所以为邑也，是以为赋，以御北方。若取之，是无申、吕也，晋、郑必至于汉。"春秋后期，晋国卿大夫在其领地内推行县制，县即成为一种地方行政组织。

春秋末年，晋国又出现了郡的地方组织。郡最初也是设在边地上，因为当时边地荒僻，地广人稀，其面积虽然比县大得多，但它的地位却比县低。《左传》哀公二年"克敌者上大夫受县，下大夫受郡"，就是此义。

战国时期，边地逐渐繁荣，也就在郡下分设若干县，于是产生了郡、县两级制的地方组织。这种县统于郡的格局，最初亦行于三晋。如魏国的上郡有十五县；赵国的上党郡有二十四县，代郡有三十六县；韩国的上党郡则有十七县。② 秦、楚、燕纷纷效仿三晋，也建立起了郡县相辖的制度。当时只有齐始

---

① 《汉书·百官公卿表》。
② 分别见于《史记·秦本记》、《战国策·齐策》、《战国策·秦策》。

终没有设郡，但有类似于郡的"五都"的制度。①

战国时代的郡都设在边地，主要承担防卫边境的任务。其首长叫做"守"，也尊称为"太守"，都由武官担任。郡守有征发一郡壮丁出征的权力。如《史记·秦本纪》载，秦昭襄王二十七年，"使司马错发陇西，因蜀攻楚黔中"；《秦始皇本纪》载，十八年"王翦将上地，下井陉，端和将河内……围邯郸城"。"发陇西"、"将上地"、"将河内"，都是尽发一郡之兵之意。

战国时各国的郡仅限于各国边区，县的设置则非常普遍。大凡有城市的都邑都建立为县，所以史书上"县"和"城"往往互称。县的组织，基本上和中央的政府组织相似。如秦国，县中设有一县之长令、主管民政的丞和主管军事的尉。还设有县司空、县司马及治狱、令史等。秦国同时设有与县并立的"道"，道设啬夫等官。

虽然当时仍然存在着封君制度，但郡、县已经成为战国时代各国普遍的地方行政组织。由于郡、县长官直接由国君任免、考核，不得世袭；郡、县的领域由国君控制，不作封赏；郡、县的行政和军事权力，都实际掌握在国君手里。因此郡、县制度的建立，也就便利了国君的集中统治。这时各诸侯国的统治机构，从国到郡，从郡到县，从县到乡，已是有系统地分布到每一个角落，层层控制着整个国家。

(四) 中央集权官僚制度的建立

与各国国君通过郡、县制度集中权力相适应的，战国时期各国通过变法，剥夺了贵族的特权，废除世卿、世禄制度，建立起一整套适合君主集权的官僚制度。所谓官僚，就是《韩非子·外储说右下》所说的"主卖官爵，臣卖智力"。在国家任职的官员，不再获得封邑，而是以粮食为俸禄。国君对各级官吏可以随时任免、随时选拔，各级官吏的权力无法世袭。

战国时期的这种官僚制度，在春秋末年已有端倪。当时各诸侯国出现了以粮食为俸禄的官僚，在卿大夫家中也出现了官僚性质的家臣。其特点即为不再有封地，而是以粮食为俸禄。如《史记·孔子世家》载，孔子曾担任鲁国司

---

① 参见杨亮：《战国史》，229～230页，上海人民出版社，1998。

寇，"奉（俸）粟六万"，在卫国做官，"亦致粟六万"。而《论语·雍也》记孔子也曾任命原思为其家宰，"与之粟九百"。到了战国时期，这类官僚和家臣就逐渐取代了世袭的贵族政治。

战国时期各国的官僚机构，完全成为国君的统治工具。它最重要的一个特点就是"官分文武"。《尉缭子·原官篇》说："官分文武，王之二术也。"这与西周春秋时期各国卿大夫同时掌握政权和兵权的制度完全不同。文武分职的产生，完全是当时政治和军事上的需要。一方面统治区域扩大，官僚系统更加庞大复杂；另一方面，战国时期的战争规模也非春秋可比。这一时期的战争，常常是"悉国中兵"，实行全国总动员，军队数量越来越大；杀伤亦求歼灭敌国的有生力量，动辄数万，甚至数十万。战争的方式又由春秋时的车战，发展出步卒和骑兵两个兵种，战争技术也更加专门。在这种情况之下，在官吏组织中不得不文武分途。文武分职不但适应了当时政治军事的需要，更由于它分散了大臣的权力，因此既可使官员们相互监督，同时还便于把权力进一步集中到国君手中。

这一时期的官僚体系是以相和将为其首脑的。相为文职，是官僚机构中的"百官之长"，称为"相国"或者"相邦"，又称丞相、宰相。西周时期的"相"，是诸侯朝聘宴享时辅导行礼的官，"宰"是卿大夫的家臣。春秋时期齐国从景公开始设左右相。春秋晚期，当晋国的卿大夫开始用官僚管理政务的时候，"相"就成为官僚机构的首脑。战国时期的名相有李悝、商鞅、申不害等，他们也是战国时期各国变法运动的领导者。

将军原是春秋时期晋卿的称号。因为春秋时代卿大夫不仅有统治权力，而且有宗族和"私属"的军队。到战国时代，由于文武分职，出现了许多著名的大将。当时的名将有燕国乐毅，赵国赵奢、廉颇、李牧，秦国白起和王翦等，他们在各国的兼并战争中都起到了很大的作用。

这一时期各国都先后形成了以相、将为首的官僚机构。但由于各国的官制沿袭的是各国的春秋制度，因此在具体的设置和官名上，有很大差异。大体上三晋是一个系统，齐国是另一系统，秦、楚又不相同。如楚国始终没有设相和将，其相应的官职是令尹和柱国。

郡县制度和君主集权的中央官僚机构的建立，标志着战国各大诸侯国已基本形成了中央集权的政治体制。为了更好地加强和巩固君主统治，各国经过变法和改革运动，还建立起一套行之有效的政治制度，其中最重要的即为法律制度。

（五）法律制度的发展

法律是统治的重要工具。为了维护统治，在春秋时就已经出现了针对法律的改革，这就是公布成文法。公元前536年即鲁昭公六年，郑国子产将刑法铸在鼎上，作为国之常法，予以公布。公元前513年，即鲁昭公二十九年，晋国铸造刑鼎，亦把范宣子所作刑书铸在鼎上公布。由于鼎上铸字有限，当时公布的刑书不可能是具体细微的法律条款，只能是法律的原则。尽管如此，在当时还是引起了轩然大波。齐国的叔向、鲁国的孔子，都对此进行了严厉的批评。但是，公布法律是大势所趋。战国初期各国进一步把法律进行系统化整理，并予以公布。魏国李悝著《法经》，就是第一部系统化公开的国家法典。

《法经》包括《盗》、《贼》、《囚》（又作《网》）、《捕》、《杂》和《具》六法，其原文已经散佚。根据《晋书·刑法志》的记载，李悝撰写这部《法经》的意图和体例是"以为王者之政莫急于盗贼，故其律始于盗贼；盗贼须劾捕，故著网、捕二篇；其轻狡、越城、博戏、借假不廉，淫侈、逾制，以为杂律一篇；又以其律具其加减。是故所著六篇而已，然皆罪名之制也"。

商鞅在秦国变法，就以李悝的《法经》为基础，并将"法"改为"律"。《史记·商君列传》载，为控制人民，商鞅实行"令民为什伍，而相牧司连坐"的连坐制度。鼓励"告奸"，告奸者与斩敌者同赏，不告奸者腰斩，匿奸者与降敌者同罪。严禁私斗，"为私斗者，各以轻重被刑大小"。

为了进一步加强统治，各国制定的法律条文越来越多。如1975年在湖北云梦睡虎地出土了秦简，其上记载的秦律就是战国晚期秦国实行的法律。它远非秦律的全部，但其律名却早已大大超出李悝《法经》中《盗》、《贼》、《囚》、《捕》、《杂》、《具》六种，其内容也当有极大的丰富。

睡虎地出土的秦律，包括法律条文（《秦律十八种》、《秦律杂抄》）、《法律答问》和案例（《封诊式》）等。法律条文涉及的内容非常广泛，几乎包括社会生活各个方面。如《田律》、《厩苑律》、《仓律》、《金布律》等，是关于农田水利、山林保护、牛马饲养、粮食保管和市场管理各个方面的规章制度；《徭律》、《司空律》、《工人程》等是关于徭役征发、工程修建、刑徒监管等方面的法律；《傅律》涉及户籍管理；《游士律》、《传食律》和《行书律》，主要针对别国游士管理以及邮传制度；还有《置吏律》、《军爵律》、《效律》和《内史杂》等，是专涉官吏任免、考核与监督方面的官吏法。《法律答问》是以问答形式，对秦律中的一些条文、术语及律文意图所作的解释。这种解释，在当时也是具有法律效力的。《封诊式》则主要记录了一些民事和刑事案件的处理。

从出土的秦律和其他文献中可以看到，当时秦国的刑罚非常严酷和繁杂。如死刑有磔、腰斩、绞、弃市等；肉刑有黥、劓、斩左右趾和宫刑；身体刑有剃发的髡刑、剃鬓须的耐刑和鞭打的笞刑；劳役刑则包括城旦舂、鬼薪白粲、隶臣妾、司寇和候等多种。此外还有流刑、赀刑、赎刑、族刑、连坐等等。这些刑罚充分体现了战国时期法家"重刑主义"的特点，与三代的刑罚相比，已经有了相当大的发展。

如上所述，经过战国二百多年的大变革时代，较之早期国家阶段，已发生重大改变。以古老的村社共同体为基础的井田制瓦解了，各大诸侯国通过按户授田的土地制度，造成了当时较为先进的小农经济的生产方式，成为延续两千年历史的君主政权的经济基础。在加强对小农控制和加强君权的过程中，户籍制度、郡县制度逐渐成形。而郡县制度和中央集权官僚体制的出现，以及相应的法律制度的完善，则表明各国都已经建立起了适应于中央集权的政治体制。这些政治体制上的变革，无疑意味着在早期国家时期作为关键制度的宗法制度和封建制度，已被无情的滚滚向前的历史洪流所抛弃。中国历史将由此走进成熟国家阶段。

第三章

思想传统的奠定

一、前诸子时代的思想与学说

先秦时期是我国古代思想学说的奠定时期。这一时期的黄金时代是所谓的诸子时代。殷末周初以前，文献不足征。而殷末周初至诸子以前，影响深远的思想学说主要有《洪范》九畴说、《周易》阴阳变易说和以周公为代表的敬德保民思想以及尔后的理性思潮。

（一）《洪范》九畴

《洪范》是《尚书》中的一篇。据说周武王灭殷之后，访问殷遗臣箕子，箕子为周武王陈《洪范》。由于《洪范》是殷遗臣所述，古书征引时多称为《商书》；又由于它是周武王灭殷以后写出来的，[①] 所以《尚书》把它列入《周书》。洪即大，范即法，洪范即是大法。共九条，号称洪范九畴。它实际是箕子在殷周之际对夏商两代特别是商代自然和社会政治思想的总结，其中既有对前人观念的传述，也有他个人以诠释为名提供给周武王的政治咨询。

洪范九畴的内容可分为两大类。五行、五纪、八政、稽疑、五福六极五项为一类，是关于制度体系的；五事、皇极、三德、庶征四项为一类，是关于规范系统的。

"五行：一曰水，二曰火，三曰木，四曰金，五曰土"，是指五种作为实体的物质，它们具有"润下"、"炎上"、"曲直"、"从革"、"稼穑"的五种属性和功能，从这五种属性和功能中又派生出"咸"、"苦"、"酸"、"辛"、"甘"五味。五行列于洪范九畴的首位，突出认识自然对于社会管理的重要性，要求统治者应按照事物的自然属性去周到地安排社会生产和生活。

"五纪"指"岁"、"月"、"日"、"星辰"、"历数"五种计时方法，"协用五纪"，即合用这五种计时法，确定尽可能好的历法体系。这是社会生产，特别是农业生产非常重要的一项工作，是君主作为社会公共职能代表的重要职责。

"八政"指"食"、"货"、"祀"、"司空"、"司徒"、"司寇"、"宾"、"师"八种政务官员，此处代指农业、财务、祭祀、户口、教育、治安、外交、军事八方面的政务。"农用八政"，努力抓好这八项重要政务，就可以使社会有效、有序地组织起来。

"稽疑"指决策制度。遇到大的疑难，要"谋及乃（君王）心，谋及卿士，谋及庶人，谋及卜、筮"。在这几方面的意见中，卜筮最为重要，这是"殷人尊神"思想的反映。但决策要同"庶人"商量，"三占从二"，这说明原始民主精神仍有影响。

"向用五福，威用六极"，指用"寿"、"富"、"康宁"、"攸（由）好德"、"考终命"五福和"凶、短、折"、"疾"、"忧"、"贫"、"恶"、"弱"六极劝诫臣民。

---

① 《洪范》据《书序》是周武王时所作，近人提出了不少疑问，但据金景芳等人的研究（《西周在哲学上的两大贡献》，载《哲学研究》1979 年 6 期），它是可信的西周的作品。

这五个方面，"顺用五行"① 和"协用五纪"是与社会生产有关的制度，"农用八政"、"明用稽疑"及"向用五福，威用六极"是与社会政治有关的制度。下面，"敬用五事"、"建用皇极"、"乂用三德"、"念用庶征"四个方面，则主要是对君王的行为规范。

"敬用五事"，是君王所应做到的五种修身规范。貌、言、视、听、思五事指君王的日常行为表现，恭、从、明、聪、睿是对五事的规范，肃、乂、晰、谋、圣则是按规范所应达到的效果。

"建用皇极"，皇极指政治管理的基本原则。它包括两方面的内容：一是君王应遵守的规范，一是臣民、百官应遵守的规范。君王应造福臣民，任贤使能，赏罚公平，"王道"要宽广、平易、正直；臣民要"遵王之义"，"遵王之道"，"遵王之路"。不要偏颇不正，不要私心偏好，不要结党营私。

"乂用三德"，指君王治理臣民的三种方式，即"正直"、"刚克"、"柔克"。对一般的人以"正直"对待，对强悍不友善者以"刚"对待，对柔顺可亲近者以"柔"对待。

"念用庶征"，是从天人感应观出发，强调君王的行为关系到自然气象的好坏。君王行为若"肃"、"佚"、"晰"、"谋"、"圣"，天气就正常；君王行为若"狂"、"僭"、"豫"、"急"、"蒙"，天气就反常。这种天人感应与原始文化的巫术交感不同，以伦理性规定为决定性因素，实质是利用宗教来规范君王的行为，是宗教政治化的表现。

箕子所陈的这九条治国原则，是夏商两代治国的精英思想，对后人有极深的影响。

（二）《周易》的哲学和政治思想

《周易》的作者，《系辞传》认为是"庖羲氏……始作八卦"，但从"作结绳而为网罟，以佃以渔，盖取诸离"来看，庖羲氏时代的先民，不但发明了八卦，也发明了六十四卦。《系辞传》又说："《易》之兴也，其当殷之末世，周

---

① 陈来认为，"后八条中皆有'用'，如敬用、农用、协用、建用、明用等，惟独'初一曰五行'中'用'字阙如，疑当作'初一曰顺用五行'"（《古代宗教与伦理——儒家思想的根源》，200页，北京，三联书店，1996），其说可从。

之盛德邪，当文王与纣之事邪。"马王堆出土的帛书易传《衷》则作："子曰：《易》之用也，段（殷）之无道，周之盛德也。恐以守功，敬以承事，知以避患，□□□□□［非处］文王之危，知史记之数书（者），孰能辩焉？"帛书易传《要》更说："文王仁，不得其志，以成其虑。纣乃无道，文王作，讳而辟咎，然后《易》始兴也。"① 可知《周易》兴起于殷周之际，与周文王有很大的关系。从《周易》经文和先秦、两汉的文献记载看，周文王因于羑里时，可能对六十四卦的卦序作了一定的编排，又将六十四卦系以一定的卦辞和爻辞，文王所系之卦、爻辞，后来又经过其子周公旦的改编、加工，以至最后形成《周易》本经。由于"父统子业"，故说文王作《易》。

《易》源于数占，本为卜筮之流。但发展到《周易》，经过文王、周公父子的创造、改编，《周易》就不仅仅是卜筮之书，而寓有深刻的哲理和社会政治思想。

《周易》由卦画符号和卦爻辞组成。其六十四卦每卦六爻，共 384 爻。其中阳爻（一）192 爻，阴爻（一一）也 192 爻。六十四卦由三画的八卦两两相重而成，八卦共二十四爻，其中阳爻 12 爻，阴爻也 12 爻。这样，阴爻（一一）、阳爻（一）构成了乾（☰）、坤（☷）、震（☳）、艮（☶）、坎（☵）、离（☲）、兑（☱）、巽（☴）八卦，乾（☰）、坤（☷）、震（☳）、艮（☶）、坎（☵）、离（☲）、兑（☱）、巽（☴）八卦各自分别相重，八八六十四，又构成了乾（䷀）、坤（䷁）等六十四卦。"易者，象也"，这种卦画结构显然蕴含着天地万物由阴阳构成的思想。六十四卦两两相对，分为 32 组，如泰与否、谦与豫、剥与复、损与益。其卦画"非复即变"，如乾卦（䷀）与坤卦（䷁），相同爻位上的爻性质相反，乾为阳爻，坤则为阴爻。而泰卦（䷊）与否卦（䷋）的爻序则相互颠倒，泰卦的卦画倒过来就是否卦。这种卦画结构显然蕴含着对立的统一的观点。六十四卦的最后一对卦是既济（䷾）和未济（䷿）。"既济"即成功，所以既济（䷾）六爻阳爻都居奇位，阴爻都居偶位。"未济"即不成功，所以未济（䷿）六爻阳爻都居偶位，阴爻都居奇位。《周易》六十四卦中六爻全部当位的只有既济，全不当位的只有未济。六十四卦不是以既济结束，

① 廖名春：《马王堆帛书〈周易〉经传释文》，见《续修四库全书》经部易类第一册，上海古籍出版社，1995。

而是以未济结束，表明"物不可穷"，旧矛盾一解决，新矛盾又产生，事物的发展变化是无穷的。这种卦画结构显然蕴含着发展转化的观点。

《周易》的卦爻辞也包含着深邃的哲理。如乾卦的爻辞："初九，潜龙勿用。九二，见龙在田，利见大人。九三，君子终日乾乾，夕惕若，厉无咎。九四，或跃在渊，无咎。九五，飞龙在天，利见大人。上九，亢龙有悔。用九，见群龙无首，吉。"用象征的手法表现了事物的发展变化过程，表达了作者对事物发展变化的认识。初九所谓"潜龙"，象征事物的开端，此时力量弱小，时机未到，故云"勿用"，不要轻举妄动。九二，龙由隐而"见（现）"，象征事物的逐步发展。九三，强调君子要相时而动，当作则作，当息则息，有张有弛，就能化险为夷。九四"飞龙在天"，象征事物发展到达完美阶段。上九"亢龙"象征事物发展到了顶点，物极必反，故云"有悔"。用九之所以"吉"，是因为"见群龙无首"，反映了作者厌恶争权夺利，主张以谦让服人的精神。坤卦初六爻辞说："履霜，坚冰至。"在初踏薄霜之时，就当思冰天雪地的严冬到来。比喻见微知著，表明事物的变化发展过程是可以察觉和预见的。坤卦六二爻辞说："直方，大，不习，无不利。"做到正直而方正，就能宏大，就能不折败，就没有不利。强调德行"直方"的重要性。① 泰卦九三爻辞说："无往不陂，无往不复。"以地势的"平"与"陂"，外出和返回的"往"与"复"来象征事物对立面的相互依存和转化。否卦上九爻辞说："倾否，先否后喜。"是说事情坏（否）到了极点，就会向好（喜）的方面转化。泰卦本为吉卦，卦辞云"小往大来"；否卦本为凶卦，卦辞云"大往小来"。但泰卦发展到上六"城复于隍"，就"泰极否来"，由吉转凶，所以泰卦的卦画倒过来就是否卦，泰卦的上六就成了否卦的初六。否卦发展到上九，就是"先否后喜"，"否极泰来"，由凶转吉，所以否卦的卦画倒过来就是泰卦，否卦的上九就成了泰卦的初九。

《周易》在占筮的形式下，寄寓着文王和周公的哲学和社会政治思想，这就是后来孔子选定它而不选别的占筮书作教材，为它作传而不为别的占筮书作传的原因，这也是只有从它，而没有从别的占筮书发展出哲学的人文主义和自然主义的原因。

---

① 廖名春：《周易乾坤两卦卦爻辞五考》，载《周易研究》，38～43 页，1999 (1)。

（三）以周公为代表的敬德保民思想

商纣王坚信天命，声称"有命在天"①，但由于不修内政，结果"大邦商"在"小邦周"的打击下，顷刻土崩瓦解。这一事实不能不引起以周公为代表的周初统治者的反思。"周人……事鬼敬神而远之，近人而忠焉"② 就是这种反思结果，即尽管他们未能真正摆脱对上帝和鬼神的迷信，不得不"事鬼敬神"，但他们已把眼光从天上下移到地上，更加注重人事，更多地重视客观现实问题。

《尚书·周书》的《大诰》、《康诰》、《酒诰》、《梓材》、《召诰》、《洛诰》、《多士》、《无逸》、《君奭》、《多方》、《立政》等篇，是可信的周初文献，主要反映了以周公为代表的周初统治者的政治思想。从这些文献中可以看出，周初统治者对"天命"已有了与殷人不同的认识。他们尽管以历史的发展由"天命"决定为前提，但意识到"天命靡常"③，是可以转移的。他们认为，夏王朝的建立是由于接受了天命，后来"既坠厥命"，丧失了天命，夏命移商，所以夏亡商兴。现在商殷又"既坠厥命"，再一次丧失天命，商命移周，所以殷亡周兴。于是，他们得出了"惟命不于常"④ 说，认为天命无常，天命可以转移，上天不会把人世间的权命永远赋予一姓王朝。

天命无常，但天命又是有选择的。周初统治者认为"天惟时求民主"⑤，上天时刻都在寻求适合作百姓君主的人，"皇天无亲，惟德是辅"⑥，上天跟谁都没有亲戚关系，只辅助有德之人。"惟夏之恭多士大不克明保享于民，乃胥惟虐于民"，夏代的统治者太不懂得保护人民，只相互对人民施行暴虐，所以天命转移，选择成汤"代夏作民主"。而"商后王逸厥逸，图厥政不蠲烝"，只知过度享受，不去考虑办好政务，所以上天降下亡国大祸，将天命转移给周。

---

① 《尚书·西伯戡黎》。
② 《礼记·表记》。
③ 《诗·大雅·文王》。
④ 《尚书·康诰》。
⑤ 《尚书·多方》。
⑥ 《左传》僖公五年引《周书》，又见《古文尚书·蔡仲之命》。

因此，要想"祈天永命"，就必须"王其疾敬德，王其德之用"①，周王要赶快敬重有德的人，加急推行德政。这种认识虽然理论上是从天命观出发的，但实际上是把现实的人间的政治当作天命转移的根据，强调的还是人事。

基于人事决定天命的认识，周初统治者提出了"明德"、"慎罚"、"保民"的治国思想。

"明德"即"敬德"，指明于德治，崇尚德政。其说习见于《尚书·周书》和金文。如"克明德"、"德裕乃身"，"丕显敏德"、"作稽中德"、"勤用明德"、"恭德"，"秉明德"、"共明德"、"王其疾敬德"等等。《诗经》也有"聿修厥德"、"其德克明"、"予怀明德"等说。"明德"或"敬德"有两方面的内容：一是"修身正心"。《召诰》说："节性，惟曰其迈。王敬作，所不可不敬德。"这是说王要节制自己的性情，②天天有所进步。要认真做事，不能不谨慎自己的德行。《大盂鼎》载周康王说："今我隹即型稟于文王正德，若文王令二、三正。今余隹令汝盂邵营敬雍德经。"这是说，现在我效法文王的正德，像文王训令二三臣正那样，现在我训令你盂：要努力实行道德规范。③周公在《无逸》中告诫成王："君子所，其无逸，先知稼穑之艰难"，"无淫于观、于逸、于游、于田。"不可贪图安逸享乐，首先应了解耕种收获的艰难，不可过度沉溺在观赏、安逸、嬉游和田猎之中。二是教化人民。《召诰》说："其惟王位在德元，小民乃惟刑用于天下，越王显。"这是说，君上居了国家元首的地位，应该作出道德上的榜样，让老百姓效法施行于天下，这样才能光显王业。《康诰》载周公告诫成王说："爽惟民迪吉康，……矧今民罔迪，不适；不迪，则罔政在厥邦。"老百姓经受教化就善良安定，不加教导就不会善良，不加教导，国家就不会有德政。《班簋》也说："隹苟（敬）德，亡攸违。"只有恭行德政，老百姓才不会背离。所以周公鼓励"邦君御事小子""用文王教"，"聪听祖考之遗训，越小大德"④，遵从文王的教导，听清祖辈的经常教训，发扬大大小小的美德。

---

① 《尚书·召诰》。
② "节性"又解作"和协之性"，见周秉钧：《尚书易解》，205页，长沙，岳麓书社，1984。
③ 说见洪家义：《金文选注绎》，81页，南京，江苏教育出版社，1988。
④ 《尚书·酒诰》。

"慎罚"指慎重对待刑罚，尽心断狱，"义刑义杀"①，使刑罚合情合理。这是周初统治者对殷人滥施重刑，以致尽失民心进行反省的结果。"慎罚"说主要见于《康诰》，周公告诫康叔封，"慎罚"与"明德"是文王克殷、周代殷命的根本国策。因此要"敬明乃罚"。具体内容是：第一，量刑要以动机和是否有悔改表现为标准。一个人犯了大罪，如果是过失造成的，而且能坦白，肯悔改，就可以不杀；如果有意而经常犯罪，罪行小，也可以杀掉。第二，要体恤受刑者，看待臣民犯罪，要如同自己生病一样，这样，臣民就会完全抛弃罪恶。第三，要集中刑罚处置之权，防止权力被僭用。第四，判决要慎之又慎，要有充足的时间考虑。第五，要依法量刑，不要凭个人的好恶断案。第六，要严惩违反社会公共秩序（"寇攘奸宄，杀越人于货、暋不畏死"）、违反伦常（"不孝不友"）的人。第七，对违法乱纪的诸侯和大小官员也要予以严惩。除第三、第五、第七三点讲依法用刑之外，其余各点都突出了德政原则。"有德惟刑""慎罚"是"明德"思想在刑罚问题上的体现。

"保民"除含保有百姓之义外，更有恤民、惠民、安民之义。周武王一推翻商纣王，就"命毕公释百姓之囚"，"命南宫括散鹿台之财，发巨桥之粟，以振贫弱萌隶"。② 在《无逸》中，周公教导成王，要以前代贤王和文王为榜样，"知小人之依，能保惠于庶民"，"怀保小民，惠鲜鳏寡"，就是说，要了解百姓的痛苦，能安定百姓，爱护百姓，关心孤苦无依的弱者。即使对殷民，周初统治者也采取了有远见的政策，周公在《康诰》中训示康叔，"乃服惟宏王应保殷民"，要宽大对待王家所接受保护的殷民；"若保赤子，惟民其康义"，保护殷民，要好像保护小孩一样，殷民就会康乐安定。周初统治者之所以如此重民，是因为他们从夏商易代的历史中认识到"民之所欲，天必从之"③，"天视自我民视，天听自我民听"④，"人无于水监，当于民监"⑤。这种民意决定天命的思想，是以周公为代表的周初统治者对远古以来的天命神学观创造性的人本主义的转换，直接启迪了西周末年和春秋、战国时期的人本主义思潮。

---

① 《尚书·康诰》。
② 《史记·周本纪》。
③ 《古文尚书·泰誓上》，又见《国语·周语中》单襄公和《郑语》史伯引《泰誓》语。
④ 《古文尚书·泰誓中》，又见《孟子·万章上》引《太誓》语。
⑤ 《尚书·酒诰》。

（四）西周末年至诸子以前的理性思潮

西周末年至诸子前的思想界，理性思潮又有了新的发展。这主要表现在哲学思维和人本学说两个方面。

1. 哲学思维

史伯的"和实生物"说

史伯是周幽王的太史，他在答时为周司徒的郑桓公问时，对周幽王的弊政作了精辟的分析：

> 今王……去和而取同。夫和实生物，同则不继。以他平他谓之和，故能丰长而物归之；若以同裨同，尽乃弃矣。故先王以土与金木水火杂，以成百物。是以和五味以调口，更四支以卫体，和六律以聪耳，正七体以役心，平八索以成人，建九纪以立纯德，合十数以训百体，出千品，具万方，计亿事，材兆物，收经入，行绖极。故王者居九畡之田，收经入以食兆民，周训而能用之，和乐如一。夫如是，和之至也。于是乎先王聘后于异姓，求财于有方，择臣取谏工而讲以多物，务和同也。声一无听，物一无文，味一无果，物一不讲。王将弃是类也而与剞同。天夺之明，欲无弊，得乎？①

这一段话，提出了两个具有哲学思维的命题：一是"先王以土与金木水火杂，以成百物"。所谓"百物"，也就是"兆物"或"万物"，是"土与金木水火""五材"相"杂"生"成"的，实质是以"金木水火土"为万物的起源，是对《洪范》"五行"说的进一步发展。虽然有"先王"局限了其普适性，但还是很有意义的。二是"和实生物，同则不继"。"和"也称"杂"或"合"，就是"以他平他"，以一种元素与另一种元素配合，以相辅相成。而"同"，就是"一"，就是"剞"，不容许对立面的存在。史伯认为音乐悦耳动听必须"和六律"，美味可口必须"和五味"，"百体""千品""万方""亿事""兆物"直至"绖极"，这些多样性的事物必须"合十数"。治理国家也必须"讲以多物，务和同"。而"去和而取同"，"声一"则"无听"，"物一"则"无文"，

---

① 《国语·郑语》。

"味一"则"无果","物一"则"不讲","刬同"则"必弊"。总之，对立面的相辅相成不但是万物产生的根源，也是自然界和人类社会的普适规律。

伯阳父的阴阳气论

周幽王二年，西周三川发生地震。周大夫伯阳父解释说：

> 夫天地之气，不失其序；若过其序，民乱之也。阳伏而不能出，阴迫而不能蒸，于是有地震。今三川实震，是阳失其所而镇阴也。阳失而在阴，川源必塞；源塞，国必亡。[1]

伯阳父认为，充塞天地之间的，不是"民并用之，废一不可"的"五材"[2]，而是"气"；而"气"又分为"天地"或"阴阳"。"阴阳"二"气"既有"序"又相互矛盾：有"序"为矛盾的均衡和统一；"失其序"、"过其序"，阴阳失衡，于自然为地震，于政治则亡国。这虽是讲天人感应，但认识水平却提升到了"气"论的高度。

晏婴的"和"、"同"之辨

齐景公的嬖臣梁丘据一切唯上是从，齐景公赞之以和。晏婴却以为是同而不是和，而与齐景公展开了一场"和"、"同"之辨。晏婴认为：

> 和如羹焉，水、火、醯、醢、盐、梅，以烹鱼肉，燀之以薪，宰夫和之，齐之以味，济其不及，以泄其过。君子食之，以平其心。君臣亦然。君所谓可而有否焉，臣献其否以成其可；君所谓否而有可焉，臣献其可以去其否，是以政平而不干，民无争心。……先王之济五味、和五声也，以平其心，成其政也。声亦如味：一气，二体，三类，四物，五声，六律，七音，八风，九歌，以相成也；清浊、小大，短长、疾徐，哀乐、刚柔，迟速、高下，出入、周疏，以相济也。君子听之，以平其心。心平，德和。……今据不然。君所谓可，据亦曰可；君所谓否，据亦曰否。若以水济水，谁能食之？若琴瑟之专壹，谁能听之？同之不可也如是。[3]

晏婴认为"和"是不同事物矛盾的对立统一，而这种对立统一是普遍的。烹调要有不同味道的"五味"（醋、酱、盐、梅、菜），"水、火、醯、醢、盐、梅"

---

[1] 《国语·周语上》。
[2] 《左传》襄公二十七年。
[3] 《左传》昭公二十年。

相"济"，才能成美味；音乐要有"五音"："清浊、小大，短长、疾徐，哀乐、刚柔，迟速、高下，出入、周疏"相"和"，才能动听。君臣之间也是如此，"可"、"否"相反相成："君所谓可而有否焉，臣献其否以成其可；君所谓否而有可焉，臣献其可以去其否"。才能"政平而不干，民无争心"。而"同"却否定对立面的必要性，好像烹调，"若以水济水，谁能食之"？好像音乐，"若琴瑟之专壹，谁能听之"？臣以君之可否为可否，是同而不是和。晏婴严格区别了"和"与"同"这对范畴的差异，又指出杂多和对立的事物是"相济"相"成"的，是对史伯"和实生物"说的进一步发展。

史墨的"物生有两"说

史墨是晋国的史官，他在回答赵简子问时对"季氏出其君，而民服焉"作了富有哲理性的分析：

> 物生有两、有三、有五、有陪贰。故天有三辰，地有五行，体有左右，各有妃耦，王有公，诸侯有卿，皆有贰也。天生季氏，以贰鲁侯，为日久矣。民之服焉，不亦宜乎！鲁君世从其失，季氏世修其勤，民忘君矣。虽死于外，其谁矜之？社稷无常奉，君臣无常位，自古以然。故《诗》曰："高岸为谷，深谷为陵。"三后之姓于今为庶，主所知也。在《易》卦，雷乘乾曰大壮☳☰，天之道也。[1]

所谓"物生有两"，是说事物在生成过程中总是存在着对立的矛盾双方。所谓"有陪贰""各有妃耦"，则是说事物的矛盾双方并不是简单的并列关系，而是有主有从。不但"物"是如此，"天"、"地"、人"体"，人类社会也莫不如此。但是，事物矛盾双方的主从并不是一成不变的，自然界里"高岸为谷，深谷为陵"，政治上"社稷无常奉，君臣无常位，自古以然"，事物矛盾双方的主从会向相反的方向转化。这已经初步接触到了矛盾的主次性质，认为矛盾的主次性质是可以转化的。其认识较之前人的相辅相成说，显然又有了新的进步。

2. 人本学说

季梁的民为神主说

季梁是春秋初年随国的大夫，随侯以为奉神"牲牷肥腯，粢盛丰备"，神

---

[1]《左传》昭公三十二年。

就会降福保佑，他却说：

> 夫民，神之主也，是以圣王先成民而后致力于神……今民各有心，而鬼神乏主；君虽独丰，其何福之有？君姑修政，而亲兄弟之国，庶免于难。①

认为民是主，神是从；如果民心背离，鬼神要降福也无能为力。只有"先成民而后致力于神"，君主才能"庶免于难"。这虽然没有否定神的作用，但事实上民已重于神。

史嚚的"国将兴，听于民"说

虢国的史嚚在神人关系上较之季梁更进一步，他说：

> 国将兴，听于民；将亡，听于神。神，聪明正直而壹者也，依人而行。②

他不但强调神意要以民意为转移，而且将听于神还是听于民提高到国之兴亡的高度来认识，实质已否定神的权威。

叔兴的"吉凶由人"说

与神人关系的进展相联系，这一时期的思想家在天人关系的认识上也有了突破。鲁僖公十六年春，宋国出现奇事：有五颗陨石陨落，有六只鹢鸟退飞过城。宋襄公问东周内史叔兴是凶是吉。叔兴对此极为不满，说：

> 君失问。是阴阳之事，非吉凶所生也。吉凶由人。③

认为自然界的这些奇事是阴阳作用的结果，与人事的吉凶无关。人事的吉凶是由人决定的。

子产的"天道远，人道迩"说

叔兴之后，春秋晚年郑国的子产更从理论和实践上突破了对天象神异的迷信。鲁昭公十八年夏天五月的一个傍晚，大火星出现，丙子日刮风。梓慎预测七天后有火灾。后来果然宋、卫、陈、郑都发生了火灾。裨灶去年就预测到了，建议要用宝物来禳火，遭到了子产的否定。现在又说："不用吾言，郑又将火。"连子太叔也相信了，劝谏子产不要吝惜宝物。子产却说：

---

① 《左传》桓公六年。
② 《左传》庄公三十二年。
③ 《左传》僖公十六年。

> 天道远，人道迩，非所及也，何以知之？灶焉知天道？是亦多言矣，岂不或信？①

认为天道悠远，而人事迫近，天道与人道两不相关，不可能了解它们的关系。神灶是说多了偶尔言中。坚持不祭神，而郑国也没再发生火灾。一年后，郑国发生大水，有龙在城外水潭里相斗，又有人要求祭龙以消灾。子产反对说：

> 我斗，龙不我睹也；龙斗，我独何睹焉？禳之，则彼其室也。吾无求于龙，龙亦无求于我。②

认为龙和人互不相干，各无所求，不应该祭龙。这种天人有分的思想，代表了春秋时期理性思维的水平。

二、儒学

先秦诸子是中国思想学说史上的第一个高峰。先秦诸子各派中，儒家是最早，也是最大的学派。先秦儒学，以孔子为开山，经过其后学，特别是子思、孟子、荀子的发展，不但在理论水平上达到了亘古未有的高度，而且影响深远，长期成为中国传统文化的主流。

（一）孔子

孔子（前551—前479），鲁人，名丘，字仲尼。其先世为宋人，后避乱迁鲁。父叔梁纥，为陬大夫公邑宰，以勇力闻。孔子幼年丧父，"生而叔梁纥死"，其母携回娘家曲阜阙里抚养，"孔子为儿，嬉戏常陈俎豆，设礼容"。但不到二十岁他母亲也去世了，故"多能鄙事"，做过"乘田"、"委吏"。由于他勤奋博学，渐渐闻名遐迩。三十四岁时以"诗书礼乐教"，"弟子弥众"。五十一岁开始从政，做过中都宰、小司空，并进而"由大司寇行摄相事"，"与闻国政"。由于他为强公室而"堕三都"，失去季桓子的信任，只好弃官周游列国。先后历经卫、陈、蔡、曹、宋、郑诸国，不遇而备受挫折。六十八岁时，孔子自卫反鲁，虽尊为"国老"，然"鲁终不能用"，以致力于文献整理而终。

---

① 《左传》庄公昭公十八年。
② 《左传》庄公昭公十九年。

作为一个伟大的思想家，孔子思想的核心到底是"仁"还是"礼"，孔子到底是只讲伦理道德还是也谈天道自然，学界至今仍有争议。我们认为，对于孔子思想的所谓矛盾性，许多问题从平面的共时性角度看，是不可思议的，但从历时性、从思想发展的角度而言，却并不构成矛盾。

刘蔚华发现《论语》一书中孔子的仁学言论，主要是在周游列国和晚年归鲁以后说的，因而认为大力宣扬仁道，是孔子五十五岁以后思想的一个特点，而在此之前思想的重点则只能是礼。① 我们认为，这一分析是合理的。孔子思想有"述"有"作"。五十五岁以前的中青年时代，孔子思想的重点是"述"，而"述"的主要内容就是学礼、讲礼及主张守礼。五十五岁以后直至逝世，孔子虽然主张守礼如故，但其思想的重心已发生转移，由以"述"为主发展到以"作"为主。这种"作"，一是由"礼"入"仁"，五十五岁以后，这是一变；二是由"仁"入《易》，这是二变，晚年归鲁以后。②

孔子的礼学思想主要来源于他对周礼的认同。在孔子看来，由周公制礼作乐而形成的西周礼乐文化是人类文明的结晶，是当时最为先进的制度。"周监于二代，郁郁乎文哉，吾从周"③，这是他经过历史比较而作出的选择。

对于周礼，孔子有守有变，有因有革。所谓"守"，主要体现在他的正名思想上。他认为："名不正，则言不顺；言不顺，则事不成；事不成，则礼乐不兴；礼乐不兴，则刑罚不中；刑罚不中，则民无所措手足。"④ 所以，他要求"君君、臣臣、父父、子子"，君主要守君主之礼，臣子要守臣子之礼，父亲要守父亲之礼，子女要守子女之礼，主张"非礼勿视，非礼勿听，非礼勿言，非礼勿动"⑤，一切都要循礼而行。孔子的这种思想，近代以来人们多斥之为保守。但实质是对孔子缺乏同情的了解。孔子处于"礼崩乐坏"之时，乱

---

① 刘蔚华：《孔子思想演变的特点》，载《社会科学战线》，1985（3）。

② 郭沂有"易学——孔子思想发展的第三阶段"说，见氏著《郭店竹简与先秦学术思想》，579 页，上海教育出版社，2001。但廖名春早在 1993 年就已提出晚年归鲁后"孔子学《易》而致思想有了变化"，见氏著《帛书〈要〉简说》，见《道家文化研究》第 3 辑，上海古籍出版社，1993；他还在《试论孔子易学观的转变》作了更为详细的论证，该文原为提交湖南岳阳 1994 年国际儒家文化与当代文化走向学术研讨会的论文，后刊于《孔子研究》1995 年第 4 期。

③《论语·八佾》。

④《论语·子路》。

⑤《论语·颜渊》。

极思治，乃人之常情。我们今天说拨乱反正，主张由"运动"而归于"法治"，又何尝不是如此？

对于周礼，孔子其实还有主张损益的一面。《礼记·礼运》篇记载，禹、汤以降，"天下为家，……大人世及以为礼"，世卿世仕，做官是世袭制。孔子的学生子夏却说"学而优则仕"，主张要以"学"是否"优"决定是否"仕"。子夏的这种主张源于孔子，应无问题。因为孔子就明言"学也，禄在其中矣"①。所谓"禄"就是"仕"。学习，就有做官的机会。这实质是对旧的世卿世仕的否定。孔子"有教无类"，教育学生不问富贵贫贱，只要"自行束脩以上，吾未尝无诲焉"②，就可收为弟子，实质打破了"学在官府"的旧礼，兴起了私学的新风。

"仁"不能说是孔子的发明。尽管《尚书·金滕》有"予仁若考"说，郭沫若却认为"仁"字是春秋时代出现的新名词，春秋以前的真正古书里面找不出这个字。③ 但《左传》昭公十二年更记载"仲尼曰：古也有《志》：'克己复礼，仁也。'"所谓古《志》，属于《周书》的可能最大。④ 如果我们相信《左传》的记载，就得承认"克己复礼，仁也"是西周的成说。⑤

"仁"字本从人从心作"忬"，会心中有人之意。后来以简省符号"="代心，从人从心之"忬"就变成了从人从=之"仁"。许慎将从人从一误读为从人从二，结果"仁"字就被误为"仁"字。⑥ 由此可知，"仁"字从人从心，即心中有人，心中有人即爱人，"爱人"就是"仁"字本义。在孔子之前，以

---

① 《论语·卫灵公》。

② 《论语·述而》。

③ 郭沫若：《十批判书·孔墨的批判》，见《郭沫若全集》历史编2，87页，北京，人民出版社，1982。

④ 例可见刘起釪：《尚书学史》（订补本），46、47页，北京，中华书局，1989。疑此为孔子晚年归鲁整理文献时之语。孔子此时因《鲁春秋》而修《春秋》，故有此论。

⑤ 属于西周晚期的井人妄钟，郭沫若在1935年的《两周金文辞大系考释》中曾说："人字原作仝，下多两点，金文中每每有此事，非重文，亦非字画。余曩释为仁，或释为尸，均非。"案："仝"字有可能为"念"之省文，其下"="为简省符号，代表"心"。如此，"仝"即"念"，将上下结构变为左右结构，亦即"仁"字。当然，在钟铭中，是"人"之借字。"仝（念）"可作为"人"之借字，说明"念（实即仁）"字在西周晚期早已产生。

⑥ 说详见廖名春：《"仁"字探原》，载《中国学术》，2001（4）。

"恤民为德，正直为正，正曲为直，参和为仁"者有之,[①] 以"保民"为仁者有之,[②] 以"爱亲"、"利国"为仁者有之,[③] 甚至说"爱人能仁"者亦有之,[④] 这说明以"爱人"为"仁"也并非孔子的创造。[⑤] 就像孔子的思想、儒学的精神多源于西周礼乐文化一样，孔子的仁学思想也当源自西周的文化传统。

但孔子于"仁"，"作"更大于"述"。孔子的"作"，首先是在诸德中突出"仁"，以"仁"作为诸德的出发点和最高目标。他说："人而不仁，如礼何？人而不仁，如乐何?"[⑥] "仁"成了"礼"、"乐"的先决条件。又说："克己复礼为仁。一日克己复礼，天下归仁焉。"[⑦] "仁"是"克己复礼"的最后目标。对楚令尹子文、齐大夫陈文子，孔子称赞他们是"忠矣"、"清矣"，却仍然说是"未知，焉得仁"，就是说成仁还未够格。尽管管仲是个"不知礼"的人，却由于相助齐桓公，"九合诸侯，不以兵车"，立下了大功，孔子还是许之以"如其仁！如其仁!"[⑧] 表示了肯定。这种对"仁"的凸显，说明"仁"已成为孔子道德哲学和政治思想的核心，其实质是对西周礼乐文化进行了人道主义的升华。

其次，孔子还系统地提出了求"仁"的方法和途径。他说："为仁由己。""夫仁者，己欲立而立人，己欲达而达人。"[⑨] 换言之，就是"己所不欲，勿施于人"[⑩]。这就是说，求"仁"要从"己"开始。又说："君子笃于亲，则民兴于仁。"[⑪] 他的弟子有若也说："孝弟也者，其为仁之本与!"[⑫] 这就由爱"己"推及爱"亲"，再进而由爱"亲"广之为"爱人"。这种推己及人的仁学方法，

---

① 《左传》襄公七年："韩献子⋯⋯辞曰：'⋯⋯恤民为德，正直为正，正曲为直，参和为仁。'"

② 《国语·周语中》："富辰曰：'仁所以保民也。'"

③ 《国语·晋语一》："为仁者，爱亲之谓仁；为国者，利国之谓仁。"

④ 《国语·周语下》。

⑤ 《论语·颜渊》："樊迟问仁。子曰：'爱人。'"

⑥ 《论语·八佾》。

⑦ 《论语·颜渊》。

⑧ 《论语·宪问》。

⑨ 《论语·雍也》。

⑩ 《论语·卫灵公》。

⑪ 《论语·泰伯》。

⑫ 《论语·学而》。

是在承认爱有等差的前提下提倡爱人，虽然表面上看来不如墨子的"兼爱"高尚，但最具有现实可行性，这就是后来儒学盛行而墨学不显的一个重要原因。当然，作为从有等差的西周礼乐文化中发展出来的孔子仁学，这也是历史的必然。

孔子晚年归鲁，打通了天人，其仁学上升了到了天道的层次。其主要表现有二：一是好《易》，二是其"诚"论。

据帛书《要》篇的记载，孔子本不好《易》，以为"德行亡者，神灵之趋；知谋远者，卜筮之繁"，视《周易》为卜筮之书。但晚年归鲁整理文献，发现《周易》"有古之遗言"，蕴藏着周文王的遗教，结果"老而好《易》"，思想为之一变。孔子对其门弟子说：

> 《易》有天道焉，而不可以日月星辰尽称也，故为之以阴阳。有地道焉，不可以水火金土木尽称也，故律以以柔刚。有人道焉，不可以父子、君臣、夫妇、先后尽称也，故要以上下。有四时之变焉，不可以万物尽称也，故为之以八卦。故《易》之为书也，一类不足以极之，变以备其情者也，故谓之易。有君道焉，五官六府不足尽称之，五正之事不足以至之，而《诗》、《书》、《礼》、《乐》不［止］百篇，难以致之。不同于古法，不可顺以辞令，不可求以志善。能者由一求之，所谓得一而群毕者，此之谓也。①

认为《易》有天道、地道、人道、君道，囊括自然界和人类社会的规律，读《易》可以"得一而群毕"。而《诗》、《书》、《礼》、《乐》不止百篇，卷帙繁多，从中获取"天道"、"地道"、"四时之变"和"人道"、"君道"，不是容易之事。因此，不必皓首穷经，把精力耗费在卷帙繁多的《诗》、《书》、《礼》、《乐》的繁文末节上。这种重《易》而轻《诗》、《书》、《礼》、《乐》说，实质是为其人道哲学寻找天道的依据，将其人学发展为天人合一之学。过去人们囿于《论语·公冶长》所载子贡之说，以为"夫子之言性与天道不可得而闻也"。从帛书《要》篇来看，子贡此说恐怕也是孔子的"它日之教"。孔子既然因"《易》有天道"而好《易》，又怎么不言"天道"呢？由此看来，孔子晚年好

---

① 廖名春：《马王堆帛书〈周易〉经传释文》，见《续修四库全书》经部易类第一册。为印刷方便，假借字都直接以通行字写出。

《易》不仅是其经学观的一大变化，更是哲学思想的一大转机。

徐复观认为："《论语》、《老子》中所用的'诚'字，皆作形容词用"，"《中庸》下篇的'诚'字，则作名词用。作名词用之诚字，乃《论语》'忠信'观念之发展，亦为儒家言诚之始"①。由于其以《中庸》下篇"出自子思之门人"，因此"儒家言诚之始"，也就始自"在孟子之前"的子思之门人了。其实，"儒家言诚之始"，当始自孔子。《中庸》"诚者，天之道也；诚之者，人之道也"云云，看看《孔子家语·哀公问政》的记载就知道，本来就是"子曰"，本来就是孔子晚年归鲁以后与鲁哀公所言。②

上海博物馆从香港所购楚简《诗论》记载："［帝谓文王］，'［予］怀尔明德'，何？诚谓之也。'有命自天，命此文王'，［何］？诚命之也。孔子曰：'此命也夫！文王惟毅（毅，训善，单周尧说）也，得乎此命也，志也，文王受命矣。'"认为《诗·皇矣》、《大明》说文王能得天命，关键就在于"诚"，并引孔子说为证。由此可见，孔子和其后学言"诚"，殆无疑义。

朱熹以"诚"为"真实无妄之谓"③。从简文看，实在有问题。上帝归心于文王，上天将天命授予文王，难道就只是因为文王"真实无妄"吗？能够做到"真实无妄"的当时并非文王一人，为什么上帝又偏偏只将天命授予了文王呢？应该说，简文所谓"诚"、《中庸》所谓"诚"不仅仅用其本义，而赋予了深刻的价值内涵。所谓"诚"，就是最真实无妄之仁。"［帝谓文王，予］怀尔明德'，何？诚谓之也。'有命自天，命此文王'，［何］？诚命之也"，就是说，上帝归心于文王，上天将天命授予文王，就是因为文王之仁最"真实无妄"，

---

① 徐复观：《中国人性论史·先秦篇》，121 页，上海，三联书店，2001。

② 1977 年安徽阜阳双古堆一号汉墓出土了三块木牍，其中"一号木牍四十六个章题中，绝大多数同孔子和他的门人有关，如此集中地将孔子和他的学生的言论事迹汇集在一起，很像《孔子家语》的体例"（胡平生：《阜阳双古堆汉简与〈孔子家语〉》，北京大学中国传统文化研究中心《国学研究》第 7 卷，515 页）。1973 年河北定县的八角廊汉墓出土的竹简《儒家者言》，也有类似的内容，以致被称为"竹简《家语》"（李学勤：《竹简〈家语〉与汉魏孔氏家学》，见《李学勤集》，372～373 页，哈尔滨，黑龙江教育出版社，1989 年）。上海博物馆从香港所购竹书有《子路初见》篇，"内容与今本《孔子家语·子路初见》篇相仿"（濮茅左：《关于上海战国竹简中"孔子"的认定——论〈孔子诗论〉中合文是"孔子"而非"卜子""子上"》，未刊稿，2001 年 9 月）。这说明《孔子家语》的原型材料，自战国中晚期至汉初、西汉末年，一直广为流传。因此，《孔子家语》王肃伪造说是不能成立的。

③ 朱熹：《中庸章句集注》，见《四书章句集注》，32 页，北京，中华书局，1983。

其他人虽然也有仁德，但就"真实无妄"而言，皆不及文王。所以，上帝以"诚"择人，也就是以仁之"诚"择人。这就是说，"仁"不但是人的最高道德价值，也是上帝或天的最高价值；不但是人道，也是天道。天、人都遵从于仁，神道同于人道。这种天命论和"诚"论，具有强烈的人本主义思想，构成了儒家学说的一大特色。

孔子晚年借天道以明人事，将其仁学上升为天道，对后来儒学的发展产生了深刻的影响。以《易传》为代表的易学派和以心性学说为代表的思孟学派，都由此而生，将儒学理论推向了新的高度。

（二）孟子

孟子（前390—前305），名轲，邹人。是儒家继孔子之后最大的思想家。孟子幼时甚得母教，后又"受业于子思之门人"①。学成后，以学于诸侯，遍历齐、魏、宋、鲁、滕诸国，虽以名显于当世，但始终实现不了自己的"仁政"理想。晚年归隐邹国，一边教学，一边同他的弟子一起著《孟子》一书，记叙他一生的行事，阐述其思想学说。

孟子以性善论闻名。孟子开始谈论人性问题，是由与告子驳难引发的。告子的人性论思想，内容大致有三：第一，"生之谓性"；第二，"食、色，性也"；第三，"性无善不善"②。

孟子却说："口之于味也，目之于色也，耳之于声也，鼻之于臭也，四肢之于安佚也，性也，有命焉，君子不谓性也。仁之于父子也，义之于君臣也，礼之于宾主也，知之于贤者也，圣人之于天道也，③ 命也，有性焉，君子不谓命也。"孟子肯定"口之于味也，目之于色也，耳之于声也，鼻之于臭也，四肢之于安佚也"是"性"。这种"性"是什么呢？就是告子所谓"食、色"之"性"，"生之谓性"之"性"。这就是说，孟子也承认人的自然属性是人性。但是，孟子又认为这种食色之性是天然生成的，不但人具有，其它动物也具有，

---

① 《史记·孟子荀卿列传》。

② 《孟子·告子上》。

③ 庞朴通过对长沙马王堆出土的《帛书五行篇》的研究，提出"圣人之于天道也"应为"天道之于圣人也"，其说既有内证，又有外证，可从。详见《马王堆帛书解开了思孟五行说之谜——帛书〈老子〉甲本卷后古佚书之一的初步研究》，载《文物》，1977（10）。

因此，它不足以区分人与动物，不是人类所具有的特殊属性，不能反映人的本质属性，所以，"君子不谓性也"。由此可知，在孟子看来，君子所谓之"性"有它的特殊意义，这就是指人的特性、人的本质。

对于这两种"性"，孟子认为它们有不同的来源，是不同的身体器官的产物。他说："君子所性，仁、义、礼、智根于心。"① 君子称为"性"的，反映了人的本质属性的仁、义、礼、智，他认为是根植于心，是心这种思维器官的产物。他认为"从其大体为大人"，顺从心这种"大体"之性，就是君子。而告子所谓之"性"，他认为是耳、目、鼻、口、四肢的产物，虽然人皆有之，但不足贵，"从其小体为小人"，顺从这种"小体"之性，只能成为小人，不能真正地体现出人的特质。

为了证明人性为善，孟子运用经验事实进行论证。他说："人皆有不忍人之心……所以谓人皆有不忍人之心者，今人乍见孺子将入于井，皆有怵惕恻隐之心——非所以内交于孺子之父母也，非所以要誉于乡党朋友也，非恶其声而然也。由是观之，无恻隐之心，非人也；无羞恶之心，非人也；无辞让之心，非人也；无是非之心，非人也。恻隐之心，仁之端也；羞恶之心，义之端也；辞让之心，礼之端也；是非之心，智之端也。人之有是四端也，犹其有四体也……凡有四端于我者，知皆扩而充之矣，若火之始然，泉之始达。苟能充之，足以保四海；苟不充之，不足以事父母。"② 孟子认为人人都有所谓"不忍人之心"。这种不计功利的"不忍人之心"实质是一种天生就具有的"善端"，这种"善端"除了表现在"不忍人之心"即"恻隐之心"上之外，还体现于"羞恶之心"、"恭敬之心"即"辞让之心"、"是非之心"上。当然，以"恻隐之心"最为根本。孟子认为，这"四心"是区分人与非人的标准。没有"恻隐之心"、"羞恶之心"、"辞让之心"、"是非之心"的人，是不能称之为人的。这是关于人性产生的天赋性善论。

从性善论出发，孟子概括出仁义礼智"四德"和"五伦"等道德规范，提出了"义胜于利"、"舍生取义"等道德行为评价准则，论述了"存心"、"养气"等一系列道德修养理论。

---

① 《孟子·尽心上》。
② 《孟子·公孙丑上》。

孟子认为"恻隐之心，仁之端也"。"恻隐之心"即"不忍人之心"，也就是对人的危难的同情心。孟子认为它就是仁的萌芽。孟子认为义根源于人们的羞恶之心。于是，感到羞恶有愧则不当为；反之，则当为。将这种羞愧不为之心扩充到所应当为之事上，这就是义。

仁义这种道德原则如何变成道德行为呢？孟子提出了"居仁由义"说。所谓"居仁"，即立于仁。就是说，在道德生活中，一切都要从仁出发。为此，他进行了解释："人皆有所不忍，达之于其所忍，仁也。仁者以其所爱及其所不爱。"① 每个人都有不忍心干的事，把它扩充到所忍心干的事上，这就是仁。而仁者又要将自己之所爱推及所不爱。但这种"居仁""推恩"必须"由义"，所以它说："君子之于物也，爱之而弗仁；于民，仁之而弗亲。亲亲而仁民，仁民而爱物。"又说："仁者无不爱也，急亲贤之为务……尧、舜之仁不遍爱人，急亲贤。"② 这样，"居仁"、"由义"，仁爱尽管还是仁爱，但对不同的人，就有厚薄之别、先后之分了。

孟子承认爱有等差，但他更强调由己及人。在他看来，亲亲孝悌只是仁的扩充过程的开端，不亲亲而爱人固然是不"由义"，但仅亲亲而不爱人则更为不义。亲亲而爱人就是将亲亲之心推及他人，"老吾老以及人之老，幼吾幼以及人之幼"③。

孟子将人们的社会关系概括为五伦，并为它们规定了具体的道德规范。他说："人之有道也，饱食、暖衣、逸居而无教，则近于禽兽。圣人有忧之，使契为司徒，教以人伦；父子有亲，君臣有义，夫妇有别，长幼有序，朋友有信。"④ 伦即伦次，指人与人之间的关系。"五伦"即五种人伦。它们是父子、君臣、夫妇、长幼、朋友五种基本的社会关系或伦理关系。孟子认为这五种不同的社会关系都应有不同的道德规范和原则。

利与义，是道德哲学的基本问题。孟子认为义胜于利，道德原则重于物质利益，说："何必曰利？亦有仁义而已矣。王曰：何以利吾国？大夫曰：何以利吾家？士庶人曰：何以利吾身？上下交征利而国危矣。万乘之国，弑其君

---

① ②《孟子·尽心上》。
③《孟子·梁惠王上》。
④《孟子·滕文公上》。

者，必千乘之家；千乘之国，弑其君者，必百乘之家。万取千焉，千取百焉，不为不多矣。苟为后义而先利，不夺不厌。未有仁而遗其亲者也，未有义而后其君者也。王亦曰仁义而已，何必曰利?"①孟子在这里崇义而抑利，实质是反对统治者为一己之私利而置整体利益、长远利益而不顾。

正因为孟子重公利之义而贬私利之利，所以在对待个人利益与公利、生命与道德价值的问题上，他提出了著名的"舍生取义"说："鱼，我所欲也；熊掌，亦我所欲也。二者不可得兼，舍鱼而取熊掌者也。生，亦我所欲；义，亦我所欲也。二者不可得兼，舍生而取义者也。生，亦我所欲，所欲有甚于生者，故不为苟得也；死，亦我所恶，所恶有甚于死者，故患有所不辟（避）也。如使人之所欲莫甚于生，则凡可以得生者，何不用也?使人之所恶莫甚于死者，则凡可以辟患者，何不为也?由是则生而有不用也，由是则可以辟患而有不为也，是故所欲有甚于生者，所恶有甚于死者。非独贤者有是心也，人皆有之，贤者能勿丧耳。"②生存可谓人最大的欲望之一，但和义相比，二者不能兼得时，应该舍生取义。为什么呢?因为义就是人生最高的价值原则，背义就是人生最大的可耻。

如何把人们本性的善端扩充发展为完美的善，把道德原则变成人们自觉的道德行动呢?孟子有一套系统的道德修养理论。

他说："君子所以异于人者，以其存心。君子以仁存心，以礼存心。"③"仁，人心也；义，人路也。舍其路而弗由，放其心而不知求，哀哉!人有鸡犬放，则知求之；有放心而不知求。学问之道无他，求其放心而已矣。"④所谓"放心"，义与"存心"相对，指忘掉或失掉了本性中固有的善心。孟子认为，道德修养，不但要"存心"，更要"求其放心"。学问之道没有别的内容，归根结底，就是要将失去的良心找回来。

如何"存心"、"求其放心"呢?孟子又提出了"思诚"、"自反"的方法。他认为，要"信于友"、"获于上"，就得从"悦于亲"做起。而"悦于亲"就得"诚身有道"，真情实意地对待父母。要做到这一点。就得"明乎善"，具有

---

① 《孟子·梁惠王上》。
②④ 《孟子·告子上》。
③ 《孟子·离娄下》。

良心的自觉。只有这种具有良心自觉的"诚"，才能真正地"悦于亲"。这种"诚"，既是指道德修养的态度，也是指道德修养所应达到的境界。所谓"反身""思"主要指具体的修养方法，即自我反省，运用理性思维检查自己，获得道德自觉。孟子认为，通过反省功夫，而使自己的道德行为建立在"至诚"的基础上，就能达到"悦亲"、"信友"、"获上"以至治下民的理想境界。

天下如何由分而一呢？儒法两家有着两种截然不同的统一观，这就是"王道"和"霸道"。孟子认为"王道"就是"以德服人"，不诉诸武力，而依靠其仁德的感召力使万民来服，万国来朝，就像孔子的七十弟子对孔子一样"中心悦而诚服"。这种"以德服人"的"王道"，实际就是"仁政"。它的基本要义就是将抚老慈幼这一套道德原则由近及远推广到全体社会成员身上，由此去争取人民的服从和拥护。

孟子认为，"人和"即民心为王天下之本，而仁政又为争取"人和"之本。而"天时不如地利，地利不如人和"，"得道者多助，失道者寡助。寡助之至，亲戚畔（叛）之；多助之至，天下顺之。以天下之所顺，攻亲戚之所畔：故君子有不战，战必胜矣"[1]。这就是孟子主张以"仁政"而王天下的逻辑论证。

孟子不但提出和论证了"行仁政而王"的主张，而且还阐述了实施仁政的具体的政治、经济政策。孟子经济思想的主要内容是置民恒产论。孟子认为，要实行仁政，首先就必须由国家向百姓提供一份赖以生存的、为生活所必需的产业作为物质基础。因为"民之为道也，有恒产者有恒心，无恒产者无恒心"[2]。他置民恒产的方案是：所谓"恒产"，具体说是指维持一个八口之家（包括一个男丁和他的父、母、妻以及四个子女）的农户的生活所需要的耕地、住宅以及其他农副业生产资料。它们是百亩之田，五亩之宅，若干株桑树以供养蚕织帛，还有若干鸡、猪、狗等家畜。孟子认为，有了这种"恒产"，每个农户就可保证老年人个个穿绵吃肉，一般人不冻不饿，而仁政的基础就奠定了。

在先秦诸子中，关于社会分工、交换和商品价值的论述，孟子是最为精彩的。他批判了许行否定社会分工、交换的观点，提出："然则治天下独可耕且

---

① 《孟子·公孙丑下》。
② 《孟子·滕文公上》。

为与？有大人之事，有小人之事。且一人之身，而百工之所为备，如必有为而后用之，是率天下而路也。故曰：或劳心，或劳力；劳心者治人，劳力者治于人；治于人者食人，治人者食于人，天下之通义也。"① 孟子从人的社会性出发，肯定了社会分工和交换的必要性，而且认为脑力劳动同体力劳动的分工与农业与手工业的分工一样，都是一种"通工易事"的关系。这样，孟子就从生产分工的必然性推论出阶级分工的必然性。

人们公认孟子将先秦的民本思想发展到了高峰。但人们所认为"高峰"的那些民本思想，如果严格分析，其实并不是民本思想，而是地地道道的朴素民主思想。

平等精神是少数服从多数的必然前提，因而是民主思想的应有之义。孟子"道性善"，认为"仁义礼智，非由外铄我也，我固有之也"。承认人在生性上是一样的，而且都是善的，这种天赋平等观为老百姓争取平等权利提供了理论依据。

在孟子看来，"舜，人也；我，亦人也"，"尧、舜与人同耳"②，在人格上普通百姓与圣王是平等的。在政治上君臣也自应平等、对等。"说大人，则藐之，勿视其巍巍然。""堂高数仞，榱题数尺，我得志，弗为也。食前方丈，侍妾数百人，我得志，弗为也。般乐饮酒，驱骋田猎，后车千乘，我得志，弗为也。在彼者，皆我所不为也；在我者，皆古之制也。吾何畏彼哉?"③ 士可以德藐诸侯，这实际是以士与诸侯的政治道德平等作为前提的。

对于国家的治理，孟子认为，不但君主有责，百姓也有责。舜、傅说、胶鬲、管夷吾、孙叔敖、百里奚这些人，有的是农，有的是工，有的是商，有的是游民，有的是奴隶，但孟子认为"天"都可以"降大任于是人"④，不仅可以为贤相，而且还可以为圣君。这实际是承认了民有平等的政治参与权。

基于政治平权、人格平等的观念，孟子在君臣关系上作了许多精彩的论述："君之视臣如手足，则臣视君如腹心；君之视臣如犬马，则臣视君如国人；

---

① 《孟子·滕文公上》。
② 《孟子·离娄下》。
③ 《孟子·尽心下》。
④ 《孟子·告子下》。

君之视臣如土芥，则臣视君如寇仇。"① 孟子认为，君和臣民是一种对等关系，君对臣民怎么样，臣民就可以对君怎么样。这种以"腹心"对"手足"、以"国人"对"犬马"，以"寇仇"对"土芥"的关系，完全是一种政治平等的关系。

孟子和齐宣王曾就君权问题进行过一系列讨论。齐宣王向他请教关于公卿的问题，他认为"贵戚之卿""君有大过则谏；反复之而不听，则易位"；而"异姓之卿""君有过则谏；反复之而不听，则去"。直说得齐宣王"勃然变乎色"。这是说，臣民不但可以背弃君主，而且还有权废置君主。这种理论，可以说是对君主专制的直接挑战。

齐宣王作为一个专制君主，对孟子这些直接否定君权的言论是难以接受的。因此，他转弯抹角地问孟子：商汤流放夏桀、武王讨伐商纣这样的"臣弑其君"的行为，是不是正确? 孟子回答道："贼仁者谓之'贼'，贼义者谓之'残'。残贼之人谓之'一夫'。闻诛一夫纣矣，未闻弑君也。"② 这种正名论，其实质是肯定臣民可以诛杀无道之君。

与易位说、革命说有关的还有禅让说。孟子认为"惟仁者宜在高位"，如果臣民之贤超过了君主，那么君主就应该让位。于是，他屡屡称颂尧、舜的禅让，许以为仁。这种禅让说是原始民主制思想的遗留，孟子称赞它，也正表现了他对君主世袭制的否定，也应属于朴素民主思想的范畴。

孟子之所以会产生易位说、革命说、禅位说，就是因为他有民贵君轻的价值判断，他说："民为贵，社稷次之，君为轻。是故得乎丘民而为天子，得乎天子而为诸侯，得乎诸侯而为大夫。诸侯危社稷，则变置。牺牲既成，粢盛既洁，祭祀以时，然而旱干水溢，则变置社稷。"③ 总之，政权可以更迭，君主可以易人，这一切都得取决于人民的态度。这是一种典型的"民为主"论。

（三）荀子

荀子（约前336—前238），赵人，本为孙氏，是春秋战国"百家争鸣"的

---

① 《孟子·离娄下》。
② 《孟子·梁惠王下》。
③ 《孟子·尽心下》。

集大成者，也是先秦儒家的最后一位大师。

与孟子一样，荀子思想的逻辑起点也是人性论。荀子认为："凡性者，天之就也，不可学，不可事。"又说："不可学，不可事而在天者，谓之性。"①

荀子十分强调人性本恶，他说："今人之性，生而有好利焉，顺是，故争夺生而辞让亡焉；生而有疾恶焉，顺是，故残贼生而忠信亡焉；生而有耳目之欲，有好声色焉，顺是，故淫乱生而礼义文理亡焉。然则从人之性，顺人之情，必出于争夺，合于犯分乱理而归于暴……用此观之，然则人之性恶明矣。"②"好利"、"疾恶"、"好声色"是人生而有之的，"从"之、"顺"之就会出现争夺、犯分乱理，这就是荀子论证性恶的逻辑。

荀子所说的人性，是不是只有性恶的一面呢？还有没有其它的内容呢？我们可从《性恶》篇入手进行分析。

《性恶》篇提出的第一个问题是"人之性恶"。这一命题在全文中强调了多次。人们一直将这一命题当成全称肯定判断，认为它的主词是周延的，指的是人性的所有内容。这种理解是错误的。其实，这一判断的主词是不周延的，指的是人性的一部分内容。荀子认为，人的天性有恶的一面，但是，他又承认人还具有另外一种天然的本能。他说：

"涂之人可以为禹。"曷谓也？曰：凡禹之所以为禹者，以其为仁义法正也。然则仁义法正有可知可能之理，然而涂之人也，皆有可以知仁义法正之质，皆有可以能仁义法正之具，然则其可以为禹明矣。今以仁义法正为固无可知可能之理邪？然则唯禹不知仁义法正，不能仁义法正也。将使涂之人因无可以知仁义法正之质，而因无可以能仁义法正之具邪？然则涂之人也，且内不可以知父子之义，外不可以知君臣之正。不然，今涂之人者，皆内可以知父子之义，外可以知君臣之正，然则其可以知之质，可以能之具，其在涂之人明矣。今使涂之人者，以其可以知之质，可以能之具，本夫仁义法正之可知可能之理，然则其可以为禹明矣。③

荀子这段议论，反复论证了人"皆有可以知仁义法正之质，皆有可以能仁义法正之具"。这种"质"和"具"，既是"涂之人"都有的，具有普遍性，又是一

_____

①②③《荀子·性恶》。

种天生的本能。因此，天疑应属于所谓人性的内容。《解蔽》篇说：

  凡以知，人之性也；可以知，物之理也。

"凡以知"就是"皆有可以知"，荀子称之为"人之性也"。因此，将这里的"可以知之质，可以能之具"归入荀子的人性范围之内，是完全应该的。这种"凡以和"的人性，这种"所以知之质，可以能之具"是不是恶的呢？荀子并没有说，而且一再强调这种"可以知"、"可以能"的对象是"仁义法正"，可见这种"人之性"绝对不会是恶的。

  这种知的人性，荀子既然没有肯定其为恶，那么，它是否为善呢？荀子并没有如此说。所谓"可以知"、"可以为禹"，是指人有一种向善的可能性，而并非指人性中天然就具有一种现实性的善。它只是"可以知""可以能"，而不是必然"知"、"必然能"。由此可见，荀子的人性概念是一个多层次的意义结构：它的最一般的意义是指人生而具有的本能；它的第二层意义是二元的，由恶的情欲之性和无所谓善恶的知能之性组成。

  荀子人性学说中最有价值的是"化性起伪"的人性改造论。荀子认为"性也者，吾所不能为也，然而可化也"[1]，"化"就是改造人性。"圣人之所以异过众者，伪也"。这种"伪"，就是"化性"，即通过后天的努力改变其本性中恶的一面。对性，是顺、纵，还是化、伪，这是圣人之所以成为圣人，小人之所以成为小人的关键所在。所以，荀子虽然讲性恶，但其目的和重心是在"伪"，是在突出礼义对于人的重要性。

  荀子认为，人作为自然界的一部分，而又能支配自然界，使役万物，关键就在于人有着与自然界的其它生物不同的特点，这种"人之所以为人者"、"人之异于禽兽者"就是人"能群"而动物不能"群"。"人何以能群？"荀子的回答是："分"。"分则和，和则一，一则多力，多力则强，强则胜物，故宫室可得而居也。故序四时，裁万物，兼利天下，无它故焉，得之分义也。"反之，"群而无分则争，争则乱，乱则离，离则弱，弱则不能胜物"[2]。

  由此，荀子得出了"明分"才能"使群"的结论。他说："离居不相待则

---

[1] 《荀子·儒效》。
[2] 《荀子·王制》。

穷，群而无分则争，穷者患也，争者祸也。救患除祸，则莫若明分使群矣。"①

"明分"以什么为准则呢？荀子的回答是礼义。他说："分何以能行？曰：义。""分莫大于礼。"

荀子所谓"分"，不但指政治上的等级区分，还包括对分配物质财富的"度量分界"。这种"度量分界"完全是一种适应等级制度的分配原则，这就是荀子所说的"制礼义以分之，以养人之欲，给人之求"②。这样，才能"使欲必不穷于物，物必不屈于欲，两者相持而长"③。

荀子认为，天就是客观现实的自然界，就是唯一实在的物质世界。他说："列星随旋，日月递照，四时代御，阴阳大化，风雨博施，万物各得其和以生，各得其养以成，不见其事而见其功，夫是之谓神；皆知其所以成，莫知其无形，夫是之谓天。"④

天地万物的本源是什么呢？荀子说："水火有气而无生，草木有生而无知，禽兽有知而无义，人有气有生有知，亦且有义，故最为天下贵。"⑤ 荀子把自然界分为五个层次："最为天下贵"的最高层次是有气、有生、有知、有道德观念的人；第二层次是有气、有生、有知而无道德观念的禽兽；第三层次是有气、有生而无知、无道德观念的草木，即植物；第四层次是有气而无生、无知、无道德观念的水火，即无机物；第五层次也即最基本的层次是构成所有这一切的物质元素——无生、无知、无道德观念的气。这样，荀子就把无机界同有机界、人类同自然界的物类在"气"这个基础上统一起来了。

荀子不仅以"气"为万物的本源，而且还对形神关系作了自然主义的解释。他说："天职既立，天功既成，形具而神生，好恶、喜怒、哀乐臧焉，夫是之谓天情；耳、目、鼻、口、形，能各有接而不相能也，夫是之谓天官；心居中虚，以治五官，夫是之谓天君。"⑥

荀子还进一步揭示了宇宙运动变化的原因："天地合而万物生，阴阳接而变化起"⑦。这是从气本源说出发，从事物自身的矛盾来揭示自然界运动变化

①②《荀子·富国》。
③⑦《荀子·礼论》。
④⑥《荀子·天论》。
⑤《荀子·王制》。

的原因。

天是客观存在的自然界。那么，自然界有没有它固有的必然规律呢？荀子的回答是肯定的。其《天论》第一句就说："天行有常。"又说："天有常道矣，地有常数矣。"这些命题尽管表述有异，但其旨皆同，都是肯定自然界有它本身所固有的规律。这种规律是什么？荀子说："天不为人之恶寒也，辍冬；地不为人之恶辽远也，辍广。"① 因为"道者，非天之道，非地之道，人之所道也，君子之所道也"②。天道并非人道，自然界的规律不能决定社会的变化。这种思想，就是所谓"天人之分"说。

从此出发，荀子明确提出人类社会的治乱兴废，并不取决于自然界。他说："治乱天邪？曰：日月星辰瑞历，是禹桀之所同也；禹以治，桀以乱，治乱非天也。时邪？曰：繁启藩长于春夏，蓄积收藏于秋冬，是又禹桀之所同也；禹以治，桀以乱，治乱非时也。地邪？曰：得地则生，失地则死，是又禹桀之所同也；禹以治，桀以乱，治乱非地也。"③

荀子提倡"天人之分"，强调天不能干预人事，天道不能决定社会的变化。但他又认为天、人之间有相互联系、相互影响的一面，只不过这不是天支配人类社会、主宰人类社会，而是人类社会利用和主宰自然界。两者之间，人是主动的，天是被动；人是治者，天是被治者；人是有意识的主体，天是无意识的客体。

荀子的这种思想，主要内容有二：一是主张顺应自然规律，利用自然界。他说："财（裁）非其类，以养其类，夫是之谓天养。"④ "君子生非异也，善假于物也。"⑤ 他还进一步论述："顺其类者谓之福，逆其类者谓之祸，夫是之谓天政。"因此，人类对自然界，"应之以治则吉，应之以乱则凶"⑥。

二是主张积极地制天命，裁万物，做自然的主人。荀子说："天地生君子，君子理天地……无君子，则天地不理，礼义无统……"⑦，"天有其财，人有其治，夫是之谓能参。"在《天论》中，他进一步指出："如是，则知其所为，知

①③④⑥《荀子·天论》。
②《荀子·儒效》。
⑤《荀子·劝学》。
⑦《荀子·王制》。

其所不为矣，则天地官而万物役矣。""大天而思之，孰与物畜而制之！从天而颂之，孰与制天命而用之！望时而待之，孰与应时而使之！因物而多之，孰与骋能而化之！思物而物之，孰与理物而勿失之也！愿于物之所以生，孰与有物之所以成！故错人而思天，则失万物之情。"

荀子在认识论问题上有许多精到的见解。他不但提出了"形具而神生"说，还将人的认识过程区分为两个阶段：第一个是"天官意物"或"缘天官"。"天官"即人天然就具有的感觉器官，它们包括人的耳、目、鼻、口（舌）、形（身）。"意"即感觉，"物"指客观世界，"缘"即依靠。荀子认为，要认识事物的同异，首先就必须凭借感觉器官，通过感觉器官来反映客观事物。他肯定人通过不同的感觉器官可以得到关于对象的不同的感觉，感知事物的不同属性。比如"形体、色、理，以目异；声音清浊、调节奇声，以耳异；甘、苦、咸、淡、辛、酸、奇味，以口异；香、臭、芬、郁、腥、臊、漏、庮、奇臭，以鼻异；疾养、沧、热、滑、铍、轻、重，以形体异"①。凭目、耳、口、鼻、形体这些人生而有之的感觉器官对颜色、声音、味道、气味、感触辨别所得，就是感觉经验。认识就是从这种感觉经验开始的。

荀子虽然重视"天官意物"得来的感觉经验，但是他认为由于各种天官的职能不同，只能感知它所能感知的属性，所以它们各自所提供的感觉、印象，免不了有其局限性，这种局限性表现为表面性和片面性。如果受其支配，就会产生错觉和误会，陷入各种各样的"蔽"之中。

为了避免"蔽于一曲，而暗于大理"，荀子又提出了认识的第二阶段，即"心有征知"。他说："心有征知。征知，则缘耳而知声可也，缘目而知形可也；然而征知必将待天官之当薄其类然后可也。"②"征知"就是在感官感知的基础上，对感觉印象进行分析、辨别和验证。荀子将思维器官称作"天君"，或称作"心"。认为"心"有"征知"即验证认识的作用。但是"征知"必须通过感官接触各种事物才能作出抉择，"是之则受，非之则辞"，可见"征知"就是在感性认识的基础上进入到理性认识阶段。

"心"如何"征知"？荀子又提出了"虚壹而静"的"解蔽"方法。荀子所

①②《荀子·正名》。

谓"虚"，指不以已有的认识妨碍再去接受新的认识。"壹"，指思想专一；"静"，指思想宁静。荀子认为"心"要知"道"，就必须做到虚心、专心、静心。他说："人生而有知，知而有志，志也者，藏也，然而有所谓虚，不以所已藏害所将受谓之虚。"又说："心生而有知，知而有异，异也者，同时兼知之；同时兼知之，两也；然而有所谓一，不以夫一害此一谓之壹。"[①]"心"有分辨差异，同时"兼知"多种事物的能力，可以同时得到多种不同的认识，这就是"两"。但另一方面，要深刻认识一种事物、精通一门学问，就必须专心一意、集中思想，不能因对那一种事物的认识而妨碍对这一种事物的认识，这就是"一"。"一"和"两"的这种辩证统一就是"壹"。荀子强调："心枝则无知，侧则不精，贰则疑惑。壹于道以赞稽之，万物可兼知也。身尽其故则美。美不可两也，故知者择一而壹焉。"荀子认为，正确处理好"藏"与"虚"、"两"与"壹"、"动"与"静"三对矛盾的关系，做到"虚壹而静"，就能达到"大清明"的境界，做到"坐于室而见四海，处于今而论久远，疏观万物而知其情，参稽治乱而通其度，经纬天地而材官万物，制割大理而宇宙理矣"[②]。

三、墨学

《韩非子·显学》："世之显学，儒墨也。"正当儒者孜孜于礼乐揖让之际，一个"背周道而用夏政"[③]的学派却突然崛起，与儒家分庭抗礼，天下为之骚然。这一学派的创始人就是墨翟。

墨子，姓墨，名翟，可能为鲁人[④]。本为工匠，技艺精湛，早年曾就学于孔门，《淮南子·要略》："墨子学儒者之业，受孔子之术，以为其礼烦扰而不说，厚葬靡财而贫民，久服丧生而害事，故背周道而用夏政。"又据《吕氏春秋·当染》："鲁惠公使宰让请郊庙之礼于天子，桓王使史角往，惠公止之，其

<hr>

① ②《荀子·解蔽》。

③《淮南子·要略》。

④《吕氏春秋·当染》高诱《注》。另葛洪《神仙传》以为宋人，张知寒：《略论邾娄文化与儒墨》以为墨子生于滕国（今山东滕州），见张知寒主编：《墨子研究论丛》第2辑，509页，济南，山东大学出版社，1993；徐希燕在《墨学研究》中认为墨子生于鲁阳（今河南鲁山），见徐希燕：《墨学研究》，7～14页，北京，商务印书馆，2001。

似公孫龍

唐 阎立本 《孔子弟子像》（局部）

133

清 焦秉贞《孔子圣迹图》
纵29.2厘米，横35.7厘米
美国圣路易斯美术馆藏

《尚书》孔子授业图

孟母斷授教子圖

邹孟軻之母也號孟母其舍近墓孟子之少也嬉遊為墓間之事踴躍築埋孟母曰此非吾所以居處子乃去舍市傍其嬉戲為賈人衒賣之事孟母曰此非吾所以居處子也復徙舍學宮之傍其嬉遊乃設俎豆揖讓進退孟母曰真可以居吾子矣遂居之及孟子長學六藝卒成大儒之名孟母以刀斷其織孟子懼而問其故孟母曰子之廢學若吾斷斯織也夫君子學以立名問則廣知是以居則安寧動則遠害今而廢之是不免於厮役而無以離於禍患矣何以異於織績而食中道廢而不為寧能衣其夫子而長不乏糧食哉女則廢其所食男則墮於修德不為竊盜則為虜役矣孟子懼旦夕勤學不息師事子思遂成天下之名儒千古之亞聖君子謂孟母知為人母之道矣詩云彼妹者子何以告之此之謂也

乾隆二十八年歲次昭陽協洽皋月既濟生畫於西子湖珊瑚閣 蓮溪樵子康濤

清　康濤《孟母斷杼教子圖》
縱88.4厘米，橫31厘米
北京故宮博物院藏

老子像

帛书《黄帝书》（局部）
长沙马王堆汉墓出土

后在鲁，墨子学焉。"可见墨子为学礼也曾转益多师，并由此得以跻入士阶层，故曾仕为宋大夫。其后墨子自立门户，聚徒讲学，游说诸侯，创立"墨者"团体，自任首领，称"巨子"①。

墨子及墨家学说，主要保存在《墨子》一书中。其中《汉书·艺文志》著录为71篇，今存53篇。但各篇的时代、作者，学术界仍有争议。② 今仅撮要概述墨学思想于下，而不去细分墨子、墨学、别墨、墨子后学。

（一）伦理思想

《荀子·非十二子》谓墨子"尚功用"，于墨学可谓深得要领。墨子正是以利天下为己任。墨子的最高道德规范是"义"，《墨子·贵义》："万事莫贵于义。"而"义"就是"利"。《墨子·经上》："义，利也。""孝，利亲也。""功，利民也。"《耕柱》："义可以利人。"进而，"善"也被定义为"可用"。《墨子·兼爱下》："焉有善而不可用者？"因此能利天下者即具备善之品质，成为"仁人"甚至"圣人"。《兼爱下》："仁人之事者，必务求兴天下之利，除天下之害。"《贵义》："从事于义，必为圣人。"而以治天下为事的圣人则提出了禁恶而劝爱的兼爱说，提倡"兼相爱，交相利"，并最终实现"非攻"。但墨子书中，"一再暗示人之性恶"③，因此人必须与自身的种种欲望作斗争，《贵义》："必 [去六辟]④：去喜，去怒，去乐，去悲，去爱，[去恶]⑤，而用仁义。"因此墨子反对一切感官享受："虽身知其安也，口知其甘也，目知其美也，耳知其乐也，然上考之，不中圣王之事；下度之，不中万民之利。是故子墨子曰：为乐非也。"⑥

---

① 《庄子·天下》。
② 参见胡适：《中国哲学史大纲》卷上，151～152页，上海，商务印书馆，1936年；梁启超：《墨子学案》，6～7页；杨宽：《墨子各篇作期考》；杨俊光：《墨子新论》，38～49页；徐希燕：《墨学研究》，21～26页。
③ 萧公权：《中国政治思想史》，见刘梦溪主编：《中国现代学术经典·萧公权卷》，115页，石家庄，河北教育出版社，1999。
④ 据吴毓江说移正原错入上文者。
⑤ 据俞樾说校补。
⑥ 《墨子·非乐》。

（二）经济政治思想

当务之急，墨子认为："民有三患：饥者不得食，寒者不得衣，劳者不得息——三者，民之巨患也。"① 因此，墨子要求"节用"："凡足以奉给民用，则止。诸加费不加于民利者，圣王弗为。"② 而一切浪费莫过于厚葬。于是墨子又提出了"节葬"："衣三领足以朽肉，棺三寸足以朽骸，掘穴深不通于泉，流不发泄，则止。"③ 但这些又由谁来做呢？墨子认为："国有贤良之士众，则国家之治厚；贤良之士寡，则国家之治薄。"因此，必须尚贤："古者圣王之为政，列德而尚贤，虽在农与工肆之人，有能则举之。高与之爵，重与之禄，任之以事，断与之令。"④ 这爵、禄、权三者，墨子称之为"三本"。只有给予贤人三本，才是真正的尚贤。墨子三本的实质可归纳为三点：第一，是为士人打通进入政界之路，提高士人的经济地位与社会地位；第二，是造就一个新的官僚集团，实行官僚政治；第三，这也是一种高级文化政策。而尚贤之极，则是"选择天下贤良圣智辨慧之人，立以为天子，使从事乎一同天下之义。"⑤ 对于这样的天子，必须"尚同"，即"上之所是，必亦是之；上之所非，必亦非之。己有善，傍荐之；上有过，规谏之。上同义其上，而毋有下比之心"。所谓"下比"，就是下属朋比为奸，互相勾结，搞小圈子。

（三）神学思想

既立天子，"然则奚以为治法而可？"在相继否定了父母、学、君三者之后，墨子认为："莫若法天。"于是："且今天下之士君子，中实欲为仁义，求为上士，上欲中圣王之道，下欲中国家百姓之利者，当天之志而不可不察也。"⑥ 同时，"鬼神之能赏贤如罚暴也，盖本施之国家，施之万民，实所以治

---

① 《墨子·非乐》。
② 《墨子·节用中》。
③ 《墨子·节葬下》。
④ 《墨子·尚贤上》。
⑤ 《墨子·尚同中》。
⑥ 《墨子·天志下》。

国家、利万民之道也。"① 而这上天、鬼神，也就成为墨子学说的终极根据。例如《天志上》就说："当天意而不可不顺，顺天意者，兼相爱，交相利，必得赏；反天意者，别相恶，交相贼，必得罚。"由此而来的，则是后世研究者对于墨学是否宗教的讨论。实则墨子思想可以看成一种世俗宗教：它既具有鬼神对于包括天子在内的一切世人的否定性，又没有彼岸世界的超验层面；既承袭了原始宗教的人格神，又反对命运的前定，亦即"非命"。在此，原本属于氏族的鬼神具有了对于类的人的普遍关怀；在此，原本超于自然的天成为人世间的现实存在。所有人的现实利益，既是墨子行动的起点，也是墨子学说的终点。

（四）论辩学说

墨子对于各个领域的问题提出了一系列规则，墨子称之为"法"："法，所若而然也。""意、规、员三也，俱可以为法。"② "若"是依照、符合的意思。乙依照甲而成其为如此，那么甲就是乙的"法"。现在，墨子还要给论辩自身立一个法则，这就是"三表"："有本之者，有原之者，有用之者。于何本之？上本之于古者圣王之事。于何原之？下原察百姓耳目之实。于何用之？废（发）以为刑政，观其中国家百姓人民之利：此所谓言有三表也。"③ 这"三表"在《非命中》、《非命下》作"三法"。在《墨经》中，还提出了一些论辩的具体方法。如，"假"，《经下》："假必悖，说在不然。"《经说下》："假必非也而后假。"与事实违反的假设，与事实凑在一起，必然产生悖谬。但假设虽与现有事实违反，却仍有实现之可能。因此从假设出发，我们仍可推出一些结论来。假设和结论都不符合当前事实，但把二者合起来构成一个假言判断，往往可以说明一些用别种方法不易说明的道理。又如："止，因以别道。"④ "彼举然者，以为此其然也，则举不然者而问之。"这是举出反面的例子来推翻一个全称判断。再如"效"是在"立辞"之先提供一个评判是非的标准，再看所

---

① 《墨子·明鬼下》。
② 《墨子·经说上》。
③ 《墨子·非命上》。
④ 《墨子·经上》。

立的"辞"是否符合这标准:"效者,为之法也。所效者,所以为之法也。故中效则是也,不中效则非也。"又有"譬",即比喻:"辟(譬)也者,举也(他)物而以明之也。""援",即引用对方所说的话来做类比推论的前提:"援也者,曰,子然,我奚独不可以然也?""推",这是归谬式的类比推论。为了反驳对方的某一句话,就用这句话作为类推的前提,得出一个荒谬的、连对方也不可能接受的结论,这就是所谓"推":"推也者,以其所不取之同于其所取者予之也。"①

墨家后学的发展形成了两种倾向,一是向以"钜子"为中心的宗教组织演化,一是从以人文社会为中心转向以技术与逻辑为中心的"别墨"。从思想层面来说,墨子本人就有很浓重的实用色彩,从本性上就拒斥纯理论的探寻。而在其后学那里,这一思想逐渐发展成对于单纯行动的追求,而钜子制度又强化了行动取代思想的倾向。在此,思想凝聚转化为人身依附,精神追求转化为自我毒害,实践理性转化为技术热情,于是,作为思想流派的墨家渐渐消退,作为准军事组织的墨者渐渐瓦解,秦汉以后,即不复有墨矣。

四、道家

源远流长的道家文化,数千年来,始终与居于"独尊"地位的儒家思想相互对立,相互补充,共同汇成中华思想文化的主流。道家思想的基本特征,迥异于儒家阐发的"内圣外王"的政治哲学,而以"道法自然"的自然哲学为框架,培育中华民族的智者气象,发展博大精深的智慧之思,探讨宇宙之本源,生命之奥秘,人生之真谛。坚持特立独行之品格,常以异端面貌出现。其玄思宇宙,洞见本根,具有犀利的批判锋芒,在中国思想史上独具特色。

(一) 老子的思想

"所谓'道家',指的是以老子思想为宗脉的学术派别的总称。"②《史记·老子韩非列传》:"老子者,楚苦县历乡曲仁里人也。姓李氏,名耳,字聃,周

---

① 《墨子·小取》。
② 黄钊主编:《道家思想史纲》,1页,长沙,湖南师范大学出版社,1991。

守藏室之史也。……老子修道德，其学以自隐无名为务。居周久之，乃遂去。至关，关尹喜曰：'子将隐矣，强为我著书。'于是老子乃著书上下篇，言道德之意五千余言而去。莫知其所终。"作为中国第一位哲学家，老子对后世具有深远的影响，而其思想的核心即"道"。

1. 道论

《老子》认为："道生一，一生二，二生三，三生万物。"（第四十二章）道是生成天地万物的本根，于是道成为万物的宗主。"道冲，而用之或不盈，渊兮似万物之宗。"（第四章）"道者，万物之奥。"（第六十二章）"大道泛兮，其可左右。万物恃之而生而不辞，功成不名有。衣养万物而不为主，可名于小；万物归焉而不为主，可名为大。"（第三十四章）亦即，万物遵循道的运演而运动，但道自身却并不干预万物的运动。不但道依自己的本性而存在，万物也各依自己的本性而存在——这就是道："人法地，地法天，天法道，道法自然。"（第二十五章）由此，老子取消了殷周以来至高无上的人格神。

另一方面，道也是真实的存在者。[①]《老子》："道之为物，惟恍惟惚。惚兮恍兮，其中有象；恍兮惚兮，其中有物。窈兮冥兮，其中有精。"（第二十一章）可见，道是有象有物的，但却难以为感官所察觉，更难以用语言表述："有物混成，先天地生。寂兮寥兮，独立而不改，周行而不殆，可以为天下母。吾不知其名，字之曰道，强为之名曰大。"（第二十五章）"道常无名。"（第三十二章）"知者不言，言者不知。"（第五十六章）于是，老子否定了认识的可能性，并由此建立了他的政治哲学。

2. 柔论

只有关于道的知识才是真知，但道不可知，因此所有的知识都是虚假的："道可道，非常道；名可名，非常名。"（第一章）"智慧出，有大伪。"（第十八章）因此必须"绝圣弃智"、"绝学无忧"（第十九章）。因此，道即是虚，智即是愚："天地之间，其犹橐龠乎？虚而不屈，动而愈出。"（第五章）"虽智大迷。"（第二十七章）虚谦与无知才是道的显现："江海之所以能为百谷王者，以其善下之，故能为百谷王。是以圣人欲上民，必以言下之；欲先民，必以身

---

① 詹剑峰先生称之为"道物不二"，见其所著：《老子其人其书及其道论》，233～249 页，武汉，湖北人民出版社，1982；参见张松如：《老子说解》，127～128 页，济南，齐鲁书社，1998。

后之。是以圣人处上而民不重，处前而民不害。是以天下乐推而不厌。以其不争，故天下莫能与之争。"（第六十六章）"古之善为道者，非以明民，将以愚之。"（第六十五章）要安于现状，知足常乐："知足不辱，知止不殆，可以长久。"（第四十四章）"祸莫大于不知足，咎莫大于欲得。古知足之足，常足矣。"（第四十六章）弃绝欲望，更加必要："见素抱朴，少私寡欲。"（第十九章）老子由此勾勒了自己的理想国："小国寡民。是有什伯之器而不用；使民重死而不远徙。虽有舟舆，无所乘之；虽有甲兵，无所陈之。使民复结绳而用之。甘其食，美其服，安其居，乐其俗。邻国相望，鸡犬之声相闻，民至老死，不相往来。"（第八十章）既是顺应自然，则人对于外物显现为柔弱："人之生也柔弱，其死也坚强。草木之生也柔脆，其死也枯槁。故坚强者死之徒，柔弱者生之徒。是以兵强则灭，木强则折，强大处下，柔弱处上。"（第七十六章）"天下莫柔于水，而攻坚强者莫之能胜，以其无以易之。弱之胜强，柔之胜刚，天下莫不知，莫能行。"（第七十九章）表现在行为上，即"无为"："道常无为而无不为，侯王若能守之，万物将自宾。"（第三十七章）"为学日益，为道日损，损之又损，以至于无为，无为而无不为。"（第四十八章）《淮南子·原道篇》对于"无为而无不为"的解释是："所谓无为者，不先物为也；所谓无不为者，因物之所为也。"在现在的人中最能做到"无为"的，莫过于婴儿："含德之厚，比于赤子。毒虫不螫，猛兽不据，攫鸟不搏。骨弱筋柔而握固。未知牝牡之合而朘作，精之至也。终日号而不嗄，和之至也。"（第五十五章）因此人们都应"复归于婴儿"（第二十八章）。

3. 老子思想方法论

老子思想，有其独特的方法论，即"有物混成，先天地生"，"有无相生"，"道常无为而无不为"①。

"有物混成，先天地生"，作为一种方法看，是"逆推法"，即由天地万物的存在而向上逆推以求其本原。在《老子》中几乎讲宇宙本原的地方，大都是用这种方法。除了第二十五章"有物混成，先天地生"之外，其他有如："天下万物生于有，有生于无。"（第四十章）又如："万物并作，吾以观复。夫物

---

① 以下参见汤一介：《昔不至今》，93～101页，上海文艺出版社，1999。

芸芸，各复归其根。归根曰静，静曰复命。"（第十六章）老子用这种追根溯源的逆推法，是要从相反的方面探求天地万物存在的原因和根据。这样推理的公式是：有甲的存在，必有有甲存在的原因，这是由果推因。

"有无相生"这个命题作为方法，表明了老子在概念之间寻求对应关系。最为典型的为第二章："有无相生，难易相成，长短相形，高下相盈，音声相和，前后相随，恒也。"这种在概念之间寻找对应关系的方法，是老子用来建立哲学体系的重要方法。从"有"找对应的"无"，这在理论思维上、在哲学方法上，是一个非常重要的飞跃。这意味着，要求人们通过感觉经验去寻找超越感觉经验的；从时空中的存在去寻找超时空的存在。这种在概念之间找对应关系的方法，不仅说明老子看到了事物之间的矛盾性，而且看到了事物之间的矛盾性的互相转化。为了防止转化的实现，老子认为最好先使事物处于转化的相对应的方面，所以他说："知其雄，守其雌。……知其荣，守其辱。"（第二十八章）这种方法也可以说是一种肯定"负"的方面以便保存"正"的方面，或者说是对否定的肯定才能达到对肯定的肯定。因之老子在找寻概念的对应关系中包含着对"否定"意义的深刻认识。

总的来说，老子的哲学方法是一种负的方法：其"任务不在于，对于不可知者说些什么；而仅仅在于，对于不可知是不可知这个事实，说些什么。谁若知道了不可知是不可知，谁就总算对于它有所知。"①

4. 老子弟子及后学

《史记·老子韩非列传》："老子，隐君子也。"因此老子并不以聚徒设教为务，也未游说诸侯，这导致老子自身的生平事迹与学术流传长期不为人知。但《庄子》书中仍然记载了几位老子弟子，使我们对于初期老学得以略知一二。

《庄子·庚桑楚篇》："老聃之役②有庚桑楚者，偏得③老聃之道，以北居畏垒之山。"他"居三年，畏垒大穰"，畏垒之民认为他是"圣人"，欲奉以为

---

① 冯友兰：《中国哲学简史》，294 页，北京大学出版社，1996。此外，1993 年在湖北省荆门市郭店村出土了一批《老子》竹简，经整理分为甲乙丙三篇。简本《老子》篇幅远少于今本，其思想学界争议较大，在此不作具体介绍。参见荆门市博物馆：《郭店楚墓竹简》，北京，文物出版社，1998。

② 陆德明：《释文》引司马云："役，学徒，弟子。"

③ "偏得"，独得，见林希逸：《南华真经口义》。

君。"庚桑子闻之，南面而不释然"，说："吾是以不释于老聃之言。"并教导弟子说："举贤则民相轧，任知则民相盗。……大乱之本，必生于尧舜之间，其末存乎千世之后。千世之后，其必有人与人相食者也。"可见庚桑楚深得老学精华，并且一方面在区域范围实践老子思想，一方面还聚徒传授老学，这对于老学的传播无疑有重要意义。

另一个弟子柏矩则见于《庄子·则阳篇》："柏矩学于老聃，曰：'请之天下游。'老聃曰：'已矣！天下犹是也。'又请之，老聃曰：'汝将何始?'曰：'始于齐。'"至齐后，见有人被杀而陈尸，于是柏矩"号天而哭之曰：'荣辱立，然后睹所病；财货聚，然后睹所争。今立人之所病，聚人之所争，穷困人之身使无休时'"，现在的统治者们："匿为物而过不识，大为难而罪不敢，重为任而罚不胜，远其途而诛不至。民知力竭则以伪继之，日出多伪，士民安得不伪！夫力不足则伪，智不足则欺，财不足则盗。盗窃之行，于谁责而可乎?"这就把老子"正言若反"的思想外化为现实批判。

第三个是《庄子·寓言篇》的阳子居。阳子居见老子，曰："向者弟子欲请夫子，夫子行不闲，是以不敢。今闲矣，请问其过。"老子曰："而睢睢盱盱，而谁与居？大白若辱，盛德若不足。"阳子居蹴然变容曰："敬闻命矣！"

据《庄子》书，问学于老聃者也有三人。一是崔瞿。《庄子·在宥篇》："崔瞿问于老聃曰：'不治天下，安藏人心?'老聃曰：'汝慎无撄人心。'"其二是士成绮。《庄子·天道篇》："士成绮见老子而问曰：'吾闻夫子圣人也。吾固不辞远道而来愿见，百舍重趼而不敢息。今吾观夫子非圣人也。'"第三个是孔子。《庄子·天运篇》："孔子见老聃归，三日不谈。弟子问曰：'夫子见老聃，亦将何规哉?'孔子曰：'吾乃今于是乎见龙！龙，合而成体，散而成章，乘云气而养乎阴阳。予口张而不能嚼，予又何规老聃哉！'"

由于史料缺乏，初期老学的传授颇难考实，其大概情形可得而言者，则有关尹、列御寇、杨朱。

关尹，《汉书·艺文志·道家类》著录《关尹子》九篇，自注云："名喜，为关吏，老子过关，喜去吏而从之。"《吕氏春秋·不二篇》称："关尹贵清。"《庄子·天下篇》则以关尹与老聃并称为"古之博大真人"。

列御寇即列子。《吕氏春秋·审己篇》："子列子，贤人，体道者。请问其射所以中于关尹喜。"同书《不二篇》也说列子是"体道人也，壶子弟子"。壶子即壶丘子林。《庄子·应帝王篇》载列子随壶子学道后，"然后列子自以为未始学而归，三年不出，为其妻爨，食豕如食人。于事无与亲，雕琢复朴，块然独以其形立。纷而封哉，一以是终"。《汉书·艺文志·道家类》有《列子》八篇，班固自注："名御寇，先庄子，庄子称之。"《尸子·广泽篇》、《吕氏春秋·不二篇》皆谓："列子贵虚。"《战国策·韩策》则谓列子贵正。

杨朱，《孟子·滕文公下篇》："圣王不作，诸侯放恣，处士横议，杨朱、墨翟之言盈天下。天下之言不归杨，则归墨。杨氏为我，是无君也；墨氏兼爱，是无父也。"其《尽心上篇》又说："杨子取为我，拔一毛以利天下，不为也。"这"为我"，《吕氏春秋·不二篇》则谓之"贵己"，《淮南子·氾论篇》说得更明白："全性保真，不以物累形，杨子之所立也，而孟子非之。""全性保真"，无疑是早期道家的根本思想，与《老子》思想有着继承关系，更开启了此后的庄子思想。由此可见，杨朱是从老子到庄子思想演变过程中的重要一环。

（二）庄子及其后学

郭沫若曾说："庄子这一派或许可以称为纯粹的道家吧？没有庄子出现，道家思想尽管在齐国的稷下学宫受着温暖的保育，然而已经向别的方面分化了：宋钘、尹文一派发展而为名家，田骈、慎到一派发展而为法家，关尹一派发展而为术家。道家本身如果没有庄子出现，可能是已经归于消灭了，然而就因为有他的出现，他从稷下三派吸收他们的精华，而维系了老聃的正统，从此便与儒墨两家鼎足而三了。在庄周自己并没有存心以'道家'自命，他只是想折衷各派的学说而成一家之言，但结果他在事实上成为了道家的马鸣、龙树。"[1]

春秋战国是所谓士阶层产生并自觉到人的尊严的时代，是诸子百家共同努力，开辟了中国文化上源并形成了一个伟大的人本主义思潮的时代。庄子思想即是以人生哲学为中心的，它也是先秦思想中最光彩夺目的一部分。

---

[1] 郭沫若：《十批判书》，205～206页，北京，东方出版社，1996。

《史记·老子韩非列传》："庄子者，蒙人也，名周。周尝为蒙漆园吏，与梁惠王、齐宣王同时。其学无所不窥，然其要本归于老子之言。其著书十余万言，大抵率寓言也。"汉代学者一般认为庄子为宋人，如《史记·老子韩非列传》唐司马贞《索隐》引刘向《别录》云："宋之蒙人也。"《汉书·艺文志》班固自注："名周，宋人。"《淮南子·修务篇》汉高诱注："庄子名周，宋蒙县人。"

1. 逍遥游

"庄子哲学，可以说，是一部在乱世中重建人的本然面目的哲学。"[1] 这种人的本然面目，就是人与宇宙的同一。在《庄子·内篇·逍遥游篇》中，庄子历举种种人与物，然后一一指出他们仍然"有待"。再次，庄子充分展现了他的文学天才，其言有云："北溟有鱼，其名为鲲。鲲之大，不知其几千里也。化而为鸟，其名为鹏。鹏之背，不知其几千里也，怒而飞，其翼若垂天之云。是鸟也，海运则将徙于南冥——南冥者，天池也。《齐谐》者，志怪者也。《谐》之言曰，鹏之徙于南冥也，水击三千里，抟扶摇而上者九万里，去以六月息者也。"但无论是为物之鲲鹏，还是学道如能御风而行之列子，都是"彼于致福者，未数数然也。此虽免乎行，犹有所待者也"。由于他们还有所待，所以他们的幸福在这个范围里是相对的。而只有"若夫乘天地之正而御六气之辩，以游无穷者，彼且恶乎待哉？故曰：至人无己，神人无功，圣人无名。"这里的至人、神人、圣人，就是庄子所理想的已经得到绝对幸福的人。他们绝对幸福，因为他们超越了事物的普通区别，他们也超越了自己与世界的区别，"我"与"非我"的区别。所以他们无己，他们与道合一。道无为，所以无功，圣人与道合一，所以也无功。道无名，圣人与道合一，所以也无名。而"逍遥"之义，正是无事、无为。[2]

2. 齐物论

但一个普通人怎样才能成为至人？换言之，一个人怎样才能达到"无待"？这无疑取决于此人道之修养。而道之修养，则来源于关于道的知识。在《齐物论》中，庄子把人的知识分为两类。"大块噫气，其名为风。是唯无作，作则

---

① 孙以楷、甄长松：《庄子通论》，102页，北京，东方出版社，1995。
② 张松辉：《庄子考辨》，151～154页，长沙，岳麓书社，1997。

万窍怒号。"风吹物响，这种声音就是天籁。人类社会所说的"言"则是人籁。人籁与天籁不同，它的"言"由人说出的时候，就代表人类的思想。他们表示肯定与否定，表示每一个个人从他自己特殊的、有限的立场所形成的意见。可是人们却从不认为自己的意见都是根据有限的立场，总是认为自己掌握了真理，总是以自己的意见为是，以别人的观点为非。"故有儒墨之是非，以是其所非，而非其所是。"

既然每一个人的言都是根据自己有限的立场，那么人们若这样各按自己的片面观点辩论，即便能争出个胜负来，实质上也无法决定哪一面真是真非：

> 即使我与若辩矣，若胜我，我不若胜，若果是也？我果非也？我胜若，若不吾胜，我果是也？而果非也邪？其或是也，其或非也邪？其俱是也，其俱非也邪？我与若不能相知也，则人固受其黮闇。吾谁使正之？使同乎若者正之，既与若同矣，恶能正之！使同乎我者正之，既同乎我矣，恶能正之！使异乎我与若者正之，既异乎我与若矣，恶能正之！使同乎我与若者正之，既同乎我与若矣，恶能正之！然则我与若与人俱不能相知也，而徒彼也邪？

要达到对于道的体悟，就必须超越有限，从一个更高的观点看事物，庄子把这叫作"照之于天"：

> 欲是其所非而非其所是，则莫若以明。物无非彼，物无非是。自彼则不见，自知则知之。故曰：彼出于是，是亦因彼。彼是，方生之说也。虽然，方生方死，方死方生；方可方不可，方不可方可；因是因非，因非因是。是以圣人不由，而照之于天，亦因是也。是亦彼也，彼亦是也。彼亦一是非，此亦一是非。果且有彼是乎哉？彼是莫得其偶，谓之道枢。枢始得其环中，以应无穷。是亦一无穷，非亦一无穷也。故曰，莫若以明。

"明"就是"照之于天"。"是"和"彼"在其是非对立中，像一个循环无尽的圆，但从道的观点看事物的人，就好像是站在圆心上，他理解在圆环上运动着的一切，但自己却不参加这些运动。之所以如此，就是因为他已经超越有限，从一个更高的观点看事物。那些自缚于有限观点的人，就好比《庄子·外篇·秋水篇》所说的井底之蛙，只看见一小块天，就以为天就只有那么大。而每个最终能得道的人，也必有一番河伯的慨叹。但在《秋水篇》中，这一慨叹仍然是无知的表现，因为大之上仍有大，终极之道实际上不是人有限的生命所可穷尽的。

从道的立场来看，物与物之间的区别都是一种从有限立场所得的所谓知识。《齐物论》说：

> 道行之而成，物谓之而然。恶乎然？然于然。恶乎不然？不然于然。物固有所然，物固有所可。无物不然，无物不可。故为是举莛与楹，历与西施，恢恑憰怪，道通为一。其分也，成也；其成也，毁也。凡物无成与毁，复通为一。

万物无论如何歧异，都是由道而生。所以从道的观点来看，万物虽不同，可是都是道的显现，即"通为一"。因此，每一具体之物都不过是道的一种显现，有如大海之于每一浪花。于是，每一具体之物也就无所谓成，也无所谓毁。此即《庄子·内篇·大宗师篇》之"孰能以无为首，以生为脊，以死为尻，孰知生死存亡之一体者，吾与之友矣"。如果一定要强求，则犹如："今之大冶铸金，金踊跃曰'我必且为镆铘'，大冶必以为不祥之金。今一犯人之形，而曰'人耳人耳'，夫造化者必以为不祥之人。今一以天地为大炉，以造化为大冶，恶乎往而不可哉！"

"我"与"非我"也是一体的。《齐物论》曰：

> 天下莫大于秋毫之末，而泰山为小；莫寿乎殇子，而彭祖为夭；天地与我并生，而万物与我为一。

也只有体悟到这一点的人，才能够"不知悦生，不知恶死"①，于是"哀乐不能入"②，最终超脱于世间的一切尘俗。这一境界，即"堕肢体，黜聪明，离形去知，同于大通，此谓座忘"③。当达到了这一境界时，就能成为至人："至人神矣！大泽焚而不能热，河汉沍而不能寒，疾雷破山、飘风振海而不能惊。若然者，乘云气，骑日月，而游乎四海之外。"④

3. 庄子后学

庄子后学，可分为述庄派、无君派、黄老派三大派。

---

① ③《庄子·内篇·大宗师篇》。
②《庄子·内篇·养生主篇》。
④《庄子·内篇·齐物论篇》。

庄子后学中的述庄派以继承阐发庄子思想为宗旨。他们明确提出了以道为万物"本根"，《庄子·外篇·知北游篇》：

> ［合］彼神明至精，与彼百化，物已死生方圆，莫知其根也，扁然而万物自古已固存。六合为巨，未离其内；秋毫为小，待之成体。天下莫不沈浮，终身不故；阴阳四时运行，各得其序。惛然若亡而存，油然不行而神，万物畜而不知：此之谓本根。

万物百般变化，有死有生，有方有圆，它们却都不知道自己之所以如此的根据。实则这根据就是道。道的作用是"若亡而存"，不可感也不可知的，因而万物虽有其根而不自知。

道显现于人则为性："道者，德之钦也；生者，德之光也；性者，生之质也。性之动，谓之为；为之伪，谓之失。"[1] 可见，性是人生而具有的禀赋，是人的本然状态。如果改变这本性，就会产生人为，人为会产生虚伪，虚伪就是道的丧失。只有至人能保持这种本性醇和不散。《庄子·外篇·达生篇》：至人"将处乎不淫之度，而藏乎无端之纪，游乎万物之所终始，壹其性，养其气，合其德，以通乎物之所造"。"物之所造"即道。至人能保养其本性，是其不离、不散、不失。与此相反："今人之治其形，理其心，多有似封人之所谓，遁其天，离其性，灭其情，亡其神。"但圣人也非有意保全其天性。《庄子·杂篇·则阳》："圣人达绸缪，周尽一体矣，而不知其然，性也。"圣人玄通万物，周遍一体，都出于自然之性，是不知其然而然的。因而述庄派之论性与其他诸子不同，既不是孟子的性善，也不是荀子的性恶，更不是告子的无善无恶。述庄派的人性是超于善恶之上的。这一观点也为古代道家的人性论奠定了基础。

庄子后学中的无君派对庄子思想有重要的改造。本来，庄子对于现实社会也有着激烈的批判，但那只是最终逃于无何有之乡的理由。无君派则不同，他们激烈地抨击现实社会，锋芒所及，当时及历代统治者、仁义道德，无不在其横扫之列。《庄子·外篇·胠箧篇》：

> 昔者齐国邻邑相望，鸡狗之音相闻，网罟之所布，耒耨之所刺，方二千余里。阖四境之内，所以立宗庙社稷，治邑屋州闾乡曲者，何尝不法圣

---

① 《庄子·杂篇·庚桑楚篇》。

人哉！然而田成子一旦杀其君而盗其国。所盗者岂独其国邪？并与其圣知之法而盗之。故田成子有乎盗之名，而身处尧舜之安，小国不敢非，大国不敢诛，十二世有齐国。

《庄子·杂篇·盗跖篇》也说："小盗者拘，大盗者为诸侯。诸侯之门，义士存焉。"在现实社会中，强权就是一切，有了它，不但可以窃国，而且还可以把仁义道德、真理正义也一起窃走。那么，是不是天下有像尧舜那样的明君就好了呢？不是！《盗跖篇》就把矛头直指历代圣君：

> 世之所高，莫若黄帝，黄帝尚不能全德，而战涿鹿之野，流血百里。尧不慈，舜不孝，禹偏枯，汤放其主，武王伐纣，文王拘羑里。此六子者，世之所高也，孰论之，皆以利惑其真而强反其情性，其行乃甚可羞也。

即使退而言之，古圣王并无败德，是否就天下之人皆可全其性了呢？不是！《庄子·外篇·在宥篇》：

> 昔尧之治天下也，使天下欣欣焉人乐其性，是不恬也；桀之治天下也，使天下瘁瘁焉人苦其性，是不愉也。夫不恬不愉，非德也。非德也而可长久者，天下无之。

贤君的楷模是尧，而暴君的典型是桀，但他们治天下，无论是苦之还是乐之，都破坏了人恬愉无知的自然本性，因而也就没有高下之分。从这个角度来看，所谓圣贤和盗贼也就没有什么区别。《庄子·内篇·骈拇篇》："伯夷死名于首阳之下，盗跖死利于东陵之上。二人者，所死不同，其于残生伤性，均也——奚必伯夷之是而盗跖之非乎！"只有无知无欲，才能达到所谓"至德之世"。《庄子·外篇·马蹄篇》："夫至德之世，同与禽兽居，族与万物并，恶乎知君子小人哉！同乎无知，其德不离；同乎无欲，是谓素朴。素朴而民性得矣。"没有人与物的区别，没有贵与贱的等级，人的社会就是物的自然，只有在这样的世界中，才能达到"至德"，人才能保有自我的天性。

庄子后学中的黄老派，是庄子后学中年代较晚的一派，其思想特点与庄子也相去较远。黄老派站在道家立场上，吸收容纳了儒家和法家的思想学说，兼及道德、仁义、法术、从而形成了庄子学派中比较重视统治术的一个支派；这一派明确阐发了君无为而臣有为的观点，以有为补充无为，克服了庄子哲学极端消极无为的偏向。

概而言之，为了生存，庄子后学试图向比较接近现实的方向探索，并试图抽去庄子哲学体系最底层的基石——"齐一万物"，以及由此而来的相对主义诡辩论，而代之以更能符合人们经验常识的新解释。他们试图使庄子哲学通俗化：他们不再有齐一万物的勇气，而是承认贵贱等差；他们不再有着应任自然，以至妻死鼓盆而歌的放逸，而是追求长生不死；他们不再有着腐鼠权势的狂傲，而代之以贡献治术的谦卑。[①] 但这一努力却适得其反。因为一旦靠拢了经验常识，抽去了齐物的基石，整座庄子哲学的大厦就坍塌了。庄子后学的哲学思想，便正是这样一座坍塌了的哲学大厦。这是庄子哲学的悲剧。

五、阴阳家和黄学

司马谈《论六家要旨》将"阴阳家"列为六家之首，表明阴阳五行学说在先秦诸子思想发生与发展的历程中，具有前提和起点的意义。但作为诸子思想前提和起点的阴阳五行思想却有着更为遥远的源头，以至于远远超出于诸子时代，从而成为诸子思想的共同背景。另一方面，真正属于作为诸子之一的"阴阳家"的资料，保存至今的却并不多。因而当我们试图描述这一独特派别时，会发现一种大海中的干渴。

（一）阴阳家

"阴阳"之说能成其为"家"，是与邹衍其人密不可分的。据《史记·孟子荀卿列传》，邹衍为齐人，"后孟子"。至于其生活时代则大致在帝制运动时代。[②]《汉书·艺文志》著录有《邹子》四十九篇，又有《邹子终始》五十六篇。其学说或许是为了迎合政治形势而提出的。

1. 五德终始说

这是邹衍最具代表性的学说。《史记·孟子荀卿列传》：

---

① 这一点主要就黄老道家而言。

② 顾颉刚：《五德终始说下的政治和历史》，见《古史辨》第五卷，413～415页，上海古籍出版社，1982。

深观阴阳消息而作怪迂之变，《终始》、《大圣》之篇，十余万言。其语闳大不经，必先验小物，推而大之，至于无垠。先序今以上至黄帝，学者所共术，大并世盛衰……称引天地剖判以来，五德转移，治各有宜，而符应若兹。[1]

《文选》左思《魏都赋》唐李善注引《七略》则言及五德终始的大意：“邹子有终始五德，从所不胜：土德后，木德继之，金德次之，水德次之。”可知邹衍是按五行相克的次序来排列五德的。邹衍还将历代王朝更迭套入五德终始之中。《淮南子·齐俗篇》汉高诱注引《邹子》：“五德之次，从所不胜，故虞土，夏木，殷金，周火。”邹衍凭着这一套学说通显于诸侯，《史记·封禅书》：“邹衍以阴阳主运显于诸侯。”又《孟子荀卿列传》：“是以驺子重于齐。适梁，惠王郊迎，执宾主之礼。适赵，平原君侧行撇席。如燕，昭王拥彗先驱，请列弟子之座而受业，筑碣石宫，身亲往师之。作《主运》。其游诸侯见尊礼如此，岂与仲尼菜色陈蔡，孟柯困于齐梁同乎哉！”

不过，邹衍五德终始之说在后世产生巨大影响的决定因素是秦始皇以之纳入其制度体系之中。《史记·封禅书》：“自齐威、宣之时，邹子之徒论著终始五德之运，及秦帝而齐人奏之，故始皇采用之。”

2. 时令学说

司马谈《论六家要旨》对阴阳家的评价是：“阴阳之术，大祥而众忌讳，使人拘而多所畏。然其序四时之大顺，不可失也。”《汉书·艺文志》也说：“阴阳家者流，盖出于羲和之官，敬顺昊天，历象日月星辰，敬授民时，此其所长也。及拘者为之，则牵于禁忌，泥于小数，舍人事而任鬼神。”两家所说的都是时令之说，但其说在后世的影响远不如五德终始说显赫，只有残篇断简被偶尔引用而得以存世。《周礼·夏官·司爟》“四时变国火”，汉郑玄注：“郑司农说以《邹子》曰，春取榆柳之火，夏取枣杏之火，季夏取桑柘之火，秋取柞楢之火，冬取槐檀之火。”根据《论语·阳货》“钻燧改火”南朝梁皇侃《义疏》，改火依季节选用不同的树种，也是依据的阴阳五行，如：“榆柳色青，春是木，木色青，故春用榆柳也。”不过《论语》此句下马融注引《周官·月令》

---

[1] “称引天地剖判以来”以下二十一字，原在下文“及海外人之所不能睹”下，今依吕思勉先生说移此。吕说见其所著《先秦学术概论》，142页注①，上海，东方出版中心，1985。

"更火之文"，略同于邹衍之说，唐贾公彦《周礼正义》也说"邹子说出于《周书》，其义是一"，那么邹衍当是将旧时礼制用阴阳五行说予以解释。

甚至后世还将邹衍予以神化，说他能改变时令。《艺文类聚》卷九引《别录》："邹衍在燕，燕有谷，地美而寒，不生五谷。邹子居之，吹律而温气至，而谷生，今名黍谷。"《太平御览》卷四引《淮南子》："邹衍事燕惠王，尽忠。左右谮之，王系之狱。仰天哭，夏五月，天为下霜。"

3. 大九州说

《盐铁论·论邹篇》谓："邹子疾晚世之儒墨，不知天地之宏，昭旷之道，将一曲而欲道九折，守一隅而欲知万方，犹无准而欲知高下，无规矩而欲知方圆也。于是推《大圣》、《终始》之运，以喻王公。"则邹衍是针对儒墨显学"法先王"之说，通过取消所谓"中国"观念，为数术推演之学打开大门。《汉书·严安传》载严安上书引《邹子》曰："政教文质者，所以云救也。当时则用，过则舍之，有易则易之。"正是反对绝对权威之意。《史记·孟子荀卿列传》：

> 先列中国名山大川，通谷禽兽，水土所殖，物类所珍，因而推之，及海外人之所不能睹。……以为儒者所谓中国者，于天下，乃八十一分居其一分耳。中国名曰赤县神州。赤县神州内自有九州，禹之序九州是也，不得为州数。中国外如赤县神州者九，乃所谓九州也。于是有裨海环之，人民禽兽莫能相通者，如一区中者，乃为一州。如此者九，乃有大瀛海环其外，天地之际焉。

《论衡》的《谈天篇》和《岁难篇》也有类似记载。因此，邹衍也被称为"谈天衍"。《史记·孟子荀卿列传》南朝宋裴骃《集解》引《别录》："邹衍之所言五德终始，天地广大，尽言天事，故曰'谈天'。"

4. 邹衍后学

邹衍之后继承其说，并加以发扬弘大的，是齐国稷下先生之一的邹奭。《汉书·艺文志》有《邹奭子》十二篇。《史记·孟子荀卿列传》："邹奭者，齐诸邹子，亦颇采邹衍之术以纪文。……邹衍之术迂大而闳辩，奭也文具难施，淳于髡久与处，时有得善言。故齐人颂曰：'谈天衍，雕龙奭，炙毂过髡。'"南朝宋裴骃《集解》引《别录》："邹奭修衍之文，饰若雕镂龙文，故曰'雕龙'。"

邹衍之后有所谓公梼生，《汉书·艺文志》有《公梼生终始》十四篇，班固自注曰："传邹衍终始。"但其书已佚，其详不可得而知。另外，楚国还有个南公。《汉书·艺文志》阴阳家有《南公》三十篇，班固自注："六国时。"《史记·项羽本纪》载范增说项梁，引楚南公之言曰："楚虽三户，亡秦必楚。"唐张守节《正义》引孟康曰："南公辨阴阳，识废兴之数。"

秦汉之后，随着阴阳五行、五德终始之说成为王朝正统思想，于是阴阳家便与政治变动紧密相连，最终失去了"谈天雕龙"的洒脱与活力，而沦为谶纬灾变之术。

（二）以《黄帝书》为代表的黄学

司马谈《论六家要旨》中所说的"道家"或"道德家"，实际上并不是指老子的早期道家，而是指盛行于汉初的黄老道家。黄老之学形成于战国中期，在秦至汉初盛行于世，西汉中期以后，尽管尚有《老子道德经河上公章句》、严遵《老子指归》等书在继续传播黄老思想，但他们已无法同当时已定于一尊的儒学正统思想相抗衡，而仅仅是黄老之学的余波。

就战国黄老之学来说，它有两个发源中心，其一为楚国，其二为齐国。就楚国来说，则是以《黄老帛书》开其端，庄子后学中以《天道》诸篇为代表的黄老派承其绪，《鹖冠子》等扬其波，形成了南方黄老之学系统。就齐国来说，它统摄了田骈、接子为代表的道之一术派，慎到及《管子·法法》诸篇的道、法派，以及《管子·心术》四篇所代表的道之整合派。这三系道家是一个多元一体的文化系统，并各以历时存在形式显示了稷下黄老之学的进展。

《淮南子·修务篇》："世俗之人，多尊古而贱今，古为道者，必托之于神农、黄帝，而后能入说。乱世暗主，高远其所从来，因而贵之。为学者蔽于论，而尊其所闻，相与危坐而称之，正领而颂之。"《淮南子》虽然是西汉早期的著作，但书中所说"必托之神农、黄帝，而后能入说"的情形，却不独汉代为然，而是自战国中期即已如此了，这并且成为汉初提出"黄老"之称的思想源头。

《汉书·艺文志》道家类著录了五种托名于黄帝之书，即：《黄帝四经》四篇、《黄帝铭》六篇、《黄帝君臣》十篇、《杂黄帝》五十八篇、《力牧》二十二篇。班固在《黄帝君臣》下注云："起六国时，与《老子》相似也。"在《杂黄帝》下注云："六国时贤者所作。"在《力牧》下注云："六国时所作，托之力牧，黄帝相。"但这些书现已全部散佚，因而无法得窥黄学真面目。

1973 年，长沙马王堆 3 号汉墓出土了一批帛书，其中《老子》乙本前有四篇佚籍，即为久已不为人所知的《黄帝书》。①

《黄帝书》四篇，全用韵文写成。其中《经法》篇，主要讲治国必须依靠法治。《十大经》篇，② 主要讲政治、军事斗争的策略。《称》篇，主要讲施政、行法必须权衡度量，区分轻重缓急。《道原》篇，主要讲宇宙观。

《黄帝书》的主要理论，可分为哲学思想与政治思想两大方面。从哲学方面说，是以老子的"道"论为基础，兼采阴阳五行学说和"形名"理论而构成的哲学体系；从政治思想方面说，是以道家"无为而无不为"理论为基础，兼采儒、法、墨各家政治主张而形成为"因时制宜"、"待时而动"的政治思想体系。

"道"是老子哲学的最高范畴，也是《黄帝书》的最高范畴。书中不仅大量使用"道"、"一"、"虚"、"静"等道论的基本概念，而且还使用了老学中特有的名词，如"玄德"、"道纪"等。《黄帝书》中的道是一个绝对的"一"，《十大经·成法》："一者，道其本也。"《道原》曰："一者，其号也。"道是无形无象、不可感知的，但它却是万物产生的根源和万物存在变化的内在根据，《道原》："鸟得而蜚（飞），鱼得而流（游），兽得而走，万物得之以生，百事得之以成。人皆以之，莫知其刑（形）。"并且，得道是认识事物的关键，《十

---

① 这四篇佚文，唐兰先生认为就是《汉书·艺文志》著录的《黄帝四经》，见唐兰：《马王堆出土〈老子〉乙本卷前古佚书研究》，载《考古学报》，1975 年第 1 期。这一观点为大多数学者所信从，如余明光：《黄帝四经与黄老思想》，哈尔滨，黑龙江人民出版社，1989；白奚：《稷下学研究》，97 页，北京，三联书店，1998。但裘锡圭先生表示反对，见裘先生所著《马王堆〈老子〉甲乙本卷前后佚书与"道法家"》，见裘锡圭：《古代文史研究新探》，南京，江苏古籍出版社，1992。为谨慎起见，本书将马王堆《老子》乙本卷前古佚书径称为《黄帝书》。

② 《十大经》，本释"十大经"，后张政烺先生提出异议，认为根据帛书字形对比，"经"上一字是"六"而非"大"。学者多从此说。但裘锡圭先生通过"细按字形，恐仍当释为'十大经'"。见裘先生所著《马王堆〈老子〉甲乙本卷前后佚书与"道法家"》，载裘锡圭：《古代文史研究新探》，571 页注①编按，南京，江苏古籍出版社，1992。

大经·成法》："夫唯一不失，一以驺化，少以知多。"又云："握一以知多。"《道原》亦云："得道之本，握少以知多。"那么，怎样才能认识和把握道呢？《经法·道法》："见知之道，唯虚无有。"就是保持内心的虚静，不抱任何主观成见，不受外界的干扰和影响。

《黄帝书》中，道家哲学是其立论的基础，政治哲学才是作者真正关心之所在。这也是中国古代学术的共同路数。此外，它在道法结合、以道论法的同时，对百家学说亦有不同程度的吸取，从而也使它以较温和的面目出现而有别于那种拒斥百家的刀笔吏式的三晋法家。《黄帝书》所创始的这种政治理论模式为战国中期以后大部分学者所接受，代表着先秦学术思想走向融合的发展大趋势。

《经法·道法》："道生法。"这一命题首次将道与法统一起来，明确揭示了道与法的基本关系——法是由道生成的，是道这一宇宙间的根本法则在社会领域的落实和体现。道是如何生法的呢？《经法·论》："人主者，天地之口也，号令之所出也。"亦即认为君主就是立法者，但君主立法并不能随心所欲，而必须以道德原则为依据来立法，《经法·道法》："执道者生法。"《道原》："抱道执度，天下可一也。"并且在法既立之后，君王本人也必须遵守法度，《经法·君正》。"以法度治者，不可乱也；而生法度者，不可乱也。"《经法·道法》亦曰："执道者，生法而弗敢犯也，法立而弗敢废也"，要求君王"不可释法而用我"，要"自引以绳"，用自己制定的法令来规范自己的行为。由此，法度也就得以体现出大道的公正性，《经法·君正》："法度者，正之至也"。

但这并不意味着人人平等。因为法由君定就已经暗含着君臣等级。《经法·道法》："天地有恒常，万民有恒事，贵贱有恒位。"在贵贱有恒的前提下，《黄帝书》又提出了它的名分思想。《道原》："分之以其分，而万民不争；授之以其名，而万物自定。"《黄帝书》还对于名分的顺逆反复论述，如《经法·六分》提出"六逆"，即"其子父"、"其臣主"等等；又有"六顺"，即"主主臣臣"等，因此，"六顺六逆者，存亡兴坏之分也"。

但另一方面，君要守法也就意味着君对于民不可为所欲为。《黄帝书》认为，君必须依道而使民。《十大经·前道》："圣人举事，合于天地，顺于民。"《十大经·立命》："优未爱民，与天同道。"君之行事应当顺应民心，《经法·

四度》："参于天地，阖（合）于民心。"《经法·君正》："兼爱无私，则民亲上。"这种重民的思想促进了战国民本思想的发展。

《黄帝书》"把老子哲学从遁世主义转向经世致用，从排斥社会文化转向兼取百家之学，从提倡无为而转向积极有为，对原始道家做出了初步改造和调整"，"无论从哪方面看，帛书都可被视作战国黄老学的开山作，它拉开了原始道家向'经世'发展的序幕"。①

（三）以《管子》为代表的稷下学

百家争鸣，是中国思想最为美好的回忆，也是中国思想最为美好的憧憬。而中国历史上唯一一次真正的百家争鸣，就是发生在稷下学宫。

1. 稷下学宫与《管子》

公元前 4 世纪中叶，历史步入了战国中期，田氏齐国耗费大量资财，在都城临淄的稷门之外筑起高门大屋，广招天下贤才来此讲学授徒，著书立说，参议政治，史称稷下学宫。三国徐干《中论·亡国篇》："昔齐桓公②立稷下之宫，设大夫之号，招致贤人而尊宠之。自孟柯之徒皆游于齐。"稷下学宫最盛时是在齐宣王时期。《史记·田敬仲完世家》："宣王喜文学游说之士，自如邹衍、淳于髡、田骈、接予、慎到、环渊之徒七十六人，皆赐列第，为上大夫，不治而议论。是以齐稷下学士复盛，且数百千人。""不治而议论"，就是不从事实际的行政工作，而专以发表议论为务。这清楚地表述了稷下学宫所具有的政治和学术相结合的双重性质。但齐闵王即位后，"矜功不休，百姓不堪，诸儒谏不从，各分散"。③ 随后，燕将乐毅率五国军伐齐，齐国虽然亡而复兴，但已国力大衰，齐襄王重建的稷下学宫，也已不复往日的盛况。最后，稷下学宫在秦军的隆隆战车之下永远成为历史。

稷下学宫最盛时，曾达数千人之多。当时稷下学宫所聚集的学者可以分为两类：一是齐国本土的学者，如淳于髡、田骈、尹文等；一是异国游学之士，如宋钘、慎到、环渊等。这些异国学者来自四面八方，带来了列国的学术与文

---

① 丁原明：《黄老学论纲》，110、111 页，济南，山东大学出版社，1997。
② 此齐桓公为战国田齐桓公午，而非春秋五霸之一的姜齐桓公小白。
③《盐铁论·论儒》。

化，他们在学宫中极为活跃，这诚然促进了齐国文化的繁荣，但同时也对齐国固有思想文化造成了巨大的冲击。面对如潮水般涌入的异国思想文化，齐国本土学者不甘于这种喧宾夺主的局面，于是以昔日英雄管仲为旗帜，共同创作了齐学的结晶——《管子》一书。他们一面收集、追记和整理管仲的遗说佚闻，一面又托管仲之名并结合当时的现实来阐发自己的学术思想。他们的学术思想各有所长，同时也难免受到来自异国的各种思潮的影响，故而《管子》书才得以集中地、全方位地反映战国中期学术思想的概况。

2. 齐法家

《管子》书虽杂，但综观全书，又可以明显地感到书中具有法家的基本倾向。这一方面是对战国政治舞台上变法图强这一主旋律的反映，另一方面又是由管仲本人思想的特点和齐国长期以来的政治实践决定的。《管子》书中的法家思想人们习惯上称之为"齐法家"，它同作为主流的三晋法家有两点显著的不同：第一，它吸收了流行于齐国已久的道家思想，用道家哲理论说法家政治，为法家找到了形而上学的依据，从而以其较强的理论性而有别于刀笔吏式的三晋法家；第二，它受到了来自近邻邹鲁之地的儒墨等思想的影响，吸收了他们的长处，论证了礼法并用的重要性，从而以其较温和的面目而有别于冷冰冰、阴森森的三晋法家。

3. 黄老道家思想

《管子》中的《心术》上下、《内业》、《白心》、《枢言》、《宙合》、《九守》等篇，由于侧重于以道家哲学论说法家政治的理论建设工作，并同时注重吸收别家，特别是儒家，因而在《管子》书中格外引人注目，通常被视为《管子》中的黄老学派的作品。

在中国哲学史上有着极其重要地位的《内业》四篇中的精气理论，更是稷下学宫中佚名齐地学者的突出贡献。精气论是齐国传统的行气养生思想同老子的道论相结合的产物。精气论的主要贡献有两点：其一是以精气论道，丰富发展了古代的道论；其二是以精气论心，深化了古代的心性学说。这两点均具有鲜明的战国中期的时代特色，对当时的学术思想发生了重大的影响。

4. 阴阳五行思想

在《管子》中，《幼官》、《幼官图》、《四时》、《五行》、《轻重己》等一组阴阳五行家言的文章，也以其独具的特色而格外引人注目。这组文章的作者们正是齐宣闵时期对齐国帝制运动最为热衷的一批佚名的齐人稷下学者。他们为了配合齐国的帝制运动，对阴阳五行思想大加发挥运用，完成了阴阳与五行的合流，在中国文化史上影响甚巨。

六、法家

春秋以来，旧的社会制度逐步解体，社会发生了深远的变化，等级制度逐渐被打破，一些贵族失去了土地和爵位，有的平民却凭着才能和运气，胜利成为新的显贵。通过侵略和征服，大国的领土越来越大，为了进行战争，这些国家需要一个强有力的政府，也就是高度集权的政府，其结果，政府的机构和职能比以前越来越复杂了。

新情况带来了新问题。自孔子以来的诸子百家共同努力希望解决的就是这些问题，可是他们提出的解决方案，多是不够现实，不能实行的。各国诸侯需要的不是仁政的理想纲领，而是如何应付他们政府所面临的新情况的现实方法。

当时有一批人对现实政治有着深刻的理解，并且还提出了治理大国的法术。这些法术把权力高度集中于国君一人之手。还有些"法术之士"则更进一步，将他们的法术理论化，于是形成了法家思想，也就是组织和领导的理论和方法。其代表人物为商鞅、申不害、慎到、韩非。

（一）商鞅及其学派

商鞅的生平，见于《史记·商君列传》："商君者，卫之诸庶孽公子也。名鞅，姓公孙氏，其祖本姬姓也。鞅少好刑名之学，事魏相公叔座，为中庶子。"公叔座死后，鞅入于秦，说秦孝公，得任左庶长。于是"定变法之令"，后说孝公破魏，"封之于商十五邑，号为商君。"及孝公卒，太子立为惠文王，车裂商鞅。世传《商君书》，《汉书·艺文志》著录为二十九篇，今传二十四篇。其书虽不尽商鞅自著，但仍为商鞅学派产物。[1] 下面即据此概述商鞅的思想。

---

[1] 参见郑良树：《商鞅及其学派》，3～162页，上海古籍出版社，1989。

1. 政治

商鞅正式变法之前，秦孝公曾召开一次御前会议，讨论变法，这次会议的记录，就是今本《商君书》的第一篇：《更法篇》。商鞅针对大夫甘龙所说"圣人不易民而教"的谬论，指出了政治的时代性："法者，所以爱民也；礼者，所以便事也。是以圣人苟可以强国，不法其故；苟可以利民，不循其礼。……夫常人安于故习，学者溺于所闻：此两者所以居官而守法，非所与论于法之外也。"商鞅还认为，体认时代的变迁，并且为之更制法律和政策，才是贤知者，只有那些愚暗无能的人才拘于古礼旧法："知者作法，而愚者制焉；贤者更礼，而不孝者拘焉。拘礼之人不足与言事，制法之人不足与论变。"

同时，商鞅敏锐地意识到，对于行政体系自身的建设是何等的重要。首先应当杜绝营私的"邪官"，《商君书·垦令篇》："邪官不及为私利于民，则农不败；农不败而有余日，则草必垦矣。""官无邪则民不敖，民不敖则业不败。"另一方面，则是精简机构，《垦令篇》："……则官属少而民不劳。……官属少，征不烦；民不劳，则农日多。农日多，征不烦，业不败，则草必垦矣。"

2. 经济

商鞅的经济思想和政策，一言以蔽之，就是"重农抑商"。

为了达到重农的目的，商鞅不惜采取各种方法，裁抑商人及商业活动。在《垦令篇》中，商鞅开列了各种抑商措施。如，"商无得籴"[①]，即商人不许卖粮："商不得籴，则多岁不加乐；多岁不加乐，则饥岁无裕利；无裕利，则商怯。"提高奢侈品价格："贵酒肉之价，重其租，令十倍其朴，然而商贾少，……商贾少，则上不费粟。"这样，连高级消费也一并抑制了。其他还有废除旅馆的经营、加重商品销售税，商家的奴仆必须服役等等，这都是旨在裁抑商人，减少商人的数量和活动。

更重要的则是重农。《垦令篇》总共提出了二十个办法来达到这一目的，可归纳为如下数项：第一，增加农民的数目。裁抑商人，正是为了让他们务农："商怯则欲农"。此外，"逆旅之民无所于食，则必农"；"余子不游事人，则必农"。第二，逼迫农民专心务农。除了强迫各行业转为农民外，还必须使

[①] 此处"籴"字原作"粜"，学者多谓此与下文"农无得粜（原作籴）"之"粜"字误倒，今据改。参见蒋礼鸿：《商君书锥指》，8～10页，北京，中华书局，1986。

所有正在务农的人能专心务农。最直接的办法就是禁止农民购买粮食，逼迫他们自食其力："农无得籴。农无得籴，则窳惰之民勉疾。"其他办法还有很多，如："博闻、辩慧、游居之事，皆无得为，无得居游于百县，则农民无所闻变见方。农民无所闻变见方，则知农无从离其故事，而愚农不知、不好学问。愚农不知、不好学问，则务疾农。"即通过愚民来使农务农。

3. 法律

在《商君书·开塞篇》中，商鞅认为人类社会很早以来就是"其道亲亲而爱私"，在一个由众人组成的社会中，由于这种各亲其亲的感情和各有私心的贪欲，秩序就会发生混乱。所以，应当由"圣人"来对土地、财产、男女进行"分"，要以带有惩罚和奖励措施的、由权力强制保证的"法"来整顿秩序，亦即："分定而无制，不可，故立禁。禁立而莫之司，不可，故立官。官设而莫之一，不可，故立君。"君主实行专制，"王者以赏禁，以刑劝，求过不求善，藉刑以去刑"。他主张"不可以须臾忘于法"，一方面禁止那些不切实用而好高骛远的理想主义，使一切都纳入实际的法制规范；一方面提倡按照法律规则制裁和监督官吏和民众，把所有人的心灵与行为都严格管束起来，从而达到"任法而国治"[1]。这就是说，希望达成一个严格、有效的官僚管理系统，形成整齐、规范的社会秩序，以取代早期的基于血缘亲情的伦理规范，取代基于心理自律的道德自觉。[2]

4. 军事

商鞅是一位非常重视军事的政治家，除了本身带过兵、打过仗之外，也写下了许多军事著作，可惜全部都遗失了。《商君书》中有《战法》及《立本》两篇，也许可以略微弥补这方面的缺陷。

在《战法篇》中，商鞅开宗明义就强调政治上的胜利才是战争胜利的根本，是成就王业的基本条件："凡战法必本于政胜。"那么什么是"政胜"？《立本篇》说："若兵未起则错法，错法而俗成，而用具。此三者必行于境内，而后兵可出也。"反之，"恃其众者谓之葺，恃其备饰者谓之巧，恃谋臣者谓之

---

① 《商君书·慎法篇》。

② 葛兆光：《七世纪前中国的知识、思想与信仰世界》，261～262 页，上海，复旦大学出版社，1998。

诈"。人多势众，不过乌合之众；装备精良，不过投机取巧；阴谋诡计，不过是行骗。这些，都是不可靠，不能持久的。

5. 商鞅学派

郑良树将商鞅死后的商鞅学派分为四期。

第一期，紧跟在商鞅车裂之后约二十年间，是商鞅学派在思想上的开拓时期。本期紧跟在商鞅车裂之后，应该是和商鞅关系最密切的嫡传直系弟子活动的时期。因此，他们的许多观念和思想都直承商鞅，并且还保有着商鞅原来的思想和特色。最典型的例子就是农战与重刑厚赏。

第二期，约始于秦惠文王更元八年，终于秦庄襄王三年，前后计七十年。本期距商鞅时代渐远，因此，学派内部开始产生不同观点，《去强篇》与《说民篇》主张"重刑轻赏"，可说是学派中的异议者了。

第三期，约始于秦始皇元年，终于秦始皇二十六年天下统一，前后共二十六年。本期距离商鞅的年代就更远了，因此就更敢于提出异议，以便适应不同的时代和政治背景。韩非在本期逝世，他与商鞅学派的关系应当是互相影响。

第四期，始于秦始皇统一天下的始皇二十六年，终于嬴秦灭亡，为期不过十一年光景，非常短暂。这可说是商鞅学派的尾声，政权一统，学术竞争匮乏，学术自由也相对减低了。因而此期只有对于君权至上与法律的讨论，其他农战、刑赏等相对都成为次要话题。

最后，随着秦王朝的覆灭，尤其是汉人的"过秦"，商鞅学派最终也走向了消亡。

（二）申不害和慎到

与前期法家代表人物李悝、吴起等人是由儒转法不同，申不害、慎到的学说，大抵是从道家方面转变来的。战国中后期，适应着社会变革的需要，不少思想家的学说都逐渐向刑名法术靠拢，这是当时学术发展的一个趋势。

申不害与慎到两人虽然在变法改革的具体实践活动中影响不大，成效不显著，但申不害讲的"术"、慎到讲的"势"却对法家的思想理论做出了重要贡献，且为后来的韩非子所吸收。

1. 申不害及其"术"

申不害，郑国京邑人。《史记·老子韩非列传》："故郑之贱臣。学术以干韩昭侯，昭侯用为相。内修政教，外应诸侯，十五年，终申子之身，国治兵强，无侵韩者。申子之学本于黄老而主刑名。著书二篇，号曰《申子》。"《汉书·艺文志》著录《申子》六篇，今仅有《大体篇》因被《群书治要》引用而得以残存。

申不害的主要建树，在于帮助君主使用统治之"术"，以加强中央集权统治。申不害所讲的"术"，包括两个方面：一是指对臣下举拔任用、监督考核、赏罚激励的一系列手段和方法，正如《韩非子·定法篇》所说："术者，因任而授官、循名而责实，操杀生之柄，课群臣之能者也。"另一则是指君主暗中窥测、防备、控制群臣的一种技巧，亦即《韩非子·难三篇》所说："术者，藏之于胸中，以偶众端，而潜御群臣者也。"

2. 慎到与其"抱法处势"

慎到是赵国人，关于他的生平事迹，古籍中没有详细的记载，只知道他是齐稷下先生之一。《汉书·艺文志》著录《慎子》四十二篇，今仅存辑本七篇。

在慎到的理论中，法是一切行为的标准，《慎子·威德篇》："法虽不善，犹愈于无法——所以一人心也。"而君主执法的前提条件则为"势"："尧为匹夫，不能使其邻家；至南面而王，则令行禁止——由此观之，贤不足以服不肖，而势位足以屈贤矣。"有了势与法，一个中等的君主就可以"抱法处势"，"无为而治天下"了。

（三）韩非

商君的"法"、申不害的"术"、慎到的"势"，形成了法家的三大派别。到战国后期，各诸侯国的变法改革已经使整个中国社会发生了重大转变，法家的影响也在日益扩大。对各国变法改革实践加以全面总结，对法家内部各派学说加以整理，这一切随着战国末年天下统一的趋势越来越明显，已是刻不容缓了。完成这一历史的，就是韩非。

《史记·老子韩非列传》："韩非者，韩之诸公子也。喜刑名法术之学，而其旨归于黄老。"与李斯俱事荀卿，韩安王不能用，"故作《孤愤》、《五蠹》、《内外储》、《说林》、《说难》十余万言"。安王五年秦攻韩，韩使非使秦，秦因留之。秦始皇十四年，李斯、姚贾毁之，遂下狱死。今存《韩非子》五十五篇，与《汉书·艺文志》著录之数相合，其中虽有后人增益，但大体可信。

1. 法论

在商鞅学派那里，有一种法制至上的思想倾向。《商君书·君臣篇》："明王之治天下也，缘法而治，按功而赏。"按照他们的逻辑，法律不但可以限制君主超越限度的肆意妄为，同样也可以限制官僚的犯上作乱。但他们没有意识到，在君主与法律的矛盾中，起主导作用的不是法律，而是君主。因此，韩非敏锐地指出了法治的内部矛盾，即君主集权制度与新生的成文法之间的矛盾。对于君主来说：他一方面要利用成文法，加强自己的权力；另一方面，由于他的私欲无时无刻不在膨胀，因此注定要突破成文法的限制，在法律之外寻求活动的广阔空间。从本质上说法律是无法限制君主的。基于这一认识，韩非指出并批评了商君之法的偏颇。他一方面把握住了当时的成文法的王权性质，因而提倡法治；另一方面又看到了他与王权的矛盾。可是针对这种矛盾，他不主张用法律限制君权，而是主张维护君主的最高权威，认为在保卫君权方面，法律尚有不足，非但不足，有时甚至有害，因而君主不能迷信单纯法治，为了整治奸臣，还必须在法律之外另想办法。

2. 术论

申不害的"术"，是一种实现王权的秘密方法，但在韩非看来，它脱离了法治的轨道，因而必然走向阴谋。这种特务统治虽可奏效一时，却无法维持长久。韩非推崇申不害的学说，但对单纯术治却提出批评："申不害虽十使昭侯用术，而奸臣犹有所谲其辞矣。故托万乘之劲韩，七十年而不至于霸王者，虽用术于上，法不勤饰于官之患也。"① 这说明，战国时代的君主虽然获得了立法权，但是，由于他们只注意到了成文法使君主便宜行事的一面，而忽视了法律的稳定性、一致性的一面。在这样的基础上实行阴谋权术，结果必然使法治更加混乱，国家无法安定。这样的治术必然走向自己的反面，无法达到加强集权的目的。

---

① 《韩非子·定法篇》。

3. 势论

韩非认为，慎到之"势"乃是自然之势，认为："势必于自然，则无为言于势矣。吾所为言势者，言人之所设也。"① 例如，尧舜和桀纣这两类君主，他们自然之势相同，但贤者在位则天下治，不肖者在位则天下乱，治乱的原因显然不在势，而在贤不肖，这是慎到思想中无法弥补的逻辑破绽。韩非由此提出了人设之势。在他看来，尧舜和桀纣都是千世一出的极端现象，绝大多数君主都是上不及尧舜，下不至桀纣的"中人"，因此应当用法来弥补单纯势治的不足，即以形式上作为国家意志的法来表达并规范君主的意志。这样做，既确保了王权的最高利益，又照顾到行政工作的效率，较之单纯势治以君代政的僵化原则更具有适应性，比起贤治的空想来也更为现实。

4. 法、术、势的循环互补

在韩非所构筑的法理大厦中，法、术、势三者缺一不可，他们是互相依赖、互为补充的。《韩非子·八经》："明主之行制也天，其用人也鬼。天则不非，鬼则不困。势行教严逆而不违，……然后一行其法。"明主依法行事，公正无私，因而象天；明主有用人之术，用人而人不知，因而象鬼——这是术的妙用；明主还有权威、权力以加强他命令的力量，这是势的作用。这三者"不可一无，皆帝王之具也。"②

由此，韩非建立了他的中央集权政治理论。这种彻底的君本位思想，在理论上是片面的，在实践上也不利于大一统王朝的长治久安。以法家理论为基本指导思想的秦王朝，在统一后不久，就很快崩溃了。可见韩非所设想的极其严密的统治手段，是行不通的。汉初统治者便吸取教训，实行让步政策。以后的历代君王，则往往儒法并用，而不敢再步秦王朝的后尘，单用法家一家之说了。

---

① 《韩非子·难势篇》。
② 《韩非子·定法篇》。

第四章
汉语的早期面貌

一、汉字的起源与发展

汉字是目前世界上正在使用的各种文字中最古老的文字体系。汉字是怎样产生的？起源于何时？早期汉字的状况如何？这是先秦文化的重大问题。下面，结合前贤时人之说，试作讨论。

（一）汉字的起源

公元前 14 世纪至前 11 世纪殷商时期的甲骨文，是我国目前已经发现的最早的成系统的文字。在殷商甲骨文之前，汉字还应当有一段孳乳、发展的时期。这一时期汉字的发展状况如何？由于考古资料与文献的不足，成了多年来一直争论的问题。

关于汉字的起源，历史上有许多传说。从前，人们往往以为这些传说是无稽之谈而将它们弃之不顾。但实际上，一种传说的出现，都有其特定的文化背景，其中虽有夸张、无理的成分，但也常常隐含着合理因素。我们应透过表面的错误看到其深层的价值。关于汉字起源的传说，大体可分成两类：一类是关于前文字时期的传说，另一类是关于创造文字本身的传说。从这些传说中，我们可以窥见原始汉字发生的因由，以及由原始汉字向成熟的文字体系过渡时期的一些历史状况。

1. 结绳说

将汉字起源与结绳联系起来，由来已久。《周易·系辞下》说："上古结绳而治，后世圣人易之以书契。"许慎在《说文解字·叙》中也提到了结绳："及神农氏结绳为治，而统其事，庶业其繁，饰伪萌生。"实际上，结绳只是一种原始的记事方法。这种方法在我国古代确曾使用过。《庄子·胠箧篇》说："昔者容成氏、大庭氏、伯皇氏、中央氏、栗陆氏、骊留氏、轩辕氏、赫胥氏、尊卢氏、祝融氏、伏羲氏、神农氏，当是时也，民结绳而用之。"根据这个说法，上古曾经有过一段很长的时间都用结绳记事，而神农氏是使用结绳的最后时代。至于如何用结绳这种方法来记事，《周易正义》引《虞郑九家易》说："古者无文字，其有约誓之事，事大大结其绳，事小小结其绳，结之多少，随物众寡；各执以相考，亦足以相治也。"根据记载，古埃及、古波斯、古代日本都曾有过结绳记事的方法，我国的藏族、高山族、独龙族、哈尼族、怒族……都有结绳记事的风俗。

在大部分地区，结绳主要是用来记数。因为在原始社会时期，随着生产力的逐步发展，人们对计算和数量的记录产生了迫切的需求，猎取的禽兽、收获的谷物需要计算，路途的远近、区域的大小需要标记，甚至生活琐事、时日岁月也都需要用数字来记录。于是，他们便逐渐探求能够帮助记忆的各种方式，结绳便是其中的一种，这样，绳结便和数量建立了联系。

人们把结绳和文字联系起来，是由于人类创造结绳记事的方法与发明文字的想法是很一致的。某件事情要想存储在大脑中，只有在记忆能力所能达到的时间和准确度之内，才是可能的。但人类记忆的延续时间和可负荷的容量都是有限的，只有依靠外部标志的提示作用，才可能使这些限度有所提高。这种对记忆超越时间限制的需求，正是激发人类发明文字的动因。可以说，在原始人利用结绳来帮助延长记忆时间的时代，文字产生的主观要求就已经具备了。原始社会的人群活动范围还不很大，对记事符号的交际功能要求不高，突破语言的时间限制比突破空间限制更迫切一些，在这种特定的时代，结绳这种低级的记事方法确曾起到了一定的作用。虽然绳结的可区别性很低，其记事的数量和明确度都还非常有限，但它毕竟是人类在使用符号方面的一个成功尝试。

随着社会的不断发展和生产力的日益提高，出现了"庶业其繁，饰伪萌生"的局面，简单的结绳之法再也满足不了"统其事"的要求了。于是，另一种全新的符号体系——文字开始孕育而生。从结绳到文字，虽然不存在直接的渊源关系，但在用符号帮助记忆的思路上却是相似的。

有人根据甲骨文、金文中 | （十）、 ∪ （廿）、 ∪ （卅）、 ∪ （卌）等数目字的形体很像打结的绳子，认为汉字来源于原始的结绳记事。我们认为，极个别的汉字采用结绳形象作为构字符号，这只能说明结绳记事法对汉字的产生具有一定影响，但不能由此得出汉字起源于结绳的结论。这正如"口"、"耳"等字采用人体器官形象作为构字符号，却不能由此说汉字起源于人体器官，其道理是一样的。结绳仅仅是一种帮助记忆的实物性记号，不可能成为记录语言的交际工具。它与文字既不是因袭关系，也不是相生关系，两者的功用是不能相提并论的。

2. 刻契说

刘熙《释名·释书契》说："契，刻也，刻识其数也。""契"字金文作"𡙡"，从"丰"从"刀"会意。"丰"像刻契之形，三横表示所刻画的道道，中间一竖表示一分为二（古代契约刻好后，都从中间剖成两半，双方各执其一，合券时以刻纹吻合为据。郑玄注《周易·系辞》时就说："书之于木，刻其侧为契，各持其一，后以相考合。"）；加上"刀"旁，表示用刀刻契。后来，"𡙡"字又加"木"旁作"栔"，表示契约多刻在木条上。最后又改"木"为"大"（"大"在古汉字中像正面人形），表示契约属于人事。

刻契实际上就是在木片或竹片上刻上道道或锯齿，用来记数。《周易·系辞下》说："上古结绳而治，后世圣人易之以书契。"这里所说的"书契"，实际上就是刻契。刻契是先民所采用的另一种实物记事法。时间略晚于结绳，但功能却比结绳大。它主要用于契约和交换，在超越空间限制传递信息方面起到一定的作用。

有人推测，甲骨文中从"一"到"八"的几个数目字来源于原始刻契，这种说法不无道理，因为甲骨文的"一"、"二"、"三"、"四"几个数字明显是积画而成。但如果因此就断言汉字起源于刻契，显然过于武断。汉字是一套记录汉语的书写符号体系，其复杂的构形是不可能从简单的刻契演化而来的，仅仅几个数目字与刻契具有渊源关系，只能说刻契对汉字产生过一定影响，并不能说明整个汉字系统起源于刻契。

实质上，刻契对汉字的影响，主要并不在于几个数目字，而在于它的"约定俗成"的性质。"约定俗成"是文字所必备的特征之一。在此方面，文字肯定从结绳和刻契之中获得了某种启示。与结绳相比，刻契与文字有了更多的共同点。因为结绳仍属于实物性符号，而刻契则已经带有"书写"性质了。总的来说，刻契是人类在符号运用方面迈出的又一大步。

3. 八卦说

八卦在历史传说中都说是伏羲所作的。《周易·系辞传》说他"仰则观象于天，俯则观法于地，观鸟兽之文与地之宜，近取诸身，远取诸物，于是始作八卦，以通神明之德，以类万物之情。"许慎《说文解字·叙》也说："古者庖羲氏之王天下也，仰则观象于天，俯则观法于地，视鸟兽之文与地之宜，近取诸身，远取诸物，于是始作易八卦，以垂宪象。及神农氏结绳为治而统其事，庶业其繁，饰伪萌生。黄帝之史仓颉见鸟兽蹄迒之迹，知分理之可相别异也，初造书契。"许慎认为，在"仓颉造字"之前，先有八卦，但他并没有明言八卦为汉字之源。首先明确将八卦与汉字联系在一起的，是汉人所作的《易纬·乾凿度》。此书认为："☰，古文天字；☷，古文地字；☲，古文火字；☵，古文水字；☴，古文风字；☳，古文雷字；☶，古文山字；☱，古文泽字。"近人刘师培对此作出了更加明确的论断："大约《易经》六十四卦，为文字之祖矣。"[①] 直到现代，仍然有人坚持这种观点，认为："结绳与文字没有什么关

---

① 刘师培：《小学发微》，载《国粹学报》乙巳七期。

系，而八卦与文字的关系则很密切。如八卦的阳爻作—，即演化为'一'字；两个阳爻作＝，即演化为'二'字；乾卦作☰，即演化为'三'字；坎卦作☵，即演化为'水'（水）字。"① 从八卦的起源与发展来看，汉字起源于八卦的观点恐怕是站不住脚的。

八卦是否像许慎所说的那样由庖羲氏所作，目前还不敢肯定。但近年来的研究结果表明，八卦起源于原始社会的数卜法。数卜法是通过组合奇数字和偶数字进行占卜的方法，具体的作法是：取一束细竹或草杆握于左手，右手随意分去一部分，看左手所剩余的数目是奇数还是偶数，如此操作三次，便可得出三个数字。然后，巫师根据三个数字是奇是偶及其先后顺序，来判断所卜之事的吉凶。这种方法将数目分为奇和偶两种，而且卜必三次，便会产生八种排列组合：奇奇奇、偶偶偶、偶偶奇、奇奇偶、偶奇偶、奇偶奇、奇偶偶、偶奇奇。这正相当于八卦的八种组合方式。起初，原始人是按占卜时所得的实际数目记录占卜结果的，后来，古人便选取"—"和"∧"（甲骨文"六"）分别作为奇数和偶数的代表。这样，八种排列组合结果便可以记录为：

①☰ ②☷ ③☶ ④☳ ⑤☱ ⑥☵ ⑦☲ ⑧☴

这基本上就是八卦的雏形了。到了西周及春秋初期，阴阳思想逐渐盛行，原始的数卜法开始与阴阳哲学相结合，原来记录占卜结果的数目字也逐渐转化为象征性符号。"—"成了阳的象征，称阳爻；"∧"成了阴的象征，称阴爻，其形体也逐渐演化为"—"。至此，哲学意义上的八卦才算诞生，人们开始用八卦去比附自然界及人类社会的各种事物。②

清楚了八卦的来龙去脉，我们可以肯定地说，汉字的起源与八卦毫无联系。首先，汉字与八卦，在形体上并没有继承关系。如说"水"字来源于坎卦的卦画，在历史时代上完全是错误的。坎卦的卦画定形为☵，最早不超过西周中期，而在殷商时期，甲骨文就已经成体系了。与其说汉字"水"来源于坎卦，倒不如说因为坎卦的卦画像"水"字，所以用它来象征水，这在逻辑上似乎更合理些。其次八卦的每个符号，往往代表着多种事物，如乾卦代表天、

---

① 罗君惕：《六书说》，见上海语文学会编：《语文论丛》第一辑。
② 楼宇烈：《易卦爻象原始》，载《北京大学学报》哲社版，1986（1）。

圆、君、父、金、玉、寒、冰……就记录的功能而言，它能代表多种不同的事物，似乎具有文字的某些因素，但它并不是固定地记录语言中的一个词或语素，与文字本质完全不同。

汉字起源于八卦说的错误是显而易见的，但从中我们也可以得到一些有关汉字起源的启示。八卦后来演化为象征性符号，每种符号都代表着一定的物象，符号与符号之间又能够相互别异。八卦所具有的"象"与"别"这两个要素，正是汉字这种作为记录汉语的书写符号所必须具备的两个重要条件。如 ￥（牛）与 ￥（羊），它们各有所象，又相互区别。而这些物象的获得，正如许慎所说，是通过"仰则观象于天，俯则观法于地，视鸟兽之文与地之宜，近取诸身，远取诸物"的方式进行的。其中确实隐含着有关汉字生成的一些道理。

4. 仓颉造字说

仓颉造字的传说，最早见于战国时代的文献。《吕氏春秋·君守》说："奚仲作车，仓颉作书，后稷作稼，皋陶作刑，昆吾作陶，夏鲧作城，此六人者，所作当矣。"《荀子》、《韩非子》也有关于仓颉造字的记载。到了秦汉时代，这种传说流传更广，影响更深。《淮南子·本经训》说："昔者仓颉作书而天雨粟，鬼夜哭。"《论衡·骨相》甚至说"仓颉四目"。许慎《说文解字·叙》说："及神农氏结绳为治而统其事，庶业其繁，饰伪萌生。黄帝之史仓颉，见鸟兽蹄迒之迹，知分理之可相别异也，初造书契。"还说："仓颉之初作书，盖依类象形。"这些传说，显然带有浓厚的神话色彩。但是，只要我们剔除了其中的封建糟粕，还是能够从中了解到一些有关汉字创造的历史真相的。

对于仓颉造字说，过去的学者主要着眼于考证仓颉是否真有其人，如果有，大约在哪个年代，由于史料的缺乏，很难得出可信的结论。我们认为，仓颉造字说虽然具有浓厚的神话色彩，且无一定的信史可证，但它还是能够折射出汉字起源的一些道理，是有一定的参考价值的。

首先，这种传说把结绳与仓颉造字衔接起来，认为在"庶业其繁"之后，结绳无法适应更多更快地记录、传递信息的需要，人们必须探索新的方式，创造更多的相互区别的符号，来记录更多的信息。在"兽蹄鸟迹之道，交于中国"的时代，人们从鸟兽蹄迒之迹中得到了"依类象形"、"分理别异"的启示，逐渐创造了文字。这个说法是可以用汉字的构形系统证明的。如甲骨文

"番"作**茶**，金文作**❀**，义为兽足，上从"釆"（biàn），像兽的蹄爪印，下从**田**，是兽的足掌的形状。从汉字构形可以看出，许多从"釆"、从"番"的字都有"仔细观察"、"分析"等意义，如"審"（审）义为"仔细辨别"，"釋"（释）义为"分别物类"，"悉"义为"详尽明白"等，通过这些字的构形可以看出"兽足"和"分别"义之间的关系。古人靠辨别各种足迹来得到鸟兽活动的信息，据以躲避猛兽、猎获食物。日积月累，人们逐渐懂得，不同的图像纹路可以标示不同的事物和意义。因而，从鸟兽足迹的辨析而得到图画文字、象形文字的启发，是合乎逻辑的。

其次，仓颉造字说认为仓颉是黄帝的史官，也是有一定道理的。因为文字是具有高度"约定俗成"性的符号体系，其应用范围应该是相当广的。所以，只有在大范围社会交往的需求下，文字才可能产生。仅仅在单个氏族内部，由普通人出于某种个体需要而刻画一些符号，是难以形成文字体系的。当社会进入较大规模的部落联盟阶段，联盟之间外交、战争事务频繁，迫切需要能够为各联盟所共用的交际符号，于是对民间刻画符号进行搜集并从中整理出共用文字的工作成了当务之急。这项工作不可能由民间某个普通人来完成，而只能由与文字有密切关系的巫史来承担。传说黄帝是古代中原部落联盟的领袖，由他的史官仓颉来做这项工作，应该是合乎情理的。

汉字和史官的关系，从汉字构形中也可得到证实。甲骨文"史"作**史**、**史**等，字形从"又"（手）从"中"，"中"是簿书、典册，以"又"持"中"，正是史官的形象。《周礼·春官·天府》："乡州及都鄙之治中，受而藏之。"《秋官·小司寇》："岁终，则令群士计狱、弊、讼，登中于天。""中"均作"书册"讲。可见，"史"是书写、收藏簿书、典册的官，他们是直接并大量使用文字的人。

仓颉是史官，由于能够集中使用原始文字，得以对群众自发创制的字符加以规整，所以《荀子·解蔽》说："好书者众矣，而仓颉独传者，壹也。"这里的"壹"指正道，亦即正确的规律。荀子认为，仓颉在整理汉字方面做了很多工作，掌握了汉字的正确规律，从而成为了整理汉字的专家。可以推断，在汉字从原始文字过渡到较为规范的文字的过程中，仓颉起了独特的作用。以前，对于仓颉造字说，学者们多着眼于考证仓颉是否实有其人。我们认为，仓颉本人的有无，其实并不十分重要，即使当时没有名叫"仓颉"的史官，也应会有叫别的名字的史官来做这样的工作。至于"仓颉"出现的时代，应在原始汉字有了一定数量的积累阶段，也就是中华民族由蒙昧走向文明的初期。许慎说他在神农氏之后的黄帝时代，是因为黄帝代表着中华民族的共同祖先，黄帝时代是部落联盟大规模形成的时代，而且是中华文明的发源时代。至于具体的时间，是不足为据的。

传说毕竟未被确凿的史料所证实，都还无法解释汉字的真正起源。近几十年来，随着地下考古资料的不断增多，关于汉字起源这个谜，开始得到了初步的揭晓。

殷商时期的甲骨文是现存最早的成系统的汉字，其中不仅有大量的象形字，而且也出现了许多会意字和形声字，具备了各种类型的造字方法；假借现象大量产生，说明当时人们对借字表音法已有了高度的认识，并能够熟练地加以运用；甲骨文有 4000 左右个单字，基本上能满足记录当时语言的需要。这些事实都说明，殷商甲骨文的时代虽然很早，但它绝不是汉字的产生阶段，而是已经步入了汉字发展的成熟时期。从汉字起源到甲骨文之间，应当经历了一段较长的时间。另一方面，甲骨文甚至西周金文中，还保存着一些构形较为原始的字体，有些字象物性极浓，有些字构形还不固定，正反侧倒不一等。这又说明，甲骨文时期距离汉字起源的时代应不会十分遥远。

甲骨文的时代是商代后期，大约为公元前 14 至前 11 世纪。以此为基点，上推至商代前期。此期的郑州二里岗商代文化，被认为是与殷墟文化一脉相承的。其年代大约在公元前 1750 年至前 1350 年范围内，早于殷墟文化三百多年。此处出土的三件字骨上，发现了 12 个字，考古学家认为是为练习刻字而刻的，其形制与殷墟甲骨文相近。这说明，在商代前期就已经使用甲骨文了。再往上推到夏代，在属于此期的河南偃师县二里头文化遗址中，发现了一些刻在陶器上的刻划记号。例如：

Ｉ　ＩＩ　ＩＩＩ　Ｍ　↑　Ｘ　Ｗ　▽　￈　帝

这些刻划记号用意不清，还不能确证为文字资料。但夏代已经进入阶级社会，起码应该有一些原始文字。我们之所以没有看到更多的文字资料，或许是因为夏代人没有把文字刻在甲骨或陶器上，而是用兽皮、木片等作为书写材料，时间一长，自然就腐烂了。在古代文献中，曾有过关于夏代有图书的明确记载。再者，甲骨文中有关于殷先公世系的记载，这些先公显然是夏人，夏代的世系能流传到殷商后期，也能够从侧面反映出夏代应该是有文字有典册的。

　　隔开夏代，比之更早的新石器时代，我们却可以窥到一些汉字起源的信息。在约为公元前2800年至前2500年之间的山东大汶口文化晚期的陶器上，发现了一些象形符号：①

上面这些刻符的图像竟然与甲骨文及早期金文的象形字非常接近，所以很多学者都认为应当是文字。如于省吾将①②两个符号释为"旦"，将③④两个符号释为"戉"②；唐兰把①②释为"炅"字③；李学勤释①为"炅"字，②为"炅山"合文，③为"戌"字，④为"斤"字④。

　　尽管这些刻符都是单独出现，相互之间并不连贯，看不出是记录语言的符号，但它们与甲、金文是如此相似，说它们是原始汉字，已有相当的理由。

　　在此之前的约为公元前5000年至前4500年之间的属于仰韶文化早期的半坡遗址中，发现了一些精美的陶纹，其中有一些鸟兽虫鱼等动物的形象：⑤

考古学家认为这些图形有的用于图饰，有的可能就是氏族的族徽。近年来，有人把这些陶纹与早期的甲骨文、金文相比照，据此认为是"鱼"、"黾"、"鸟"、"鹿"等早期象形字的前身，它们之间存在着一脉相承的关系。如果这种说法能够成立的话，这就是目前所能追溯到的汉字起源的最早时限了。

　　综上所述，汉字起源大致开始于仰韶文化时期（约公元前4000年前后），到夏代初年（约公元前2100年前后）开始进入字符积累阶段，到商代后期（约公元前1400年前后）就已经形成较为成熟的文字体系了。

---

① 转引自高明：《中国古文字学通论》，34页，北京大学出版社，1996。
②《关于古文字研究的若干问题》，载《文物》，1973（2）。
③《从大汶口文化的陶器文字看我国最早文字的年代》，载《光明日报》1977年7月14日。
④《论新出大汶口文化陶器符号》，载《文物》，1987（12）。
⑤ 转引自高明：《中国古文字学通论》，33页，北京大学出版社，1996。

（二）古文字

随着社会的不断进步和汉语的发展，作为记录汉语的书写系统，汉字从产生发展到现在，从字符的构形到书写体势，都有过几次重大的变化。按照通常的习惯，汉字的形体演变可划分为两大阶段，即：古文字阶段和今文字阶段。隶书以前属古文字阶段，主要包括殷商甲骨文、西周金文、战国文字以及秦代小篆，隶书以后属今文字阶段，主要包括隶书和楷书。这里我们介绍先秦时期的几种古文字。

1. 殷商甲骨文

甲骨文是刻在龟甲、兽骨上的文字的通称。商代和周代都有甲骨文，但现在发现的甲骨文大部分属于殷商时期，因而人们习惯上把甲骨文视为殷商文字的代表。

甲骨文有几种不同的名称：因为甲骨文大多是刻在龟甲兽骨上，所以有人称为龟甲兽骨文字；因为甲骨文大多是用刀刻写的，所以有人也叫契文、刻契或刻辞等；因为甲骨文多是用来占卜的，所以有人称为卜辞、贞卜文字；因为甲骨文大多是从河南安阳西北的小屯村发现的，小屯村一带是晚商都城的遗址，所以甲骨文又称殷墟文字等。

甲骨文自19世纪末一经发现，便得以迅速的发掘和收集。到目前为止，共发掘了约15万片。目前汇集出土甲骨片最精、最全的，是中国科学院考古研究所编的《甲骨文合集》。搜集单字最完备的，是考古研究所在孙海波《甲骨文编》的基础上编写的改订本。其中正编收已识字1723个，附录收未识字2949个，共计收单字4672个。

甲骨文的内容相当丰富，但绝大部分是关于占卜的记录。殷商时代，社会文明还比较落后，人们非常迷信，相信上帝左右一切，因而无论大事小事，诸如天气、收成、田猎甚至做梦等，都要卜之于天。具体的占卜过程是：先对甲骨予以加工刮治，然后在它的反面凿出一个椭圆形槽，再在槽边钻出一个个小圆坑。当占卜时，用火烧灼钻穴，甲骨经火烧灼，在光滑面沿槽坑的位置，就出现"卜"形的裂纹，这种裂纹就叫做卜兆。商王或史官就是根据这些卜兆去判断所卜之事的吉凶。在占卜结束之后，还要把占卜的过程及内容等刻在卜兆

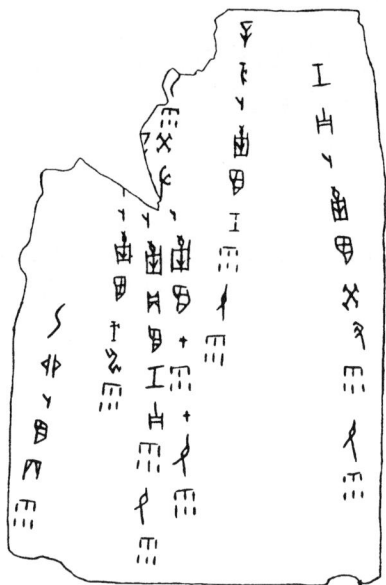

殷虚书契前编七·四十四·一

旁边，这便是卜辞。

　　一则完整的卜辞通常包括前辞、命辞、占辞、验辞四部分：前辞（也叫叙辞）是占卜日期和占卜者，命辞（也叫问辞、贞辞）是所占卜的具体事情，占辞是根据兆纹占卜将有什么事情，验辞是占卜过后的结果或应验的情况。例如下面这条卜辞：

> "庚子卜，争贞：翌辛丑，启？贞：翌辛丑，不其启？王占曰：今夕其雨，翌辛丑启。之夕允雨，辛丑启。"

这条卜辞中的"庚子卜，争贞"是前辞，意思是庚子这一天占卜，一个叫争的史官卜问。"翌辛丑，启？贞：翌辛丑，不其启？"是命辞，即问第二天辛丑，天晴吗？抑或第二天辛丑，天不晴吗？"王占曰：今夕其雨，翌辛丑启"，即商王看了卜兆以后说：今天晚上要下雨，第二天辛丑天要晴了，是为占辞。"之夕允雨，辛丑启"，到了晚上果真下雨了，第二天辛丑，天也晴了，是验辞。

　　甲骨文是我国现存的最古老而又成系统的文字，从构形的角度看，传统六书中的象形、指事、会意、形声四种造字方法，在甲骨文里都已具备，例如：

象形：　（山）　（目）　（鼎）　（东）

指事： （刃） （亦） （肱） （百）

会意： （伐） （保） （雀） （及）

形声： （凤） （鸡） （星） （汝）

这说明，当时人们对汉字基础部件的各种功能已有了初步的认识，既看到了独体字符较原始的表形功能，也懂得了将它们转化为表义或示音功能，并且能够自觉地运用各种基础部件构造新字。所有这些，都为汉字构形系统的形成和进一步完善奠定了基础。

但是，殷商甲骨文毕竟还处在汉字发展的初级阶段，在有些方面还较原始，带有明显的早期汉字的特点：

（1）此期汉字象形性很强，有些甚至带有原始图画的特征。例如"龙"字的形体：

（2）许多字书写置向不定。或朝左，或朝右；或向上，或向下；或正面，或侧面。例如"鹿"、"鸟"等字的构形：

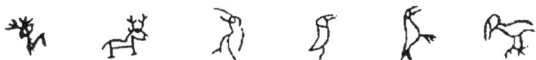

（3）字形结构不固定，异构字较多。有些字采用了不同的构件，例如"牢"字分别从"牛"、"羊"、"马"：

有些字构件的多少不同。例如"春"字：

有些字的结构不同。例如"灾"字：

（4）有少数字形混同现象。如"山"和"火"都写作，"甲"和"七"

都写作✚等。虽然原则上讲"山"为平底、"火"为圆底，"甲"竖略长、"七"竖略短，但在实际材料中又是很难分清的。

另外，甲骨文中还有大量的未识字，有的是独体字不知所象何物，有的是合体字中的部件所指之事不显，有的合体字虽然部件明确，但结构关系不明。又由于这些未识字出现的语言环境不完全，所以考释的难度很大。因此，设法考释出这些未识字，将是今后甲骨文研究的一项基本内容。

2. 两周金文

金文是铸（少数是刻）在青铜器上的文字。我国上古时代称青铜为金，因此把青铜器铭文称为金文。钟、鼎是青铜器中乐器、礼器的代表，所以金文又叫钟鼎文；钟鼎上的文字有阴文和阳文两种，阴文叫款，阳文叫识，所以金文又叫钟鼎款识；青铜器常被用来作祭祀器具，祭礼古代叫吉礼，故青铜器又叫吉金，其上的文字又叫吉金文字；祭器又称彝器，所以金文又有彝器铭文、彝器款识等名称。

这里的两周指西周和春秋时期。在商代中期，金文已开始出现，但现在发掘的青铜器较少，并且都只有两三个字。到两周时期，在青铜器物上铸刻文辞开始盛行。金文的发展与盛行，与青铜器的藏礼作用有着非常密切的关系。所谓藏礼，就是寓礼于器，是古代宗法礼制在青铜器上的物化。商代的青铜器，主要是一些日用器具，其上多没有铭文，个别青铜器上也只是出现族徽性的单字。从商代后期开始，随着奴隶主宗法礼制的逐渐强化，青铜器的藏礼作用日益明显。到西周时期，一些日常用于祭扫宴享的青铜器被赋予了特殊的意义，青铜器的不同组合方式代表着不同的身份和等级，如天子九鼎、诸侯七鼎、大夫五鼎、士三鼎等。青铜器成了家族的荣耀、国家的象征："问鼎"则意味着挑战和侮蔑，"鼎迁"则意味着国家灭亡；家族成员立了战功，受了赏赐，就要铸刻在青铜器上，以便昭示后人，世代为荣，故金文中常有"子子孙孙永宝用"的字样。到了西周后期，青铜器的这种作用达到了顶峰，其上的铭文也变得越来越长。西周末年的《毛公鼎》共铸有 497 字，是现知最长的一篇铭文。西周晚年以至春秋，宗法制关系逐渐瓦解，王室势力日渐衰落，"礼崩乐坏"的局面愈演愈烈，青铜器的藏礼作用逐渐衰落，到战国时期重又回复为日用器具，长篇铭文已非常罕见。

由于西周金文是在宗法礼制的推动下走向兴盛的，因而此期金文的内容多数与君臣、宗族有关。如祭祖典礼、颂扬先祖、征伐纪功、赏赐册命、训诰臣下等。在书体风格上，西周初期金文与殷商甲骨文大体上一脉相承，那些"随体诘诎"的象形、象物字仍然较多，象形、象物性仍然较强。所不同的是，由于金文是用形范铸出来的，比较容易体现毛笔书写点画形态，字的笔画经常出现粗细变化，有笔画呈方、圆等形状的团块。如周武王时期的《利簋》，就表现出这种典型的书写风格（见附图）。

　　西周中后期，金文有了显著的发展进步（参见西周晚期的《史颂簋》）。与晚商和周初相比，此期的金文有以下几个方面明显的变化：

《利簋》

① 字的象物性程度降低，笔画粗细悬殊的现象逐渐减少，一些呈方、圆等形的团块状笔画逐渐线条化。

② 新的象形字很少出现，而形声字却大大增加。如"走"部、"言"部、"金"部、"厂"部、"食"部的字在甲骨文中很少或几乎没有，而到了西周晚后期则大量出现，并且多为形声字。这些形声字中一部分是在原有的字形上增加形旁或声旁而使原来的非形声字变成形声字，另一部分是新造的形声字。形声字的大量增加，是汉字构形系统走向成熟的一个重要标志。

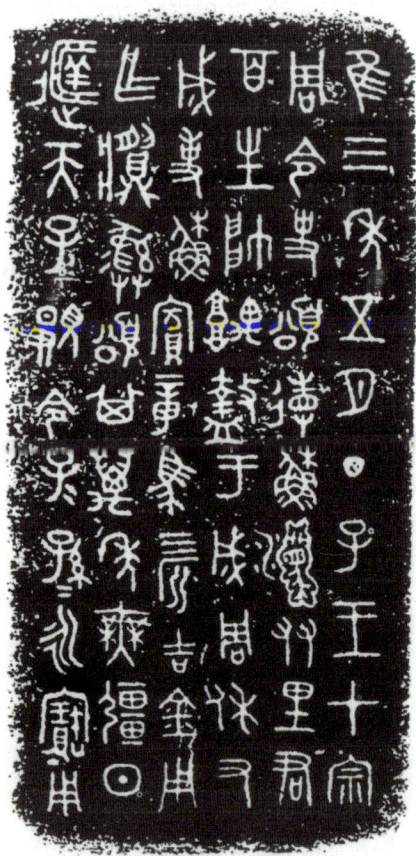

《史颂簋》

③ 结构渐趋定型，异构字相对减少。形旁因意义相近而混用的现象已不普遍，如"辵"部的字，在甲骨文中往往有从"彳"、从"止"、从"辵"三种

写法，到西周晚后期则基本固定为"辵"；某些基础部件的形态不再随字而异而趋于固定，如甲骨文的"水"在"𣲖"（沉）、"𣴠"（沫）、"𣲚"（汙）、"𣲘"（河）等字中形态各异，到西周中后期形体基本固定下来；某些部件的置向及位置已不再随意改变，如从"彳"之字已基本将"彳"固定在左边，从"水"之字其"水"已基本固定在字的左侧或下边。

④ 由于书写材料和书写方式的不同，西周金文在笔画上一改甲骨文方折瘦削的特点，变得肥厚粗壮，圆浑丰润。字体庄重美观，大小渐趋一致。行款多为直书左行，排列也越来越整齐，有时甚至先打格、后书写。

不过，可能是出于某种特殊的需要，西周金文中还保留着一些图形性很强的早期象形文字，有些甚至比殷商甲骨文的象物性还要浓厚。这些个别的复古现象，并没有阻止西周金文在总体上走向进步的步伐。

春秋时期，周王室势力衰落，诸侯各自为政，作为王权象征的青铜礼器的铸造已不再是周王朝的特权，各个诸侯国为了铭功记德以及联姻等目的，纷纷私自冶铜铸器，铜器铭文也因之表现出一定的随意性，不同国别、不同地域的金文也随之体现出不同的书写风格。特点最为显著的有以下几种情况：

① 故意将字形拉长，字中的纵向线条，有的笔直挺健，有的屈曲委婉，呈现出刚柔相济之美。例如：

（永）　　（齐）　　（姜）　　（保）

② 有些字中纤细的线条中间常常装饰有囊肿状粗毛，有的还添加上与文字构形无关的装饰性线条。这种风格的字体多见于江淮流域的吴、楚诸国。例如：

（王）　　（子）　　（正）　　（金）

③ 在江淮流域出现了一种添加鸟首、鸟身、鸟爪、虫形等装饰意味浓厚的美术字体——鸟篆。这种字体多见于兵器铭文中。例如：

（王）　　（子）　　（用）　　（之）

尽管春秋时期不同区域的金文在构形和风格上存在着一些差异，但这并不是这一时期金文发展的主流。这种区域性差异，只是书写风格的不同，而文字的构形属性是基本相同的，仍然属于同一的文字系统。从总体上看，春秋金文还是沿着西周金文的方向向前发展的。

春秋时代，还有一种字体叫籀文。籀文也叫籀书、大篆，是指《史籀篇》上面的文字。据史书记载，史籀是周宣王时代的史官，他编写了一部教儿童识字的课本叫《史籀篇》，共十五篇，约有一千五百字以上。东汉以后，《史籀篇》已经全部亡佚，人们所能间接见到的一小部分籀文，只是许慎《说文解字》中所移录的二百多字。《说文解字》所录的籀文虽然可能有书写体势与风格的失真，但大部分形体可以从古文字（特别是西周金文）得到印证，这说明《说文解字》援引的籀文应该是可信的。下面是《说文解字》一书中的几个籀文形体（括号内为小篆）：

秦：🔲（🔲）　　员：🔲（🔲）　　则：🔲（🔲）

囿：🔲（🔲）　　商：🔲（🔲）　　禋：🔲（🔲）

农：🔲（🔲）　　旬：🔲（🔲）　　嘡：🔲（🔲）

《说文》中的籀文绝大多数可以从周宣王及其前后时代的古文字资料中找到相应的形体，这说明，《史籀篇》所收的字应当是当时的通用文字，籀文应当是周宣王时期的正规字体。

3. 战国文字

战国文字是对战国时代周王室和各诸侯国所有品类文字的统称。它不像甲骨文、金文那样是对某一特殊品类文字的专指，也不像小篆、楷书那样是对某一定型字体的专称。我们之所以这样指称，是因为这一时期无论哪一种器物上的文字，都不能成为该期所有文字的代表。

战国时期指七大强国相互兼并直到秦国最后完成统一的这段历史，如果以鲁国编年史《春秋》来定春秋的时代（前722年—前481），那么战国就是从公元前481年开始，到公元前221年结束。经过春秋时期的动荡，战国时期已经形成了诸侯割据的局面。在这二百多年的时间里，战争连绵不断，战火从未熄灭。根据文献记载，战国时期发生大小战争 222 次。他们"争地以战，杀人盈野；争城以战，杀人盈城"。① 在战争形势下，各国之间频繁来往，他们要下战书、定盟约，有公文书信来往商讨军事大事，这些都免不了有文字材料的传递。如属于春秋战国交替之际的《侯马盟书》，就是晋国的官方文书。它是

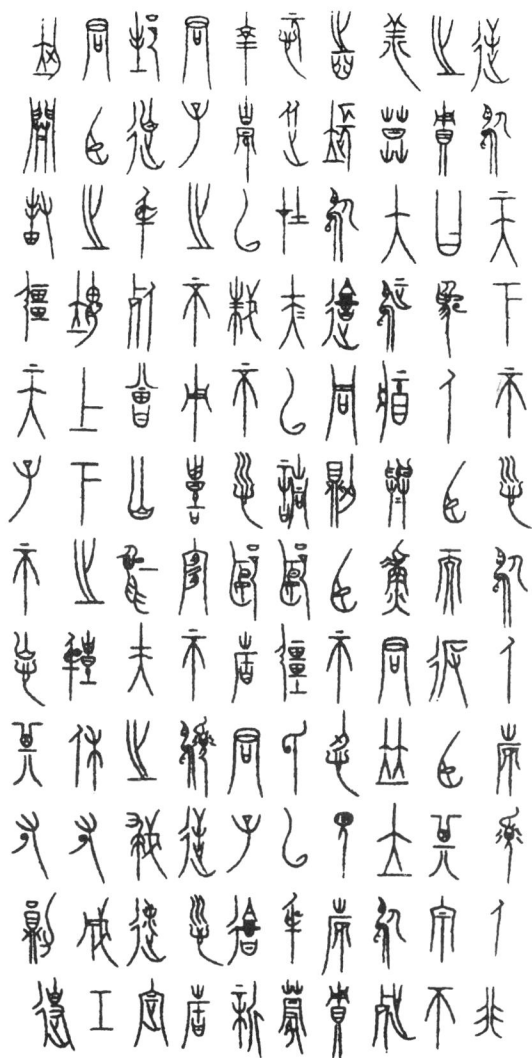

中山王方壶铭文（部分）

---

① 《孟子·离娄上》。

晋国六卿之一赵鞅在晋国都城主盟宣誓的文辞，用毛笔写成，书法相当熟练，应当出自祝史一类官吏之手。同时，连年的战争使得兵器的铸造格外受到重视。因为兵器的好坏是关系到战争能否取得胜利的一个重要因素，自古以来，无论哪个国家的统治者都十分重视兵器的发展和制造。在战国时期，这一点尤为突出，各国统治者都加强了对兵器铸造的组织和管理。因此，这时的各国兵器刻辞非常丰富。在战争形势下，玺印或封泥的作用也就非同一般。无论是下命令还是来往的公文，都必须用玺或封泥封缄来作为凭信，否则便不能生效，所以官玺在当时非常重要。此外，战国是商业迅猛发展的时期。这种商业大潮出现的一个重要标志是当时是我国钱币发行的兴盛时期。钱币的铸造出现了百花齐放的局面，钱币上使用的文字也不少，但是受政治割据的影响，各诸侯国的货币都力图区别于其他国家，在形状、币制、文字等方面都希望显示出自己的特色。从以上各个方面可以看出，战国时代虽然政治割据，但各诸侯国之间的沟通，社会上人员的流动，学术上的交流不仅从来没有停止过，而且不断扩大发展。作为交际工具的汉字也一如既往能出色完成其自身的使命。

目前所见的战国文字的种类可分两个系统：一类是见于后代文献上的战国文字，如《说文》中的古文、三体石经中的古文、郭忠恕《汗简》中的古文等；另一类是见十各种出土文物上的战国文字真迹，如用毛笔写在竹简上的简册文、写在丝帛上的帛书、写在玉片上的盟书，以及刻在石头上的石刻文、刻在印章上的玺印文、刻在陶器上的古陶文以及铸或刻在金属器物上的铭文、符节文和货布文等。文献上的战国文字几经传抄，往往失去了原来的真实面目，而文物上的战国文字则是当时的真迹，是研究战国文字最可靠的资料。

战国文字虽然地域性差异非常复杂，但也具有一定的规律性，即：距周王朝所在地越远，变化就越大。秦居西周故地，基本上继承了西周文化，其文字形体也与西周金文一脉相承，除了书写风格上渐趋规整匀称之外，结构上的变化并不明显。而六国文字则变化剧烈，与西周金文差距越来越大。所以，人们习惯把战国文字分成两大系，即西方秦系文字和东方六国文字。

秦系文字上承西周金文，下启小篆，是汉字发展主线的一个重要环节，因而它是战国文字的主流。目前所能见到的战国秦系文字的主要资料有石刻、金文、印章、陶文、简牍等，其中最值得注意的应该是保留着战国秦文字原貌的石鼓文（见附图）。石鼓文是刻在十个像高脚馒头的石碣上的文字。因为这些石头形状有点像鼓，故称石鼓。每个石鼓上面刻有一首六七十字的四言诗，记载秦国国君游玩打猎的情形，格调与《诗经》基本相仿。石鼓文是现存最早的石刻文字，但自唐朝初年发现以来，几经搬迁磨损，大约有一半的字已残泐不清了。这些石鼓文大小一致，结构端庄严谨，笔形布局极有法度，偏旁部首的写法和位置也都基本定型；笔道粗细均匀，已基本实现线条化；字体风貌已与小篆十分近似，明显处于西周晚期金文向小篆的过渡阶段。

与秦系文字相比，六国文字则文字异形现象非常突出。总的来说，六国文字具有以下几个特点：

① 地域性差异较大。在战国以前的春秋金文中，就已经出现了某些地域性特点，但当时主要体现在书写风格上，字形结构方面还看不出明显的特色。到战国时期，各国的字形结构产生了很大分歧，带有很强的地域性。例如：①

石鼓文

	秦	楚	齐	燕	三晋
者：					
市：					

② 同一地域国别内部的异写异构现象也很普遍。战国时期，文字异形现象不仅表现为由于政治区划、地理环境等造成的字形差异，而且表现在同一系

① 转引自裘锡圭：《文字学概要》57 页，北京，商务印书馆，1990。

别内部不同文字材料的分歧，甚至同一系别同一种文字材料上的字形也呈现出一定的差异。如在属于晋系文字材料的《侯马盟书》中，"敢"字就有九十多种写法。这里略举数例：

③ 部分文字带有装饰性笔画或构件。战国是文化上"百家争鸣"的时代，也是人们追求艺术和美的时代。反映在文字上，常常添加一种装饰性笔画或构件以追求文字的艺术美。经常添加的装饰笔画有"一"、"、"等。例如：

白：晋系有作◌形，加"一"为饰；

长：燕系有作◌、◌形，其右侧均有装饰笔画。

经常添加的装饰性构件有两横、"口"、"日"、"土"等。例如：

石：齐系有作◌形，晋系有作◌形；

巫：晋系作◌形，下加装饰构件"口"；

邵：晋系作◌形，加"日"为装饰；

阿：齐系作◌形，加"土"为装饰，晋系作◌形，则未加饰笔。

④ 简化倾向十分明显。这或许是因为当时的正统文字不便于快速书写，无法满足日常事务的需要，于是就对形体繁缛的字形予以简化。例如：

寺：秦系作◌，从寸之声，齐系作◌，构件"寸"省为"又"；

负：秦系作◌，齐系、晋系常省略"贝"下两笔作◌、◌；

某：秦系作◌，从甘从木，晋系作◌，"甘"省略了中间的短横。

尽管六国文字存在着非常明显的地域国别差异，但这种文字异形大多是字体风格的差异而没有构形系统的本质不同。由此可见，文字有其自身的发展规律，政治对文字的影响是有限的，汉字即使在政治割据战争频繁的战国时代，仍然是一个有规律的文字体系，没有因为政治的分裂而离析为几种不同的文字体系，它依然为我们的先民的交流起到了应有的作用。但是，也应该承认，六国文字歧异的构形，或多或少地破坏了汉字的构形理据，违背了汉字自身的发展规律，因而随着六国的相继灭亡，六国文字也逐渐退出了历史舞台。

4．小篆

小篆也叫秦篆，是秦始皇统一中国后实行
"书同文"政策时所采用的标准字体。小篆成为
正统文字，一方面得益于秦朝利用国家权力进
行推广，另一方面也是汉字自身发展规律的必
然结果。

秦始皇统一中国后，为了便于对六国遗民
进行统治，便进行了文字的统一工作。《史记·
秦始皇本纪》记载秦始皇二十六年统一中国后，
李斯奏定："一法度衡石丈尺，车同轨，书同文
字。"两年后，即秦始皇二十八年（公元前 219）
秦始皇东巡到琅琊山，立石纪功，又提到"器
械一量，同书文字"①，可见秦始皇对于书同文
字是相当重视的。对于这一事件，许慎的《说
文解字·叙》中说："秦始皇帝初兼天下，丞相
李斯乃奏同之，罢其不与秦文合者。斯作《仓
颉篇》，中车府令赵高作《爰历篇》，太史令胡
毋敬作《博学篇》，皆取史籀大篆，或颇省改，
所谓小篆者也。"

目前所能见到的秦朝小篆有文物和文献两
类。文物上的小篆比较少，其中较有代表性的

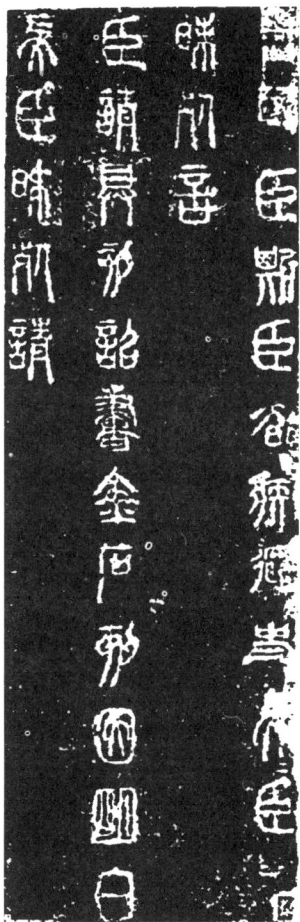

《泰山刻石》（局部）

有《泰山刻石》和《峄山刻石》（见附图）。其中《泰山刻石》据说是李斯手
迹，可谓是标准的小篆。文献上的小篆主要见于东汉许慎的《说文解字》。我
们拿《说文》中的小篆和战国文字对比，可以看出，秦统一后颁布的小篆字体
具有以下几个特点。

① 小篆明确规定了各种基础部件的形体。战国文字的大多数基础部件都
有数量不等的变体，没有固定的形式。不但各国之间同一基础部件有异写的差

---

① 《史记·秦始皇本纪》。

异，在一国所用的文字内部也同样存在部件变异的情况。经过小篆的整理规范，各个基础部件的形体基本固定下来了。如"马"字在战国时期每一地域都有不同的形体，小篆统一规整为"馬"。

《峄山刻石》（局部）

② 小篆确立了部件摆布的空间位置关系。战国文字中的一部分异形是由于部件的摆放位置不固定而引起的，小篆统一了部件摆布的空间位置关系。例如"黍"字，在战国文字中或左右结构，或上下结构而成为异体，小篆作"黍"，一律以上下结构为规范写法。

③ 规范战国文字中的异构字。战国文字中部件换用现象常见，既有义近部件的换用，也有音同音近部件的换用。小篆淘汰异构，大部分字的部件都已确定。

④ 小篆规定每一个字的基本形体，去掉战国文字中不必要的装饰性笔画

和繁化装饰部件，也抛弃了一些过于简省而难于解释造字理据的形体，从而使汉字形体走向整体规范。如战国文字中"石"有写作⿰、⿰者，小篆则去掉装饰性笔画，统一作"⿰"。

小篆的流行，虽然带有一定的政治成分，但也是符合汉字发展的自身规律的。它一举结束了春秋战国以来汉字长期混乱的局面，为促进民族的团结和国家的统一做出了重大贡献。小篆是古文字阶段的最后一站，它对古文字形体的整理和规范，为汉字顺利过渡到以后的隶书奠定了坚实的基础。

二、汉语的早期特色

语言是人类最重要的交际工具，它总是运用于人们的社会生活之中，人类社会生活的发展变化，必然导致语言的发展变化。所以斯大林说："语言随着社会的产生和发展而产生和发展，语言随着社会的死亡而死亡。社会以外是没有语言的。"[①] 随着社会不断发展，新生事物不断产生，人类的思维能力也日益提高，这都推动着语言的各要素不断丰富完善，从而适应人类交际的需要。同时，语言系统内部各要素的相互制约与影响，也推动着语言的发展变化。总之，社会的发展与语言内部各要素的调整，决定了语言的历史发展。

语言是一个音义结合的词汇和语法系统，语音是词汇和语法的存在形式，词汇是语言的建筑材料，语法是语言中音义结合的各结构单位的组织规则。本节即从语音、词汇和语法这三个方面入手，简要介绍一下先秦时期汉语的特色及其发展变化。

（一）语音

语音同语言的其他要素一样，也是随着社会的发展而发展变化的。只是由于记录汉语的是方块形的表意汉字，不像拼音文字那样，字形能够直接显现读音，汉语语音的发展变化不能从一般书面语中表现出来，因而人们往往忽略了古今语音的不同。实际上，从古至今，汉语语音是不断发展变化着的，古今语

---

① 斯大林：《马克思主义和语言问题》，见《斯大林选集》，514 页，北京，人民出版社，1995。

音的差异是很大的。例如"拨"字从"发"声而读 bō，"盆"字从"分"声而读 pén……，这是因为在先秦时期的语音中，没有轻唇音 [f] 和 [v]，在中古（指隋、唐、宋时期）音和现代音中读 [f] 的字，先秦时期都读成 [p]、[p']或 [b]、[b']；又如《诗经·魏风·硕鼠》："硕鼠硕鼠，无食我麦！三岁贯女，莫我肯德。逝将去女，适彼乐国。乐国乐国，爰得我直。"（第二章）这首诗中"麦"、"德"、"国"、"直"都是押韵的字，古音都在"职"韵，属于入声，韵尾收塞音[－k]之类的音，由于古代入声字到普通话中都派入了阴、阳、上、去四声，所以按现代音来读，这四个字音分别变为 mài、dé、guó、zhí，显然已经不再押韵了。由此可见，汉语语音的古今差异是非常大的。

由于汉字是表意体系的文字系统，字形本身没有直接标记读音的功能，在先秦时期，采用直音法记音。所谓直音，是用一个常用的容易读的字来给一个不常用不容易读的字标音。这种方法所显示的是注音字和被注音字之间的字音对应关系，而没有描写出某字的音值，所以后代根据直音只能知道某字与某字读音相同，却不能知道它们具体的读音是什么。针对这种情况，后代的研究者，想出了多种办法来探讨先秦时期的语音系统。首先是把先秦作品《诗经》中押韵的字系联在一起，从而得到当时韵的分部情况。例如：

> 汎彼柏舟，在彼河侧。髧彼两髦，实维我特。之死矢靡慝。母也天只！不谅人只！①
>
> 坎坎伐辐兮，寘之河之侧兮，河水清且直猗，不稼不穑，胡取禾三百亿兮？不狩不猎，胡瞻尔庭有县特兮？彼君子兮，不素食兮！②
>
> 硕鼠硕鼠，无食我麦！三岁贯女，莫我肯德。逝将去女，适彼乐国。乐国乐国，爰得我直。③
>
> …………

在《柏舟》中"侧"、"特"、"慝"押韵，在《伐檀》中，"辐"、"侧"、"直"、"亿"、"特"、"食"押韵，它们都有共同的韵脚"侧"、"特"，在《硕鼠》中，"麦"、"德"、"国"、"直"押韵，与《伐檀》有一个共同的韵脚"直"……这

---

① 《诗经·邶风·柏舟》第二章。
② 《诗经·魏风·伐檀》第二章。
③ 《诗经·魏风·硕鼠》第二章。

样系联起来，"侧"、"特"、"愿"、"辐"、"直"、"億"、"食"、"麦"、"德"、"国"……应该属于一个韵部。古音学家给这个部设立一个韵部名称，叫作"职"部。

因为《诗经》入韵字毕竟数量有限，所以古音学家又根据先秦其他诗歌的押韵和散文中的韵语来扩大系联的范围。文字学家认为，声旁相同的形声字在古代一般都属于同一个韵部，于是，形声字的声旁也成为系联先秦韵部的材料。运用这样的方法，明代的郑庠把《诗经》韵分为六部，此后清代的古音学家把古韵部越分越细，近代学者黄侃将古韵分为二十八部，现代语言学家王力综合前人的研究成果，将先秦古韵分为三十部，并且确定了它们的名称，拟构了它们的读音。这就是：

阴声韵		入声韵		阳声韵	
之部	［ə］	职部	［ək］	蒸部	［əŋ］
支部	［e］	锡部	［ek］	耕部	［eŋ］
鱼部	［a］	铎部	［ak］	阳部	［aŋ］
侯部	［o］	屋部	［ok］	东部	［oŋ］
宵部	［au］	沃部	［auk］		
幽部	［u］	觉部	［uk］	冬部	［uŋ］
微部	［əi］	物部	［ət］	文部	［ən］
脂部	［ei］	质部	［et］	真部	［en］
歌部	［ai］	月部	［at］	元部	［an］
		缉部	［əp］	侵部	［əm］
		盍部	［ap］	谈部	［am］

从韵尾的角度看，上面这个表中，第一列的韵尾或没有，或是元音 i，这类韵叫作"阴声韵"；第二列以塞音 ［—k］、［—t］、［—p］ 收尾，这类韵叫作"入声韵"；第三列以鼻音 ［—m］、［—n］、［—ŋ］ 收尾，这类韵叫作"阳声韵"。从主要元音的角度看，同一个横行的韵部主要元音相同，它们的读音应当接近。

上面三十个韵部大致反映了先秦时期的韵部系统。但应该注意的是，上面这个表中所列的每一个韵部并不等于一个韵母。这三十个韵部只是《诗经》等韵文押韵的部类，并不是说先秦时期的语音有三十个韵母。因为韵文中只要韵腹和韵尾相同或相近的音节就可以押韵，所以一个韵部中可能包含着几个发音很相近的韵母。

对先秦汉语的声母进行系统的研究，是从清代开始的。研究的方法是根据一定的材料对中古的声母加以分合从而确定先秦语音的声母状况。古代声母也称字母、声、纽、声纽等，中古有三十六个字母，由于古代没有拼音字母，于是就用36个汉字来代表。这三十六个字母是：

唇音	重唇	帮	滂	並	明	
	轻唇	非	敷	奉	微	
舌音	舌上	知	彻	澄	娘	
	舌头	端	透	定	泥	
齿音	齿头	精	清	从	心	邪
	正齿	照	穿	床	审	禅
牙音	见	溪	群	疑		
喉音	影	喻	晓	匣		
半舌音	来					
半齿音	日					

在这三十六个字母的基础上，利用汉字的谐声偏旁以及先秦文献的异文等材料予以比较，从中找出异同，从而总结出关于先秦声母的一些特点。这些特点是：

① 古无轻唇音。清代的钱大昕首先发现了这一规律。中古的36字母中，唇音分为重唇音和轻唇音两类，重唇音即双唇音，轻唇音即唇齿音。钱大昕利用先秦文献的异文材料来证明中古的轻唇音在先秦时期都读成重唇。例如《诗经·邶风·谷风》："凡民有丧，匍匐救之。"《礼记·檀弓》引作"扶服救之"，《孔子家语》引作"扶伏救之"，另文献中还有作"蒲伏"或"蒲服"的。从这些异文材料可以推断，"匍匐"、"蒲伏"、"蒲服"、"扶服"、"扶伏"同音，"匍"、"蒲"在中古为重唇音，"扶"为轻唇音，而在先秦时期不分重唇轻唇。在汉字谐声系统中也有许多重唇音、轻唇音互谐的例子，如"非"（轻唇音）——"辈"、"排"（重唇音），"分"（轻唇音）——"盆"（重唇音）等。

②　古无舌上音。这也是钱大昕首先提出的。中古的三十六个字母中，舌音分为舌上音和舌头音两类。钱大昕利用先秦文献的异文证明中古的舌上音在先秦时期应读成舌头音。例如《诗经·邶风·柏舟》："髧彼两髦，实维我特"，《韩诗》作"髧彼两髦，实维我直"，"特"在中古是"定"母字，属舌头音，"直"是"澄"母字，属舌上音，而在先秦"特"、"直"同音，舌上、舌头不分。在汉字谐声系统中也有许多舌上音、舌头音互谐的例子，如"登"（舌头音）——→"橙"、"澄"（舌上音），"堂"（舌头音）——→"瞠"、"樘"（舌上音）等。

③　中古娘、日二纽归泥。这条规律是近代的章太炎首先提出的。章太炎认为，在先秦声母系统里，"娘"母、"日"母字都读同"泥"母，也就是说，中古的"娘"母、"日"母都是从先秦的"泥"母分化出来的。章氏列举了形声字的谐声关系和古读加以证明。例如"涅"为形声字，从"日"得声，《广雅·释诂》："涅，泥也。泥而不缁亦为泥而不滓。"可见"日"、"泥"音同；"汝"为形声字，"女"为声旁，"女"为"娘"母，"汝"在"日"母，可见"娘"、"日"两母在先秦读音相同。

④　一部分喻母字分别归定、匣二母。近代学者曾运乾作《喻母古读考》，证实中古的"喻"母是后出的声母，其中一部分在先秦归"匣"母，一部分归"定"母。例如《韩非子·五蠹》："自营为私。"《说文》引作"自环为私"，"营"为"喻"母，"环"为"匣"母，"营"、"环"异文，说明二字读音相同。

除了上面四项公认的定律外，一些学者还认为中古的"照、穿、床、审"这四个正齿音在先秦分化为两类：一类接近"精、清、从、心"，是齿音，另一类接近"端、透、定、泥"，是舌音。这样就从中古的三十六个字母经过总结得出先秦时期的三十二个声母：

唇音	帮	滂	並	明		
舌音	端	透	喻四	定	泥	来
	章	昌	船	书	禅	日
齿音	精	清	从	心	邪	
	庄	初	崇	生		
牙音	见	溪	群	疑	晓	匣
喉音	影					

关于先秦汉语的声调问题，目前还没有一个公认的结论。综合前人的研究成果，我们对先秦汉语的声调可以形成以下两个方面的认识：第一，先秦汉语的声调不仅有音高的因素，还很有可能有音长的因素；第二，先秦汉语中有平、上、去、入四个声调，但就某一具体韵部而言，却不能具备四个声调。阴声韵部一般有平、上、去三个声调；阳声韵部有的有平、上、去三个声调，有的有平、上两个声调，有的只有一个平声声调；入声韵部一般只有入、去两个声调。

以上我们从声、韵、调三个方面简要介绍了先秦汉语的语音状况。需要说明的是，这里的先秦实际是指两周至秦代（前 11 世纪—前 3 世纪）这一时期，至于两周以前的夏商时期的语音状况如何，由于材料的不足，目前还没有得出满意的研究结果，这里就略而不论了。

（二）词汇

1. 汉语词汇发展的三个历史阶段

如前所述，语言是随着社会的发展而发展变化的，而语言中的词汇对于社会的各种变化又最为敏感，社会生活中旧事物的消亡，新事物的产生，人们观念的变化等都随时在语言的词汇中得到反映，因而词汇几乎处在不断丰富和变化的状态之中。

根据造词方式的不同，当代著名文字、训诂学家王宁先生将汉语词汇的发展划分为三个阶段：即原生阶段、派生阶段和合成阶段。[1]

和世界上其他任何一种语言一样，汉语有过一段时间很长的原生造词时期。这是汉语词汇的原始积累时期。在这个时期，词汇如何从无到有，呈现出什么样的状态，这是语言学家和人类学家反复探讨而又难以确证的命题。有人认为，原生造词是源于自然之声的提示，亦即语言最初的发生与人的触受有一定的关系。这一说法在某些词上可得到证实。例如：

"鸡"、"鸭"、"鹅"、"鸦"、"猫"、"蛙"、"蟋蟀"……等动物是以它们的鸣叫声来为之命名的；

---

[1] 王宁：《训诂学原理》，126 页，北京，中国国际广播出版社，1996。

"流"、"淋"、"沥"、"涝"、"涟"、"潦"……等词的词音似与水的滴沥声相关；

"软"、"嚅"、"柔"、"茸"……等词的上古声母都为"日"组，发音时舌面粘腻，似能给人柔软的感觉。

…………

然而，这些音义联系是偶然的巧合还是理性的必然？人语与天籁之间存在着哪些规律性的联系？人类的语音在多大程度上依赖于自然的声音？在已被记录下来的亿万词汇中哪些词属于原生造词的根词？这是一个从古至今大家都很感兴趣的问题。古代的一些哲学家对语言的起源问题都提出了自己的见解，如柏拉图在他的著作《对话》中就谈到"词"和"物"之间的关系问题，其后引起了两派的论争：一派认为语言是出于天然的；另一派则主张语言是人为规定的。由于语言发生的历史已经非常久远，当时的语言状况我们现在已无法知晓。不管是从现代的语言里、古代的文献中，还是在原始部落的语言中，都难以找到足够的、确切的根据来证实词的音义联系的必然性。我国古代的哲学家荀子提出了"约定俗成"观念，他认为，事物和名称之间本来没有自然的和必然的联系，用什么样的名称来指称什么样的事物完全是由社会来自由选择的。这一说法能够正确反映现代语言中大多数词的词音和词义之间的关系。

汉语词汇发展的第二个时期是派生阶段，这是汉语词汇积累最重要的阶段。在原生阶段的晚期，就已产生了少量的派生词，而当词汇的原始积累接近完成时，派生词就逐渐成为占主导地位的造词方式。这一阶段，汉语由已有的旧词大量派生出单音节的新词。所谓派生造词，是指当原来的词意义发生变化时，采用变化语音的方法而造出一个新词，或者当出现一个新的事物，需要用词来记录它时，就选择一个与这一事物某一特征相关的已有词，采用语音变化的方法来造新词。由于汉语的音节数量有限，单音节词的语音区别手段（变声、变韵、变调）不很丰富，人们又常常采用造字的方法来区别原词与分化出来的新词，这又促进了汉字的迅速增加。例如从"鱼"派生出"渔"、从"原"派生出"源"、从"人"派生出"仁"等。

合成阶段的到来是汉语词汇发展的必然结果。汉语词汇在原生和派生阶段都是以单音节为主的。由于音节数是有限的，区别同音词的手段必然非常贫乏。而且派生阶段正是古代汉语文献大量产生的时期，在书面语中，孳乳造字伴随派生造词，成为区别同音词与同源词的一种措施。这便使得汉字的造字速度也极快增长。词与字的增长一旦超越了人的记忆的负荷，凭借音变与字变而进行的派生造词便不能符合词汇继续增长的需要。恰好也正是在这一阶段，汉语的构词元素积累到了一个足够的数量，为合成造词创造了必要的条件，于是，在汉代以后，合成造词取代了派生造词，成为汉语主要的造词方式。随之而来的，是汉语由单音词为主逐渐转变为双音词为主。

在汉语词汇发展的三个历史阶段中，先秦时期处于派生阶段。这一时期，社会变动既大且快，这促使了汉语词汇的迅速发展，主要表现为新的单音节词大量产生和双音节化倾向开始出现，古代汉语词汇的基本规模在这一时期初步形成。

2. 先秦词汇的词形特点

汉语的词有固定的语音形式，根据构成词的音节的多少，可以把词分为单音节词、双音节词和多音节词。词是由语素构成的，根据构成词的语素的多少，可以把词分成单纯词和合成词。从词的形式角度看，先秦词汇中多数是单音节词，同时也出现了一定数量的复音词。

单音词是指由一个音节构成的词。在先秦汉语中，以单音节词居多，这些词所包括的范围，涉及自然现象、生产劳动、物质文化、社会关系、日常生活、意识形态等各个方面。例如：

天、地、日、月、风、雨、水、火、山、石（自然现象）

春、秋、年、岁、月、晨、昏、旦、夕、暮（时令和时间）

马、牛、羊、虎、鱼、鸟、木、禾、苗、麦（动植物）

人、面、首、手、足、心、口、耳、舌、骨（人体和器官）

田、井、室、舟、车、刀、壶、盘、丝、帛（生产生活资料）

生、死、活、来、去、在、大、小、甘、赤（动作状态）

南、北、东、西、上、下、一、二、百、千（方位数字）

祖、父、母、兄、弟、妻、子、孙（亲属称谓）

这些单音词中，有些使用的时间跨度极大，其中有相当一部分传承到现代汉语中而成为汉语基本词汇的一部分；有些虽不再是基本词汇，但古今意义仍然是贯通的，例如君、臣、弓、箭、阴、阳等；而更多的先秦汉语单音词发展到现代汉语阶段已经不能单独使用而只能作为构成现代双音词的语素了。例如"失"的"放纵"之义在先秦汉语中可以单独使用，在现代汉语中这一意义只保留在"失足"、"失声"、"失态"、"失禁"等双音词中。

复音词指由两个或两个以上音节构成的词。按照构成语素的多少，复音词可分为单纯词和合成词两类。

在先秦汉语中，复音词中的单纯词有以下两类：

① 联绵词。联绵词由两个字连缀成义，这两个字不能拆开来讲，如果拆开来只代表两个不能独立表示意义的音节。例如：

望洋（兴叹）、辗转、扶摇、莽苍、踟蹰、参差、委蛇、匍匐

联绵词在词形上的特点是写法比较自由，记录同一个词有时用不同的字。如"望洋"又写作"望羊"、"望阳"等，"匍匐"又写作"蒲服"、"葡伏"、"蒲伏"、"扶服"等，"委蛇"又写作"逶蛇"、"逶移"、"逶迤"等。

联绵词在语音上的特点是多有双声叠韵的关系。例如"望洋"古音叠韵，"参差"古音双声，按今音读的话，"望洋"仍是叠韵，"参差"仍是双声。

② 叠音词。叠音词是由两个相同的音节重叠构成的词。叠音词单说一个音节没有意义，必须重叠起来才有意义。在《诗经》、《楚辞》中，叠音词很多。例如：

> 自彼成康，奄有四方，斤斤其明。①
>
> 桃之夭夭，灼灼其华。②
>
> 昔我往矣，杨柳依依。③

"斤斤"指精明仔细的样子，引申为苛细、琐碎的意思，成语"斤斤计较"用的正是引申义。不管是本义，还是引申义，"斤斤"的"斤"与"斧斤"、"斤两"的"斤"意义都没有关系；"夭夭"是形容桃花茂盛美丽的样子，"灼灼"是形容桃花鲜亮的样子，"依依"是轻柔的样子，这些叠音词都不能拆开来解释。先秦时期的一些叠音词一直传承到现代汉语中，如"恋恋（不舍）、（逃

---

① 《诗经·周颂·执竞》。
② 《诗经·周南·桃夭》。
③ 《诗经·小雅·采薇》。

之）夭夭、洋洋（万言）、依依（惜别）、惶惶（不安）、滔滔（不绝）”等等。

合成词是由两个或两个以上的语素构成的。在先秦汉语中，合成词有复合式合成词和附加式合成词两类：

复合式合成词简称复合词，是由词根和词根按照一定的构词法组合而成的。例如：

庶民、圣人、主人、先王、百姓、执事、宽绰、杨柳（见于商周）

忠告、战栗、恭敬、自得、辅佐、官司、供养、生殖（见于战国）

在先秦汉语中，从单音词的临时组合到凝固成一个复合词，常常伴随着意义的变化。也就是说，复合词的意义不再像词组一样，是两个单音词的简单相加，而是另外有了专指义。例如："社稷"本指土地神与谷神，有人专门为此二神立庙进行祭祀。《礼记·王制》："天子祭天地，诸侯祭社稷。"句中的"社稷"还是词组。后来，由于"社"、"稷"是国家的重要标志，因而"社稷"结合在一起，表示"国家"的意思。《论语·季氏》："是社稷之臣也。"句中的"社稷"已经是词了。又如"寻常"本来是长度单位，八尺是一"寻"，倍"寻"为"常"。《韩非子·五蠹》："布帛寻常。"泛指一般的长度，有了专指义，已经是词了；到了唐代刘禹锡的《乌衣巷》："旧时王谢堂前燕，飞入寻常百姓家"的"寻常"，已经与"长度"无关，是"普通"、"平常"的意思，这已经是引申义了。

在先秦汉语的并列复合词中有一类词，参与构词的两个语素只有一个起作用，另一个语素不起作用，这一类词称为偏义复合词。例如：

趋走不足以逃利害。[1]

无羽毛以御寒暑。[2]

今有一人，入人园圃，窃其桃李。[3]

上面的"利害"意义在"害"，没有"利"的意思；"寒暑"意义在"寒"，没有"暑"的意思；"园圃"意义在"园"，没有"圃"的意思。

应该注意的是，先秦汉语一些复音词或者词组与现代汉语的形式相同，而意义却不一样。例如：

---

[1][2]《列子·杨朱》。

[3]《墨子·非攻上》。

"要领"一词在现代汉语中指问题的要点、要害。而在先秦"要"与"领"连用，是与刑法有关的。古时的斩刑先有腰斩，后有斩首。"要"是"腰"的古字，"领"是脖子，所以古人常以"要领"并称。《管子·小匡》说："管仲曰：斧钺之人幸以获生，以属其要领，臣之禄也。"《礼记·檀弓》："是全要领以从先大夫于九京也。""属其要领"就是脖颈与腰能连着身首；"全要领"就是不从脖子和腰处斩断。现在所谓"不得要领"，则是比喻谈问题抓不住要害。

　　由词根和词缀按照一定的方式构成的词叫附加式合成词。加在词根前面的叫前缀，加在后面的叫后缀。先秦附加式合成词中常见的前缀有"有"、"其"、"于"等。例如：

　　　　我不可不监于有夏，亦不可不监于有殷。①

　　　　不我以归，忧心有忡。②

　　　　黄鸟于飞，集于灌木，其鸣喈喈。③

"有"作为名词的前缀，经常用在国名、族名、物名之前，如举例中的"有夏"、"有殷"，也可以说"有虞"、"有周"、"有邦"、"有家"等。"有忡"中的"有"是形容词的前缀，"忧心有忡"等于说"忧心忡忡"；"于飞"中的"于"是动词前缀，作用是凑足音节以便朗读。

　　先秦汉语中常见的后缀有"然"、"焉"、"尔"、"如"等。例如：

　　　　终风且霾，惠然肯来。④

　　　　杂然相许。⑤

　　　　举欣欣然有喜色而相告。⑥

　　　　其心休休焉，其如有容。⑦

　　　　昔尧之治天下也，使天下欣欣焉人乐其性，是不恬也。⑧

---

① 《尚书·召诰》。
② 《诗经·邶风·击鼓》。
③ 《诗经·周南·葛覃》。
④ 《诗经·邶风·终风》。
⑤ 《列子·汤问》。
⑥ 《孟子·梁惠王下》。
⑦ 《尚书·秦誓》。
⑧ 《庄子·在宥》。

如有所立，卓尔。①

夫子莞尔而笑。②

一箪食，一豆羹，得之则生，弗得则死，蹴尔而与之，乞人不屑也。③

孔子于乡党，恂恂如也。④

"然"、"焉"、"尔"、"如"都是表状态的后缀，用在形容词、副词后面，意思是"……样子"。先秦时期的前缀在现代偶尔一用的是"有"，如"清朝"也可称为"有清"等；后缀用的最多的是"然"，如"安然"、"昂然"、"泰然"、"怅然"、"超然"等等。

3. 先秦词义的历史发展

语言处在不断的变化中，除了词形发生变化外，词义的变化更是随时存在而又难以觉察。可以说，在历史发展的每一个阶段，都可以考察出词义的变化。这里，我们把先秦汉语看成一个大的历史阶段，与现代汉语比较，来看看古今词义的差异。然而，现代汉语毕竟是先秦汉语的继承与继续，它们之间也必然会有很强的延续性。所以古今词义又是相互沟通的。

先秦汉语与现代汉语词义的差异主要表现在词的理性意义和色彩意义两个方面。词的理性意义的古今差异主要有两点：一是就词的意义多少而言，有的意义增多，有的意义减少了；二是就同一个词的意义的历时变化而言，表现为词义的扩大、缩小和转移三个方面。词的色彩意义的古今差异主要是词义感情色彩的变化。

意义的增加指在词义的发展过程中，由原有的意义生出新的意义，原有意义和新意义共存。意义的增加是词义古今发展的主流。例如：

"长"的原有意义是"年纪大"，如："长幼之节不可废也。"（《论语·微子》）由"年纪大"这个意义发展到现在增加了以下几个意义：① 首领。如"村长"、"校长"。② 排行第一。如"长子"、"长孙"。③ 生长、

---

① 《论语·子罕》。
② 《论语·阳货》。
③ 《孟子·告子上》。
④ 《论语·乡党》。

（金文）散氏盘2

（金文）散氏盘1

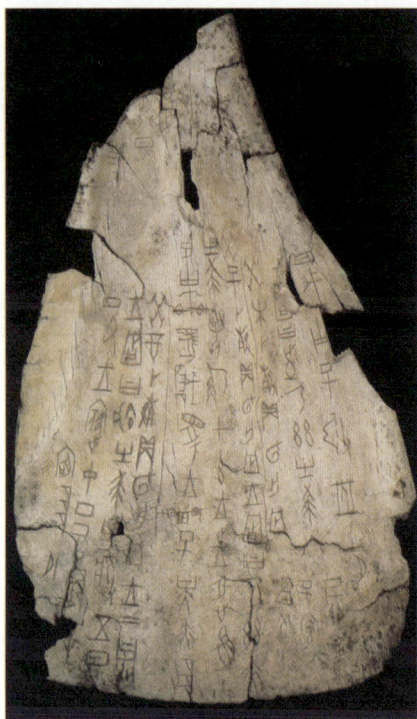

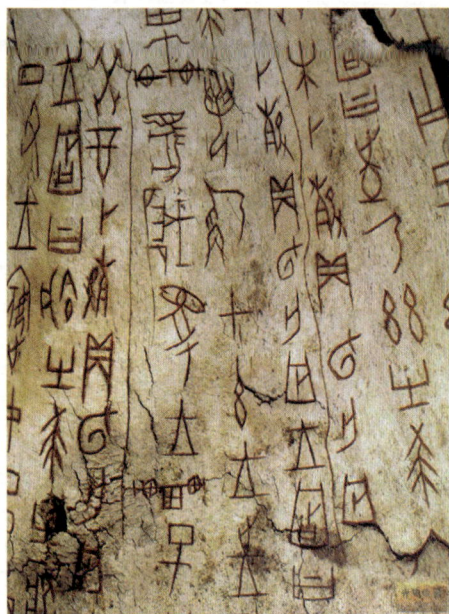

（局部）

祭祀狩猎涂朱牛骨刻辞

商

骨高32.2厘米，宽19.8厘米，

骨版正面刻辞四条，背面刻辞二条

中国国家博物馆藏

郭店楚墓竹简

战国

世界上发现最早的原装书。

全部为先秦时期的18篇典籍。共804枚，其中有字简726枚，简上有楚国文字13000余个。

湖北省博物馆藏

墙盘及铭文
洗器　西周
通高16.2厘米，口径47.3厘米，深8.6厘米
盘内底刻有铭文18行，276字
陕西扶风周原文物管理所藏

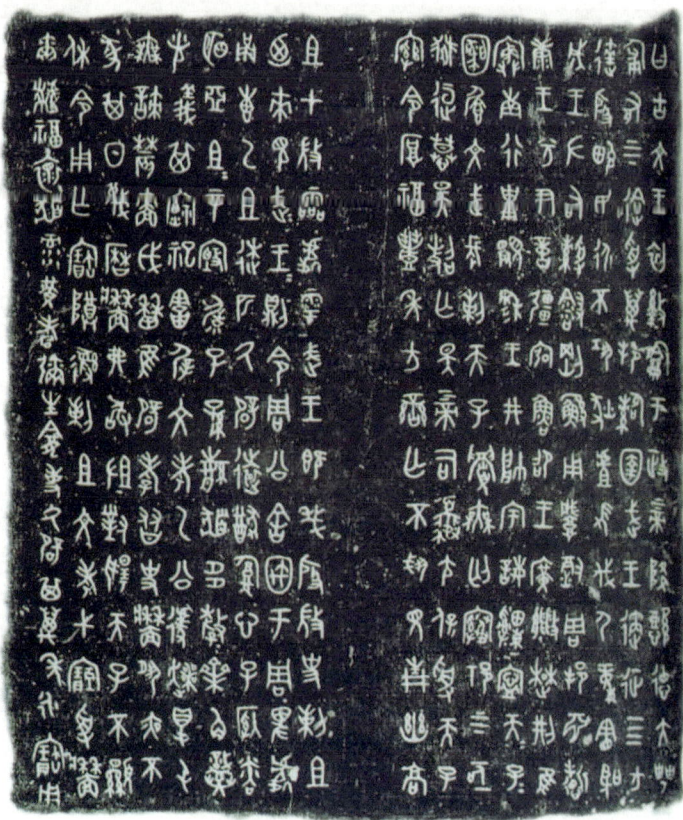

墙盘铭文拓片

增长、成长。如"拔苗助长"。④ 剩余。如"身无长物"。⑤ 增加，增进。如"吃一堑，长一智"、"长见识"。⑥ 与"短"相对。如"路很长"、"长夜"。⑦ 长处、特长。如"取长补短"、"一技之长"。⑧ 对某事做得特别好。如"擅长"。

"休"的原有意义是"休息"，在"休息"这一意义的基础上又逐渐产生了以下意义：① 停止。如"休会"、"日夜不休"。② 休弃。如"休妻"、"休书"。③ 喜庆、快乐。如"休戚与共"。④ 副词，表示禁止或劝阻。如："休想"、"休得无理"。

"长"、"休"的以上各个意义，都是在词义的发展过程中，由原有意义直接或间接产生的，并且仍然保留在现代汉语中的词或语素中。

意义的减少是指在词义的发展过程中，随着旧义的消失，有的意义后来基本不用了。例如：

"很"的本义是"违逆"、"不听从"。如《庄子·渔父》："见过不更，闻谏愈甚，谓之很。"又有"争讼"义。如《礼记·曲礼上》："很毋求胜。"到现代汉语中，以上两个意义都消亡了，只保留下"表示程度非常高"这一个意义。

"监"在先秦汉语中有 jiān 和 jiàn 两个读音，读 jiān 时是"监视"的意思，如《国语·周语》："（周厉王）得卫巫，使监谤者。"读 jiàn 时有以下几个意义：① 照影子。如《尚书·酒诰》："人无水监，当于人监。"② 借鉴。如《尚书·召诰》："我不可不监于有夏，亦不可不监于有殷。"在现代汉语中"监"读 jiàn 时的这几个意义已经不再使用了。

"爱"在先秦的一个常用意义是"吝惜"、"舍不得"。如《老子》："甚爱必大费。"《孟子·梁惠王上》："百姓皆以王为爱也，臣固知王之不忍也。""爱"的"吝惜"义在现代汉语中已经消失了。

词义的扩大指词的一个意义在历史发展过程中所指称对象的范围由小变大，例如：

"粗"的本义为"糙米"。如《左传》哀公十三年："梁则无矣，粗则有之。"用的正是本义，后来词义逐渐扩大，引申为"粗大"、"粗疏"、"粗鲁"等，用于泛指一切事物。

"库"的本义是收藏兵器和车辆的处所。如《吕氏春秋·分职》："叶公入，乃发太府之货予众，出高库之兵以赋民。""库"指"兵库"；《战国策·秦策》："令库具车，厩具马，府具市。""库"指"车库"。现代汉语中，"库"泛指储存大量东西的建筑物。如"水库"、"材料库"、"国库"等。

"房"的本义是正室两旁的房间。如《尚书·顾命》："在西房。"后词义引申泛指一切房屋，如"瓦房"、"楼房"、"平房"、"库房"等。"正室两旁的房间"和"房屋"相比，"房，指称对象的范围由小变大，所以词义扩大了。

下面都是词义扩大的例子。

先秦	现代
洗：洗脚	洗：洗东西或洗身体
江：长江	江：大的河流的通称
雄：鸟的雄性	雄：鸟兽的雄性
布：麻布	布：衣料的统称
响：回声	响：声响
牲：祭祀的活牛	牲：牲畜
匠：木匠	匠：工匠
唱：领唱	唱：歌唱
嘴：鸟嘴	嘴：人或动物的嘴

词义的缩小指词的一个意义在历史发展过程中所指称对象的范围由大变小，例如：

"臭"，本读 xiù，是气味的总称。如《诗·大雅·文王》："上天之载，无声无臭。"后引申指秽恶的气味，读 chòu，如"臭味儿"、"臭气"等。"臭"由气味的总称发展为专指"臭味"，所指称对象的范围变小了，所以词义缩小了。

"子"，本来是"孩子"的总称，不论男女都叫"子"。如《周易·序卦》："有夫妇然后有父子。"这里的"子"指"子女"。在先秦文献中，"子"有时指"儿子"，有时指"女儿"。如《战国策·赵策》："丈夫亦爱怜其少子乎?"这里指儿子。《论语·公冶长》:"以其兄之子妻之。"这里指女儿。现在"子"专指"儿子",如"父子"、"独生子"、"子女"等。"子"的意义由"孩子"演变为"儿子",词所指称对象的范围由大变小,词义就缩小了。

下面的词都是词义缩小的例子:

先秦	现代
瓦:土器已烧之总名	瓦:铺屋顶用的一种建筑材料
金:一切金属的通称	金:黄金
谷:庄稼或粮食的总称	谷:稻谷
弟:同辈中年龄小的,包括男性和女性	弟:弟弟
宫:房屋的通称	宫:宫殿或庙宇等高大华丽的建筑物
朕:第一人称代词	朕:秦以后皇帝的自称

词义的转移是指词的一个意义在历史发展过程,因关键意义的改变而导致的词义变化。例如:

"兵"本指兵器。如《左传·隐公元年》:"缮甲兵,具卒乘。"现在指士兵。"兵"的"兵器"义,其关键意义是一种器械,而"士兵"的关键意义是"人","兵"由"兵器"义发展到"士兵"义,关键意义发生了根本的变化,所以是词义的转移。

"闻"本义是"听见"。《礼记·大学》:"心不在焉,视而不见,听而不闻。"后来引申为"用鼻子嗅",如"闻味"等。"闻"由"听见"发展为"用鼻子嗅",虽然都是一种感知行为,但却由用"耳"变成了用"鼻",词义发生了转移。

下列各词都是词义转移的例子。

先秦	现代
树:种植	树:树木
汤:热水	汤:食物加水煮熟后的汁液或汤药
走:跑	走:步行,行走

涕：眼泪	涕：鼻涕
写：刻铸或描画	写：书写，抄写
狱：诉讼	狱：监狱
脚：小腿	脚：足
脸：双颊	脸：面孔

随着词的理性意义的发展变化，有些词义的感情色彩也随之发生了变化。词义感情色彩的变化主要表现为以下几个方面：

一是由褒义转化为贬义。例如：

"爪牙"在先秦指勇士，是对勇猛善战的武臣的敬称，含有褒义。如《国语·越语》："然谋臣与爪牙之士，不可不择而养也。"在现代汉语中，"爪牙"指恶势力的党羽、帮凶，变成了贬义词。

二是由中性义转化为褒义。例如：

"祥"在先秦常作"征兆"、"预兆"讲，吉兆、凶兆都可称为"祥"，是个中性义的词。如《左传》僖公十六年："是何祥也？吉凶焉在？"随着词义的发展演变，"祥"只表示"吉兆"、"吉祥"义，感情色彩也由中性变为褒义。

三是由中性义转化为贬义。例如：

"敌"在先秦常指力量、势力等对等、相当，是个中性义的词。如《战国策·秦策》："四国之兵敌。"这里的"敌"指"力量强弱相当"。后来引申为"敌人"的意义，由中性义的词转化为贬义词。

四是由褒义转化为中性义。例如：

"多"在先秦有"赞许、赞美"的意义，含有褒义。如《韩非子·五蠹》："以其犯禁也罪之，而多其有勇也。"在现代，"多"与"少"相对，指"数量大"，褒义词变成了中性词。

五是由贬义转化为中性义。例如：

"氛"在先秦常指预示灾祸的凶气，含有贬义。如《国语·楚语上》："故先王之为台榭也，榭不过讲军实，台不过望氛祥。"现代汉语中"氛"指"气"、"气象"，如"气氛"、"氛围"等，词义由贬义变成了中性。

（三）语法

同语音、词汇相比，语法的发展最为缓慢。正因为如此，所以先秦汉语的语法规则，有相当一部分与现代汉语相同或者差别不大。但语言毕竟是发展变化的，历史的发展，时代的变迁，总要给语言以影响，不同时期的语言总要留下时代的烙印。与近、现代汉语相比，先秦时期的语法特点主要表现在以下几个方面：

1. 实词的句法功能不太确定，词类活用现象较多

由于先秦汉语的词类的界限不很分明，所以在具体的语言环境中，某类词活用作它类的情况比较普遍。这种词类活用主要有以下几种情况：

① 普通名词活用为动词。这种现象在先秦汉语中尤为多见。例如：

《左传》宣公二年："晋灵公不君。"

《左传》成公二年："（綦毋张）从左右，（韩厥）皆肘之。"

《荀子·劝学》："假舟楫者，非能水也，而绝江河。"

② 名词作状语。又有以下几种情况：

名词作状语表示处所。如：《国语·鲁语》："舜勤于民而野死。"

名词作状语表示工具。如：《列子·汤问》："箕畚运于渤海之尾。"

名词作状语表示动作的方式。如：《战国策·齐策》："群臣吏民能面刺寡人之过者，受上赏。"

名词作状语表示对人的态度。如：《战国策·赵策》："彼秦者……虏使其民。"

名词作状语表示比喻。如：《左传》庄公八年："豕人立而啼。"

③ 名词、动词、形容词的使动用法。所谓使动用法，是指谓语具有使宾语发出某种动作或行为的意义。在先秦汉语里，名词、动词、形容词都有使动用法。

名词的使动用法，是指主语使宾语成为这个名词所表示的人或事物。例如：

《左传》定公十年："公若曰：'尔欲吴王我乎？'"

《左传》襄公二十二年："夫子所谓生死而肉骨也。"

《诗经·小雅·信南山》：“我疆我理，南东其亩。”

上文中的专有名词“吴王”用作动词，“吴王我”的意思是“使我成为吴王”；普通名词“肉”用作使动，“肉骨”意思是“使白骨长肉”；而方位名词“南东”用作使动，“南东其亩”的意思是“使其亩为南向或东向”。

动词的使动用法，是指主语使宾语发出动词所表示的动作或行为。在先秦汉语中，及物动词和不及物动词都可用作使动用法。例如：

《论语·微子》：“止子路宿，杀鸡为黍而食之，见其二子焉。”

《孟子·梁惠王》：“欲辟土地，朝秦楚，莅中国而抚四夷也。”

《左传》隐公元年：“庄公寤生，惊姜氏。”

上文中的及物动词“食”、“见”用作使动动词，“食之”意为“使之食”，“见其二子”意为“使其二子见”；及物动词“朝”用作使动动词，“朝秦楚”意为“使秦楚朝见”；而不及物动词“惊”用作使动动词，“惊姜氏”的意思是“使姜氏受到惊吓”。

形容词的使动用法，是指主语使宾语具有这个形容词所表示的性质状态。例如：

《孟子·梁惠王》：“是以君子远庖厨也。”

《孙子·谋攻》：“凡用兵之法，全国为上。”

《荀子·天论》：“强本而节用，则天不能贫。”

上文中的形容词“远”用作使动动词，“远庖厨”意为“使庖厨远离”；形容词“全”用作使动动词，“全国”意为“使国家保全”；形容词“强”、“贫”用作使动动词，“强本”意为“使农业强大”，“不能贫”的意思是“不能使（百姓）贫穷”。

④ 名词、形容词的意动用法。所谓意动用法，是指谓语具有认为宾语怎么样或把宾语看作什么的意义。在先秦汉语中，名词、形容词都可用作意动用法。

名词的意动用法，是指主语把宾语所代表的人或事看作这个名词所代表的人或事物。例如：

《左传》襄公三十年：“不如吾闻而药之也。”

《战国策·齐策》：“孟尝君客我。”

《荀子·赋·云》："友风而子雨。"

文中的名词"药"用作意动动词，"药之"意为"以之为药"；名词"客"用作意动动词，"客我"意为"把我当作客人"；名词"友"、"子"在这里用作意动动词，"友风而子雨"的意思是"把风当作朋友，把雨当作儿子"。

形容词的意动用法，是指主语主观上认为这个形容词后面的宾语带有该形容词所表示的性质或状态。例如：

《孟子·尽心》："孔子登东山而小鲁，登泰山而小天下。"

《战国策·齐策》："吾妻子之美我者，私我也。"

《韩非子·五蠹》："今之县令，一日身死，子孙累世絜驾，故人重之。"

上面《孟子·尽心》中的两个形容词"小"用作意动动词，"小鲁"意为"以为鲁国小"，"小天下"意为"认为天下小"；《战国策·齐策》中的形容词"美"用作意动动词，"美我"意为"认为我美"；《韩非子·五蠹》中的形容词"重"用作意动动词，"重之"的意思是"认为县令贵重"。

2. 一些句子的表达形式及词序比较特殊

汉语的句子从先秦到现代总的格局变化不大。如主谓关系是主语在前，谓语在后；偏正关系是修饰语在前，中心语在后；述宾关系在一般情况下也是述语在前，宾语在后等等。这些从一个角度表现了语法在语言要素中是相对稳定的一方面。但稳定并不意味着不变化。从先秦至现代，句子的表达方式和格局还是有些不同的地方。这些不同主要表现在以下几个方面。

① 宾语前置。先秦汉语的句子中，有些词序与现代不同。其中最突出的是宾语在一定条件下要放在谓语之前。这里应该强调的是，这种宾语前置是先秦汉语在特定条件下的正常语序，与那种为了临时的表达需要而改变语序的倒装句是完全不同的。在以下三种语法条件下，宾语要放在述语前面。

一是疑问代词作宾语。例如：

《左传》成公三年："臣实不才，又谁敢怨？"

《庄子·逍遥游》："彼且奚适也？"

《论语·子罕》："吾谁欺？欺天乎？"

另外，疑问代词作介词的宾语时也前置。例如：

《礼记·檀弓》："何为不去也？"

《孟子·滕文公》："在于王所者，长幼尊卑皆薛居州也，王谁与为不善？"

二是否定句中代词作宾语。例如：

《左传》僖公七年："无适小国，将不女容焉。"

《左传》宣公十五年："我无尔诈，尔无我虞。"

《论语·学而》："不患人之不己知，患不知人也。"

三是宾语用代词"是"或"之"复指。这种格式中前置的宾语一般是名词或名词性短语，有时是代词。前置的特点是，在宾语前置的同时，还在这个前置的宾语之后用代词"是"或"之"复指。这种格式有强调宾语的作用。例如：

《左传》隐公元年："姜氏何厌之有？"

《左传》襄公十四年："鸡鸣而驾，塞井夷灶，唯余马首是瞻。"

《论语·为政》："父母唯其疾之忧。"

② 先秦汉语的被动句式。被动句即受事主语句是古今汉语都有的，但在先秦汉语中，表示被动的句子形式要比现代丰富，具体说来，有以下几种表达形式。

一是用介词"于"引进动作行为的主动者。这是先秦比较常见的一种被动句式。例如：

《左传》成公二年："克伤于矢，流血及履。"

《荀子·荣辱》："通者常制人，穷者常制于人。"

《孙子·虚实》："夫惟无虑而易敌者，必擒于人。"

二是用"为"表示被动。这也是先秦汉语中常见的被动句式。"为"的作用和上面"于"的作用基本相同，也是引进动作行为的主动者。例如：

《韩非子·五蠹》："兔不可复得，而身为宋国笑。"

《庄子·天下》："道术将为天下裂。"

《战国策·燕策》："父母宗族，皆为戮没。"

汉代以后，这种用"为"的被动句式又发展成"为……所"句式，行为的主动者在"为"和"所"之间，"所"后是谓语动词。

三是用"见"表示被动。这种句式中"见"的作用是表示被动。例如：

《孟子·尽心下》："盆成括见杀。"

《楚辞·渔父》："举世皆浊我独清，众人皆醉我独醒，是以见放。"

《荀子·非十二子》："故君子耻不修，不耻见污；耻不信，不耻不见信；耻不能，不耻不见用。"

以上句中的"见"虽然可以翻译成"被"，但它同"被"以及"于"、"为"有一个很大的不同，就是不能引进动作行为的主动者。这一点与"于"恰恰相反，"于"只是引进动作行为的主动者，所以二者常常结合，成为"见……于……"式的被动句。例如：

《庄子·秋水》："吾长见笑于大方之家。"

《战国策·秦策》："蔡泽见逐于赵。"

四是用"被"表示被动。例如：

《战国策·齐策》："国一旦被攻，虽欲事秦，不可得也。"

《韩非子·五蠹》："今兄弟被侵，必攻者，廉也；知友被辱，随仇者，贞也。"

用"被"表示被动在战国末期已经产生，但是直接用在动词的前面，而且比较少见。直到汉末，才出现"被"后带有动作行为主动者的句子。

③ 先秦汉语的判断句。在现代汉语中，判断句一般用判断词"是"。而先秦汉语中没有这种纯粹表示判断的联系性动词，所以这一时期判断句的主要特点是不用判断词，而采用名词谓语句的形式。常用的有"……者，……也"的形式：

《庄子·逍遥游》："南冥者，天池也。"

先秦汉语中，有些判断句中主语之后的"者"字的词汇意义已经虚化，所以也有不用"者"的判断句。例如：

《左传》僖公四年："贡之不入，寡君之罪也。"

《战国策·齐策》："城北徐公，齐国之美丽者也。"

也有的用了"者"而没有用"也"的：

《老子》："是故善人者，不善人之师；不善人者，善人之资。"

还有的"者"和"也"都不用：

《左传》哀公八年："夫鲁，齐晋之唇。"

《论语·颜渊》："君子之德，风；小人之德，草。"

由于先秦汉语的判断句是名词谓语句，所以作谓语的名词或名词性词组就有被副词修饰的可能。这时的副词仍然是状语而不是定语。例如：

《左传》宣公四年："是乃狼也。"

《诗经·小雅·皇皇者华》："我马维骐。"

值得注意的是，"是"在先秦汉语中是个指示代词，它常出现在判断句主语位置上作主语。例如：

《左传》僖公三十年："吾不能早用子，今急而求子，是寡人之过也。"

《荀子·天论》："日月星辰瑞历，是禹桀之所同也。"

汉代时，"是"才开始用作判断词，后代逐渐普遍。

判断句一般来说是表示判断的。但无论先秦还是后代，都有一些不表示判断的判断句，这种情况也可以称为判断句的活用。修辞中的暗喻用的就是判断句的形式。先秦汉语中已经有了这种判断句式的运用。比如表示比喻：

《荀子·王霸》："君者，舟也；庶人者，水也。"

有的表示凭借：

《左传》庄公十年："夫战，勇气也。"

有的表示使用、携带、穿着等：

《战国策·齐策》："百乘，显使也。"

《庄子·养生主》："良庖岁更刀，割也；族庖月更刀，折也。"

三、诸子的语言理论

春秋战国时期，是我国从奴隶制度向封建制度过渡的大变革时期。这一社会的剧烈变动，反映在思想文化界，就形成了我国学术史上百家争鸣的局面。先秦诸子学说的蜂起与激烈的争论，大大促进了当时文化学术的繁荣和进步，使先秦学术文化大放异彩。先秦诸子的学术研究伸向社会、历史、哲学、经济、文化等各个不同的侧面，语言方面的问题仅仅是从哲学含义上涉及的一个侧面而已。先秦诸子在语言学方面的争论，主要集中在"名"与"实"的关系上，用现代的话来说，"名"就是"名称"（严格地说，先秦诸子所说的"名"实际上是指与语言中词相对应的"字"），"实"是"事物"。"名称"与"事物"之间的关系问题，是哲学上的一个根本问题，也是语言学理论中的最基本的问题，因为它涉及到了语言的本质。因此，先秦的思想家在语言学理论方面作出了不可磨灭的贡献。在先秦诸子中，首先提出"名实"问题的是老子，之后孔子主张"正名"，杨朱主张"无名"，墨子重视实际，强调要"察名实之理"、"正名成事"，公孙龙子指出，"名"与"实"是对应的，其名正，则彼此响应不乱，到荀子，"名实"问题的争论更加深入，观点更为精湛独到。先秦诸子的"名实"之争，反映在语言学观念上，提出了如此精湛的理论，这自然是难能可贵的。不过，此期的论争只是属于哲学范畴的一部分，还不能算是独立的语言学研究，况且，我国传统语言学的三个分支——文字学、音韵学、训诂学，这一时期都还没有诞生。因此，先秦时期只能说是我国语言学的萌芽时期。

（一）老、庄的"无名"论

在先秦诸子中，首先提出"名实"这一问题的是老子。他的思想见于后来被人们称为《道德经》的《老子》一书中。在"名实"问题上，老子主张"无名"论。

"道"是老子思想的核心。老子认为，"道"是世间万物发生发展的规律，是人生的一种准则或典范。老子说：

> 道可道，非常道；名可名，非常名。（第一章）

老子认为，"道"是无形的，是不可言说的，任何语言文字都无法用来表述它，任何概念都无法用来指称它。如果可以用语言来表述，那便不是"常道"，而成为存在于特定时空中的具体之物了。因为"道"是无形的，所以老子认为"道"是不可"名"的。如果有了"名"，就会把它限定住，那么这个"名"就不是代表这个事物的永恒的、真实的"名"了，而"道"又具有不可限定性，因而无法用语言文字来指称。

关于"名"是如何产生的，老子说：

> 无名，天地之始；有名，万物之母。（第一章）

老子认为，在开天辟地的远古时代，"道"是没有"名"的，后来万事万物有了各种名称，都是由"道"这个"母"产生的。实际上，老子认为无名先于有名，而"名"则产生于"道"。

关于"道"的存在形式，老子说：

有物混成，先天地生。寂兮寥兮，独立而不改，周行而不殆。可以为天地母。吾不知其名，强字之曰"道"，强名之曰"大"。（第二十五章）

视之不见名曰"夷"，听之不闻名曰"希"，搏之不得名曰"微"。此三者，不可致诘，故混而为一。其上不皦，其下不昧，绳绳兮不可名，复归于无物。（第十四章）

"道"之为物，惟恍惟惚，惚兮恍兮，其中有象；恍兮惚兮，其中有物。窈兮冥兮，其中有情。其情甚真，其中有信。（第二十一章）

道之出言，淡乎其无味；视之不可见，听之不可闻，用之不可既。

（第三十五章）

老子的"道"是一个圆满自足的和谐体，它没有声音，没有形体，循环运行而永不衰竭。这个"道"是不能用言语来表达的，如果一定要用言语来表达，只能叫"强字"、"强名"，那就成了"道"的歪曲了的形式，即"非常道"。从"道"的表现形式来看，"视之不见"、"听之不闻"、"搏之不得"、"惟恍惟惚"等几种"道"的表现形式都是很难用感官来把握的，因而同样是不能用言语来表述的。基于这样的认识，老子极力贬低语言的表达作用，认为"道"一旦用言语表述出来，就很平淡而没有味道，并且反复申述说："圣人处无为之事，行不言之教。"（第二章）"大直若屈，大巧若拙，大辩若讷。"（第四十五章）"知者不言，言者不知。"（第五十六章）"信言不美，美言不信；善者不辩，辩者不善。"（第八十一章）

老子的观点，极力贬低语言的记录功能，这自然是不正确的，但其中也有正确的一面。语言是一个链条式符号系统，这一系统呈现出单维的线条性的特点。而客观世界则是纷纭复杂的，不可能完全以单维的序列出现，而往往呈现出多维的状态。因此，用语言这一符号自然不能完整地描述这个纷纭复杂的客观世界。

在哲学思想方面，庄子继承和发展了老子关于"道"的学说。庄子认为：

今且有言于此，不知其与是类乎？其与是不类乎？类与不类，相与为类，则与彼无以异矣。

是亦彼也，彼亦是也。彼亦一是非，此亦一是非，果且有彼是乎哉？果且无彼是乎哉？彼是莫得其偶，谓之道枢。

故为是举莛与楹，厉与西施，恢恑憰怪，道通为一。①

庄子认为，客观事物是齐同的，不分彼此，人们关于是非、然否的争论是出于私心成见。所以从"道"的观点来看，一切事物的彼此、认识上的是非等，都是道的"物化"现象，只是一种幻觉，因而是相对的，没有定准的，所以"彼"与"是"、"是"与"非"的区别是不存在的。既然客观事物是齐同的，之间没有对立关系，当然就不能够也用不着对事物进行区分，那么记录客观事物的词语也就没有用了，甚至哪怕是完全不同的词语，从"道"的角度来看，都是一样的，所以拿起一根小草与举起很重的柱子，丑女与西施，诙谐、狡猾与欺诈、怪异等等，都是等同的、不分彼此的。这种观点完全贬低甚至否认了语言的作用。

关于词语与它所代表的事物之间的关系，庄子说：

道行之而成，物谓之而然。

庄子认为，道路是因为人们行走的缘故才形成的，某一事物是人们把它叫成这种事物的，所以事物是由词语决定的。这就完全颠倒了"名"与"实"的关系。

既然事物是由词语决定的，词语本身没有任何意义，所以不如干脆一并取消，不表示便是最好的表示：

以指喻指之非指，不若以非指喻指之非指也；以马喻马之非马，不若以非马喻马之非马也。天地一指也，万物一马也。②

"指"与"马"是先秦思想界争论"名"、"实"关系的中心问题。先秦名家公孙龙曾提出"指非指"和"白马非马"的命题。"指非指"中前一个"指"是具体的"物指"，即由概念转化而来的事物，后一个"指"是抽象的概念本身；"白马非马"中，"白马"是指具体的马，"马"是指抽象的马的概念。庄子的

①②《庄子·内篇·齐物论》。

这段议论正是针对公孙龙的这一命题而发的，意思是，如果从概念（或词语）出发来说明与之对应的事物本身不是概念（或词语），不如用取消概念（或词语）的办法来说明与之相应的事物本身不是概念（或词语）；如果从"马"这一概念（或词语）出发来说明具体的马（如"白马"之"马"）不是马这一概念（或词语），还不如用取消"马"这个概念（或词语）的方法来说明马本身不是"马"这个概念（或词语）。因为如果说概念（或词语）"天地"是"一指"的，天地的一切只不过是一个概念（或词语）；如果说"马"，那么"万物一马"，"万物"都可以说是"马"。这从根本上否定了语言的记录功能与价值，成为彻底的"无名论"。

关于"言"、"意"（即语言与它所表示的意义）之间的关系问题，庄子提出了独到的见解：

> 世之所贵道者，书也。书不过语，语有贵也。语之所贵者，意也，意有所随。意之所随者，不可以言传也，而世因贵言传书。世虽贵之，我犹不足贵也，为其贵非其贵也。故视而可见者，形与色也；听而可闻者，名与声也。悲夫！世人以形、色、名、声为足以得彼之情。夫形、色、名、声，果不足以得彼之情，则知者不言，言者不知，而世岂识之哉！①

> 夫六经，先王之陈迹也，岂其所以迹哉！今子之所言，犹迹也。夫迹，履之所出，而迹岂履哉？②

> 荃者所以在鱼，得鱼而忘荃；蹄者所以在兔，得兔而忘蹄；言者所以在意，得意而忘言。③

上面的这几段话，主要是从五个不同的角度来论述"言"和"意"的关系。第一，庄子首先提出了"语之所贵者，意也"这一论点。庄子认为，世俗之人尊崇大道，全都依赖于书籍的记载，而书籍所记载的无非是语言文字而已。语言之所以得到人们的珍视，在于它能够表达一定的意思。文字是记录语言的书写符号，语言之所以可贵，在于它能够表达一定的意义。这种看法无疑是正确的。第二，庄子提出了"意之所随"的问题。"意之所随者，不可以言传也。"

---

① 《庄子·外篇·天道》。
② 《庄子·外篇·天运》。
③ 《庄子·杂篇·外物》。

这里的"意",指语言直接表达的意义,"意之所随"是指语言直接表达的意义之外所附带的言外之意。庄子认为,语言在所表达的意思之外还附带着言外之音,这种直接意思所附带的言外之音是很难用言语来表达的。庄子注意到"意之所随"的现象,提出"意之所随者,不可以言传"这一重要论点,这在语言学理论上是有贡献的。第三,庄子提出了"言不尽意"的观点。庄子认为,人们应该珍重的是大道,而语言文字不值得珍贵。这是因为,人们的视觉只能见到文字的形体,听觉只能察觉到语言中词的声音,而大道的实质精微玄妙,无法表达,形体和声音中是不可能反映大道的真实情况的。因此,最好的办法便是不说,即取消语言文字。这种观点,是无限地夸大了"意之所随"的结果。第四,庄子认识到了语言本身与语言所表达的意义之间的不同。庄子认为,"六经"是先王的陈迹(足迹),而"迹"是"履"踏出来的,"迹"并不等于"履",只是"履"所残留的印迹。这里,庄子把言语比喻成"迹",把意义比喻成"履",指出言语来自意义,但与意义不能等同。庄子区分二者的目的虽然是为了证明"言"在达"意"时,要么是无用的,要么是歪曲了的,但这种把语言本身同语言所表达的对象区分开来的做法,在语言学理论上显然是有益的。第五,庄子提出了"得意忘言"的问题。庄子认为,使用鱼筌的目的在于能抓到鱼,既然抓到了鱼,作为工具的鱼筌也就不需要了;兔弶是用来套兔子的,逮住兔子兔弶也就不需要了;言语的作用在于表达意思,掌握了意思,作为表达意思的工具——言语,也就不需要了。庄子的"得意而忘言",虽然其核心与目的是"忘言",但至少也包含着如下语言学思想:首先,"言者所以在意",言语本身并不是意义,而是表达意义的工具;其次,理解言语的目的在于掌握意义,如果仅仅固守着作为"在意"工具的"言",就掌握不了意义;再次,人们通过言语一旦掌握了意义,常会从大脑中暂时忘掉言语中的具体词语而只保留其大意,也就是说,人们在大脑中贮存和理解的往往是"意"(言语的内容)而不是"言"(言语的形式)。庄子的"得意忘言"说,包含有不少合理的成分,并对后世产生了很大的影响,其中"得意忘言"的言语理解过程,在今天已被心理学家和语言学家所证实。

此外,庄子还注意到语言与思维的关系问题。他说:

> 桓公读书于堂上,轮扁斫轮于堂下。……轮扁曰:"臣也以臣之事观

之，斫轮，徐则甘而不固，疾则苦而不入，不徐不疾，得之于手而应于心，口不能言，有数存焉于其间。臣不能以喻臣之子，臣之子亦不能受之于臣，是以行年七十而老斫轮。古之人与其不可传也死矣，然则君之所读者，古人之糟魄已夫！①

庄子以轮扁斫轮为喻，轮扁斫轮之技"得之于手而应于心"，而"口不能言"；"有数存于其间"，却不能"以喻臣之子"；其子也不能"受之于臣"。所以造成"行年七十而老斫轮"的结果。这里，庄子注意到了语言和思维相分离的情况。庄子认为，人的思维与语言并不一致，思维有时并不以语言为必要的条件，而呈现出与语言相分离的状态。这一观点虽然否认语言同思维的密切关系，片面夸大了语言和思维的分离性，但另一方面，承认语言与思维这两种范畴的不同，这在阐明语言和思维关系的问题上无疑是有积极意义的。

（二）孔子的"正名"论

儒家学派也非常重视语言问题。《论语·先进》说："德行：颜渊，闵子骞，冉伯牛，仲弓。言语：宰我，子贡。政事：冉有，季路。文学：子游，子夏。"可见，在孔子的教育中，德行、言语、政事、文学是必备的四科，言语是其中之一。孔子不仅注重语言教育，重视语言的表达功能，还非常强调语言运用中修辞的重要作用。他说：

> 质胜文则野，文胜质则史。文质彬彬，然后君子。②
>
> 辞，达而已矣。③

孔子认为，朴实超过文采，就难免粗鄙；文采多于朴实，就未免浮华。文采（形式）与朴实（内容）配合得当，才能成为君子。作为表达思想的言辞，能够用来表情达意就足够了。这里的"文"，虽然是指儒家的礼乐，但实际上也包括语言在内的。这里，孔子既强调语言的修辞作用，同时也反对过分浮华的辞藻。

在孔子的语言观中，最引人注目的是他的"正名"思想：

---

① 《庄子·外篇·天道》。
② 《论语·雍也》。
③ 《论语·卫灵公》。

齐景公问政于孔子。孔子对曰："君君，臣臣，父父，子子。"公曰："善哉！信如君不君，臣不臣，父不父，子不子，虽有粟，吾得而食诸？"①

　　子曰："必也正名乎？"

　　子曰："……名不正，则言不顺；言不顺，则事不成；事不成，则礼乐不兴；礼乐不兴，则刑罚不中；刑罚不中，则民无所措手足。故君子名之必可言也，言之必可行也。君子于其言，无所苟而已矣。"②

孔子的"正名"思想，是属于政治伦理的范畴，但显然又跟语言有一定的关系。春秋时代，社会、政治都发生了翻天覆地的变化，原有的名分与等级制度遭到一定程度的破坏。在这样的社会背景之下，孔子站在旧制度的立场上，维护像"君、臣、父、子"这些表示名分的词的旧有涵义，用旧有的政治伦理标准，来匡正这些词的内涵与外延，其最终目的是要恢复原有的制度和秩序，重新回到"君君，臣臣，父父，子子"的关系中去。在孔子看来，"君臣"、"父子"关系之"实"，是由"君臣"、"父子"关系之"名"决定的，如今"名"、"实"已经不符，就应该用规定的"名"使其关系重新回到原来的"实"，这就是所谓的"正名"。从政治伦理角度看，孔子的"正名"，是为了恢复旧有的秩序和制度，也就是回到原来的"实"。从语言学的角度来看，孔子的"正名"论要求人们在运用语言时要按旧的名分来理解、选择词语，可见，孔子是承认并尊重词的语音与语义之间的约定俗成性的。然而，语言不是一成不变的，由于社会的进步，语言的发展，"名"和它所代表的"实"偏离了最初的约定关系，造成了"名"不副"实"这一客观存在，这是一种自然的状况，而孔子企图用改变"实"的方法，使其回到原来的状态来解决这一问题，这当然是很难做到的。

（三）墨子的语言学思想

　　墨子是墨家学派的创始人。墨子的思想，保存在《墨子》一书中。《墨子》主要是关于哲学、逻辑学和自然科学方面的内容，自然也论及了语言方面的

---

① 《论语·颜渊》。
② 《论语·子路》。

问题。

"名"与"实"的关系，实际上是事物与所代表事物的词语之间的关系问题，这是语言学中最基本的问题。墨子对这一问题也有很好的解释：

> 所以谓，名也；所谓，实也。名实耦，合也。
>
> 声出口，俱有名。
>
> 故言也者，诸口能之出民者也。①

这里的"谓"是"叫做"、"称呼"的意思。"所以谓"是"用来作称呼的"，即"名"；"所谓"是指"所称呼的事物"，即"实"。"名"是用来称呼事物的，它必须"声出口"，即通过人的发音器官发出语音才能实现，因而属于语言范围的问题，"实"是"名"表示的对象，是属于社会存在的问题。"名"与"实"分属不同的范畴，但二者又是统一的。这样就讲清楚了"名"与"实"的关系。

墨子虽然强调"名"与"实"的一致性（名实耦，合也），同时也提出不能把它们混为一谈：

> 有之实也，而后谓之；无之实也，则无谓也。②
>
> 名，实名；实不必名。③

墨子认为，"实"是第一性的，"名"是第二性的。因为"名"只是事物的称呼，只有有了这种事物之后，才去称呼它，没有这种事物，就不能称呼了。更何况，"实不必名"，有些事物并不是非要有名称不可，"实"可以脱离"名"而客观存在。

墨子系统、科学地阐明了语言与逻辑思维的关系。概念是借助词语来反映客观事物的，关于概念的分类，墨子说：

> 名：达、类、私。④
>
> 物，达也。有实必待名多也。命之马，类也。若实也者，必以是名也。命之臧，私也。是名也，止于是实也。⑤

---

① ⑤《墨子·经说上》。

②《墨子·经说下》。

③《墨子·大取》。

④《墨子·经上》。

墨子把概念（名）分为三个大类：达、类、私。并解释说，"达"是最高的类概念，如像"物"这样的概念就是，包括了所有的事物；"类"是一般的类概念，如"马"就包括了各种各样的马；"私"是一个个别事物的概念，如"臧"是奴隶的私名，专指某一个事物，是个个体名词。墨子把词所表达的概念区分为三类，这在逻辑学和语言学史上都是值得推崇的。

关于语言与思维的关系，墨子提出：

以辞抒意。①

闻，耳之聪也。……循所闻而得其意，心之察也。……言，口之利也。执所言而意得见，心之辩也。②

这里的"辞"，是指言辞、句子。墨子认为，意义的表达是由句子来完成的，一个句子一般不能只有一个词，而是由几个相关而又相异的词组成的。"辞"又是怎样"抒意"的呢？墨子认为，听觉是耳朵的功能，言语是嘴巴的功能，心是思维器官，耳朵的听觉功能和嘴巴的言语功能都要通过"心"的"察"与"辩"来实现。墨子的这番话虽然说得很简略，但却科学地阐明了语言与思维的关系。在两千多年以前，墨子能有如此科学完整的论述，是不能不让人惊叹的。

（四）荀子的语言学思想

先秦时期对"名"、"实"问题论述得最为深入、精湛的，是战国末年的荀子。荀子的语言学思想，主要包括以下几个方面：

关于"名"的起源与社会作用，荀子说：

异形离心交喻，异物名实玄纽，贵贱不明，同异不别。如是，则志必有不喻之患，而事必有困废之祸。故知者为之分别，制名以指实，上以明贵贱，下以辨同异。贵贱明，同异别，如是，则志无不喻之患，事无困废之祸，此所为有名也。③

荀子认为，不同的事物如果让名称和实际内容混乱地纠缠在一起，那么事物的

---

① 《墨子·小取》。
② 《墨子·经上》。
③ 《荀子·正名》。

相同与相异就不能区别，社会地位的高贵与卑贱就不能彰明，这样，意义就一定有不被理解的忧患，事情也一定会有陷入困境而被废弃的灾祸。所以为了区分不同的事物，要"制名以指实"，即创制词语来表达各种事物。如此看来，对于一个社会来说，语言是必不可少的，语言中的词语是为了满足社会内部人们交际的需要而产生的。这实际上涉及到了语言的起源问题。创制词语来表达、区别各种事物，是出自人类社会对交际的需要。由此可见，荀子不但认识到语言交际对于社会存在所起的重大作用，而且还阐明了语言中词语起源的社会原因。

那么，如何区别语言中词语的相同与相异呢？荀子说：

> 然则何缘而以同异？曰：缘天官。凡同类、同情者，其天官之意物也同，故比方之疑似而通，是所以共其约名以相期也。形体、色、理，以目异；声音、清浊、调竽、奇声，以耳异；甘、苦、咸、淡、辛、酸、奇味，以口异；香、臭、芬、郁、腥、臊、洒、酸、奇臭，以鼻异；疾、养、沧、热、滑、铍、轻、重，以形体异；说、故、喜、怒、哀、乐、爱、恶、欲，以心异。心有征知。征知，则缘耳而知声可也，缘目而知形可也，然而征知必将待天官之当薄其类然后可也。五官薄之而不知，心征之而无说，则人莫不然谓之不知，此所缘而以同异也。①

荀子认为，应该凭借人天生的感觉器官和思维器官来区别语言中词语的相同与相异。因为客观事物的相同相似或相异，在人的感觉器官中的反映也必然相同相似或相异，据此就可以约定一个共同的名称来称呼它。"目"、"耳"、"口"、"鼻"、"形体"等感觉器官对各种事物进行了区分以后，思维器官（心）才能发挥其思考理解的作用。由此可见，荀子已经认识到，语言的产生，一方面是由于社会交际的需要，另一方面是由于人类有一个进步的思维器官（心），思维器官（心）在词语的创制中起了重大的作用，同时语言中的词语在反映事物方面也具有一定的客观性。

什么是"名"？"名"是怎样产生的？荀子彻底、科学地解释了这个问题。他说：

---

① 《荀子·正名》。

名也者，所以期累实也。辞也者，兼异实之名以论一意也。

　　名无固宜，约之以命，约定俗成谓之宜，异于约则谓之不宜。名无固实，约之以命实。约定俗成谓之实名。名有固善，径易而不拂，谓之善名。①

荀子指出，"名"是人们用来相互约定从而联系各种事物的，言语是并用不同事物的名称来阐述一个意思的。"名"的产生，并没有本来就完全合宜的，而是完全由社会来约定，约定俗成了就可以说是合宜的，和约定的名称不同就是不合宜。名称并不是本来就要代表某个事物，而是人们相约给实际事物来命名的，约定俗成以后就把它称为某一实际事物的名称了。名称有本来就很好的，简易直接而不违背事理的名称就是好的名称。荀子提出的"名无固宜"、"名无固实"、"约定俗成"的观点，在中国语言学史上具有重要的意义，因为他首次阐明了语言的社会本质，正确说明了词语的意义和它所表示的客观事物之间没有必然的、本质上的联系，它们的关系是任意的，是由社会约定的。

　　荀子第一次明确了词和短语的区别。他说：

　　单足以喻则单，单不足以喻则兼。单与兼无所相避则共，虽共，不为害矣。②

"单"一般指单音节词，"兼"一般指短语。这段话用现代的话来说，就是：能用单音节词表明的就用词，不能用单音节词表明的就用短语。词和短语之间如果没有冲突或相违背的，即虽然有具体的差别而性质相同的，就共同使用一个名称。

　　荀子还从概念的大小角度出发，在不同层次上，把"名"分为"共名"和"别名"两类。他说：

　　故万物虽众，有时而欲遍举之，故谓之物。物也者，大共名也。推而共之，共则有共，至于无共然后止。有时而欲偏举之，故谓之鸟兽。鸟兽也者，大别名也。推而别之，别则有别，至于无别然后止。③

荀子认为，万物虽众，词语所表示的概念也有大有小，但都可以通过"共名"或"别名"把它们组成一个完整的认识系统。"共名"之上还可以有一层层的

---

①②③《荀子·正名》。

系统，每一层"共名"的下面就是"别名"，"别名"之下还可以有一层层的"别名"，"别"的最下一层就是"无别"。这种对"共"与"别"的相对性的认识，反映出对"名"的分类上具有一定的进步意义。

荀子还提出用词要以诸夏的雅言为标准：

> 散名之加于万物者，则从诸夏之成俗曲期。远方异俗之乡，则因之而为通。[1]

"诸夏"就是中原地区的华夏民族，他们所使用的"雅言"是当时的普通话。荀子提出，赋予万物的各种具体名称要依从中原地区华夏民族已经形成的习俗与各方面的约定，远方不同习俗的各个地区，要依据这些名称来进行交流。这种提倡推广"雅言"（普通话）的思想，对于二千多年以前的荀子来说，是一个难能可贵的卓越见解。

以上先秦诸子的语言学思想，是中国古代语言学史上绚丽的奇葩，也是我国灿烂辉煌的古代文化的一个组成部分。随着对我国传统文化的进一步发掘，先秦诸子的语言理论将得到更深入的研究、发扬。

---

[1]《荀子·正名》。

第五章
文学艺术娱乐的草创

先秦时代，中国先民从蒙昧走向文明，创造了灿烂的古代文化。作为文化的重要组成部分，先秦文学，也掀开了中国文学辉煌的第一页，并为后世文学奠下了坚实的基础。要了解中国古代文学，乃至要了解中国古代思想与文化，先秦文学都是不可忽视的内容。

但是，由于年代的久远，今天我们所能看到的原始形态的先秦文学是很有限的。从现存文献出发，我们可以为先秦文学勾勒出一条简单的发展轨迹。

首先占据一席之地的是远古神话。神话是人类蒙昧时期对世界的充满幻想的解释，是各个民族在诞生初期必然经历的一段幼稚。然而，由于周人的深刻理性认识，远古神话逐渐被历史化，失去了它原始天真的质朴。但从《山海经》、《楚辞》等文献中钩沉出来的远古神话片断，仍然可以构成一个古灵精怪的神话世界。

神话之后，诗歌开始兴盛起来。从无到有之中，产生最早而又最具文学色彩的莫过于诗歌。先民偶然的一声叹息，便留下今天我们所能见的最古老的诗歌。可以想象，先民在原始古朴的劳动中，在庄严神秘的祭祀中，一定创造出大量原始的歌谣，可绝大部分却已经湮没在历史的长河中。到了周代，具有高度政治理性的周人对诗歌的政教作用给予了充分的认识，并在这种认识指导之下集结出中国历史上第一部诗歌集《诗》。《诗》的政教作用战国以来被强化，渐渐成为儒家神圣的经典。而以今天的眼光看来，《诗经》的重要地位不仅仅在于它是儒家经典，也不仅仅在于它从各个方面展现了商周数百年间的风情画卷，极具上古文化史的参考价值，更在于它开创了中国文学创作的种种手法，是古代文学的源泉，在中国文学史有着重要地位。

相较于《诗经》不可动摇的经典地位而言，先秦诗歌的另一大类楚辞自产生以来，便屡遭非议。楚辞是战国中后期产生于楚国的诗歌，它综合吸收了包括《诗经》在内的前代创作成果，又深受当时散文创作兴盛局面的影响，因此，它一变《诗经》四言之章句，古朴之语言，而代之以铺张之声势，谲怪之想象，华美之语言，成为先秦文学乃至整个中国古代文学中一奇丽的瑰宝。关于这种变异的形成，不少学者从南北文化差异加以探讨。① 南北差异固然为一个方面，然而，从朴素走向华美，也是文学发展初始阶段的一个必然。这种独创于经典之外的差异，使后人既对其背离经典颇有微词，又不得不折服于其非凡的文学成就。不管如何分说，楚辞的主要创作者屈原都以其特立独行的人品、高洁超远的理想、九死不悔的执着、风华绝代的艺术成为中国历史上第一个伟大的诗人。

诗歌之外，先秦文学值得大书一笔的是散文。文字产生不久，散文就开始萌芽。② 经历了漫长的发展阶段，直到战国，散文才趋于成熟。成书于春秋战国之交的《论语》虽然仍只有只言片语的记录，但语言精炼、刻画生动，已经

---

① 关于这一点，论者颇多。可参考刘师培：《南北文学不同论》，见《刘申叔遗书·南北学派不同论》，南京，江苏古籍出版社，1997。

② 如甲骨文上的一些简短的记叙文字。可参考郭沫若：《卜辞通纂》，北京，科学出版社，1983。

初步具有文学风味。其后战国诸子纷纷以言语论辩之利，鸣一家之言。《墨子》、《孟子》、《荀子》、《庄子》、《韩非子》无不长于辩论，善于说理，同时又各具特色。而史家记言记事的传统在此时也被加以敷衍扩张，《国语》、《左传》等一批历史散文相继问世。它们的特点是人物生动鲜明，情节曲折变幻，在记史的同时，又具有较高的文学价值。战国时代百家争鸣的特定历史条件下，散文一体大放异彩，成为后世文章之典范。

先秦文学最大的特点是文学还没有成为独立的部门，与哲学、史学紧密地结合在一起，文学还是士人不自觉的创作。但是，先秦时代所奠定的文学基础，使中国成为当之无愧的诗的国度和散文的国度。

一、文学思想的萌生

文学是一个历史的概念，其产生、发展、传承都是随具体历史的发展而更迭的。考察先秦时代的文学，首先必须在先秦的历史背景下，对当时的文学概念、文学思想作出分析。

先秦的文学有比较广泛的含义，包括了今天所谓的纯文学、学术、学问以及文物典章制度等。"文学"最早出现在《论语·先进》中，是作为孔子教授的四科之一（其余为德行、言语、政事）提出的，孔子的学生子游、子夏都以文学著称。对此概念，注疏家一般都解释为六艺之学或文章之学，即经学。其后，墨子、荀子、韩非子等都提到过文学。他们往往将文学与学问、学术等同。诸子文中的"文学之士"，基本含义与今天的"知识分子"相似。刘勰在《文心雕龙·时序》中谈战国文学时，涉及了三个方面：经学、诸子哲学、辞赋。如果再加上历史著作，就较为全面地概括出先秦文学涉及的范围。

由于诸子著作、历史著作分别在思想上、史学上具有更重要的价值，我们把先秦文学探讨的重点放在《诗经》与辞赋上。但并不因此而否定或忽视先秦诸子与历史著作的艺术价值，尤其是其中反映出的时代的文学思想。

（一）孔子及儒家文学思想

由于典籍资料的缺乏，对于夏、商两代是否已有文学思想的萌芽，我们是不敢妄言的。"惟殷先人有典有册"①，商代肯定已产生了文字，这一点从近代殷墟遗址及甲骨文的出土可以得到证明。根据现代对甲骨文的研究成果，其内容是记录预测祸福吉凶的占卜活动。而在一些商代铜器上，还保有一些铭文，大体内容为记叙贵族的功绩与封赏。甲骨文可以看作一种幼稚的记叙体，并不能找到与文学有关的文字。

但《尚书》中有一句话引起了人们的注意。《尚书·虞书·尧典》："诗言志，歌永言，声依永，律和声。"《尚书》有《虞书》两篇，记载的唐虞时代政治家的言行，其历史相当久远。但《尚书》的集结大约在西周后期，据《史记·孔子世家》，孔子还曾经修订过《尚书》。因此，一般认为这句话或许出现在尧之时，但肯定经过了周人的加工处理，从而带有周人的思想色彩。从此，"诗言志"成为中国文学理论，尤其是诗论的"开山的纲领"②，在诗歌的创作上一直占据着正统的地位。

然而，"诗言志"还具有更重要的意义。《说文解字》："诗，志也"，"志，意也"。诗与志，已有天生的必然联系。再看《尧典》中的原文：

夔命汝典乐，教胄子，直而温，宽而栗，刚而无虐，简而无傲。诗言志，歌永言，声依永，律和声。八音克谐，无相夺伦，神人以和。

上古时代，诗、乐、舞三位一体。在周人看来，诗、乐、舞并不是单纯的娱乐活动，"典乐"的目的是"教胄子"，通过诗歌的娱情作用对贵族子弟产生一种道德上的教化或感化，从而完成对贵族子弟的人格塑造。这就是周人的礼乐教化制度。因而文中的志不仅仅是意——人的精神情感活动，它还带有一种道德化的倾向，比一般的情意更具有理性意识。作为礼乐文化的一部分，"诗言志"向我们传达出这样的信息：起码在周人时，文学创作思想就已经与道德、政治联系在一起了。

其后，孔子直接继承了周人的这种思想，并作了多方面阐发。终其一生，孔子都以恢复周代礼乐制度，继而实现大同社会为其政治理想。因此，他的文学思想也紧紧围绕这一目的。

孔子思想的核心是"仁"，这一核心同样体现在他的文学思想中。仁的内

---

① 《尚书·周书·多士》。
② 朱自清：《诗言志辨·序》，上海，华东师范大学出版社，1997。

涵非常丰富，仁者爱人，表现在两个方面：一是己所不欲，勿施与人；二是己欲立而立人，己欲达而达人。然而这两方面都是很难做到的。这就需要用"礼"来制约人，使其朝仁的方向发展。礼的实现不是通过强制，而是通过教化使人自觉地为仁。所谓"兴于诗，立于礼，成于乐"①。就是要以礼为立足点，用诗、乐来感发、教化人。诗、礼、乐都是实现仁的手段。诗显然属于文学，而礼乐呢？孔子认为"文之以礼乐，亦可以为成人矣"②。礼乐也是文的重要组成部分。一方面，礼用亲疏贵贱尊卑将人与人区分开来；另一方面，乐又欣喜欢爱地将人与人合同起来。礼乐教化就是要建立有序而集中的社会制度。可见，在孔子看来，文学的目的或核心是实现"仁"，而其直接的社会作用则是为礼乐制度服务。

对于文学的作用，孔子认为最重要的是兴、观、群、怨。《论语·阳货》："小子何莫学夫《诗》！《诗》可以兴，可以观，可以群，可以怨；迩之事父，远之事君；多识于鸟兽草木之名。"《诗》是礼乐制度的一部分，甚至就是礼乐制度的基础。"不学《诗》，于礼谬"③，诗有很重要的地位，却不能独立地存在，始终是社会政治的附属物：

所谓"兴"，即"感发意志"④。诗可以感染和启发人的思想感情并引起联想，以达到理性上的启发。最典型的例子就是子夏向孔子问《诗》"巧笑倩兮，美目盼兮，素以为绚兮"的含义，孔子没有直接回答，而是说："绘事后素。"子夏从这里受到启发，将文学、绘画艺术与礼乐联系起来，认识到礼必须以仁义为质，礼之于仁如粉素之于绘画，有文饰之作用。这就是孔门以"兴"来教学的方式，它成功地启发了学生的理性思维。

所谓"观"，即"观风俗之盛衰"⑤。诗歌反映了一时一地的社会生活，由诗可以观察社会生活的好坏，评价社会风气，反映人民愿望，借以考见政治之得失。

---

① 《论语·泰伯》。
② 《论语·宪问》。
③ 《礼记·仲尼燕居》。
④ 朱熹：《四书章句集注·论语集注》，北京，中华书局，1983。
⑤ 《论语正义》，郑玄注，上海书店，1986。

所谓"群"，即"群居相切磋"①。群体之间用诗来交流思想，以加强不同意见的相互协调，促进感情的融合，营造出较为宽松的气氛。如西周、春秋时，在重大的场合上，人们往往称引《诗经》中的句子来表达自己的意见。这种方式比直说更为委婉有效，体现出礼乐文化氛围。

所谓"怨"，即"怨刺上政"②。诗歌可以用来表达对现实政治的不满，甚至可以提出批评。借此以泄导人情，并引起在上位者的警觉，对错误政治加以更正，起到补察时弊的作用。

兴观群怨是礼乐制度下诗的四种功能，更广泛地说，就是孔子所认定的文学的四种社会作用。可见，孔子看重的不是诗本身的艺术价值，而是诗对礼乐教化起直接作用的实用性。所以学《诗》才"迩之事父，远之事君"。

除了社会作用，文学对个人修养也起了很大的作用。《论语·子路》："诵《诗》三百，授之以政，不达；使于四方，不能专对：虽多，亦奚以为！"前已说过，孔子以德行、言语、政事、文学四科教授学生，文学排在最后，但这并不是文学的重要性不如前三者。实际上，文学是前三者的一致的基础。会背很多诗没有多大作用，重要的是会灵活地运用诗歌，使诗歌在从政、出使时发挥作用。因此，孔子所强调的个人修养不是借诗来陶冶性灵，而是利用诗的社会作用来加强人的政治素养，而且是礼乐制度下的政治素养，其根本目的还是为礼乐制度服务。

从为礼乐制度服务的作用出发，孔子又制定了文学批评的标准——思无邪。思无邪原出于《诗经·鲁颂·駉篇》，思是句首发语词，无实义。而所谓无邪，是指诗歌在感情、韵律、语言上的中正平和之美。《礼记·乐记》云："中正无邪，礼之质也。"礼的本质反映在文学上，就是遵从"无邪"与"中和"的审美标准。孔子认为《诗经》即符合此标准。按此标准，孔子又提出了文与质、美与善、哀与乐等相对的概念。

文与质、美与善，其实就是形式与内容的关系问题。既然孔子认为文学必须为礼乐制度服务，那么他讲求的是文学的实用性，因而文学作品的内容是相当重要的，所以，"言之无文，行而不远"③、"辞达而已矣"。同时，正如要用

---

①② 孔安国注：《论语正义》，刘宝楠注，北京，中华书局，1990。

③《左传》襄公二十五年。

礼来文饰仁一样，内容也必须有好的形式，才能真正完成感染、启发性的教化制度。以郑国的辞令为例："为命，裨谌草创之，世叔讨论之，行人子羽修饰之，东里子产润色之。"① 成功的辞令不能缺少修饰、润色的环节以达到形式上的完美。内容与形式同等重要，孔子指出："文犹质也，质犹文也。""质胜文则野，文胜质则史。文质彬彬，然后君子。"真正完美的作品，应该是完美内容与完美形式的和谐统一。在谈到《韶》与《武》两首乐曲时，孔子认为《韶》乐尽善尽美，即兼有完美的内容与形式；《武》则尽美而未尽善，即内容上有缺陷，达不到完美的标准。原因在于《武》是颂扬武王伐商的作品，曲中带有杀伐声。美善所反映的仍是孔子文质并重的观点。

哀与乐则涉及到文学作品的情感问题。孔子认为哀乐都是人的情感且体现在文学作品中，但他不赞成情感的过分的宣泄，而标榜一种有节制的情感抒发。如《诗经·周南·关雎》就表现了"乐而不淫，哀而不伤"② 的情感。这种恰如其分、中正平和的思想就是"无邪"。

无邪或中和的审美标准的思想基础仍在于仁。文学作品内容的尽善须符合仁的内核，也就是说首先要有仁、善的内容，表达一种普遍的"爱人"的思想。例如抒发对国家、君主、情人、民众的热爱之情。由仁出发，又需要礼来配合与节制，分清秩序与等差。所以内容也必须有配合适当的、合情合理的形式，将情感的表现限定在礼的范围之内。这就是温柔敦厚的诗教。

总之，在为礼乐制度服务的目的之下，孔子对文学持肯定的态度，但并没给予文学以独立的地位。

孔子之后的儒家代表人物孟子与荀子继续对孔子的思想作了发挥。

孟子的主要思想观点是性善论与王道论。他本人以好辩著称，游说于诸侯之间，常借诗阐释自己的观点，形成中国文学史上较早的诗论。他的文学思想有以下几点：

1. 以意逆志

《孟子·万章上》中孟子答咸丘蒙曰："故说诗者，不以文害辞，不以辞害志；以意逆志，是为得之。如以辞而已矣，《云汉》之诗曰：'周余黎民，靡有

---

① 《论语·宪问》。
② 《论语·八佾》。

子遗。'信斯言也，是周无遗民也。"

孟子主张不要拘泥于字面对诗作刻板的理解，而要根据自己的感觉，从整体上去体会、领悟作者的思想。较之西周、春秋时代断章取义的称诗、引诗等，"以意逆志"注重整体把握，更能准确地理解诗的内涵，应该说是比较进步的用诗方法。但同时，这种方法带有很强的解诗者的主观色彩，在体会作者本意时仍是尽量为我所用，照主体的需要去理解诗，因而在实践上其牵强附会与断章取义并无二致。

2. 知人论世

《孟子·万章下》曰："颂其诗，读其书，不知其人可乎？是以论其世也。"在读古人的诗文时，不能不了解这个人。要了解古人，不能不了解他所处的时代。后人将这一点总结为"知人论世"，涉及到了作品与作者、时代的关系，不失为一种比较科学的文学批评方法。但孟子自己在论诗时，往往本着为礼乐道德服务的目的，有意识地将结论引向儒家道德层面，其论述往往带有主观性。

"以意逆志"和"知人论世"讲的都是分析理解文学作品的方法。后人将两者结合起来，联系作者的生平与时代特征，对作品作具体的分析，能得出较为全面、客观的结论。

3. 知言养气

《孟子·公孙丑上》曰："我知言，我善养吾浩然之气。"孟子又解释知言即："诐辞知其所蔽，淫辞知其所陷，邪辞知其所离，遁词知其所穷。"知言也就是善辩，有极好的辨别力，善于抓住言辞的漏洞。浩然之气是充塞于天地之间的至大至刚之气，用正直来培养，与道义相配合，其实就是指一种自我修养的精神境界。可见，孟子所讲"知言养气"是个人的道德修养问题，并未涉及文学。后人将它吸取阐发为对文学的鉴别力以及作者应有的素养才气，提出了形形色色的"文气说"。

4. 与民同乐

孔子对新乐是大肆反对的，而孟子却正好相反，他认为不管是新乐还是古乐，只要是与民同乐，便是好的音乐，那么今天的音乐跟古代圣王的音乐并无区别。这反映了孟子重视人民思想，同时也反映了孟子在文学艺术上并不厚古薄今，而是对文学艺术加以利用改造，为自己的政治理想服务。这一点上他比孔子进步。

荀子的思想亦出于孔子，与孟子却有很大的不同。荀子主张"性恶"论与"法后王"，更多继承了孔子的礼乐传统，并辅之以严厉的"法"。因为人性本恶，所以后天的学习教育就十分重要，而文学艺术在教育文化中所起的作用是显而易见的。因此，荀子非常重视文学，并将之紧密联系在礼法制度下。

《荀子·乐论》是一篇专门论述音乐的文章，其中谈到了乐与礼、诗歌的关系，包含了较多文学思想。首先，荀子认为音乐是个人生理与心理的需要，是人的感情的表达流露，其产生是不可避免的。诗、乐、舞三位一体，所以诗歌也是人表达感情的需要。在这一层次上，他肯定了人的欲望。其次，人的欲望是有好有坏的，那么必须通过音乐来引导制约人的欲望与情感，使之向好的方向发展。这种引导教化的音乐当然应该遵从礼的需要。礼的作用是区分等级，乐的作用是使民众合同统一。礼本身也有高下之分，"至备"的礼"情文俱尽"，感情与文饰都要充分地展开。在抒情时，要符合礼义之文。符合礼义，必须以圣人和典籍为根据。最后，他论述了音乐的巨大社会作用，指出音乐是"天下之大齐"、"中和之纪"。

荀子对音乐及文学的重视是毋庸置疑的。但他的文学观是以礼法为中心展开的，极端夸大了文学的政治社会作用。在五经中，《礼》是最重要的，荀子甚至提出要"隆礼义而杀《诗》、《书》"①。他的目的是强调诗书（也即文学）对礼法（也即政治）的从属性、宣扬音乐（包括文学）的巨大教化作用，以为礼法服务。所以他说要"修宪命，审诗商，禁淫声"②。正是因为荀子对文学的此种重视，他又主张实行严厉的文化专制，反对一切不合礼法的文学，实际上大大束缚了文学的发展。

（二）道家和法家的文学观

先秦儒家之外，对文学理论产生大的影响的学派应是道家和法家。

老子、庄子是道家的代表人物。道家崇尚天道自然，尚虚贵无，主张无

---

① 《荀子·儒效》。
② 《荀子·王制》。

为。《老子》云："美言不信，信言不美"；"知者不言，言者不知"；"善者不辩，辩者不善"。其中包含着辩证的思想，但对文艺持基本否定的态度。

《庄子》一书具有很高的艺术价值与思想价值，书中很少谈论文学，但有很多思想都对后世文学起了不可估量的影响。

由于崇尚自然，反对人为，所以庄子基本上也是反对文学的，他说："中纯实而反乎情，乐也；信形容体而顺乎文，礼也。礼乐遍行，则天下乱矣。"①礼乐违背了人的自然天性，是天下祸乱的根源。而艺术品虽然有美丑之别，"其与失性一也"，都是对自然天道的破坏。对此，他提出"绝圣弃知"，"灭文章，散五采"②。而从另一角度来说，肯定了自然，也就肯定了自然所具有的美；对美的肯定，也就肯定了符合顺应自然美的文学。自然美可以是朴素天然的美，而且这种美并非不加选择的粗陋，而是"既雕既琢，复归于朴"，是经过提炼而重归于自然的素美。自然美也可以是反映真实情感的天真的美，不真不诚，不可以动人，"真者，所以受于天也，自然不可易也"③，即提倡以真性情打动人的文学。

与老子一样，庄子也有辩证的语言与情感的关系阐述。文学是语言的艺术，必须依靠语言来表情达意。而语言是否能真实而准确地传达情感呢？庄子在多处用玄妙、模糊的语言表述他的观点，归纳起来有两点：言不尽意与得意忘言。"意之所随者，不可以言传也"④，可以用语言谈论的是事物的粗略部分，而意识所考虑得到的是事物的精微部分。所以语言不能完全地表达情感、意识，即"言不尽意"。所谓"得意忘言"，语言的目的是为了传达意志，其本身并不重要，只要听者领会到意志就完成了它的使命。这一论点在文学批评史上产生重要影响，它使后人重视到言外之意与象外之旨，形成中国文学独特的审美风尚。

法家早期代表人物是商鞅、申不害、慎到，理论上的集大成者则是韩非，实践上的体现者是李斯。据说韩非、李斯都是荀子的学生。从韩非的思想（包

---

① 《庄子·缮性》。
② 《庄子·胠箧》。
③ 《庄子·渔父》。
④ 《庄子·天道》。

括文学思想）来看，继承了荀子的许多观点且将之发挥到极致。荀子所讲求的礼法与法家已经相当接近了。韩非则以法治为其思想核心。"道法万全"，法能解决社会政治生活中的一切问题，一切事物的存在都以其是否有用于法政为衡量标准，表现出极端的功利主义。从这一点出发，韩非依据对法治的有用性评判文学。

"礼为情貌者也，文为质饰者也。夫君子取情而去貌，好质而恶饰。……夫物之待饰而后行者，其质不美。"① 他认为文是质的装饰，是君子所厌弃的东西，只有本质不美的才需要文饰。即使本质美的事物，文饰也只会妨碍它的美好。如著名的秦伯嫁女、买椟还珠的寓言，反而取得"以文害用"的后果。所以韩非尚质、尚用而轻文。在《五蠹》里，韩非将文学之士指斥为祸乱国家的五种蠹虫之一："儒以文乱法"、"文学者非所用，用之则乱法"，并明确地提出"息文学而明法度"。后来李斯建议秦始皇焚毁诸子百家之书而以法为教、以吏为师，与韩非的这一观点不无关系。

韩非虽然完全否定了文学，但在实践上，他却不能抹杀文学存在的必要。宣扬自己的思想，使之为人所接受，固然需要文学，连法家所重的法令文书也在文学之列。韩非在这些方面也作了论述。"书约而弟子辩，法省而民讼简。是圣人之书必著论，明主之法必详事"②。《韩非子》论点鲜明，分析事物有理有据，层层深入，以大量譬喻作为论据，条理清楚，具有很强的说服力，充分体现了他对论说文章的文学要求，也从反面证明了完全否定文学的褊狭。

（三）《诗大序》

汉代毛苌所传《诗》称为毛诗。毛诗在每首诗前都有文字说明诗的背景和寓意，称为《诗序》，一般又将《诗经》首篇《关雎》的序言称为《大序》。《诗大序》的作者一直众说纷纭，没有确论，曾有人总结出十六种说法。③ 但有一点得到公认，即《诗大序》是先秦儒家诗乐论的总结，体现的是正统儒家的思想。

---

① 《韩非子·解老》。
② 《韩非子·八说》。
③ 张西堂：《诗经六论》，上海，商务印书馆，1957。

对于诗歌的产生，《诗大序》肯定为是情感、意志的产物："在心为志，发言为诗"、"情动于中而形于言"。情感抒发又必须依从礼义："……发乎情，止乎礼义。发乎情，民之性也；止乎礼义，先王之泽也。"之所以要用礼义来约束，是因为《诗大序》的作者充分认识到了诗歌的社会作用："故正得失，动天地，感鬼神，莫近于诗。先王以是经夫妇，成孝敬，厚人伦，美教化，移风俗。"强调统治者利用诗歌来教化人民，并提出诗歌的美刺作用，即"上以风化下，下以风刺上"。诗歌社会作用的产生在于它能反映出社会现实："治世之音安以乐，其政和；乱世之音怨以怒，其政乖；亡国之音哀以思，其民困。"这正是儒家礼乐传统下的诗教说，它并非汉人的初创，而是周代宗法礼乐文化必不可缺的一部分。

《诗大序》提出了诗的六义：风、赋、比、兴、雅、颂。对于六义的具体含义，至今没有明确的解释，一般认为，风、雅、颂是对《诗经》作品形式的划分：风是地方诗歌，雅是周王朝中央地区的诗歌，颂是祭祀祖先的庙堂之歌。赋、比、兴则是不同的艺术表现手法。

二、诗歌总集——《诗经》

原始人在劳动时，常常随着劳动的节奏与韵律发出呼号声，这种呼号声逐渐与语言、情感结合在一起，产生了原始的诗歌。在先秦的典籍中，还能找到一些原始诗歌的踪影。《吕氏春秋·音初篇》中有首《候人歌》："候人兮猗！"只有两个实词，两个叹词，却表达出具体的意义与表情，可以说已经是完整的诗了。《吴越春秋》（汉代作品）中载有一首《弹歌》，据说是黄帝的歌谣："断竹，续竹，飞土，逐宍。"（"宍"是古"肉"字，意为禽兽）它记录了狩猎的全过程，并且表现出了狩猎时尘土飞扬的特征，还带有原始的节奏，无疑是一首原始的诗歌。随着社会生活的发展，语言的丰富，诗歌的内容与形式也渐渐丰富起来，终于形成了第一种成熟的诗体——四言体诗，产生了文学史上第一部诗歌总集——《诗经》。

（一）《诗经》的采集与整理

《诗经》所收诗歌，从西周初年（前 11 世纪）一直到春秋中叶（前 6 世纪），历时五百多年；它所涉及包括的地域，从今天的陕西一直到山东、湖北等地。这样大的时间和空间跨度，在当时的生产条件下，如何搜集、整理各地诗歌，以形成这样一部规模宏大的诗集，是令后人揣测不已的问题。

汉代人认为周代有采诗的制度。班固《汉书》曾多次提及，《艺术志》："故古有采诗之官，王者所以观风俗，知得失、自考正也。"《食货志》："孟春三月，群居者将散，行人振木铎徇于路以采诗，献之大师，比其音律，以闻于天子。故曰王者不窥牖户而知天下。"这种说法实际上来源于汉代设立乐府的事实。在信息相当不发达的古代，各地的歌谣（不论是民间创作还是贵族创作）很难都流传到其他地方；分封制的政治形态使私人也没有能力收集各地诗歌，只有中央集权的天子才能召集、命令"行人"采诗。所以，采诗说还是有合情合理的成分。《诗大序》："国史明乎得失之迹，伤人伦之废，哀刑政之苛，吟咏情性，以风其上，达于事变而怀其旧俗者也。"此处谈的是变风与变雅的创作，透露出"作"诗的是国史。西汉时的《孔丛子·巡狩篇》云："古者天子命史采歌谣，以观民风。"国史是周天子派往各国的史官，在记史之时兼记各国产生的诗歌大概也是其职责。《孟子·离娄下》："王者之迹息而《诗》亡，《诗》亡然后《春秋》作。"春秋中期以后，周天子威仪不再，礼崩乐坏，宗周式微，诸侯国不再把天子以及王官看在眼里，史官在诸侯国地位尴尬，"王者之迹息"，而诗的采集也就消失了。

但是，《诗经》中真正出自里巷的歌谣并不多。毕竟在那个只有极少数人能够学习文化的时代，不可能有大规模的创作活动。从三百篇（包括《国风》）来看，多数创作者都是有身份、地位的人。如此，另一种说法则更显得持之有故。《国语·周语》："天子听政，使公卿至于列士献诗，瞽献曲，史献书，师箴、瞍赋、矇诵。"① 战国时代距古更近，其文献应该具有较高的可信度。究竟哪种说法更符合历史的本来面目，抑或两种兼而有之，还需要更可靠的出土资料来做深入研究。

诗歌收集到中央后，还要经过编辑与整理。从事这一工作的应是王室的乐

---

① 类似的记载还见于《国语·晋语》："吾闻古之王者，政德既成，又听于民，于是乎使工诵谏于朝，在列者献诗，使勿兜，风听胪言于市，辨袄祥于谣……"《左传》襄公十四年亦有类似记载。

官。《周礼·春官·大师乐》："大师教六诗，曰风、曰赋、曰比、曰兴、曰雅、曰颂。"师，就是乐官，他们在传授诗歌时，自然会对诗歌进行整理加工，其中也包括修饰润色等艺术上的加工。孔子也曾整理过《诗经》。《史记·孔子世家》："故孔子不仕，退而修《诗》、《书》、《礼》、《乐》。""古者，《诗》三千余篇；及至孔子，去其重，取可施于礼义，上采契、后稷，中述殷、周之盛，至幽、厉之缺，始于衽席，……三百五篇，孔子皆弦歌之。"后人多由这段话认为司马迁提出了孔子出诗说，而由话里看来，司马迁并未明确指出孔子删去了大部分诗。古时诗有三千余首，到孔子时，可能已经不全了。此段前还有云："孔子之时，周室微而礼义废，《诗》、《书》缺。"孔子自己说："吾自卫反鲁，然后乐正，《雅》、《颂》各得其所。"① 可见，孔子对《诗》所作的主要是整理编辑工作。《诗经》在先秦时称为《诗》，或《诗三百》，正因为孔子对它的整理与传授，到汉代时，《诗》被尊称为《诗经》。

（二）《诗经》的思想内容

《诗经》分为三部分：风，包括十五国风，有诗一百六十篇；雅，包括大雅、小雅，有诗一百零五篇；颂，包括周颂、鲁颂、商颂，有诗四十篇。前面已经说过，风、雅、颂是按照音乐作的划分，不同的音乐，又包含有不同的思想内容。一般认为，雅诗，是周王朝直接统治地区的音乐。雅，正也，也就是说，周王朝中央所在地的音乐是正统的音乐。这种音乐可能用于一般的朝庭礼仪、宴飨等正式场合。之所以分为大、小雅，大概与其乐调及应用有关。从形式上看，《大雅》较长，《小雅》较短；从内容上看，《大雅》多为歌颂祖先与神明的赞美颂扬的诗，《小雅》则更多对社会的揭露与批判的诗，以及记录贵族生活的诗。颂是"美盛德之形容，以其成功，告于神明者也"②，它们是祭祀祖先和神明时的祭歌，内容多是对祖先功德的歌颂与赞美，也记载了一些农业生产的情况。《国风》是《诗经》最重要的部分，由周王朝采自各个不同的地区，带着浓厚的民歌色彩，更广泛地反映了周代社会生活的方方面面。过去曾有一段时间，人们普遍认为《诗经》的价值主要在《国风》的民歌部分，对

---

① 《论语·子罕》。
② 《左传》成公十三年。

于《诗序》所提供的诗歌的本意、创作背景和目的常常予以否定。但是，一统天下的周王朝是以宗法为框架、以礼乐为核心建立统制秩序的王朝，对这样一部有着规讽政治和贵族教科书性质的诗集，其态度应该是重视且审慎的。《诗大序》所谓"经夫妇，成孝敬，厚人伦，美教化，移风俗"决非妄言。待经过孔子整理之后，《诗经》必然蕴含了宗法礼乐方面的重大意义。在这个意义上说，《诗序》所指出的思想内容，亦不可偏废，是研究《诗经》本来面目的重要参考依据。

祭祀诗。祭祀诗主要在《颂》及《雅》中。祭祀是上古时代社会生活、政治生活的重要内容，所谓"国之大事，在祀与戎"①。用于祭祀的诗歌由于其特殊的用途，具有质朴古拙、典雅庄重的艺术特点，因此，常常被冠以"庙堂文学"而受到忽视。而祭祀诗中所体现的社会内容实际是相当丰富的。如《周颂》中《丰年》、《载芟》、《良耜》等用于祭祀农神或举行藉田仪式的诗歌，其实鲜明而生动地展现了当时的农业活动情况。祭祀的对象有神明，但绝大多数祭祀诗都是祭祀祖先的。商族的先祖契到成汤、武丁，周族的先祖后稷、公刘到太王、王季、文王等等都是祭祀诗歌颂赞的对象。因为这些古老的祭祀诗都是通过记叙先祖的功业来称颂于神明，所以其中有不少鲜明生动的叙事成分。有一些诗甚至带有史诗的性质，其代表是《大雅》中的《生民》、《公刘》、《绵》、《皇矣》、《大明》。②《生民》叙述了周人始祖后稷出生、建国的历史，其中充满了神话色彩。后稷的母亲姜嫄踩了上帝的大脚趾印，居然就怀孕了，生下后稷。后稷被抛弃在隘巷里，牛羊都保护看养他；扔到树林里，正好碰到砍伐树林；把他放在寒冰上，鸟用翅膀盖着他。鸟儿飞走以后，后稷就开始哇哇大哭。幼年时的后稷就异常聪明，是种庄稼的天才；成年后的后稷精通稼穑，成了部落的首领，带领周人迁居邰，并传下种百谷和祭祀。在这段神奇怪诞的故事里，蕴含着远古人类历史的变迁。后稷知其母而不知其父，反映了周部族由母系氏族逐渐进入父系氏族的历程，他大难不死的童年经历，可以看到

---

① 《左传》成公十三年。

② 这里比较谨慎地采用了"带有史诗性质"这个说法，因为这五首诗是否为史诗在学术界仍然存在争议。但它们的初始功能毫无疑问是用于祭祀。可参考赵沛霖：《诗经研究反思》，天津教育出版社，1989。

原始巫术与图腾崇拜的影子；而后稷精通稼穑，源于周部族是农业部族的事实。《公刘》描写了周人在首领公刘的带领下，从邰迁往豳的情形。公刘是英明的首领，在他的精心筹划和周密准备下，族人顺利地找到豳这块好地方。公刘自己对豳作了仔细的察看："笃公刘，逝彼百泉，瞻彼薄原。乃陟南冈，乃觏于京。"然后众人开始了欢快的劳动："京师之野，于时处处，于时庐旅，于时言言，于时语语。"数百年后，周人又从豳迁到了岐，这次的领导者是古公亶父，他是周文王的祖父，也是周王国的建立者。这一次的功迹记载在《绵》里："古公亶父，来朝走马。率西水浒，至于岐下。"到了岐下以后，"乃召司空，乃召司徒。俾立室家，其绳则直。缩版以载，作庙翼翼"。建造了宫室，设立了朝庭、官制，而且"文王蹶蹶生"，确定了王位的继承人。从《生民》到《绵》，神话色彩渐渐减少，周人由氏族发展为农业王国。《皇矣》、《大明》记叙了周王国发达的历史。《皇矣》追述了太王（古公亶父）、王季、文王发展周国的伟大功绩，生动地描写了文王伐崇伐密的两次战争，歌颂文王顺应天命，仁爱亲民，扩展周国疆域的事迹。《大明》记叙了文王的出生、婚配与武王伐纣的牧野之战，与前面几首诗串在一起，就是一部周人发祥、发展、壮大的历史。这几首诗注重对社会生活的描写，比《颂》中的诗更加生动和充实。

宴饮诗。《诗经》中描写宴饮或专用于宴饮的诗不在少数，因为宴饮实在是周代贵族生活的重要部分。但是，周代宴饮不像我们今天所想的那样只是简单的聚会之乐，而是包含了深刻的社会文化内容。周代的宗法社会结构是按照同姓血亲的远近亲疏建立起来的，而对于异姓，则依靠婚姻将其纳入社会整体。在这个结构中，联系血缘之亲、婚姻之亲的纽带正是宴饮。在宴饮时，必须遵循的一定的礼仪以亲亲、贤贤，以别亲疏贵贱。而礼仪中具体所用的诗歌也应有一定的规矩。① 宴饮诗有专门描写宴会的。如《小雅·鹿鸣》以一种高贵的情调，展现主人款待客人的热情："呦呦鹿鸣，食野之苹。我有嘉宾，鼓瑟吹笙，吹笙鼓簧，承筐是将。人之好我，示我周行。"宾主之间相得融洽，相谈甚欢，显示出贵族的生活情趣。《小雅·鱼丽》极写贵族宴饮之讲究："物其多矣，维其嘉矣。物其旨矣，维其偕矣。物其有矣，维其时矣。"表现出对

---

① 《仪礼·乡饮酒礼》中有比较详细的记述，可供参考。

优裕生活的满足。而《小雅·宾之初筵》："宾之初筵，温温其恭，其未醉止，威仪反反；曰既醉止，威仪幡幡，舍其坐迁，屡舞仙仙……"嘲笑贵族们在筵会前温良谦让，彬彬有礼，喝醉酒后却丑态百出，完全没有了贵族的威仪。有的宴饮诗则似乎专为宴会演奏所用，看不出内容上的联系，如《二南》中的某些作品。

怨刺诗。按照《诗序》的说法，《诗经》中所有的诗非"美"即"刺"，具有针砭作用的诗的确很多，而这里主要指那些内容明显批判政治的诗。《小雅》中此类诗数量较多，其批判也很有力度。如《小雅·节南山》中，诗作者直接点出执政者的名字"师尹"，对他作出严厉的批评："昊天不佣，降此鞠讻。昊天不惠，降此大戾。君子如届，俾民心阕。""家父作诵，以究王讻。式讹尔心，以畜万邦。"《正月》从天时不正的异常情况想到国家的动荡不安，自己的生不逢时："正月繁霜，我心忧伤。民之讹言，亦孔之将。""父母生我，胡俾我瘉？不自我先，不自我后。"作诗者发出了痛苦的呼号："谓天盖高，不敢不局。谓地盖厚，不敢不蹐。维号斯言，有伦有脊。哀今之人，胡为虺蜴！"对于黑暗的现状，人民的贫困生活，作诗者也作出揭露："佌佌彼有屋，蔌蔌方有谷。民今之无禄，天夭是椓，哿矣富人，哀此惸独。"那些卑劣鄙陋的小人有房住，有粮食，而人民却屡遭天祸；富人们非常快乐，穷人却孤独贫困。这一类的诗还有《十月之交》、《雨无正》、《巧言》、《巷伯》、《小弁》等，也包括《大雅》中的《桑柔》、《板》、《荡》、《召旻》等。这些诗的作者有上层贵族，也有下层小官吏，他们清醒地看到了统治阶级的昏庸腐朽，担心国家的前途命运，对统治者提出警告，具有较积极的社会意义。

有的诗则表现了人民对统治者的讽刺、怨恨。《魏风·伐檀》大胆地嘲笑了不事生产的贵族："不稼不穑，胡取禾三百廛兮？不狩不猎，胡瞻尔庭有县貆兮？彼君子兮，不素餐兮！"冷嘲热讽中表达出对不平等现实的不满。而《魏风·硕鼠》更干脆地斥骂了不劳而食的奴隶主："硕鼠硕鼠，无食我黍。三岁贯女，莫我肯顾。逝将去女，适彼乐土。乐土乐土，爰得我所。"直接地表示了对理想社会向往。

有的诗是人民对高高在上的统治者丑恶行径的揭露与讽刺。如《邶风·新台》："新台有泚，河水弥弥。燕婉之求，籧篨不鲜。"卫宣公为儿子伋娶齐国女子为妻，听说这女子漂亮，就在黄河边上造了一座新台，将她据为己有。卫国的人对这种丑恶行径十分憎恨，将卫宣公比作了癞蛤蟆，认为齐女本想嫁一个美少年，谁知嫁了个癞蛤蟆。类似的诗还有《陈风·株林》讽刺陈灵公与两个大夫一起与夏姬私通，《齐风·南山》讽刺齐襄公与同父异母妹妹文姜私通。对于这些丑恶的宫庭秽事，人们叹道："中冓之言，不可道也。所可道也，言之丑也。"① 对于那些表面上道貌岸然，实际却荒淫无耻的贵族，人们表现出极大的愤慨："相鼠有体，人而无礼。人而无礼，胡不遄死！"②

战争徭役诗。前面说过，国家的大事就是祭祀和战争。但《诗经》中，纯粹的战争诗，即以战争为描写对象的诗的数量并不多。《小雅·六月》和《采芑》记述和赞美了周宣王的北伐和南征，对战争有较为细致的描写。如"六月栖栖，戎车既饬。四牡骙骙，载是常服，玁狁孔炽，我是用急"，写出战争前的紧张气氛："方叔率止，钲人伐鼓，陈师鞠旅。显允方叔，伐鼓渊渊，振旅阗阗。"写出方叔师旅威武文明的气派。《秦风·无衣》表现了人民在战争面前同仇敌忾的决心："岂曰无衣，与子同袍。王于兴师，修我戈矛，与子同仇。"具有高昂的战斗激情。而《小雅·采薇》、《何草不黄》虽然也涉及到表现战争场面，其总体的意图则在于抒发战争带来的情感痛苦："昔我往矣，杨柳依依。今我来思，雨雪霏霏。行道迟迟，载渴载饥。我心伤悲，莫知我哀。"应该说，最后这一类的诗歌的数量比较多。而将徭役诗与之放在一起，是因为一般来说，徭役诗往往也重在表现这种悲伤、痛苦的情绪。兵役、徭役是压在人民头上的沉重包袱。"王事靡盬，不能艺稷黍，父母何怙？悠悠苍天，曷其有所？"③ 王朝战事没完没了，没有时间种植庄稼，父母依靠什么生活？苍天也受到了哀怨的质疑。也有人直接地责备了君主："式微式微！胡不归？微君之躬，胡为乎泥中！"④《豳风·东山》在想象、回忆种种画面的交织中，写出了士兵之役将归的复杂心理。全诗每章均以"我徂东山，慆慆不归。我来自东，零雨其蒙"开头，渲染出将归者盼家的忧伤心情。"制彼裳衣，勿士行枚"，是

---

① 《鄘风·墙有茨》。

② 《鄘风·相鼠》。

③ 《唐风·鸨羽》。

④ 《邶风·式微》。

能脱离战场，再过家庭生活的庆幸，"伊威在室，蟏蛸在户，町畽鹿场，熠耀宵行。"是将归者想象中家园荒芜的可怕景象，而回忆又是那么美好："仓庚于飞，熠耀其羽。之子于归，皇驳其马，亲结其缡，九十其仪。"新婚时的妻子多么漂亮啊！现在她又什么样呢？悲喜交集的情绪在诗人心中涌动，感染了后世无数读者。无怪乎曹操在《苦寒行》中叹息："悲彼《东山》诗，悠悠令我哀。"

婚恋诗。有的诗从多方面反映了周代社会的婚恋情况。这一部分在《国风》中占有很大的比重。

① 恋爱的欢歌。周代的礼乐制度虽已设立，但古风犹存，两情相悦的自由恋爱还是被允许的。许多浓烈大胆的恋歌便保存下来了。《召南·野有死麕》描写了林中的幽会："野有死麕，白茅包之。有女怀春，吉士诱之。林有朴樕，野有死鹿。白茅纯束，有女如玉。舒而脱脱兮，无感我帨兮，无使尨也吠。"其大胆的程度是后世正统文学不敢想象的，大概只有北朝民歌能与之相对比。《王风·采葛》所表达的思念也是热烈而不加掩饰的："彼采葛兮，一日不见，如三月兮。"思念不止，煎熬不息，一天就好像三月、三秋、三岁那漫长，刻画出情人之间度日如年的相思。自由恋爱的双方之间还体现出一种平等开放的恋爱思想："投我以木瓜，报之以琼琚。匪报也，永以为好也！"① 《秦风·蒹葭》则塑造出一位优美的，依稀可见的"秋水伊人"："蒹葭苍苍，白露为霜。所谓伊人，在水一方，溯洄从之，道阻且长。溯游从之，宛在水中央。"萧瑟的清秋之中，诗人所思慕的意中人依稀仿佛，难以亲近，只留下无限的惆怅。对于家长干涉婚恋，恋人们发出怨恨的呼声："泛彼柏舟，在彼中河。髧彼两髦，实维我仪。之死矢靡它！母也天只，不谅人只！"② 有的甚至提出私奔与殉情："大车槛槛，毳衣如菼。岂不尔思，畏子不敢……榖则异室，死则同穴……"③ 男子软弱犹豫，女子却大胆鼓动。

② 思妇的哀歌。无休无止的徭役、征役，使许多家庭夫妻分离，于是两地之间产生了许多哀怨的思念之歌。《卫风·伯兮》写妻子思念军中的丈夫。

---

① 《卫风·木瓜》。

② 《鄘风·柏舟》。

③ 《王风·大车》。

自从丈夫走了以后，她容颜憔悴，无心打扮："岂无膏沐，谁适为容"；为了相思，即使生病也在所不惜："愿言思伯，甘心首疾。"《邶风·击鼓》则写士兵怀念家中的妻子："土国城漕，我独南行"，"不我以归，忧心有忡!"他回忆起当初的山盟海誓："死生契阔，与子成说。执子之手，与子偕老。"征人质朴的思念，简单的誓言，深深地打动了后世的恋人。《王风·君子于役》写一位思妇盼望征人回家的心情："君子于役，如之何勿思?"这一类诗歌对后来文人五言诗中的思妇诗有很大的启示作用。

③ 弃妇的悲歌。周代的礼乐制度是以男性为中心的，尽管青年男女有恋爱的自由，婚姻却无疑地代表男权。所以妇女在婚姻中地位卑下，随时面临被休弃的厄运。反映这方面情况的以《邶风·谷风》、《卫风·氓》为代表。《谷风》的主人公比较柔顺善良，她迟缓地行走在被弃的途中。心中充满了痛苦和对负心汉的失望。但痛苦失望之余，她还对负心汉抱着一点无望的希望："德音莫违，及尔同死。"《氓》的主人公是一个坚强的女性，她追述了丈夫追求自己的经过，悔恨自己轻信了他的花言巧语："于嗟女兮，无可说也。"在夫家她早晚操劳，仍不免于被弃的命运，而且又受到娘家亲人的嘲笑。痛苦的经历带给她的教训是深刻的，痛定思痛之后，女主人公以果断的态度与负心汉决裂了："信誓旦旦，不思其反。反是不思，亦已焉哉!"类似的诗还有《邶风·日月》、《王风·中谷有蓷》等。

有的诗表现了人们在劳动、生活中的欢乐向上的积极乐观情绪。如《周南·芣苢》章节重复往还，除了更换主要动词，均以"采采芣苢"开头，透露出欢快轻巧的节奏，渲染出一片喜悦的劳作场面。《周南·桃夭》是歌唱女子出嫁的："桃之夭夭，灼灼其华。之子于归，宜其室家。"桃树枝叶茂盛，桃花鲜艳灼目，在美好的季节里，那位姑娘就要出嫁了，她的家庭一定会幸福美满。另外，如《魏风·十亩之间》写采桑女子在回家路上的欢歌笑语，《齐风·还》、《召南·驺虞》写猎人之间互相赞美对方的打猎能力。

此外，《豳风·七月》是一首影响极为深远的诗。它是《国风》中篇幅最长的诗。从内容上看，全诗详细地叙述了劳动者一年到头劳作而难得休息的实际情况，反映了稼穑之艰难。在寒风刺骨的岁初，"无衣无褐"的劳动者就开始种田；春天到了，女奴要采桑、养蚕，还担心贵族公子会欺凌自己；打猎的收获物要上交给公室，奴隶只能留下最小的猎物；给贵族修房，自己住在破屋子里……各种生活的体验都融在诗中，流露出直朴无华的生活气息，找不到任何怨愤之词，苦难辛酸的感受却是每一个读者都能深切体会的。

《诗经》所表现出的思想内容非常广泛，此处就不一一列举了。

（三）《诗经》的艺术成就

作为我国的第一部诗歌总集，《诗经》在创作艺术上已经相当成熟，取得了很高的艺术成就。

1. 赋、比、兴

《毛诗序》提出了赋、比、兴，是为《诗经》六义之三。但赋、比、兴的内涵究竟是什么，《毛诗序》并未作出明确的交待。孔颖达《毛诗正义》指出此三者为"诗之所用"，也即今天所谓诗的表现手法。朱熹在《诗集传》中对此的解释已得到公认，他认为：赋是"敷陈其事而直言之者"；比是"以彼物比此物"；兴是"先言他物以引起所咏之词"。

赋是铺陈，是对事、物等的直接的描述。雅、颂等基本上是采用赋的手法，因为赋的描述性使它善于叙事，如《生民》、《公刘》等史诗，全篇都是在叙述历史事件。赋也可以写景状物，如《小雅·采薇》："昔我往矣，杨柳依依。今我来思，雨雪霏霏。"将过去的景与现在的景联系在一起，铺叙之中包含着深切沧桑的情感。《卫风·硕人》对庄姜的描绘几乎出神入化："手如柔荑，肤如凝脂。领如蝤蛴，齿如瓠犀。螓首蛾眉，巧笑倩兮，美目盼兮。"诗句细致地叙写了庄姜美丽的手、皮肤、脖子、牙齿、额头，而最后再写她美丽的微笑，流转的目光，整个美人的形象顿时灵动起来，熠熠生辉。《豳风·七月》是一首叙事诗，诗中即用赋来叙事。如"女执懿筐，遵彼微行，爰求柔桑"等等，在其中占大部分篇幅。也用赋来写景，如"春日载阳，有鸣仓庚"，"春日迟迟，采蘩祁祁"，叙事写景相错，充分地体现了赋的作用。《国风》中较多用赋的还有《郑风·溱洧》、《卫风·氓》等。

比就是比喻。《诗经》中用比的地方很多，而且比的方式也是多种多样的。明喻如《陈风·出其东门》："出其东门，有女如云"，《大雅·民》："吉甫作诵，穆如清风"；暗喻如《小雅·正月》："哀今之人，胡为虺蜴"等。有的比喻只出现了被比作的事物，如"燕婉之求，籧篨不鲜"①，直接将卫宣公称为籧篨（癞哈蟆），这是借喻。有的比喻将一个事物连续比作多个事物，称为博喻。如《小雅·天保》中："天保定尔，以莫不兴。如山如阜，如冈如陵，如川之方至，如莫不增。"连用了五个比喻来形容兴盛的事业。又如《卫风·淇奥》中："有匪君子，如切如磋，如琢如磨。"连用了四个比喻来形容君子不同一般的翩翩风度。不但比喻的形式多种多样，喻体的选择也是多样化的，从前面的例子里便可看出，自然界的一切动植物，甚至地理环境、现象等，都可当作喻体，而人的活动，如对玉的切磋、琢磨也可当作喻体。比的多种多样使得诗歌的形象更加明晰，更利于领会理解，诗歌的意象也更为活泼自然。

兴的内涵较难理解，有时容易与比混为一谈。先言他物，他物与下文所咏之词必须有某种内在联系。但两者之间并不是打比方，而是以他物为抒发感情的发端。因此兴常常用在篇首或章首，又称为"起兴"。国风中，比较广泛地采用了兴的手法。《周南·螽斯》："螽斯羽，诜诜兮。宜尔子孙，振振兮。"先以螽斯（蝗虫）起兴，再由蝗虫成群结队地展动翅膀发出嗡嗡的声音联系到多子多孙，借以祝人子孙满堂。《邶风·凯风》："凯风自南，吹彼棘心。棘心夭夭，母氏劬劳。"温暖和煦的风从南边吹来，以此想到温柔和善的母亲。这首诗不但以凯风南来起兴，还暗将幼子比作"棘心"（酸枣树幼苗），兴中还有比。兴还能描绘景色，烘托全篇气氛。如《周南·桃夭》以鲜艳的桃花起兴，渲染新娘出嫁时的喜气洋洋，《秦风·蒹葭》以萧瑟秋景起兴，烘托主人公的失意迷惘。《邶风·谷风》一开篇就是："习习谷风，以阴以雨"勾画出凄凉的气氛来表现女主人公悲愤的心境。赋、比、兴作为三种艺术表现手法，并不是独立存在的，三种手法往往交错为用。一般地说，赋有时可以构成全篇，通篇用比的比较少，而兴则只在篇首或章首了。

2.《诗经》的语言艺术

《诗经》的语言质朴简单，同时又具有很高的准确性和形象性。

《诗经》里的诗都是可以和乐而歌的，因而浅显易懂。重章复沓之处比较多，使诗歌显得单纯明朗，具有质朴的艺术美。如《周南·芣苢》："采采芣

---

① 《邶风·新台》。

苢，薄言采之。采采苤苢，薄言有之。采采苤苢，薄言掇之。采采苤苢，薄言捋之。采采苤苢，薄言袺之。采采苤苢，薄言襭之。"诗歌描写妇女们采摘车前子的愉快的劳动场面。每章的变化只有动词，语言明白如话。而从动词又可以看出其用词的准确性，"采"、"有"、"掇"、"捋"、"袺"、"襭"六个动词都是描写采摘的动作的，不同的词表现出不同的动作，而且还反映了采摘的进度和采摘的用具，准确而精炼。同时，诗歌的每一句都用"采采"打头，显得轻快活泼，体现了《诗经》语言的又一特点，即大量使用双声，叠韵、叠字来增强语言表达的形象性。《文心雕龙·物色》中说："诗人感物，联类不穷……故灼灼状桃花之鲜，依依尽杨柳之貌，杲杲为日出之容，漉漉拟雨雪之状，喈喈逐黄鸟之声，喓喓学草虫之韵。皎日慧星，一言穷理；参差沃若，两字穷形，并以少总多，情貌无遗矣。"正是这些词的大量使用，使诗歌所表现的形象鲜明准确，而且使音节宛转流畅，即使我们今天朗诵起来，仍是朗朗上口，如出天然。

3.《诗经》的形式艺术

《诗经》的体裁是四言体为主。四言体与早期的二言体相比有了很大的进步。表现在它的容量增大，容纳了丰富的词汇、句式增多，能表达各种语气，有时音节不足四言，就用词头或语气词来补足。如《苤苢》中的"薄言"就是没有实际意义的词头，而《鄘风·柏舟》中的"母也天只，不谅人只"，既补足成了四言，还表达了强烈的语气。四言体之外，杂言体诗的数量也不少。其句式参差不齐，灵活机动，完全由语意来决定句子长短。虽然杂言体形式不整齐，但节奏自然灵活，错落有致，使《诗经》显得比较富于变化。在章节上，《诗经》多是重章叠句的形式。章节复叠的形式很多，有的是每章都有复沓的部分，有的是只有部分章节复沓。这种复沓的形式利于歌唱时反复吟诵，增加节奏感且利于记诵。而且在回环往复之中又能深化主题，加强感染力。如《王风·采葛》在反复歌唱中，主要改变的是"三月"、"三秋"、"三岁"，一章比一章递进深入，相思难捱的心情溢于言表。

（四）《诗经》的地位与影响

作为文学史上的第一部诗歌总集，《诗经》标志着我国诗歌创作的第一个高峰，它在创作上的成就，使它成了后代诗人学习的典范。

《诗经》善于描写社会生活，表现具体的生活场面，并体现出对时政、国家与人民的关心，具有现实主义的创作精神。这一类诗主要在《风》、《雅》之中，后人就将这种精神称之为"风雅"。两汉乐府民歌"感于哀乐，缘事而发"①，继承了这种精神；世积乱离的建安时代，"三曹七子"们关心社会现实，慷慨陈词，志深笔长，形成了"建安风骨"。到了唐代，陈子昂率先标举"风雅"，反对绮靡文风；杜甫则"别裁伪体亲风雅"，用诗来记载动荡变乱的社会历史；白居易提出"文章合为时而著，歌诗合为事而作"②的创作要求，进一步发扬了《诗经》的现实主义精神。

《诗经》所开创的赋、比、兴的表现手法，尤其是最具民歌风味的比、兴，在后来诗人们的有意识的摹仿学习下，成为在中国绵延几千年的具有民族特色的传统诗歌表现手法。屈原在《离骚》中运用了大量的比喻，香草、美人比喻君子，臭物、恶禽比喻小人，在众多比喻中形成一个色彩陆离，善恶分明的虚拟社会。再往后，诗歌中发端起兴，以比托物的例子就数不胜数了。

在体裁上，《诗经》的四言体逐渐衰落了，但历代都有人写作四言。曹操与嵇康的四言诗都堪称佳作。前者如《短歌行》、《观沧海》，后者《赠秀才入军》。在后世的较为正规的铭、诔、颂、赋中，四言体仍是正统体裁。《诗经》的杂言体在两汉民歌中又一次大放光彩，成为两汉民歌的主要体裁。

三、屈原与宋玉

《诗经》以后，四言体逐渐衰落，诗歌创作沉寂下来。到了战国后期，南方楚文化在长期的自身发展并吸取中原文化的基础上，产生出一种新的诗体，即楚辞。楚辞的开创者和主要代表人物是伟大诗人屈原。

（一）关于楚辞

从字面上说，楚辞就是楚国的歌辞。但在战国时期，并未见有"楚辞"的

---

① 《汉书·艺文志》。
② 白居易：《与元九书》。

说法。最早是在西汉司马迁《史记·酷吏列传》中提到朱买臣与庄助以楚辞得到宠幸，可见至晚在汉武帝时，已有"楚辞"的说法。到汉成帝时，刘向整理古代文献，把屈原、宋玉的作品以及汉人贾谊、东方朔等形式模拟此种体裁，内容为屈原代言的作品集结在一起，共十六卷，题为《楚辞》。东汉王逸为《楚辞》作注，称《楚辞章句》，并附上他自己的《九思》一篇。共十七卷。从此，"楚辞"作为一种特定的文学体裁的名称流传下来。

刘向何以要将汉人的作品汇入《楚辞》之中呢？考察书中汉人以及宋玉的作品，不难看出这些作品不但在体裁上模仿屈原，而且在内容上都是闵惜与伤悼屈原其人其事的。宋玉及汉代诸人作品都不止《楚辞》中一篇，可见刘向是有意地进行选择整理，以屈原为核心编辑此书的。所以我们将《楚辞》看作中国古代第一部诗歌别集，即诗人屈原的专集。

王逸之后，宋代洪兴祖又为《楚辞》作了《补注》。朱熹也依王逸本作了《楚辞集注》。这些注书大力地促进了《楚辞》的流传。

作为一种新的诗歌样式，楚辞的产生并非偶然。首先，它是楚地文学与音乐发展的结果。楚国早期的诗歌留传下来的很少，《诗经》中《周南·汉广》可能产生在楚地。在其他文献中，保留有少量楚国民歌，如《沧浪歌》："沧浪之水清兮，可以濯我缨。沧浪之水浊兮，可以濯我足。"[1] 从中可看出楚辞受了民歌的影响。楚辞中音乐痕迹也很明显，如"乱"、"倡"、"少歌"等都是音乐中的专用术语，被直接引入了楚辞；《九辩》、《九歌》、《涉江》等本来就是楚国的特有的乐曲名目。其次，它与楚国巫文化盛行有密切的关系。与北方周人敬鬼神而远之的态度不同，楚人一直保有原始的巫歌巫舞的娱神活动，因而保存了大量的神话传说。《九歌》原本就是楚国各地民间祭神的歌曲，这一特征在屈原的《九歌》中仍保留下来了。屈原在楚辞中多次描写的奇装异服、占卜问神，以及许多神灵的奇异传说，无一不打着发达的巫文化烙印。楚辞之所以能成为中国古代文学史上最具浪漫色彩的诗篇，根本原因就在于巫文化所赋予它的神化的艺术特征。

汉代人往往将楚辞称为赋。辞与赋其实是不同的文体。其区别主要在于：

---

[1]《孟子·离娄上》。

楚辞是以抒发个人情感为主的诗歌，产生于战国的楚国，其形式是句中多带"兮"字；汉赋则是以铺陈辞藻，咏物说理为主的带韵散文，产生于汉代宫廷，其形式是以主客问答的方式说理。从思想内容上讲，楚辞是作者大胆地抒发自己的情感与抨击黑暗的时政，汉赋的创作目的则是为了"润色鸿业"，为了"宣上德"和"抒下情"。

（二）屈原的生平及思想

关于屈原的生平事迹，我们能见到的资料很少，主要是汉代人的记载。《史记·屈原贾生列传》是最主要史料。根据《史记》，屈原名平，原是字。屈原是楚王同姓，曾任职三闾大夫，掌王族昭、屈、景三姓。后来可能因为他"博闻强志，明于治乱，娴于辞令"而担任了左徒，"入则与王图议国事，以出号令；出则接遇宾客，应对诸侯。王甚任之"。虽然屈原出身贵族，但他的政治地位并不像现代人们所想的那么高，屈原祖先瑕从楚武王受封屈地为客卿，到屈原时已历时四百年，其与楚王的亲戚关系已相当疏远了。他自己曾说："思君其莫我忠兮，忽忘身之贱贫"①。汉代东方朔则在《七谏》（收入《楚辞》）中说："平生于国兮，长于原野。"可见，屈原虽名为贵族，地位已经很低下了。至于左徒的官职，由于楚国官制与中原不同，它的具体内容我们无从考知，但根据现存史料中，记有左徒一官仅两处可得知左徒并不是很显赫的官职，而所谓"图议国事""应对诸侯"的职能，即使普通大夫也能行使，非必高官。贫贱的出身与低微的官职，应是屈原难以实现其政治理想的原因之一。

楚王一度很信任屈原，让屈原造为宪令。上官大夫妒忌屈原的才能，在楚怀王面前谮毁屈原好夸耀其功，怀王怒而疏屈原。后屈原又因痛恨子兰劝怀王入秦而得罪令尹子兰，子兰使上官大夫在顷襄王面前诬陷屈原，顷襄王怒而迁逐屈原。在被疏及流放期间，屈原并未放弃政治理想，而是忧心国事，上下求索，写出许多不朽的诗篇。公元前278年，楚顷襄王二十一年，秦将白起攻进楚国，占领郢都。此时屈原流放到地汨罗附近，这一重大变故使他感到了理想的最终破灭，对政治、生活完全失望，大约一年之后，他抱着石头投汨罗江自

---

① 《九章·惜诵》。

宋　佚名《诗经·小雅意境图》

宋　佚名《诗经·小雅意境图》

清　门应兆画宋玉《九辩》

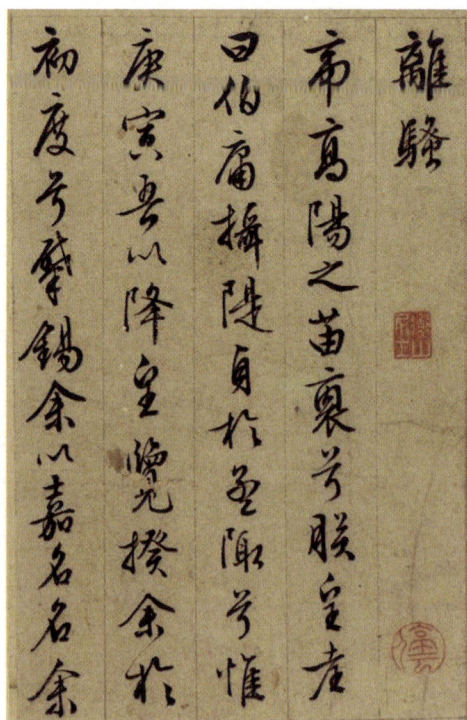

明　文徵明行草《离骚》

舞蹈纹彩陶盆
新石器时代·宗日文化
高12.5厘米，口径22.8厘米
青海省文物考古研究所藏

红陶空足鬶
新石器时代·二里头文化

曾侯乙墓　鸳鸯漆盒
战国
盒长20.1厘米，宽12.5厘米，高16.5厘米
湖北省博物馆藏

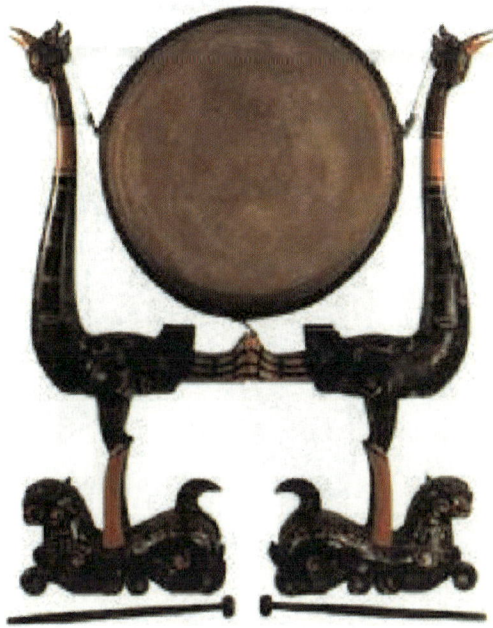

凤鸟虎座鼓架
战国
通高162厘米，长140厘米，宽26厘米
河南博物院藏

迎宾出行图
漆画　战国
高5.2厘米，通幅长87.4厘米
荆门市博物馆藏

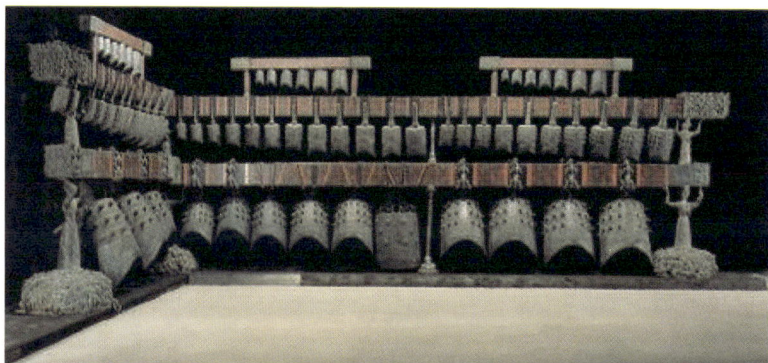

编钟
乐器　战国
短架（左）长335厘米，高273厘米
长架（中、右）长748厘米，高265厘米
编钟共8组，64件
湖北省博物馆藏

后母戊鼎
礼器 商
口长112厘米，口宽79.2厘米，壁厚6厘米，
通高133厘米，重832.84千克
中国国家博物馆藏

舞蹈铜人
西周
左男高17.9厘米，右女高11.6厘米
宝鸡市博物馆藏

十五连盏灯
战国
高82.9厘米，底径26厘米

玉鹿
西周
高4.7厘米，宽4.5厘米，厚0.4厘米
山西博物院藏

四羊方尊
礼器 商
高58.3厘米，重34.5千克
中国国家博物馆藏

康侯青铜簋
西周
高24厘米，口径41厘米
英国不列颠博物馆藏

杀而死。传说这一天是五月初五，从此就有了纪念屈原的端午节。

屈原的一生，是悲剧性的一生。其悲剧的缘由就在于他有热情的政治理想，却逢上了昏庸的当政者，再加上他个人具有那种虽九死其犹不悔的执着精神，三者无可解脱地纠合在一起，造成了他悲剧性的命运，也成就了那宏伟的诗篇。

屈原所处的时代，是一个由分裂走向统一的时代。屈原作为楚国的同姓之卿和具有政治抱负的激情诗人，自然希望楚国能担起这一重大的历史责任。但是，楚国的旧贵族势力异常强大，吴起在楚国的变法已由于贵戚的反对而失败。当时的君主是楚怀王，怀王曾为六国从长，也曾有过一些愿意革新的举动，任屈原造为宪令可能是其中之一。但怀王昏庸懦弱，很快就被守旧势力所包围，放弃了革新的愿望，并听信秦相张仪的离间之言，背弃了与齐国的联盟，从而陷楚国于孤立的境地。内忧外患的政治局势，令屈原深感忧虑，而他又被怀王所疏远，人轻言微，于是他将思想情感都倾诉在诗篇之中。具体说来，在《楚辞》中体现着屈原如下的思想内容：①

① 对"美政"理想的热烈追求。屈原对于三代贤明的君王怀有深深的敬意："昔三后之纯粹兮，固众芳之所在"；"彼尧舜之耿介兮，既遵道而得路"。他自己愿意做一个引路人："乘骐骥以驰骋兮，来吾道夫先路"；"忽奔走以先后兮，及前王之踵武"。提出了选贤授能、修明法度的政治主张。当现实中的理想破灭了时，诗人没有消沉，而是在想象中"就重华而陈词"，向前圣陈述自己的理想，表明自己虽死不悔、愿意殉身理想的热情态度。

② 对昏庸的君王和奸佞的小人的痛斥，对民生大众的关怀。他敢于指责怀王："荃不察余之中情兮，反信谗而齐怒"；"初既与余成言兮，后悔遁而有他"。对于黑暗腐败的朝政，他叹息道："忠不必用兮，贤不必以……与前世而皆然兮，吾又何怨乎今之人。"群小把持朝政、祸国殃民的行径，他认为是"燕雀乌鹊，巢堂坛兮……腥臊并御，芳不得薄兮"。在自己流落他乡时，他"长太息以掩涕兮，哀民生之多艰"，还挂念着老百姓的失所流离。

③ 表达诗人高洁的品行与执着精神。诗人反复地强调自己的内美与修能，

---

① 下面①②③④中未注明的引文皆引自《楚辞》中屈原作品。

佩带的是明珠美玉，香草香花，高冠长铗，借以衬托自己超凡脱俗的品行，"虽不周于今之人兮，愿依彭咸之遗则"。正因为有这样高尚忠直的品行，诗人才执著于理想而"虽九死其犹未悔"、"虽体解其尤未变"、"余将董道而不豫兮，固将重昏而终身"。

④ 眷念故国、故土的赤子之情。"鸟飞返故乡兮，狐死必首丘"。动物尚且如此，何妨是有血有肉的诗人。诗人在去或留的矛盾中徘徊斗争，但最终还是选择了留下："陟升皇之赫戏兮，忽临睨夫旧乡。仆夫悲余马怀兮，蜷局顾而不行。"流放去国之时："羌灵魂之欲归兮，何须臾之忘反！"

总之，屈原在楚辞中抒发他的愤懑之情，也塑造了一个高贵、正直、敢怒敢怨、忧国忧民的富于激情的诗人形象。

（三）屈原作品

《汉书·艺文志》中记载"屈原赋二十五篇"，王逸《楚辞章句》认为这二十五篇是《离骚》、《九歌》（十一篇）、《天问》、《九章》（九篇）、《远游》、《卜居》、《渔父》共二十五篇。但历来对《楚辞》中篇章是否为屈原作品有很多争议。如《招魂》，王逸认定是宋玉为招屈原魂而作，而现在许多人却认为是屈原招自己的魂，根据是《史记·屈原贾生列传》，"余读《离骚》、《天问》、《招魂》、《哀郢》，悲其志。"说明司马迁认为《招魂》是屈原作品。但也有人认为司马迁并未明确指出《招魂》作者，只说由《招魂》而悲悯屈原，那么，宋玉是作者也说得通。各家考证，众说纷纭，如果没有更有力的出土资料证明，还是坚持王逸旧说较为准确。

屈原二十五篇作品中，最为代表的就是《离骚》，这是我国古典文学中篇幅最长的抒情诗。关于"离骚"的含义，司马迁认为是"罹忧"，即遭遇到忧伤的事，王逸认为是"别愁"，近人游国恩先生提出"离骚"是"劳商"的音转，劳商则为古乐曲名。全诗以抒情的手法回顾了自己高贵的出身，自觉地培养美好的品质和干练的才能，为了楚国的富强而先后奔走的过往。但理想在现实面前破灭了，君王听信小人的谗言而疏远自己。愤怒的诗人猛烈地抨击群小，指责君王，并表示要坚持理想不放弃。现实中找不到出路，诗人将目光转向非现实的世界，向天帝与神灵求助，在得不到启示又舍不得离开祖国的矛盾中，诗人决心以死来殉自己的理想。历史与现实，天上与地下，种种画面交织之中，诗人反复地述说远大的政治理想，批判黑暗的现实，表达自己不妥协的斗争精神。

《九歌》是屈原放逐于沅湘之间时，根据当地民间祭祀时的乐歌而写的，王逸认为其中也有所寄托风谏。《九歌》共十一篇：《东皇太一》、《云中君》、《湘君》、《湘夫人》、《大司命》、《少司命》、《东君》、《河伯》、《山鬼》、《国殇》、《礼魂》。《礼魂》是祭祀结束时的送神曲，《国殇》祭的是为国牺牲的将士，其余各篇每篇主祭一神。虽然是祭祀神灵的作品，但它们不像中原祭祀诗歌（《诗经》中的颂诗）那样庄重板滞，而是充满浪漫气息和活泼的情致，既有神灵的赞歌，也有神灵的恋歌，欢喜之中带有微微的悲意。《九歌》突出地反映了楚国的巫觋文化特征。

《天问》是一首四言诗，是诗人对自然、社会、自身命运的疑问。全诗由一百七十多个反诘的问题组成。过去一贯认为《天问》错杂不可读，可能存在错简问题，但林庚先生认为，这一百七十多个问题可以分为两大部分，一部分问自然，一部分问人事，其中自有内在的逻辑联系。这一系列的问题排山倒海一般向读者涌来，令人来不及思考，只感觉到宇宙的神秘与诗人的激情，充分表现出诗人勇敢的怀疑精神与批判精神。

《九章》包括《惜诵》、《涉江》、《哀郢》、《抽思》、《怀沙》、《思美人》、《惜往日》、《橘颂》、《悲回风》。这九篇诗歌是屈原在自疏与放逐之中所作，不是一时一地之言。王逸认为"章"即"著""明"，也即彰明，显明，是屈原"言己所陈忠信之道著明也"[①]。九篇诗歌中有的描写了艰苦的流浪生活，有的描写了对故都的怀念，其基本精神与《离骚》是一致的。但《九章》较少使用幻想与夸张的手法，《哀郢》、《涉江》等篇都是纪实之辞。诗人主要通过感情的直接倾泻和反复吟咏来表现自己种种复杂的心情。这是一组感情强烈的政治抒情诗。

（四）屈原作品的艺术特点

屈原作品的艺术特点显然是不同于《诗经》的，他没有将他所见的社会事

---

① 王逸：《楚辞章句·九章章句序》。

件与人物原封不动地写进作品中，而是把自己的主观感情——强烈的爱与强烈的恨——与各种意象融合在一起，并且将执着的愿为理想殉身的精神信念贯穿其中，体现出积极浪漫主义的色彩，给读者以强烈的情感冲击。

第一，比兴手法的大量运用。屈原继承了《诗经》的比兴传统并作了很大的发展。在用自然物作比时，他特别地区分自然物本身的性质，如善恶、美丑、香臭等，然后将其赋予给各种人物，如将君子比作鸾鸟凤凰，将小人比作燕雀乌鹊。他又创造性地用人来作比，用灵修、美人、宓妃等比喻君臣，用众女比喻谗臣。最值得注意的是，他将自己比作被抛弃、被冷落的美人，从弃妇哀怨的角度来表现对君主的热情、关怀、思念，乃至怨恨、愤怒。从此以后在中国古典文学中形成了"香草美人"的传统，文学史上以闺情来寄托君臣关系的作品更是数不胜数。

第二，光怪陆离的幻想世界。无情的黑暗现实使诗人失望，但他又不愿就此颓废消沉。于是他"精骛八极，心游万仞"①，遨游在神话、历史所构建的幻想世界中。在《离骚》里，他到九嶷山找帝舜，到春宫寻宓妃，飞龙为他驾着美玉象牙做成的车，早晨在天河，晚上到昆仑。在《涉江》里，他驾着青龙白龙，与帝舜在美玉的园圃中游玩，以玉树的花为食。鸾鸟、凤凰、飘风、云霓都是他的侍从，望舒、飞廉、雷神、蹇修都为他所驱使。《九歌》更表现出诗人幻想中壮丽美妙的神的世界。其想象力之丰富，大概唯有《庄子》能与之比美。

第三，大胆的夸张。诗人对自己的才能极为自负，他毫不惜地将各种美好事物加诸己身，甚至加到无以复加的地步。对自己的装扮饮食，他是"带长铗之陆离兮，冠切云之崔嵬。被明月兮珮宝璐"。他"朝饮木兰之坠露兮，夕餐秋菊之落英"。他的品行当然是高洁的："纷吾既有此内美兮，又重之以修能。"对于那些小人，他又给予极端的轻蔑："众皆竞进以贪婪兮，凭不厌乎求索。羌内恕己以量人兮，各兴心而嫉妒。"美与丑都夸张到极致，强烈地体现了诗人的情感。

第四，华美的语言。为了表现光怪陆离的幻想世界，为了夸张事物的特

---

① 陆机：《文赋》。

征，诗人运用了许多华美艳丽的语言。如提过多次的他对自己的服饰，佩戴的描写，用了大量色彩艳丽，芳香扑鼻的草木之名以为衬托。又多描写华贵、繁富的场景，诗句好铺排、对偶，大量运用"耿介""冉冉""菲菲"等叠音词或联绵词。体现出一种大大不同于《诗经》之素朴的艳丽之美。

第五，奇特的结构。屈原作品的结构不同寻常，它们都是抒情作品，但抒情中又杂有叙事的成分。而这叙事的成分不能加以时间或空间顺序的理性分析。因为在纵横捭阖的情感抒发中，是非理性的直觉在引导诗人。《离骚》中东西、天地转换迅速，《天问》中自然、人事更迭没有明显线索，一以贯之的是诗人的激情。

（五）宋玉的辞赋

宋玉是稍后于屈原的作家，在《史记·屈原贾生列传》、《韩诗外传》、《新序》等书中有一点关于他的零星材料，通过这些材料，我们大概可以了解到，宋玉是屈原的学生，曾因为友人的推荐在楚顷襄王朝做过小官，但很不得意。《史记》云："屈原既死之后，楚有宋玉、唐勒、景差之徒者，皆好辞而以赋见称。然皆祖屈原之从容辞令，终莫敢直谏。"可见宋玉既擅长写辞，更长于写赋。据《汉书·艺文志》，宋玉有赋十六篇。今天所能见到的，有《楚辞章句》中《招魂》、《九辩》，《文选》中《风赋》、《高唐赋》、《神女赋》、《登徒子好色赋》、《对楚王问》五篇，《古文苑》中《笛赋》、《大言赋》、《小言赋》、《讽赋》、《钓赋》、《舞赋》六篇。在这十三篇之中，得到公认的宋玉作品只有《九辩》，但正如前面所说，如果没有有力的考古证明，还是以旧说为准。

《九辩》的创作主旨，依据王逸《九辩序》，是"闵惜其师，忠而放逐，故作《九辩》以述其志"。所以《九辩》是宋玉悲悯屈原的遭遇，用屈原的口吻写的一篇作品，从遣辞造句到章法结构都有模仿屈原之处，但是，其中又不可避免地渗入了宋玉个人的感情及性格，与屈作又有很大不同之处，在一定程度上是具有创造意义的。诗歌一开篇，就以"悲哉！秋之为气也"奠定下全诗的感伤基调，接着，诗人描写了秋天的萧瑟景色，远行与送别的愁绪，贫士失职的不平等等。从声音、颜色、情调等角度的融合来表达他悲愁的情绪，将感情寓于客观景物之中，情绪与形象达到了水乳交融，创造出令人读之生悲的秋的意境，引起后世无数文人的共鸣，使"悲秋"成了文人共通的主题。在写景状物方面，宋玉更加深刻入微，如写秋天的树木时，对树木的枝和叶的颜色与形状作了细致的描写："叶菸邑而无色兮，枝烦挐而交横。颜淫溢而将罢兮，柯仿佛而萎黄，萷橾椮之可哀兮，形销铄而瘀伤。"在语言形式方面，宋玉比屈原更为富丽灵活。以开篇写秋景一段为例，用了"萧瑟"、"憭栗"、"泬寥"、"憯凄增欷"、"怆怳懭悢"、"坎廪"、"廓落"、"惆怅"等一系列形容词，准确地表达出各种意志，又形成排比句式，营造出悲凉的气氛。每句字数也不等，利用句子的长短与音节形成顿挫的语气，随情感的渲泄而时高时低，时快时慢。《九辩》富丽的辞藻与感伤的情绪交织在一起，被刘勰称为"绮靡而伤情"。

《招魂》也是宋玉为屈原而作："宋玉怜哀屈原，忠而斥弃，愁懑山泽，魂魄放佚，厥命将落。故作《招魂》，欲以复其精神，延其年寿，外陈四方之恶，内崇楚国之美，以讽谏怀王，冀其觉悟而还之也。"《招魂》的突出特点在于奇异的想象和铺张夸诞的叙述。诗中将东南西北天上地下都夸张描写成邪恶恐怖，布满妖魔鬼怪，根本无法生存的地方。而楚国却有秀美的山川风景，高大的居室，华贵的陈设，及艳丽的美人，以极其夸张的对比来突出楚国的优美舒适借以吸引魂魄的归来。在艺术上，诗人用了非常细腻的笔触来刻画精致的生活，用华丽的词藻来铺排宫庭的奢华与气派。在刻画与铺排上较《九辩》更进了一步，开汉赋之先声。所以李贺说："宋玉赋当以《招魂》为最幽秀奇古，体格较骚一变。"

现存宋玉的赋中，以《文选》中的五篇成就为高。《风赋》中宋玉将风分"大王之雄风"与"庶人之雌风"，借风有贫富之说来讽谏楚顷襄王，揭示社会的不平等现象。《高唐赋》记叙了宋玉与顷襄王游云梦见神女的故事，《神女赋》则专写了神女的来去与艳丽形象。前者是描写山川的美文，后者是描写女子的美文。这些赋共同体现了宋玉赋华美艳丽的特征：形象生动而夸张，色彩鲜明而丰富，场面热烈而宏大，比喻优美，句式灵活多变。宋玉以其出色的艺术成就大量创作了"赋"这一新兴文体，为其发展奠定了基础。

（六）屈原与宋玉的影响

屈原是我国文学史上第一位伟大的诗人，其崇高的地位是不可动摇的。司马迁评价说："其文约，其辞微，其志洁，其行廉，其称文小而其指极大，举类迩而见义远……自疏濯淖污泥之中，蝉蜕于浊秽，以浮游尘埃之外，不获世之滋垢，皎然泥而不滓者也。推此志也，虽与日月争光可也。"① 屈原对后世的影响主要在两方面，一是他执着的理想追求：在腐朽、昏庸的政治气候之中，在众人都浑浑噩噩、随世沉浮的世风中，在残酷无情的打击、排斥与放逐中，他始终坚持自己高贵的人格、热烈的理想追求，虽死不悔。这种精神成了后代知识分子学习的榜样。从贾谊到司马迁到李杜，再到宋明爱国诗人，无不以屈原的精神为动力成就一番彪炳青史的伟大业绩。二是他伟大的艺术成就，所谓"衣被词人，非一代也"②。他开创了积极的，充满浪漫气息的创作方法，将幻想与想象融入作品，又大大开拓了比、兴手法的运用方法，冲破《诗经》四言体的束缚，使诗歌更自由地表情达意。屈原的艺术成就给后代文学，尤其是诗歌创作以极大的启发，如曹植、李白、李贺、陆游等诗人的带有浪漫色彩作品，形成文学史上与写实相对的浪漫一脉。③

宋玉在屈原之后，丰富和发展了楚辞的创作，并把楚辞发展为赋体，影响文坛数百年，在文学发展史上也是功不可没的。

四、上古神话和散文

先秦文学，以诗歌的文学成就为最高，其代表就是北方的《诗经》与南方的《楚辞》。但是，我们并不能因此抹杀其他文学样式所取得的成就。这方面文学，一是上古神话，一是散文。

（一）上古神话

在原始社会，生产力极其低下，原始人的生存时刻面临着恶劣自然环境的威胁，如风暴、雷雨、洪水、干旱等等。对这些自然现象，包括日月星辰、山

---

① 《史记·屈原贾生列传》。
② 《文心雕龙·辨骚》。
③ 此处没有使用通常的浪漫主义的说法，是考虑到浪漫主义在文学理论上有其特定的含义。但屈原作品本身所具有的浪漫色彩是不可否认的。

川河流等，原始人不能作出正确的解释，而对之产生敬畏、崇拜的心理，将各种各样的自然现象都归结为神的意志，创造出各式各样的神灵。对于部落中的英雄人物，原始人在歌颂他们时，也将其英雄事迹神化。产生各种英雄神话传说。总之，神话是原始人根据自己的生活现实幻想来的口耳相传的神的故事。

世界上的每个历史悠久的民族的童年时期都产生过大量神奇的，充满幻想性与创造性的神话故事。中国也是这样。但是，我们的上古神话没有系统地保存下来，今天我们只能在一些古籍中看到零星片断的记载。大概在商周时代，上古神话逐渐衰亡散佚，至于原因，一般认为是因为神话在流传过程中逐渐被历史化，即许多神奇的幻想被"雅训"为"合理"的历史，从而失去神话本身的色彩。古代文字繁难，记录不便也是神话衰亡的部分原因。

现存古籍中保存神话最多的是《山海经》、《楚辞》、《淮南子》。影响较大的著名神话有如下几个：

1. 女娲补天

女娲的神话见于《楚辞·天问》、《风俗通》、《淮南子·览冥训》等。女娲是中国神话中最伟大的女神。在天地开辟之后，天地间并没有人，是女娲用黄土造出了最初的人类。后来，天裂开了，洪水滔滔，大地震动，虫蛇猛兽吞噬人民。女娲炼五色石补好苍天，用芦灰止住洪水，于是："苍天补，四极正；淫水涸，冀州平；狡虫死，颛民生。"[1]

2. 后羿射日

《山海经·海内经》、《淮南子·本经训》中都记载了羿的故事。帝俊赐给羿彤弓素矰，派他到地上解除危难。当时，天上有十个太阳，庄稼不生长了，六种怪物为害人民，尧让羿杀掉六种怪物，并射下十个太阳。万民皆喜。后羿一直是古人心目中的英雄。

3. 鲧禹治水

鲧禹治水的故事流传广泛，在《山海经》、《淮南子》、《天问》、《尚书》、《孟子》中都有记载。鲧偷了帝的息壤去洪水，被帝杀死。鲧腹中生禹，禹又负起治水的重任。他三过家门而不入，为通轩辕山化为熊，其妻涂山氏见到后

---

[1]《淮南子·览冥训》。

因羞愧而变为石头。石头开启生出儿子，因名为启。最后禹用疏导的办法止住了洪水。

除此以外，上古还有盘古开天、夸父逐日、精卫填海、嫦娥奔月、黄帝战蚩尤等久为流传的神话传说。这些神话反映了我国上古时的一些生活状况和自然条件，文化风俗等情况，同时又具有积极浪漫的精神，充满大胆的幻想、想象和夸张。虽然相对于同样古老的希腊神话，我国神话显得零散而无系统，但是仍能体现出不同于希腊神话的特点。简言之，就是"中国神话歌颂劳动、赞美意志，表现强烈的正义力量和英勇的献身精神，将人神化，具有理性、严肃、温柔敦厚的恬静美；而希腊神话则歌颂冒险，赞美肉体，表现浓厚的人生欢愉和粗犷的声色之乐，将神人化，具有个性、激情、惊心动魄的紧张美。"①

《山海经》是先秦时代保存神话最多的古籍，其书名最早见于《史记·大宛列传》，但其内容在战国时已被广泛称引。今本《山海经》为十八卷，三十九篇，其中分为《山经》、《海经》、《大荒经》。从形式上看，《山海经》是记载地理博物的地理志，司马迁认为它是"怪谈"，许多学者将它看作真实的地理著作。今人多认为其价值在于对神话的保存。《山海经》按地理方位记叙了海外的物产、动物及各个奇异的国家。其中充满了神奇的幻想，尤以《海经》为突出。如《海外西经》中有"奇肱之国在其北，其人一臂三目，有阴有阳，乘文马。有鸟焉，两头，赤黄色，在其旁"。类似于此的奇奇怪怪的事物数不胜数。而在这些奇谈怪论后面，隐藏了许多上古时代的文化，风俗和人类理想，很有研究的价值。

先秦时还有一本书值得一提，即《穆天子传》。此书于西晋初年在河南汲县出土。它的成书年代至今没有确论，较为普遍的看法是在战国时期。晋代郭璞曾为它作注。今本《穆天子传》为六卷。前五卷记叙了周穆王带领随从四处游历的经过。穆王北绝流沙，西登昆仑拜会西王母，游历殊方异国，涉及到许多神话材料。第六卷记周穆王美人盛姬死后殡葬之事，其文描绘细腻，富于文采，不同于前五卷的疏简平质，疑为晋人附益之文。《穆天子传》运用文学创作手段，按时间顺序记叙一个人物的经历，是文学史上第一篇具有小说特征的

---

① 赵双之、张学海：《比较文学论文集·东西方神话类比较》，天津，南开大学出版社，1984。

作品。这是《穆天子传》的主要文学成就。

上古神话奇幻夸张，对后代文学，尤其是具浪漫色彩的诗歌和志怪类的小说产生了巨大的影响，成为这一类文学创作取之不尽的源头。

（二）先秦诸子散文

从严格意义上说，先秦散文算不上纯文学作品，它们首先是思想或历史著作。但是，先秦散文已是一种成熟的文体，同样具有很高的文学成就。下面就简述一下诸子散文。

《论语》成书于春秋战国之交，是孔门弟子记载孔子及弟子言谈的语录体著作。《论语》语言简练晓畅，寓意深刻，往往用精炼的话表达丰富的思想感情或刻画人物个性。《先进》中的"子路曾皙冉有公西华侍坐"章最能表现《论语》的艺术特色。孔子与弟子闲居聊天，从学生的回答中，可以看出子路的勇敢冲动，冉有、公西华的谦虚，曾皙洒脱的情怀与远大的理想。《季氏》中的"季氏将伐颛臾"章记录了孔子论辩时言语之犀利，已初具论辩的风格。《论语》就是如此，在不疾不徐中自有雍容和顺的风格。

《孟子》成书于战国中期，仍带有语录特征，但较多长篇大论，已开始向成熟的说理文过渡。《孟子》散文的特点就是"善辩"，善于驳倒别人的观点并使自己的观点为人所接受。其论辩带有强烈的感情，使用大量排比句，气势充沛；辩难诘问，往往一针见血，毫不留情，铺张扬厉的风格最具有战国纵横家气概。在论证问题时，使用大量的比喻与寓言来增强文章的说服力，如以"缘木求鱼"喻做事不合情理而终无所得，以"挟太山以超北海"喻不能为之事等等，简单生动，发人深思。在以寓言作例证时，他多从社会生活中汲取灵感，讽喻现实，流传下一些具有哲理的寓言故事，如"齐人乞墦"、"揠苗助长"、"弈秋诲弈"等等。《孟子》一书文采斐然，气势雄健，富于智慧，对唐宋古文运动产生过很大影响。南宋以后，《孟子》成为官方教材，位在经书之中，其余绪就更长久了。

《荀子》成书于战国末年，是成熟的议论散文。《荀子》散文基本上是专题性的，各篇都有概括性的标题来标明主旨，这一点较他之前的散文是很大的进步，《论语》、《孟子》、《老子》、《庄子》等标题与文章内容没什么关系，《墨子》的标题是后人加的。在文章结构上，《荀子》的严谨绵密，逻辑统一也是前所未有的。批判错误观点时，荀子不是用辩难的方式，而是通过具体的分析论证来达到有破有立。如《性恶》篇在批驳孟子性善论时，分析区别了可能性与现实性的差别，指出后天改造的重要性。在论证自己观点时，他又从各个角度反复推详，层层深入。如《劝学》篇系统地论述人后天学习的重要性，一开始就鲜明提出"学不可以已"的论点，接着说明后天习养可以改变事物之本性，所以人必须博学。而博学可以使人增长见识与才能。最后，又提出学习必须"慎其所立"，才能成为君子。荀子散文，没有孟子那种纵横捭阖、铺张扬厉之风，他文风朴实、严谨，但同时用词丰富，讲究修辞，善于运用排偶句法，譬喻层出不穷，《劝学》即为典型代表。除了议论散文，《荀子》中还有两篇纯文学作品。一为《成相》，"成相辞"是民间说唱艺术，荀子采用其形式写成政治抒情诗。全诗共五十六节，每节形式一样，如："请成相，世之殃，愚暗愚暗堕贤良。人主无贤，如瞽无相何怅怅。"一为《赋篇》，包括"礼"、"智"、"云"、"蚕"、"箴"五首小赋。这些赋韵散夹杂，篇末点明题旨，类似于后世的谜语。

《老子》的成书年代颇多争议，从文章的成熟程度看，大概稍晚于《论语》。《老子》的文章特点是富有诗歌的韵律，说理简明精深，富于形象性。

《庄子》一书在先秦诸子散文中风格最为独特，与屈原的《楚辞》有相通之处，所以后世常"庄骚"并称。首先，庄子所采用的寓言，是先秦诸子中最多的。这些寓言有的是当时所流传的，但更多的是庄子自己所虚构的。如开篇《逍遥游》中的鲲鹏，"其翼若垂天之云"，藐姑射之山的神人，"其尘垢秕糠将犹陶铸尧、舜"，这样夸张神奇的幻想，肯定出自庄子个人的想象。之所以具有这样夸张的效果，原因在于他将寓言的哲理与神话的幻想糅合在一起。所以在庄子的寓言中，有用五十头犗牛做成的鱼饵，有容貌丑到极致而心地又极其美好，人人喜欢的怪人；小雀、风、树等等都可以开口说话或辩论事理，连骷髅都能讲述自己的快乐。众多的寓言，构成一个看似荒诞不经，实则充满哲理智慧的艺术世界，也给后代留下许多寓意深刻的典故，如"越俎代庖"、"东施效颦"、"佝偻承蜩"、"涸辙之鲋"等等。其次，庄子又善于在寓言之外运用大量的譬喻。《逍遥游》中，鲲鹏的寓言之后，又以水比风，以大舟比鹏鸟；接着比中又用比，将芥、杯置于凹堂之水中以比舟。有的文章全篇都是由寓言与譬喻组成。这使《庄子》散文充满无所拘束、无所凝滞的想象力，构思怪诞诡奇，又常常形成雄奇开阔的意境，运笔变幻莫测，充分体现庄子所追求的绝对自由的精神境界。庄子自己说是"以谬悠之说，荒唐之言，无端崖之辞，时恣纵而不傥，不以觭见之也"。鲁迅称赞他："其文汪洋辟阖，仪态万方，晚周诸子之作，莫能先也。"①《庄子》以其深刻的哲学思想和汪洋恣肆的风格给后代巨大的影响。

《庄子》在诸子这些著作中的成就是独特的，对此，《天下篇》中这样概括："芴漠无形，变化无常……古之道术有在于是者。庄周闻其风而悦之。以谬悠之说，荒唐之言，无端崖之辞，时恣纵而不傥，不以觭见之也。"这种恣纵不傥的文风出自于他博大的学识与自由的精神。宋代文豪苏东坡所自称如万斛泉源，不择地而出，如行云流水，姿态横生的文章风格显然源出于庄子。

《韩非子》是法家思想集大成之作，成书于战国末期，在论说文上较《荀子》有了进一步发展。韩非是反对文艺的，但《韩非子》本身仍肯有很高的艺术成就。今本《韩非子》有五十五篇，体裁多样，有长篇论说文，也有篇幅较短的杂论文，还有一些韵文。这些文章锋芒锐利，善于进行细密透辟的分析来推理论证，逻辑严密，往往一针见血地切中要害。《韩非子》也运用了许多寓言故事，而且更为浅显易懂却又能深刻地表达抽象的道理，例如至今广为流传的"自相矛盾""守株待兔""滥竽充数""买椟还珠"等等。韩非还有意识地将寓言集中在一起，如《说林》上下，内外《储说》等篇。

（三）先秦历史散文

甲骨文与铜器铭文是古代叙事散文的雏形，篇幅短小，记事简单。周代史官文化发达，中央及诸侯都设有各类史官，"君举必书……左史记言，右史记事；事为《春秋》，言为《尚书》"②。

《尚书》即上古之书，先秦时称为《书》，是记言的古史。这是我国现存最早的散文总集，大约在西周后期集结成集，据说孔子作过编订工作并用之作教

---

① 鲁迅：《汉文学史纲要》，见《鲁迅全集》第十卷，北京，人民文学出版社，1973。
② 《汉书·艺文志》。

材。秦代，《尚书》遭到焚禁。汉时儒生用通行隶书写出《尚书》二十八篇，称为《今文尚书》。景帝末年，在曲阜孔子旧宅壁间发现一部尚书，用战国时古文书写，称为《古文尚书》。至西晋末年，《古文尚书》就亡逸了。今本《尚书》共五十八篇，除为今古文共有的三十三篇外（由原二十八篇分出），都疑为东晋人所伪造。《尚书》包括从殷商到春秋的散文。《尚书》是殷商史官所记的誓、命、训、诰。《周书》主要是西周初年的文献。《虞书》、《夏书》是后人根据史料追记的。《尚书》记载的是古代统治者的统治思想与经验，具有重要文献价值，文风古奥质朴，即所谓"周诰殷盘，佶屈聱牙"①。

《春秋》是周王朝及各诸侯国都有的编年体大事记。今存《春秋》是鲁国的编年史，经过了孔子的修订，其记事始于鲁隐公元年（前722），终于哀公十四年（前481），共二百四十二年。《春秋》记事极为简洁，但书法严谨，一字之中自有褒贬，被后世称为微言大义的春秋笔法。如宣公二年，"晋赵盾弑其君夷皋"，臣杀君为"弑"，晋灵公不君故直书其名。其言简意赅，对后世创作多有影响。

《春秋》以后，较有价值的史书是《国语》、《左传》和《战国策》。

《国语》是一部国别体史书，以记言为主，记载了从周穆王（前1000）至鲁悼公（前440）之间周、鲁、齐、晋、郑、楚、吴、越八国事迹。关于《国语》的作者，汉人认为是《左传》作者左丘明，西晋后，这种说法受到怀疑，至今没有定论。从《国语》的思想与所记历史来看，与《左传》大有出入，应该不是同一人所作；从语言风格上看，《国语》成书要稍早于《左传》。《国语》的思想中最突出的是重民观点，如召公谏厉王止谤时提出的"防民之口，甚于防川"；但同时又强调天命，将民与神放在同等的位置。《国语》的文学成就在于叙述长篇故事时，善于通过事件、对话刻画人物形象，故事曲折、生动。《国语·晋语》记载的骊姬谋乱晋国，公子重耳流亡逃难的故事充分体现了这一特点。但总体说来，《国语》的成就比不上《左传》。

《左传》是《春秋左氏传》的简称，又称《左氏春秋》。但在汉代，《左传》是否是为《春秋》作传已引起广泛的争议。司马迁与班固认为《左传》作者是

① 韩愈：《进学解》。

左丘明"因孔子史记具论其语，成《左氏春秋》"，而《春秋左氏传》只在东汉初年立过博士。《左传》记事自隐公元年至悼公四年，在对历史的记叙中，传达了作者的进步思想。首先，尖锐地批判了春秋时的暴君虐主、乱臣贼子。如《左传》宣公二年所载晋灵公不君。其次是批评礼崩乐坏的社会现象。而最重要的思想则是民本思想。《左传》桓公六年："夫民，神之主也，是以圣王先成民而后致力于神。"《左传》僖公十九年中司马子鱼也说："民，神之主也。"民重于神，是《左传》思想高于《国语》的地方。人民在国家兴亡中有重要作用："……国之兴也，视民如伤，是其福也；其亡也，以民为土芥，是其祸也。"①《左传》虽是历史作品，但有很高的艺术价值，其记人叙事，体现出成熟的小说笔法。表现在：第一，善于叙事。全书由大大小小的历史事件组成，但作者不是对事件作简单的介绍，而是抓住主要情节，并灵活机动地插入相关事件，使复杂的事情也能得到有条有理的讲述，而且情节紧张曲折，富于戏剧性。如《左传》僖公二十三年写晋国公子重耳出亡及返国的复杂经过，几乎就是一篇结构严密，富有趣味的小说。叙事之中又特长于叙写战事。其所记大小三百八十余起军事行动中，尤以五大战役为出色。根据战役的不同有不同的描写侧重点。如秦晋殽之战，侧重于描写战争前秦穆公的刚愎自用、秦军的骄纵轻敌，以及战争结束后秦穆公的懊悔等。两军在殽的具体的战斗则一笔带过了；而在齐晋鞌之战中详细描写了整个战斗过程，重点却放在了齐侯于晋帅郤克的两驾战车上。总之，不同的战事就有不同的特点。第二，善于刻画人物形象。如晋公子重耳，在亡命外逃之始，年少气盛，有不少公子脾气；途中又贪图安逸而不愿离开齐国。但在经历了流亡中的种种艰辛、冷遇与歧视后，他终于成长为冷静成熟的政治家，回到晋国成就了一番霸业。作者动态地描写重耳成长经历，使这个形象栩栩如生。对于不那么重要的人物，即使只出现一次，作者都用概括的笔法勾勒出其性格特征。第三，语言精练准确而生动。其中又以行人辞令为最美。如《左传》僖公四年屈完对齐侯不卑不亢以维护楚国尊严；《左传》僖公三十年烛之武劝说秦伯的一段话，有理有据地晓之以利害，终于说服秦伯退兵。表现出作者高妙的语言技巧。

---

① 《左传·哀公元年》。

《战国策》记录的是战国七雄与东周、西周、宋、卫、中山之事，主要是战国纵横家的言论辞说，大概是秦汉间人杂采各国史料编纂而成。① 其基本思想就是肯定士的重要地位。战国士人作为新兴阶层，游说诸侯之间，在政治斗争中起着重要的作用。因此士的地位很高，即使诸侯也得礼让他们三分。《战国策》中记载了大量"贵士"的实例。同时，书中也大肆宣扬士人追求个性发展的思想，对追名逐利、权奸诈谋等都予以肯定，体现出战国的时代精神。在写作艺术上，《战国策》最突出的特点是铺张扬厉的策士说辞。纵横策士为了使国君或卿大夫接受自己的主张，往往不惜渲染夸张，大量使用排比句和譬喻，以造成一种恣肆雄放的气势来增强说服力。张仪说秦王、苏秦说赵王等说辞都体现出这种特征。而且在说辞之中，又蕴涵着纵横家高超的语言技巧。如《赵策四》记触詟说赵太后，在赵太后盛怒的情况下，先谈起居饮食，再谈爱子之情，最后归入正题，说服了赵太后以爱子长安君入质于齐。在对人物形象的刻画上，《战国策》也颇见功力。如《燕策三》中记荆轲为太子丹刺秦王而送别于易水，在高渐离慷慨悲壮的筑声之中，荆轲高歌而去，塑造出一个沉毅勇决的悲剧英雄形象。而《秦策一》中，苏秦得意之前与得意之后，其家人表现出截然不同的两种态度，尤其是其嫂蛇行匍匐，直言"季子之位尊而多金"，生动地描绘出庸俗的市侩小人。

　　《左传》和《战国策》以其艺术成就对后代散文创作有着深远的影响。它们开启了叙事散文的传统，并开创了多种创作方法。从史传文学到传奇以至小说，都能看到源自《左传》的影响。而贾谊、晁错到三苏的议论文中，其纵横余习显然来自《战国策》。

　　先秦时代，文学从初始发展到兴盛，取得了巨大的文学成就。后世每一种文学样式、创作方法，或者文学思想，都能在先秦找到其萌芽和雏形。中国古代文学的诗歌和散文能取得如此丰硕的成果，先秦文学的开创之功，不可磨灭。

---

① 游国恩等编：《中国文学史》，北京，人民文学出版社，1963。

五、艺术与娱乐

（一）音乐与舞蹈

传说大禹治水成功之后，曾命"皋陶作《夏龠》九成，以昭其功"①。而夏启则把尧舜时代著名的《九韶》乐舞改编成《九歌》、《九辩》与《九代》。《九辩》与《九代》是舞蹈，《九歌》是音乐。夏启、太康、夏桀都过度地沉溺于乐舞之中，以致激起百姓的怨恨，所以史称夏代的音乐为"侈乐"。据记载，夏桀时已有大鼓、钟、磬、管、箫等乐器。而鼍鼓、特磬、土鼓等夏代乐器也已出土。②

商代乐舞中较为重要而又可考的有《濩》、《桑林》等。《濩》又叫《大濩》，是汤建立商朝后，命大臣伊尹所作。它不但见于《吕氏春秋·古乐》篇，而且还见于殷墟卜辞。卜辞中有许多求雨乐舞的记载，所谓"舞"，即"雩"的初文，就是求雨的乐舞。《史记·殷本纪》记载，商纣王"使师涓作新淫声，北里之舞，靡靡之乐"。商代从事音乐工作的，有巫觋、瞽以及音乐奴隶。巫为女性，男则称觋。他们地位较高，其职责是以祭祀乐舞沟通人神，代表商王与上帝对话。瞽为在宫廷作乐师或乐工的盲人，宫廷利于他们听觉较常人敏锐的特点，使他们从事乐器演奏，训练乐人。安阳武官村商代大墓出土了二十四具为墓主殉葬的女性尸骨，旁边又有乐舞道具，当为女乐无疑。商代乐器的一大进步是青铜乐器的出现，除了铙、钲、鼓、铃外，还有成组的编钟。石磬的制作更加精细，并向着系列性的编磬方向发展。传统的陶埙也有了改进，体积增大，形制规整，音孔增多。这些实物资料反映出商代的乐舞取得了重大的进展。据研究，这时已有确立绝对音高观念和十二律的可能。

西周的音乐舞蹈发展到了新的高峰。西周开国之初，周公就制礼作乐，乐舞是其重要内容之一。经过周公的整理，西周的乐舞在形式上更加规范，使用

---

① 《吕氏春秋·古乐》。
② 载中国社科院考古研究所山西工作队、临汾地区文化局：《1978—1980 年山西襄汾陶寺墓地发掘简报》，《考古》，1983（1）。

上等级森严，并设立了大司乐为首的宫廷乐舞管理机构。

西周宫廷音乐称为"雅乐"，其特点是以齐奏为主，曲调简单，节拍缓慢。[1] 其歌辞《诗经》中保留了一部分。墨子说："诵诗三百，弦诗三百，歌诗三百，舞诗三百。"[2] 可见《诗经》原本不但可诵，也可奏，可歌，可舞；不但是诗，也是歌曲。如《周颂·武》、《酌》、《般》、《赉》、《桓》篇原来就是《大武》乐章的歌辞。

《诗经》除歌辞外，还提到了二十九种之多的乐器，如琴、瑟、箫、管、龠、埙、笙、鼓、钟、鸾、铃、缶、圉、簧、篴、磬、雅、钲等等。《周礼·春官·大师》把周代的乐器分为金、石、土、革、丝、木、匏、竹，称为"八音"。从出土的材料看，西周乐器可以青铜打击乐器钟为代表，它们绝大部分都是双音钟，特别是甬钟都能产生两个音，而且都没有商音。编钟最常见的是三个一组，但西周晚期也有八个一组的。

西周的宫廷雅舞主要有大舞、小舞。大舞即《六代舞》，主要内容有《云门》、《大咸》、《九韶》、《大夏》、《大濩》、《大武》六种。它们都是祭祀乐舞，分别有不同的祭祀对象。前五种是前代的传统舞蹈，《大武》是周公在灭商以后新创作的。《大武》表演情形孔子有详细的描述。小舞是西周贵族子弟跳的六种祭祀舞，它们是《帗舞》、《羽舞》、《皇舞》、《旄舞》、《干舞》、《人舞》。此外，还有《象舞》、《天弓舞》、《散乐》、《四裔乐》等。20 世纪 70 年代中，陕西宝鸡茹家庄两座西周中期的墓葬中，出土了一男一女两个舞蹈铜人，[3] 他们显然是贵族**強**伯家的乐舞艺人。

春秋战国时期，礼崩乐坏，雅乐衰颓，以"郑、卫之音"为代表的"新声"兴起。"新声"就是一种新曲调，其特点是节奏加快，较为粗俗，对人的感官性刺激较强，较之呆滞森严的雅乐更为热情奔放，生动活泼。尽管守旧的人们反对它，但下至民间青年男女，上至各国诸侯都喜好它。据说晋平公喜欢"新声"，掌管音乐的师旷就说："公室将卑乎！"[4] 卫灵公召乐师师涓弹奏新学

① 刘再生：《中国古代音乐史简述》，42 页，北京，人民音乐出版社，1989。

②《墨子·公孟》篇。

③ 卢连成、胡智生：《宝鸡強国墓地》上册，315、375 页，北京，文物出版社，1988。

④《国语·晋语八》。

来的"新声"，师旷就批评它是"亡国之音"①。但魏文侯"听古乐则唯恐卧，听郑卫之音则不知倦"②，齐宣王也说："寡人非能好先王之乐也，直好世俗之乐耳。"③ 连国君都如此，更何况士大夫与平民。以"郑、卫之音"为代表的"新声"的兴起和流行，应该说是音乐的进步。

雅乐伴奏的乐器以打击乐器鼓、钟、磬为主，而"新声"则以丝竹之音为主，其中最重要的是竽。《韩非子·解老》篇说："竽也者，五声之长者也。故竽先则钟鼓皆随，竽唱则诸乐皆和。"齐宣王、齐闵王都有"好竽"的故事，④《战国策·齐策一》记载齐都临淄之民"无不吹竽、鼓瑟、击筑、弹琴"。湖北随县曾侯乙墓出土了瑟、琴、笙、排箫（籁）和笛子。故宫博物院藏青铜壶上的宴乐渔猎攻战图上就绘有吹竽、弹琴瑟的形象。这些都反映了丝竹之音的兴起。

1978年湖北随县曾侯乙墓出土了8种124件战国早期的乐器，这是春秋战国时期我国音乐文化高度发展的物证。其中铜编钟有64件，包括钮钟19件，甬钟45件。钟架分上中下三层。钮钟铭文为律名和阶名（如宫、商、角、徵、羽）。甬钟正面有阶名的铭文，是该钟的标音；反面的铭文连读，记载了曾国与楚、周、齐、晋等国律名与阶名的相互对应关系。经过对整套编钟每钟两音的测定，从低音到最高音，总音域跨五个八度之多。在中心音域二个八度的范围内，十二个半音齐全，而基本骨干是七声音阶结构。说明当时已懂得八度位置和增减各种音程的乐理。而试奏证明，它已能演奏采用和声、复调和转调手法的乐曲。编钟铭文出现了无射、黄钟等八个律名，说明十二律名在春秋时代即已存在，证明三分损益法的运算实际上采用的是弦律而非管律；铭文中的"变宫"一词的出现，说明至少战国早期已有"变宫"说；"和"不作变化音名而作阶名出现，作为新音节的第四极正式名称，与宫、商五声之名并列，则为我国音乐史上不见于记载的新发现。⑤

---

① 《韩非子·十过》。

② 《礼记·乐记》。

③ 《孟子·梁惠王下》。

④ 《韩非子·内储说上》。

⑤ 黄翔鹏：《先秦音乐文化的光辉创造——曾侯乙墓的古乐器》，载《文物》，1979（7）；王湘：《曾侯乙墓编钟音律的探讨》，载《音乐研究》，1981（1）。

春秋战国时期，盛行《万舞》。它是一种"不类三代之乐，其声动人心"[1]，具有较高艺术水平的舞蹈。它流传广泛，适应性强，不仅在国君的"公庭"由舞师作礼仪性演出，女乐在筵宴中表演，而且有时贵族也自演自舞。《诗经·邶风·简兮》就描写了公庭中表演《万舞》的盛况。战国时代，楚国宫廷的表演性舞蹈独具特色，极负盛名。其服装飘逸，饰品精美，场面旖旎变幻，而且特别注重舞蹈造型的形式美。表演者的外形体态也以修骨、细腰、秀颈为至美。据研究，《楚辞》中的《九歌》就是一场楚国的祠神群舞，其中已经出现了"人物"和"情节"，它那种大场——小场（歌、舞、或有情节的小品）——大场的结构，一直到今天还是我国民间歌舞主要的结构形式。[2]

（二）雕塑与绘画

传说夏禹时"贡金九牧，铸鼎象物"[3]，其青铜雕塑艺术应该已达到了一定水平。二里头遗址发现的陶塑、石雕、玉雕和青铜制品，可以反映出夏代的雕塑艺术成就。二里头的陶塑以作陶器盖钮或把手的装饰为主，用立雕或半立雕的方式表现羊头、狗、鸟、鱼、龟、哈蟆等动物形象。石雕主要是用于小件装饰品。玉雕主要是一些玉质的礼器，有琮、钺、圭、璋、戈、柄形饰、斧、七孔刀及绿松石饰等，形式规整，制作精细。青铜制品中有一些具有很高的艺术价值。如有一件盾形兽面纹铜牌饰，正面用大小形状不一的绿松石镶嵌成浮雕式的兽面纹，图案组合共用了绿松石片200片，十分精巧。这是我国目前发现最早的铜镶玉艺术品，是夏代青铜器装饰和镶嵌艺术的杰作。

商代的雕塑艺术十分发达。其形式有陶雕、骨雕、象牙雕、石雕、玉雕、青铜器。其中以青铜器的艺术造诣最高。商代后期的青铜器器形高大厚重，造型精巧富于变化，装饰繁缛华美。造型艺术上最突出的特点就是鸟兽形器的流行。常见的有以象、虎、犀、牛、羊、豕、鸟及叫不出名字的兽形雕塑的尊、卣、觥。有单体造型，也有合体造型。在装饰上，青铜纹饰种类繁多，除以勾曲线组成的三角形或菱形的连珠纹、云雷纹等外，以动物和神兽为主的兽面纹

---

① 《史记·赵世家》。
② 孙景琛：《中国舞蹈史·先秦部分》，北京，文化艺术出版社，1983。
③ 《左传》宣公三年。

空前发展，其中饕餮纹与夔纹最为流行。饕餮纹的主要特征是一个夸大的动物头部，头上有角，口生利齿，眼睛很大，眼球常凸起成半球形，中有圆凹，形成光点。饕餮纹一般作主体纹饰，充塞于器物的主要装饰面上，因此能给人以很深的印象。总之，商代的青铜雕塑线与面达到了有机的结合，平面的纹饰与立体的造型高度和谐地统一在一起。如传出湖南的虎食人卣，整体如踞虎形，后爪与尾成为器的三足，前爪攫一人送入口中，项脊上有兽形钮小盖，两侧置一提梁。造型实用而又狰狞可怖。又如出土于安阳小屯的鸮卣，形似猫头鹰，盖为鹰头，两侧各有一鸟的短钩喙，盖顶有四阿式钮，器身为鸟身，雕有双翅，纹饰繁缛，并有器耳提梁，下承四条鹰足，整体正视是一鹰，侧视是两只鹰，造型非常别致。

西周的雕塑艺术又有了新进展。周原甲骨大部分字体细小如粟，笔细如发。有的甲骨仅有指甲盖大，上面就刻有三十多字。其行款间隔相当、肥瘦相同，钩画无不恰到好处，充分体现了当时微雕技术的精湛。西周的玉雕，人物造型神态各异，特征显著；动物造型，形象优美，能生动地表现各种动物的特征。其雕刻手法熟练，富于装饰技巧，以实用艺术为主，表现了强烈的理性因素。

西周的青铜器以鼎、簋为代表。西周早期的鼎，流行兽蹄足和分档的形式。簋又以方座簋为特有形式。装饰上，有特点的是有触角的蜗体或卷体兽面纹，同时凤鸟纹也更为流行。西周中期，青铜艺术发展到了顶峰。在造型上出现了器体宽大而浅的垂腹附耳鼎，出现了双层器或组合器，鸟兽器也更多。装饰上删繁就简，淘汰了不少早期的纹饰；兽面纹多向变形兽面发展；又产生了一些新的纹饰。如宝鸡茹家庄1号墓出土的带盘夔足鼎，造型为双层结构，上层是一带耳的圆鼎，下层为一锅状圆盘，以三条仰首卷尾的夔龙形足支盘承接圆鼎。鼎腹饰小饕餮兽面纹，以云雷纹衬底。盘腹饰十字形镂孔三组，与小龙足相间。同墓出土的象尊，整体造型为象，体形肥硕丰满，象鼻高举，獠牙和眼突出，竖圆耳，小尾扁平下垂，四肢短粗，背部开口，有盖，造型生动传神；体饰凤鸟纹，卷体成圆涡状，与四肢相配，堪称珍品。西周晚期的青铜器延续中期的特征，在造型艺术和装饰艺术上处于停滞状态。

雕塑艺术在春秋战国时期出现了繁荣的局面。

在人物雕塑上，首次出现了代替活人随葬的俑这种特殊的题材。俑主要有陶俑和木俑。早期阶段的陶俑可以春秋战国之际的山东郎家庄一号墓所出为代表。该墓出土陶俑6组，俑高约10厘米。制作粗略，但颇生动。俑头用墨勾画眼眉，衣服上施彩绘。晚一些的作品可以山西长治分水岭战国墓所出为代表，它们形体更小，造型简略，富于写意性。木俑主要为战国时代的作品，以楚墓所出居多。它们一般形体高大，制作方式基本上有两种：一是雕刻出人的基本形体后加油漆彩绘，如信阳长台关所出的长衣俑；一是只较具体地雕出头部形态，然后加彩绘，身躯部分只粗加工成一个支架，或头、身分制，然后插榫结合为一体，最后外加绢衣，头上披发，臂可屈伸。写实水平较高。除俑之外，春秋战国时代独立的人物雕塑很少，主要与器皿合为一体。河南洛阳金村出土的几件青铜器人物器座，人物形象表现出人物活动的瞬间表情。三门峡上村岭5号战国墓所出的踞坐人漆绘灯，人物面型真实，比例合度，装束有很具体的细节表现。湖北随州曾侯乙墓的六个钟虡铜人是战国时期最大的青铜人像，也是战国前期人物雕塑的代表作，为文献中钟虡铜人的记载提供了确切的实物资料。其形象写实，表现得肃穆、刚毅、有力。将人物与环境融为一体的雕塑风尚在春秋战国时代也有发现，1982年浙江绍兴坡塘乡306号越人墓出土的房屋乐人铜塑将成组的人物群像放置于具体的建筑环境中，反映了越人的祭祀活动。中山国墓所出十五连盏灯，灯盏高大如树，上有猿猴、大鸟、龙，下有人戏猴，灯座由一首双身的虎承托，显得奇巧华美。

镇墓兽是一种特殊用途的动物雕塑，其出现的上限在春秋晚期，最早见于湖北襄樊山湾春秋晚期的楚墓；下限在战国晚期，而以战国中期最为丰富。它普遍出于楚墓，应是楚国特有的葬俗。其演变情况是由头面雏形变为虎首虎面，由直颈直身变为屈颈曲身，身由直立无肢变为跪式四肢俱全，座由梯形面较高变为梯形面较低。其形象变化多端，表现了异常丰富的幻想力。春秋时期动物雕塑的代表作有1923年河南新郑出土的立鹤方壶，山西浑源李峪村出土的牺尊，安徽寿县所出楚错银铜卧牛、攫蛇铜鹰、湖北江陵楚墓所出木雕漆绘虎座飞鸟、鸟兽龙蛇透雕漆绘座屏等，它们显示出新的雕塑水平，透露出浓郁的时代气息。战国时期动物雕塑的代表作有陕西兴平出土的犀尊、江苏涟水出土的卧鹿、曾侯乙墓的鹿角凤、河北平山中山国墓出土的错金银虎噬鹿器座等。尤其后者生动传神，表现极富于力度，是难得的杰作。

春秋战国时代的绘画，正处于由萌芽向成熟过渡的阶段。其作品主要有壁画、铜器画、漆画、帛画。

商代和西周的建筑物遗址和墓葬中都发现过零星的壁画遗痕，但其基本面貌尚不清楚。文献中有关壁画的记载最早是在春秋时期。据《孔子家语》、《淮南子》，春秋末期，孔子曾在东周的明堂中观看过壁画。其内容有古代圣君尧、舜的容貌，也有暴君桀、纣的形象，还有周公辅成王，南面以朝诸侯的画面。前两种主要是肖像画，后一类则是有一定情节的群像作品。到了战国时期，绘画的技法更为提高，表现的内容更为丰富。《说苑》记载，画工敬君为齐王在九重台绘制壁画，因离家日久，思念美貌的妻子，便绘其像于壁上。齐王见后，顿起歹心，便出钱百万将其妻霸占。这个故事从侧面反映出当时画工高超的写实技巧和默画技能。王逸认为《天问》的产生，是屈原被放逐之后，"彷徨山泽"，"见楚有先王之庙及公卿祠堂，图画天地山川神灵"，"及古贤圣怪物行事"，因而"呵而问之①。由《天问》来看，屈原见到的楚壁画内容异常宽博，上自邃古之初宇宙形成的创世故事，四方八极的神奇传说，下迄夏商周三代历史中神与人和人际之间争夺权位的流血斗争，涉及许多史实、名王、重臣，具有史诗的性质。其壁画的规模很大，神话和真实的历史事件交错组合在一起。其中有些情节具有叙事性，可能采用了连环画的形式。战国时代的壁画实物，咸阳秦故都宫殿遗址保存下一些片断。这个遗址的三号宫殿走廊两侧高1.08米以下的残墙上有车马、人物、建筑形象的壁画遗迹。壁画中驾车的马，四蹄扬起，马腹几乎贴地，极力夸张其奔驰的速度。四匹马的前后透视关系也表现得比较合理。这一遗址发现的大量壁画残块中，有各种图案形式，色彩饱和度很高，画法上以线描为主，兼用平涂和晕染，已开中国工笔重彩画之先河。②

铜器画开始于春秋中晚期，主要有三种表现样式。一是镶嵌画。其早期的图形比较简单，到战国以后，内容增繁，出现多层排列、人物众多的画面。其代表作品有河南汲县山彪镇战国墓所出两件青铜鉴上的水陆攻战图、成都百花

---

① 《楚辞章句·天问章句第三》。
② 刘庆柱：《试谈秦都咸阳第三号宫殿建筑遗址壁画艺术》，载《考古与文物》，1980（2）。

潭战国墓青铜壶上的习射采桑宴乐攻战图、故宫博物院藏青铜壶上的宴乐渔猎攻战图等。故宫博物院藏铜壶的镶嵌画采取在壶体外壁表面分栏布局的方法，自口沿以下，画面分为三层作横向展开。上层画的是习射和采桑，中层画的是贵族宴乐和弋射，下层画的是异常激烈的水陆攻战。艺术表现力达到了相当高的程度。二是锥刻画。在河北、山东、江苏、河南、湖南、山西、陕西等地都有出土。有神话题材，也有写实题材，但两类题材绝不出现在同一画面内。写实题材的作品大多是表现宴乐、习射、狩猎场面。较典型的有河南辉县出土的鉴、陕县后川出土的盘等。神话题材的作品大多构图复杂，形象丰富，往往刻有一些头生双角、鸟首长尾的操蛇神怪。最具代表性的一组出土于江苏淮阴市高庄战国墓。三是平面凸起的纹饰画。一般图形较大，略显粗犷。较典型的如河南辉县琉璃阁战国魏墓所出之狩猎纹壶。其画面作七层排列，不大但表现生动，构图充实饱满。

春秋战国漆器画主要出土于湖北、河南、湖南的楚国墓葬，少数出土于山东的齐国墓葬。有代表性的作品为曾侯乙墓漆画、包山楚墓奁盖漆画、长台关楚墓瑟漆画等。曾侯乙墓漆画主要绘在棺、衣箱、鸳鸯盒与皮甲上。据统计，绘在棺上的龙、蛇、鸟、鹿、凤、鱼等动物有 895 个。在内棺壁板上，画有 16 个怪物，它们有的是方相氏，有的是神兽，有的是羽人。鸳鸯盒器腹两侧各绘有一幅乐舞画，一为《撞钟击磬图》，一为《击鼓起舞图》。这批漆画采用勾线和平涂相接合的方法绘成，线条婉转自如，色彩分明，在形象动态的描绘上极具特色。荆门包山 2 号战国楚墓所出奁盖上绘有漆画《聘礼行迎图》[①]，表现的是当时贵族之间重要的礼仪活动，这是中国迄今为止已知的最早的情节性纪实画，也是最早的通景彩画。

先秦时期，真正具有独立绘画性质，且与后世的卷轴画有较直接的渊源关系的是今藏于湖南博物馆的两幅战国帛画。第一幅为《龙凤人物帛画》[②]，1949 年 2 月出土于长沙东郊陈家大山楚墓；第二幅为《人物御龙帛画》，1973

---

① 也有人称为《王孙亲迎图》，见彭德：《屈原时代的一幅情节性绘画》，载《文艺研究》，1990（4）。

② 也称为《人物夔凤帛画》。郭沫若：《关于晚周帛画的考察》，见《文史论集》，288 页，北京，人民出版社，1961。

年 5 月发现于长沙东南子弹库楚墓。这两幅帛画画面的重点都是一个人物，第一幅上是博袖细腰的女子，立于新月之上，前有一龙一凤飞翔升腾；第二幅为高冠长袍佩剑的男子，御龙而行，下有鱼，尾上有鹤。主题都是反映死者的灵魂在神物的引导下升天。[①] 其主人形象都具有肖像特征，而且都用全侧面来表现。在技巧上，前者勾线和平涂相结合，线条刚健古朴；后者线条则如行云流水，变化多端，更显成熟。

更令人赞叹的是《韩非子·外储说左上》的记载：有人为周君画荚，画了三年，周君看不出画的是什么，因此发怒。后来画荚者教周君造了一个暗室，在一面墙上凿了一个小窗口，太阳出来阳光照到小窗口时，把所画的荚放上去，就能放映出各种彩色的大画面："尽成龙蛇禽兽车马，万物之状毕具。"这种荚，实际就是微型画。画荚者实际就是利用幻灯原理来放映自己的幻灯画片。

（三）武术、体育和娱乐

春秋战国时期，人们已很讲究武术。司马迁称其先祖的一支"在赵者，以传剑论显"[②]。社会上"好击剑"者甚多，"论剑"也成为风气。《吴越春秋》卷九《勾践阴谋外传》曾记载越王勾践向越女讨教击剑之道，越女的回答妙契精微，深得击剑之要。《庄子·说剑》也有对剑道的阐发。《汉书·艺文志》兵技巧家有《剑道》三十八篇。这些理论对后来剑术的发展有很深的影响。

春秋时期楚国有神射手养由基，在百步之外射柳叶百发百中，采取的是"支左屈右"的射法。战国时各国都奖励人们学习射法，魏国的李悝就曾颁布著名的"习射令"，因而人们就勤于习射，日夜不休。公元前 307 年赵武灵王下令国中"胡服骑射"，中原地区射法又开始与骑术结合在一起。春秋战国时还有一种射法叫"弋射"，即发射带绳的箭矢，以便很快地猎取射中的飞禽。故宫博物院藏青铜壶上的宴乐渔猎攻战图的第二层左方，就是描写弋射的场面：上有鸿雁翱翔，四人俯身弋射，五只归雁连着箭上的细绳正从高空掉下来。当时有不少人因弋射而著名。如齐宣王曾问弋射于唐易子，唐易子说弋射

① 李学勤：《东周与秦代文明》（增订本），357、358 页，北京，人民出版社，1991。

② 《史记·太史公自序》。

的关键"在于谨鷹",即善于躲藏隐蔽。楚顷襄王也曾特地接见过善弋射者。据说楚国著名的弋射手蒲苴子能弋射百仞以上高空的飞鸟,故《汉书·艺文志》兵技巧家有《蒲苴子弋法》四篇。

　　角力、御车也是春秋战国时期重要的"讲武"项目。《韩非子》一书已出现角力之名,秦人称为角抵,《汉书·艺文志》兵技巧家有《手搏》六篇,"手搏"就是角力,相当于现在的相扑或摔跤。春秋末年已有以角力挑选勇士的风气,如晋国赵简子的车右少室周与牛谈角力,少室周不胜,就把车右之职让给了牛谈。《庄子·人间世》说角力要讲究技巧,开始时用"阳",终局时用"阴",决定性的就是出奇制胜。这应是现存角力理论的先声。御车为"六艺"之一,是士的必修课目,也是一种军事技能。1972年山东临沂银雀山汉墓出土了《唐勒》残简,其内容与《淮南子·览冥训》、《原道训》有关文字近,中心是论御,以致有人认为其篇名当为《论义御》①。论御是诸子经常谈论的话题。《孟子》、《荀子》、《韩非子》的许多篇章都有论御的记载,特别是《韩非子·喻老》篇的"马体安于车,人心调于马"说,不仅道出了人、马、车三者之间的关系,而且从心理学角度阐明了人的心理活动对御的重要影响。这是当时重视御术的社会风气的反映。

　　《汉书·艺文志》兵技巧家有《蹴鞠》二十五篇,刘向《别录》引"或曰"说"起于战国之时"。《战国策·齐策一》说"临淄"之民"无不……蹋鞠者",蹋鞠即蹴鞠。鞠是一种实心的皮球,蹴就是踢的意思。这种踢球游戏,既可以锻炼武士,也可从选拔有武艺的人材。实际是早期的中国式的足球运动。

　　春秋战国时期的娱乐活动主要有斗鸡、走犬、六博、弈、投壶、讴歌、戏等。六博是博戏的一种,是一种掷彩下棋的比赛。博戏起源很早,传说夏桀的臣子乌曹作博。《史记·殷本纪》记载商帝武乙与木偶人天神"博",让人代行;《穆天子传》记载周穆王"与井公博",三天才分出胜负。至春秋战国时,博戏已经非常流行。《史记·宋微子世家》记宋闵公与南宫万打猎,"因博争行",被南宫万用博局砸死。《战国策·齐策一》说临淄之民大家都会六博,虽不无夸张,但也反映出六博的普及。1975年至1976年,湖北荆州雨台山楚墓

---

① 赵逵夫:《唐勒〈论义御〉校补》,载《西北师大学报》(社会科学版),第32卷第1期,1995。

（197 号和 314 号墓）出土了两件博具①；河北平山中山国墓出土了两件石雕博具②，安徽长丰战国晚期楚墓出土了骨制博棋 5 枚③，甘肃天水放马滩战国晚期秦墓出土了木制的博局和竹筹 21 根④，湖北云梦睡虎地 11 号和 13 号秦墓也出土了两件战国末期的博局⑤。六博的博法《战国策·楚策三》、《楚辞·招魂》等文献都有一些披露，结合出土的博具，可知其梗概。⑥

弈，就是围棋。这种娱乐在春秋后期已很流行。《左传》襄公二十五年载大叔文子以弈棋为喻，批评卫大夫宁喜。《论语·阳货》载孔子语，认为"博弈"也比"饱食终日，无所用心"好。说明弈已成为一种常见的娱乐。至战国，已有人过度地喜欢弈棋，以致影响了行孝，因而遭到了孟子的批评。⑦ 同时也出现了像弈秋这样的善于弈棋的名家。人们对弈棋的规律也进行了探讨，认为弈棋虽然是一门小技巧，不专心致志，就不可能学好。表明战国时期弈棋活动已上升到了一个新的阶段。

投壶是春秋战国时期在宴会上比较流行的一种娱乐活动。其出现的时间，当不会晚于春秋末期。《左传》昭公十二年就有了"投壶"的记载，到战国时期，投壶游戏在社会已经流行开。《史记·滑稽列传》载淳于髡说："若乃州闾之会，男女杂坐，行酒稽留，六博投壶，相引为曹。"《礼记》有《投壶》、《少仪》篇，详细记载了投壶的方法。

斗鸡是促使两只公鸡相斗的娱乐。《左传》昭公二十五年有鲁国季孙氏和后氏两家斗鸡成仇的记载。到战国时期，这种娱乐广泛流行于民间。《战国策·齐策一》说临淄之民大家都会斗鸡，可见这一娱乐的群众化。走犬是一项驱狗追逐兔子的娱乐。《史记·李斯列传》记载李斯临刑前还盼望着"牵黄犬"到郊外去"逐狡兔"。战国时人们已培养出专供此娱乐的快跑的猎狗良种和兔

---

① 湖北荆州博物院：《江陵雨台山楚墓》，103～104 页，北京，文物出版社，1984。

② 河北文物管理处：《河北省平山县战国时期中山国墓葬发掘简报》，载《文物》，1979（1）。

③ 安徽省文物考古研究所：《安徽长丰战国晚期楚墓》，载《考古》，1994（2）。

④ 甘肃省文物考古研究所、天水市北道区文化馆：《甘肃天水放马滩战国秦汉墓群的发掘》，载《文物》，1989（2）。

⑤《云梦睡虎地秦墓》，55、56 页，图版 42，北京，文物出版社，1981。

⑥ 详见傅举有：《论秦汉时期的博具、博戏兼及博局纹镜》，见《湖南博物馆四十周年纪念论文集》，长沙，湖南教育出版社，1996。

⑦《孟子·离娄下》："博弈好饮酒，不顾父母之养，而不孝也。"

子良种，如"周氏之訾"、"韩氏之卢"、"东郭逡"。①

　　春秋战国时期民间有许多善歌者。如《孟子·告子下》所记载的王豹和绵驹，王豹住在淇水边，在他的歌声的影响下，黄河西边一带的人都善于讴歌。绵驹住在高唐，在他的影响下，齐国西部的人都长于演唱。《列子·汤问》提到的韩娥、秦青也是富于传奇色彩的歌手。韩娥卖唱求食，"余音绕梁，三日不绝"。而秦青击节高歌，"声振林木，响遏行云"。《韩非子·外储说左上》记载宋王偃筑武宫，"讴癸倡（唱），行者止观，筑者不倦"，收到神奇的效果。而各国宫廷中则有一种称作"优"的专业艺人，他们善于唱歌跳舞，尤长于说笑话，演笑剧，专供君主娱乐。如晋献公时有优施，楚庄王时有优孟。齐、鲁夹谷之会，齐国派"优倡侏儒为戏而前"②。到战国时，贵族家里也供养起优人来了，如孟尝君就有"优倡侏儒处前"③。这时俳优、侏儒的说笑话，演笑剧，就是后世戏剧的萌芽。

---

① 杨宽：《战国史》，515页，上海人民出版社，1980。
② 《史记·孔子世家》。
③ 《说苑·善说》。

第六章

战争和兵学的渊源

一、战争的起源和发展

（一）战争的起源

战争是人类文明过程中一种必然出现的特殊现象，是人类社会集团之间以有组织的形式进行的武装暴力斗争。一般认为，在原始社会时即已出现了以竞争生存环境与血亲复仇为目的的战争。

考古学的发现告诉我们，在数十万年前的旧石器时代，中华大地上的不同文化传统的人们之间已经有了交流，到了一万年前的新石器时代，黄河、长江流域的各个氏族、部落的联系更为密切，这种联系既有和平友好的交往，同时也不免发生以武力相对抗的情况。由于当时的生产工具落后，人们与大自然斗争的能力极其有限，要持续有保证地获得维持一个部落生活的足够食物是不可能的，特别是在发生诸如洪水、干旱等自然灾害时，氏族部落的生存即受到饥饿的威胁。在这种情况下，往往会出现两种情况：一是驱赶甚至消灭同一区域里的其他氏族，以获得足够的食物；一是迁徙他处，这又势必侵入到其他氏族部落的活动地区。在这两种情况之下，都有可能发生氏族部落之间的暴力冲突。另外，在生产力极其低下的氏族制度下，血缘关系把个人与氏族紧密联系在一起，氏族集团利益高于一切，血亲复仇也是氏族成员的基本义务。除此以外，猎取祭神牺牲、原始宗教信仰、禁忌等方面的冲突等，也都有可能导致不同部落之间发生战争。正是由于这样，在已发现的六七千年的新石器时代的村落遗址多有防护设施。比如仰韶文化的早期聚落陕西临潼姜寨遗址，周围有壕沟，沟内侧有木桩和树枝构成的栏杆，还留有寨门，设有哨所。同属仰韶文化类型的陕西西安半坡遗址，四周大围沟长 500 多米，深 5～6 米，口宽 5～8 米，内侧沟壁陡直。这种大围沟的修成需要成千上万的土方工程，而在使用木石工具的原始时代，无疑十分艰巨，这也正好说明氏族制度下聚落防务的重要性。

之后，随着生产工具的改进，劳动生产率的提高，产品有了剩余并积累为财富，从而使以往的由生存竞争和血亲复仇所引发的战争进一步发展为掠夺财富为目的的战争。随着剩余产品的增多，利用俘虏进行劳动，以创造更多剩余产品也成为可能，人们开始把俘虏养起来进行劳动，这样又出现了奴隶的萌芽。畜养奴隶的进一步发展，又导致了掠夺奴隶成为战争的一个原因。

到了新石器时代的晚期，由于战争日益频繁和激烈，有血缘亲属关系的部落日益紧密联系起来，结成联盟，于是出现了专职的军事首领，战争实践又增强了军事领袖的权力，一部分人也从主要从事生产的一般氏族成员中分化出来，构成了最初的氏族武装。这时，专门用于战斗的工具——兵器也随之出现了，致使这一阶段战争的规模和激烈程度都超过了以往任何时期。随着私有制的产生，氏族成员之间出现了财富和权力分化，从而形成了统治者和一般成员、富裕者与贫穷者、奴役者和被奴役者的区别。这时历史进入人们通常所说的军事民主时期，而战争也逐渐摆脱了原始的状态，这时候大约相当于传说中的五帝时代。

（二）古史传说中的战争

阶级分化和私有制的出现，标志着原始社会开始走向阶级社会的过渡，国家也在这一时期形成。中国古史传说中的五帝时代大约就相当于这个时期。

我们先来看当时氏族和部落的情况。当时生活在黄河中游及其邻近地区主要为华夏集团；生活在泰山地区主要为东夷集团；生活在洞庭湖、鄱阳湖地区主要为苗蛮集团；黄帝、炎帝属于华夏集团。炎帝发祥于渭水上游，以后沿渭水、黄河东迁至河南、河北、山东交界处成为一个强大的部落。黄帝最早与炎帝同源，从陕西北部发祥，之后沿洛水东南下到与黄河汇流处，东渡黄河进入晋西南地区，然后又沿中条山、太行山向东北迁徙，进入今天河北地区。《史记·五帝本纪》说黄帝曾经"习用干戈，以征不享"，经过"五十二战而天下咸服"，在战胜蚩尤和炎帝两大部落之后，成为黄河下游一个强大的部落联盟酋长，据说："黄帝之子二十五宗，其得姓者十四人，为十二姓：姬、酉、祈、己、滕、箴、任、荀、僖、姞、儇、依是也。"属于东夷集团的主要有太皥、少皥和九黎。太皥生活于淮河支流的颍河、涡河之间的陈（今河南淮阳县）。少皥之故墟在今山东曲阜，其活动区域大约在泰山以南。九黎族活动于泰山以西及江苏、山东、河北、河南等省的交界处，蚩尤即为其著名的领袖。苗蛮集团最著名者为三苗，其活动区域主要在两湖之间，后来一部分迁往西北，更多地向西南发展到长江中游及以南地区。另外，融合华夏、东夷两集团文化的部落还有高阳氏（帝颛顼），有虞氏（帝舜）等。出于华夏集团，又与南方苗蛮集团发生很深关系的有祝融等部落。

据古史传说，当黄河中游以炎帝和黄帝为首的部落联盟，沿黄河自西向东发展，黄河下游以蚩尤为首的部落联盟溯河自东向西发展，三股势力会于中原，爆发了激烈的战争。首先是蚩尤与黄帝之战，此即著名的涿鹿之战。传说蚩尤擅作兵器，武力较强，炎帝大败，居住地几乎全被蚩尤夺去，遂向北退却，蚩尤跟随进击，至于"涿鹿之阿"。转而向黄帝求援，于是黄帝率众与蚩尤大战一场，费了很大劲将蚩尤擒杀。《山海经·大北荒经》曾记载曰："蚩尤作兵伐黄帝，黄帝乃令应龙攻之冀州之野，应龙蓄水，蚩尤请风伯、雨师从，大风雨。黄帝乃下天女曰魃。雨止，遂杀蚩尤。"涿鹿之战致使蚩尤被杀，其余部被逐出中原。这一仗是古史传说中时间最长、最著名的战争。还有发生在华夏集团内部的黄帝与炎帝之间的阪泉之战。黄帝与炎帝两个氏族同属于神农氏部落，两者为争夺部落的领导地位而发生了战争。黄帝号称轩辕氏，他"修德振兵，治五气，艺五种，抚万民，度四方，教熊罴貔貅貙虎，以与炎帝战与阪泉之野。三战乃后得其志"①。这段记载讲到黄帝以各种方式发展生产，争取民心，教练士卒，最后在今河北南部古称阪泉的地方，连续进行几场大战，打败了炎帝部落，巩固了以黄帝为首的部落联盟的新秩序。此后华夏集团日益强大，为与东夷、南蛮集团战争的胜利奠定了基础。除此以外，著名的战争还有共公与颛顼的战争。传说颛顼继黄帝而立，《淮南子·天文训》有"昔者共工与颛顼争为帝，怒而触不周之山，天柱折，地维绝"的传说。据考，共工氏之故地在今河南辉县境内，是一个古老氏族，其先祖勾龙以修堤防的方式治水而取得成功，从而氏族兴旺、声名卓著。至共工时，其氏族居于河西，在上游，而颛顼居帝丘即今河南濮阳，为河东，在下游。共工以壅塞河流法防水患失败，堤坝被冲决而殃及下游颛顼氏族，因而引起冲突，从而爆发了一场大战，最终以颛顼胜利而告结束。

上述三次战争，大约发生在距今 5000 年前后，是中国上古传说中最早的战争。其性质不属于氏族部落之间的械斗，而是争夺氏族统治权的战争，但它仍保留有原始部落战争的遗风。战争提高了军事首领的地位，比如黄帝即作为他们的代表为人们所传颂。

黄帝之后，大约在距今 4000 年前后，以黄河流域为中心的广大地区进入了迅速发展的时期，考古学上称为龙山文化时代，从而历史学上称之为尧舜禹时代。

涿鹿之战以后，华夏与东夷两集团迅速融合，又展开了对南方的苗氏集团之间的几场大战。

《吕氏春秋·召类》曰："尧战于丹水之浦以服南蛮，舜却苗民，更以其俗。"丹水为汉水的一条支流，发源于秦岭东部的终南山，为古代陕西通往今

---

① 《史记·五帝本纪》。

湖北、河南的交通要道。大约距今5000年前后，这里属于华夏集团先民居地，由于地处交通枢纽，这里成为苗蛮集团与华夏集团争夺的地区，也成为不同部族集团之间融合交汇的一个中心。尧在这里与三苗势力发生冲突，舜继尧成为部落联盟酋长之后，一度与三苗的关系以和平交往为主，历史上虽有"舜伐三苗"和"舜……迁三苗于三危"①之说，但《韩非子·五蠹》又有："当舜之时，有苗不服，禹将伐之，舜曰：'不可，上德不厚而行武，非道也。'乃修教三年，执干戚舞，有苗乃服。"可见舜时只是努力经营这个地区为伐三苗作了各种准备，从而为以后禹对三苗的征伐奠定了基础。当禹之时，"三苗大乱，天命殛之"，"禹亲把天之瑞令，以征有苗"②。出征之前，禹祭祀天地祖先，然后实施动员其各部酋长士卒曰："济济有众，咸听朕言，非唯小子，敢行称乱。蠢兹有苗，用天之罚，若予既率尔群对（封）诸群（君），以征有苗。"③声称苗蛮得罪了上天，上天要给他们以惩罚，选派我率领你们去征服有苗。据《墨子·非攻》，那一仗相当激烈："四（雷）电诱（誘）祇（振），有神人面鸟身，若瑾（奉圭）以侍。扼矢有苗之祥（将），苗乃大乱，后乃遂几。"讲述战争像雷电般惊天动地，禹以人面鸟身之神护佑，三苗领袖最终被箭射中，苗师大乱而败，此后逐渐衰亡。

传说中的战争虽带有浓厚的神话色彩，而传说中的部落联盟酋长也大都为神化的英雄。这一方面反映了古人对传说中部落联盟首领的崇拜，同时也在某种程度上反映了那个时代战争的频繁和激烈。

二、兵制的发展

（一）夏商时期的兵制

夏商时期，随着国家的建立，军队作为国家机器的组成部分，在国家中起着重要的作用。

---

① 《史记·五帝本纪》。
② 《墨子·非攻》。
③ 《墨子·兼爱》。

由于史料缺乏，夏代兵制已难窥其全貌。但也可从现有史料部分考证出一些。

夏代的军队在构成上实行兵民合一的形式，士兵平时生产劳动，战时集合成军，以临时征集的方式组成军队。《左传》哀公元年记伍子胥之言说：夏少康在逃亡时，"有田一成，有众一旅"。杜预注曰："方十里为成，五百人为旅。"旅可能是夏代的一个军事编制单位。这里把田、旅并提，并将之与军事概念的"旅"相联系，反映了夏代实行的是一种临时征召的制度。又《左传·襄公四年》载羿之死是"将归自田，家众杀而烹之"，可知王还有自己的扈从"家众"。

夏代的军队当以步兵为主，但也不排除有车兵的存在。这时国家还设有主管造车的官吏"车正"，但限于当时的条件，必须多工种协作才能制造的战车，数量不会太多，且质量也不可能很好，故这时还应当有大量的步兵。《尚书·甘誓》中有"左不攻于左，汝不恭命；右不攻于右，汝不恭命；御非其马之正，汝不恭命"的记载。此左、右、御均为兵车之编制，左为车左，右为车右，执戈矛等长兵器击敌，御者居中，驾车御马之人。一车乘员三人，与后来的兵车编制相同，但这时兵车的使用处于初级的阶段。

《司马法》中有一些关于夏代军事制度的记载，如"戎车，夏后氏曰钩车，先正也"，"旗，夏后氏玄首人之执也"，"章，夏后氏以日月，尚明也"等等，反映了夏代所用战车、旌旗徽章等方面的具体规定。军队亦有一定的纪律，《尚书·甘誓》曰："用命，赏于祖；弗用命，戮于社，予则孥戮汝。"可见当时已有杀戮、降为奴等作为惩罚的手段。军队的训练也当以平时的田猎活动为主要的形式，传说当时夏王太康就是在率领其家眷到洛河北岸狩猎时被善射的羿乘机篡夺了王位。

商王朝是商汤以武力推翻夏桀而建立起来的。在推翻夏朝的战争中，商汤的军事力量得以发展和壮大起来。在商朝政权建立之后，为了巩固王朝的统治，军队仍然是当时国家机器中的一个重要的组成部分。

商代军队的士兵大部分是从农业生产者"众"中征集而来的。《尚书·汤誓》记载商汤伐夏桀时，士卒们埋怨"我后（王）不恤我众，舍我穑事而割正夏"，反映了这些士卒都是从事农业生产的劳动者，在发动战争时，才将他们临时征召起来。从商代后期的甲骨卜辞大量的“登兵”、“以众”、“共人”等记载来看，其含义都应指在发生战事和进行征伐时，临时征集兵员的情况。但是当时也有一小部分来源于贵族的甲士作为常备兵而形成军队的骨干力量。

根据古文献的零星记载和甲骨卜辞可知，武丁以后商朝的军队就有了“师”的编制。武丁时期的卜辞中有“中𠂤”之辞,① 武乙、文丁是“王作三𠂤，右、中、左”②，“𠂤”即师。可见在武丁、武乙、文丁时期商朝已具有三个师的军事力量，但当时大约尚无服役时间的规定。商代的军队按十进位法编制，其最小编制大概为“什”：一什 10 人，设什长；十什为“行”，100 人，设百夫长；十行为“大行”，1000 人，设千夫长；十大行为师，10000 人，设师长。从河南安阳侯家庄发掘的 1004 号商代大墓中出土的数以百计的青铜矛多为 10 件一捆的情况，亦可看出商代的军事编制。如此算来，武丁时期所建三师，当为一支 3 万人的军队，从卜辞常有的“登人三千，登旅万”等看来，商代的确是有了一支数量可观的军事力量。

商代军队的主要兵种有步兵和车兵。师、行、什均为步兵的编制。而车兵的编制或有另外的系统。在安阳小屯商代宗庙遗址前，有一群祭祀坑，埋着殉葬的士兵和车马，是按一定的军队编组和战斗队形排列的。前边为 300 名士兵组成的方阵，后边是 5 辆战车及其隶属步兵组成的三角队形。由此可见当时战车前 3 辆各驾 2 马，后 2 车各驾 4 马；每车战士 3 人，配 3 套兵器（3 把铜兽头刀，2 把铜戈，2 弓及铜镞）；最前边战车两旁并列 3 坑，每坑殉葬 5 人。从这个情况可判断商代车兵的编制大约 2 马或 4 马驾车，每辆车上甲士 3 人，成品字形排列，御者居中靠前，左右两侧各甲士 1 人，持戈矛及弓箭。每辆战车又有隶属的步卒 5 人，大约每 5 辆战车组成一个最基本的建制单位，5 队 25 辆战车组成一个更大的建制单位。一般情况，步、车两个兵种分别编组，协同作战。卜辞中常见“步伐”一辞，当是指步兵进行征战的情况。如“庚寅卜，穷贞：今者王其步伐夷”③。还有一些记录出征人数若干、俘虏若干等关于步兵出征人方、𢀛方、夷方等方国的卜辞。商代晚期，在甲骨卜辞中出现以战车进

---

① 《甲骨文合集》5807。

② 《殷契粹编》597。

③ 《甲骨文合集》6461（正）。

行征伐的记录，如"以射"、"登射"之语，意即召集战车射手。有"登射三百"之计，由每辆战车配一名射手可设想此次出征至少用到300辆战车。

商代军队的最高指挥官为商王，商王自称"予一人"，经常率军出征，这在卜辞中亦有大量记载。如"王共人五千征土方，受有祐"。此外商王还常常授命贵族或大臣统帅军队出征，如武丁时期的妇好，为武丁之配偶，曾多次率兵出征，为商代著名的女将领。《史记·殷本纪》还有商纣王赐西伯钺，"使得征伐"之记。钺是王权和军队统帅的象征，商王命将出征，常常赐钺以授予代表国王进行征伐的权力。这个制度后来又被西周所沿袭，《虢季子白盘》之铭文即有"王……赐用戉（钺），用政（征）䜌（蛮）方"，为此证明。

商代军队的训练一般有两种方式，一种是通过学校对各级贵族进行教育，一种是通过田猎形式对军队进行实战演习。商代已有了一般的贵族学校"序"和"庠"，这里的教育是文武兼习而偏重于武。属于"武"的教育内容有三项：一为射。弓箭为战斗中最重要的远射兵器，统治阶级对此十分重视。商代的弓箭已较夏代的弓箭的射程、精度、杀伤力以及对射手的技术要求等各方面都有一定的提高，对射手在战车高速行驰中进行发射的技术要求更高，所以射成为学校教育的内容之一。二为御。商代后期战车增多，按照一定的编队进行战斗，这无疑要求御手的御术具有娴熟的技巧，因此御术亦成为学校教育的主要内容。三是舞。古代舞、武相通，所谓舞实际上就是兵器操作的演练和军事体育的锻炼。以田猎作为实战训练方式与夏代同，但内容大约比夏代有所发展。从殷墟出土甲骨文中，就可见到大量有关田猎活动的记载。据罗振玉《殷墟书契》一书所辑就有186条之多，其中大都是商王亲自统帅军队进行。田猎如同实战一样，使用了大量战车、弓矢等军事装备和兵器，有时一次就可获麋451只之多，可见其规模之大。

（二）周代的兵制

西周是继夏商以后第三个统一的奴隶制国家，其制度大多承袭商代，但这时奴隶制达到最繁荣鼎盛的阶段，随着国家机器的不断完善，军事方面亦较以前有了较大的发展，其制度日臻完备。

西周的军队已具备常备军的性质，其编制仍沿袭商代十进位的编制法，最高编制单位为师，其首长称师氏，以下依次为千人和百人单位，其军官分别称行夫长、百夫长，最小编制单位由 10 人组成。当时归周王直辖的军队首先是宗周六师，宗周即周朝之国都镐京（陕西长安县西），宗周六师即屯驻于京城的军队。《诗·大雅·常武》有"整我六师，以修我戎"，《大雅·棫朴》有"周王于迈，六师及之"，均指此六师。成王时周公东征，在平定武庚及东夷的叛乱以后，又于商王朝原来统治的旧地洛水地区建成一个军事基地雒邑（今河南洛阳），称成周，并于此组建 8 个师称作成周八师。当时因宗周居西故称"西六师"，成周在东而称"东八师"，这 14 个师即周朝前期中央直辖的常备军。

除此以外，因为西周实行分封制，于全国建立了许多诸侯国，这些诸侯国一般有一定数量的军队，他们平时镇守一方，屏藩周王，战时则听候周王统一调遣，即所谓"礼乐征伐自天子出"①，参与周王统一指挥的战事，故周王朝还有大量的地方军队。但诸侯国因其地位不同而军队规模亦受到严格的限制，一般情况下大国不得超过 3 个师，次国 2 师，小国仅拥有 1 师。

西周的军队仍由车兵和步兵构成。由于战车数量增多，使车战成为主要的作战形式。在西周初期，战车与步兵分编，《史记·周本纪》载武王伐纣，有"戎车三百乘，虎贲三千人，甲士四万五千人"，这时步兵（甲士）还占相当大的比重。以后至西周后期，战车数量已达到 3000 乘的规模，战车比重日益上升，逐渐成为军队的主力，步兵则下降到次要的辅助地位。为了便于作战指挥和管理训练，车步兵二者合同组编，从而形成以车兵为主，步兵为辅的编制形式，给每辆战车配备一定数量的徒兵，组成一个称作"乘"的编制单位，同时也是计算军队实力的基本单位。每一"乘"不仅包括战车、甲士、车属徒兵，还包括辎重车和后勤徒役。

《司马法》讲到了这种编制的两种情况：一是每"三百家革车一乘，士十人，徒二十人"②；二是"甸六十四井，出长毂一乘、马四匹、牛十二头、甲士三人、步卒七十二"③。按第一种编制，每辆战车为 30 人，其中车上甲士 3

① 《论语·季氏》。
② 《司马法》逸文，出自《周礼·小司徒》郑玄注引文。
③ 《司马法》逸文，出自《左传·成公元年》服虔注引文。

人，车下甲士 7 人，为士 10 人；另还有徒 20 人，实际是 25 人为一乘，再把辎重车计算在内，共为 30 人。这种编制显然是比较早的。第二种编制很明确为车上甲士 3 人，车下徒兵 72 人，形成一个 75 人的战车编队。两种不同的编制应该说反映战车编制在西周从早到晚的发展变化情况，30 人的编组大概属于较早的编制，随着战争的频繁，战场的扩大，战车的机动性远远不如步兵灵活，故出现步兵增多的情况。每乘战车的编组确定以后，又有"车九乘为小偏，十五乘为大偏"①，"二十五乘为偏"② 的根据不同情况而定的不同组成。

周代兵役制度也反映出周朝严格的等级制度。周天子和诸侯的"虎贲"（亲兵、警卫）多从"王族"或"公族"中征集而来，属于贵族子弟兵；车兵称作"甲士"，多从"国人"即平民中征集；而徒兵（步兵）则是从奴隶中征集的。这就是西周的征兵原则。周王朝为了便于管理，将军队编组与地方行政组织统一起来，将军队的编制和军赋统一建立在西周的井田制基础之上。

《司马法》中又有明确的记载："六尺为步，步百为亩，亩百为夫，夫三为屋，屋三为井，井十为通。通为匹马，三十家，士一人，徒二人。通十为成，成百井，三百家，革车一乘，士十人，徒二十人。十成为终，终千井，三千家，革车十乘，士百人，徒二百人。十终为同，同方百里，万井，三万家，革车百乘，士千人，徒二千人。"③

西周重视军事训练，注重军队的纪律建设，因而产生了一系列有关军队法规的与礼制密切有关的"军礼"。这些都集中体现在《司马法》一书中，《司马法》为我国现存最早的军事法典，其中记载了大量古代军法内容，大致可归纳如下：

（1）军队编制。即对兵员及战车进行自下而上的编制，设置官职，明确职掌。

（2）军赋制度。即根据户籍制度、畿服制度征发士卒、车马等出军定赋。

（3）出师。包括出军时令、事由、目的、出师之前的宜社、造庙等祭祀活动。

（4）指挥联络。包括旌旗、金鼓、徽章等。

---

① 《司马法》逸文，出自《春秋经传集解》宣公十二年杜预注引文。
② 《司马法》逸文，出自《左传》桓公五年引文。
③ 《司马法》逸文，出自《周礼·小司徒》郑玄注引文。

（5）誓师。

（6）军容与军中礼仪。

（7）校阅蒐狩。

（8）凯旋、献捷、献俘。

（9）军中禁令。

（10）军威。

（11）赏罚。

（12）刑罚。

（13）止语。

《司马法》中所记载的以上关于我国最早的军法内容，对后世影响极大。

西周的军事训练也大体与商代相同，体现在学校教育和实战训练之中。其学校将"六艺"即礼、乐、射、御、书、数作为教学主要内容，为贵族所必须掌握的六种技艺，其中射和御就是与军事有关的弓箭之术和控马驭车之术，并规定"年十五学射御"①，必须从小习练。为体现"国之大事，在祀与戎"，周王朝每年还要举行多次射箭比赛，称为"射礼"。按等级，射礼又分为大射、宾射、燕射、乡射四种，各有定制，所用的弓、箭、靶和伴奏的音乐都大不相同。除此以外，军队的实战训练仍以田猎的方式进行，每年按四个季度举行四次，称作"春蒐""夏苗""秋狝""冬狩"。通过大规模的田猎活动使军队在各个方面获得实战的演练，从而提高军队的素质和作战能力。

（三）春秋时期的兵制

随着历史进入春秋时期，生产力的不断提高，中国的军事文明也进入到一个新的阶段。这一时期由于兵器数量增多，质量提高，杀伤力增大，战争的规模也越来越大，军事学术也迅速发展，不仅有了指导全局的战略思想，而且在战术上也有很大发展。与此相适应，这时的军事制度也在承袭西周军事制度的基础之上不断完善，并酝酿着产生新的制度。

周平王东迁以后，周王室衰微，诸侯争霸，周天子徒具天下"共主"的虚名，已无力控制各诸侯国，王室的军队也日益缩小，军力衰减。而与之相反，

---

① 《礼记·内则》。

诸侯国，尤其大的诸侯国的军力迅速增强，军队规模急剧扩大。这些反映在军制上最大的变化就是各诸侯国都先后建立了自己的常备军。据《左传》、《国语》之记载，春秋前期，各国常备军的数量极其有限，大国如齐、鲁、宋，其兵力不过三军，三万人，《国语·齐语》记："管子于是制国……万人为一军，……三军……三万人，以方（横）行天下。"《诗·鲁颂·閟宫》："公车千乘，……公徒三万。"号称"千乘之国"。到春秋后期，大国所拥有的战车数量已增加到了三四千乘，兵力已增至 10 万，如《孙子兵法》中常见"带甲十万""兴师十万"等语，基本反映了那时大国军队的规模。

春秋时各国军队大致有三种类型：一为中央直属的国家军队；一为边疆县、郡的地方部队；一为国君、卿大夫的私属军队。其中国家军队为主力，平时居于国都，由诸侯国政权直接控制，随时准备出征作战。地方部队是在各诸侯国将新兼并的土地建为郡县以后出现的，由于疆域日趋扩大，各国均在边疆郡县建立叫做"邑兵""县兵"的地方部队，防守边疆战略要地为其主要任务。私属部队为王族、公族本族成员或武士所组成的"家兵"，主要担负保卫公室及卿大夫采邑的任务。

军队编制也出现了新的内容，在传统的十进位编制法的基础上又出现了五进位的编制法，即《周礼·小司徒》所记载的"五人为伍，五伍为两，四两为卒，五卒为旅，五旅为师，五师为军"，一军为 1.25 万人。此时军已经成为军队的最高一级编制单位，逐渐取代了西周时期师的概念。但由于各诸侯国情况不同，亦还有一些国家仍沿用十进位编制法，有的国家则十和五两种编制法混合并用，《国语·齐语》即记载有齐国初期以 5 人为伍，50 人为小戎，200 人为卒，2000 人为旅，万人为军的情况。

春秋时期军队的主要兵种仍为车兵，在战车的数量、质量以及编制上，都比西周有所发展，为中国古代车战的鼎盛时期。按《孙子兵法·作战篇》"驰车千驷，革车千乘"来看，当时战车分为驰车和革车两种，曹操注曰："驰车，轻车也，驾四马；革车，重车也。"杜牧注："轻车乃战车也。古者车战，革车辎车，重车也。载器械、财货、衣装也。"① 轻车执行进攻任务，其构造轻便，机动性强，故亦称驰车；重车为辎重车，它既能运载一定数量的军用物资，又

---

① 曹操、杜牧注均见于《十一家注孙子》。

能与攻车一起行动，而且在宿营时又可将其围起来组成营阵，所以又称之为守车。

车兵的编制大致同于西周，为车、步兵合同编组，乘为基本建制单位。轻车每车75人，即车上甲士3人，车下步卒72人；重车一辆配后勤徒役25人，其中"炊家子十人，固守衣装五人，厮养五人，樵汲五人"①。这样二者相加共100人，其中再按卒、两、伍进行编制：五人为伍，设伍长一人；五伍一两，二十五人，设两司马一人；四两一卒，一百人，设卒长一人。卒为每乘人员的最高建制单位，而乘则是战车的最低建制单位。

春秋中期以后，随着作战区域的扩大和地形的复杂化，一些诸侯国开始在车兵以外建立独立的步兵，如晋国为了在北方山地与戎狄作战，于公元前541年，晋将魏舒"毁车以为行"，以适应山地作战，这大约是春秋时期步兵脱离战车而为独立兵种的开端。到春秋晚期，南方的吴越两国崛起，为适应长江下游的地形条件，两国的军队主要是步兵，这也预示着车战将由盛行而转入衰落，代之而起的将是步兵或其他新出现兵种的联合作战。

新兵种最突出的是"舟师"和骑兵的出现。南方的吴、越、楚三国相互争霸，战争必然扩展到江河水网地区，于是三国在春秋晚期建立起了我国最早的专供水战的部队，即"舟师"。公元前485年，吴国有徐承率舟师由海上攻打齐国，当时吴越、吴楚间不少战役都是以舟师在海上进行的。北方草原的游牧部族这时常以善于骑射的骑兵部队骚扰中原各国的边境地区，称为"骑寇"②，然而中原地区的各国却仅有相当少数量的骑兵出现，故终春秋之世，骑兵未能成为一支独立的兵种。

春秋时期的兵役制度早期和晚期各不相同。早期兵役的主要对象与西周一样是"国人"，国人虽然在社会地位比"庶人"高，所受经济剥削也相对轻得多，但其军事负担却很繁重。随着战争的日趋频繁和大量会盟、观兵等军事活动的举行，不仅使大量人员伤亡，而且常常使国人有田不能耕种，还需自备军服、口粮等军需物资，使国人逐渐负担不起。《左传》即记载了公元前660年狄人侵卫，卫灵公好养鹤而不计靡费，以致国人怨愤，临战拒绝出征，因而国

---

① 《司马法》佚文，《困学纪闻》引。

② 《管子·小匡》："禽狄王，败胡貉，破屠何，而骑寇始服。"

灭。以后，至春秋中晚期，仅限于国人的兵役制度显然不能满足扩大军队的需要，于是各国相继将兵役对象扩大到"庶人"，即居于国郊之外称作"野"的广大农村的农民。如晋国的"作州兵"，鲁国的"作丘甲"，郑国的"作丘赋"以及楚国的"量人修赋，赋车籍马"等均属这类性质。特别是春秋晚期，秦楚等大国在地方和边境设立了郡和县，以这些郡县为单位，以广大农民为对象的征兵制度开始萌芽。这实际上是把出征作战和赋税制度统一起来，既扩大了士兵的来源，又增加了国家的税收，以达到提高战斗实力的目的。

与兵役制度相应的是军赋制度在这时也得到一定的发展。《司马法》中讲到的"四丘为甸，甸六十四井，出长毂一乘、马四匹、牛十二头、甲士三人、步卒七十二人，戈盾具，谓之乘马"①，有人认为此为春秋中后期各国的军赋制度。但《左传》所记楚国的情况却不同，大司马蒍掩按照楚国九种不同的土地区分记录，如衍沃（平原）之地井之，"亩百为夫，九夫为井"，隰皋（下湿）之地牧之，"九夫为牧，二牧当一井也"，通过不同的划分达到"量入修赋，赋车籍马，赋车兵、徒兵、甲楯之数"的目的。②

对军队的训练，春秋时期除了沿袭西周时期的教育方法以外，中期以后在有些国家还建立了专门从事培训武装人员的机构，如晋国在悼公时由公族大夫荀家主持对贵族子弟的文化教育和军事训练，御戎弁负责全军御者的教育和训练，司马籍偃主管车兵和步兵协同作战的训练，乘马御负责管理和培训全军养马人员等等。这种对武装人员进行分科培训的方法，无疑对提高战斗人员的素质和整体作战能力起到积极的作用。

（四）战国时期的兵制

战国时期，由于经济的进一步发展，兵器数量和品种增加，战斗性能提高，城防系统的加强，战争规模进一步扩大。这时战争主要是诸侯大国之间的兼并战，各国的军力大幅度增长，战国中期齐、魏桂陵之战双方起兵 8 万；马陵之战魏惠王 10 万之军遭到覆没。到战国晚期，大国之间的战争各方投入兵力大都在二三十万以上，杀戮动辄数万、十万乃至数十万。秦白起攻韩、魏于

①《司马法》佚文，见《左传》成公元年正义引。
② 见《左传》襄公二十五年。

伊阙，斩首24万；秦、赵长平之战仅被杀的赵降卒就有40万之多；秦王翦伐楚，非起兵60万人不可等等。可见当时几个大国的军队数量都在数十万以上，像秦楚更应在百万以上。如此庞大的军队必然有一套与之相适应的军事制度予以支撑。

战国时期军队的兵种构成与以往相比发生了很大变化，车兵已从主力地位衰退，步兵逐渐成为军队的主力兵种，各国庞大数量的军队绝大部分都是步兵。除此以外因与北方游牧部族作战的需要，靠近北边的赵国还正式建立起了骑兵部队，以后公元前307年赵武灵王为了便于骑马作战，还下令国中改穿胡服，并在边地设"骑邑"，使其民专习骑射，进一步发展了骑兵，史称"胡服骑射"。赵国此举引来了各国的纷纷仿效，都组建了骑兵部队，至战国晚期，赵约有骑兵1.3万人，秦楚各万人，燕6000人，魏5000人。《孙膑兵法》中就已对骑兵的作用进行过总结，认为其机动性强，便于掌握和运用时间和空间这两个因素，能够在战争中担负侦察、奇袭、追击、迂回、包围等作战任务。[1]总之战国晚期各国的军队构成普遍以步兵为主，以少数车兵和骑兵为辅，南方各国当还有一定数量的水兵。所以当时的策士在分析秦楚等国兵力时，常称"带甲（或作持戟）百万，车千乘，骑万匹"[2]，正是当时各国兵力构成的基本反映。

战国时步兵的编制在中原各国还受战车编制的影响，基本采用五进制的编制法，即五人为伍，设伍长；五伍一两，设两司马；四两一卒，设卒长；五卒一旅，设旅帅；五旅一师，设师帅；五师一军，为1.25万人，设军将。秦国以5人设"伍长"；50人设"屯长"；100人设"百将"；500人设"五百主"；千人设"二五百主"。其中又有十进位的痕迹。魏国则是5人为伍，10人为什，50人为属，100人为间。

战车的徒属兵无明确文献记载，据秦始皇陵兵马俑陪葬坑出土的战车和徒

----

① 《通典》卷一四九引孙膑文："用骑有十利：一曰迎敌始至；二曰乘敌虚背；三曰追散乱击；四曰迎敌击后，使敌奔走；五曰遮其粮食，绝其军道；六曰败其津关，发其桥梁；七曰掩其不备，卒击其未整旅；八曰攻其懈怠，出其不意；九曰烧其积聚，虚其市里；十曰掠其田野，系累其弟子。此十者骑战利也。夫骑者，能离能合，能散能集，百里为期，千里而赴。出入无间，故名离合之兵也。"

② 《史记·苏秦列传》。

兵俑看，有一乘 8 人、28 人和 32 人三种，其中 8 人者多见，① 这是否为一定制，尚无进一步的资料说明。

骑兵的编制，《六韬》有一些记载，为"五骑一长，十骑一吏，百骑一卒，二百骑一将"，战时编组为"三十骑一屯，六十骑一辈"。②

舟师编制文献亦无明载，但《越绝书》中却可看到吴越大型战船的编制，可知一艘大翼战船，有指挥官 4 人，持弩、钩矛、大斧的战士 34 人，操舟水手 52 人，官兵凡 91 人。

战国时期，专制主义中央集权政治制度在各国逐渐形成，军权也集中到了国君手中，其最突出的表现即是文武官员的分职和虎符调兵制度的确立。春秋以前，大臣几乎不分文武，卿大夫平时管理政事，战时统兵作战，军权、政权集于一身，往往造成"陪臣主国命"，国君丧失统治权力的局面。战国时，出现"官分文武"，文官为相，武官为将，均由国君任命或罢免，使权力集中到了国君手里，此即《尉缭子·原官》所谓"官分文武，王之二术也"。另一方面，由于战争的发展，指挥艺术日益复杂，军事学术的提高，亦从客观上需要有专门的人才来担负统军作战之责，如《孙子兵法·计篇》即明确指出了将帅的五个条件"智、信、仁、勇、严"，要求统率军队的指挥人员具备与战争有关的各项知识和专门的军事知识、一定的指挥才干以及实际的作战经验等等。平时，作为军队将领并无调动指挥军队的权力，当有战事时，将领接受国王的命令，并从国王手中取得调兵的信符——虎符时，方可调动、指挥军队。虎符一般由青铜铸为虎形，其上铸有调兵制度的铭文，底部有合榫。虎符分为两半，右半在国王，左半在兵营，除紧急情况外，凡用兵 50 人以上均必须有国王的右半个虎符与将军的左半个虎符合榫，方可生效，无虎符任何人不得擅自调动军队。这种制度已在考古发现中得到实物证明，这就是 1978 年在陕西西安南郊发现的一枚秦虎符，其铭文曰："兵甲之符，右在君，左在杜。凡兴师披甲用兵五十人以上，必会君符，乃敢行之，燔燧之事虽毋会符，行也。"此虎符经考证为秦统一全国以前之物，称为"杜符"。③

---

① 秦俑考古队：《临潼县秦俑坑试掘第一号简报》，载《文物》，1975（11）。

② 《六韬·犬韬·均兵》。

③ 陈直：《秦兵甲之符考》，载《西北大学学报》，1979（1）。

战国时各国均有一支经过专门训练的常备军，其兵士来源主要是平民或自由农民，经过考核之后方可编入常备军。文献中关于这一类的记载较多，如《韩非子·和氏》记吴起建议楚悼王"裁减百吏之禄秩，损不急之枝官，以奉选练之士"；《荀子·议兵》提到"招延募选，隆势诈，尚功利之兵"；还讲到魏国考选武卒的标准是"衣三属之甲，操十二石之弩，负服矢五十个，置戈其上，冠胄带剑，裹三日之粮，日中而趋百里"。由这种选拔方式选出的士兵组成的军队成为各国军队的核心。

随着郡县制的逐步推行，各国还有一套征发郡县农民服兵役的制度。这种制度通常以 15～60 岁男子为对象，达到此年龄的人即要"傅籍"（登记名册），听任国家随时征调入伍，服兵役的时间没有固定规定，战争需要而决定其长短，任务结束即可退役回家。云梦秦简《编年记》就记载了一个名为喜的男子曾三次服兵役的经历，其中两次都只有几个月的时间。当时还有倾全国之壮丁参与大战的情况，如长平之战秦"发年十五以上悉诣长平"[①]。郡县征兵制的实行使各国在需要的时候均能得到足够的兵员用于战争。

战国时各国还都实行赏罚制度和军功授爵制。其中军功授爵制最为突出，比如秦国在商鞅变法时就向全国推行了军功授爵制，明确规定了二十级军功爵之制，在各国之中最为完备也实行得最为彻底。这个制度的实行破除了春秋以前军官由贵族担任的传统，使普通士兵亦能够因战功而得到提拔的机会，对于提高士兵作战积极性，鼓舞士气，起到了积极的作用。

另外，战国时的军事法规也多在当时成书的兵书中得到反映，如《尉缭子》中就有《重刑令》、《伍制令》、《分塞令》、《经卒令》、《勒卒令》、《踵军令》等篇目，《六韬》中亦有类似的记载。这些军事法规维护战场纪律，军队内部连保制度、军营警戒、各级军官权限、战斗编组、军旗徽章的使用均有明确的规定，体现了这一时期军事法规建设的成就。

---

① 《史记·白起列传》。

三、兵器的演进

（一）原始兵器

兵器起源于狩猎工具，与原始社会的劳动工具和斗争武器是分不开的。

恩格斯在《劳动在从猿到人转变过程中的作用》中说："根据我们已发现的先史时期的人底遗物来判断，根据最早历史时期的人种与现在最不开化的野蛮人底生活方式来判断，最古的工具究竟是些什么东西呢？是打猎和捕鱼的工具，而同时又是武器。"我国考古工作者历年发现出大量的原始社会的遗物亦充分证明了这一点。

在旧石器时代，原始人使用经过简单加工的木棒和石头用以对付猛兽的攻击和猎取动物，并用这类工具来采集食物。例如从周口店出土的器物来看，那时的人已经懂得选用坚硬的石料，用多种方式打制成不同类型的粗糙的石器，有用来砍树的砍砸器，用来剥兽皮、割兽肉和修整木棒的刮削器、尖状器等。为了更有效地获得猎物，原始人不断地改进和提高制作技术，以增强工具的杀伤力，他们把石头和木棒结合一起，制作出更先进的复合工具，并创造出一些专门用于狩猎的工具，如飞石索、弓箭和石矛等，虽然这些工具针对的主要对象仍然是野兽，但其功能已经达到足以杀伤对方。

大约在距今1万年时，在我国大地上的古老原始人群相继进入新石器时代，这时氏族部落之间经常发生因争夺经济资源以及婚姻掠夺、血亲复仇等引起的强力冲突，生产工具开始被用于人和人之间的格斗，从此生产工具向兵器的转化就开始了。然而这种转化经历了极其漫长的时期，在这漫长的时间里，大量的石刀、石弹、石斧、石铲以及石矛、石或骨制的标枪头、石镞、棍棒等，用于生产则为工具，用于战斗则为兵器，二者尚无明显的区分。

到了新石器时代晚期，战争日趋频繁、激烈，而且规模越来越大，氏族和部落出现了专门的军事首领和主要从事作战的战士，与此相适应，原始工具也首先在这部分人手中发生了质的变化，转化成为用于战斗的兵器。随着战争残酷性的上升，人们又对这些兵器的杀伤性能提出了更高的要求，有意识地对其进行改造，以便于更加适合人与人的格斗，以至于发明出新的专门用于战斗的器具，这样，兵器便诞生了。

在古代传说中经常把兵器的发明归功于一些著名的军事将领，如黄帝、蚩尤等人，《世本·作篇》说蚩尤发明了"五兵"，美国华盛顿弗利尔美术馆有一件汉代蚩尤形带钩，可看到蚩尤不仅手足皆持各种兵器，嘴里也衔着利刃。大量的考古材料证明当兵器刚刚从生产工具中分离出来时，大部分为石、木、骨、蚌等材料，尚未出现金属兵器，故"以木为兵"，"以石为兵"的文献记载正是这一阶段兵器的真实反映。

（二）青铜兵器的出现和种类

我国在原始社会后期就已发明了冶铜术，在甘肃武威皇娘娘台、临夏大河庄和秦魏家等"齐家文化"遗址中，普遍发现了红铜器，如小刀、小锥、小凿等，经鉴定，这些红铜制品不仅使用了冷锻法，有的还经过冶炼，用单范铸造。在《尚书·禹贡》中可见到各部落向夏王朝贡铜的记载。夏代时冶制铜器已发展成为一个独立的手工业部门。《越绝书》即明确记载夏代开始"以铜为兵"。在目前被学术界基本认定为夏文化遗址的河南偃师二里头遗址中，考古工作者发现了冶铸青铜的手工业作坊，并出土了一些青铜兵器，其种类有用于格斗的戈、戚和用于远射的箭头。这些器物的铸造工艺和水平都达到了一定的程度，绝非初创时期的青铜兵器，可知其出现时间应当更早。二里头遗址除出土青铜兵器以外，还有大量骨、石质的兵器。由此可知青铜兵器的数量还不多，属于铜石并用时期。

商代生产力较夏代有了较大的发展，特别是青铜铸造业。在河南偃师、郑州、安阳、辉县、洛阳、湖北黄陂以及山东等地都发现了商代的青铜冶炼遗址，专门用于炼铜的坩埚已有大量出土。至于青铜器出土的地点更是北到长城以北，南至长江中下游，东边的山东，西边的陕西境内的极其广阔的范围之内。从出土实物看当时青铜器的冶铸已达到十分熟练和精巧的水平，其种类除礼器和统治阶级用的器物以外，兵器占了很大比例。商代中晚期以后，由于军事力量的发展，对内外战争的扩大，需要更多、更精锐的青铜兵器来装备部队，以提高战斗力，这时青铜器的产量就更大了。在安阳侯家庄1004号大墓中，出土了大量青铜兵器和防护装具，据不完全统计，大致有矛730件、戈

370 件、铜胄约 141 件。①妇好墓中亦出土了大量青铜兵器，共有 134 件，其中钺 4 件、戈 91 件、镞 37 件。②从出土物看商代青铜兵器不仅数量多而且种类亦十分齐全，形成了近距离格斗的武器、远射武器和防护装具的完备组合。比如格斗武器有戈、矛、钺、长刀、短刀等；远射武器有弓箭；防护装具则有胄、甲、盾。这时虽然还有一些骨、石、蚌质的兵器混合使用，但青铜兵器已占居主要地位，成为商代军队的主要装备。

到了周代，随着青铜冶铸业的进一步发展，也为适应战争的需要和军队的发展，青铜兵器不仅在产量上又有很大增加，而且在品种上除了原来的戈、矛、钺、刀、箭外，又出现了戟和剑等新兵器，同时还注重了形制的不断改进。

东周以后青铜兵器获得进一步的发展，这主要表现在几个方面：首先是数量更进一步增加，仅在山西侯马发现的青铜冶铸遗址就出土了 3 万多件陶范，其中兵器所用范占了相当大的比例。以墓葬出土为例，湖北随县曾侯乙墓出土戈、矛、戟、殳、镞等各种兵器 4500 余件。由出土实物我们可以想见那时在战场上青铜兵器大约完全能够取代其他材料的兵器，原始的骨、石兵器盖被彻底淘汰。其次是青铜兵器的铸造技术不断提高，春秋时期人们已经摸索出适合于不同器类的铜、锡、铅比例，因而能够以控制原料配比达到铸造出坚锐而又强韧的兵器的目的。在《考工记》中就有"六齐"合金规律的记载，它讲到六类器物应使用的六种不同的合金成分，是当时人们对锡青铜机械性能与合金成分关系的一种理解认识。以后又出现了青铜复合兵器的制造技术，把一件兵器的刃部和心部分别用不同的原料配比的青铜合金铸造，从而使刃部坚硬，易于磨锐，心部柔韧，不易断折。这时还出现了青铜兵器的表面处理技术，如将表面进行铬盐氧化处理，使之坚硬而又能防锈。除了这些以外，《考工记》中还对这一时期一些与兵器制作技术相关的技术进行了总结，如"冶氏"制箭镞、戈、戟，"桃氏"制剑，"函人"制甲，"庐人"制兵器柄，"弓人"制弓，"矢人"制箭等，详细记载了各类兵器的选材、尺寸、形制和制作规范，为兵器的生产规定了统一标准，以保证了兵器的良好质量。这些技术的采用标志着我国

①梁思永、高去寻：《侯家庄第五本·1004 大墓》，（台湾）历史语言研究所 1970 年版。
②《殷墟妇好墓》，北京，文物出版社，1980。

青铜兵器的制作技术达到了一个新的高峰。再次是青铜兵器的质量的提高，许多考古发掘出来的青铜兵器虽在地下二千余年，但出土时仍光泽如新，最著名者如1965年和1983年在湖北江陵先后出土的越王勾践剑和吴王夫差剑①，秦始皇陵兵马俑陪葬坑出土的剑②，不仅作工精细，装饰华美，而且锋刃锐利，尤能断发，充分显示了青铜兵器制造的精湛技艺。

再来看看这一时期青铜兵器的种类组合。

先秦时期青铜兵器的主要种类可分为三大类：一为格斗兵器；二为远射兵器；三为防护装具。

格斗兵器主要有戈、矛、戟、殳、钺、戚、刀、剑等。大致又可将其分为长兵器和短兵器，《司马法》有"长以卫短，短以救长"之说，可见两种兵器是配合使用的。以下具体分述。

戈，是一种可勾可啄的装有长柄的武器。其主要功能是用以勾割或啄刺敌

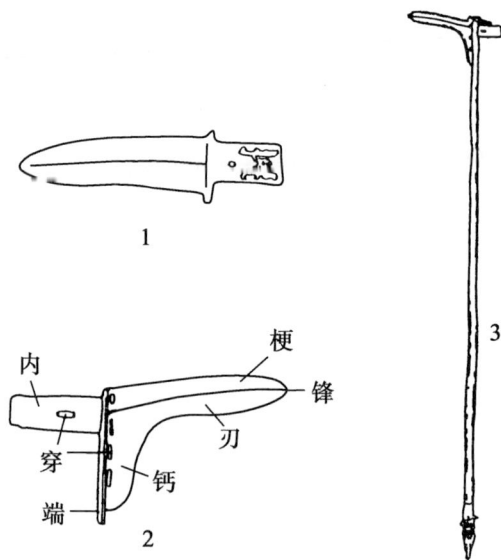

图一　戈

1. 无胡戈　商代　河南安阳出土　2. 长胡戈　战国　湖北随县出土

3. 戈　战国　湖南长沙出土

---

① 《湖北江陵三座楚墓出土大批重要文物》，载《文物》，1965（4）。《光明日报》1983年2月16日第三版《近年来青铜器发现和研究的主要收获》。

② 《秦俑坑兵马俑军阵内容及兵器试探》，载《文物》，1975（11）。

人，故古人又称之为勾兵或啄兵。戈安装柄一般采用两种方法，一种是"内安秘"，秘即柄，即把戈的内插入木柄头上的孔槽里；一种是"銎安秘"，即把木柄插入戈的銎孔里。早期的戈无胡无穿，装柄不牢，后来戈的形状有所改进，将其内改为弯曲的勾状，以后逐渐定型，成为戈胡，并在胡上作出许多穿孔，可用麻绳将戈牢固地绑在柄上，胡身又加刃，以加强勾割的作用。据《考工记》，戈的规格是广（宽）二寸，内长四寸，胡长六寸，援长八寸，重一斤十四两，柄长六尺六寸。戈盛行于商代和西周，主要用于车战，春秋以后由于戟的兴起，其地位有所下降，战国时趋于淘汰。

矛，一种用于刺击的长柄兵器。商代的矛殷墟有大量出土，其刃部有双锋，安柄的銎筒两侧有环或孔，用以系缨。周代以后矛头逐渐变窄，战国以后形成了固定的窄体矛头，轻便而又锐利。矛一直是商周时期的主要格斗兵器，亦多用于车战。

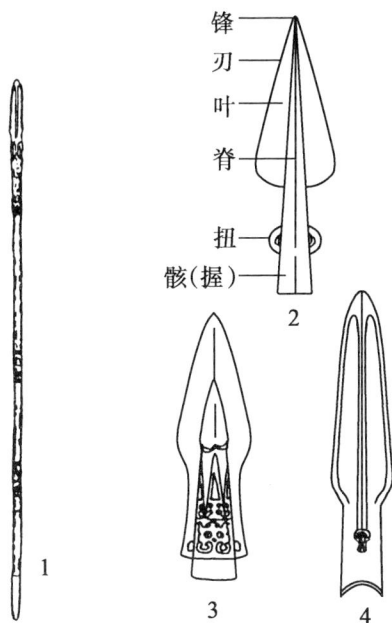

图二 矛

1. 矛 战国 湖南长沙出土　　2. 3. 宽叶矛 商 河南安阳出土

4. 窄体矛 战国 湖南长沙出土

戟，一种戈矛合体的可刺可勾的长柄兵器。早期为戈头和矛头连体合铸，后为分铸，然后用柄连装一起，其优点是兼有勾、啄、桩（撞击）、刺四种功能，故在春秋战国时大量使用，为主要格斗兵器之一。为了增加杀伤能力，有时还在矛头下面的长柄上联装两个或三个戈头，湖北随县曾侯乙墓即有此类兵器出土，成为"多果（戈）戟"，是当时重要的车战兵器。战国时，戟经常成为武力强大的标志，赵平原君即向楚王说："今楚地方五千里，持戟百万，此霸王之资也。"[①]

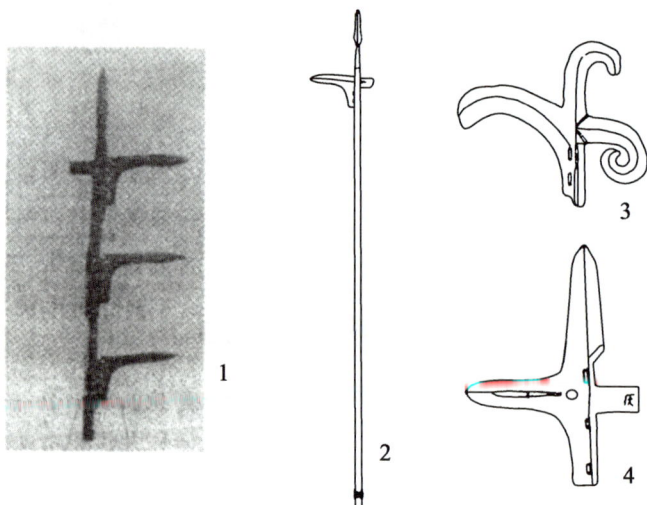

图三　戟

1. 三戈戟　战国早期　湖北随县出土　2. 戟　春秋晚期　江苏六合程桥出土

3. 卷内戟　西周　北京昌平出土　4. 十字形戟　西周　河南浚县出土

　　殳，一种竹、木制的一端带有铜镦的打击兵器。为三代（夏商周）时期基本兵器之一，主要用于车战。《考工记》记其长一丈二尺，一端为八棱形，无刃。湖南长沙浏城桥楚墓出土的殳长 3.1 米，有棱无刃，为木制。以后在秦始皇陵兵马俑 3 号坑中发掘出土 30 件铜质殳头，为圆筒形，长 10.5 厘米，直径 2.3 厘米，壁厚 0.3 厘米，头为多角形锥体。殳可用于刺杀，又可用于砸击，故一直延续使用，至后代又演变为棍棒类的其他兵器。

图四　有尖刃铜殳

战国早期　湖北随县出土

————————————

① 《史记·平原君列传》。

钺，一种带有长柄的劈砍兵器。与斧的形制较近，区别在于斧小而钺大。钺头形体扁平，有弧形阔刃，装柄方式与戈相似，以柄夹住内，再以麻绳由穿孔系紧。钺在周代以后逐渐演变为装饰形兵器，作为统军将帅的权力标志和仪仗。许多出土实物钺头形体很大，纹饰精美，属于权仗之器。一些形体较小、两边平直的钺，当时亦称为戚，用于实战。

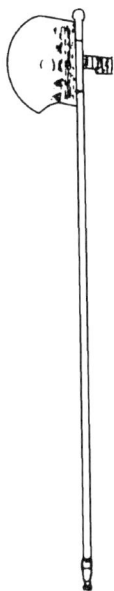

图五　钺
战国　河北平山出土

刀，用于近距离搏斗的短兵器。商周时期的刀大致有三种形式：一种是青铜短刀，长约 30 厘米，脊稍弯曲，柄头常铸有动物形象，或作环状，整个形体短小，或称为削，不是格斗的主要武器。第二种是青铜大刀，长约 40 厘米，较宽厚，刀头上翘，直脊而首部上弯，末端安装短柄，数量不多。第三种是青铜长刀，由刀头和较长的柄构成，刀头长约30～30 厘米，刀头背部有穿孔或銎，用以安装长柄，数量亦不多。总的来看刀不是商周时期的重要格斗兵器。

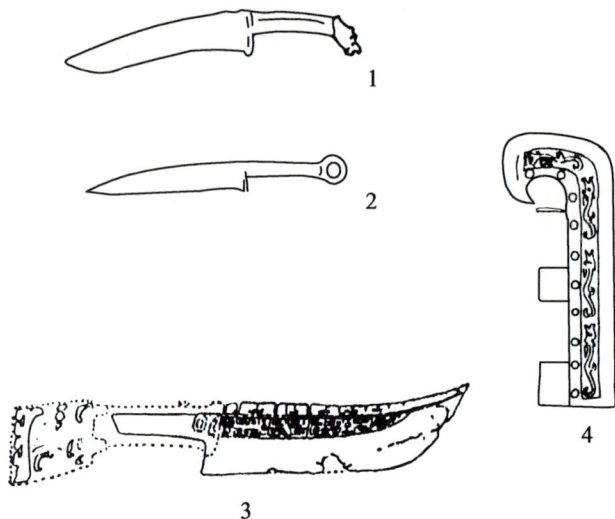

图六　刀

1. 2. 短刀　3. 大刀　4. 长刀

商代　河南安阳出土

剑，用于近距离格斗的短兵器。到目前为止，考古发现最早的剑是西周早期的铜剑，其形制尚不完备，末端尖锐，两边有刃而扁平，剑身中间无脊，也没有剑格和剑首，仅有很短的茎，可见当时只为贵族平时佩带，用于近战护体，不是实战所用的格斗兵器。春秋中期以后，步骑兵兴起，车战退居不重要的地位，战争本身要求大力发展用于近战的短兵器，加之青铜铸造工艺的明显提高，使青铜剑的剑身加长，剑体用两种含量不同的青铜嵌铸而成，其形制趋于统一规范，成为成熟的格斗兵器，已在实战中大量使用。湖北江陵出土的越王勾践剑，秦始皇陵兵马俑坑出土的青铜剑，都是当时青铜剑阵真实写照。

远射兵器主要是弓弩和箭。

弓，商周时期弓始终是主要的远射兵器，为统治者所重视。到春秋战国时期已有一套完整的经验，对选材、配料、制作程序和规格等都有了严格的规定。《考工记·弓人》记载，制弓采用干、角、筋、胶、丝、漆六种材料，干即用木材或竹材多层叠合制作弓身，再于竹木之上粘贴动物角片、筋和胶，然后用丝绳缠紧，最后通体涂漆。这样制出的弓弹力大而又经久耐用。

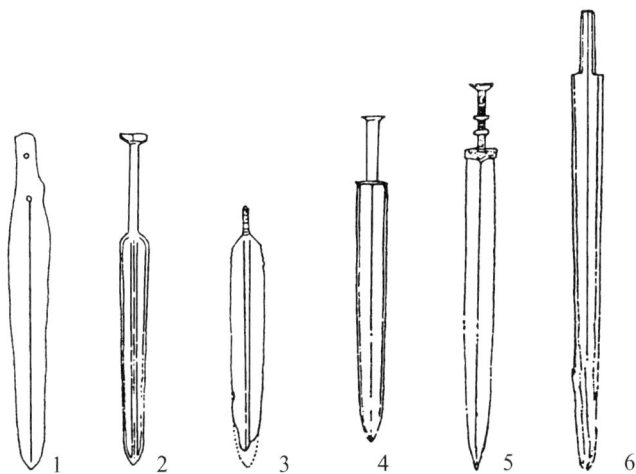

图七 剑

1. 短剑 西周 陕西长安出土

2. 短剑 西周末至春秋初 河南陕县出土

3. 短剑 春秋初期 河南洛阳出土

4. 5. 剑 春秋晚期至战国早期 河南洛阳出土

6. 剑 春秋晚期至战国早期 湖南长沙出土

弩，由弓发展而来的远射兵器。是一种安装有臂的弓，弓臂上设有弩机。弩臂用以承弓、撑弦，并供使用者托持，弩机用以扣弦、发射。弩在春秋战国之交发展成熟，在战国时已大量使用。从长沙楚墓出土的实物看，弩机的制作相当精巧，外边有郭，郭内有牙，还有用以瞄准的望山，望山上刻有定距离的刻度，郭的下面悬刀，犹如现今枪之扳机。发射之前，先将弓弦向后拉，挂于牙上，对好目标后扣动悬刀，箭即射出。这种弩机的机能与现代枪炮的击发装置相同，为发射兵器的一大进步。它在实战中威力很大，故常常用于步兵野战布阵设伏和守御，其命中率也明显高于弓。战国时著名的齐魏马陵之战中，孙膑就以弩兵伏击歼灭了庞涓率领的魏军，因而《孙膑兵法》中即有"劲弩趋发者，所以甘战持久也"，"厄则多其弩"等语，亦可见弩在当时已为军队的重要装备。

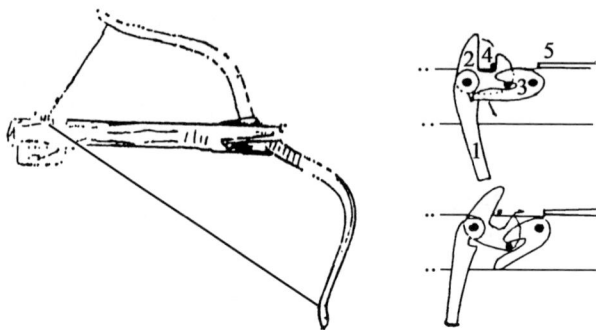

图八　弩复原图及弩机结构原理示意图

据湖南长沙出土战国时期弩复原

1. 悬刀　2. 望山　3. 牛　4. 牙　5. 矢

　　箭，用于弓或弩所射，古代称做"矢"。最初的箭形制简单，仅为一根削尖了的树枝或竹子，后来又将尖状的石块或骨、贝作为箭头，安装于竹木制的箭杆头部，春秋以后逐渐以铜镞替代了石骨类镞。早期的铜镞形体较大，为双翼式，晚期铜镞多为三翼式或三棱式，锋小而锐，穿透力也明显加强。

　　防护装具主要有盾和甲胄。

　　盾，用以防护敌人兵刃和箭镞杀伤的防护装备，通常与刀、剑等兵器配合使用。在商周时期，盾一般用木、皮等材料制作，表面涂漆，有些还有青铜饰件，盾形均呈长方形或上窄下宽的梯形。春秋以后，盾虽

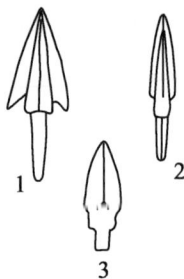

图九　箭镞

1. 商代　河南安阳出土

2. 战国　广东罗定出土

3. 战国　湖南资兴出土

在材料上与以前相同，但其形状有较大变化，上部大多作成对称的双弧形，表面涂漆，有些还饰以彩色的精美图案，一般高约60多厘米，宽约45厘米。盾在车战、步战和骑战中都作为军队必须的重要装备，是冷兵器时代与其他兵器处于同等地位的装备。

　　甲胄，甲是类似于衣服用于防护人的身体的装具，一般为皮制。考古发现中在长沙、江陵、随县等地均有甲的实物出土，多为皮制，但亦有铜胸甲出土。皮制甲一般是先将皮革加工做成小甲片，涂上漆，然后用丝绳缀联成甲，其防护部位主要是胸、背、腹、胯、颈和胳膊。秦始皇陵兵马俑坑出土的披甲

武士俑即可形象地看到其用途。胄，亦称盔，其形如帽，用以防护人的头部。商周的胄以青铜铸造，春秋以后亦有皮胄，其制作方法与甲相似。古代除了用于防护人体的甲胄以外，还有用于防护驾御战车的马匹的马甲、马胄，《左传》所谓"介马而驰"就是指披上甲胄的战车御马，马甲、马胄大都也以皮革制作，其制作方法与人的甲胄相同。

图十　皮甲胄复原图

据湖北随县出土战国时期皮甲胄复原

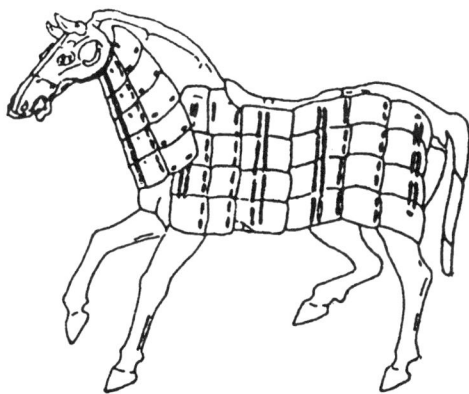

图十一　皮马甲、皮马胄复原图

据湖北随县出土战国时期皮马甲胄复原

以上青铜兵器和防护装具，在不同的时期、不同的兵种中有不同的组合，以适应作战的实际需要。

用于车战的武器主要是长兵器和远射兵器，如戈、矛、戟、殳，以及弓箭等。根据车厢的长宽度一般长兵器柄长约在 3 米左右，这样在实战中才可于车与车相错时能够触及对方，刀、剑之类短兵器一般不用于车战。

步兵的兵器组合一般情况下是长短兵器及远射武器结合使用，即《司马法》的"兵为杂"，"兵不杂则不利"，"长以卫短，短以救长"。长兵器有戈、矛、戟，短兵器有刀、剑，还根据实战的需要配备一定数量的弓弩。用于步战的长兵器一般长度在 2 米左右，也有 1 米多长者，太长则难以挥动，持这类兵器者一般还持盾。刀、剑之类短兵器与长兵器配合使用，以便于在地形较为复杂的情况下相互救助。弓弩为主的编组主要用于守御和设伏。实际上一般都将持不同兵器的战士混合编组，以达到既能各发挥其长处又能相互救短处的功效，秦始皇陵 2 号兵马俑陪葬坑就是这种混合编组的真实写照。

骑兵的兵器组合有远射的弓箭与长兵器矛、戟等两种，一般均用盾牌和胄，而较少用甲，因身着铠甲后不便于骑兵格斗，但有时亦仅用防护胸背的甲。

水军的兵器组合大致与步兵相同，但亦要有一些专门用于水战的特殊兵器，如《墨子·鲁问》所记载的公输般为楚国所作的钩拒，用于对付敌船，"退者钩之，进者拒之"，然而具体形状不可详细描述。

(三) 兵车与攻城器械

传说黄帝时就有了车，它最初应是一种运输工具，以后用于战争，故而成为兵车，兵车是商周时期军队的主要装备，那时不仅车战是战争的主要形式，一直到春秋时征收军赋也常常以战车作为基本单位。商代的兵车有单辕两轮、方形车厢，长毂。周以后其制作经验丰富，制作亦逐步完善，虽仍然是独辕、方厢、两轮、四马驾驶，但车子的结构有所改进：一是车辕曲度加大，辕端抬高，减少了服马的压力，促成前进力的增加；二是车厢加宽，一般约在 130 厘米至 160 厘米，甲士可在车上自由挥动兵器。战车的牢固性能亦有提高，关键部位多用金属构件，大多用铜辖把车軎固定在侧轴上，内侧以铜軸饰保护毂，减轻了车辆行驶时的左右摆动，辕、轭等部位也都以青铜铸件加固或装饰。春秋以后，兵车分为用于进攻的"驰车"（或称轻车）和用于携带辎重的"革车"（或称重车）。然而随着战场的逐渐扩大，而兵车的性能只利于在平原旷野地区行动，因而在战国以后，步、骑兵兴起，兵车便逐渐衰退，其冲锋陷阵的作用逐渐消失，从而变成单纯地运输辎重或作为防御之障碍物了。

攻城器械主要用于古代城郭的攻打，这是古代战争的主要形式之一，所以攻城器械也随之发展起来。先秦时期所用的攻城器械主要是云梯和轒辒。

云梯，是一种爬城用的工具，据说产生较早，在夏商周三代时已出现，到春秋末年，鲁人公输般又将它予以改进。这种梯子很长，故称云梯。它用转轴把两个各长2丈多的梯子连接在一起，并固定在车架之上而制成，车架上有一木棚，外面以生牛皮加固，可使人员在内抵御敌人箭矢之伤害。

轒辒，古代攻城战斗的重要工具，《孙子兵法·谋攻篇》曾专门提到轒辒。它的重要作用在于掩护攻城人员在掘城墙、挖地道时免遭敌人箭矢、纵火、木檑的伤害。是一种车的形式，下面有四轮，车上设一屋顶形木架，上面以生牛皮蒙之，并涂以泥浆，车内可容10人左右，攻城时将其推至城下贴近城墙，战士在其掩护之下进行作业。

（四）钢铁兵器的出现与发展

我国古代青铜兵器在战国时已达到高峰，在此以前，铁制兵器即已产生，然而由于各方面的原因它在战国末期也未能取代青铜兵器，仅仅处于初步发展阶段。目前我国已知最早的铁制兵器是1990年在河南三门峡市上村岭虢国墓中发现的一把玉首铁短剑，其时代是西周晚期。经测验该剑为块炼铁锻打而成。比这件器物稍晚的是1975年在长沙春秋晚期楚国墓中发现的一把短剑，经测试此物是含碳约0.5%的中碳钢经反复锻打而制成。这两把剑是中国人最早使用人工冶炼的铁和钢制作的兵器，标志着铁兵器在春秋时仍处于萌芽阶段。

战国中晚期以后，随着冶铁业技术的发展，铁制兵器的逐渐增多，几乎所有长短兵器，包括甲胄装具均有以钢铁为之者，钢铁质坚而有韧性，不像青铜那样质脆易折，故在当时已有了相当规模的生产。在湖北、湖南等地的战国中晚期墓葬中发现了很多钢铁兵器，种类有剑、矛、戟等，剑的数量最多。在河北易县燕下都战国墓葬中也出土了剑、矛、戟及防护装具胄和铠甲。在陕西凤翔高庄的战国秦墓中亦出土了 5 件铁剑。这些铁制剑身一般在 70 厘米～100 厘米，最长者达 140 厘米，正如《楚辞》和《战国策》中所谓的"长铗"①。

然而，从总体上来看，即使到了战国晚期，钢铁兵器也只是在一些国家部分地用于军队装备，其数量还比较有限，而且各国使用钢铁兵器的程度也不尽相同，从考古发现看，楚国和燕国使用的较多，而韩、赵、魏等国则使用较少。我国古代至少在相当长的时期之内有一个青铜兵器和钢铁兵器混合使用的阶段。

四、战争形式的发展和战术的变化

（一）车战及战术

车战起源于夏代，商代有所发展，至春秋时为其最为兴盛的阶段。

据《尚书·甘誓》所记，夏朝初年启与有扈氏战于甘之野，那时就已使用了战车。从夏的国家官僚体系中设有"车正"之官，《司马法》中亦有"戎车，夏后氏曰钩车，先正也"等，可见那时夏王朝已有了一支数量不多的战车部队，但这时的车战一定属于刚刚萌芽的最初阶段，也还谈不上成形的用于车战的战术。

车战到商代时已有了相当的发展，在殷墟商代宗庙遗址就发现了战车与士兵混合编队而组成的队形，其战车分二马和四马驾御两种。在甲骨卜辞中亦可见到最早的"车"字，并出现了有关车战和召集战车射手（登射）的卜辞，从"登射三百"之语可推知当时商王朝至少在一次出征时用到了 300 辆战车的军队，由此可知车战在商代已是一种重要的作战方式。战车编制 3 名甲士，居左者称"车左"，甲骨卜辞往往称之为"射"，可见居左之甲士主要持弓；居右者称为"车右"，或"戎右"，持兵器戈、矛等主格斗；居中者为驾车御马之御手。卜辞中有"戎马左、右、中，人三百"② 之语。除车上三名甲士之外，每

---

① 《楚辞·九章·涉江》："带长铗之陆离兮。"《战国策·齐策》冯谖谓："长铗归来乎。"
② 《殷墟书契前编》3·31·2。

辆战车还有一定数量的跟随战车共同作战的徒兵。西周时车战发展很快，在战场上已基本取代了步战，《诗经》就有不少反映当时车战的诗句，如《小雅·采薇》"戎车既驾，四牡业业"等。这时的战车已普遍采用四马驾引，为两服两骖，即中间两匹马为"服马"，用车轭驾于车辕两侧，左右两匹马称为"骖马"，以皮索系于车前，四马合称为"驷"。以后驷马战车成为当时战车的主流，车战在这时也基本取代了步战，成为主要的作战方式。

车战的作战形式是阵战，战前交战的双方先选好一块平坦而广阔的地形作战场，双方都列好阵形，然后交战。交战的双方不外乎先敌发动进攻，破击敌阵，固守阵形，待敌来攻和双方同时发起进攻三种。早期作战时一般是以鼓点的节奏控制进攻速度，因而能保持一定的阵形，如《司马法》所谓的"虽交兵致刃，徒不趋，车不驰"，先由车左弓箭射手进行正面射击，然后在车与车相错时以长兵器进行格斗。这种阵战往往作战时间比较短，一两个回合即可决出胜负，而且也无什么战术可言，一般双方都必须恪守一定的规矩，"成列而鼓，是以明其信也"①，要待双方都排列好阵形，以击鼓为号，发起进攻，否则为不守信之师。至西周时大概仍沿用这种做人原则，《司马法》中有一些内容就是这种早期战争基本法则的真实记录。进入春秋时期以后，车战发展到了最高峰，仅《左传》中就记载了这一时期大量车战的情况，通过这些战例我们可以了解到这一时期车战的发展和战术的进步。从一些大的战役如晋楚城濮之战、邲之战、鄢陵之战、晋秦崤之战、郑宋大棘之战、吴齐艾陵之战等均可看到。这时不仅车战的规模空前宏大，而且表现出了讲究战略战术的显著进步。

首先是车战的阵形较以前有了明显的变化。这时各国军队几乎都采用了中军和左、右两翼配合的正面横向阵形。这种阵形一般以中军为主力，以两翼相配合，如城濮之战中晋军"作三军"上、中、下，上即右，下即左，实战中列为右、中、左三军，而楚军则以中军、左师、右师对之。也有称作中军、左拒、右拒的，繻葛之战中的郑军即以此布阵。虽称法不同，但都可看出这时横向阵形的扩大。除此以外，阵形中战车的编队也有了一定的规律，殷墟所见，商代晚期曾发现过五辆战车呈"品"字形排列的遗迹。如果正是那时战车编组

_____

① 《司马法·仁本篇》。

实例的话，那么春秋时的编组规模则应比商代晚期大得多，其中比较典型的例子就是《左传》桓公五年所记繻葛之战中，郑国的子元所作的"鱼丽之阵"。具体情况是"先偏后伍，伍承弥缝"，杜预注曰："《司马法》车战二十五乘为偏。以车居前，以伍次之，承偏之隙而弥缝缺漏也。五人为伍。"可见子元所作的"鱼丽之阵"，实际就是以 25 辆战车组成一个编队居前，然后再以五人为伍的步卒见缝插针似的配置在战车之间，即 25 辆战车与若干步卒组成一个混合战斗队形，再由若干个这样的战斗队形组成中军、左拒、右拒的阵形。

其次，正如《汉书·艺文志》所说："自春秋至于战国，出奇设伏，变诈之兵并作。"这时出现了大量的以智谋、欺诈而取胜的战例，从而破除了周代军礼所规定的所谓"仁义"、"守信"的传统，这时，谁不放弃旧传统谁就必将失败，最著名的是公元前 638 年，宋楚泓之战，宋襄公恪守古法，在敌强己弱的情况下，不听信别人劝说，坚持不向半渡之军、尚未成阵之敌军发起进攻，以致于被楚军所败，宋襄公自己也负伤逃回国内，当国人批评他时，他却说："君子不重伤，不禽二毛。古之为军也，不以阻隘也。寡人虽亡国之余，不鼓不成列。"① 宋襄公不能顺应时代潮流，最终只能落得个兵败身亡，为后人所耻笑的下场。春秋战国时期，与周天子不为天下共主，各诸侯国争相取霸，以强凌弱的政治形势相适应，思想解放，学术繁荣也为战争中运用谋略取胜而创造了条件，从而促进了中国古代战术的发展。

春秋时战争已采用了一些以谋略为主的战略思想和灵活多变的作战方法相结合而取胜的成功战例，主要有：

周郑繻葛之战。周王率蔡、卫、陈三国军队与郑交战，以蔡、卫两国军队为右军，以陈国军队为左军，王室军队为中军，其两翼弱而中军强。郑大夫子元在详细分析敌情之后建议郑庄公亦以三军对之，采取避实就虚、由弱及强、各个击破的作战方针，先全力击溃其薄弱的左右两翼，然后以集中三军力量击破周中军主力，致使周之联军大败。

晋楚城濮之战。晋在出兵救宋的战略指导上，首先采取的是攻敌与国、引敌解围的方针。这是一个避免与敌直接交战而达到解围救患之目的的方法。晋

①《左传》僖公二十二年。

在解围目的未达之时，先审时度势，采取了一整套争取与国（秦、齐）、孤立和激怒敌人，引敌深入的战略，最终达到了解围与败敌的双重目的。在具体作战方法上，晋军上军居右，下军居左，中军为主力，楚阵形与之相应亦分为三个部分，晋居左的下军先击溃了薄弱的楚右师，然后上军与下军同时佯退，诱使楚左师孤军追击晋上军，而晋中军则乘机从旁侧击，晋上军也回师反击对楚左军进行前后夹攻，致使楚军大败。这种两翼后退、引诱敌军追击然后中军攻其侧翼、后退的两翼亦回师反击的作战方式，可称之为佯装败退、诱敌追击、前后夹击。

秦晋崤之战。秦国欲偷袭郑国，至滑时遇郑商人弦高，弦高机智地以牛十二头犒劳秦师，并假称是郑国君派他前来迎接劳军，暗示郑国已知道秦军的行动，并已有所准备，同时又派人回郑报告作防秦准备。秦帅遂判定郑已有备，恐"攻之不克，围之不继"，达不到袭击目的，故决定放弃袭郑计划，便顺手灭滑而撤军回师。秦军返回之时，晋国决定出兵截击秦军，于是南渡黄河，控制了崤山北麓之险要地带，并布成一个伏击阵，以等候秦军。当秦军行至崤山北麓狭谷隘路时，突遭晋军伏击，陷于狭隘路上，兵车无法列阵回旋，在仓促应战中被晋军一举全歼，无一人逃脱。晋军在秦军毫无警惕的情况之下，借险要地形出奇设伏，攻其不备，从而大获全胜。

晋楚鄢陵之战。晋楚两国为援救自己的同盟国，晋为救宋伐郑，楚为救郑抗晋，从而爆发的这一战，双方均被郑国牵着鼻子而行动。在实际的战役中，晋先渡过黄河，迅速到达鄢陵附近，择地设营，争取主动以待楚军。楚军则远程疾驰，军队疲劳，列队不整，士气难振。在此种情况下，晋军以逸待劳，一开始即处于有利地位，而楚军则仓促应战，加之将帅醉酒误事，最终主动退却，结束会战。

吴人入郢之战。春秋末年，长江下游的吴国兴起，吴王阖闾采纳伍子胥等人疲楚、误楚的战略方针，将吴军分为三师轮番袭扰楚国，使楚军疲于奔命，同时又采取各种办法使楚军上当受骗，迷惑失误，最后大举进攻楚国。正式伐楚之时，吴王阖闾亲自统帅，以孙武、伍子胥等人为将，全力出动，一路采取远程迂回战略，追击中又对退却之敌半渡而击，三次大败楚军，最后追抵楚都郢城，楚昭王逃出都城，使吴军得以进入郢都。

（二）步战的崛起及步车之协同作战

春秋中晚期以后，由于战争规模的不断扩大，作战地域也扩展到了中原以外的其他地区，而这些地区大多不适于车战，因此一些国家又重新组建了独立制的步兵，或者将车兵改为步兵，这都预示着车战的衰落和步战的兴起。战国时期，战争更趋频繁，步骑兵取代车兵成为主要兵种，军队的主要成分亦由农民所构成，各国普遍建立了数量庞大的常备军，这必然促使战术发生重大的变化，由主要为车兵的车战发展到了步骑车多种兵种的联合作战，大规模的城市攻守战在这时也已出现，所以战国时期可称之为古代战争史上的一个重要的发展时期。

当步战刚刚兴起之时，其基本的作战形式仍为阵战，阵形在很大程度上受车战阵形的影响。如晋文公"作三行"，即中、右、左行，其编队特点与战车队形的上、中、下三军相同。以后魏舒"毁车以为行"，把每五辆战车的甲士（15人）编为三个步兵最小建制——伍，并且是"两于前，伍于后，专为右角，参为左角，偏为前拒"，是为"五阵"①。其阵形配置已在右、中、左的基础上把中军主力分为前后两个队，并在突前的位置增置一个称作"前拒"的小方阵用以诱敌。

为适应在不同的地形与不同的作战条件下作战的需要，以后步战又形成了多种多样不同的阵形。仅在战国时成书的《孙膑兵法》中就列举了十种步战阵法，其中比较典型者有："方阵""圆阵""锥形之阵""漂风之阵""雁行阵"等等。《司马法·定爵篇》中也有对步兵阵法的基本要求："凡阵行唯疏，战唯密，兵唯杂。"就是说所布之阵，在行进时要疏阔，以免相互碰撞；而在作战时队形则要密集，以集中战斗力；兵器配备则忌讳单一而要多种多样，长短结合相互救助。可见当时的军事家都普遍注意到布阵的重要性，只有把雄厚的兵力配置成轻重虚实且灵活多变的阵形，方可在作战中以己之长对敌之短，出奇而制胜。

除了布阵野战之外，战国时期的步战还出现了以防御为目的的坚壁筑垒。

---

① 《左传》昭公元年。

这是为了减少损失，保存自己有生力量，避免在不利条件下进行决战。当时两军对峙之时，常常挖沟筑垒，屯集粮草，以达到长期固守之目的。《六韬·龙韬》就有"深沟高垒，积粮多者，所以持久也"之说。《孙膑兵法·陈忌问垒》也有这方面的论述，讲到："葰藜者，所以当沟池也。车者，所以当垒也。□□者，所以当堞也。发者，所以当埤堄也。"战国时的一些大战之所以能旷日持久，双方对峙很长时间而终不得进退，也正是因为这时坚壁筑垒，防御技术有了一定发展的缘故。

战国时步兵野战往往用兵数量之大、持续时间之长、活动范围之广都是空前的。用兵数在十万、数十万之情况非常普遍。如秦伐楚，王翦起兵60万之多。春秋时即使像城濮之战那样的大战，也只在一天之内决出胜负，而战国时战争持续时间都比较长，如齐燕即墨之战前后持续达五年，秦赵邯郸之战也先后持续了三年之久。以往交战双方会战于某地，活动范围也有一定的限制，而这时则经常深入敌国，活动范围也在数百里、数千里之内。与之相适应，军队的机动性、灵活性大大增强，除了阵地战以外，还广泛出现了伏击、奇袭、迂回包围、攻城、争夺高地等作战形式。作战形式的多样化又势必导致战术的日益复杂化，往往一次战役会综合运用多种作战方法，比较常见的有佯动、诱退、避实击虚、穿插、分割、合围等等。而且，除了阵的进攻和垒的拒守以外也在运动中歼敌；除了常规战以外也用特殊的火战等；除了昼战以外也进行夜战。作战方法以及战术的灵活多变都达到了空前的程度。我们可以再来看一些具体的战例。

齐魏桂陵之战。公元前354年，魏军攻卫伐赵，进围赵都邯郸。赵求救于齐，齐以田忌为将，孙膑为军师，率兵前往救赵。战前孙膑分析了形势，认为魏长年攻赵，曝兵露师于外，消耗甚大，而国内仅为老弱病残，势必空虚，如齐军乘虚直捣魏都大梁，则魏师必然回师自救，此既能解赵之围而又可收攻魏之利。田忌采纳了这个谋略，齐军派轻车锐卒突然直扑大梁，后续主力分路随进。魏军在大兵临都城之下只好匆匆撤离邯郸，抛弃辎重，兼程回师自救。田忌、孙膑遂引兵至魏师回师必经之地桂陵（今河南长垣西北），在那里作好战斗准备，以逸待劳。当魏军行至桂陵时，突遭截击，仓皇应战，最终惨败而归。孙膑所用的一系列避实击虚、攻敌必救、迫敌就范的战术被人们概括为

"围魏救赵"的成功战例而为后人所传诵。

齐魏马陵之战。桂陵之战以后十多年，公元前343年，魏攻韩，韩又求救于齐。齐仍以田忌、孙膑率军前往救援，先用"围魏救赵"故计，率军直奔魏都大梁，以解韩围。魏军在撤回以后以10万大军迎击齐军，孙膑便采用避战示弱、退兵减灶的计谋，给魏军造成齐军士气低落、逃亡严重的假象，借以引诱魏军劳师远追。魏将庞涓轻敌大意，丢下步兵，以轻车锐骑兼程追击。齐军退至马陵（今河南范县西南）险道，孙膑估计魏军将于傍晚之时追至，即在那里设伏以待敌。当魏军到达之时，齐军万弩齐发，魏军大败，魏将庞涓愤愧自杀。孙膑所设计的这种减灶示弱、诱退伏击、运动歼敌的战术也为人们称道不已。

秦赵阏与之战。公元前269年，秦军进攻赵国阏与（今山西和顺），赵王命赵奢领兵往救。赵奢率军出都城邯郸30里便作营垒坚壁不进，示敌以怯弱避战，唯保邯郸的假象，故意隐蔽其作战意图而使秦军麻痹轻敌。当赵奢驻兵28天以后，突然乘秦军不备率军疾进，昼夜兼程到达距阏与城50里处，并抢先占领有利地形，向秦军展开攻势，秦军在毫无戒备之下仓促应战，最后以大败告终。这便是赵奢所采用的出其不意、抢占先机之利而取胜的战例。

秦赵长平之战。公元前260年，白起所率秦军与赵括所率赵军于长平（今山西高平西北）决战，白起老谋深算，精于用兵，而赵括虽年轻气盛但只会纸上谈兵。决战之时，白起以正面佯攻退守壁垒而引诱赵军深入攻击，同时又于侧翼派奇兵，一支为步兵2.5万人迂回切断了赵军退路和粮道，一支以骑兵5000人穿插于赵军之中，将赵军分割包围，最终赵军45万人被全歼。这就是白起所用的诱敌深入、迂回合围、分割歼灭的战术。

战国时步兵的野战也常常用战车配合作战。这时的战车虽已大大减少，但在协同步兵作战时它还经常起到运输辎重、防御设垒、掩护侧翼和后方安全等作用，有时还担负快速突击、迂回追击等重要任务。像齐魏桂陵之战与马陵之战中，都有轻车锐卒快速突击以达到完成某个局部作战任务的目的，桂陵之战中齐军以战车突奔魏都大梁，马陵之战中魏军以车兵和骑兵协同追击齐军，以致于到战国晚期，赵国军队在抗击匈奴的战斗中赵将李牧仍以战车配合骑兵与步兵完成从侧面包抄迂回之任务从而大破匈奴。我们从秦始皇陵兵马俑坑也可

兽面纹铜鼓
商晚期
高75.5厘米，面径39.5厘米
湖北省博物馆藏

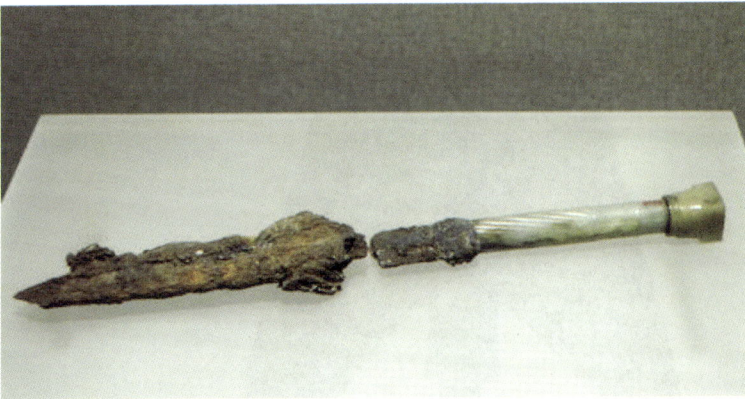

玉柄铁剑
西周
残长34.2厘米
河南博物院藏

周王孙戈
春秋晚期
通长18.5厘米
随州市博物馆藏

长脊宽翼镞
商晚期
通长9.2厘米
江西省博物馆藏

青铜三戈戟
战国早期
连柲长325厘米，刺长15.3厘米，
湖北省博物馆藏

人形辕首饰
西周
高12.8厘米
宝鸡市博物馆藏

兽面纹马冠
西周
高17.8厘米，宽34.5厘米
北京故宫博物院藏

328

看到类似的情况。就是说，即使到了战国晚期，乃至于以后的秦汉时期，车兵仍没有完全消失，它的数量虽然有限，但还是在各种战场上起到十分重要的作用，尤其是在战国晚期，它在配合步兵、骑兵的协同作战中是不可缺少的一个组成部分。

（三）骑战、水战与攻城之战

春秋战国之交，骑兵的兴起以及骑兵在以后的作战中发挥的重要作用是中国古代战争史上一个非常大的转折点。尽管它在兴起之初仅仅是为了与北方游牧民族骑兵作战的需要，但当它在发展起来以后，其轻捷快速、灵活机动的特点很快为各国统治者所认识，故而它在内地各战场很快成为一支不可缺少的生力军。根据作战对象的不同和地形条件的不同，骑兵既可用来独立完成作战任务，也可在与步兵、车兵的协同会战中担任机动性很强的迂回、奔袭等任务。所以战国时期，中原地区各国的骑兵部队普遍被用于协同步兵作战，这就是当时骑战的主要方式。《六韬·犬韬·战骑》中就讲到十种骑兵的作战方式，像"击其左右""绝其前后""深入长趋，绝其粮道"等等，大部分都属于协同作战的范畴。史书中所记载的一些著名战例，像前面所述的桂陵之战、马陵之战、长平之战等大战都是用了骑兵来完成突袭、截击、断粮道、快速追击等任务的。

a b

图十二　水陆攻战图纹

铜鉴，战国时代。1935 年河南汲县山彪镇出土

水军的出现是在春秋时期，它主要产生于处于长江中下游的楚国、吴国和越国。这里江河纵横，湖泊密布，其民习于"以船为车，以楫为马"，为水军和水战的出现创造了条件。春秋晚期，吴、越、楚三国之间多次发生水战，文献记载中比较典型的就有公元前549年"楚子为舟师以伐吴"①；公元前525年吴、楚长岸（今安徽当涂县西南）之战；公元前485年吴"徐承帅舟师将自海入齐"②；公元前482年越"发习流二千人、教士四万人、君子六千人、诸御千人，伐吴"③，习流即"习水战之兵"。这时期已经有了专门用于战争的战船，见于《越绝书》记载的伍子胥兵法中就有对各类战船的论述，仅战船的名称就有大翼、中翼、小翼、突冒、楼船、桥船和余皇等等，伍子胥对这些战船的大小、结构、功能都进行了说明。1935年在河南汲县山彪镇出土的一件铜鉴上，就有水陆攻战图纹饰，除了描绘当时步兵步战的场面以外，还有水战的场面，所描绘的战船是一种双层桨船，无帆无舵，分上下两层，下层容纳桨手击棹，上层则搭载兵士作战。

由于水战在地域上仅限于水网发达的我国东南部地区，中原地区各国还谈不上建立水军和发展水战，所以它的发展在战国时期始终都是有限的。

战国时期，由于城塞攻防作战比较盛行，加之军事家的重视和对其的不断探讨、总结，这时的攻城与守城战术已经比较成熟。《墨子·备城门》中就讲到了12种攻城作战的方法，即"临、钩、冲、梯、堙、水、穴、突、空洞、蚁傅、轒辒、轩车"。其中最主要为"临、冲、梯、堙、水、穴"6种。临，或称高临、距堙，就是在城墙之下堆积沙土、柴薪，以与城墙等齐，兵士可逾土山而登城；冲，即兵士利用轒辒等类掩护车抵进城墙，然后用撞车撞开城门，兵士借机冲锋而入；梯，即用云梯登城而上，或以其他方式攀援城墙而上；蚁傅，兵士如同蚂蚁附于城墙之上，故而又称蛾傅；水，即壅塞河道，将河水决口以淹没城池；穴，即挖地道进入城内，放火毁城，再以兵士突袭之。在实际战场上，以上各种方法均根据不同的情况综合运用，以发挥最大的效力起到攻而取之的目的。《墨子》"城守"各篇还针对以上攻城手段分门别类地对

① 《左传》襄公二十四年。
② 《左传》哀公十年。
③ 《史记·越王勾践世家》。

各种守城方法进行了总结。

大规模的攻城与守城战的广泛出现，也可以说是我国军事史上的一个重要发展阶段。

五、兵学与兵家

（一）早期的兵书

我国史籍所载的最早的兵书大约是西周时期的《军志》与《军政》。这两书早已佚失，然而其中的一些字句却常被先秦的史籍、兵书以及后来的文献所征引，以下我们来看看具体情况。

《左传》中有三处引用了《军志》的文字：

（1）《军志》曰："允当则归。"又曰："知难而退。"又曰："有德不可敌。"[1]

（2）《军志》曰："先人有夺人之心。"[2]

（3）厨人濮曰："《军志》有之，先人有夺人之心，后人有待其衰。"[3]

《通典》中记载有唐代著名军事家李靖引用《军志》的文字：

《军志》曰："失地之利，士卒迷惑，三军困败。饥饱劳逸，地利为宝。"

宋本《十一家注孙子》引用《军志》两段文字：

《志》曰："止则为营，行则为阵。"

《军志》曰："阵间容阵，足曳白刃；队间容队，可与敌对。前御其前，后当其后；左防其左，右防其右。行必鱼贯，立必雁行，长以参短，短以参长。回军转阵，以前为后，以后为前。前无奔进，退无速走，四头八尾，触处为首，敌冲其中，两头俱救。"

有关《军政》的内容，目前仅见宋本《十一家注孙子》中保留的两句话：

（1）《军政》曰："言不相闻，故为金鼓；视不相见，故为旌旗。"

---

① 《左传》僖公二十八年。

② 《左传》宣公十二年。

③ 《左传》昭公二十一年。

（2）《军政》曰："见可而进，知难而退。"又曰："强而避之。"

以上有关《军志》和《军政》的引文，可以看出后人加工的成分比较多。《左传》所引《军志》与《十一家注孙子》所引《军政》，从文字到内容都比较古朴，盖可反映早期兵书的真实情况，它基本体现了西周时期的军事思想和作战原则，可知其成书当应较早，但《汉书·艺文志》对此已无著录，可见到汉代时这两部兵书就已失传。

（二）兵家的诞生和兵学的兴盛

先秦时期，诚如《孙子兵法》开宗明义地讲到"兵者，国之大事也，死生之地，存亡之道，不可不察也"的那样，军事始终是国家的头等大事之一。尤其是在春秋战国时期，诸侯国之间的争霸战争和兼并战争日益频繁发展，使军事问题受到社会的普遍重视。除此以外，当时正处于社会大变革时期，学术的开放，私学的兴起，百家争鸣局面的展开，都为军事问题的探讨和兵家的诞生提供了有利的条件。春秋晚期即已出现了孙武著成的"兵法十三篇"，即传世的《孙子兵法》，这是我国现存最早的私人所撰著的兵书，因而孙武亦被称为兵家鼻祖。战国以后，私学研习军事之风益盛，社会上出现了言兵、议兵的浓厚风气。中国古代军事学术在这时得到了巨大的发展，取得了辉煌的成就，在史书中我们就可以看到当时社会对军事问题的高度重视和广泛论述，如《史记》就记载了当时许多著名的军事家对兵学爱好和学习的情况，像孙膑尝与庞涓俱学兵法于鬼谷子；吴起"好用兵，尝学于曾子"；乐毅"好兵，赵人举之"；王翦"少而好兵"；赵括"自少时学兵法，言兵事"等等。那时的兵家不仅自己下功夫研习军事，而且大都把自己的见解、认识和思想著述成书而广泛流传，像著名的《孙膑兵法》、《吴子》、《尉缭子》、《司马法》和《六韬》等兵书都是那时兵家所作，不仅在社会上产生强烈的反响，正如《韩非子·五蠹》所说"今境内皆言兵，藏孙吴之书者家有之"，而且其中的一些世代流传，至今仍脍炙人口。在当时的诸子百家之中，兵家是独树一帜、相当成熟的一个学术流派。到汉代初年，韩信、张良整理兵书，共得一百八十二家，其中战国时期的占大多数。以后又有任宏校理兵书，而成《七略》中的《兵书略》收入兵书六十三家。在此基础上成书的《汉书·艺文志》"兵书略"又根据这些兵书的基本内容和主要特征，把先秦兵书分为兵权谋、兵形势、兵阴阳、兵技巧四类。其中兵"权谋者，以正守国，以奇用兵，先计而后战，兼形势，包阴阳，用技巧者也"，可以说是一个包容了兵家各派之长的综合型流派，共有十三家，著作二百五十九篇，像《孙子兵法》、《孙膑兵法》、《吴子》等即属这一类。兵形势是"雷动风举，后发而先至，离合背向，变化无常，以轻疾制敌者也"，以探讨军事行动的运动性和战术运用的灵活性与多变性，共十一家，著作九十二篇，现存《尉缭子》即属于这一类。兵阴阳是以"顺时而发，推刑德，随斗击，因五胜，假鬼神而为助者也"为其特点，注重天时、天候、地理与战争的关系，共十六家，二百四十九篇，已基本散佚。近年来从考古发现的简牍帛书材料中可以看到一些与此有关的内容，如张家山汉简《盖庐》，马王堆帛书《刑德》等。兵技巧的基本特点是"习手足，便器械，积机关，以立攻守之胜者也"，即注重军械和作战技术，共十三家，一百九十九篇，今已全部散佚。如果说春秋末年《孙子兵法》的出现已标志着中国古代军事理论的建立，那么在历经战国时代以后，中国古代的军事理论已经有了相当大的发展，可以称作中国兵学的兴盛时代。

当时，除了兵家对军事进行专门研习以外，其他一些学派和学者，如儒家、墨家、道家、法家、杂家等都在其言论和著作中探讨到军事或与军事有关的问题，在诸子各家留下的典籍之中都不同程度地涉及到有关军事的论述，诸子各家的参与谈兵，使得当时整个社会研习军事的风气更加浓厚，也必然对兵学的兴盛起到一定的促进作用。

（三）齐国兵学的突出成就

在先秦兵学遗产之中，齐国的兵学成就最为突出。先秦齐国的兵书，见于《汉书·艺文志》"兵书略"著录的，就有：

《吴孙子兵法》八十二篇，图九卷。《史记·孙子吴起列传》："孙子武者，齐人也，以《兵法》见于吴王阖闾。阖闾曰：'子之十三篇，吾尽观之矣。'"银雀山汉简《孙膑兵法》在谈到"孙氏之道"时，谓之"明之吴越，言之于齐"。今可见的有传本十三篇，而司马迁所说，又有银雀山汉墓出土木牍为证。见于银雀山汉简的还有逸篇《吴问》、《四变》、《黄帝伐赤帝》、《地形》、《见吴王》，除此以外，见于古代各种文献的还有大量逸文。

《齐孙子》八十九篇，图四卷。《史记·孙子吴起列传》："孙武既死，后百余岁有孙膑。膑生阿、鄄之间。膑亦孙武之后世子孙也。孙膑尝与庞涓俱学兵法。""（田）忌进孙子于威王。威王问兵法，遂以为师。"《史记·太史公自序》："孙子膑脚，而论兵法。"以往有人认为传世的《孙子兵法》即为孙膑所著，1972 年山东临沂银雀山 1 号汉墓出土竹简兵书中发现失传近两千年的《孙膑兵法》以后，才使这一误解得到澄清。

"兵书略"以外，见于《汉志》的还有：

《军礼司马法》百五十五篇。《史记·司马穰苴列传》："司马穰苴者，田完之苗裔也。"齐景公时，晏婴以其"文能附众，武能威敌"荐于景公，景公"与语兵事，大说之，以为将军，将兵扞燕晋之师"，"遂取所亡封内故境而引兵归"。于是尊为大司马。其后田和"因自立，为齐威王，用兵行威，大放穰苴之法，而诸侯朝齐"。齐威王使大夫追论《司马兵法》而附穰苴于其中，因号曰《司马穰苴兵法》。《司马法》中有许多先秦军法制度的条文。班固在《汉志》中讲到："后世耀金为刃，割革为甲，器械甚备。下及汤武受命，以师克乱而济百姓，动之以仁义，行之以礼让，《司马法》是其遗事也。"《司马法》中大量有关军礼的内容，是先秦军礼的综合性总结，在进入以儒学为正统的汉代，这部兵书被班固归入"六艺略"的"礼类"。

《太公》二百三十七篇。《汉志》曰："吕望为周师尚父，本有道者。或有近世又以为太公术者所增加也。《谋》八十一篇，《言》七十一篇，《兵》八十五篇。"沈钦韩《汉书疏证》："《谋》者，即太公之《阴谋》。《言》者，即太公之《金匮》，凡善言书诸金版。《兵》者，即《太公兵法》。"《史记·齐太公世家》："太公望吕尚者，东海上人。""武王已年高王天下，封师尚父于齐营丘。"吕尚曾经是周人灭商战争的实际指挥者，《太公》之书是为齐国兵学之先源。《太公兵法》从唐以来多被称为《太公六韬》，银雀山汉简和八角廊汉简也有与《太公》有关系的简文。前者有十四组，包括见于传本《六韬》的内容，还有一部分见于《群书会要》、《通典》、《太平御览》等书征引而不见诸传本的逸文，被正式定名为《六韬》。《六韬》自唐宋起就被怀疑为后人假托的伪书，银雀山汉简和八角廊汉简的出土，证实这部书在西汉前期已经传世。

《管子》八十六篇。《管子》包括兵家言论，其中《兵法》、《七法》、《地图》、《参患》、《制分》、《九变》六篇为兵家言。《管子》一书的成书年代聚讼纷纭，有人认为是齐国稷下学者的论文集，而稷下学者中当应包括兵家。

《子晚子》三十五篇。子晚子齐人，好议兵，此书与《司马法》相似。班固列此书于杂家，与此并列的《五子胥》八篇、《由余》三篇、《尉缭》二十九篇分别与兵技巧家《五子胥》十篇、兵形势家《繇叙》二篇、兵形势家《尉缭》三十一篇有关，似非偶然，而今本《尉缭子》又被学者公认是《汉志》杂家中的《尉缭》。由此，我们可以相信孙德谦在《汉书艺文志举例》中提出的这样推想基本可信："《子晚子》者以《子墨子》证之，盖兵家大师也，以其学术通博，而所长则在兵耳。"

我们看到，流传到汉代的兵学遗著中，数量最为丰富、内容最为精辟、且影响最为深远者，当首推齐国兵学著作，在流传至今的古代兵书中，先秦齐国的兵学著作亦占有十分重要的地位。

现存的齐国兵书大致可分为两个流派，一派以《吴孙子》和《齐孙子》为代表，《汉志》"兵书略"列为"兵权谋"类，此以谈兵为主；一派以《司马法》为代表，《汉志》列入"六艺略"之"礼"类，此以记录古代军法为特点。这两个流派可以说代表了先秦齐国兵学的最高成就。

第一派别，包括《吴孙子兵法》、《齐孙子》、《太公》（含后世《六韬》）、《管子》中的兵家言若干篇。这些原本在刘歆的《七略》中也列入"兵书略"，而班固却只存其专家各书，将如《太公》与《管子》中言兵的部分从"兵书略"省出，著录其专书于"诸子略"的道家类，只留《吴孙子兵法》和《齐孙子》在"兵书略"的权谋类。这类兵书即我们通常所说的行军用兵之法，它所强调的是"兵者，诡道也"，"兵以诈立"等后世叫做"谋略"的思想，以《孙子兵法》最为典型。它通篇之中贯穿着谋略思想，兵者诡道，是孙子对战争本质特征的深刻理解，也是孙子对克敌制胜谋略的高度概括。古代的早期战争讲求阵法，必"成列而鼓"，"逐奔不过百步，纵绥不过三舍"，进退整齐统一，行动循规蹈矩，做到"动之以仁义，行之以礼让"，才算符合所谓的"正道"。到了春秋时代，虽然也发生过宋楚泓之战宋襄公恪守旧法而兵败丧生为天下所笑的事例，然而这时的战争早已冲破了所谓"正道"的羁绊，成为斗力、斗勇、斗智的较量，用智用谋的传统在战争中得到长足的发展。《孙子兵法》正是对这种战争经验的高度总结。对具体的作战谋略，孙子强调战争的策略和手段的最显著特征即诡诈性。在战场上，敌对双方都会将自己的真实意图隐藏起来，所谓"能而示之不能，用而示之不用，近而示之远，远而示之近。利而诱之，乱而取之，实而备之，强而避之，怒而挠之，卑而骄之，佚而劳之，亲而离之。攻其不备，出其不意"①。这种不拘常法，不守常规的诡诈之术，是孙子谋略思想的主要内容。它不是将帅的个人喜好，而是战争的规律使然。在战场上，只有采取种种诡诈之术，才能做到"致人而不致于人"，从而最终达到克敌制胜的目的。要运用种种谋略，则必须倾入最高的智慧，《孙子兵法》还通篇贯穿了一种尚智思想。这种尚智思想与谋略思想相辅相成，智慧体现在战争指挥者将帅身上，孙子为其确定了智、信、仁、勇、严"五德"，其中智被列为首位，强调在血与火的战场上智慧是将帅最重要的品质。智慧投入于如何卓有成效地打击敌人、夺取胜利之上便是用诡，用诡是用智的表现形式。后世历代军事家之所以推崇《孙子兵法》，也正是在于从孙子高超的用兵艺术中汲取智慧和谋略，用以指导自己的军事实践活动，从而达到战胜攻取的现实目的。所以，讲兵法，用谋略，没有哪一部兵书能够超越《孙子兵法》，直到今天，它仍然对现代战争的指挥起着借鉴与指导作用，其原因也正在于此。

齐国兵书的第二个流派以《司马法》为代表，列于《汉志》杂家类的《子晚子》可能与此相同，然书已不存，无从了解，仅能从现存的《司马法》对这一流派进行了解和评价。从书名看，《司马法》与《孙子》、《吴子》等以人名命名的兵书不同，它以古代掌管军政事宜的司马之官为书名，可见它所记录的并非一般的个人对战争规律和经验的认识和总结，而是以司马之职的官守及军中制度、法规为内容的。今本《司马法》仅有五篇，大量的记录军法（或称军礼）的内容则在《司马法》逸文之中。逸文主要为清代人张澍、黄以周和钱熙祚所辑。② 逸文全部大约六十余条，大致反映出古代军法有以下内容：（1）军队编制；（2）军赋制度；（3）出师；（4）指挥联络；（5）誓师；（6）军容与军中礼仪；（7）校阅蒐狩；（8）凯旋、献捷、献俘；（9）军中禁令；（10）军威；

---

① 《孙子兵法·计篇》。
② 张澍：《二酉堂丛书》；黄以周：《军礼司马法考证》；钱熙祚：《指海》。

（11）赏罚；（12）刑罚；（13）止语。在今本《尉缭子》的后半部分，如《重刑令》、《伍制令》、《束伍令》、《勒卒令》、《兵令》等篇章中，亦可看到属于军制、金鼓旌旗、徽章、赏罚和军中礼仪的内容。出土资料中以 1978 年青海大通上孙家寨汉墓所出竹简最为宝贵，它为我们提供了当时军法、军令的实物证据。① 而《司马法》所反映的古代军法内容最为全面。古代的所谓礼，不仅是社会生活中的规定和仪式，更多的是国家政治、军事等制度和法规，礼与法并无明确的界限。按《周礼》，礼制的管理属于大宗伯，其记载将礼分作吉、凶、军、嘉、宾五类，称五礼。《司马法》在许多方面与《周礼》相表里，正好记录的是军礼的内容。班固认为《司马法》是对商周两代以礼制兵的总结，他说："自春秋至战国，出奇设伏，变诈之兵并作"，这才出现了大量的权谋、形势、阴阳、技巧四方面的兵书，所以他把《司马法》列入礼类，并称之为《军礼司马法》。《司马法》中所记录的关于我国最早的军法内容，对后世影响极大，西汉初年的"萧何次律令，韩信申军法"，实际就是对《司马法》的因袭和补充。

由以上我们可知，齐国兵书中的两个流派的确代表了先秦兵学的最高成就，它不仅对汉代兵学的发展有主导性的影响，而且在整个中国古代兵学传统与流传至今的古代兵书之中，齐国的兵学始终是独树一帜，常盛不衰的。

（四）兵家著作介绍

除了以上所列齐国兵书以外，从先秦流传至今的著名兵书还有《吴子》和《尉缭子》，下面予以简单介绍。

《吴子》，战国时卫国人吴起所作，战国末年时开始流传。吴起的生平事迹在《史记·孙子吴起列传》中有记。今传本有《图国》、《料敌》、《治兵》、《论将》、《应变》、《励士》六篇，分上下两卷。

《吴子》指出战争可区分为义兵、强兵、刚兵、暴兵、逆兵等不同性质。主张对战争采取慎重态度，反对穷兵黩武。主张"内修文德，外治武备"，"以备不虞"，文德及道、义、理、仁，以此文德治国，便可军民同心。《吴子》还

---

① 《大通上孙家寨汉简释文》，载《文物》，1981（2）。

主张建立一支训练有素、勇猛无敌的军队，认为军队要"以治为胜"，而不在数量之众多。如何治理军队？其方法是：选募良材，严加约束，严格训练，明法申令，恩结士心，任贤使能等等。在用兵方法上，主张因情击敌，并针对齐、秦、楚、燕、韩、赵六国的政治、地理、民情、军情的不同特点，提出了不同的作战原则。比如，对齐作战，"必三分之，猎其左右，胁而从之"，强调"审敌虚实而趋其危"，注重"应变"。主张将帅应该当机立断，指出"用兵之害，犹豫最大；三军之灾，生于狐疑"。

《尉缭子》，战国梁惠王时人尉缭所作，汉代以后历代均有著录，今有五卷二十四篇，其内容以战争观和军事思想比较突出。

在战争观上，《尉缭子》主张"诛暴乱禁不义"，"不攻无过之城，不杀无罪之人"，明确指出"兵者，以武为植，文为种；武为表，文为里"，这里已经比较明显地表现出军队从属于政治、为政治的外在表现形式的含义。《尉缭子》还注重以法治军，强调将帅要恩威并施，执法公允，赏罚严明，以身作则，临战忘身。论述了训练的目的、方法和步骤，把教与练作为必胜之道。还详列了诸如战斗编组、队伍、指挥信号、奖惩、士卒与将帅上下联保等一系列具体制度和法令，强调"制必先定"，"号令明，法制审"。对具体的作战原则，则强调注重谋略，即"廊庙"决策，主张"权敌审将而后举兵"，讲到了战前的规划和准备工作。

（五）诸子论兵

1. 儒家

孔子作为儒家学说的创始人，他虽不是一位军事家，一生也从未参加过战争，然而作为一名著名的思想家，他对当时的军事活动不可能不加以重视。《论语·颜渊》中即有：子贡问政，子曰："足食、足兵，民信之矣。"他还主张以严肃认真的态度对待战争："子之所慎，斋、战、疾。"强调教而后战："以不教民战，是谓弃之"，"善人教民七年，亦可以即戎矣"。他认为一个好的将领必须足智足勇足谋，子路曰："子行三军，则谁与?"子曰："暴虎冯河，死而无悔者，吾不与也。必也临事而惧，好谋而成者也。"① 他显然赞成的是"临事而惧""好谋而成者"，反对那种有勇无谋的人。

孟子战国中期的儒家代表，亦没有专门的军事论著，但在《孟子》一书中仍可见到一些对战争和军事问题的论述。

孟子继承孔子的礼治、仁政思想，倡导行仁政而王天下的"王道"，他反对以力服人的"暴道"，他对当时兼并战争所造成的巨大危害予以揭露："争地以战，杀人盈野；争城以战，杀人盈城。"对那些"兴甲兵，危士臣"、"糜烂其民"的国君，称之为"桀"；对那些为君主"辟土地、充府库"，"约与国"以战的所谓"良臣"，称之为"民贼"；认为那种为了"辟土地"而战的作法，是"率土地而食人肉"，"罪不容于死"。所以他主张对那些好战的人要施以最重的刑罚，即"善战者服上刑"。他还提出了"仁者无敌"的观点："仁人无敌于天下，以至仁伐至不仁，而何其血之流杵也。""国君好仁，天下无敌焉。"主张"以德服人"，反对"以力服人"，明确提出了"得道多助，失道寡助"的观点。

在先秦儒家之中，荀子是最重视军事的，他的军事思想集中体现在《议兵篇》里，在《荀子》其他篇章里也有不少涉及军事的内容。他除了对孔、孟有所继承以外，又具其自身的特点。他仍以仁义为本，把战争的宗旨归结为"禁暴除害"，"兵者，所以禁暴除害非争夺"。他特别反对那种以掠夺为目的的不义之战，主张师行仁义，反对兼并杀伐。不赞成当时兵家所普遍肯定的那种"上得天时，下得地利，观敌之变动，后之发，先之至"的谋略，认为这些并不是"用兵之要术"，提出"凡用兵攻战之本在乎壹民"的思想，把能否得到民众的支持和拥护看成是决定战争胜负的关键。"民不为己用，不为己死，而求兵之劲、城之固，不可得也。兵不劲，城不固，而求敌之不至，不可得也"。在治军方面，荀子追求的是"仁人之兵"，"王者之兵"，认为通过"仁义教化"组建起来的军队方能"百将一心，三军同力"，从而在战争中所向披靡。治军还要做到制度号令严格，赏罚有信，还注重完备而精良的武器装备在军事活动中的意义，"械用兵革攻完便利者强"。对将帅的要求，荀子也提出了具体的

———————————

① 《论语·述而》。

"六本"、"五权"、"三至"、"五无圹"等原则和条件，认为将领应智勇双全。对某些具体的军事纪律和战争的善后处理措施等，荀子也都有不同程度的论述。

2. 墨家

《墨子》中有《备城门》诸篇，在中国古代军事学术发展史上占有一定的地位。

墨子提出了著名的非攻——反对掠夺性战争的思想。他主张"非攻"，但并非反对一切战争，而是反对当时的"大则攻下也，强则侮弱也，众则贼寡也，诈则欺愚也，贵则傲贱也，富则骄贫也"的掠夺性进攻战争。

《墨子》还提出了以守城为中心的防御作战思想。《墨子》中论述了作为弱小的国家如何守城的问题，他对以守城为主的防御作战理论提出了不少新的见解，诸如："主信以义，万民乐之无穷"；"备者国之重"，"仓无备粟，不可以待凶饥；库无备兵，虽有义不能征无义；城郭不备全，不可以自守；心无备虑，不可以应卒"；"守城者以亟伤敌为上"，认为守城也应积极地歼灭敌人，而不应消极防守。对守城防御作战的具体战术，列举了十二种攻城战法，并相应地提出了许多有效的守城战术。这些都是对战国时期城池攻守战的总结，对中国古代军事技术的发展有着一定的影响。

3. 道家

在中国先秦诸子之中，老子以哲理思辨而著称，《老子》一书中亦较多有关军事的内容，唐代人王真即说：《老子》"五千之言……未尝有一章不属于兵也"[1]。宋代人苏辙也说："……此几于用智也，与管仲、孙武何异？"[2] 在中国古代军事史上，《老子》较早地探讨了战争起源问题，认为"兵者不祥之器"，"不得已而用"，他认为战争完全是由统治者贪得无厌的欲望所引起，他看到了战争的严重结果，提出"师之所处，荆棘生焉；大军之后，必有凶年"，明确表示对战争持否定和反对的态度。"如不已而用之"，则应"善胜敌者不与"，他提出在作战指导上所应追求的最高境界为"善为士者不武，善战者不怒，善胜敌者不与"，这与孙子"不战而屈人之兵"的思想十分相近。在作战指导上，老子提出了后发制人，以退为进的原则："将欲歙之，必固张之；将欲弱之，

---

① 《道教真经论兵要义述·叙表》。
② 《老子解》卷二。

必固强之；将欲废之，必固兴之；将欲夺之，必固与之。"借以麻痹敌人，促其向反面转化，从而战而胜之。他还主张"以奇用兵"，强调在战场上要防止出现轻敌的思想，指出："祸莫大于轻敌，轻敌几丧吾宝，故抗兵相加，则衰者胜矣。"

除了《老子》以外，道家学派的其他著作如《庄子》、《文子》、《鹖冠子》等都不同程度地对战争的起源，对战争的总体把握，对具体的作战指导原则等有所论述。1973 年马王堆汉墓出土的大批帛书中有《经法》四篇，其中有一些与《老子》、范蠡的军事思想有一定的关系，特别是其中涉及到一些与兵阴阳家有关的内容，值得注意。

4. 法家

商鞅是法家学说的著名代表人物，但同时他又是一位军事家，战国时人就称他善用兵，《汉志》"兵书略"记载有《公孙鞅》二十七篇，今已佚。然在其传世的《商君书》中仍可看到他的军事思想。他积极主张反对"非兵"、"羞战"，他认为国家的安危、兴亡完全由"农战"所决定，"国待农战而安，主待农战而尊"，只有农战结合，才能富国强兵。所以他认为战国是武力征伐的时代，"万乘莫不战，千乘莫不守"，只有建立一支能守土、能征战的军队，"兴兵以伐"，以得天下。认为"以战去战，虽战可也；以杀去杀，虽杀可也"。他还主张以法治军，"缘法而治，按功而赏"，强调要重刑厚赏，以使士民勇敢作战，"赏则必多，威则必严"。在秦国推行二十级军功爵制，励耕织，奖军功。

除商鞅以外，韩非作为法家的代表人物在军事思想方面也与商鞅有相似之处，主张国君要建立王霸之业，必须富国强兵，重耕战，反对寝兵、非攻之说，亦主张以法治军，以赏罚督励士卒等。

5. 杂家

这一家主要为《管子》，其中还包括了阴阳家、道家、法家、儒家和农家的著作，也含有兵家的论述，其军事思想比较丰富。《管子》对兵学的论述可概括为以下几点：第一，重视军事和战争的作用，认为"君之所以卑尊，国之所以安危者，莫要于兵。故诛暴国必以兵，禁僻民必以刑。然则兵者外以诛暴，内以禁邪。故兵者尊主安国之经也"。指出"夫兵虽非备道至德也，然而所以辅王成霸"。第二，主张富国强兵，认为富国强兵的根本在于重农，如说

"地之守在城，城之守在兵，兵之守在人，人之守在粟"，"是以先王知众民、强兵、广地、富国之必生于粟也"。第三，管子提出了著名的"作内政而寄军令"，其具体方法是"参其国而伍其鄙"，即实行固定军籍的兵役制度。《管子》一书将春秋时期管仲在齐国所推行的这套制度都收录在内。第四，《管子》主张以法治军，认为"非号令毋以使下，非斧钺毋以威众，非禄赏毋以劝民"，要求做到赏罚必信。第五，注重军事训练，要求士卒明确各种号令，熟悉各种徽章标识，并能熟练地使用各种器械。第六，注重武器装备优良。第七，作战方面，要求做到"遍知天下"，即在作战中对敌我双方的情况进行全面地了解，注重用兵的诡秘、变化，"善者之为兵也，使敌若据虚，若搏影"，"无方，胜之机"，"无象，胜之本"，强调了避实击虚，出其不意，攻其无备等作战原则。

诸子论兵比较突出的特点是主要论述战争观和治军思想，除了少数如《管子》以外，大多对战术问题较少涉及，这大约是与兵家最鲜明的区别。当然，战国时期，战争频繁，军事问题可以说对各列强都是当务之急的大事，尽管百家争鸣，各学派各有自己的思想和主张，但却都不可避免地会涉及到军事和战争问题，这也在客观上促使中国古代兵学在这时期的发展达到了一个后世无法比拟的高峰。

第七章

从官学到私学的兴起

一、教育的起源

早在远古时期，初民在同大自然作斗争的过程中，逐步积累了丰富的生产经验和生活经验。这些知识由长老传授给下一代，这便是最原始的教育。由于社会生产力极其低下，当时的教育还融合在生产劳动和社会生活之中。人类的精神活动还处在很不发展的状态，没有文字，没有书籍，所以不存在脑力劳动和体力劳动的分工，没有专门的教育机构和专职教师，这是可理解的。

我国古籍中记载燧人氏"钻木取火"，并"教民以渔"。

伏羲氏之世，因"天下多兽，教民以猎"①。神农之世，人民众多，禽兽不足，于是"因天之时，分地之利，制耒耜，教民农耕"②。又相传周的始祖后稷"教民稼穑，树艺五谷。"③ 这些出于后人追记的古史传说，多少可以说明这一时期的情况。

广义的教育是人与生俱有的。狭义的教育，主要指学校教育，则是人类进入文明社会以后的事。一般认为，学校的产生同国家的产生，以及脑力劳动与体力劳动的分工紧密相连。国家产生以后，统治阶级需要一种专门机构来培养官吏。同时，各种知识日益丰富，文字也已出现，促使学校应运而生。有人把学校产生的历史条件具体表述为：社会生产日益发展，有可能使一部分人脱离生产劳动专门办教育和受教育；人类生存和发展的需要对人的智力和能力提出了越来越高的要求，这些智力和能力必须通过创办学校进行训练和培养；文化知识的丰富，学习内容的扩大，特别是文字的产生，有了贮存和传递知识的工具，这就有必要和可能建立有计划的专门教育机关，于是产生了学校。④

于我国而言，夏代已有学校，这在文献中有记载，惜尚未得到证实。而商代有学校则无论从文献还是古文字材料都可得到证实。

（一）成均、虞庠的文献记载

成均之名见于《周礼·春官·大司乐》："大司乐掌成均之法，以治建国之学政，而合国之子弟焉。"郑玄注引董仲舒说云："成均，五帝之学。"又《礼记·文王世子》郑注："董仲舒曰'五帝名大学曰成均'，则虞庠近是也。"以成均为五帝学名，说本董仲舒。贾、孔疏谓出《春秋繁露》，然检今本董氏《春秋繁露》并无此文，当在逸篇之中。五帝渺茫，其制实难考稽，故历来注疏家只好笼统地泛称为五帝之学总名。如贾疏云："尧以上当代学亦各有名无文可知，但五帝总名成均，当代则各有别称谓。"郑玄以为有虞氏之"虞庠近是"。近人刘师培也承此说，云："有虞之学，名曰成均。"自注："成均为五帝

---

① 《尸子》卷上。
② 《白虎通》卷一。
③ 《孟子·滕文公上》。
④ 林柱育：《教育史上学校起源问题的商榷》，载《学术研究》，1990（3）。

之学，有虞氏之学袭用其名，非舜学只名虞庠，不名成均也。"①

何谓成均？历代学者多有解释。后汉郑众云："均，调也。乐师主调其音。"类似的说法还有，如《五行大义》引《乐纬·叶图徵》云："圣王法承天以立五均，五均者，六律调五声之均也。"② 这是以"均"推论"成均"为学乐之所。历来学者持此说者甚众。近人刘师培更进一步推论说：

> 均字即韵字之古文。古代教民，口耳相传，故重声教，而以声感人，莫善于乐。观舜使后夔典乐，复命后夔教胄子，则乐师即属教师。凡《虞书》所谓"诗言志，歌永言，声依永，律和声"者，皆古代教育之遗法也。③

刘氏所说古代教民，以声感人，莫善于乐云云恐稍嫌过分。然释"均"为"韵"字古文，也即乐，其说可从。《尚书·尧典》："帝曰：'夔，命汝典乐，教胄子。'"胄子，一作育子。《史记·五帝本纪》作"稚子"，《集解》引郑玄曰"国子也"。《汉书·礼乐志》解释这句话说："典者自卿大夫师瞽以下皆选有道德之人，朝夕习业以教国子。国子者卿大夫之子弟也。皆学歌九德，诵六诗，习六舞、五声、八音之和。故帝舜命后夔曰：'女典乐，教胄子。'"案此云卿大夫之子弟学歌九德、诵六诗事未必然。《尚书》经文意谓舜命后夔作乐官之长，主管乐教，教育部落联盟内所有未成年人，所谓"成均"乐教，殆指此类事。上古音乐"发达"非后世人所能想象，其与先民日常生活之关系极为密切。举凡生产狩猎、宗教仪式等莫不与此关联。有关远古音乐的传说很多，如《尚书·益稷》云：

> 夔曰："戛击鸣球，搏拊琴瑟以咏。"祖考来格，虞宾在位。群后德让。下管鼗鼓，合止柷敔，笙镛以间，鸟兽跄跄，《箫韶》九成，凤凰来仪。夔曰："於！予击石拊石，百兽率舞，庶尹允谐。"

这是反映了远古狩猎生活的情形。《吕氏春秋·古乐篇》也有类似的记载：

> 帝尧立，乃命质为乐。质乃效山林溪谷之音以歌，乃以麋鞈置缶而鼓之，乃拊石击石，以象上帝玉磬之音，以致舞百兽。

---

① 刘师培：《古政原始论·学校原始论第九》，载《国粹学报》第八期。
② 孙诒让：《周礼正义》"大司乐疏"引。
③ 刘师培：《古政原始论·学校原始论第九》。

这里我们如果把一些后人附会的成分剔除掉，就可以探知这是一种用原始乐器来伴奏的乐舞。这类原始乐器，考古发掘中多有发现。如：临洮寺洼山出土了陶玲。陕西长安县客省庄龙山文化遗址出土有陶钟。江苏吴江县梅堰出土有骨哨。山西万泉荆村出土无音孔陶埙，有一音孔陶埙、二音孔陶埙。江苏南京安怀村出土陶埙。

也有人推断，原始社会按照性别和年龄组织起来的"会所"，新入会者都要传授某些知识，进行技能训练，它就是成均的前身。① 案此说有一定的道理，但它"乐教"的性质不可忽视，否则，为何要称其为"成均"呢？

以上诸家所说"成均"，不论是五帝之学总名也罢，或专言有虞氏之学也罢，总之是夏以前之物。而这个时期尚处于古史传说时期，没有明确的证明。按照当时的社会实际，尚不可能产生学校。要之，只能算作是原始教育的一种形式。至多看作古代学校的一种雏形而已。

（二）庠序校问题

古书说的夏商二代学校，名称颇异，诸儒解释也众说纷纭，莫衷一是。这里有必要作一辨析。

《孟子·滕文公上》在论井田制中述及了夏商周三代学校的建置。孟子说：

> 设为庠序学校以教之：庠者，养也；校者，教也；序者，射也。夏曰校，殷曰序，周曰庠，学则三代共之，皆所以明人伦也。

依照孟子的说法，夏代的学校曰校，殷代曰序，周代曰庠。三者都是地方学校（乡学）。另有国学，则"三代共之"。《礼记》的《王制》、《内则》说：

> 夏后氏养国老于东序，养庶老于西序；殷人养国老于右学，养庶老于左学。

依郑注，这里的四种学名皆为国学。而且夏之东序，殷之右学为大学；西序，左学为小学。《礼记·明堂位》说：

> 序，夏后氏之序也。瞽宗，殷学也。

依注，此二学也为大学。《汉书·儒林传》说：

---

① 常金仓：《周代礼俗研究》第二章，57～58 页，台北，文津出版社，1993。

闻三代之道，乡里有教，夏曰校，殷曰庠，周曰序。

以上这些记载，名称互异。夏曰校，曰序，殷曰序，曰庠。或性质不一，称庠序校为乡学，又指为国学。究竟如何？且看其起源和发展变化，就可以明白了。

庠的历史渊源很早，其含义据《说文》是"礼官养老"的地方。《礼记》郑注也云："庠者言养也"。许、郑二氏之说皆本于《孟子》。其实此已非其本义，王引之《经义述闻·通说上》已指出其非。王引之云："此皆缘辞生训，非经文本意也。养国老于上庠，谓在庠中养老，非谓庠以养老名也。"有人推测其本义就是养羊的地方，由一些年长老人负责看守，并兼负教育后代的任务，这正是原始社会时期的遗制。① 鲁国的"庠"称为"米廪"，推其原始，当是粮仓，性质与此同。后世儒者附会成一开始就是养老尊老，实施孝悌教育的地方，这就颠倒了本末关系，实由不明历史发展而致误。王引之谓庠、序、学校皆为教学而设，养老、习射是偶一行之，也不确。庠序一类的机关，只有发展到一定阶段，才慢慢演变成学校机关的，这是很晚的事，其先必不如是。当社会发展到一定阶段后，养老的作用更加突出。村社中的父老经常在这里主持一切，受人尊敬和供养，所以有了"庠者养也"的观念。

序，本是习射的场所。《乡射礼》郑玄注："序，无室，可以深也。"这种说法是可信的。我们结合考古和民俗学材料，完全可以推测其结构十分简陋，只是一座没有四壁的大茅屋而已，以便于人们习射。这里同样是村社成员公共活动的场所，所以后来不专主射事一项，逐渐同庠混而为一。人们举尚齿养老则称庠，举射事则谓之序。序又可写作"豫"或"榭"，实则都是同一类建筑物。②

校，《说文》云："木囚也。从木交声。"毛礼锐先生据此发挥，认为"原是用木作栏格养马的地方，后来演变成为角斗、校猎、考校等意义"。可备一说。《周礼·夏官·司马》有"校人"一职，为马官之长，可见与此确有关联。

<hr>

① 毛礼锐：《虞夏商周学校传说初释》，载《北京师范大学学报》，1961（4）。

② 清儒李惇：《群经识小》"豫榭序"条云：榭字今音与"豫"、"序"若不相近，而古音读若"豫"。豫、榭、序三字音相近，故彼此参错互异，而其义一也。榭字从射得声，射字古音亦读若豫。……古人作字，谐声者十之七八，即训诂众多取音相近者。《春秋》经文、《三传》参错，亦多因音近而异。不知古音遂不知其讹之故。

西周《散盘》铭文有"⿰校父"，郭沫若谓此"⿰"即《周礼》之"校人"。[1]有人更进一步研究，认为《周官》"校人"之"校"，本字应为"⿰"（教）。校，则是它的后起字。[2] 从西周金文我们知道了"校"与"教"有本字假字的关系，从此也可证《孟子》之说不诬。校后来演变成村社组织中的公共建筑物。这里也是村社父老教育子弟的场所。要注意的是，这里的教只是广义上的教育，并非专主教学。[3] 所以，有人认为是教化之地，是有道理的。

以上所论庠序校，是夏商时期井田制度下村社中的公共集会和活动的场所。古书记载并不虚妄。在井田制度下，农村公社成员进行一种农业集体劳动的方式。每当农事毕，选一些有高德的长者耆老，也即"父老"，在"校"中担任对年青一代的教育工作（广义上的）。这是原始氏族社会遗留下来的习俗。杨宽在《中国古代的井田制度和村社组织》一文中，认为古代村社中的庠序校"兼有会议室、学校、礼堂、俱乐部的性质"[4]。是极有见地的。这种制度一直沿袭下来。至春秋时期，见于《左传》记载的有"子产不毁乡校"的事。饶有趣味的是，及至近世在我国一些地区尚有此遗俗。吕思勉在《燕石续札》笔记中"乡校"条，引述过去"滇西之俗"，可以拿来参证：

> 村必有庙，庙皆有公仓，众出谷以实之。庙门左右，必有小门，时有茶铺，众所集会之所也。议公事，选举保长，摊筹经费，办理小学皆于此。婚丧祝寿等事亦于此行之。故是庙也，……村之议会也，公所也，学校也，礼堂也，殡仪馆也，而亦即其俱乐部也。

吕先生由此推断："此正古之学校也。"此论至确。

我们弄清了庠序校的原委和发展，就可以从纷乱繁复的礼书中理出头绪，可知庠序校实无定称。此意段玉裁已发之，说：

---

[1] 郭沫若：《两周金文辞大系》释一三零。

[2] 张亚初、刘雨：《西周金文官制研究》，20页，北京，中华书局，1986。

[3] 吕思勉先生认为：庠是行乡饮酒礼的地方，序乃行乡射礼的地方，两地皆在乡。校则真正教学之地，在里。其说详《燕石续札·古学制》。我们不同意吕先生观点，认为庠、序、校三者的关系未必合得这么清楚。所谓庠乃行乡饮酒之地，序乃行乡射礼之地，不过是古人偶举一端，以求行文错落故也。至于校乃真正的教学之地，更不敢苟同。夏商二代，乃至整个周代的乡校，功能很多，并无专主教学的事。《左传》哀公三十一年记述郑国乡校，仍是国人议政的场所。子产贤明并不毁坏它。以此历史上留下了记载，可为一证。

[4]《古史新探》，北京，中华书局，1965。

> 庠未尝不射，则庠可称序也；序未尝不养老，则序可称庠也。庠序校
> 皆有学事焉，皆有中年考校之事焉，则庠序校皆得称学也。[1]

段氏的说法是对的。庠序校在氏族社会里各有本职。到了文明社会，这种分工渐渐混合，不再是很明确了。所以各种文献传闻异辞，有的说夏曰校，殷曰序，周曰庠。有的则作"殷曰庠，周曰序"。后世儒者解说越多，离本意越远。

（三）明堂（世室、重屋）与大学的关系

夏代已进入阶级社会，从理论上说，完全有可能产生大学。为什么这样说呢？根据常识，统治阶级要培养他们的子弟成为统治者，必须设立这样的机关才行。要想从古文献上考索夏商二代大学之制，必从明堂制度入手。何谓明堂？简言之就是"布政之宫""大教之宫"。在政教合一的上古时代，制度简朴，一物有多项功能，大学也必如此。

然而明堂制度聚讼二千多年，学者莫衷一是。诚如王国维在《明堂庙寝通考》中所说："古制中聚讼不决者，未有如明堂之甚者也。"有人斥为孟子虚构，有人指为汉人伪造。[2] 笔者以为简单的否定和肯定都不是实事求是的态度。古书上说的明堂，自有渊源，非后人所能凭空虚造。由于古制微茫，传闻异辞，后世儒者失实夸大之处在所难免，这就须作历史的考察才是。自汉代以来诸家释明堂者，无虑数十家。清代礼学大盛，考释明堂之篇什，更见繁富。[3] 历代经师和近世学者还复原了各种"明堂图"，为后人研究提供了参考。

---

① 段玉裁：《经韵楼集·与黄绍武书》（《清经解》卷六六六）。案段氏此说甚为通达，然《说文解字注》"庠"下注曰：《孟子·滕文公篇》曰：夏曰校……《史记·儒林传》同。《汉书·儒林传》则云夏曰校……许同《汉书》。疑《孟子》、《史记》有误。

② 如顾颉刚先生即是代表人物，顾氏云："明堂之名，《诗》、《书》、《易》、《春秋》皆无有，以至《论语》、《墨子》众未见。最初所见，乃至《孟子·梁惠王下》……此本孟子惯用之方术，书中随处可见。世儒不知仰观寥廓而仅俯视薮泽，遂因'明堂王者之堂'一语而各作理想之宣传，乃若古代真有此完备之制度者，盖皆沿流而未溯其源者也。"说见《史林杂识初编》"明堂"条。

③ 清代学者考释明堂较著者有：汪中《明堂通释》、戴震《明堂考》、阮元《明堂论》、焦循《群经宫室图》。集大成之作当推惠栋《明堂大道录》。其他见于《皇清经解》正、续编的尚有：惠士奇《明堂五室》（《礼说》）、沈彤《礼记明堂位门》（《果堂集》）、金榜《礼笺》、孔广森《匠人世室明堂图解》（《礼学卮言》）、李惇《群经识小》、陈寿祺《五经异义疏证》、顾千里《明堂解》（载严杰《经义丛钞》）、江藩《明堂议》（《隶经文》）、徐养元《明堂说》（《顽石庐经说》）、金鹗《明堂考》（《求古录礼说》）、夏炘《释明堂》（《学礼管释》）、邹汉勋《明堂》（《读书偶志》）、黄以周《明堂说》（《经说略》）。

如清代惠栋在《明堂大道录》的首篇"明堂总论"中认为：明堂是周代的称法，其制创始于神农之时，自黄帝、尧、舜、夏、商、周皆遵而行之。惠氏又具体地说：

> 明堂，黄帝曰合宫，唐虞曰天府，夏后曰世室，殷人曰重屋，周人曰明堂。明堂之名当始于周。

案惠氏之说本之于《考工记》、《大戴礼·盛德篇》、《淮南子·主术》、《管子》、《尸子》诸书。依诸家所说，明堂似乎早在黄帝时代就有了，且又整齐划一。所以顾颉刚先生批评它"无代蔑有，亦无所不包"，不可相信。夏代以前的社会，尚是原始氏族公社时期，其名称是否如文献所说，大可存疑，即令夏后曰世室，殷人曰重屋也不是绝对的，甲骨、金文中屡有"大室"名称出现。可见也是一种通称。世室即太室，这在文献上可以通用的。① 这里名称暂不论，但这种建筑物是可能存在的，其形制，今古文皆谓其以茅盖屋。这是符合当时历史情况的。上古制度简朴，犹如《晏子春秋》所说"明堂之制，土事不文，木事不镂"。孔广森反谓"此后世之制"②，不确。

有人以为西安半坡村、临潼姜寨和陕县庙底沟发现的"大房子"就是最早的"明堂"，即祭祀、议事的地方。理由是，在已经发现的半坡氏族成员居地中，有供氏族全体公用的大房子，一般位于聚落的中心。最大的半坡 F1 "大房子"，面积约 175 平方米左右，房子中间有四根互相对称排列的粗大支柱，每根支柱直径 0.5 米，四周还树立许多柱子，以四角转弯的地方最密集。这么大的房子不可能是住所，因为当时早已脱离了群婚，而对偶婚的住所又不需要如此之大。值得注意的是，这所"大房子"的方位正好是正向的南北向，具备了祭祀要求的两大要素：方位和次序。因此，专家们普遍认为，"大房子"是氏族公共集合的会堂，是举行宗教仪式的场所即明堂。

有关夏世室的情况，河南二里头遗址发掘的大型宫殿建筑群址，给我们提供了线索。③ 据目前公布的材料，这是一组规模宏大，结构复杂的夯土台墓。

---

① 如《公羊传》文十二年"世室屋坏"，《左传》作"太室"，服虔注云：太庙之室。《公羊》凡"太"字率作"世"字，如"太叔"作"世叔"之类。说详惠氏《明堂大道录·夏明堂》注。

② 孔说见《大戴礼记补注》，引自《皇清经解》卷七○五。

③ 二里头三期文化的性质，目前诸家还有不同的看法。此从陈旭、赵芝荃说。陈文：《二里头遗址是商都还是夏都》，见中国先秦史学会编《夏史论丛》，齐鲁书社 1985 年版；赵文：《探索夏文化三十年》，载《中国考古学论丛》，科学出版社 1993 年版。

整体略是四方形，其东西长约 108 米，南北宽约 100 米，总面积约 1 万平方米，方向为北偏西 8 度，基本是坐南朝北。这座廊庑形式的建筑群是由堂、庑、门、庭等单位建筑所组成，布局严谨，主次分明，基本上具备了宫殿建筑的特点和规模。专家认为，戴震《考工记图》中的《宗庙图》不仅与西周金文所见宗庙制度相合，与此宫殿建筑群也颇为相似。耐人寻味的是，它的东北部有后门，而宗庙图的"闱门"恰好也在东北角。所以它似乎可以叫作"世室"，或叫作"重屋"，也就是周之所谓"明堂"，鲁之所谓"太庙"，郑之所谓"大宫"之类。

结合文献、考古资料以及中外民俗学材料，对明堂作出全面、历史的研究之作当推今人汪宁生的《释明堂》一文[1]。汪氏之说，最为通达，由于文长不能俱引，这里引录他的三个结论的大意，并略加案语。

(1) 明堂原是集会房屋或男子公所，或是两者的结合，远古时期即有存在。它除较一般房屋为大外，还具有无壁的特征。由于这样的房屋较其他房间明亮，故称明堂。案此揭示明堂之性质，其初本不神秘，一扫前儒加在它上面的神秘色彩，诸如"明堂也者，明诸侯之尊卑也"，"所以教诸侯之孝也"之类。起到了正本清源的作用。

(2) 古文献中所谓亚形明堂是战国末期阴阳家的想象或设计，西汉末年以前这样的明堂是否实际存在，是值得怀疑的。据目前材料，这种亚形明堂的历史只能上溯到王莽时期。案汉以来经师所释明堂，及近世学者所复原的明堂图，都是此类，博学通人如王国维《明堂庙寝通释》也落此窠臼。

(3) 明堂原是公众集会之处和各种集体活动的中心，具有祭祀、议事、处理公共事务、青年教育和训练、守卫、养老、招待宾客及明确各种人社会身份等功能。进入阶级社会以后，统治者利用明堂作为祭祀和布政施教之处，但原来明堂的各种功能仍有痕迹可寻。案此揭示明堂的特点，推其原始，实与前所论庠序校是同一性质的东西，不过它的规模大一些。

上面探讨了夏商的明堂（世室、重屋）及其性质。知道它不过是公众集会之处和各种集体活动的中心。集祭祀、议事、养老、教育等等于一身，与前所

---

[1] 汪宁生：《释明堂》，载《文物》，1989（9）。

论的"成均"、"虞庠"、"庠"、"序"、"校"是同一属性的东西。所差异者，明堂的规模当大一些，"大学"在其中。庠序校规模不大，当属后世所谓"乡学"的性质。这样，我们对古书说的明堂和大学之间的关系就能辨别清楚了。

清初毛奇龄极诋郑玄"不善解经"，妄分上庠、东序为大学，下庠、西序为小学之类，全属杜撰，至而学义大乱。毛氏谓东序、西序当即明堂之东西堂。[①] 案毛氏以好辨著名，故为后世所讥，然此说颇不误，《续汉书·祭祀志》刘昭注引《大戴礼》逸篇《昭穆》云："大学，明堂之东序也。"[②] 上古政制简朴，宫室无多，明堂集多种功能于一身，大学也寓其中。后世有截然不同的二派观点，蔡邕一派谓明堂即大学，袁准则谓明堂与大学异宫。各执一端，皆未中肯綮。今人王玉哲说得好：

> 盖历史上任何礼制或事务，几乎都是由原始的质朴粗陋形式，逐渐进化发展而成为繁华、严密的完美形式……当时的"大室"、"明堂"也不过是一间大房子。天子祭祀上帝、祖先，行禘祫、序昭穆，朝见诸侯，处理政务在此，燕飨宾客，养老尊贤，养育国子，习礼学射，亦在此。战时发号施令在此，献俘馘，赏功臣亦在此，一室多用，这是文化简朴的局限性。[③]

为什么要把大学与明堂挂钩，除了上面所说的之外，在当时的历史条件下，也惟有明堂能承此项任务。顾颉刚谓明堂"古代只是一个朝南的大礼堂，是集众开会之所，本不神秘，但经汉儒的鼓吹，则与辟雍、灵台合而为一，为帝王所专有。惠栋《明堂大道录》集汉以下经师所说之大成，实则完全出于虚构"[④]。顾氏所云明堂本不神秘，是大礼堂，是集众开会之所，此论极是。然若说经汉儒鼓吹之后才为帝王所专有，似可商。我们就以二里头宫殿遗址来说，仅仅是台基，其夯土的土方总量即达两万立方米以上，今天如果完全用人工夯筑，至少也需十余万个劳动日，在三四千年前的劳动条件下，更当数倍于今日；再加上挖基、垫石、筑墙、盖房等工序，可以推想所需劳动日，当以数十万乃至百

---

① 毛奇龄：《学校问》，见《丛书集成初编》本。

② 《诗·大雅·灵台》孔疏引作《大戴礼·政穆篇》。

③ 王玉哲：《西周丰京再探讨》，载《历史研究》，1994（1）。

④ 顾颉刚：《关于夏史与明堂的一封信》，载李民：《尚书与古史研究》（增订本），河南人民出版社，1981。

万计。可见这种建筑属统治者无疑，"显然是奴隶制社会的产物，巍峨壮观的宫殿建筑，可视为王权的一种象征"①。可见非汉儒鼓吹后才为帝王专有的。

以上辨析了明堂与大学的关系，这里还须指出的是，古书所说的明堂、大室、大庙、大学诸名，在历史发展和功用上说，可以说是异名同实，也可以说是一体的；但又由于其功用各有重点，所以前人举一端以命名，后儒不察，遂成讼案。我们不能说，明堂或大室等于大学，它们之间不能划等号。夏商乃至周初物质文化尚属简陋，两者相合是历史的必然。乃后至"周公制礼乐"，西周文化日益昌盛，大学与明堂所主各有偏重，两者分立，也是符合社会发展规律的。夏商周三代的大学不同于封建时代的国子监太学，其制尚朴。上古学校的天子视学、养老尊贤、释奠等是并重的，在后世惟剩下一点遗俗。所以不能以今例古，混为一谈。

（四）卜辞中所见的商代学校教育

河南安阳小屯出土的大量的甲骨文字，是我们了解商代历史文化最宝贵的资料。商代的学校教育可以从卜辞中得到反映。

卜辞中的"教"和"学"。商代的学校，可从甲骨文字中得到印证。王贵民总结了"学"字在甲骨文中共有四式。② 卜辞"学"字最简体作"爻"。爻，是算筹交错之形，往往表示的是数这个概念。《易经》中的卦爻，就是用数表示爻的性质及其在某卦中所处的地位。今日所见甲骨、铜器上一种用数字组成的符号，张政烺认为就是古老的八卦。③ 由此可见，爻之为学，是由于儿童教育，是学数开始，从而又引申为学习仿效一切事物的含义，同时还兼有"教"的含义。杨树达也指出古人言语施受不分，如买与卖，受与授，籴与粜，本皆一辞，后乃分化耳，教与学亦然。④

"大学"一辞，以往甲骨著录中未见。1973 年中国社会科学院考古研究所于河南安阳小屯南地所获卜辞有此辞，这给甲骨学、商史、古代教育史研究提

---

① 赵芝荃：《探索夏文化三十年》，见《中国考古学论丛》，186～187 页，北京，科学出版社，1993。

② 王贵民：《从殷墟甲骨文论古代学校教育》，载《人文杂志》，1982（2）。

③ 张政烺：《试释周初青铜器中的易卦》，载《考古学报》，1980（4）。

④ 杨树达：《积微居金文说》卷七，北京，科学出版社，1959。

供了极其珍贵的资料。在《小屯南地甲骨》一书中，其编号为六零片的甲骨卜辞云：

弜ᐅ？

入壹癸ᐅ？

于丨ᐅ？

于祖丁旦ᐅ？

于⿰亩卩旦ᐅ？

于大学ᐅ？①

旦：在卜辞中除作表示时间概念的辞外，有时还可与先祖名相连，如祖丁旦（《京》四零一六）、后祖丁旦（《京》四零三六）等。这种情况的旦，应为宗庙的一部分。陈梦家认为是坛。②

⿰亩卩：于省吾先生释为"廷"。③

丨：根据此片卜辞上下句文例推断，它与祖丁旦、⿰亩卩旦相当，也应为宗庙之一种或一部分。《说文》："丨，上下通也。"郗笛先生认为已非溯义，从字形看，像一根立柱，其义可能为一种有柱无垣之建筑。

此片卜辞把大学与⿰亩卩旦、祖丁旦、丨并举，可见都是举行ᐅ祭的场所。祭祀是商人的重大活动，其在大学举行，正是对贵族子弟进行极好的实际教育。ᐅ祭究竟是什么样的祭祀呢？因此字诸家考释不一，结论也不同。④

《礼记·王制》云："出征执有罪，反，释奠于学，以讯馘告。"谓古者天子将出征，受命于祖，受成于学。战争完毕之后，献俘馘于大学。馘，孙希旦《集解》云：杀之而割取其左右耳者。联系《礼记》所说，我们推测："于大学ᐅ"，当也是一种献俘馘之祭。从卜辞材料可以看出，把大学和祖先宗庙相提并论，可见大学的地位和用途非同一般，也说明商代大学功用很多，此其一端而已。

---

① 释文据郗笛：《卜辞考释数则》，见《古文字研究》第六辑，181页，北京，中华书局，1981。

② 陈梦家说详《殷墟卜辞综述》，472页。

③ 于省吾：《甲骨文字释林》，85页，北京，中华书局，1985。

④ 罗振玉释谢（说详《增考》58页），唐兰释为寻（说详《天壤文释》42～43页），郭沫若释为泛（说详《卜通》117页），屈万里释度（说详《甲释》101页）。

如前所说，夏商时期的教学形式还带有很大的原始性质，还没有发展到坐而论学的程度，乃至西周时代亦然。周代有"六艺"之说，即贵族子弟所学的六种科目：礼、乐、射、御、书、数。商代虽无"六艺"之名，但有其实。举凡各种重要的军、射、宾、礼、祭等礼乐活动，都是青年子弟极好的学习观摩机会。张政烺《六书古义》解"六书"为"六甲"，与"九九"为儿童所习科目。大学所习惟礼、乐、射、御四科，儿童必不能为之。张氏所论为周代之制，准之殷代，当也相同。今就此四科，简略述之。礼、乐、射、御并非要全在学校里传授的，如前引▷祭材料，可在多处举行，即是一例。

礼。商人重祭祀，名目繁多。大如告祖、出征、田猎，小如治病、问卜，必祭。这些场合都是贵族子弟学习、见习的机会。今人陈戍国对殷礼有很好的总结，他说："商代的礼，还没有如后来'周公制礼作乐'那样纳入道德规范。商代的礼主要是通过祭祀活动表现出来。"①

乐。在各种礼的仪式中，礼不能独行，往往配以乐舞，礼乐二者密不可分。据考古资料表明，商代乐器发现的有：铜钟、铜铙、石磬、陶埙、鼓等，说明音乐十分发达。又卜辞中有很多乐器名称，通常为人称引的有鼓、磬、龠等几种，其实远不止此。裘锡圭有《甲骨文中的几种乐器名称——释"庸"、"丰"、"韶"》一文，专谈这个问题，可以参考。

上古时期，惟官有学，而民无学，这也是由当时的客观条件决定的。诸如礼、乐、射、御这些科目，必有器具，而这些东西非私家所能具备。清末学者黄绍箕说得好：

> 古代学术如礼乐射御诸科，皆有器具，以资实习，如今之学校试验格致器具，非一人一家所能毕备。……至于成均乐器，钟、鼓、管、龠、鼗、祝、敔、篴、埙、箫、琴、瑟、笙、磬、竽、篷之伦，以供国家祭祀享燕之用者，尤非里党所可致也……此学术之所以多在官也。②

学术既在官守，教育亦非官莫属。当时各科的教师也由官员兼任，并无专职从教人员。以商代而言，有专职的乐臣，这些从事乐的人员，同时也是乐的教

---

① 陈戍国：《先秦礼制研究》，湖南教育出版社，1991。
② 黄绍箕：《中国教育史》卷四，转引自孟宪承等编：《中国古代教育史资料》第一章，北京，人民教育出版社，1961。

员。裘锡圭有《释万》一文，指出甲骨文中的"万"，是一种从事乐舞的人。小屯南地出土的甲骨中，也有"万"与"学"关系的材料，不具引。

射。殷商时期，方国众多，征伐频繁。殷王又好田猎。因此，殷人极重习射，带有军事训练性质，与周代的"射礼"稍有不同，它还没有纳入礼制范畴。卜辞中有关射的辞例极多，多与征伐、田猎有关。也有关于教射习射的，如武丁卜辞：

令🔲🔲三百射　　乙2898，2900，3003，4080

陈梦家云："🔲射之🔲是动词。《说文》有🔲字。此假作养或庠。卜辞'令🔲🔲三百射'者，令🔲教三百射以射。"[1]案陈说可从。此谓商王令🔲在庠中教射三百个射手。古人言辞简略不文，此庠也有教之含义。这个制度一直延续到后世。西周金文，如《静簋》有"王令静司射学宫，小子众服众小臣众夷仆学射"，即可证。以此可知，商代的武官如多射、卫、多马、亚、箙同时也担任教射国学的义务。

御。商代兵制据专家研究，主要是步兵和车兵。因此，学御也是很重要的科目，有极大的实用性。不过尚未发展到周代那样，定为"六艺"之一。

射和御的教和学，并不固定在某个场所进行，而常常在田猎或军事演习时进行，贵族子弟随之观摩学习。这说明商代的教育仍带有一定的原始性。

小学的推断。甲骨卜辞明文有"大学"一辞，而于小学无征，这不等于没有小学。我们推断，既有大学，小学也必有的。早在20世纪三四十年代，郭沫若、唐兰从甲骨刻辞发现，商人用甲骨干支表作为范本教学生刻字。据此推测这是殷代小学之制。郭沫若《殷契粹编考释》第一四六八片云：

> 由此二片复合，与前片当同是一骨。内容乃将甲子至癸酉之十日，刻而又刻者。中第四行字细而精美整齐，盖先生刻之以为范本。其余歪斜刺劣者，盖学刻者所为。与今世儿童习字之法无殊。足征三千年前之教育状况，甚有意味。又学刻者诸行中，亦间有精美之字，与范本无殊者，盖亦先由先生从旁执刀为之。如次行之辰、午、申，三行之卯、巳、辛诸字，是也。

---

① 陈梦家：《殷墟卜辞综述》，513页，北京，中华书局，1988。

唐兰《天壤阁甲骨文存考释》第一至三片，也有类似的说法。①

张政烺《六书古义》发明"六书"即"六甲"之制，古之学童于小学所习六书，非刘、班、许汉儒所谓"指事"、"象形"等六书，实则"六甲"，六甲即六旬，以十干配十二支，共小公倍数为六十。凡排天干六次，地支五次，而后一周，张氏认为"六甲"与阴阳五行相表里，为一切"迷忌"之基本。在古人为极重要之知识，自日常生活之吉凶趋避，以至学习九法兵书、术数方技之学，莫不需此，是以小学首习之。其渊源甚古，"盖自有中国文字记录以来，即有学童摹习六甲之制点"。今案：张说可从，郭、唐二氏所举正可作为佐证。周代学制有大小学，小学止习书数，书即"六甲"，数即"九数"，此为一切知识之基础，实肇自殷商。

陈邦怀《殷代社会史料征存》引《龟甲兽骨文字》卷二第25页九片："丙子卜，贞，多子其往学，版不遘大雨？"陈氏认为此条卜辞的"多子"即贵族子弟，卜问的是往学返回时是否遇雨之事。

又《甲骨续存》下编四五九版：

　　□亥卜□多子□版□　　□

陈氏认为"此亦卜问多子往学于返时有无遇雨之事"。又说："此辞所卜日辰为""□辰"，以前辞日辰"丙子"参证，盖为"乙亥"、"丙子"连续两日所卜者。是知殷代贵族子弟每日往学，必预卜其返时有无遇雨之事也。②

综上，卜辞"小学"虽无明文，然揆之情理，度之实际，有小学可无疑义。如陈氏所云，贵族子弟可能已是每日往学，所学不外乎书数之属。

二、学在官府

清代江永在《礼书纲目》中叙次周代学制，分国学之教、乡学之教。稍后

---

① 唐兰：《天壤阁甲骨文存考释》第一至三片云："卜用甲骨所刻文字，多与兆纹有关，惟六旬之名，多择隙地为之，不涉卜事为独异。或谓卜人藉以记诵稽考，然此实属屈指可数，今世星者推人命选，年月日时之干支，顷刻可得，宁有专心家世业，而不能举此六十日名者乎？余谓此者皆习书者所为。……此六旬之名，书法之精美者，殆是前辈之范本，而粗劣苟率，如右列三片之类，则新进后学之所为，于此可见其授受之迹。"
② 陈邦怀：《殷代社会史料征存》卷下，天津人民出版社，1959。

的孔广森也有同样的见解，说"古者学有二，曰国学，曰乡学"①。这是极有见地的看法。所谓国学就是天子、诸侯所立之学，分大学、小学。乡学即州党之学，也即地方之学。乡学也称乡校，为平民（自由民）所设。如王畿内"六乡"里的国人设学。"六遂"的野人则无学，这是由当时的社会性质所决定的。

（一）西周学校的一般建置

1. 天子大学

天子大学，周代天子大学经传中有"四学"、"五学"之说。如《礼记》的《王制》、《内则》、《明堂位》、《文王世子》提到上庠、东序、瞽宗、辟雍诸学。《周礼·大司乐》提到成均之学。《大戴礼·保傅》说有东西南北四学。历代学者多以为这是天子大学。然对"四学"、"五学"名称的认识，分歧很大，莫得一解。至清儒黄以周、孙诒让氏穿穴经传，考定北学即上庠，西学即瞽宗，东学即东序（也谓东胶），南学即成均，这就是所谓的"四学"。在"四学"之外，加上辟雍，是为"五学"②。天子五学方位，宋人陆佃、郑鄂已有说，③黄以周、孙诒让进一步作了考定，成为定说。然五学是建一处，还是各自别为一宫，陆、孙稍有异议。陆佃认为"天子立四学，并其中学而立，直于一处并建"。陆氏的意见是五学同为一座建筑物，不过是依据方位别东、西、南、北学和中间的辟雍。也就是说五学都在辟水环绕之内。孙诒让不同意这样的意见。《周礼正义·大司乐疏》说五学异宫，也即在五个相距不远的地方所建，乃是以后世繁复的宫室制度推较而来。当以陆佃氏所云五学并建一处较为合理。

我们说的四学加上辟雍为五学，均是天子大学。然究竟是一所大学，还是五所大学？有人以为是五所学校，认为除辟雍之外，西周还有其它的大学。《礼记·王制》所说："大学在郊——天子曰辟雍，诸侯曰泮宫。"这并不排斥有其它大学存在的可能性。《王制》所说养国老的"东胶"，《文王世子》所说的"东序"、"瞽宗"、"上庠"，都是大学。实际上，它们并非是独立的大学，而是一座大学的组成部分。《大戴礼记·保傅》引古《学礼》云："帝入东学，

---

① 《礼学卮言》卷二，"辟雍四学解"条见《皇清经解》影印本。
② 黄以周：《礼书通故》卷三十二，《学礼通故》。
③ 陆、郑二氏之说，《五礼通考》卷169有引。

上亲而贵仁，则亲疏有序，如思相及矣。帝入南学，上齿而贵信，则长幼有差，如民不诬矣。帝入西学，上贤而贵德。帝入北学，上贵而尊爵。帝入太学，承师问道。"① 又《易传·大初篇》云：太子旦入东学，昼入南学，暮入西学，在中央曰太学，天子之所自学也。案此处无北学，学者指出当有"夜入北学"四字，传写偶脱之。据此，东学也即东序、东胶，为习舞、学干戈羽籥之所，由乐师主持；西学即瞽宗，为演习礼仪、祭祀先贤之地，由礼官主持；北学上庠，为学书之所，由诏书者主持；南学即《周礼》所云成均，为学乐之所，由大司乐主持。中央之学，为天子祀先圣先师，出师受戒，承师问道之处，谓之大学，又谓之辟雍。这东、西、南、北、中五学，便构成了西周天子大学的全貌。因此可视为一个整体，可统名为辟雍或成均，以其尊贵之故。近人胡士莹更明确指出：

> 余谓周代大学，原只一所。其名有五者，犹今日大学中，有文哲学院、美术学院之设立，初非有尊卑之别也。其总名，意或先称成均，后乃改辟雍，亦未可知。②

胡氏谓周代大学只有一所，其名有五，犹今之大学设立不同的学院，有分科设教的意思，其义甚确。然谓其总名，意或先称成均，后改称辟雍，其说未见允当，不如黄以周说合理。黄氏说："以形言之曰辟雍，以意言之曰成均。"我们知道，辟雍之命名乃是"水旋邱如璧"，才叫辟雍的（本《诗·毛传》说）。这是从形制说的。此五学皆在辟水环绕之内，当然可以通称为辟雍，这是古之人命名取其大者之意，不见得有多少尊卑的意思。从意义上说，成均是历代相传之物，董仲舒说是五帝之学，不见得正确，但它的渊源甚古是可以肯定的。所以周人把它作南学之名，用以学乐，也把它用来通称周代大学的总名，在《周礼》一书中周代大学只有成均，也就可以理解了。③

---

① 这一段文字亦见于贾谊：《新书》。此处及贾谊《新书》所引《学礼》，为古礼经之文，而今不传。

② 胡士莹：《周代教育之研究》，载《史地学报》第三卷第一期，1924 年 5 月。

③ 黄以周谓成均亦周大学之总名，特举三证以说明之。黄氏云：大司乐掌成均之法，凡有道有德者使教焉，死则以为乐祖，祭于瞽宗，此即《祭义》所谓祀先贤于西学。上言成均，都辟也；下言瞽宗，别辟也。如谓大司乐专掌北学虞庠之法，何为下文即言西学瞽宗事？是成均为周大学之通称，其证一也。又大司乐掌成均之法，以乐语乐舞教国子。据《文王世子篇》诵乐语于瞽宗，学乐于东序，是成均为周大学之通称，其证二也。《文王世子篇》以于成均别郊学之人，是成均为周大学之通称，其证三也。说见《礼书通故》卷三二《学礼通故》。

以上是文献中关于西周天子大学的一般建制情况，下面再看金文中的周代大学情况。青铜器《麦方尊》铭文中明确提到了辟雍的名称。铭文中说：

> 王令辟邢侯出矶，侯于邢。雩若二月。侯见于宗周，亡尤，迨王饗荩京壹祀。雩若翌日，在璧雝，王乘于舟为大礼。王射大鸿，擒。

此处的璧雝，郭沫若、杨树达诸前辈学者考定即文献中的辟雍，殆无疑义。这件青铜器铭文记载的是邢国的诸侯去宗周朝见周天子，会王（周天子）在荩京的裸祭和彤祭。第二天，在辟雍里，王坐在船上，举行大礼，王射，大量捕捉禽兽。邢侯坐在红色的从船上掌管这件事。[1] 从这里我们也可证实辟雍是周天子和贵族们举行大礼的地方，辟池有水须乘舟，其规模当是很大的。

辟雍在金文中又谓之学宫（此本郭沫若说）。如《静簋》铭文说：

> 隹六月初吉，王才荩京。丁卯王令静司射学宫，小子众服众小臣众尸仆学射。雩八月初吉庚寅，王以……射于大池，静学（教）无罪。王赐静鞞韘。

这件青铜器铭文是说静在学宫中教射众小子事，因教射无过，受到周王的褒奖。郭沫若说："此言王在荩京，荩京即丰京，又有大池可以会射，与《麦尊》合，则学宫即辟雍矣。"[2]

金文中别有射庐，天子在此习射，作乐舞。《十五年趞曹鼎》：

> 隹十又五年五月既生霸壬午，龏（恭）王在周新宫。王射于射庐。

《师汤父鼎》：

> 隹十有二月初吉丙午，王在周新宫，在射庐。王呼宰雁赐□弓、象弭，矢珷彤干。

《匡卣》：

> 懿王在射庐，作象舞……王曰休。

二鼎中的龏王，郭沫若考释即穆王之子恭王。恭字金文多作龏。此二器中的新宫即新建之宫，在射庐作象舞，郭氏亦谓与《礼记·内则》"成童舞象，学射

---

① 此据唐兰考释，见《西周青铜器铭文分代史征》卷四，唐先生定此器为昭王时代。

② 郭氏又云：史称宣王名静，本铭殆宣王为太子时习艺于学宫时事。六艺：礼、乐、射、御、书、数，学射事所仅见。

御"相应。作象舞须抚象乐，则为古礼所阙佚者。① 此三处的射廬，廬假作庐。窃谓此射庐当是《礼记·射义》所云之射宫。《射义》云："天子将祭，必先习射于泽。泽者，所以择士也。已射于泽，而后射于射宫。"郑注孔疏皆谓泽是宫名，于是宫射而择士，近水泽而为之。又《周礼·司弓矢》郑众注、《周礼·郊特牲》郑玄注也谓泽是泽宫。唐兰谓泽就是辟雍的大池。射宫和泽宫究为何物？孙希旦有很好的解释，谓射礼假于学校以行之，这是对的。② 射礼在西周是一项很重要的"礼"，有选拔人才的目的，射礼之后又与宴享连接，以射序宾，有敬老亲兄弟的目的，所以常在辟雍中举行。此泽宫当即辟雍，恐是异名同实。孙解射宫为东序，其义甚确。东序即东学、东胶。东序正是习舞、学干戈羽龠的地方。这与《匡卣》铭文"懿王在射廬作象舞"记载若合契符。因此，我们推断金文中的射庐，当是文献中的射宫一类东西，也是西周天子大学的一部分。

从文献和金文材料，我们可以勾画出西周天子大学建制的轮廓。

据较早文献记载，西周有两处建有辟雍。《诗·文王有声》称"镐京辟雍"，是为武王都镐京时所建。金文中记载着葊京有辟雍。王玉哲先生考证，镐京之辟雍，也就是葊京的辟雍，同一个辟雍。两京处在辟雍池水周围。文献上天子大学有"四学"、"五学"之说，其通称为辟雍（也可统称为成均）。从铜器铭文看，除名辟雍外，也可称之为"学宫"。其地址建于国郊。辟雍四周有水池环绕，附近还有大片的园林，这主要是为了便于练习渔猎，以训练武艺。辟雍的形制比较特别，"水旋丘如璧"，规模也很大，与一般殿堂不同，所以不是很普遍的。这里是贵族子弟习艺、学射、行飨射礼之宫，它的性质又类似于"明堂"、"太庙"、"大室"，故而又是朝诸侯、献俘馘和祖考之所。从这个意义上说，西周的大学还不是一个专门的教育机构。吕思勉、杨宽诸先生谓之兼有礼堂、会议室、俱乐部的性质，这是很有道理的。

2. 诸侯泮宫

西周实行分封制，武王、成王时期，通过"褒封"和新封，建立起统一的王朝体系。其国家结构是王权领导下的地方自治。各受封诸侯皆可分官设职，

---

① 说详《两周金文辞大系考释》"恭王"。
② 孙希旦：《礼记集解》卷六〇，中华书局点校本，1989。

建立军队。作为礼之大者的学校之设当然也是有的。然诸侯学制见于经传者，惟鲁为详。《诗·鲁颂·泮水》序称"泮水，颂僖公能修泮宫也"。毛传郑笺皆谓泮水，泮宫之水也。《礼记·王制》明言："天子曰辟雍，诸侯曰頖宫。"《礼器》说："鲁人将有事于上帝，必先有事頖宫。"[1] 这都是说鲁国有泮宫，它是鲁大学。但也有人持疑义，认为泮宫不是学校。如宋代的戴埴，明代的杨慎，引《通典》鲁国泗水县有泮水，据此推断，泮宫就是建立在泮水旁的宫，等于楚国的渚宫，晋的虒祈。即使鲁国的大学叫泮宫，难道诸侯列国的大学都建在泮水旁，都可称为泮宫吗？此种观点后世多有人信之。实则戴杨辈不知鲁泗水县的泮水，原名霉水，乃是后人因其与泮宫近，故谓之泮水，非鲁学宫之泮水。

陈槃也说鲁泮宫的命名，缘于泮水。他又说"尽管列国没有大学，然而高等教育的设施仍然是有的"[2]。既然没有大学这一类机构，何来还有高等教育的设施呢？参证经传，结合当时历史实际，可以认为诸侯列国是有大学的，它的名称即泮宫，也就是说泮宫是周代诸侯大学的通称。

通过以上论述考辨，可知西周诸侯也有学，诸侯之学即泮宫。它的形制结构与辟雍差不多，性质当也与辟雍类似。旧时礼家争讼不已，似属无谓，其分别在一为天子，一为诸侯耳。

3. 关于小学

关于西周小学的问题，历代经学家争论很大，说法极多，我们今日研讨西周小学之制，是站在史学立场上立论的。所以对于历代经师的许多无谓争论，可以一概从略。如虞庠在国之西郊，或谓此"西"字误，当作"四郊"。此一字的笔墨官司讼诉二千多年，更有原本师友为此而割席交恶的，实属无谓。对于异说纷纭者，择善而从，取其一说。如旧说有以辟雍为小学者，瞽宗、上庠为小学者，[3] 有以虞庠为小学者，皆不取。[4] 西周小学的设置，《礼记·王

---

[1] 俞樾说注文《诗》所谓頖宫（案指郑注：頖宫郊之学也，《诗》所谓頖宫也，字或作为郊宫），此頖字当作泮。盖诸经用字不同。俞说见《群经平议》卷二〇，《皇清经解续编》影印本。

[2] 陈槃：《春秋时代的教育》，载《历史语言研究所集刊》第四十五本，第四分册，1974。

[3]《礼记·王制》孔疏：刘氏以为周之小学为辟雍，在郊。《诗·灵台》孔疏：不必以太学为辟雍，小学亦可矣。秦蕙田已驳之，见《五礼通考》卷一六九，黄以周也驳之，以秦、黄说为定。

[4] 郑玄、孔颖达说，秦氏已驳之，此从秦说。

制》说：

> 天子命之教，然后为学，小学在公宫南之左，大学在郊。

这一段话是说小学的设立同样是出自天子之命，然后才立的，地点在国中王宫南之左。玩其文辞似乎是诸侯的小学之制，所以孔颖达的《正义》认为周之诸侯，小学在国，大学在郊；天子大学在国，小学在郊。金鹗《求古录礼说·学制考》对此有驳。周制天子、诸侯小学设置同，均在宫南之左，即设于国中。所异者规模有大小而已。《周礼·地官·师氏》："师氏掌以媺诏王。以三德教国子……居虎门之左，司王朝。"又《保氏》："掌谏王恶，而养国子之道，乃教之六艺……使其属守王闱。"这就是蔡邕以来历代经师所说的门闱之学，其实大可不必如此分法，孙诒让已非之。这里说得很清楚：师氏教三德，以道行为重；保氏教六艺，以艺术为重。师氏、保氏是王宫的守卫长官，兼任小学师长。并没有门闱之学，蔡邕及汉代诸经师皆臆说。天子、诸侯把小学设在王宫、公宫的附近，其用意很明显，是为了贵胄子弟上学方便。

文献上所说的西周小学，除《礼记》外，《大戴礼·保傅》等书也有述及。这些绝非像有些人所说的那样是无稽之谈，不可相信的。在西周青铜器铭文上，我们完全可以得到证实。如康王二十三年的《大盂鼎》上有如下的文字：

> 女妹辰有大服，余惟即朕小学……

郭沫若在《两周金文辞大系考释》眉批上写道：

> 妹辰二字，旧未得其解。今案妹与昧通。昧辰谓童蒙知识未开之时也。盂父殆早世，故盂幼年即承继显职，康王曾命其入贵胄小学，有所深造。

此处记述有小学，惟"妹辰"二字，诸家解说甚众，兹不备举。如唐兰谓昧辰与昧爽、昧旦义均相近，是说次日天刚亮时。[1] 李学勤又有不同说法。他认为周初金文中的"妹"多用作虚字，如文献之"未"或"末"，系语中助词，例见《它簋盖》"乃妹克卒告烈成功"，"乃沈子妹克蔑"。"妹克"即"克"，同样地"妹辰"即"辰"。[2] 此又一说。由于对"妹辰"一词的不同解释，有关此铭文是康王入小学，抑是盂入小学，自然也有了不同说法。综观二家之言，当

---

[1] 说见《西周青铜器铭文分代史征》卷三下，175页，注25。
[2] 李学勤：《大盂鼎新论》，见《李学勤集》，哈尔滨，黑龙江教育出版社，1989。

以李说为胜。我们若抛开是康王还是盂入小学的问题不论，单从这件铭文可以证实此的小学存在，那是无庸置疑的。又宣王时期的《师嫠簋》也提到了西周的小学，铭文说：

> 在先王小学，汝汝敏可事，既命汝更乃祖考司，今余唯申京乃命，命汝司乃祖旧官小辅钟鼓。

郭沫若考释云："小辅，吴大澂释为少傅，鼓钟与小辅为对，亦官名，当是钟师。"我们根据这段铭文，不但可以知道西周王朝设有贵胄小学，而且也证明了文献上关于少傅和乐官的记载是有根据的。

通过以上对文献和金文材料的分析，可知西周时代，天子和诸侯都设有小学，地点皆在国中。天子小学在王宫附近，诸侯小学在公宫附近。而且作为国学的小学似只有此一所。旧说国之西郊之虞庠为小学，前儒辨之甚明，无庸再说。

西周学制，除国学外，还有乡学。乡学是地方学校。顾名思义，它设于乡间。具体地说，周天子王畿六乡，诸侯大国有三乡，也即王畿六乡有学、诸侯大国三乡有学。至于六遂、三遂属"野"，则无学。

那么，西周的乡学到底有哪些呢？它的具体情况又如何？《孟子·滕文公上》说：

> 设为庠序学校以教之，庠者养也，校者教也，序者射也。夏曰校，殷曰序，周曰庠。

依孟子的说法，周代的乡学似乎只有一种，那就是庠。而《礼记·学记》则说：

> 古之教者，家有塾，党有庠，术有序。

后之孙诒让也认为乡有庠，州有序，党有校，闾有塾。孙氏还总结说：

> 其为教，则国有大学、小学。……乡遂则有乡学六，州学三十，党学百有五十，遂之属别如乡。盖郊甸之内，距王城不过二百里，其为学章较已三百七十有奇，而郊里及向公邑之学，尚不与此数。推之鄁县之公邑采邑，远极于畿外邦国……意当有万数。①

---

① 孙诒让：《周礼正义》疏。

孙说误。其实，在孙氏之前的段玉裁已有此论。近代更有学者惊叹周代学校之多，叹为后世所莫及，说"诚教育发达之极轨矣"[①]。这是过分迷信古人成说所致。在几千年前的周代，受教育的仅是一部分人，这是不争事实，无庸置辩。

（二）西周学校的教学情况

1. 学校的教师

我国古代学校的教师称"师"，旧说谓此"师"起源于乐官。古代学校的教学由乐官担任，乐官叫乐师，故教师得以称师。近世以来，学者谓此"师"字当起源于军事将领，是由于最初的大学教师是由一些高级军官担任之故。西周铭文中的职官之师一般都写作师，而且在西周金文中出现的次数远比商代为多。张亚初、刘雨通过统计，说西周铭文中称师的职官材料有将近八十条，如果加上大师和其它诸师官，材料有将近一百条以上。张、刘二氏将这些材料归纳总结后得出"师"的职掌有七个方面：

① 为军事长官，率领军队，参加战争。

② 为周王的禁卫部队长官。

③ 为周王出入王命，巡视地方，在锡命礼中作傧右。

④ 为王之司寇及司土。

⑤ 为王管理王室事务。

⑥ 为王管理旗帜。

⑦ 为王任教育之事。

以上七点又可归纳为三个大的方面：

第一，由①、②、⑥三点可知，师是军事长官。

第二，由③、④、⑤三点可知，师是行政长官。

第三，由⑦可知，师是教育长官。[②]

金文研究的成果告诉我们，西周铭文中的"师"是军事将领，又任行政、教育长官。许倬云也说："师的原意，大约是长老，故可兼具领军、祭祀与教

---

① 胡士莹：《周代教育之研究》，载《史地学报》第三卷第一期，1924年5月。
② 详见张亚初、刘雨：《西周金文官制研究》，"师官类"一节内容。

育诸般功能。"① 这正说明了西周政制简朴、政教合一、官师合一的特点。

《周礼·春官》中有大司乐、乐师、大师、小师等，都为乐官。清人俞正燮据此认为教师出于乐官②，近人刘师培进一步发挥说：

> 观使后夔典乐，复命后夔教胄子，则乐师即属教师。……周代学制，原仍沿有虞之成法也。③

旧说谓西周乐师是教师，自是不错，然教师并非惟此乐师一途而来。

杨宽谓西周贵族的大学主要的教学内容是"射"，属于军事训练性质，目的在于把贵族子弟培养成为军队的骨干。因此，当时的大学教师就得由师氏来兼任了大学的教官，"师"就成为教师的称呼了。西周大学的主要教学内容，除了射以外，还有乐，乐的教学由乐官担任，因此到此后期乐官也开始称师。这里提到乐官教学之事，但过分强调了"射"的成分。其实，早期的教育或偏重武事，但随着文明的发展，"文"的色彩不能不与日俱增。夏商周三代，周以尚文著名，孔子曾大为赞叹："郁郁乎文哉，吾从周。"西周学校教育中，射固然重要，乐亦未尝不重要。况古时的乐并不是如后世那样纯是娱乐的性质，实亦与武事多有关联。④ 射和乐都是很重要的科目。

从以上的考辨中可以得出这样的结论，西周学校的教师当由原始氏族社会的长老制度演变、发展而来。其始盖为部落之长老，兼领兵、行政、教育等。后世分化为师旅之师的武职，又有掌礼乐的乐师之职。旧说偏主源于"乐师"，今人强调出于"师氏"（军官），皆非笃论。在政教合一、官师合一的西周，此二类人又兼任学校教师，教师称"师"，殆由此而来。

"师"之类别。过去人们论西周学制的特点时常说"政教合一"、"官师合一"。所谓政教合一，是说官学机构设于官府之中，这里既是学校，同时又是

---

① 说见许著《西周史》，220～221页，北京，三联书店，1994。案许氏推测"师"的原义，及分别师旅之"师"与乐官之师，甚是。然谓西周时师已分化成三种意义云云，其说可商。事实上，西周学校教师尚未有专职者，所谓教师实指师氏与乐师而言。故此二种人例可称师。

② 《癸巳存稿》三："君子小人学道是弦歌义。"见《清经解续编》卷八四三，影印本，上海书店，1988。

③ 《学校原始论》，载《国粹学报》第8期，又《左庵集》卷一《成均释》也有同样的说法，见《刘申叔遗书》第37册，宁武南氏校印本。

④ 郭沫若：《青铜时代》，见《郭沫若全集》（历史编）第一卷，492页，北京，人民出版社，1982。

施行政事的场所。所谓官师合一，是说从事教育者既是官又是师，一身兼二任，之所以会有这样的制度产生，有深刻的社会原因。从经济基础上说，西周实行井田制，土地属于国有制，也即属于周天子，"普天之下莫非王土"就是这个意思。周天子把它分封给诸侯、卿、大夫、这些拥有土地权的统治者，又是各级政权的代表，既为官，又称君。当时，一个有地者同时就是一个君。《仪礼·丧服传》说："君，谓有地者也。"郑玄注说："天子诸侯及卿大夫有地者皆曰君"就是证明。这些官长又承担训诫教诲人民的职责。因此，古人常常是君师并称，如《大戴礼记·礼三本》说：

> 天地者，性之本也；先祖者，类之本也，君师者，治之本也。

《孟子·梁惠王下》也说：

> 天降下民，作之君，作之师。

《古文尚书·泰誓上》同语孔疏：

> 治民之谓君，教民之谓师。君既治之，师又教之，故言作之君，作之师。师谓君与民作师，非谓别置师也。

孔疏可谓深得其旨。又孔氏释《说命中》"承以大夫师长"句下云："《周礼》立官多以师为名，师者众所法，亦是长之意也。"由此可证，西周时代官师非二，官即师，师即官。刘师培曾说："古代之时，政教未分。官守与师儒合一。此义也，章实斋《校雠通义》及龚定庵《古史钩沉》言之最精。是居官之人，亦即教民之人也。"[①]"居官之人，原即教民之人"，其义甚确，然谓畴官世儒之说，非是。师儒与官守分离不在西周，似是春秋以后的制度。官师合一，学术在官，还有一个前提，那就是西周时代劳动生产力还比较低下，所能提供给社会的剩余产品仍有限。这种经济状况，必然影响文化教育的发展。一方面如典籍之类的东西，藏在官府，民间无之。人欲学习，必入官学方可。另一方面如一些教学器具，惟官府有，民间则无。黄绍箕就说过："古代学术如礼、乐、舞、射诸科，皆有器具，以资实习，如今之学校试验格致器具，非一人一家所能毕备。故十三舞勺，成童舞象，其器甚简。二十而冠，身入乡校，始学礼，舞大夏。……至于成均乐器，钟、鼓、管、埙、笙、琴、瑟、竽之伦，以供国

---

① 刘师培：《古政原始论》，见《刘申叔遗书》宁武南氏校印本。

家祭祀享燕之用者，尤非里党所可致。故在官者以肄习而愈精，在野者以简略而愈昧，此学术之所以多在官也。"① 明乎此，我们对文献中所说的师保、乐师、司徒是教官就可以完全理解了。

从上面的考述中可以看出，西周时代由于学在官府，或曰学术在官，故学校中的教师也由政府各级官员兼任，尚无专职的教师，这也说明了西周学校的原始性。

2. 入学资格与入学年龄

入学资格。西周学校的入学资格，换言之，哪些人有进学受教育的权利？简单的说，统治阶级的子弟以及自由平民（国人）有受教育的权利。广大的被统治者（野人）是谈不上有受教育的权利。所以这里探讨入学资格问题，即在此前提下进行。

我们知道，西周是等级社会，就如《左传》昭公七年说的"天有十日，人有十等"。周代又实行宗法制，这是统治阶级重新利用了氏族社会延续了无数世代的有力纽带——血缘关系，把它改成了完全适应奴隶主阶级需要的严格的等级制度。这些反映在西周学制上，就是官学为统治阶级所垄断、包办。国学中的大学、小学只有天子、诸侯、公卿、大夫的血缘亲族才有资格讲学。血缘关系比较疏远的国人只能入乡学接受教育。

首先说国学，即天子诸侯之大小学。太子。《易传·太初篇》云："太子旦入东学，昼入南学，暮入西学。"② 案此处当有"夕入北学"四字，传写偶佚之耳。《玉海》卷一百十一引作"夕入西学，暮入北学"，可证。

公卿大夫之子弟。《周礼·师氏》郑注：国子，公卿大夫之子弟。《大司乐》注：国之子弟，公卿大夫之子弟当学者，谓之国子。《诸子》注：国子，为诸侯、卿、大夫、士之子也。案以上这些贵族子弟，郑注解为国子是对的，礼经上又谓之"国之贵游子弟"。

《礼记·王制》说的更加具体，入贵胄学校的是："王大子，王子，群后之

---

① 黄绍箕：《中国教育史》，转引自孟宪承等编：《中国古代教育史资料》，14 页，北京，人民教育出版社，1961。

② 此据司马彪：《续汉书·祭祀志》刘昭注引。案："太子"一本作"天子"。黄以周云：一作天子误。可从。

大子，卿、大夫、元士之嫡子，国之俊选，皆造焉。"郑注："王子，王之庶子也。群后，公及诸侯。"今案：自王大子以下至元士之嫡子可以通称为国子，自无疑义。盖自天子至士，皆属于统治阶级，他们的子弟也就泛称为国子。正如王至士可以通称君子。国子之得名，当与君子、王子、公子一例，表明他们是国人之子。从这个意义上说，各乡通过层层选拔上来的"国之俊选"也未尝不可以称国子。俊选，孙希旦谓即俊士也。俊士由选士而升，故谓之俊选。这些人本是六乡国人之子，一旦被选拔到贵胄学校学习，自然身份也大为不同，也进入了统治阶级的行列。

《周礼·地官·师氏》："掌国中失之事，以教国子弟。凡国之贵游子弟学焉。"据此，国子又得称"国子贵游子弟"。杜子春云："游当为犹，言虽贵犹学。"清儒曾钊承其说，谓："王公之子弟即上文国之子弟，此经何为复赘乎？似杜义为长。杜意以凡国之贵为读，游字属为下句。"[1] 今案杜子春改字解经，谓"凡国之贵子弟犹学焉"，甚为迂曲。不如郑氏解游为"无官司者"来得通达。经云贵者，言国子身份之尊贵，有别于乡人之子弟。国子尚在学习中，无官守之任，故言游焉。礼书里讲的"国之贵游子弟"才够资格入奴隶主官学，是符合西周社会实际的，绝非凭空臆说。因为这些国子的乃父乃兄无一不是当时的统治阶级。"群后"旧注谓公及诸侯，这是对的，但还应包括伯、子、男爵。这些人构成了西周社会的多级阶梯，属于上层建筑。官学只对他们的子弟开放，也就可以看得更清楚了。

在乡校里接受教育的自然是乡人的子弟，用不着多说。这里值得一提的是乡学中有些人因德行超众而被选入国学受教。《周礼》中有所谓的"宾兴之制"，也就是乡里的选举制度，其中就有关此升学制度。又《礼记·王制》说：

> 命乡论秀士，升之司徒曰选士，司徒论选士之秀者而升之学，曰俊士。升于司徒者，不征于乡，升于学者不征于司徒，曰造士。

这就是说乡大夫考察举荐乡里有德行道艺的"秀士"，把他们申报到司徒那里，这就称之为"选士"。又经过司徒考定其俊秀者，荐举入学，使之学有成就，即所谓"造士"。这些人一旦成了"选士"、"造士"，社会地位随之提高，经济

---

① 曾钊：《周礼注疏小笺》卷二，见《皇清经解续编》影印本，上海书店，1988。

地位大为改变，可以免除赋役了。因此，他们入学后便成了国子。学成后成为国家低级官吏，晋升为统治者行列。金榜《礼笺》卷三说："乡人子弟不得学于王宫小学，父师、少师教之门塾之基，所谓家有塾也。国子由小学入大学，乡人子弟由家塾入乡学。其俊选之士，乃得升于大学，是其贵贱之差。"金氏所云"贵贱之差"是有道理的。这些侯国有贡士到王朝大学就读，事或可能。至于远离王朝的畿外诸侯有很大的自治权，除主要官员如卿外，由天子任命，其它的职官机构可自行设置。他们拥有自己的军队和财政收入，也可设立学校，大学叫泮宫。他们治下的"秀士"、"选士"尽可升入泮宫就学，似不必跑到王朝的辟雍里去学习。

入学年龄。国子和乡校平民子弟入学之年，礼经无明文。而诸书所言，又往往互有异同。众说乖异，历来未能臆定。如《大戴礼记·保傅》云："古者，王子年八岁而出就外舍，学小艺焉，履小节焉。束发而就大学，学大艺焉，履大节焉。"卢注：束发，谓成童。贾谊《新书·容经篇》云："古者，年九岁入就小学，蹍小节焉。业小道焉。束发就大学，蹍大节焉，业大道也。"《白虎通义·辟雍篇》云："古者，所以年十五入大学何？以为八岁毁齿始有识知，入学学书计。七八十五阴阳备，故十五成童志明，入大学，学经籍。"《汉书·食货志》云："八岁入小学，学六甲五方书计之事，始知室家长幼之节。十五入大学，学先圣礼乐，而知朝廷君臣之礼。"前两书明言八岁、九岁为入小学之年；入大学则未明言，惟云束发。后两书则不但云八岁入小学，而且谓十五入大学。

又《尚书大传·周传》云："古之帝王者，必立大学、小学。使王太子、王子、群后之子，以至公、卿、大夫、元士之适子，十有三年始入小学，见小节焉，践小义焉。年二十入大学，见大节焉，践大义焉。"又云："十五年入小学，十八入大学者。谓诸子姓晚成者，至十五入小学。其早成者，十八入大学。"

孙诒让折衷诸家之说，提出王侯之子与公卿之子，由于身份不同，故入学之年亦不同。以上是汉以来历代经师旧说，归纳起来不外乎是二种意见：一是八岁入小学，十五入大学；二是十三入小学，二十入大学。

如何看待入学之年纷复歧异这个现象？首先要把握周代学制大体，明了西周与后世学校有很大不同。若以后世学校的目光衡量，它还不是纯粹的"坐而论学"的教学机构，因此，不能以今绳古。其次，国子所入的贵胄学校与平民所入的乡校，又当分别对待。如果说国子是贵族子弟尚可专业学习，而乡人子弟则完全不可能：他们在平日自有父兄率其劳作，农事之余暇才到乡校中去接受一些社会伦理道德教育，如《周礼·地官·大司徒》所云"乡三物"之教即是，以及基本的生产技能和军事训练。再次，《仪礼》有"士冠礼"一篇。说的虽是士的"冠礼"，实际上，所有的贵族包括贵为天子、诸侯，次为卿、大夫都须举行这个仪式的。"冠礼"实质就是古代贵族的"成丁礼"。《穀梁传》文公十二年："男子二十而冠，列为丈夫。"可见贵族青年以二十岁为界限，此前即是"成童"。《穀梁传》昭十九年注云八岁以上为成童。《礼记·内则》郑注云十五为成童。要之，二十以下为成童，殆无疑义。"加冠"之后即为"成人"，成人之后才可以"治人"。这些"礼"是施之于士以上的统治阶级的，至于士以下的庶人，则没有这种权利，也即所谓"礼不下庶人"。综观诸书所说，以《尚书大传》说公卿之大子、大夫、元士之嫡子，十有三年，始入小学。年二十入大学，见大节、践大义。庶几近之。《大戴礼记·保傅》、《白虎通·辟雍》说八岁入小学，十五入大学，指的是王子之事。王子是特殊的人，当然有特殊之例。不能拿此特别去作天下通例。至于乡学，其性质本是乡人议政、集会、娱乐、施教化、行乡饮酒之所。乡人子弟是一个泛称，不必限于具体年龄，幼童、青年皆可来此学习观摩。

3. 教学内容

西周国学的教育对象是国子，所以统治阶级很重视对他们在德、行、艺、仪四个方面的教育，而以礼、乐、射、御、书、数，即"六艺"为基本内容。《周礼·师氏》云：

> 以三德教国子：一曰至德，以为道本；二曰敏德，以为行本；三曰孝德，以知逆恶。教三行：一曰孝行，以亲父母；二曰友行，以尊贤良；三曰顺行，以事师长。

郑玄说在心为德，施之为行。这个解释是可取的。即是说德是内在的，行是外在的。德和行密不可分，行为德之表，德为行之里，所以古人常常以德行并称。至德，郑注曰中和之德。也就是孔子所说"中庸之为德，其至矣乎"的至德。① 这是道本。为什么说它是道本呢？清初李光地《周礼三德六德说》有一个解释，"至德即修其知仁圣义中和之谓也。德修则有以进乎道艺矣，故曰以为道本。"敏德，郑注谓仁义顺时者。敏德是行本。李氏谓"即勤于礼乐射御书数"，学明则有以措诸躬行，故曰以为行本。三德是道德教育，因德是抽象的东西，光讲它国子还不易理解，还须辅之以三行教育。三行是具体的东西，即"孝行"、"友行"、"顺行"，它是上面三德的具体表现。

以上这一段，可以认为是西周学校的教育大纲，不但施之于国学，而且也施之于乡学。李光地说《周礼》大司徒所教的"乡三物"实际就是此"三德"，因对象不同，所以叫法有异，可谓卓有见识。六艺有大艺、小艺之别。礼、乐、射、御是大艺，礼乐因其高深，射御则是实践性很强的科目，宜在大学施教。只有书和数是基础文化知识，在小学阶段学习。《大戴礼·保傅》说"八岁而出就外舍，学小艺焉，履小节焉"，就是这个意思。外舍，孙诒让说是"小学"，可从。小艺，就指书数。只有到束发成童以后，才可以"学大艺焉，践大节焉"。

《周礼·保氏》提到保氏所教"六艺"和"六仪"，这才是学校教学的主要课程。

> 养国子以道，乃教之六艺：一曰五礼，二曰六乐，三曰五射，四曰五驭，五曰六书，六曰九数。乃教之六仪：一曰祭祀之容，二曰宾客之容，三曰朝廷之容，四曰丧纪之容，五曰军旅之容，六曰车马之容。

礼。"礼"是西周国学中极为重要的一门课程。既是贵族子弟修身之要，也是他们的用世之具。即便到了"礼崩乐坏"的春秋衰世，孔子私学里仍很重视。孔子以为"不学礼，无以立"②，"不知礼，无以立也"③，又说"兴于诗，立于礼，成于乐"④。礼的重要如此，可以推见在"郁郁乎文哉"的西周，礼又是何等的重要了。所谓礼是进入阶级社会以后，在一个阶级统治另一个阶级

---

① 《论语·雍也》。
② 《论语·季氏》。
③ 《论语·尧曰》。
④ 《论语·泰伯》。

的社会里，统治阶级为了贯彻其阶级意志，推行其政治设施来确保它所统治的社会正常秩序而建立起来的一些制度规范。具体到西周社会而言，为了表示贵贱尊卑的差别就需要礼，所以《礼记·曲礼》上说"礼不下庶人"，就是这一层涵义。同时，统治阶级内部也有尊卑的等差，也需要礼来规范约束，以防"僭越"犯上之类的事发生。因此，可以说礼是西周国学重要的政治伦理课也不为过。然礼是一个"大名"，具体表现它的就是各种礼仪制度。后世礼家把它归为二个方面。一类是"名物度数"，就是表示各等级差别的宫室、衣服、车马、器皿之类。前所谈辟雍是天子之学，泮宫是诸侯之学，形制大小各有差别即是。一类是"揖让周旋"的"礼仪"，在各种场合上，不同身份的人仪容动作也有不同的规定。它是贵族等级差别的体现，也是当时现实生活的反映。这就需要贵族子弟从小开始学习，成人后又长期实行，并以为异乎平民和奴隶的高贵文化素养。

乐。乐和礼密不可分。在行各种礼典的时候往往配以不同的乐。乐的内容实在包含得很广，音乐、诗歌、舞蹈本是三位一体的，可不用说。郭沫若谓绘画、雕镂、建筑等造型艺术也被包含着，甚至于连仪仗、田猎、肴馔等可以涵盖。郭氏所言自是广义的乐，且不说它。单说乐歌舞三位一体的"乐"，形式也很多样化。《诗·郑风·子衿》郑笺："古者教以诗乐，诵之、歌之、弦之、舞之。"可见一斑。西周的乐师是教官前已说过。据《周礼·大司乐》"掌成均之法，以治建国之学政而合国之子弟焉"，大司乐还是众学官之长。还以乐德教国子中、和、祗、庸、孝、友。以乐语教国子兴、道、讽、诵、言、语。以乐舞教国子舞《云门》、《大卷》、《大咸》、《大磬》、《大夏》、《大濩》、《大武》。西周的诗歌很发达，《诗经》中的《周颂》等篇什，徐中舒云是鲁国乐队所唱的底本，源于周部族的内部诗歌，经孔子整理后才流传下来的。[①] 言语，郑注谓发端曰言，答述曰语。《释名·释言语》云："言，宣也，宣彼此之意也。语，叙也，叙己所欲说也。"这是教国子言语应答之事。

《礼记·月令》篇载：孟春之月"命乐正入学习舞"，仲春之月"上丁命乐正习舞、释菜"，"仲丁又命乐正入学习乐"，秋季之用"上丁命乐正入学习

---

① 徐中舒：《先秦史论稿》附录，374 页，成都，巴蜀书社，1992。

吹"。又《文王世子》："凡学，世子及学士必时，春夏学干戈，秋冬学羽籥，皆于东序。"这是说学乐的时间和地点。

从以上我们可以看出，乐教在西周学校和学礼一样重要。俞正燮大概也看到了这一点，认为"通检三代以上书，乐之外无所谓学"[①]。乐教固然重要，但并不是舍此之外，就没有别的了。

射。射指射箭，在西周的国学、乡学中都是重要的课程。"国之大事，在祀与戎"，这是周人立国的根本国策。周人推翻殷朝统治，建立自己的政权后，面临着一个人数极少的周氏族统治庞大的殷族及其联盟的形势。为了巩固政权，统治者采取了一系列措施。据《尚书大传》记载，周公摄政后，一年救乱，二年克殷，三年践奄，四年建侯卫，五年营成周，六年制礼作乐。可见军事的重要性。统治阶级在学校教射，自然是为了培养自己的武士，捍卫政权，其目的是不言而喻的。射在国学、乡学中都是一门重要的学科，后来逐渐变成一套完整的礼仪制度。如国学中的"射"，在《仪礼》中谓之"大射"。在乡学中举行的射礼，谓之"乡射"。《周礼》中保氏所教六艺中有"五射"。据郑司农的解释，此五射为白矢、参连、剡注、襄尺、井仪。

西周辟雍学宫的教射，也见之于彝铭。如《静簋》说静在学宫教射即一例，如何射法，铭文阙载，核之文献当有此五射。五射不但包括了射的技术方法，还兼及了射的礼仪规范，这就需要学校教了。统治阶级希望他们的子弟有高强的武艺之外，更要成为文质兼备的君子。这也是有别于"小人"的地方。因此，就需要在学校里由专人教导了。

御。御就是指驾车。御为六艺之一，这与当时现实有关。春秋之前的战争以车战为主，因此，统治阶级把御列为六艺之一，以此来教育国子，也就可想而知了。御的教练也有五种，简称五御。据郑众说它们是鸣和鸾、逐水曲、过君表、舞交衢、逐禽左。五御要求极严格，驾御车子要沉着、敏捷、熟练，此非严格训练不可。学会了御车的方法还不够，还要懂得"过君表"之类的礼仪方可。

以上所言礼、乐、射、御四项，在六艺中属大艺。即《大戴礼·保傅》、

---

① 俞正燮：《癸巳存稿》卷二，《君子小人学道是弦歌义》。

《白虎通·辟雍》所说"束发而学大艺焉，履大义焉"的大艺。当是大学所学科目。礼乐一是高深，二是繁多，自非幼童所能学。射御是实践性很强的科目，亦非幼童所宜学。《礼记·曲礼下》："问大夫之子，长，曰能御矣；幼，曰未能御也。"把能御与未能御作为区别长幼的标志，足证御非小学科目。章太炎《小学略说》也指出："学习书数，宜于龆龀；至于射御，非体力稍强不能习。"①

　　书。保氏所教六艺的第五项是"六书"。经文简古，未云六书为何。汉儒郑众《周官解诂》指为象形、会意、转注、处事、假借、谐声。又班固《汉书·艺文志》小学家云：

　　　　古者八岁入小学，故《周官》保氏掌养国子，教之六书谓象形，象事，象意，象声，转注，假借，造字之本也。

许慎《说文解字序》云：

　　　　周礼，八岁入小学，保氏教国子，先以六书：一曰指事，……二曰象形……三曰形声……四曰会意……五曰转注……六曰假借。

汉儒所说六书，实为文字构形之学，多年来为人所诟病。为何周时学童所习之物，至后世儒者白首穷经，终身未能通其义？人们甚至怀疑《周礼》六书也为后世所造。其实，西周小学所习之"书"或"六书"是无可疑的，只不过非汉儒所讲之"六书"罢了。张政烺考定保氏教国子六书九数，即六甲九数。六甲即六旬，以十干配十二支，其小公倍数为六十，凡排天干六次，地支五次，而后一周。故六旬有六甲之称。张氏云：

　　　　六甲与阴阳五行相表里，为一切"迷忌"之基本，在古人为一极重要之知识，自日常生活之吉凶趋避，以至学习九流兵书术数方技之学，莫不需此。是以小学首学习之。

张氏又谓其制渊源甚古，可上溯至殷代云云。② 其说可从。西周六艺之"六书"断非汉人所言之"六书"。在其它一些史籍中可以找到旁证。如《汉书·食货志》述周室先王之制云："八岁入小学，学六甲五方书计之事（臣瓒曰：五方之名及书艺也）"。《白虎通·辟雍》："古者所以年十五入大学何？以为八

---

　　① 章太炎：《国学讲演录》，上海，华东师范大学出版社，1995。
　　② 张政烺：《六书古义》，见《张政烺文史论集》，北京，中华书局，2004。

岁毁齿，始有识，知入学，学书计。"《后汉书·杨终传》云："礼制，人君之子年八岁为置少傅，教之书计以开其明。"《太平御览》卷六一三三王粲的《儒吏论》中引道："古者八岁入小学，学六甲五方书计之事。十五入大学，学君臣朝廷王事之纪。"又《礼记·内则》有"九年教之数日"、"十年学书计"的说法。或谓"数日"即认识、背诵由天干地支组成的六十甲子，"学书"即学习书写六十甲子。

《汉书·艺文志》小学类有《史籀》十五篇。班固自注曰："周宣王太史作大篆十五篇，建武时亡六篇矣。"又《小学类》序曰："《史籀篇》者，周时史官教学童书也。"据此，西周小学已有儿童识字课本了。六艺中的"书"，当亦包括此类，不仅仅是六甲六旬。

数。保氏所教六艺中还有九数一项。九数，郑玄注引郑众之说，它们是方田、粟米、差分、少广、商功、均输、方程、赢不足、旁要。郑氏所说的九项，具体内容不详。后世《九章算术》倒有解说。《九章算术》不足以说明西周的"数"显而易见。但也不是毫无关系，因为像"九数"这一类科学知识是逐步积累起来的，非一人一时所能创造。湖北江陵张家山汉简《算术书》的发现，为我们提供了一丝线索。李学勤认为，《九章算术》今本文字是沿袭《算数书》而来，或者说两书有共同来源：

> 《九章算术》本起于先秦，经过汉代张苍等人的删补，内容和语言都有了改变。今天我们能读到的传本，是汉人删补过的本子。[1]

据此，我们是否可以这样认为：今本《九章算术》中的九数，诚然非西周学中的九数，但二者多少还是有些渊源的。

以上书和数二科属小艺，当是小学的课程。盖此为民生日用所需的知识，不可不讲。它也是其它一切知识的基础，类近世学校的语文、数学二科，为基础文化课。此喻虽不甚恰当，但它们的性质及其重要性则完全能想象到的。

乡学。乡学的建置和性质在前已说过，如果说国学的大学、小学还不是纯粹"坐而论学"的机关，那乡学则更"不像"学校。当然说它像与不像是比较后世学校而言的。乡学之平民与国学之国子身份上"贵贱有差"，所学自然不

---

[1] 李学勤：《中国数学史上的重大发现——江陵张家山汉简一瞥》，见《李学勤集》，哈尔滨，黑龙江教育出版社，1989。

《尚书》孔子讲学图

孟母教子图

孔子行教像

明 张楷 《圣迹图·孔子六十四岁返鲁》

明 万历版《孔圣家语图·退修授业》

379

孔子拜老子
山东嘉祥武氏祠汉画像石（局部）

入平仲学
左传孔子七岁入姜
平仲堂庙平仲治东
阿意或引子妄学之
青青入平仲听庭之
卿学也
改琦

清 改琦绘 《入平仲学》

会相同。国学"文"的色彩更浓厚些，因此重礼乐。乡学没有必要学"礼乐"，而且没有权利学礼乐，"礼不下庶人"也。对于贵族，这一套是至关重要的。《左传》记子产称"侨闻学而后入政，未闻以政学者"[①]；又周大夫原伯鲁不悦学，闵子马称："夫学，殖也，不学将落。原氏其亡乎!"[②] 是不学则不能从政，宗族不免因之而衰。又《国语·齐语》记管仲论处四民"士也使就闲燕"，韦昭注："士，学习道艺者"；又欲作"士乡十五，以成三军。"韦注："此士，军士也。"前者学习道艺，重诗书礼乐，后者则偏重军技。这些都是春秋间的事了，情况还是如此，则西周的状况可以想象的到。核之文献记载，西周乡学之教主要是社会伦理道德和基本的生产技能（包括军事训练）的教育。

《周礼·地官·大司徒》："以乡三物教万民而宾兴之。一曰六德，知、仁、圣、义、忠、和；二曰六行，孝、友、睦、姻、任、恤；三曰六艺，礼、乐、射、御、书、数。"郑注："物犹事也。"孙诒让《正义》谓教乡学之官法，大司徒颁之六乡之吏，使教于乡庠、州序、党序等，有此三事也。这一段可视作乡学的教育大法，或是教学大纲。六德、六行与前说师氏所教三德、三行是一回事，不过是名目有所增多。德行并重的教育不但施之于国学，而且在乡学也很重视，这当然是为了稳定社会秩序。所以历代统治者无不把它置于首位，即在以后的整个封建社会也无不如此。德行教育就是政治教育，所谓的知、仁、圣、义、忠、和，孝、友、睦、姻、任、恤，是周代的道德标准。六艺教育施之于国学，无可疑义。说是乡学也有此礼、乐、射、御、书、数的六艺教育，大可怀疑。乡学和国学本来就是贵贱有别的，教学内容绝不能等量齐观。

大司徒的乡三物之教是总纲，另外还有十二教，可视作是乡三物之目。这十二教是：

> 一曰以祀礼教敬，则民不苟；二曰以阳礼教让，则民不争；三曰以阴礼教亲，则民不怨；四曰以乐礼教和，则民不乖；五曰以仪辨等，则民不越；六曰以俗教安，则民不偷；七曰以刑教中，则民不虣；八曰以誓教恤，则民不怠；九曰以度教节，则民知足；十曰以世事教能，则民不失职；十有一曰以贤制爵，则民慎德；十有二曰以庸制禄，则民兴功。

---

① 《左传》襄公三年。
② 《左传》昭公十八年。

又云：

> 以五礼防万民之伪而教之中。以六乐防万民之情而教之和。

又云：

> 以乡八刑纠万民：一曰不孝之刑，二曰不睦之刑，三曰不姻之刑，四曰不弟之刑，五曰不任之刑，六曰不恤之刑，七曰造言之刑，八曰乱民之刑。

这些与其说是"教"，不如说是惩罚了。对民理当如此，对贵族则无此一项，找遍《周礼》不闻有对国子以什么防之的记载。《礼记·王制》有"司徒修六礼以节民性，明七教以兴民德，齐八政以防淫，一道德以同俗"。说的还是这一套，都是对万民的一种约束条款。

以上所引的这些名目，有些恐出于后人增益，不见得完全可信。但是西周教育内容重视政治道德和明人伦方面，那是可以肯定的。直到清代，号称以"孝"治天下的康熙，还御撰《劝孝文》圣谕，颁之于天下府州县，定期令族长于宗祠中宣读，宣谕百姓应该如何，否则如何云云。周代乡三物之教也当作如是观。乡老、州长、党正之类的乡官，他们在乡庠、州序里宣教布道，教化人民，这就是乡学之教了。

我们说六艺教育不是针对乡校平民而施的，但也不是说一项没有。礼乐之类的高雅科目固不足为普通平民所闻。射御是实用科目，这类教育是有的，只是不像国学中那般讲究，除了练技术，还要讲究"六艺"。那是君子的素养，庶人是没有的。为什么说乡学中有"射"呢？原因很简单，西周的国人有当兵的权利，"执干戈以卫社稷"，他们有这个义务。《仪礼》中有《乡射》一篇，是讲在乡学中举行乡饮酒之后，举行的射箭比赛，就带有军事训练和选拔人才的目的。另外，六艺中的书数，即文化基础知识，在乡学中也当有授受。所谓书数，就是诸书所说的"书计"。学书就是学习书写六甲与方名，六十甲子和东、西、南、北四方之名。计就是九九，也即九数，那是普通的计算方法。这些知识乃是民生日用所需，不可不学的。《汉书·艺文志》载《史籀》十五篇，据班固说是周宣王太史籀作。如此说可信，《史籀》当是儿童识字课本，绝非艰深的"高头讲章"。

西周乡学的教学情况，尽管材料的缺乏，不得其详。但我们还可略知大概。《诗经·七月》："九月肃霜，十月涤场。朋酒斯飨，曰杀羔羊，跻彼公堂。"公堂，《毛传》云"学校也"，洵为确诂。朱熹《诗集传》解为"君之堂"不足据。王国维说涤场为涤荡，与肃霜互为双声，是古之联绵字。① 这是描写十月农事完毕之后，乡人杀羔杀羊，准备酒食到公堂饮酒的事。公堂乃乡人共聚之所，类似俱乐部性质，也即古之学校。乡人子弟也正在这个时节进乡学校受教育。这种遗风一直保持了很久，从陆游《剑南诗稿》里可以得到印证。放翁《秋日郊居诗》曰："儿童冬学闹比邻，据案愚儒却自珍。授罢村书闭门睡，终日不着面看人。"诗下自注："农家十月，乃遣子入学，谓之冬学。所读《杂字》、《百家姓》之类，谓之村书。"而此处所云"冬学"是农家十月农事毕后，遣子入学之所。诵读的无非是当时流行易得的《杂字》、《百家姓》之类的读物。西周乡学教学恐怕也如此"冬学"，是在"十月涤场"之后，才遣子弟来此就学。宋时的村书是《百家姓》、《杂字》，周时大概是《史籀篇》之类的通俗读物吧。

西周学校的考核制度。《礼记·学记》载之甚详。这一套制度是否是西周所行，未敢遽定。但是，西周学校的考核奖惩措施必然是有的。如彝铭《静簋》记载：静在学宫教学射事，后来周王和小子等到大池会射，以检验他的教学效果，结果不错，于是周王把鞞䩃赏赐给他。可见，西周天子大学里是有考核制度的。此铭文虽说是考查教师的教学效果，但对学生想必也有相应的奖惩措施。

三、私学与士

周自幽王死于犬戎之乱，平王东迁，历史进入了春秋时代。从此"周室衰微，诸侯强并弱，齐、楚、秦、晋始大，政由方伯"②。礼乐征伐也从西周的"自天子出"成为"自诸侯出"、"自大夫出"，乃至"陪臣执国命"。这是一个社会激变、动荡的时代，孔子描述其为"礼坏乐崩"。作为上层建筑的学校，

---

① 王国维：《肃霜涤场说》，见《观堂集林》卷一，北京，中华书局，1984。
② 《史记·周本纪》。

自然也在"崩""坏"之列。官学衰则私学兴，士阶层崛起并日渐活跃在社会舞台上。

（一）官学的变化

周天子地位衰微，所以天子之学如"辟雍"等，不见史籍有载。虽不能定为已经消亡，但即或有之，其规模要想恢复到西周时代的盛况，已是不可能的了。至于列国的情况，史籍上虽没有系统的记述，但考之《左传》，列国有师、傅、保之类管教育的职官。如晋、楚、蔡并有太师；楚、卫亦省称师；楚、卫、随并有少师；晋有太傅；鲁、晋亦省称傅；齐有少傅；晋、楚、卫有保。师、傅、保掌教育之职，前已有述，此不再赘。

《国语》中的《晋语》、《楚语》记述太傅教导太子读书事，甚具体。如《晋语四》：

> 文公学读书于白季，三日，曰："吾不能行也咫，闻则多矣。"对曰："然而多闻以待能者，不犹愈也？"

以后，晋文公欲以阳处父为太傅，教导太子欢读书，曾与胥臣有一段对话。胥臣对答说：

> 官师之所材也，戚施直镈，蘧蒢蒙璆，侏儒扶卢，蒙瞍修声，聋聩司火。童昏、嚚瘖、僬侥，官师之所不材也，以实裔土。夫教者，因体能质而利之者也。若川然有原，以卬浦而后大。

这里胥臣完整的论述了教育在个性发展中的作用，弥足珍贵。又《晋语七》说："君知士贞子之帅志博闻而宣惠于教也，使为太傅。"韦昭注："帅，循也。宣，遍也。惠，顺也。"这是说做太傅的资格，一要有能行而不可夺的意志。二要博学多闻。三要有惠心，施教不避烦难。又同卷记载司马侯向晋悼推荐叔向任太傅时说："羊舌肸习于《春秋》。乃召叔向使傅太叔彪。"韦注："《春秋》，纪人事之善恶而目以天时，谓之《春秋》，周史之法也。时孔子未作《春秋》。"案：此《春秋》指晋国史。刘知几《史通·六家》云："《琐语》有《晋春秋》，记献公十七年事。"这里说明当太傅还得博通古今，对史书有研究的人方可胜任。《国语·楚语上》详细记载了"申叔时论教"的一段话：

> 庄王使士亹傅太子箴，辞曰："臣不才，无能益焉。"……王卒使傅

之。问于申叔时，叔时曰："教之春秋，而为之耸善而抑恶焉，以戒劝其心；教之世，而为之昭明德而废幽昏焉，以休惧其动；教之诗，而为之导广显德，以耀明其志；教之礼，使知上下之则；教之乐，以疏其秽而镇其浮；教之令，使访物官；教之语，使明其德，而知先王之务用明德于民也；教之故志，使知废兴者而戒惧焉；教之训典，使知族类，行比义焉。

楚国贤大夫申叔时就如何教导太子所发表的这番话，包括了教导太子们的课目、范围及方法，极为具体，简直就是宫廷教育的教学大纲。所教之春秋，泛指古之史书，或谓即楚史《梼杌》之类。所教之诗，即诸侯及行人所采、所献而经王室整理，作为贵胄子弟官学的教材。后来孔子据以整理，作为孔门私学的教材。礼、乐是西周官学的传统科目，无庸多述。令是前代诰令汇编。语，韦注云："治国之善语。"当即指前代极富教育意义的思想精华汇编。故志，指记述前代治乱兴衰的史书。训典，韦注谓五帝之书。或谓指天子、诸侯、圣贤、先王的训诲汇编。当以后说为确。《楚语下》称左史倚相"能道《训典》，以叙百物，以朝夕献胜败于寡君，使寡君无忘先王之业；又能上下说于鬼神，顺道其欲恶"云云可证。

楚在西周、春秋之初尚是"蛮夷之邦"。至春秋时期，楚国贵族已精通诗书礼乐。他们在与中原贵族交往中，也常常赋诗言志。如《左传》襄公二十七年记载：楚康王十四年，楚薳罢如晋莅盟，晋侯宴享他。宴会将结束时，薳罢赋《既醉》。晋叔向听后说："薳氏之有后于楚国也，宜哉！承群命不忘敏，子荡将知政矣。敏以事君，必能养民，政其焉往？"薳罢用诗准确地表达出自己的思想，这是需要极高的文化素养的，这不能不归结为《诗》、《书》、《礼》、《乐》、《春秋》之教了。它不但是楚太子所学科目，也是贵族子弟所必习的。

从《国语·楚语》"申叔时论教"这一段史料里，我们可以发现一个问题。当时官学中所教的"六艺"，至春秋发生了变化，礼乐是传统的科目，为贵族子弟所必修，固不待言。射御虽没有提到，然此科目也当还有。变化的是增加了《春秋》、《诗》、《令》、《语》、《故志》、《训典》之类的文化典籍，学校中"文"的色彩更加鲜明。又春秋奴隶制官学开始教习《春秋》、《诗》等典籍，实启后来孔子私学教授《诗》、《书》之先河。此处所言《春秋》当是泛指各国史书，即《孟子》所谓"晋之《乘》、楚之《梼杌》、鲁之《春秋》"之类。各侯国所教，自然不必尽同。孔子把《诗》、《书》重新"论次"，即重加整理、编排；把鲁《春秋》重为"修起"，勒成定本，作为私学的教材。所以说，从西周官学"礼、乐、射、御、书、数"的"六艺"，到孔子的《诗》、《书》、《礼》、《乐》、《易》、《春秋》的"六艺"，中间的过渡环节便在这里。

以上所举为晋楚官学大概。列国行政，不可能完全一律。因而各国情况亦未必相同，如《春秋》一科，诸国不会相同。但总体说是大同小异，如《诗》教，各国贵族在外交、宴会等场合，皆能"赋诗言志"，可知一斑。

官学衰落的重要原因，恐怕就是孔子所说的"天子失官，学在四夷"①。"天子失官"无疑是西周的灭亡和春秋时期诸侯纷争所致。官学不景气的迹象，见于记载的有《诗·鲁颂·泮水》序称"颂僖公能修泮宫也"。鲁僖公能"修泮宫"，所以受到诗人的歌颂，说明作为诸侯之学的"泮宫"当时已不甚重视。又《毛诗·子衿》序称："《子衿》刺学校废也，乱世则学校不修焉。"春秋正是一个"乱世"时代。司马迁述董仲舒之说，为《春秋》作过大略的统计："春秋之中，弑君三十六，亡国五十二，诸侯奔走不得保其社稷者不可胜数。"② 统治者自然不重视兴学之事，学校不修也在情理之中了。官学衰落，而人们又不能没有教育，于是私学出现，势在必然。

（二）乡学教育对象的扩大

春秋时期，由于社会生产力的发展，公社及其所有制即井田制度逐步有了变化，也就是说西周时期"国"、"野"的对立，"国人"和"野人"身份悬殊的差别已逐步消失。此时无论国或野，都是以财富和社会地位来区分了。孟子说："在国曰市井之臣；在野曰草莽之臣，皆谓庶人。"国野区别在渐渐消失，国人和野人的差别也逐渐混同。在过去只有国人能议政、参政，有资格当兵，这些权利此时已下放到野人身上。反映在学制上，就是教育对象的扩大。西周只能是乡（国）有学，遂（野）无学。此时不但乡（国）仍有学，而野也有学了。《礼记·学记》说"古之教者……术（遂）有序"，反映的应是春秋时期的历史现实。这也是春秋学制的重大变化之一。

---

① 《左传》昭公十七年。
② 《史记·太史公自序》。

先看乡（国）的乡学情况。《左传》襄公三十一年记述了郑国的"乡校"：

> 郑人游于乡校，以论执政。然明谓子产曰："毁乡校何如？"子产曰："何为？夫人朝夕退而游焉，以议执政之善否。其所善者，吾则行之；其所恶者，吾则改之。是吾师也，若之何毁之？我闻忠善以损怨，不闻作威以防怨，岂不遽止。然犹防川，大决所犯，伤人必多，吾不克救也，不如吾闻而药之也。"

郑国的乡校仍保持了西周以来的传统，这里是乡人公共聚会的场所，也是乡人共同受教育的地方。人们可以在此自由地发表见解，评论"执政之善否"。大夫然明大概认为人们如此恣意批评"执政"，对政府的形象不利，所以主张毁之。贤明的子产懂得"防民之口，甚于防川"的道理，主张保留乡校。"其所善者，吾则行之；其所恶者，吾则改之。是吾师也。"以便听取不同的意见，好研究行政的措施，以巩固国家政权，目的是显而易然的。

齐国的乡校，可从《国语·齐语》、《管子》书中可见一斑。齐国"乡"的制度，《齐语》说：

> 管子于是制国：五家为轨，轨为之长；十轨为里，里有司；四里为连，连为之长；十连为乡，乡有良人焉。

韦昭注："良人，乡大夫也。"案：此乡大夫即下文所云之乡长。乡长有举贤的职责：

> 正月之朝，乡长复事。君亲问焉，曰："于子之乡，有居处好学、慈孝于父母、聪慧质仁、发闻于乡里者，有则以告。有而不以告，谓之蔽明，其罪五。"

此处君要亲自过问乡中有无"好学"者，足见齐国有乡校之设。如有不告，罪在五刑。又《管子·小匡》云：

> 今夫士群萃而州处闲燕，则父与父言义，子与子言孝。其事君者言敬，长者言爱，幼者言弟，旦昔从事于此。以教其子弟，少而习焉。……是故其父兄之教不肃而成，其子弟之学不劳而能。

戴望《校正》曰："每州之士，群萃共处。闲燕，谓学校之处。"《小匡篇》又云："乡建贤士，使教于国，则民有礼焉，……陈力尚贤，以劝民知。"《君臣下》也云："乡树之师，以遂其学。"这些材料正可与《齐语》互作补充印证。

晋国也有乡校。如《左传》僖公二十七年云：

> 晋侯始入而教其民。二年，欲用之。

此处所云"民"无疑是"国人"。"教"，徐喜辰谓指乡校的民教，说可从。[1]
这是晋国有乡校的证据。再看"野"的"乡校"，这是春秋时期才有的新生事物，其前提当然是国野界限逐步消失，国人和野人的界限混同时才能产生。据《国语·齐语》，齐国在"国"以外的"鄙"，也就是"野"，设置乡。《齐语》云：

> 管子对曰："制鄙，三十家为邑，邑有司；十邑为卒，卒有卒帅；十卒为乡，乡有乡帅；三乡为县，县有县帅；十县为属，属有大夫。五属故立五大夫，使各置一属焉。"

在"鄙"处所置的乡是三千家，较"国"处所置的乡为大，多一千家。《齐语》记载恒公问五属大夫政绩时说：

> 正月之朝，五属大夫复事。桓公择是寡功者而谪之，曰："制地、分民如一，何故独寡功？教不善则政不治……"桓公又亲问焉，曰："于子之属，有居处为义好学、慈孝于父母、聪慧质仁、发闻于乡里者，有则以告。有而不告，谓之蔽明，其罪五。"

这里说到"教"，又说"好学"，可知在齐国的"野"里也设置了乡校，那里的人民可以进乡校受教育了。

郑国的"野"里也有"乡校"之设。前所云"子产不毁乡校"是国中的乡校，细审史料，郑国的"鄙"即"野"有"乡校"的设置。请看《左传》襄公三十年的记载：

> 子产使都鄙有章，上下有服，田有封洫，庐井有伍。……从政一年，舆人诵之……及三年，又诵之，曰："我有子弟，子产诲之；我有田畴，子产殖之。"

对于这段史料，徐喜辰认为：都鄙对文，都指"人所聚曰都"的都，鄙即鄙野。杜注云：都鄙"国都及边鄙"，是也。所谓"舆人"，当是指的"国都及边鄙"的人。都鄙的众人都说子产教诲他们的子弟，可知郑国的"野"里也有

---

① 详徐喜辰：《井田制度研究》中"乡校的普及"一节，长春，吉林人民出版社，1984。

"乡校"之设，也都可以受到教育。① 徐说可从。徐氏又谓春秋时代各国乡校已普及。普及与否固难言，但随着国野界限的逐渐消失，野人地位的提高，过去那种只有国人才受教育的垄断局面被打破，也就是说受教育的对象扩大，当无疑义。春秋末年，孔子私人办学，有弟子三千，身通"六艺"者有七十多人。当然多数是国人，但也有一部分野人子弟。如少孔子四十八岁的子张，就出身于"鲁之鄙家也"②，鄙家也者，即是家在鄙野中，为野人无疑。又仲弓，"仲弓父，贱人。孔子曰：'犁牛之子骍且角，虽欲勿用，山川其舍诸？'"贱与贵相对，地位当在国人之下。又子路"性鄙，好勇力"③，孔子尝斥其"野哉，由也"④。孔子说他"野"，固然是由于子路行为鲁莽，像野人一般。另一方面他本是野人出身，《史记集解》引《尸子》说："子路，卞之野人。"可知。孔子"有教无类"，招收野人子弟入学固为孔子一大创举，为后世称道。但与春秋中后期野人地位的提高不无关联，盖此前野人已能入乡校受平民教育，孔子不过承其余绪罢了。

（三）私学的兴起

历史上私学何时出现，创于何人，史无明文，不能确定。但从有关记载看来，至少在孔子之前社会上已有私学出现。私学的出现，是中国历史上的一件大事，更是教育史上的空前盛举。它标志着西周以来奴隶制官学垄断局面的打破，促进了思想文化的空前繁荣，其意义远远超出了教育本身。

1. 私学兴起的历史原因

私学出现的原因可从多方面上说，最主要的是以下两个方面：

第一，王官失守，学术下移。平王东迁之后，文物丧失，王官失了职守。"学在官府"时代，如西周的司正、乐正、执法者、典书者等，既是政府的官吏，又是学校的教师，所谓"官师合一"。春秋时这些为统治阶级服务的知识分子，流散四方。《论语·微子篇》说：

---

① 详见徐喜辰：《井田制度研究》中"乡校的普及"一节。
②《吕氏春秋·尊师》。
③《史记·仲尼弟子列传》。
④《论语·子路》。

> 太师挚适齐，亚饭干适楚，三饭缭适蔡，四饭缺适秦，鼓方叔入于
> 河，播鼗武入于汉，少师阳、击磬襄入于海。

以上这些人为乐官。乐师如此，其它方面的知识分子也可想而知。这些人流落民间，自然出现了学术、文化下移的趋势。过去深扃官府之内的典籍，此时也得以授于民间。据《史记》，老子为"周守藏室之史"，"居周久之，见周之衰，乃遂去"。《史记索隐》说："藏室史，周藏书室之史也。"孔子适周，还问礼于老子。《左传》昭公十七年记载着这样一件事：鲁之附庸小国的国君郯子来朝，孔子向其请教，之后，孔子感叹地说："吾闻之，天子失官，学在四夷，犹信。"从孔子的话里"吾闻之"看来，天子失官，学在四夷的事，已非一朝一夕了，孔子早有耳闻。只不过经这次谈话之后，完全得到了证实，所以说"犹信"。《庄子·天下篇》对这次学术下移勾画了一幅轮廓：

> 其明而在数度者，旧法世传之史，尚多有之。其在于《诗》、《书》、
> 《礼》、《乐》者，邹鲁之士、缙绅先生，多能明之。《诗》以道志……其数
> 散于天下，而设于中国者，百家之学，时或称而道之。

侯外庐认为《庄子·天下篇》所云"是很合乎历史的"。他说："这样看来，春秋缙绅先生发生了过渡的作用，保存了西周文明……到了百家之学的时代，这才圣贤分离，判天地，析万物，察往古，由圣神合一，降到智者的'道术将为天下裂'。所谓'竹帛下庶人'，即说明西周'学在官府'的制度难以维持了，代之而起的是百家并鸣的私学了。"[1] 学术下移，为私学的出现提供了条件。

第二，士阶层的崛起。先秦的"士"含义复杂，学者多有论述。简言之，春秋以前的士，从社会地位看，它是一个等级。《左传》昭公七年说"天有十日，人有十等"，士是等级系列中的一等。就其社会角色而言，他们多以充当武士为业。故顾颉刚说："吾国古代之士，皆武士也。"[2] 但从春秋中后期起，士这一等级开始发生重大变化，已转变为一个阶层。如果说等级是政府明令规定的，而社会阶层则由多种因素形成，主要的是社会活动形式。此时的士社会角色也逐渐由武士转化为文士。刘泽华说："士由以武为主到以文为主的历史转变，并不是由武士变为文士，而是原来士中的文化人部分获得了迅速的发

---

① 侯外庐：《中国古代社会史论》，296 页，北京，人民出版社，1955。
② 顾颉刚：《武士与文士的蜕化》，见《史林杂识初编》，85 页，北京，中华书局，1963。

展。社会变革对智能、知识的需求是其发展动力。这时期的士也不是不从武，不过军士主要由庶民充当了。"① 正是这部分原来士中的文化人迅速发展，形成一个阶层活跃于社会舞台，他们到处游宦，上说下教，不远千里载书而行。如墨子"南游，使卫，关中载书甚多"②。"惠施多方，其书五车"③。《韩诗外传》说："君子避三端：避文士之笔端，避武士之锋端，避辩士之舌端。"这里操笔杆和逞三寸不烂之舌的都属文士。他们"上说下教"，也使得学术文化下移，教育开始面向社会。一些人凭着自己的知识，成为传授知识的老师，于是私学大兴。

2. 孔子之前的私学

今天谈私学者往往举孔子为例。诚然，孔子私学是办得最成功，规模最大、影响最深远的一个。但历史上私学究竟起于何时，何人首创？史籍缺载，未能遽定。史籍上有邓析其人曾办过私学，时代也稍早于孔子。《吕氏春秋·离谓篇》说：

> 郑国多相县以书者，子产令无县书，邓析致之。子产令无致书，邓析倚之。令无穷，则邓析应之亦无穷矣。……子产治郑，邓析务难之。与民之有狱者约，大狱一衣；小狱襦袴。民之献衣襦袴而学讼者，不可胜数。以非为是，以是为非，是非无度，而可与不可日变，所欲罪因罪，郑国大乱，民口欢哗。子产患之，于是杀邓析而戮之。

这段史料，有二点值得注意。一是表明子产时期人们手中已有许多书籍，表明学术下移。这在西周"学在官府"时代是不可能的事。如章学诚所谓："官守学业，皆出于一，而天下以同文为治，故私门无著述文字。"④ 二是邓析教人"学讼"，即如何打官司。常常是"以非为是，以是为非"，为子产所不容，所以"诛之"。诛邓析的事，诸书有异辞。《左传》定公九年作"郑驷颛杀邓析而用其竹刑"。但《荀子·宥坐篇》、《说苑·指武篇》仍主子产诛之。这样看来，邓析是当时的一位大师，在学术上有自己的一套理论。其人又善辩。所以许多

---

① 刘泽华：《先秦时期的士》，载《文史知识》，1987（12）。
②《墨子·贵义》。
③《庄子·天下篇》。
④ 章学诚：《校雠通义·原道》。

人信服他，向他纳一定的"学费"，跟他学习法律和诉讼。最终因与郑国执政不合，为子产（或驷颛）所杀。邓析在郑聚徒讲习法律和诉讼，其人又善辩，故被视为"名家"的开山祖师。《汉书·艺文志》著录《邓析》二篇，《隋书·经籍志》著录一卷。今本仍一卷，二篇。似为后人依托。

郑国还有一位壶丘子林，也曾聚徒讲学。他还是子产的老师，行辈则在孔子之上。[①]《吕氏春秋·下贤篇》说："子产相郑，往见壶丘子林，与其弟子坐，必以年，是倚其相于门也。"高诱注："年齿也，子产壶丘子弟子，坐以齿，长少相亚，不以位尊而上之，倚置其相之宠于壶丘之门外，不以加于坐也。"从此可知，壶丘子聚徒讲学，子产为郑相，尚亲修谒敬，执弟子礼甚恭，则其人学问道德必可称道。

与孔子同时代在鲁国聚徒讲学的还有一位少正卯。少正卯聚徒讲学，和郑国的邓析一样"淆乱是非"，结果在孔子摄行鲁相时被诛。此事宋代朱熹、清代崔述曾极力否认有这回事。其实不必为"圣人"讳。《荀子·宥坐篇》说：

> 孔子为鲁摄相，朝七日而诛少正卯。门人进问曰："夫少正卯，鲁之闻人也，夫子为政而始诛之，得无失乎？"孔子曰："居，吾语汝。其故人有恶者五，而盗窃不与焉。一曰心达而险，二曰行辟而坚，三曰言伪而辩，四曰记丑而博，五曰顺非而泽。此五者，有一于人，则不得免于君子之诛，而少正卯兼有之。故居处足以聚徒成群，言谈足以饰邪营众，强足以反是独立，此小人之桀雄也，不可不诛也。"

少正卯被诛罪由：（1）聚徒成群，（2）鼓吹邪说。在孔子看来，诛少正卯完全与周公诛管叔、子产诛邓析一样，为的是世道人心，有何不可？《史记·孔子世家》记述此事时说：定公十四年，孔子年五十六，由大司寇行摄相事，……于是诛鲁大夫乱政者少正卯。少正卯聚徒讲学的事，王充《论衡·讲瑞篇》说了"三盈三虚"的故事，可能夸大失实，未必可靠。"文革"评法批儒的文章竟坐实，作为孔子反对新政，反对法治的罪证，殊可笑。从《荀子》等书材料看，少正卯聚徒讲学，与孔子异趣，殆无疑义。

---

① 子产相郑在鲁襄公三十年（前543），卒于定公十四年（前496）。孔子生于鲁襄公二十二年（从《史记·孔子世家》说）。由此可以推知，孔子幼时，壶丘子讲学已享大名，年辈自然在孔子之上了。

此外，《庄子·德充符》里还提到鲁国有一位"兀者王骀"，也曾聚徒讲学，门徒与孔子一样多。据郭氏《集释》，这位姓王名骀的鲁国人，因刖一足，故称"兀者"。《庄子》书中，寓言什八九。人物、事件或真，或假托，或真假参半，不可尽信。这位"兀者"的事迹真实性如何，实未敢断言，姑作存疑。

3. 孔子私学

说起孔子，他对于中国学术、文化的贡献之大，前贤著述汗牛充栋，自无庸细叙。这里仅粗述他的教育事迹。

教育对象。孔子在青年时代就开始教育工作了。[1] 孔子私学最伟大的创举便是"有教无类"，语出《论语·卫灵公篇》。这可以看作是孔子私学的教育方针。然此四字，自东汉至今解者颇众，不胜繁举。古近人中除王夫之外，均以此章为孔子自述教育宗旨，义即不分尊卑贵贱，不问出身，皆可投身孔子门墙。而赵纪彬《有教无类解》，别出心裁，谓"有"字非"有无"之"有"，乃"域"义。"教"乃奴隶主对奴隶的军事教育。"有教无类"是不分族类（打破同姓异姓的族类界限），对邦域之内所有的"民"，一律施以政治教令与军事教练。本为奴隶主贵族弱私家、强公室的政令、军事思想，而与孔丘的"教育宗旨"，风马牛不相及。[2] 赵氏之说不足据为典要。

孔子的"有教无类"扩大了教育的对象，实在是个了不起的举动。在"学在官府"时代，只有士以上的贵族子弟才能在国学里学习六艺知识。即便是自由民的国人子弟，也仅在乡学中习一些最普通的基本知识而已。后来国野界限不那么严格，野人居住处也设置乡校。野人子弟可入乡校，但也不是说可学六艺知识了。直到孔子，才以六艺教人，不分贵贱。所以说六艺虽非孔子制作，六艺之教也非始于孔子，然以六艺教一般民众，却不能不说孔子是第一人。

孔子招收学生，还不分域。从有关记载看，其中以鲁国人最多，大概是孔子为鲁人之故。此外，卫、陈、齐、宋、晋、吴、越、楚、秦的人也不少。《吕氏春秋·有度篇》称孔子"弟子徒属，充满天下"，是毫不过分的。

---

① 孔子何年始收弟子，有几种不同之说。太史公《孔子世家》谓十七岁。胡仔《孔子编年》谓二十二岁。司马贞《史记索隐》谓三十五岁。匡亚明《孔子评传》据孔子自己所说的"三十而立"及其它旁证，定孔子收徒讲学为三十岁左右。

②《论语新探》，62～97 页，北京，人民出版社，1976。

《史记·仲尼弟子列传》说"孔子弟子三千",三千是虚拟之词,不可坐实。然表明孔子弟子之多,是可以肯定的。

教学内容。《史记·孔子世家》云:"孔子以诗、书、礼、乐教弟子,弟子盖三千焉,身通六艺者七十有二人。"《论语·述而篇》云:"子以四教:文、行、忠、信。子所雅言,《诗》、《书》、执《礼》。"《泰伯篇》云:"子曰:'兴于《诗》,立于《礼》,成于乐。'"《礼记·经解》引述孔子之语曰:

> 入其国,其教可知也。其为人也,温柔敦厚,《诗》教也;疏通知远,《书》教也;广博易良,《乐》教也;洁静精微,《易》教也;恭俭庄敬,《礼》教也;属辞比事,《春秋》教也。

从以上所引材料看,孔子私学教育内容大的方面可分四部分,即文、行、忠、信。具体的教学科目有六种,即《诗》、《书》、《礼》、《乐》、《易》、《春秋》,也即所谓"六艺"。文、行、忠、信四教与"六艺"之教有何区别呢?

文,就是指历代文献知识,当然包括经过孔子手订、整理的《诗》、《书》、《礼》、《乐》、《易》、《春秋》六种典籍,后人谓指"六经"。孔子以此作为教材来教育学生。

行,此"行"作名词用,指社会生活的实践。

忠与信指人际交往中,对待别人要忠实,讲究信用,其实不必立为二教。[①]

因此,我们可以认为孔子的"四教"之中,实寓道德教育(德育)、文化知识教育(智育)和社会实践教育。孔子把道德教育和社会实践看得很重,说"行有余力,则以学文"[②]。可见,孔子并非单纯传授文化知识,而是全面要求学生的老师。孔子四教方面都有高材生,如德行:颜渊,闵子骞,冉伯牛,仲弓。言语:宰我,子贡。政事:冉有,季路。文学:子游,子夏。孔子重视德行、忠信教育,这在《论语》师弟对答中,比比皆是,这里不拟深入展开。下面着重谈谈孔子的"六艺"之教,即六门文化课程的教学。

《诗》:《诗》就是今日流传的《诗经》三百有五篇,是孔子为了用于教学

---

① 程树德:《论语集释》,北京,中华书局,1990。此下引王滹南话说:"夫文与行,固为二物,至于忠、信,特行中之两端耳,又何别为二教乎?"所论极是。

②《论语·学而》。

所编选的一套诗歌总集，内分《风》、《雅》、《颂》三部分。孔子对于《诗》教是很重视的，把它看成是修养道德、陶冶性情的重要手段。又把学《诗》看成是可以锻炼语言表达能力。如《论语·季氏》记载，一日孔鲤过庭，孔子问："学《诗》乎?"回答："未也。"孔子就正色教训他说："不学《诗》，无以言。"孔子还在其它场合教导学生说：

> 小子！何莫学夫《诗》?《诗》可以兴，可以观，可以群，可以怨。迩之事父，远之事君，多识鸟兽草木之名。

这里孔子把学《诗》当成可以培养联想力，可以提高观察能力，可以建立相互间的谅解，可以讽谕或批评时政的得失，近者可以运用其中的道理来事奉父母；远的呢，可以用来服事君主；而且还可以多多认识自然界的鸟兽草木的名称，作用不可谓不大矣。

《书》：孔子对于《书》的功劳，与《诗》一样，在于"论次"。孔子作为教材编写的《书》，经过秦火，有多少篇已不可知。《尚书大传》述孔子语说：

> "六誓"可以观义；"五诰"可以观仁；《甫刑》可以观诚；《洪范》可以观度；《禹贡》可以观事；《皋陶谟》可以观治；《尧典》可以观美。①

由此可见，孔子把《书》当作政治和历史教材来用的。此外，《论语》中记录了孔子三次引《书》，借以以古喻今，述行政道理。

礼：礼和乐二科是西周以来官学的传统科目，孔子把它继承下来了。礼是立身处世的行动准则，所以，孔子相当重视。他告诫儿子孔鲤"不学礼，无以立"就是这个道理。

乐：《乐经》无书，不知是亡佚了，还是根本没有《乐经》，不可考。但孔子"六艺"之教中有"乐"是不成问题的。孔子把乐教作为一种修身的手段。他说："兴于诗，立于礼，成于乐。"《礼记·孔子闲居》也有这样的话：

> 志之所至，诗亦至焉；诗之所至，礼亦至焉；礼之所至，乐亦至焉。

在孔子看来，立志而后学诗，学诗而后知礼，知礼以后才能从音乐的启迪中自觉地陶冶性情。而且乐教与政治也有极大的关联。这从《论语》书中可以反映出来。

---

① 陈寿祺辑：《尚书大传辑校》卷三，《皇清经解续编》影印本，上海书店，1988。

《易》和《春秋》。此二书与孔子关涉最大，也最能直接表现孔子的思想。孔子对《易》是下过一番功夫的。《论语·述而》记孔子自己的话"加我数年，五十以学《易》，可以无大过矣"。《史记·孔子世家》也说："孔子晚而喜《易》，……读《易》韦编三绝。"至于《春秋》，《孟子》讲的至为明白。《滕文公下》说：

> 世衰道微，邪说暴行。臣弑其君者有之，子弑其父者有之。孔子惧，作《春秋》。《春秋》天子之事也，是故孔子曰："知我者，其唯《春秋》乎！罪我者，其唯《春秋》乎！"

> 昔者禹抑洪水而天下平，周公兼夷狄，驱猛兽而百姓宁，孔子成《春秋》而乱臣贼子惧。

《离娄下》说：

> 王者之迹熄而诗亡，诗亡然后《春秋》作。晋之《乘》、楚之《梼杌》、鲁之《春秋》，一也。其事则齐桓、晋文，其文则史。孔子曰："其义则丘窃取之矣。"

依孟子所说，孔子并非把鲁《春秋》旧史抄录一过，而是"其义则丘窃取之矣"，即是加进了自己的政治观点。表面上看写的是齐桓、晋文之类的事件，用的是史书体裁，实则是一部明义的书。《庄子·天下篇》云："《易》以道阴阳，《春秋》以道名分。"《史记·太史公自序》云："《易》以道化，《春秋》以道义"。又《司马相如列传》云："《春秋》推见至隐，《易》本隐以之显。"都说明了这个问题。

有人说"六经"是孔子古稀之作，没有成为普遍化的教材，他仅将《诗》、《书》、《礼》、《乐》，作为一般教材传授给学生，对于深奥的《易》是个别传授，犯时禁的《春秋》未纳为正式课程，仅仅是和学生谈谈而已。其实，孔子私学，非但《易》、《春秋》是与学生谈谈，《诗》、《书》、《礼》、《乐》何尝不是与学生谈谈而已。孔子时代并无近代分班分级授课之制，弟子年龄参差不齐，所谓的教学，无非是"谈谈而已"，又何足怪哉！窃以为，《易》和《春秋》是孔门中最高深的二门学问，不求人人都学，也非人人都能学得了的，人的智质毕竟有高下贤愚之别。所以，《论语》书中很少谈及此二门学问。《史记·孔子世家》说："孔子以《诗》、《书》、《礼》、《乐》教，弟子盖三千焉，身通六艺者七十有二人。”这是说学习前四科的弟子极多，“盖三千焉”。而加上《易》、《春秋》成“六艺”者，不过是七十二人而已。

总之，孔子的“六艺”侧重于“文”的一面，当以《诗》、《书》、《礼》、《乐》、《易》、《春秋》为是。《论语》中有二个故事，可作为旁证。《卫灵公篇》记载卫灵公问陈，孔子答以：“军旅之事，未之学也。”以示谢绝。《子路篇》樊迟请学稼。孔子说：“吾不如老农。”请学为圃，孔子说：“吾不如老圃。”孔子斥其为“小人”。这件事在前些年曾受到严厉的批判。其实我们不必责备贤者，孔子要培养的是“学道”的君子，而不是种田、种菜的“小人”。樊迟要求增设“稼”、“圃”二科，实在是难为他老人家了。

教学方法。孔子作为伟大的教育家，留给后人的东西实在太多了。有关他的教学方法，可以概括为以下几个方面。

第一，学思并重。孔子重视学，也重视思。主张学思并重，学思结合，两者不可偏废。孔子说：“学而不思则罔；思而不学则殆。”[1] 光学不思，即使学了许多知识也是肤浅的，人云亦云，终成他人奴隶。光思不学，也是无益的。朱熹说：“不求诸心，故昏而无得。不习其事，故危而不安。”[2] 这样的解释是对的。孔子自己也说：“吾尝终日不食，终夜不寝，以思，无益，不如学也。”[3] 以后的荀子也继承了这种思想，《荀子·劝学篇》说：“吾尝终日而思矣，不如须臾之所学也。”与其空想，不如脚踏实地的学习有益。孔子还有许多名言，我们不妨细加体味，如：

> 学而时习之，不亦乐乎？

> 温故而知新，可以为师矣。

“学而时习”与“温故知新”，都是指不止一遍的学习，这种学习不是简单的炒冷饭，而是在温故的过程中，通过思考，而达到了“知新的”目的。

《论语·子罕篇》还有一句著名的格言：

> 子绝四：毋意，毋必，毋固，毋我。

此处的“四毋”当是孔门后学编纂《论语》时加进去的话，是从孔子教学实践

---

① 《论语·为政》。
② 《论语集注》卷一。
③ 《论语·卫灵公》。

中总结出来的。我们不妨看作孔子在学和思上的四条戒律。即令在今日，也还有启发意义。

第二，因材施教。孔子教学的另一个特点便是"因材施教"。当然这四个字非"夫子自道"，而是后人概括总结出来的。最早这样说的是北宋的程颐，南宋朱熹又有所发挥。《礼记·中庸》记孔子语"天之生物，必因其材而笃焉。故栽者培之，倾者覆之"。孔子在教学实践中，确实也是如此做的。他的门人弟子中智质各不相同，有高有下。如他说的"柴也愚，参也鲁，师也辟，由也喭"①。不同情况，采用不同的方法。"中人以上，可以语上也。中人以下，不可以语上也。"②《论语》书中记载几个弟子问同一件事，孔子有不同的回答，这正是孔子的因材施教法。

第三，启发问答。这是孔子教学方法的第三个特点。我们先不妨看看孔子自己是如何说的，《论语·述而》说：

子曰："不愤不启，不悱不发，举一隅不以三隅反，则不复也。"

郑玄注云："孔子与人言，必待其人心愤愤，口悱悱，乃后启发为之说也，如此则识思之深也。说则举一隅以语之，其人不思其类，则不复重教之也。"又朱熹注云："愤者，心求达而未得之意；悱者，口欲言而未能之貌；启，谓开其意；发，谓达其辞。物之有四隅者，举一可知其三。反者，还以相证之义。复，再告也。"郑、朱二家注大体得此章之旨。孔子所说的启发，首先要对方对此问题深入思考过，实在想不通时，孔子在关键处稍作点拨，对方豁然开通，而后要举一返三，闻一而知十，达到更高的境界。这方面的例子，在《论语》中可找到多处。如《学而篇》子贡学《诗》，经孔子启发点拨，后来孔子说："赐也，始可与言《诗》已矣，告诸往而知来者。"《八佾篇》子夏学《诗》也同样。最后孔子说："起予者商也，始可与言《诗》已矣。"此二例说明通过"不愤不启，不悱不发"的启发式教学，起到了"告诸往而知来者"的效果，正是所谓"举一返三"了。此外，《公冶长篇》记颜渊、季路侍。子曰："盍各言尔志。"《先进篇》记子路、曾皙、冉有、公西华侍坐。孔子说："以吾一日长乎尔，毋吾以也。居则曰：不吾知也；如或知尔，则何以哉？"这些地方的

---

① 《论语·先进》。
② 《论语·雍也》。

孔子都是温言相询，启发学生直抒己见，接着出现了"子路率尔而对"的场面。孔门高弟颜渊曾喟然叹曰：

> 仰之弥高，钻之弥坚，瞻之在前，忽焉在后。夫子循循然善诱人，博我以文，约我以礼，欲罢不能。既竭吾才，如有所立卓尔。虽欲从之，末由也已。

从颜渊的这段话里，我们仿佛看到了一幅孔子行教图。师弟之间其乐融融，一方是"循循然善诱人"，一方是如沐春风，令后人神往不已。

综上我们可以看出，孔子的私学不似今日的学校。它基本上是教育机构与学术团体相结合的组织，也很松散。学生"欲来者不拒，欲去者不止"。有的长期从师，有的随来随去，十分自由。学生的年龄悬殊极大，长者如颜无繇仅少孔子六岁，子路少孔子九岁。少者少孔子四五十岁。孔子授学是个别施教，个人自学与相互研讨为主。尽管如此，孔子私学在中国历史上有着极其重要的地位，结束了官府垄断学校教育的历史，开创了以后两千多年私学的新局面，于中国学术文化，功莫大焉。

4. 墨子私学

在战国时代的社会大变革中，士异常活跃。聚徒讲学和著书立说成为一时的风尚。当时的士人进入仕途的主要门径是游说和从师，这又促进了诸子私学的兴盛。各个不同的学派为了各自的阶级和社会集团的利益，互相驳难，展开了思想上的斗争，形成了"百家争鸣"的局面。春秋晚期，孔子的私学无疑是影响最大的一派。春秋、战国之际，墨子又起来聚徒讲学，发展很快，儒墨二家一时并称"显学"。

墨子名翟，宋国人，或说鲁国人，或说楚国人。《史记》无传，只在《孟荀列传》末附二十四字，"或曰并孔子时，或曰在其后"，可见司马迁时代，对其人已不甚了了。据孙诒让考证，墨子与子思并时，而生年尚在其后。当生于周贞定王之初年，卒于安王之季，盖八九十岁。[①] 墨子自称为"贱人"，可见出身是贫贱的。《淮南子·要略》说："墨子学儒者之业，受孔子之术；以为其礼烦扰而不说，厚葬靡财而贫民，久服伤生而害事，故背周道而用夏政。"这

---

① 见《墨子间诂·墨子传略》。

样看来，墨子原系孔门后学，只是不满意儒家的那一套，才另辟途径，自成一派的。墨子的一些主张，完全是针对现实社会存在的缺点问题而发。《墨子·鲁问》说："凡入国必择务而从事焉。国家昏乱，则语之尚贤、尚同；国家贫，则语之节用、节葬；国家憙音湛湎，则语之非乐、非命；国家淫僻无礼，则语之尊天、事鬼；国家务夺侵凌，则语之兼爱、非攻。"这些主张，深得人们之心，尤为下层人氏所信从，一时"徒属弥众，弟子弥丰，充满天下"①。弟子较著者有禽滑厘等，今可考者十五人。

墨家由于政治观点、学术见解与儒家不同，因此教育的目的和内容也不同，颇具墨家特色。

墨子私学的教育目标，就是要培养"厚乎德行，辨乎言谈，博乎道术"的"贤良之士"。故其教学内容也重在此三方面上。"厚乎德行"就是符合墨家标准的道德教育。墨子也称之为"义"，《墨子·贵义》说：

> 子墨子曰："万事莫贵于义，今谓人曰：'予子冠履，而断子之手足，子为之乎？'必不为，何故？则冠履不若手足之贵也。又曰：'予子天下，而杀子之身，子为之乎？'必不为，何故？则天下不若身之贵也。争一言以相杀，是义贵于其身也。故曰万事莫贵于义。"

墨子以冠履、天下作比方，说明"贵义"的道理。有时为义，即使献身也是值得的。《鲁问》记载，有一鲁人请墨子教他儿子，其子后来阵亡，鲁人为此责备墨子。墨子答曰：

> 子欲学子之子，今学成矣，战而死，而子愠；而犹欲粜粜，雠则愠也，岂不费哉！

墨子批评这位鲁人，既想学道为义，又不愿舍生，岂非如想出售粮米，售出却又怨恨一样费解。

要辨乎言谈，博乎道术，须教以一定的文化知识。墨子出于儒家，对儒家的教育内容有取舍，并不是一概摒弃的。《贵义篇》记载的一件事可说明这个问题：

> 子墨子南游使卫，关中（犹云扃中，车中也）载书甚多。弦唐子见而

---

① 《墨子·贵义篇》。

怪之，曰："吾夫子教公尚过曰：'揣曲直而已。'今夫子载书甚多，何有也?"子墨子曰："昔者周公旦朝读书百篇，夕见七十士，故周公旦佐相天子，其修至于今。翟上无君上之事，下无耕农之难，吾安敢废此。翟闻之，同归之物，信有误者，然而民听不钧，是以书多也。今若过之心者，数逆于精微，同归之物，既已知其要矣，是以不教以书也。而子何怪焉?"

从上述引文里我们可以看出，墨子带着弟子出游也是"载书甚多"的。弦唐子所迷惑不解的是过去墨子教公尚过"揣曲直而已"，似乎用不着多读书。墨子解释说公尚过"既已知其要矣"，所以不教以书。从他的话里，我们可以推断，对于那些还"未知其要"的弟子，还是需要教以书的。否则，载这么多书出游，岂非是累赘了。

墨子最反对儒家的"礼"、"乐"这套东西，是主张"非乐"、"非儒"的。孔门的樊迟欲请学稼圃，被孔子斥为"小人"。墨家则不然，他的弟子多来自下层"农与工肆之人"，墨子重点教的是实用知识和技能，可以说是科技教育为主了。这从《墨子》的《经上》、《经下》、《经说上》、《经说下》、《备城门》等十一篇中充分反映出来。墨子本人就是一个能工巧匠，《公输篇》说，子墨子解带为城，以牒为械。公输盘九设攻城之机变，子墨子九距之。可见一斑。人们总结出《墨子》中的几何学、光学、力学、机械制造都达到了很高的成就。

墨子私学在教学方法上最大的特色是讲求实用和功利。前引《鲁问》，墨子说"凡入国必择务而从事"，国家昏乱则语之尚贤、尚同。国家贫则语节用、节葬云云，这是他政治上的功利性，在教学上也无不如此。如他说：

唱无过，无所周，若稗。和无过，使也，不得已。唱而不和，是不学也，智少而不学必寡。和而不唱，是不教也。智而不教，功适息。[1]

"唱无过，无所周"一句至为费解，孙诒让《间诂》谓"过"疑当为"遇"，"遇"与"偶"通，下同。"周"疑为"用"之误。所唱不足用即唱而不和之意。案孙说可从。墨子根据功利主义原则分别为：（1）有教无学，若稗。（2）有学无教，非学者之过。这二方面是说教的一方和学的一方须互相配合，

---

[1]《墨子·经说下》。

缺一不可。否则便谈不上教和学了。（3）唱而不和，是不学。智少而不学，功必寡。（4）唱者智多而不教，功必息。这里多少有点辩证法的味道。金景芳先生说："墨子的学说并没有什么深厚的理论基础。他的一些主张，完全是针对现实社会存在的缺点问题而发的。"此说甚是。因此他在当时弟子极多，过了一个时期之后，烟消云散，澌灭以尽。终不能与儒家的抗衡并肩，这是历史的必然。

5. 其它诸家私学

继孔墨二家私学之后，又纷纷出现其它各派私学。至战国中期形成了诸子百家之学的高峰，各派之间展开激烈的争论，是谓"百家争鸣"。即在同一派别内部也发生变化以至于分化，如"儒分为八，墨离为三"。反映了当时私学的繁荣，枝叶蔓衍的盛况。关于当时的思想派别，汉初司马谈《论六家要旨》叙为阴阳、儒、墨、名、法、道德六家。后来班固《汉书·艺文志》袭用向歆父子旧说，别为儒、道、阴阳、法、名、墨、纵横、杂、农、小说十家。然而影响较大的是儒、墨、道、法四家。各家私学的学术思想和教学内容上也丰富多彩、各具特色的。

先看看儒家。儒分为八，流传最广的是孟、荀二家。《汉书·艺文志》云：

> 儒家者流，……游文于六经之中，留意于仁义之际。祖述尧舜，宪章文武，宗师仲尼，以重其言，于道最为高。

这里指出了儒家的学术思想和要旨。于"道"最为高。我们看来，倒是陈义过高，所以在当时不大行得通。孟子东奔西走，到处游说，还是不得志，就是明证。然而办教育却是成功的，孟子晚年回故乡专门从事教学和著述，以"得天下之英才而教育之"为一大乐趣。孟子一生有许多弟子，其中著名者有万章、公孙丑、乐正子、公都子、屋庐子、孟仲子等。

儒家私学的特点是以"六艺"为法，以孔子为师。他们继承孔子的传统，很重视传授古代文化典籍。齐、鲁诸儒讲习经术的传统一直到汉代仍然，太史公游曲阜孔子故里见诸生以时习礼其家云云。大概也正因为此，儒家学派成为春秋战国最大的学派，并在文化教育界占在优越的地位。孟子、荀子的一些活动，在后稷下之学还要说到，此不多述。

道家的老庄学派，在哲学思想上自有其重要地位。然在教育上无多建树，他们是主张"绝圣弃智"，抛弃自己的聪明，忘掉学得的知识，实质上是否定一切文化知识。《庄子·骈拇》说："待钩绳规矩而正者，是削其性；待绳约胶漆而固者，是侵其德。"在他们看来，教育是桎梏人性的，可以不要，简直是不知所云了。

法家的一些代表人物出自儒门，如李悝、吴起据说出自子夏之门。后期的韩非、李斯出自荀子之门。可见儒家的教育对法家这些人物起了一定的孕育活动。法家是"以法为教"，"以吏为师"。就是以国家、政府的法令、政策作为教学内容，"以吏为师"，而达到"言谈者必轨于法"的目的。如韩非子非常忌视"文学"，菲薄"技艺"，和儒家的敦尚诗书乐舞、重视黼黻文章的观念相为水火。他们反对儒家的"六艺"之教，而提倡"农战"教育，"富国以农，距敌恃卒"。要"禁游宦之民而显耕战之士"。这一切的功过是非，人们已有评说，无须多言。

总之，这个时期各家私学在中国古代史上有重要地位，各家的教育思想值得探讨，非此所能尽述了。

6．稷下之学

战国时期，随着养士用士之风的盛行，各国诸侯以及一些当权的贵族都养了不少的士。如魏文侯好古，招揽了一些知名的文人学士，像子夏、田子方、李克、乐羊、吴起等。燕昭王也是好士之君，招揽了一些知名学者。另外，列国有名的"四大公子"，齐有孟尝君，养"食客数千人"①。赵国平原君，"宾客盖至数千人"②。魏国信陵君，"士无贤不肖皆谦而礼交之，……士以北方数千里争往归之，致食客三千人"③。楚有春申君，"客三千人，其上客皆摄珠履"④。正因为养士很多，又兼收各家，著名的学者往往带弟子就其门立教，如荀子带弟子往依春申君，公孙龙带弟子依平原君。秦相吕不韦广招天下游士，还编了一部《吕氏春秋》。以上所举的养士，固有知名学士在其中，但更多的是如王安石所讥的"鸡鸣狗盗"之徒，并非是纯粹的学术人物。只有齐国

---

① 《史记·孟尝君列传》。
② 《史记·平原君虞卿列传》。
③ 《史记·魏公子列传》。
④ 《史记·春申君列传》。

的稷下学宫，所游之"稷下先生"、"稷下学士"是"不治而议论"的学者，这里可以算做是学问的中心。

稷下学宫的规模。稷下，又作棘下，盖稷、棘二字古通。其得名之由，从古人成说看，其得名缘于二。一谓齐有稷门，为城之西门，门外侧有系水。侧、稷古音近。在此间设有学堂，故名。二谓稷下为山名，山下立其馆，故名。案：后说无据，当以前说为是，郦道元《水经·淄水注》有考。惟稷门为城西门，还是南门，尚有异说。刘向谓之城西门。高士奇《春秋地名考略》谓城南门，今人也有从之者。我们以为，稷下学馆之名固由稷门而来，然其建置不必在正西或正南。郦道元《水经·淄水注》云：

> 时水出齐城西北二十五里，……京水、系水注之。水出齐城西南，世谓之寒泉也。东北流，直申门西。京相王番、杜预并言申门，即齐城西南第一门矣。为申池。……系水傍城北流，径阳西门。水次有故封处，所谓齐之稷下也。

从郦氏的记述看，齐城西南有申门，附近有申池。系水迳西门，水次有稷下遗址。这种说法是可信的。古代学宫往往建置在水边，鲁之泮宫如此。燕之武阳黄金台学馆。"翼台左右，水流径通"，也是如此。稷下学宫建于系水边上，附近又有申池。《左传》文公十八年杜注云："齐南城西门名申门。齐地无池，惟此有池，疑则即是。"今则考古勘探证明杜说不误。此处有水池园囿，正符合古学宫之制。

稷下学宫始建于何时，史籍无考。徐干《中论·亡国篇》说：

> 昔齐桓公立稷下之宫，设大夫之号，招致贤人而尊宠之。自孟轲之徒皆游于齐。

据徐氏所云，至少在齐桓公时已有之。后人考证孟子游齐非在此时，因而对此说有怀疑。实则徐氏所云孟子游齐误，齐桓时有稷下之宫则不误，《史记·田敬仲完世家》说："宣王喜文学游说之士，……是以齐稷下学士复盛，且数百千人。"《史记》所说宣王时，稷下学士复盛。既是"复盛"，说明此前必然兴盛过，后来衰落了，至此又复兴。否则，复盛之说从何说起？

稷下学宫存在的历史很长，大致与田齐政权相始终，历时一百多年。这是战国时期魏文侯、燕昭王、孟尝君、信陵君、春申君等养士只有十几年或几十年，不可比拟的地方。其历史大致可分为三个时期。

第一时期，齐宣王之前的兴衰可称之为第一时期。徐干《中论》谓齐桓公立稷下之宫，近人钱穆推定稷下始创于齐威王时。[1] 今姑以徐说为准。这个时期的盛况不可知，但衰亡的迹象还是可以找到的。据《史记·滑稽列传》记载，田齐桓公末年"百官荒乱，诸侯并侵，国且危亡，在于旦暮"。国且危亡不可知，稷下学宫的命运则可知矣。田齐桓公之后是齐威王，威王初年，也和桓公一样。他"好为淫乐长夜之饮，沉湎不治，委政卿大夫"。稷下学宫进一步走向衰落。

第二时期宣、湣王执政期间，可为第二个时期。齐威王后来励精图治。政治上，注意招贤纳谏，广开言路，整顿吏治。经济上也着力安抚百姓，开荒拓田。因此国力大振，使齐成为东方霸主。此时的稷下学宫又开始走向兴盛。至齐宣王时，政策更加开明，给稷下先生以极高的政治地位和丰厚的生活待遇。《史记·田敬仲完世家》说：

> 宣王喜文学游说之士，自如驺衍、淳于髡、田骈、接予、慎到、环渊之徒七十六人，皆赐列第，为上大夫，不治而议论。是以齐稷下学士复盛，且数百千人。

《孟子荀卿列传》也说：

> 于是齐王嘉之，自如淳于髡以下，皆命曰列大夫，为开第康庄之衢，高门大屋，尊宠之。览天下诸侯宾客，言齐能致天下贤士也。

这是稷下之学最为兴盛的时期，光是著名学者自淳于髡以下就有七十六人，至于一般学士达"数百千人"，恐不是虚言。宋代司马光称赞说："致千里之奇士，总百家之伟说。"[2] 可以说，此时稷下学宫为名冠各国诸侯的文化教育中心和学术争鸣之地。齐湣王即位后，"南举楚淮，北并巨宋，苞十二国，西摧三晋，却强秦，……矜功不休，百姓不堪。诸儒谏不从，各分散，慎到、捷子亡去，田骈如薛，而孙卿适楚"。齐湣王的穷兵黩武，民不堪命，诸人谏之又不听，致使这些极有名的稷下先生纷纷离去。这是第二个兴衰期。

第三时期，齐襄至王建执政时代。襄王继位后，田单以火牛阵大破燕军，

---

[1] 《先秦诸子系年考辨》，233 页，中华书局，1985。
[2] 司马光：《稷下赋》，见《司马文正公传家集》卷四三，上海，商务印书馆，1937。

还都临淄。稷下学宫又一度复兴。《史记·孟子荀卿列传》说：齐襄王时，而荀卿最为老师。齐尚修列大夫之缺，而荀卿三为祭酒焉。此期间，荀子年齿最尊，行辈也长，故称最为老师，出入凡三为祭酒。祭酒即学宫之领导，汉代以后衍变为太学之最高长官，当由此而来。襄王之后，稷下学宫复衰，荀子适楚。此后不久齐王建继位，其在位四十多年，国势日衰，稷下学宫由盛转衰，乃至泯而无闻。

稷下学士及其活动。游学于稷下学宫的各派人物，可泛称稷下学士，此中既有先生，也有学生。如孟子游学稷下时"后车数十乘，从者数百人"。田骈也有"徒数百人"。宋钘则是"严然而好说，聚人徒，立师学，成文曲"①，俨然一代宗师模样，可见学生也不少。其中学生最多的当推淳于髡，据有关记载说："髡死，诸弟子三千人为缞绖。"② 三千未必是确数，当与孔子弟子三千一样看待，言其多也。稷下之学最盛时达到"数百千人"，人数既众，品流又杂。他们之间的地位和待遇当也不同。从司马迁记述中可以体味出，各派的头面人物，司马迁称之为"稷下先生"的，如《史记·孟荀列传》云："自邹衍与齐之稷下先生，如淳于髡、慎到、环渊、接予、田骈、邹奭之徒，……淳于髡以下皆命曰'列大夫'，为开第康庄之衢，高门大屋，以尊宠之。"这里把淳于髡以下的几人称为"稷下先生"，有列大夫称号住的是高门大屋。又《田敬仲完世家》云："自如邹衍、淳于髡……之徒七十六人，皆赐列第，为上大夫，……是以稷下学士复盛，且数百千人。"此处很明确，自邹衍、淳于髡等七十六人为上大夫。上大夫即前所引之列大夫，也即稷下先生才有资格受此封号。此下的泛称为稷下学士，有数百千人。可以想象，数百千人不可能如上述知名人物那样受到荣宠。由此看来，稷下先生又是特殊的称号，非人人可称的。

齐之稷下先生，司马迁说有七十六人，但可考者实在无几。从《史记》中知有孟子、荀况、邹衍、邹奭、淳于髡、田骈、接予、慎到、环渊九人。《汉书·艺文志》颜师古引刘向说有尹文、宋钘二人。又据《史记·鲁仲连传》正义引《鲁连子》知有徐劫、鲁仲连、田巴三人。又《庄子·天下篇》有彭蒙，《庄子·则阳篇》有季真。近人又据《战国策》、《韩非子》补王斗，兒说为稷

---

① 《荀子·正论篇》。
② 《太平寰宇记》卷一九，引《史记》。

下先生。又有人据《孟子·告子》谓告子也是稷下先生，说俱可从。①

稷下学宫的稷下先生主要活动是"议"。《新序·杂事》说"齐稷下先生喜议政事"，说明他们很关心政治。但是他们尽管有列大夫的封号，那不过是政治上的待遇，并不实际治事。司马迁说他们是"不治而议论"，极为恰当妥贴。也正是"不治而议论"才决定此辈的身份是学者，而非国家的官僚。这些人如果按学术流派排排队，分别属于儒、道、墨、黄老、阴阳、名辩、纵横、兵等家。他们互相辩论，公开争鸣。极善于识别和抓住对方的弱点，驳诘对方，个个是个雄辩家。淳于髡"时有得善言"，故齐人颂之曰"炙毂过髡"。《史记索隐》引刘向《别录》说"毂"字衍。《集解》引《别录》说"过"字作"輠"，车之盛膏器也。比喻淳于髡能言善辩，圆滑无滞。邹衍人称之为"谈天衍"，邹奭为"雕龙奭"，田骈为"天口骈"。名家的兒说更以诡辩著称，"持白马非马也，服齐稷下之辩者"②。田巴"离坚白，合同异，一日服千人"③。孟子更是好辩，在《孟子》一书可以见到他到处与人辩，自称"予岂好辩哉？予不得已也"。他辟邪辞，距杨墨，可谓不遗余力。后期的荀子也明确地提出："君子必辩，凡人莫不好言其所善，而君子为甚。"④

稷下先生所"议"的范围十分广泛，张秉楠《稷下钩沉》划分为十五个议题，现移录如下，以见一斑。（1）论世界本原。（2）论天与人。（3）论形和神。（4）论知。（5）论人性。（6）论养生。（7）论分工与分货。（8）论农工商。（9）论政治。（10）论贤才。（11）论大一统。（12）论国家政治体制。（13）议兵。（14）名辩。（15）五行说。⑤

《管子》中有一篇《弟子职》，学者以为是齐稷下学宫之学则。朱熹《仪礼经传通解》卷十收入《弟子职》，谓"言童子入学受业事师之法"。其后洪亮吉《笺释序》、庄述祖《集解》也有同样的见解。郭沫若研究后得出此是齐稷下学

---

① 孙以楷：《稷下学宫考述》认为，颜斶、唐易之、公孙固、田过、列精子高、匡倩、告子、黔娄子、孔穿、能意、闾丘先生等人可能也是稷下先生，可备一说。参见《文史》第23辑。

②《韩非子·外储说左上》。

③《史记·鲁仲连列传》。

④《荀子·非相》。

⑤ 张秉楠：《稷下钩沉》，上海古籍出版社，1991。

官之学则。①

稷下学宫的性质若何？前人多有论及，郭老《稷下黄老批判》一文说"它似乎是一种研究院性质，和一般庠序学校不同"。也有人说它是"田氏封建政权兴办的大学堂"，"齐国的最高学府"②。还有人说它是政府的议事、咨询机构等等。这些都有一定的道理，然不够全面。要全面地对它的性质作出评估，可从两方面着手。

第一，从学宫的创办者、经费来源等看，它无疑是齐国的官学。学宫由齐王直接管理，凡来学宫游学的稷下先生都与齐王有接触，齐王根据他们的对答，以及社会名望、学术水平等给予不同的待遇，如威、宣之世的淳于髡备享荣宠就是一例。《史记》说宣王之时，自驺衍、淳于髡、田骈之徒七十六人，皆赐列第，为上大夫。襄王时期，荀况最为老师，故三次推为祭酒。这些人开第康庄之衢，住高门大屋，所有的生活待遇是齐国政府给的。从这个意义上说它是政府的官学，完全是对的。但是，官学的性质，一方面是政府兴办，提供资金，另一方面它也由官府垄断，规定教学内容。西周以来的官学莫不如此，而稷下学宫却又不类。

第二，从组成稷下之学的各个不同流派的个案来看，它无疑是各家私学的联合体。私学的各种特征，在此都有体现。各学派自由招生，自由讲学，来去不限。齐王不仅不阻拦，反而厚送财物，礼送出境。如孟子几度去回，荀子也几度去回，便是一例。《孟子·公孙丑上》记载，由于宣王不听谏，孟子愤而离去。宣王以"我欲中国而授孟子室，养弟子以万钟"的条件挽留。孟子以不贪富贵为由而拒。即连齐人的驺衍，也数离齐去燕赵。当然这与当时的大气候有关，稷下先生们大有"此处不留人、自有留人处"的味道。因此，被解聘的事不存在，往往是自动离去的多。稷下先生如此，他们的弟子也是如此，来去自由。有的长期从师，有的则中途改换门庭。哪一派在稷下学宫占了优势，往往是弟子也最多，至于稷下学宫里讲授的内容，更是百花齐放，不主一律。各家各自稗贩自己的货，各不相扰。

总之，稷下之学从主体看是齐国官办的学校，不过，在这种官学中，各学

① 郭沫若：《管子集校》（三），387页，见《郭沫若全集》（历史编七），人民出版社，1984。
② 胡家聪：《稷下学宫史钩沉》，载《文史哲》，1980（3）。

派可以自由讲学，且来去自由。这与西周的官学已有很大的不同了。这正是齐国稷下之学很大的特点。

综上可知，战国时代是社会大变动的时期。在这个时期，随着政治、经济、文化的变革，学制也在发生变化。出现了官学、私学并存的局面。由于"百家争鸣的形势所决定，无论官学和私学都没有固定的格局。学校在设置、知识传授、学生招收等方面都呈现多样化的倾向。

第八章
科技文明的初曙

先秦时期是我国古代科技的奠基时期，也是我国在科技上领先于世界其它民族的黄金时代。先秦时期的科技文化，不但是先秦物质文化的结晶，也是先秦思想文化的知识背景。下面，我们从十个方面进行分述。

一、天文、历法

我国传世的第一部历法，是相传出于夏代的《夏小正》，它记录了一年十二个月中每个月的天象、物候，以及人们在该月中所应从事的生产和生活活动。因此，它可说是一部自然历的历法。孔子说："行夏之时。"① 春秋鲁国天文学家梓

---

① 《论语·卫灵公》。

慎称赞"夏数得天"①，说明夏代的历法与自然气象是吻合的。人们把至今仍在使用的农历称为夏历，显然是有原因的。《左传》昭公十七年记载："《夏书》曰：'辰不集于房，瞽奏鼓，啬夫驰，庶人走。'"这是世界上见于记载的最早的日食记录。当时在房宿位置上发生了日食，人们不了解原因，以为灾祸，所以击鼓奔走。《竹书纪年》说："夏帝十五年，夜中星陨如雨。"这是世界上最早的关于流星雨的记载。夏代已有天干记日的方法，夏代后期的几个帝王名孔甲、胤甲、履癸（夏桀）就是证明。夏代前期的太康、仲康、少康，陈梦家认为就是大庚、中庚、少庚，②其说可信。天干是十进位制的，这时应有了十天为一旬的概念。

从殷墟卜辞看，商人已习惯于立表测影，用以定方向，定季节。他们对日月的观测已达到较高的水平，卜辞中有关于日食、月食的记载，是世界上最早的记有日期（干支）的文字记录；他们已能用预卜的方式大致测定日食；已初步有了"日月交食"的观念；二十八宿的"火"、"心"、"尾"、"毕"这些星座，其名已见于卜辞；人们把二十八宿按四个方位分为四组，即东方苍龙、北方玄武、西方白虎、南方朱雀"四象"。"四象"在卜辞中已见其二，可见"四象"的建立可能远在殷商以前。武丁时期的一条卜辞说七日这一天的晚上，天空中有一颗新星接近大火（心宿二），这是迄今所知世界上最早的新星记录。商人开始使用干支纪日，把甲、乙、丙、丁等十天干与子、丑、寅、卯等十二地支配合，组成甲子、乙丑、丙寅、丁卯等六十干支，用它来记日，六十日一个循环。武乙时的一块牛胛骨上刻着完整的六十甲子，两个月合为六十天，很可能就是当时的日历。月有大小，小月二十九日，大月三十或三十一日；年有平闰，平年十二个月，闰年十三个月，表明商人采用"阴阳合历"。武丁时期，大量采用"年终置闰"，也有"年中置闰"；祖庚、祖甲之后，"年中置闰"成为主要方法。这种阴阳合历在我国一直沿用了几千年，形成了具有我国特色的历日制度体系。

西周青铜器铭文有很多的月相的记录，名称有"初吉"、"既生霸"、"既望"、"既死霸"，是从地球上看到的月球盈亏的变化所作的四分法，表明西周

① 《左传》昭公十七年。
② 《殷墟卜辞综述》，405 页，北京，科学出版社，1956。

时人们对月亮盈亏变化的规律性有了一定的认识。西周已用十二地支来计时，把一天分为十二个时辰。至少在西周已有了漏壶这一计时工具。还用圭表测影，确定冬至和夏至等节气。《诗经·小雅·十月之交》说："十月之交，朔日辛卯，日有食之，亦孔之丑……"这是我国文献中最早出现的"朔日"的记载，也是我国古籍中有明确日期记载的日食的最早记录，据推算应是周幽王六年十月初一。可见西周时我国的历法已达到了相当高的水平。

春秋战国是我国科学技术发展的第一个高潮时期，天文历法的进步尤为显著。

春秋时期，我国已能用立圭表测日影的方法，精确测定冬至时刻，较准确地推求回归年长度。《左传》中有两次冬至时刻（当时叫日南至）的记录，一次在鲁僖公五年（前 655），一次在鲁昭公二十年（前 522）。这是我国观测冬至时刻的最早记录。春秋中期以后，推定一个回归年长度为 365.25 日，一个朔望月为 29.530 85 日，十九个回归年正好为 235 个朔望月。于是发明了十九年插入七个闰月的方法。《左传》一百三十三年中设置了四十九个闰月就是证明。战国时期，是我国历法的确立时期。各诸侯国实行过黄帝、颛顼、夏、殷、周、鲁等六种历法，史称"古六历"。"古六历"都是"四分历"，只是所规定的历法起算年份（历元）和每年开始的月份（岁首）有所不同。其中《颛顼历》的测定年代当在公元前 360 年左右，岁实（回归年）为 365.25 日，闰法为十九年七闰，是当时世界上最精确的历法之一。《颛顼历》以十月为岁首，以十月初一为元旦，而闰月放在九月之后。从《睡虎地秦简》可知，秦国至少从秦昭王（前 306—前 251）时起就已采用《颛顼历》。

为了更精确地反映季节的变化，古人创立了二十四节气，即把一年平均分为二十四等分，平均过十五天多设置一个节气，它反映了太阳一年内在黄道上视运动的二十四个特定位置。记载完整的二十四节气名的较早的文献有《逸周书》的《周月解》和《时训解》、《淮南子·天文训》。比较之下，《逸周书·时训解》的记载当早于《淮南子·天文训》。《逸周书·时训解》最晚也当是战国时期的作品。① 因此，二十四节气的形成有可能会早到春秋时期，最迟也当不

---

① 黄怀信认为，《逸周书·时训解》诸篇系春秋襄公前后的作品，见《〈逸周书〉源流考辨》，111～115 页，西安，西北大学出版社，1992。

会晚于战国。只不过早期的二十四节气，雨水原在启蛰（惊蛰）后，后来才被改到惊蛰前。二十四节气作为我国古代历法的重要组成部分，一直对农业生产起着重要的指导作用。世界上实行阴阳合历的国家不少，但只有我国创立了二十四节气。

春秋战国时期，各国都用本国国君在位年数记年，交往很感不便，因而创立了岁星纪年法。岁星（即木星）在恒星星座中的位置是逐年移动的，循环一个周期约需十二年。人们便沿着赤道把周天划分为十二等分，即星纪、玄枵、諏訾、降娄、大梁、实沈、鹑首、鹑火、鹑尾、寿星、大火、析木十二"次"，以每年岁星在某一"次"的天文现象来纪年。例如《国语·周语上》所说的"岁在鹑火"、"岁在星纪"等，这样就可得统一的纪年。战国中期，人们又进一步创造出摄提格、单阏、执徐、大荒落、敦牂、协洽、涒滩、作鄂、阉茂、大渊献、困敦、赤奋若十二个太岁年名。如《吕氏春秋·序意》说"维秦八年，岁在涒滩"，《离骚》说"摄提贞于孟陬兮，惟庚寅吾以降"。同时，又用十二辰名来代替十二太岁年名，其次序为寅、卯、辰、巳、午、未、申、酉、戌、亥、子、丑。

在天象观测方面，这一时期留下了许多珍贵记录。从鲁隐公元年（前722）到鲁哀公十四年（前481）的242年中，仅《春秋》一书就记录了37次日食。这37次日食记录，至少有31次是确定无疑的。《春秋》日食记录是在当时条件下相当完整的大食分的观测记录。例如，鲁昭公在位32年，曲阜可见的日食，《春秋》基本上全有记载。[①]《春秋》还有世界上关于天琴座流星雨的最早记载，有最古的陨石记录，有最早关于哈雷彗星的记录。战国时期，人们对彗星的观测则更为精细。长沙马王堆3号汉墓出土了29幅图，画着各种形状的彗星。彗尾有宽窄、长短、直弯各种不同的形态，彗尾的条数有多有少；彗头画成一个圆圈或圆形的点，有的圆圈的中心又有一个圆圈或小圆点，可见人们已认识到彗头分为彗发和彗核两个部分，而且也有不同的类型。它们当出自战国时楚人之手，可称为世界上关于彗星形态的最早著作。[②]

---

① 详见张培瑜：《〈春秋〉、〈诗经〉日食和有关问题》，见《中国天文学史文集》第三集，1~15页，北京，科学出版社，1984。

② 席泽宗：《马王堆汉墓帛书中的彗星图》，载《文物》，1978（2）。

在行星和恒星的观测上，战国时期的成就尤为惊人。在当时的天象观测家中，影响最大的是甘德和石申夫两家。甘德，又称甘公，约生活于公元前360年时，齐人（一说楚人），著有《天文星占》八卷。石申夫，又作石申，魏国的司星，约在惠施为魏相时著《天文》八卷。他们的原著虽早已遗佚，但从《史记》、《汉书》和《开元占经》等书的称引中，还能了解其大致内容。

甘德、石申夫发现了行星的逆行现象，[①] 并且简明形象地把行星逆行弧线描绘成"巳"，间（间距）为126日，现今测定值为115.8日；他们测定的金星会合周期为620日和732日，现今测定值为583.92日；甘氏测定木星的会合周期为400日，现今测定值为398.88日。他们定火星的恒星周期为1.9年，现今测定值为1.88年；木星为12年，现今测定值为11.86年。长沙马王堆出土的帛书《五星占》，记载了从秦始皇元年（前246）到汉文帝三年（前177）七十年间木星、土星、金星运行的观测记录。它所测定的金星会合周期是584.4日；土星的会合周期是377日，现今测定值为375.91日；木星的会合周期为395.44日。《甘石星经》的测算，[②] 以"度"为基本单位，度以下的奇零用"半"、"太"、"少"、"强"、"弱"来表示，而《五星占》已采用一度等于二百四十分的进位制度。这说明从战国中期到战国末期，人们对行星的观测推算，已经日趋精密。

1978年湖北随县发掘的战国初曾侯乙墓中，出土了一个漆箱，其盖上绘有青龙白虎[③]，中间书写一个斗字，围绕斗字的28个字正是二十八宿的名称。这是迄今为止所发现的包含完整的二十八宿的最早文字记载。这种描绘在日常生活用具上的图案表明，早在战国初年，四象和二十八宿相配已成为常识。所以，在我国，二十八宿体系的形成应该可以上推到春秋时期。除二十八宿体系外，人们对其它天区也作了区划，指明了各星官的星数以及相邻星官之间的相

---

① 《史记·天官书》："甘、石历五星法，唯独荧惑有返逆行。"《汉书·天文志》："古历五星之推，无逆行者，至甘氏、石氏经，以荧惑、太白为有逆行。"

② 后人将甘德《天文星占》和石申夫《天文》合称为"《甘石星经》"，实际现今传本中，除甘、石二家外，还有不少属于巫咸家的《巫咸星经》的内容。

③ 一说白虎当为麟，盖上动物图像的头上明显有一只大角。说明战国早期西方兽像为麟，汉代以后才改为白虎。说见周桂钿：《天地奥妙的探索历程》，154页，北京，中国社会科学出版社，1988。

对位置。据《开元占经》所引，甘、石以及巫咸三家均有中、外官（星座）的划分法，甘德、石申夫在战国中期（约公元前 360 年）精密地记录了 120 颗恒星的赤道坐标（入宿度和去极度）。他们所测定的恒星记录，是世界上最古的恒星表。甘德测定恒星 118 座，计 511 颗星；石申夫测定恒星 138 座，计 810 颗星。[①] 晋武帝时太史令陈卓将甘德、石申夫、巫咸三家所著星经综合在一起，编写成一张包括 283 个星座，1464 颗恒星的星表，并绘成星图，[②] 成为中国古代的一个标准星图。

另依据《开元占经》引录甘德论及木星时所说："若有小赤星附于其侧"等语，今人席泽宗仔细研究后认为，甘德在当时已经用肉眼观测到木星最亮的卫星——木卫二。这就意味着：甘德的发现要比西方伽利略发明望远镜之后才发现木星卫星早近 2000 年！这堪称是星象观测史上的一项具有世界水平的成就。[③]

二、数学知识的积累

商代的陶文和卜辞中都有不少的记数文字。甲骨卜辞中一、二、三、四等数字多用横画，陶文中则用竖写。商人能用一、二、三、四、五、六、七、八、九、十、百、千、万 13 个自然数记十万以内的任何自然数。十、百、千、万的倍数在甲骨文中用合文书写。现已发现的甲骨文中的最大数字是 3 万，复位数已记到四位，如 2656。商人记数常在百位与十位、十位与个位之间加一个"又"字，如五十六写作"五十又六"。西周记数法和商代相同，只是有些字形不同而已。商和西周的记数法是遵循十进制的，含有明显的位值制意义，只要把千、百、十和"又"的字样去掉，便与位值记数法基本一致。与古罗马、古埃及的记数法比较，这一记数法更先进、更科学。还有一些卜辞反映出商代已有奇数、偶数、倍数的概念，说明当时人们已掌握了初步的运算技能。

春秋战国时期，我国尚未形成数学体系，但人们已积累起丰富的数学

---

① 郑樵：《通志·天文略》。
② 《晋书·天文志》。
③ 席泽宗：《伽利略前二千年甘德对木星的发现》，载《天体物理学报》，1981（2）。

知识。

万以上的大数计数，这时已经出现，进位制有十进和万进两种。《国语·郑语》载史伯对郑桓公说："合十数以训百体，出千品，具万方，计亿事，材兆物，收经入，行亥极。"这里的万、亿、兆、经、亥都从十进。《管子·海王》说："钟二千，十钟二万，百钟二十万，千钟二百万，万乘之国，人口开数千万也。"则从万进。

四则运算方法春秋时已趋于完备。古代的乘法口诀，从"九九八十一"开始，至"二二如四"止，共三十六句。因开头两字是"九九"，故"九九"作乘法口诀的简称。《韩诗外传》记载，齐桓公时人们就已认为"九九"是不足为奇的"薄能"，说明其时乘除运算已开始流传。《左传》又记载，鲁襄公三十年（前543），晋国有人问某老者的年龄，老者不直接回答，只说"臣生之日，正月甲子朔，四百有四十五甲子矣，其季于今三之一也"。问者不懂，跑去问诸卿大夫。师旷说，这老人"七十三年矣"。史赵说："亥有二首六身，下二如身，是其日数也。"士文伯说："然则二万六千六百有六旬也。"此老人和师旷、史赵、士文伯显然都能熟练地进行乘除法的运算。战国初年李悝《法经》中有关于一个"农夫"一家五口的收支情况的计算，其中已讲到了减法、乘法和除法，还出现了"不足"之数，为"负数"概念的出现提供了来源。

筹算是我国独特的以算筹为计算工具的一种计算方法。它的产生应在春秋战国以前，但在春秋战国时期，筹算就已臻于成熟。《老子》第二十七章说："善算，不用筹策。"可见春秋晚期筹算已经相当普遍。战国时期的出土文物中，不但有算筹的实物，而且还有算筹记写的数目。算筹记数用极简单的竹筹纵横布置，就可完全实现十进位值制记数法，能够表示出任何自然数。我国古代数学在数字计算方面的卓越成就，应当归功于遵守位值制的算筹记数法。

分数在春秋战国时期已常被使用。如古四分历的回归年和朔望月的长度都不是整日数，其奇零部分是用分数表示的。《管子》中不但大量使用分数，而且也涉分数运算。如《国蓄》篇说："财物之贾什去一；令曰八日而具，则财物之贾什去二……什去半……什去九"。分别相当于分数 $\frac{9}{10}$，$\frac{8}{10}$，$\frac{5}{10}$ 和 $\frac{1}{10}$。《地员》篇记"五度相生律"，自"先主一而三之，四开以合九九，以是生黄钟小素之首"开始，依次介绍了生成宫、徵、商、羽、角五音之法，相当于五个算式：

$$(1\times3)^4=81=9\times9; \quad 81+81\times\frac{1}{3}=108; \quad 108-108\times\frac{1}{3}=72; \quad 72+72\times\frac{1}{3}$$

$=96$；$96-96\times\frac{1}{3}=64$。所得 81、108、72、96、64 五数分别为宫、徵、商、羽、角五音的弦长（一说管长）。其中后四个算式涉及分数的运算。①

春秋战国时已形成较完备的长度、面积和容积的计量单位。如《管子》中的长度单位有：里、步、丈、尺、寸、制、匹、两、寻、仞、施等，其中"制"与"施"是较为独特的。《乘马》篇云："季绢三十三制当一镒。无绢则用其布，经暴布百两当一镒。""制"是季绢的计量单位，"两"为经暴布的计量单位，一两等于四十尺；一制等于十八尺。"镒"是黄金的计量单位。而一"施"等于七尺。② 《管子》中的面积单位有：步、亩、顷、方里（里）、暴、部、聚等。注意"方××里"的说法，见《轻重丁》篇："管子问于桓公，敢问齐方于几何里？桓公曰：方五百里。"所谓"方五百里"，显然不是说其地恰为一正方形，而应理解为若将其面积折算的话，则相当于边长为五百里的正方形。关于容积单位，《左传》昭公三年记载："四量：豆、区、釜、钟，四升为豆，各自其四，以登于釜，釜十则钟。"可知：1 钟＝10 釜，1 釜＝4 区，1 区＝4 豆，1 豆＝4 升。另《管子·海王》记载："盐百升而釜。令盐之重升加分强，釜五十也。升加一强，釜百也。升加二强，釜二百也，钟二千，十钟二万，百钟二十万，千钟二百万"。由此可推得：1 钟＝10 釜，1 釜＝100 升。

在《考工记》中包含有丰富的角度概念，见《考工记·磬氏》："磬氏为磬，倨句一矩有半。"文中所谓"倨句"是指磬的鼓上边的夹角。"倨"的含义是微曲，相当于"钝"；"句"则相当于锐。"倨句"意即"钝锐"，这是《考工记》中用来表示角度的一个专门名词。"倨句一矩有半"指 135°。《冶氏为杀矢》节谓"倨句中矩"，指角度正好为 90°；"是故倨句外博"则指角度大于90°，为钝角。《匠人为沟洫》节谓："欲为渊，则句于矩。""句于矩"即是句如矩之意，指成直角。

① 乐爱国：《〈管子〉与古代数学》，载《自然辩证法通讯》，1994（2）。
② 《管子·地员》："夫管仲之匡天下也，其施七尺。"

《考工记》中还给出了一些特殊角度的专有名称，如上述的"矩"便表示90°，这也是古代所通用的一种表示方法。又如《车人》中说："半矩谓之宣，一宣有半谓之欘，一欘有半谓之柯，一柯有半谓之磬折。"按通常理解：

$$一宣 = \frac{1}{2}矩 = \frac{1}{2} \times 90° = 45°$$

$$一欘 = 宣 + \frac{1}{2}宣 = 67°30'$$

$$一柯 = 欘 + \frac{1}{2}欘 = 101°15'$$

$$一磬折 = 柯 + \frac{1}{2}柯 = 151°52'30''$$

但仔细分析，以上的角度表示有一些矛盾。钱宝琮曾分析指出："《考工记》'磬氏'节明确规定，磬的两部分的夹角为'倨句一矩有半'，也就是135°，这和'车人''一柯有半谓之磬折'显然不同。大概在135°上下的钝角都得称为'倨句磬折'。于此可见《考工记》中宣、欘、柯、磬折等名词的定义是不很明确的。"[1]

针对以往解释的矛盾，戴吾三提出"以矩起度"说，认为在实际操作中，工匠是利用矩尺两边的某些数值起度，由此可方便迅速地得出任意角度。比如在矩尺两边分别取数值三、五，连接所得线段与矩尺边延长线段的夹角为149°，这也可称为"磬折"[2]。

《考工记》还有割圆和弧度的应用。见《筑氏》记载："筑氏为削，长尺博寸，合六而成规。"《弓人》载："弓人……为天子之弓，合九而成规；为诸侯之弓，合七而成规；大夫之弓，合五而成规；士之弓，合三而成规。"这是用圆心角的大小来规定"削"和"弓"的弯曲程度（即曲率）。

《周髀算经》卷上记载周公与商高的一段谈话，商高说："故折矩以为句（勾），广三，股修四，径隅五。既方其外，半之一矩。环而共盘，得成三、四、五。两矩共长二十有五，是谓积矩。"这是说至迟到西周初年人们已有了

---

① 钱宝琮：《中国数学史》，15页，北京，科学出版社，1981。

② 戴吾三：《〈考工记〉"磬折"考辨》，载（台湾）《科学史通讯》（总第十七期），1998。

"勾三股四径（弦）五"这个勾股定理的特例的知识。《周髀算经》卷上还记载了荣方和陈子的对话，陈子说："若求邪至日者，以日下为勾，日高为股。勾、股各自乘，并而开方除之，得邪至日。"这是明确的勾² ＋股² ＝弦² 的表述。荣方为周惠王大臣，陈子为陈宣公时公族，都为公元前 7 世纪中叶人。因此，我国发现勾股弦定理至少比古希腊学者毕达哥拉斯（前 560—前 500）早一个世纪。

《墨子》中的《经上》、《经下》、《经说上》、《经说下》四篇，习称《墨经》，是墨家学派的著作，最晚可能到战国后期。它们记载了墨家关于数学，特别是几何学问题的论述。这些论述包括以下有关的定义和说明："平"（同高）；"直"（"参也"，即三点共线）；"体"（"分于兼也"，即部分之和）；"同长"（"正相尽也"）；"中"（对称性形体中心）；"圜"（"一中同长也"）；"方"（"框隅四观"）；"倍"（"为二也"）；"厚"（立体）；"端"（点）；"间"和"**缠**"（"间虚也"）；"盈"（重合、涵容）；"撄"（相交）；"仳"（比邻、连接）；"次"（二相等形的迭合或二形体相次）；空间的"有穷"、"无穷"和时间的"始"等。这些论述虽然主要是关于数学名词的界说和定义的文字，但却包含有丰富的数学思想和严密的逻辑推理。

在《庄子》的《天下》篇中，记载了名家惠施和公孙龙等辩者所提出的一些与数学思想有关的论题，如：①"至大无外谓之大一，至小无内谓之小一"；②"无厚不可积也，其大千里"；③"矩不方"；④"规不可以为圆"。第一条中的"大一"和"小一"，从物理学的角度可理解为"宇宙"和"原子"；而从数学角度来说，"大一"可理解为空间、时间的整体，"小一"可理解为空间的"点"和时间的"瞬时"。第二条中的"无厚"可理解为几何学里的线和面，它们都"无厚"而"有所大"。惠施断言，积累线不能成面，积累面不能成体，这种认识比《墨经》更为深刻。第三和第四条中所说的"矩"和"规"是画方和画圆的工具，但用工具画出来的方和圆与它们的几何定义是不会严格相符的。

三、医药、传统医学理论的确立

我国医学源远流长。传说神农曾教民尝百草之滋味，"一日而遇七十毒"①。汤液是中医用水煎煮药物为人治病的一种水药剂型，传说"伊尹……为汤液"②，是商代的右相伊尹发明的。《吕氏春秋》记载伊尹与商王的对话中曾以医为喻，说："用其新，去其陈，腠理遂通，精气日新，邪气尽去，及其天年。"可见伊尹有一定的医学知识。《孟子·滕文公上》引"《书》曰：'若药不瞑眩，厥疾不瘳。'"说药物如果服用后不使人昏晕，就不可能治好疾病。可见商人用药物治疗已很有经验了。③ 1973 年，河北藁城台西村商代晚期遗址中曾发现植物种子三十多枚，经鉴定，均为药用的桃仁和郁李仁。这两种果仁，都含有苦杏仁甙，有润燥、通便、化淤血的功效。这一遗址中还发现一漆盒内放有一件石质的镰形工具，医史专家认为是医疗器具砭镰。砭镰是砭石中形似镰石的一种，利用其锋利的刃口可切割痈肿、排除脓血，也可以它来刺激体表某些部位，以解除疾病痛苦。出土的商代小件青铜器中，针锥不少，有的可能就是针灸工具。

殷墟出土的卜辞与医学有关的约 300 多片，400 多辞。内容主要记录王室成员疾病情况，涉及 30 多种病名，如疾首、疾天（头顶）、疾目、疾耳、疾自（鼻）、疾口、疾舌、疾言、疾齿、疾身、疾臀、疾肘、疾趾、疾骨、疾心、疾旋、疾软、祸风、疾疫、蛊、虐、疾蚘、小儿病等等。卜辞里殷人对付疾病的主要手段是祭祀祈祷，但也对疾病进行各种治疗。有人认为卜辞里的"殷"、"叙"二字是针刺治病的反映；"乂"即"艾"，是艾灸疗法之证；有用按摩疗法的；有用药物治病的；有拔牙止疼的；有接骨复位的。④ 甚至还能测定预产期，如武丁为妇好预测 31 天后分娩，不会生男。而 31 天后，妇好果然生一女孩。武丁计算预产期如此准确，表面上是占卜的结果，实际是凭丰富的科学的

---

① 《淮南子·修务训》。
② 皇甫谧《甲乙经·序》。
③ 《国语·楚语上》引此说是商王武丁之语。
④ 参见温少峰、袁庭栋：《殷墟卜辞研究——科学技术篇》，333～342 页。

妇产科知识得出的。①

《山海经·大荒西经》说巫咸和巫彭等十巫，由于他们可以和"大荒山"上的神灵相通，所以"从此升降，百药爰在"。《海内西经》又说巫彭等"皆操不死之药"。《世本》说"巫咸作医"。巫咸和巫彭之名屡见于卜辞，可能是真有其人。古时巫医不分，一些神巫也掌握了一定的药物知识和一定的治疗经验。但到西周时，医和巫就分开了。《周礼》把"巫祝"列于"春官大宗伯"职官系统中，而"医师"则列于"天官冢宰"管辖。同时又分医为"食医"、"疾医"、"疡医"、"兽医"。"食医"为王室管理饮食卫生，相当于营养医；"疾医"相当于内科医生；"疡医"相当于外科和伤科医生；"兽医"则专门治疗牲畜疾病。又有"医师"总管医药行政，并在年终考核医生们的医疗成绩，来评定他们的级别和俸禄。特别是，这时已重视病历记录和报告："凡民之有疾病者，分而治之，死终则各书其所以而入于医师。"要求对病人分别处理，对死者要求作出死亡原因的报告。《周礼》中还有"肖首疾"、"疟寒疾"、"漱上疾"等四季多发病的记载，说明已初步了解某些疾病与季节变化的规律。② 又总结出"以五味、五谷、五药养其病，以五气、五声、五色，视其死生，两之以九窍之变，参之以九藏之动"的医学理论，开启了以《黄帝内经》为代表的中医学理论的先河。

春秋战国时期，是我国医学大发展和传统医学理论得以确立的时期。

据《左传》昭公元年记载，春秋时期秦国名医医和提出了阴、阳、风、雨、晦、明六气的病理理论，是后来形成的风、寒、暑、湿、燥、火"六淫病源"说的基础，他的"阴淫寒疾，阳淫热疾"的说法，是后世"阳盛则热，阴盛则寒"的病变学说的先导。

长沙马王堆汉墓出土了一系列医学佚籍。帛书《足臂十一脉灸经》和《阴阳十一脉灸经》，全面论述了人体十一条经脉的循行走向、所主疾病和灸法，是我国最早论述经脉学说的文献。《足臂十一脉灸经》早于《阴阳十一脉灸经》，而《阴阳十一脉灸经》又早于《灵枢·经脉》。这两种灸经只用灸法，不

① 王宇信、张永山、杨升南：《试论殷墟五号墓的妇好》，载《考古学报》1977（2）。
② 杜石然等：《中国科学技术史稿》上册，78页，北京，科学出版社，1982。

用针法，但却有砭石疗法，可见它的成书当在扁鹊施用针法之前。① 因此《足臂十一脉灸经》可能是春秋时代的作品，而《阴阳十一脉灸经》则可能是春秋战国之际的作品。帛书《脉法》是论述经脉和脉诊之作，它最早提出人体气与脉的关系和确立治病取有余而益不足的虚实补泻概念。帛书《阴阳脉死候》论述了在三阳脉与三阴脉疾病中所呈现的死亡症候及有关理论。帛书《五十二病方》记载了52类（书中实存45类）疾病，包括内、外、妇、儿、五官各科疾病103种，现存医方283个，用药达247种之多，是一部迄今已知我国最古的医学方书。② 据考证，这三种医书都写成于《素问》和《灵枢》之前。帛书《却谷食气》是目前所能见到的最早专门论述气功导引的文献之一。帛书《导引图》是我国现存最早的导引图谱。帛书《胎产书》专论有关胎产的宜忌，内容涉及求子、养胎及产后处理，类似古医书《产经》，是现今发现最早的关于妇产科学方面的文献。帛书《养生方》、《杂疗方》以及竹简《十问》、《合阴阳》、《天下至道谈》内容涉及养生学、性医学和性保健，是迄今发现最早的房中类著作。它们大部分都应写成于战国时代。马王堆出土的这一系列医书，确切地反映了春秋战国时期我国医学发展的水平。

春秋战国时期的名医，可以扁鹊为代表。扁鹊姓秦，名越人，齐国渤海（一说即今河北省任丘市）人，约生于公元前5世纪。年轻时曾从长桑君学医，得到许多秘密的丹方医书，后长期在民间行医。治病随俗而变，在赵为"带下医"（妇科），在周为"耳目痹医"（五官科），在秦又作"小儿医"（小儿科），足迹遍及今河北、河南、陕西一带。扁鹊看病，采用了切脉、望色、闻声、问病的四诊法，尤擅长望诊和切诊。赵简子病重，五天不省人事，众人以为无可救治，扁鹊切脉后认为血脉正常，不出三天就会好转。后赵简子果然痊愈。司马迁赞叹："至今天下言脉者，由扁鹊也。"③ 扁鹊精通砭石、针灸、按摩、汤液、熨贴、手术、吹耳、导引等方法，而且能针对不同的病情，采用综合疗法。如虢国太子得急病暴卒，扁鹊发现他耳朵里有声音而鼻翼歙动，两股内侧

---

① 中医研究院医史文献研究室：《马王堆帛书四种古医学佚书简介》，载《文物》，1975（6）。
② 钟益研、凌襄：《我国现已发现的最古医方——帛书〈五十二病方〉》，载《文物》，1975（9）。
③ 《史记·扁鹊仓公列传》。

还是温的，断定是"尸厥"（类似休克、假死）之症，就用针法、熨法和汤剂结合治疗，二十天后太子就康复了。扁鹊主张尽早发现病情，及时加以治疗。他几次见到齐桓侯，都曾根据齐桓侯的气血变化判断他病在腠理，在血脉，在脏腑，在骨髓，忠告他及时治疗，齐桓侯不以为然，延误了治疗，终于不治而亡。扁鹊不但医术高超，而且还著有医书。《汉书·艺文志》著录有《扁鹊内经》九卷、《外经》十二卷，西汉初名医淳于意说他从老师处接受过"黄帝扁鹊之脉书"。这些著作尽管已亡佚，但从一些出土和传世的医书中还能看到其影响。

《黄帝内经》是春秋战国医学理论的集大成之作。它虽非出于一人、成于一时，但大部分应是战国时期的作品。《黄帝内经》一般认为包括《素问》、《灵枢》两部分，它以论述人体解剖、生理、病理、病因、诊断等基础理论为重点，兼述针灸、经络、卫生保健等多方面的内容。《黄帝内经》认为人体内脏各器官、脏腑与体表之间都是一个有机的整体，如果身体的某一部分发病，就有可能牵连其它部分，甚至整个身体，而全身的状况又可影响到局部的病理变化。又提出"人与天地相应"的理论，认为人和自然也是一个整体，强调因人因病因时因地制宜。这种整体观，构成了我国传统医学最主要的特色之一。《黄帝内经》又对脏象学说和经络学说作了比较系统和全面的论述。它的脏象学说是建立在人体解剖和对活体进行系统认识基础上的。它认为肝、心、脾、肺、肾五脏是人体最重要的脏器，是精神气血的贮藏之所，是生命的根本。五脏中"心"是整个生命活动的最重要的器官，主血脉，还主神志意识思维和汗液等。"肺"主气，是气血循环的起点。"肝"有"藏血"和肝气"喜散"的特点，并有"主目"、"主怒"、"主筋"的作用。"脾"的作用是和肠胃等一起转化水谷成为气血津液。"肾"主要是"藏精"和"主水"。胃、小肠、大肠、膀胱、胆和三焦为六腑，主要功能是转化水谷和传导津液及糟粕，其中以胃的功能最为重要。《黄帝内经》明确记载了十二经脉循行走向、络属脏腑及其所主疾病，并已有十二经脉"如环无端"互相衔接、互相表里的概念。它还论述了十五络脉、奇经八脉以及十二经脉等，认为经络可以沟通表里，联系脏腑，运行气血，在人体生理、病理过程中具有重要作用，对于疾病的诊断和治疗也有重要的意义。《黄帝内经》应用当时流行的阴阳五行学说，对生理、病理、疾病的发生发展、临床诊断和治疗等基本问题从理论上进行了阐述，指出人体必须保持阴阳的相对平衡，"和于阴阳，调于四时"才不致生病；指出人要积极地"提挈天地，把握阴阳"，以此作为处理医学中各种问题的总纲；提出了"善诊者，察色按脉，先别阴阳"，"阳病治阴，阴病治阳"，"寒者热之，热者寒之"，"母病及子"，"子病累母"，"虚则补其母，实则泻其子"等辩证治疗原则。尽管不免有非科学的成分存在，但《黄帝内经》的成就是主要的。

《管子》中也包含有大量与传统医学有关的思想，其中有不少内容为《黄帝内经》所吸取。如精气说是《黄帝内经》和整个中医学的理论基础，而最早记载精气说的应推《管子》。

《管子》认为自然界中存在着精气，自然万物都是精气相互结合的产物。同时，人的生命也是由精气构成的，精气是人的生命的物质基础。《管子·内业》："凡人之生也，天出其精，地出其形，合此以为人。和乃生，不和不生。"《管子》认为，人体内不仅有精气，而且还有用于藏精气的"精舍"。见《管子·内业》："定心在中，耳目聪明，四肢坚固，可以为精舍。""敬除其舍，精将自来。"但是《管子》并没有具体说明"精舍"是人体哪一器官或在哪一部位。

《管子》的精气生命观为《黄帝内经》所吸取。《内经》说："在天为气，在地成形，形气相感而化生万物矣。""夫精者，身之本也。"[①]《管子》提出了"精舍"的概念，而《内经》则明确提出人的精气藏于人的五脏，"所谓五脏者，藏精气而不泻也。"[②] 所以，《内经》认为，人的寿夭的根本因素在于五脏的坚或不坚，"五脏坚固，……故能长久"，"五脏皆不坚，……古中寿而尽也。"[③]《管子》在把阴阳说与五行说融合，建立起阴阳五行说体系的同时，还运用五行归类方法将一些自然现象和人体的脏器分为五类，包含了初步的五行脏腑观念。

把《管子》中的《四时》、《幼官》、《水地》篇和《黄帝内经》中的《素问·阴阳应象大论》、《素问·金匮真言论》篇相比较，可以看出运用五行归类时的一些特征。其一，两书都采用了五行归类方法，但归类有差异。《管子》中

---

① 《素问·金匮真言论》。
② 《素问·五脏别论》。
③ 《灵枢·天年》。

五行：木、火、土、金、水分别对应五脏：脾、肝、心、肾、肺；而《内经》中五行：木、火、土、金、水分别对应五脏：肝、心、脾、肺、肾。这表明《内经》对《管子》的五行归类方法有继承，而又加以完善。其二，两书都表现出脏腑的整体思想，都建立了以五脏为主的人体功能系统。在《管子》中，五脏与五内的关系是"生"，《管子·水地》说："脾生膈，肺生骨，肾生脑，肝生革，心生肉。"五脏与五内这种"生"的关系与《内经》相同。在《管子》中，五脏与九窍的关系是"发"；在《内经》中，五脏与九窍的关系是"主"。"发"与"主"大体一致，均认为五脏之气通于九窍。其三，在人体功能系统与自然界的五行之间的关系方面，《管子》中的五脏只是与五味联系在一起，而《内经》中则把五脏与五行、五方、五时、五色、五音和五味都联系在一起。也就是说，在《管子》的基础上，《内经》全面地表述了内脏与自然界联系的意义。

四、生物学知识的形成

夏、商、西周时期，先民已初步形成一些原始的生物学知识。春秋战国时期，先民对动、植物及其同周围事物的联系的认识又有新的积累和提高。

在《管子·幼官》中含有生物分类的思想。文中提到倮兽、羽兽、毛兽、介虫和鳞兽，大致对应：人类、鸟类、哺乳动物、龟鳖类、鱼类和蛇。《幼官》的分类涉及脊椎动物门的鸟纲、哺乳纲、鱼纲和爬行纲，这是一种曾对后世影响很大的分类法。

《周礼·冬官·考工记》中明确将动物分为"大兽"和"小虫"两类。其"梓人"节记载："天下之大兽五：脂者、膏者、臝者，羽者，鳞者。……外骨，内骨，郤行，仄行，连行，纡行，以脰鸣者，以注鸣者，以旁鸣者，以翼鸣者，以股鸣者，以胸鸣者，谓之小虫之属。"文中称为"大兽"者实际都为脊椎动物。"脂者"长角，如牛、羊；"膏者"不长角，如猪；"臝者"，是人类；"羽者"和"鳞者"分别为鸟和鱼类。"小虫"大体上指属节肢动物门即人们平时叫"小虫子"的动物，"外骨"是"小虫"的主要标志。而文中所说的"内骨"，可能是指壁虎、蜥蜴之类实非节肢动物的其他小动物。总之，"梓人"

的"大兽"、"小虫"之分,相当于脊椎动物和无脊椎动物,这基本是正确的。

《周礼·地官·司徒》中将脊椎动物分成"毛物"、"鳞物"、"羽物"、"介物"和"蠃物",这与《管子·幼官》的分类一致。《周礼·地官·司徒》将植物分成"皂物"、"膏物"、"核物"、"荚物"和"丛物"。其中"皂物"的"皂"指山毛榉科植物果实(如板栗之类)外面的壳;"荚物"的"荚"是豆科植物的荚果。这种分类,依据了植物的繁殖器官,增加了准确性。由于植物的根、茎、叶等营养器官可因水、肥和气候等外部条件的影响而差别很大,相对而言,繁殖器官花和果的变化不会太大。所以,依据它们来进行植物分类是很科学的。近代植物学主要也依据花果实来分类。

在《管子·地员》中,对植物生长与一些重要生态因素之间的关系,有比较详细的论述,为后人留下了早期的生态学知识。《地员》篇讲到植物与土壤、地形的关系,明确指出:"凡草土之道,各有谷造,或高或下,各有草土"。意思是说,凡草类与土地的结合特点,各自都有其最好的归趋。或在高处,或在低处,各有不同的草类和土壤。《地员》篇记述了一个山地从高到低的植物分布情况,表明山地植物垂直分布的序列,这是我国古代对植物垂直分布最早的记载。[①] 在论述全国土壤时,《地员》篇指出不同地形上植物分布的不同:"其山之浅,有苋与介;……其山之枭,多桔、苻、榆;其山之末,有箭与苑;其山之旁,有彼黄蚖……"意思是说:山中有浅水之处,有苋、芥菜等水生植物;山阜之地,有榆属树木;在山中间,有悬钩子属植物;在山边上,生长着葫芦科的贝母。

对于植物与水的关系,《地员》篇结合一个典型的植物与水分环境关系的实例作了描述:"叶下于檗,檗下于莞,莞下于蒲,蒲下于苇,苇下于雚,雚下于蒌,蒌下于荓,荓下于萧,萧下于薛,薛下于萑,萑下于茅。"据近人研究,"叶"就是在深水中生长的植物"荷",在这12种植物中处于最低位置,依次而上居于最高位置的是生长在干旱地方的茅(即今白茅)。[②] 这样,《地员》篇就把陆地上的水生植物、湿生植物、中生植物、旱生植物的不同生长环

① 中国科学院自然科学史研究所地学史组主编:《中国古代地理学史》,第五章,第一节,北京,科学出版社,1984。

② 夏纬瑛:《管子·地员篇校释》,30~38页,北京,农业出版社,1981。

境给以确切的记录，反映了陆地上植物的生长与水分环境的密切关系。

对于植物与光照的关系《地员》篇也有记述，例如，对"九州之土"的"沃土"这样写道："五沃之土……若在陬、陵之阳，其左其右，宜彼群木，……其阴则生之楂棃，其阳安树之五麻……"指出了山峦上阳坡与阴坡沃土上所宜生长的植物的不同，反映了太阳的光照与植物生长的关系。

先民通过长期的自然观察，到春秋战国时期还形成了对生物分地域界线的有意义的认识。见《考工记》记载："橘逾淮而北为枳，……此地气然也。"《晏子春秋·内篇杂下》记载，晏子对楚王曰："婴闻之，橘生淮南则为橘，生于淮北则为枳，叶徒相似，其实味不同，所以然者何？水土异也！"可知"橘生淮南"之类作为春秋战国间流行的谚语，已是一般人的常识。

今人对"橘逾淮而北为枳"有不同解释。一种观点认为，橘枝接枳，得杂交橘，仍保持着枳的遗传特性，再种复为枳。古人未究其理，便以为橘逾淮而变为枳。也有观点认为，橘接枳上，若将橘移植于淮河以北，在冬季必被冻死，只可留下作砧木的枳还能成活。[①] 虽然各家理解有异，但可肯定，当时先民已明确知道以淮河为界，柑橘不能由南向北迁移。

《考工记》中还表明先民对"动物地理分布界线"的认识。"**鸜**鹆不逾济，貉逾汶则死，此地气然也。""**鸜**鹆"今称"八哥"。"济"指"济水"古四渎（长江、黄河、淮河、济水）之一。《左传》昭公二十五年专有记载："'有**鸜**鹆来巢'，书所无也。"**鸜**鹆到鲁国，是过去记载上所没有的事。可见在一般情况下，**鸜**鹆是不逾济而北的。

"貉"是生活在北方的皮毛兽，形似狐狸。"汶"是"汶水"，在山东南部，今名大汶河。"貉逾汶则死"，是说貉南渡汶水之后，由于不适应汶水以南较温暖的气候条件，无法生存而死去。

以上所说的先民关于生物地理分布界线的认识后来被多方转引。英国博物学家达尔文的名著《物种起源》提到："即中国古代的百科全书，亦早提及将动物自一地向它地迁移，必须谨慎。"[②] 这里所说的"中国古代百科全书"，就

---

① 杨文衡：《对我国古代生物地理分布知识的初步探讨》，见《科学史集刊》第10辑，北京，地质出版社，1982。

② 闻人军：《考工记导读》，成都，巴蜀书社，1987。

是明代医学家李时珍的《本草纲目》。在《本草纲目·禽部》卷四九记载有：
"《周礼》：'鹡鸰不逾济'，地气使然也。"又《本草纲目·兽部》卷五一引文
有："貉逾汶则死，地气使然也。"显然，《考工记》的这些记载已经溶入了达
尔文的进化论巨著之中。

在长期的生产活动中，春秋战国时期的政治家和睿智之士还逐渐认识到保
护生物资源的重要性，形成初步的生物资源保护意识，并采取了一定的保护措
施。对保护植物资源，《管子·八观》的作者指出："山林虽广，草木虽美，宫
室必有度，禁发必有时。"《荀子·王制》强调："斩伐养长不失其时"，"草木
荣华滋硕之时，则斧斤不入山林，不夭其生，不绝其长也"。生物资源的重要
特点就是能够再生、更新。一个成熟的森林群落，只要不是过度地采伐，是能
够承受一定量的砍伐而很快恢复的。荀子的这段话正是提倡合理地利用资源。
对保护动物资源，《管子·八观》论道："江河虽广，池泽虽博，鱼鳖虽多，网
罟必有正，船网不可一财而成也。"《荀子》讲得更透彻："养长时，则六兽
育"。"鼋、鼍、鱼、鳖、鳅、鳣孕别之时，网罟、毒药不入泽，不夭其生，不
句绝其长也。""污池渊沼川泽，谨其时禁，故鱼鳖优多，而百姓有余用也。"①

为了保护森林等生物资源，春秋战国时期，有的国家还制定了防火法令
——"火宪"。见《管子·立政》记载："修火宪，敬山泽林薮积草，天财之所
出，以时禁发焉，使民足于宫室之用，薪蒸之所积，虞师之事也。"可知，当
时的"火宪"和保护山林等自然资源的事是由虞师掌管的。

春秋战国时期的生物资源保护，中心内容是强调以时禁发，永续利用，即
以今天的眼光看，也具有可持续发展的科学合理性。

五、物理学知识

春秋战国时期，我国物理学知识的水平可以《考工记》和《墨经》为
代表。

《考工记》是春秋末年齐国人的著作，它记述了30项手工业生产的设计规

---

① 《荀子·王制》。

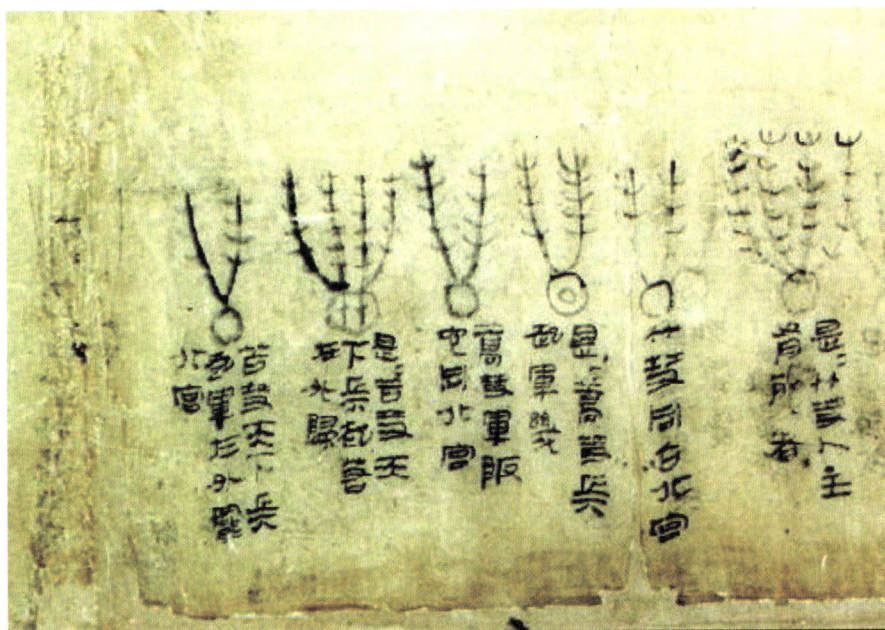

长沙马王堆汉墓帛书中的彗星图
湖南省博物馆藏

妇好铜镜
商
直径11.8厘米，边厚0.2厘米
河南安阳殷墟博物馆藏

湖北随州曾侯乙墓漆箱

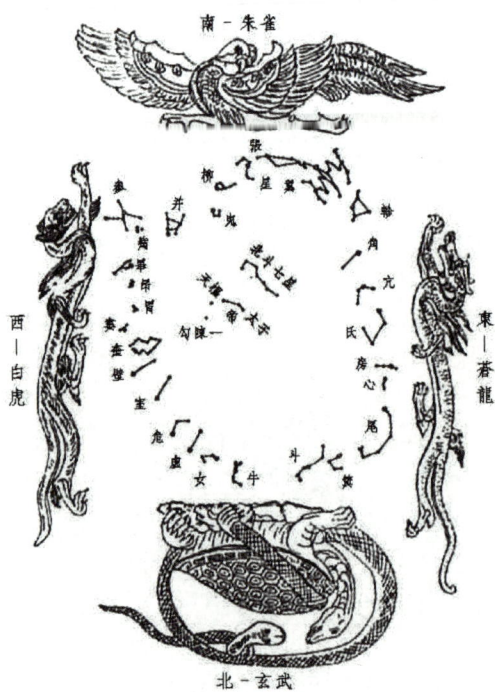

传统二十八宿天文图

原始青瓷盂
西周
高6厘米，口径8.9厘米，底径6.4厘米
安徽博物院藏

原始青瓷鼎
炊具　西周
高7.7厘米，口径9.11厘米
安徽博物院藏

连珠纹溜肩铲
商
通长13.2厘米
江西省博物馆藏

云纹锸
商
长11.5厘米
江西省博物馆藏

铜镰
商
通长20厘米
江西省博物馆藏

范、制造工艺等技术问题，是一部有关手工业技术规范的汇集。可贵的是，《考工记》对手工业生产的若干技术环节还进行了科学概括，有着丰富的物理学，尤其是力学知识。

《考工记·轮人》谈制造车轮的要求，认为轮的制造"欲其朴属而微至"。所谓"朴属"就是坚固，所谓"微至"指车轮和地面的接触面微小。因为"不微至，无以为戚（疾）速也"。这里提出了滚动物体（车轮）的滚动速度和滚动物体接触面积的多寡关系，认为接触面小则滚动快。怎样才能做接触面积小呢？《轮人》说："取诸圜也。"只有将车轮做得正圆。这是有关滚动摩擦理论的萌芽。

《考工记·辀人》中最早记述了惯性现象。其文曰："劝登马力，马力既竭，辀犹能一取焉。""劝"此处有助意；"登"，郑玄注："登，上也。""辀"指代车。述文即说，当马力用完（或马不再拉），但是车还能顺势行进一小段距离。

物体保持原有状态的本性，称为惯性。它是物质的基本属性之一。当不受外力作用时，任何物体都力图保持原有的静止状态或匀速直线运动状态。《考工记》的这段记载正是惯性现象的典型例子。

《考工记》记载了浮力应用的知识。《轮人》篇记述制作车辐时写道："揉辐必齐，平沈（沉）必均。"这是说全部车辐制成后，必须把它们放到水中测量，看它们的浮沉情况是否相同。浮沉情况相同，它们的质量才算均匀。车轮制成后，还要"水之以眂其平沈之均也"，即要将车轮放到水中，观察各部分的浮沉是否相同，以确定车轮质量分布是否均匀。

浮力还被用来检验箭杆的质量分布。《矢人》篇说："参（三）分其长，而杀其一；五分其长，而羽其一。以其笴厚，为之羽深。水之以辨其阴阳，夹其阴阳以设其比，夹其比以设其羽。参（三）分其羽，以设其刃，则虽有疾风，亦弗之能惮矣。"这是说，先把箭杆前部三分之一削好准备装箭头，再把后部五分之一做好准备装配羽毛，要根据箭杆的厚薄，来决定装配羽毛的深浅，而关键在于用水来测量。要把按比例制作好的箭杆投入一定装置的水中，测定它的沉浮情况，然后根据沉浮情况来装置箭杆末端的"比"，按照"比"的装置情况在周围装配羽毛，根据装配羽毛部分长度的三分之一来装配有锋刃的箭头。这样发射时即使遇到大风，箭的运动也能保持稳定而不受影响。这不但利用水的浮力测量箭杆各部分的比重以准确地装配箭杆，而且认识到在空气中运动的物体各部分的制作比例一定要恰当，才能使它的运动保持稳定。《考工记·矢人》还进一步研究了箭矢在空中飞行时，因重心和羽毛设置不当，引起的各种不正常情况："前弱则俯，后弱则翔，中弱则纡，中强则扬，羽丰则迟，羽杀则趮。"这是说，箭杆前轻或后轻会影响箭飞行的高低，中部轻或重会使得飞行曲折或高飞，羽毛太多则飞行缓慢，太少则飞行不准。这是关于飞行物体的重心、形状同重力、空气阻力之间的关系以及箭矢飞行轨道的早期探索，是空气力学的萌芽。

春秋战国时期的声学知识多与乐器有关。在《考工记》所记载的有关钟、鼓、磬这三种打击乐器的制作规范中，包含着丰富的声学知识。

钟，即古代的编钟，《考工记》中有"凫氏"一篇，对编钟的各部名称、制作规范，发声原理和调音等问题作了细致详备的论述。关于钟的发声原理，《凫氏》写道："薄厚之所震动，清浊之所由出，侈弇之所由兴，有说。钟已厚则石，已薄则播，侈则柞，弇则郁，长甬则震。"意说，钟的厚薄，关系到声音的震动，这是钟声清浊的由来；也和钟口的宽狭有关。这是可以解释的：钟壁过厚，犹如击石，声音不易发出；钟壁太薄，钟声响而播散；若钟口偏宽（侈），则声音大而向外（柞）；若钟口偏狭（弇），则声音不舒扬（郁）；若钟甬太长，则钟声发颤。这里清楚地揭示了钟体厚薄、钟口宽狭和音调清浊、高低、舒郁之间的内在联系。《凫氏》又说："钟大而短，则其声疾而短闻；钟小而长，则其声舒而远闻。"即说，若钟体大而短，则钟声急疾减失，传播距离近；若钟体小而长，则钟声舒缓悠长，传播距离亦远。《凫氏》对钟的发声原理所作的论述，在一定程度上是符合现代声学原理的。

《墨经》中有关力学和几何光学的内容富有特色。"力"是力学中的最基本的概念之一，《墨经》最早给出了"力"的定义。《经上》说："力，刑（形）之所以奋也。"认为力是物体所以由静到动，动而愈速和由下而上的原因。这个定义十分接近近代物理学对力的理解，是人类对力的最早的理性认识。《经说》对力作了进一步解释，把物体的重量看作是一种力的表现，并指出它的下落沿着铅直方向，已含有力具备方向性的涵义。①

《墨经》对平衡问题，特别是杠杆的平衡问题进行了深入的探讨。《经下》说："天（衡）而必正，说在得。"《经说下》解释道："衡：加重于其一旁，必捶（垂）。权重相若也，相衡，则本短标长。两加焉，重相若，则标必下，标得权也。"这是说杠杆要保持平衡，其支点一定得在正中。如果加重其中的一边，这一边一定下垂；要想使两边恢复平衡，就应该移动支点，使重臂短力臂长。如果同时在两边增加相等的重量，力臂的一边必定下垂，这是由于力臂和砝码的联合作用大于重臂和重物的联合作用。这一解释不仅考虑到力或重的多少，而且还考虑到了距离和平衡的关系，实际已发现了杠杆的平衡原理。对随遇平衡的问题、对浮力与重力的平衡关系问题、对有关弹性力学的问题等一系列力学问题，《墨经》也都作了创造性的阐述，作出了可贵的贡献。

在光学方面，《墨经》也留下了一系列难得的记载。它通过对针孔成象实验的描述，阐明了光的直线传播原理。② 它利用光的直线传播这一性质，全面地论证了光源、物体、投影三者之间的关系，正确地解释了影动和影不动的原因。它还解释了重影现象，区别了本影和半影。对平面镜反射、凹面镜成像和凸面镜成像的原理《墨经》也进行了探讨。它认为：若人站在平面镜之上，其像是倒立着的。平面镜所成的像只有一种。当人走向镜面，像随之；离开镜子，像亦随之。对凸面镜而言，物体不管在什么位置上，像仅有一种，而且总是在镜面的另一侧，并总比原物体小。凹面镜却不同，当物体放在球心外时，得到比物体小的倒立的像，当物体在球心内时，得到的则是比物体大的正立像。这些分析都是符合实际的。

《墨经》对时间、空间、运动和时空的相关性也进行了研究。《经上》说："久（宙），弥异时也。宇，弥异所也。"《经说上》解释道："久（宙），古今旦暮。宇，东西家南北。"可见"久"、"宇"并举，就是时空并举。"久"是所有不同具体时间的概括，它包括过去、现在、白天、晚上；"宇"是所有不同处所的概括，它包括东、西、南、北。时间和空间既有差异性，又有同一性。无

---

① 《经说》："凡重，上弗挈，下弗收，旁弗劫，则下直。"
② 《经说下》："光之照人若射，下者之人也高，高者之人也下。足蔽下光，故成景（影）于上；首蔽上光，故成景（影）于下。"

限，就是时间和空间的无限性所在。《墨经》还指出物体的移动，自然经过一定的空间和时间，而空间位置的变迁，同时间的流逝紧密相连，正确认识了时空和物体运动之间的关系。

六、地理学的初创

春秋战国时期，是我国地理学的初创期。"地理"这一名词，就是这一时期出现的。[①] 我国最早的一批地理著作《禹贡》、《五藏山经》、《管子·地员》等，也都先后产生于这一时期。

《禹贡》假托是大禹治水时期的作品，其实写成于春秋初期。[②] 由"九州"、"导山"、"导水"、"五服"四个部分组成。"九州"部分主要依据自然条件中的河流、山脉和大海的自然分界，把所述的广大地区分为冀、兖、青、徐、扬、荆、豫、梁、雍等九州。如把山西、陕西交界的黄河以东，河南黄河以北，河北黄河以西的地区称为冀州；把山东济水与河北黄河之间称作兖州；把湖北荆山与河南黄河之间称作豫州等。这种区划具有明显的地理学意义，带有自然区划思想的萌芽。还记载了分区的物产民生以及交通状况，又根据土壤的颜色和性状，将九州的土壤分为白壤、黑坟、赤埴坟、涂泥、青黎、黄壤、白坟、坟垆等类别，具有一定的科学价值。"导山"、"导水"两部分专论山岳和河流，开创了我国古代地学分区域、分部门研究的范例。"导山"按照从北到南的顺序，采取列举山名的方式，把我国的山系分为由西向东延伸的四列，四列再细分为九段，即"导九山"。"导水"部分按照先南后北、先上游后下游、先主流后支流的顺序，叙述了九条河流的水源、流向、流经地、所纳支流和河口等内容，使人对"九州"之内河流水系的分布概况一目了然，是我国水文地理的先声。"五服"部分以帝都为中心，将天下分为五类地区。帝都 500 里之内的地带为"甸服"（王畿），再向外 500 里为"侯服"（诸侯领地），再向

---

① 《周易·系辞传》："仰以观于天文，俯以察于地理，是故知幽明之故。"《管子·形势解》："上逆天道，下绝地理。"《礼记·礼器》："天时有生也，地理有宜也。"

② 具体论证见金景芳、吕绍纲：《〈尚书·虞夏书〉新解》，290～297 页，沈阳，辽宁古籍出版社，1996。

外500里为"绥服"（中国文化所及的边境地区），再向外500里为"要服"（结盟的外族地区），再向外500里为"荒服"（未开化地区）。指出我国东临大海，西北为沙丘移动的沙漠，南方也濒临大海。《禹贡》作为我国地理学著作之祖，对后世地理学的发展产生了深远的影响。

《五藏山经》是《山海经》中成书年代最早的一部分，大约是战国时期的作品。《五藏山经》以山岭为纲，把我国的山地分为南、西、北、东、中5个走向系统，列举了447座山，分为26列，每一列山都注明方向、道里、相对位置，然后分别叙述各部分的河流、湖泊、沼泽、动植物、矿物种类和产地，第一次对我国广大山区的地理和蕴藏进行了探索。其中以河南西部为主的"中山经"叙述最详，当是作者最为熟悉的地方。《五藏山经》记载了许多宝贵的自然地理知识，其中有关于南方山地喀斯特溶洞的描述，有关于北方干旱及半干旱地区季节性或间歇性河流的描述，有关于潜流或地下暗河的描述等等。对不同地带自然地理的记述，往往能抓住要害，反映出特色。

《管子·地员》也是战国时代的作品，这是一部探讨土地和植物相互关系的规律性的部门地理性质的著作。《地员》按照农业生产的情况，把丘陵地分为15种，从低依高依次排列为：坟延、陕之旁、祀陕、杜陵、延陵、环陵、蔓山、付山、付山白徒、中陵、青山、破山赤壤、陛山白壤、徒山、高陵土山。命名的方法是，凡土阜都冠以"陵"，有石的丘陵叫做"山"。随地势增高，地下水位变深。从中陵起，掘下一百余尺至一百几十尺到达水泉，再往下掘，则是硬石或石头等，均无地下水了。这一描述，清楚地说明了丘陵地区的地形、地质情况。

《地员》还分类叙述了五种山地地形：地势最高的叫悬泉，地下水深2尺，是有泉自上流下的山；其次为复吕，地下水深3尺，是重山的顶巅；再次为泉英，地下水深5尺，是有泉的双重山；再次为山之材，地下水深14尺，是指山的半山腰；最低的山叫山之侧，地下水深21尺，是山侧旁由山麓降至山下的地方。

《地员》对丘陵和山区地形的分类是以科学的实践为基础的，特别是要了解泉水以下更深处的地质构造，这在无任何现代化测量的时代，需要克服很大的困难。

《地员》的后半部专论"九州之土",比《禹贡》关于土壤的论述要深入、详细得多。它根据土色、质地、结构、孔隙、有机质、盐碱性和肥力等特性,结合地貌、高度、坡面、水文和植被等条件,将土壤分为上土、中土、下土三大等级,每一等级又分为六类,每一类又分为赤、青、黄、白、黑五种。这种分类有一定的地理学价值,大体符合土壤性质的实际。因此它可称为我国最古的有关生态地植物学的著作。

《孙子兵法》主体内容作成于春秋末期,其中包含有与军事有关的区域地形知识。《九变》篇和《九地》篇说到十种区域地形,分别是:圮地、衢地、绝地、围地、死地、散地、轻地、争地、交地、重地。这是指战场所在的地区而言。《行军》篇和《地形》篇提到十二种地形,分别是:绝涧、天井、天牢、天罗、天陷、天隙、通地、挂地、支地、隘地、险地、远地。这是指作战时可能遇到的复杂地形,其范围较小,地形地物也比较具体,可算作"军事地形学"的雏形。

战国末年,齐人邹衍提出了"大九州"说。邹衍先探究中国的地理和物产,然后对"人之不能睹"的海外世界进行推论。他认为,中国叫赤县神州,九个像赤县神州那样大的州合成一个大州,周围有裨海环绕着;这样的大州又有九个,周围又有大瀛海环绕着。因此中国只是整个"大九州"的八十一分之一。[①] 这是以盖天说为基础而对世界大地水陆分布的大胆猜想。《尸子》一书也推测北极有常年结冰的情况。[②] 这反映当时人们地理视野的扩大。

我国地图起源很早。《周礼》关于地图及其种类的记载尤为详尽,有全国行政区域图、农业生产专门性地图、基础地形图、矿产分布图、道路交通图、墓域地图等。《论语·乡党》有"负版者"的记载,"版"是刻在木板上的一国封疆图版。这种地图,常有专人背负运送,说明春秋末年已普遍使用。

春秋战国时期的地图,除已使用一些符号来表示山川、河流、道路、城郭、林木、物产外,还有一定的比例关系。《战国策·赵策》记载苏秦对赵王

---

① 《史记·孟子荀卿列传》:"儒者所谓中国者,于天下乃八十一分之居其一分耳。中国名曰赤县神州。赤县神州内自有九州,……中国外如赤县神州者九,乃所谓九州也。于是有裨海环之,人民禽兽莫能相通者,如一区中者,乃为一州。如此者九,乃有大瀛海环其外,天地之际焉。"

② 《尸子》:"北极左右,有不释之冰。"

说："臣窃以天下之地图案之，诸侯之地五倍于秦。"能从地图上看出地域大小的倍数，推想这种地图是按比例尺缩绘制的。《管子》的《地图》篇记载："凡主兵者，必先审知地图，**辕辕**之险，滥车之水，名山、通谷、经川，陵陆、丘阜之所在，苴草、林木、蒲苇之所茂，道里之远近，城郭之大小，名邑、废邑、困殖之地，必尽知之。地形之出入相错者，尽藏之，然后可以行军袭邑。"从书中的论述看，当时的地图已明确用各种符号来表示山川、城郭、道路、植被等内容，图上有比例尺，可以算出山川城郭的大小、道路的远近。1978 年河北平山县的中山国中山王墓出土了一幅镌刻在铜版上的规划图（即《兆域图》），距今已有 2300 年，这是我国目前发现最早的一幅建筑平面图。比例尺约为 1：500，采用上南下北的方位，图中线条平直，文字注记排列对称，绘制相当整齐精确。① 1986 年甘肃天水放马滩一号秦墓出土了绘在松木板上的七幅地图，这是战国晚期秦国所属县的行政区域、地形和经济概略图。它们已用统一的比例来表示地名、关隘、建筑等，如大小不同的方框表示不同等级的地名，细而直的线表示道路，粗细不等而弯曲的线表示河流，二并列半圆形图案表示道路所通过的山峰或桥梁，圆点、三角、半月形图案表示关隘，亭形图案表示建筑，图中空白地方标注地名、溪谷、山名等。这些地图是经实测后绘制的，具有相当高的准确性。有的地图下方标有"下"字，指示本图的正读方向，即上北下南，左西右东，与现今地图方位相同。说明后来裴秀总结的"制图六体"的原则至晚从战国起即已开始应用。②

七、自然观与科学观

在长期的生产劳动和生活中，古人不断观察，勤于实践，对自然界逐步形成一定的看法，积累起初步的理性认识。至春秋战国时期，形成了以五行、阴阳学说和气论为代表的自然观和科学观。

"五行"一词最早见于《尚书·甘誓》："有扈氏威侮五行，怠弃三正。"

---

① 傅熹年：《战国中山王墓出土的〈兆域图〉及其陵园规制的研究》，杨鸿勋：《战国中山王陵及兆域图研究》，载《考古学报》，1980 (1)。
② 何双全：《天水放马滩秦墓出土地图初探》，载《文物》，1989 (2)。

《甘誓》是夏后氏与扈氏作战的誓词。一般认为它作于商殷时代。而五行说的具体表述则最早见于《尚书·洪范》："五行：一曰水，二曰火，三曰木，四曰金，五曰土。水曰润下，火曰炎上，木曰曲直，金曰从革，土爰稼穑。润下作咸，炎上作苦，曲直作酸，从革作辛，稼穑作甘。"《洪范》对五行思想的陈述表明：其一，水、火、木、金、土是人们生活最重要的物质。其二，对五类物质的简单属性进行了初步的描述，即水流就下；火势上腾；木性刚柔有致，可直可曲；金性有塑有硬，可展可固；土性肥厚，可长五谷。其三，首次把五行的水、火、木、金、土与咸、苦、酸、辛、甘五味联系起来，是五行配伍的先声。《洪范》属周书，据考证，其文原为商代，周初曾加工编纂，春秋时再作整理补充。《洪范》的作者们把五行托箕子之口说出，大概是想说明五行思想源于商代。《洪范》标志着原始的五行观念至迟在西周初期已经形成。

西周末期，五行说的本体论意义初见端倪。周幽王九年（前773）太史伯回答郑桓公之问时说："故先王以土与金、水、木、火，杂以成百物。"原意旨在说明"和异稗同"的道理，但已道出这五种物质可以"杂以成百物"；《国语·周语下》记载，公元前572年单襄公说："天六地五，数之常也。""天六"是指阴、阳、风、雨、晦、明六气，"地五"则指金、木、水、火、土五行，并把它们上升到自然规律（"数之常也"）。《逸周书·武顺》也说："地有五行，不通曰恶。"这些都说明原始五行说已具有一定的本体论意义，但五行是属于地的，不涉及天事，尚不能概括一切。

大约在西周末到春秋时期，人们在生活实践中逐步认识到木、火、土、金、水五种物质具有相互克制的关系（即"五行相胜"）。《逸周书·周祝》载："陈彼五行，必有（所）胜。"《左传》记有晋国史墨利用"火胜金"[1]、"水胜火"[2]，解释日食及其占卜的结果，推测人事征伐胜负之事。关于五行相克顺序的最早记载见《左传》文公七年："水、火、金、木、土、谷，谓之六府。"文中虽未直言五行相克，但由前五种物质的排列顺序，不难看出五行相克的关系。更明确的表述，则见于西汉《淮南子·墜形训》："木胜土，土胜水，水胜火，火胜金，金胜木。"

---

[1]《左传》昭公三十一年。
[2]《左传》哀公九年。

五行相生关系的完整表述，最先在《管子》中出现。《管子》中的《幼官》、《四时》、《五行》等篇凡涉五行说，均属于五行相生系统。如《四时》篇把东、南、中、西、北五方分别记以木、火、土、金、水五行；《五行》篇把一年分成五个七十二天，分别与干支和五行相配，其中五个季节的演进顺序分别与木、火、土、金、水相配，都看出五行相生的明显思想。更明确的表述，则见于《淮南子·天文训》："水生木、木生火、火生土、土生金、金生水。"

总之，至战国末期，五行说已由当初的五种物质材料，发展成一种循环相生、循环相克的事物演化学说，不但是五种物质属性的理论，而且成为具有普遍意义的理论模式，它满足既能相生又能相克，不可逆而又符合最简单原则，并且渗透到自然科学的许多门类。如五行分类思想促进了春秋至秦汉时期许多基本概念的形成；五行对应联系在医药学、天文学、农学、炼丹等理论中成为整理材料、阐述基本道理的重要方法；五行生克制化思想成为中医学的基本原则；五行循环演化思想被中医学用以构造五脏生克理论等等。

阴阳学说大约形成于西周末到春秋时期。阴、阳初义指日光向背，阴阳合用始见于《诗经·大雅》："既景乃冈，相其阴阳。"后来阴、阳的词义引申、涵义演变。周宣王即位（约前827），虢文公向宣王进劝农事时，曾描述春季是"阳气俱蒸，土膏其动"，还将阴阳与雷电联系起来："阴阳分布，震雷出滞。"[①] 周幽王二年，泾、渭、洛三川（今陕西中部）皆震，大夫伯阳父就用阴阳失序解释地震的发生是"阳伏不能出，阴迫而不能蒸，于是有地震"[②]。公元前645年，宋国出现陨石下坠和"六鹢退飞"现象，周内史叔兴解释"是阴阳之事，非吉凶所生也"[③]。公元前545年，鲁国大夫梓慎用阳不胜阴的道理解释日食的发生："日有食之，不为灾……阳不克也，故常为水。"[④] 这期间秦国医和也提出了阴阳六气说："六气曰：阴、阳、风、雨、晦、明也。"并认为人的六疾成因是"阴淫寒疾，阳淫热疾"[⑤]。总之，从公元前9世纪到前6世纪末，人们已经用阴阳概念来解释各种自然现象，包括气候变化、雷电、地

---

①②《国语·周语上》。
③《左传》僖公十六年。
④《左传》昭公二十一年。
⑤《左传》昭公元年。

震、陨石、日食、疾病成因等。这一时期，阴阳已由原初的普通词语发展成具有相互对峙、抗衡的两类自然因素。

春秋末到战国时期，阴阳概念获得了进一步升华。《老子》认为"万物负阴而抱阳，冲气以为和"，即认为宇宙万事万物都有阴阳两种属性，在冲突和激荡中得到统一；《管子·四时》有"阴阳者，天地之大理也"；《荀子·天论》有"四时代御，阴阳大化"，"天地之变，阴阳之化"。阴阳已被看成宇宙万物的最基本属性，可以用来说明自然界的普遍联系。阴阳作为一种哲学概念也在易学中得到了充分的发挥和应用。《庄子》云"易以道阴阳"；在孔子及弟子所编纂的《易经·系辞传》中，提出了"一阴一阳谓之道"。《易传》的作者们显然是把阴阳看成是贯穿天地万物的大理，赋予它本体论和认识论的意义。《系辞传》又说："乾，阳物也；坤，阴物也。阴阳合德而刚柔有体。""刚柔相推，变在其中矣。"也就是说一阴一阳、一刚一柔、相互推移、即生变化，成为万事万物演化的总规律。这可以看作是对先秦阴阳学说的总结。

气论产生于西周，初始就与阴阳说结合。《国语·周语上》载："幽王二年，西周三川皆震。伯阳父曰：周将亡矣！夫天地之气，不失其序；若过其序，民乱之也。阳伏而不能出，阴迫而不能蒸，于是有地震。今三川实震，是阳失其所而镇阴也。阳失而在阴，川源必塞；源塞国必亡。夫水土演而民用也，水土无演，民乏财用，不乏何待？"伯阳父用阴阳的失调来解释地震的原因，其本质是在用"天地之气"的失序来解释天人关系。

春秋时期的"气"论是用来说明世界的秩序和普遍联系，还未涉及万物本源问题。

战国早期，老子提出："道生一，一生二，二生三，三生万物。万物负阴而抱阳，冲气以为和。"尽管学术界对具体字句的解释有不同观点，但在《老子》的宇宙生成体系中包含着气论的思想是被肯定的。"万物负阴而抱阳，冲气以为和"可以理解为阴阳二气氤氲涵和而为三，以生万物之意。这是中国哲学史上第一次提出阴阳二气化生万物的思想，当然这不是本原，因为在此之上还有一个最高的、绝对的"道"。即"道"是在气之先、天地之外的更为根本的东西。

《庄子·知北游》中明确提出了"一气"的概念："人之生，气之聚也；聚则为生，散则为死。若死生为徒，吾又何患？故万物一也。是其所美者为神奇，其所恶者为臭腐；臭腐复化为神奇，神奇复化为臭腐。故曰'通天下一气耳'。圣人故贵一。"

这里的"一气"，是从《老子》的"道生一"的"一"得来的。"通天下一气"表明世界为一连续统一的整体，万物都是经过气产生的，这是中国气论哲学的基本思想。上文还明确提出了聚散概念，《庄子·则阳》也有"阴阳相照相盖"，"聚散以成"。通天一气和聚散概念，在战国时期形成，并贯彻中国气论哲学的始终。不过，庄子的"通天一气"是"终不近道"的，也就是说比气更为根本的仍然是"道"："天地者，形之大者也；阴阳者，气之大者也；道者为之公。"

管仲学派有丰富的气论思想。《管子·内业》说："道也者，口之所不能言也，目之所不能视也，耳之所不能听也。""凡道，无根无茎，无叶无荣，万物以生，万物以成，命之曰道。"在这里，无形的"道"被看作宇宙万物生成的本源，显然是与老子"道"的思想是一致的。但管仲学派还把老子的"道"改造为精气：《老子》认为："道之为物……窈兮冥兮，其中有精，其精甚真，其中有信。"《管子·内业》则将"有精"的"精"诠释为"精气"："精也者，气之精者也。"而且在很多场合，管仲学派的道与气是互相通用的。如《管子·内业》说："道者，所以充形也。"《管子·心术下》则说："气者，身之充也。"在这里道与气是同一种东西；《管子·心术上》说，道"其大无外，其小无内"。《管子·内业》则说气"其细无内，其大无外"。道与气仍然没有什么区别。

荀子的自然观中既有《管子》和老庄的气论思想，又有所发展。他在《天论》中说："列星随旋，日月递炤，四时代御，阴阳大化，风雨博施，万物各得其和以生，各得其养以成，不见其事，而见其功，夫是之谓神；皆知其所以成，莫知其无形，夫是之谓天。"这显然与《庄子·田子方》中"至阴肃肃，至阳赫赫……两者交通成和而物生焉，或为之纪而莫见其形……日有所为，而莫见其功"是一脉相承的；同时，荀子又指出老子"见于诎无见于信"，庄子

"蔽于天而不知其人"①。表明荀子对老庄气论思想是有所批评地继承的。荀子还用天地阴阳之气的运动变化来解释自然界的奇异现象："夫星之坠、木之鸣，是天地之变，阴阳之化，物之罕者也。"② 荀子以气论思想对自然界进行分类有一段精彩的论述："水火有气而无生，草木有生而无知，禽兽有知而无义；人有气、有生、有知亦且有义，故最为天下贵也。"③ 在这里，荀子不仅把自然界分为无机物、植物、动物和人四大类，而构成这四大类的最基本的物质元素都是"气"；而且改变了原有五行系统将水、火、木、金、土等同排列的分类方法，将草木（植物）置于水、火之上，说明了当时人们分析归纳能力的提高。这是随着气论思想的发展最有系统，且较合理的一种分类方法。

气论自然观是在中国的社会生活、生产科技实践的基础上产生和发展的，它反过来又对中国古代的社会生活、生产和科学技术起到规范指导作用。气论不仅是中国古代哲学的大宗和主流，而且渗透到各门学科中去，为曾居世界领先地位的中国古代科学技术奠定了理论基础。

八、农牧业技术

农业与畜牧业是古代社会最早出现并形成的两大社会经济产业。我国古代的经济区域，是以黄河流域与长江流域为主，地处温带，水系丰富，土地肥沃，气候适宜，适合于农业、牧业的发展。

（一）农业技术

夏、商、西周时期，我国的生产方式，以自我延续的村落聚居农业为主。其耕作方式从"砍烧法"、"游耕制"转向以三年周期的轮流休耕制④。《尔雅·释地》说："田，一岁曰菑，二岁曰新田，三岁曰畬。"新开垦的地称作"菑"，田是第一年待耕而未耕之田，这种田杂草等野生植物虽然已经清除，土

---

① 《荀子·解蔽》。
② 《荀子·天论》。
③ 《荀子·王制》。
④ 参见何炳棣：《华夏人本主义文化：渊源、特征及意义（上）》，载《二十一世纪》，1996年2月号。

块虽然已经翻掘平整，但土壤内仍有大量植物残体没有腐烂，如立即播种收获一定很少。到第二年土壤中原有的植物残体已经彻底化为腐质，播种就会获得高产。新开垦的田要到第二年才开始耕种，所以称为"新田"。《周礼·大司徒》说："不易之地家百亩，一易之地家二百亩，再易之地家三百亩。""不易之地"即连年耕种之地，"一易之地"即三年中休耕一年之地，"再易之地"即三年中休耕二年之地。通过休耕来提高产量，这种方法并非始于这一时期，但影响却非常长远。

从夏商到西周，农业生产工具有了一定的改进。二里头文化遗址中发现的生产工具有斧、镰、铲、锛、耒等，制作材料则为石、骨或蚌壳。商代出现了少量的青铜农具。西周农具有耜、钱、镈、铚、艾、刀等，耜、钱是翻土、挖土工具，镈是除草工具，铚和艾是收割工具。农具质料与商代基本相同，但金属制品略有增加。

从古文献看，夏人已知道根据星象和物候来从事农业活动。《禹贡》有"任土作贡"说，大概夏人已意识到了土质与农作物品种之间的相关性。商代农业已是早期的精耕细作的锄耕农业。甲骨文中有"衮田"一词，也就是开荒；又有"耤"和"**㕚**"字，作动词用时指翻耕土地；有"立黍"、"立稷"之说，指种植庄稼，时间都在一月、二月和十三月，相当于现在农历的二至三月前后，春播季节与现在同；有"薅"字，其中的"辰"是蚌质农具，字像手持蚌器除草松土形；有"畎"字，"畎"是田间小沟，说明商人已挖掘沟洫引水灌溉；有"屎田"的记载，"屎田"即"粪田"，指对农作物施肥；有"刈"字、"啬"字，指收获；有"廪"字，指存粮之处。西周实行耦耕。周人对各种谷物的品质优劣了解很细知道选种，并注意掌握时间。据《诗经》可知，周人在田间管理上要进行"耘耔"，耘是除草，耔是在作物根部培土。已使用绿肥，并已有防治病虫害的知识。西周时期关中地区已有小部分稻田，依靠引水灌溉进行种植。

春秋战国时期，传统农业发展进入一个重要的阶段。铁农具和牛耕的使用为兴修水利、开垦荒地和改进耕作技术准备了条件。传说神农氏是"牛首人身"，似乎牛很早就与农业有着某种联系，但真正将牛用于耕作却是在春秋时期。《史记·仲尼弟子列传》提到"冉耕字伯牛"，"司马耕字子牛"，以牛作为名耕的表字，说明当时已使用了牛耕。春秋战国时期也出现个体农民，他们必须自备一套比较齐全的农具，才能独立完成全年的农事。《管子》记载："一农之事，必有一耜、一铫、一镰、一鎒、一椎、一铚，然后成为农。"上述六种农具，按其用途，可归为整地、中耕除草、收获三大类。

春秋战国时期，农业技术的重大进步还表现在开始大量地使用肥料，改良土壤。当时使用的肥料主要是"粪"，人们明确认识到"积力于田畴，必粪且溉"，提出"多粪肥田，是农夫众庶之事"。由于大量使用包括人畜粪溺在内的废弃物作肥料，所以，后来"粪"字也就成了肥料的专称。在改良土壤方面，春秋战国时期发明了一种"土化之法"。《周礼·地官》中有"草人"一职，草人的责任就在于"掌土化之法，以物地，相其宜而为之种"。据郑玄解释，所谓"土化之法"就是"化之使美"，即用粪改良土壤的意思。

春秋战国时期还出现了专门讲述农业生产和农业技术的农书。根据《汉书·艺文志》的著录，汉代及汉代以前有农家著作 9 种，其中《神农》20 篇和《野老》17 篇系"六国"时的作品。但是这些六国时的作品都已失传，流传至今的比较系统地反映先秦时期农业生产和农业技术的文献是《吕氏春秋》中的《上农》等 4 篇。

《吕氏春秋》成于秦王政八年（前239）。其中《土容论》有《上农》、《任地》、《辨土》、《审时》四篇。《上农》论述重农抑商政策的必要性及其措施，是中国保存至今的最早的农业政策论文之一。《任地》、《辨土》、《审时》则为中国保存至今的最早的农业技术论文。《任地》主要论述土壤耕作和作物栽培的原则和方法，文中提出了农业生产技术的十大问题，前五个问题主要是针对耕作提出的，目的是为农作物创造良好的生长发育条件；后五个问题是针对栽培提出的，目的在于提高作物的产量和品质。《任地》篇中还提出了正确处理土壤坚硬与柔和、休闲与连种、瘦瘠与肥沃、紧密与疏松、潮湿与干燥等矛盾的耕作原则，论述了畎亩制的利用和整地方法、及时耕作等问题。《辨土》篇承接《任地》篇讨论了土壤耕作和作物栽培的具体技术方法，如土壤耕作的顺序、"三窃"（地窃、苗窃、草窃）三种危害的防治等。《审时》篇则主要讨论适时耕种同作物产量与质量的关系，并具体列举了禾、黍、稻、麻、菽、麦等六种作物，对其耕种"适时"与"失时"的结果作了对比，强调适时耕作的重要性。《任地》、《辨土》、《审时》三篇大体构成一个整体，带有作物栽培术通论的性质。它所总结的土壤耕作和作物栽培经验，奠定了中国古代精耕细作科学技术的基础。

（二）畜牧业技术

夏、商、西周时期，畜牧业已比较发达，饲养的马、牛、羊、鸡、犬、猪六畜齐备。从商卜辞看，当时祭祀用牲数目相当多，一次用牲百头以上者，不乏其例。最高用牲量一次甚至达"千牛"。如果没有大量存栏牲畜，是不可能提供这么多牺牲的。周代，畜牧生产占有相当大的比重。《诗经》中有关畜牧业的记载不少，如《小雅·无羊》是一首周宣王的考牧诗，诗中描述放牧的情形："谁谓尔无羊？三百维群。谁谓尔无牛？九十其𪘁（黑唇黄牛）。"

周代的家畜构成方面，马的地位显著提高，并出现了由政府经营的以养马为主的畜牧业。《周礼》中记载了一整套政府设置的管理畜牧业的职官和有关制度。例如"牧人"一职掌管牧养六畜，"校人"、"牧师"、"圉师"、"庾人"、"趣马"、"巫马"等分别负责马的放牧、饲养、调教、乘御、保健等。家畜的繁育技术在周代开始也受到重视。《周礼·夏官·校人》有"执驹"的记载，就是指在春季马匹交配时严格管束好幼驹，使其不混杂于牝马之间，滥肆交配而影响正常的生长发育。为了保证牝马不空怀，提高产驹量，牝牡头数需要有适当的比例。《周礼·夏官·校人》记载："凡马，特居四之一。"就是说三匹母马要加入一匹公马。《周礼·夏官》有"趣马"职，是专为良马保健的；有"巫马"职，"掌养疾马而乘治之，相医而药攻马疾"，是专门治疗病马的；有"攻驹"、"攻特"之说，即指骟马[1]。《周礼》的这些记载，在殷墟卜辞中大多都可得到印证。卜辞中的"炳驹"即《周礼》中的"执驹"。卜辞中不但有阉割马的记载，还有阉割猪、羊的记载。从卜辞和《周礼》的记载可知，商周畜牧业已采用放牧与圈养相结合的方式进行，知道选择种畜，对幼畜采取及时断奶、分圈的技术，家畜外形学开始出现，已用"看牙口"的办法来确定牛、马的年龄和性能，"相马"术已很普遍。

---

[1] 日人川田熊清说世界上马的阉割，以中国为最早。转引自《中华文明史》第二卷，182页，石家庄，河北教育出版社，1994。

春秋战国时期，畜牧业继续发展。春秋末年《墨子》说："四海之内粒食人民莫不犓牛羊，豢犬彘。"[1] 战国时代《荀子》也说："今人之生也，方畜鸡狗猪彘，又畜牛羊。"[2] 反映了民间饲养畜禽相当普遍。当时各国政府饲养的牲畜（尤其是战马）数量不小。"六畜"与"五谷"、"桑麻"成为当时农业生产的三大支柱，畜牧业为国家是否富强的重要标志之一。如《管子》说："六畜育于家，……国之富也"[3]，"六畜不育则国贫而不用"[4]。春秋战国的军马饲养管理技术，也达到较高的水平。《吴子·治兵第三》中对此有认真的总结：在饮饲上强调要"适其水草，节其饥饱"；在居处上要"冬则温厩，夏则凉庑"；在管理上要"刻剔毛鬣，谨落四下，戢其耳目，无令惊骇"；在调教上要"习其驰逐，闲其进止，人马相亲，然后可使"；在骑具上要"鞍勒衔辔，必令完坚"；在使役上要"日暮道远，必数上下，宁劳于人，慎无劳马"。

春秋战国的相畜技术进一步提高，涌现出许多相畜专家。其中最著名者，秦国有相马的伯乐、九方堙，卫国有相牛的宁戚，传说他们还著有《伯乐相马经》和《宁戚相牛经》，可惜他们的著作都没有流传于后世。

养禽业在春秋战国时期有新的发展。鸡成为农家普遍饲养的主要家禽。《孟子》记载了一个农户经营的范围："五亩之宅，树墙下以桑，匹妇蚕之，则老者足以衣帛矣。五母鸡、二母彘无失其时，老者足以无失肉矣。百亩之田，匹夫耕之，八口之家，足以无饥矣"[5]。可见鸡是当时年假肉食的主要来源之一。

家鸭家鹅虽然可能在商周以前出现，但其人工饲养的明确记载则始见于春秋战国文献。当时家禽饲养的规模有的相当大，尤其是长江下游的吴越，出现了所谓"鸡陂"、"鸭城"。《越绝书·记吴地传》："娄门外鸡陂墟，故吴王所畜鸡，使李保养之，去县二十里。"其《记地传》还提到"鸡山、豕山者，勾践以畜鸡豕，将伐吴，以食士也。鸡山在锡山南，去县五十里。""鸡山"是越王勾践为了伐吴奖励士兵而养鸡的地方。又传说"吴县东南二十里"有"鸭城"，

---

① 《墨子·天志》。
② 《荀子·荣辱》。
③ 《管子·立政》。
④ 《管子·七法》。
⑤ 《孟子·尽心上》。

是"吴王筑以养鸭"的地方。上述"鸡陂墟"、"鸡山"、"鸭城"可以说是我国历史上最早出现的大型鸡场和鸭场。[①]

九、手工业技术

夏、商、西周时期，我国的手工业技术在制陶、纺织、青铜冶铸、制车、建筑等方面逐步形成一些特色。春秋战国时期，这些手工业技术得到更大程度的发展。

（一）原始瓷与建筑陶器

我国是世界上最早发明瓷器的国家。在河南的安阳、洛阳、郑州，江西的吴城，江苏的丹徒、吴县，安徽的屯溪，陕西的西安，甘肃的灵台等黄河中游及长江下游的商代、西周遗址中，都发现了完整的"青釉器"或残片。这些"青釉器"是瓷而不是陶，具有一定的原始性和过渡性，学术界一般将其称为"原始瓷"或"原始青瓷"。

到春秋战国，江南地区原始青釉瓷器的出产可以说达到鼎盛时期，其烧制和使用的数量约与同期的陶器相当。原始瓷器的质量也有一定的提高，以江浙一带出土的原始瓷器为例，胎质更为细腻，呈灰白色，器性形规整，胎壁变薄，厚薄均匀，釉色分青绿、黄绿、灰绿等。据考古发现，这时期烧造印纹硬陶，原始瓷器生产规模较大的是浙江萧山和绍兴两地、共发现窑址 20 多处。这些窑址大多位于水源充足、山林茂盛、瓷土丰富的半山区。窑的建造相当密集，大多是具有南方特色的龙窑。

龙窑是在商代圆窑的基础上，根据南方丘陵地形的特点而发展起来的。火膛和窑室连为一体的升焰窑发展到后期，将窑顶封闭，窑身倾斜，最低一端改为火膛，最高一端来开排烟口，就成了龙窑。这种窑装烧面积大，自然抽力大，升温快，可以烧高温，所以很适宜南方丘陵地区烧制高温瓷器。这种窑后来虽经不断改进，但窑形一直未大变而流传到近代。

---

① 梁家勉主编：《中国农业技术史稿》，151～152 页，北京，农业出版社，1989。

建筑陶器的制造始于夏末商初。在河南偃师二里头发掘的商代早期大型宫殿遗址内，发现有供排水用的、互相套接的排水陶管。在商代中、后期的建筑、遗址中，发现了更多的这类陶制水管，这清楚地表明陶器的制作已介入生产的另一重要领域——建筑业。到了西周又增加了大型宫殿建筑所用的板瓦、筒瓦和瓦当等陶制构件。[①] 各种类型的瓦的出现是我国古代建筑发展的重要成果，也是制陶工艺发展的又一领域，在战国时期获得了较快的发展。

各国诸侯为了表明自己的强盛，除了增加礼仪外，都在都城大兴土木，建造城市和宫殿，遂使瓦、砖、陶制水管等建筑陶器开始大量生产，品种迅速增加。瓦有多种板瓦、筒瓦、瓦当和瓦钉；砖有压模成型、外饰花纹的方砖、长方砖，还有大而稳重的空心砖。这些表面有纹饰，造型又很独特的砖瓦，不仅是生产用砖，同时也是艺术品，从而构成了我国建筑艺术上的特色和风格。砖瓦的大量使用不仅是建筑材料、建筑结构上的重要突破，同时对于建筑质量的提高也有着重要的意义。纹饰砖发展到汉代，出现了极有历史意义和艺术价值的画像砖。陶水管和陶井的推广运用无疑对于改善人们的生活有着不可低估的作用。砖、瓦等建筑陶器的生产由于社会的需求而获得迅速发展，使它从制陶业中逐步独立出来，成为一项附属于建筑业的一个重要生产部门。

(二) 纺织技术

我国手摇纺车的出现可远溯到商代。1973 年，藁城商代遗址出土了一件陶质滑轮，形状和大小均与后世手摇纺车上的锭盘相仿，很可能就是手摇纺车上的零件。藁城商代铜器上的一件丝织品，捻度高达每米千捻，很可能就是利用了纺车加捻而成。从考古发掘看，商代西周时就出现了繁缛的几何花纹和小提花织品，斜纹始见于商，复杂组织始见于西周，绞纱织物在商周都可看到，这实际反映出纺织工具的发展。

春秋时期已发展并普遍使用一种鲁机[②]，其结构和原理是从原始腰机发展而来的。原始腰机的主要成就是使用了分经棍、提综杆和打纬刀。鲁机采用了

---

① 中国硅酸盐学会：《中国陶瓷史》，82 页，北京，文物出版社，1982。
② 科技史工作者根据西汉刘向撰《烈女传·鲁季敬姜传》中一段关于织机结构的完整描述已将鲁机复原而成。

长方形平面机架，经轴固定于远端机架上，卷布轴仍系于织工腰部以控制经纱张力。织者坐在板上，一手提综，提起奇数或偶数的经纱，形成一个梭口，另一手引纬，然后放下综，靠分经棍形成的自然梭口再引纬并打纬，织工双手从左右两个方向引纬循环织制。根据《列子·汤问》的记载和战国、汉代织锦工艺分析，鲁机也采用了"躃"，即脚踏提综板。鲁机上还有"样"，即幅箭，像梳形，以每箭齿穿几根经线来控制经纱密度并起到梳理经纱的作用。商周至春秋战国丝织品中出现的回纹、畦纹、菱纹等纹样应是用鲁机织造。

从战国织锦的大花纹组织分析，这时期应已出现了更先进的斜织机。目前发现的汉代画像石上有斜织机图的共九块。江苏铜山洪楼汉画像石上刻有历史上著名的曾母断机训子的故事，其织机图为斜织机。斜织机的经面与水平机架成 50～60 度倾角，织工坐着操作，可清楚地看到与织工卷布轴形成一个倾角。经纱可均匀地张紧，织物平面可更均匀丰满，织工亦较省力。从汉画像石上可以看到斜织机已经采用踏板（躃）开口提综，这是织机史上一项重要发明。从战国舞人动物纹锦和马王堆绒圈锦的织制工艺看，应为多综多躃机织造。这种脚踏提综开口式斜织机是中国古代工匠的杰出创造，公元 6 世纪传入欧洲，13世纪西方才广泛应用。

（三）制车技术

车的制造在我国很早。传说奚仲作车，作了夏朝的车正，可知夏代已能制车。但夏代的木车至今尚未有出土。近年考古发现商代前期的车辙印，证明双轮车在我国商代前期已在城市中使用。[①] 在河南安阳大司空村、孝民屯都出土过商代中期的车子。陕西长安张家坡、北京房山琉璃河等地都出土过西周的车。这些车子都是两轮独辕的，车厢为方形，在后面开门，辐条 18 到 24 根。

春秋烽火岁月，群雄争霸，各国都倾力制车，推动了制车技术的发展。制车工匠们积累了丰富的经验并形成一定的理性认识，这在《考工记》制车的篇章中得到了集中反映。由《考工记》可以看出，当时已能按用途不同进行实用设计，已能考虑马与车的整体配合进行优化设计，已能为下料加工方便进行模

---

① 参见《偃师商城获重大考古新成果》，载《中国文物报》，1996 年 12 月 8 日。

数设计。可以说在设计上，已消除了商周木车存在的用材比例不合理、重心偏高等方面的缺欠。[①]

在《考工记》的《轮人》、《车人》、《辀人》诸篇中，对车轮的制作和检验，提出了一系列技术要求。第一，要用规精细地校准轮子的外形，使它尽量接近于理想的圆。第二，轮子的平面必须平正。检验之法为：将轮子平放于与轮子等大达的圆形平台上，观察是否彼此密合。第三，用悬垂比较各个辐条是否笔直。第四，将轮子放入水中，看各处的浮沉是否一致，以确定其各部分是否均衡。第五，以量具测两个轮子的尺寸大小和轻重，以求相等。第六，轮子的整体结构必须坚固。第七，毂的长短粗细要适宜，要根据车辆的用途和行车地形选择车毂的尺寸。第八，车轮的高度一定要适宜，使车在平地上运行时车辕大体保持与马的高低相适应。第九，车轴必须选材精美，坚固耐用，转动灵便。第十，制造车辆，必须选用适时采伐的坚实木材，即所谓"斩三材，必以其时"。

此外，《考工记》还对车辕、车架的制作，各个部件的连接方法以及不同用途的车辆的要求等作了分别叙述。《庄子·天道》记载齐桓公时（前685—前643）一个叫轮扁的著名车匠对齐桓公说："斫轮，徐则甘而不固，疾则苦而不入，不徐不疾，得之手于而应于心，口不能言，有数存焉于其间。"这是说做轮子太宽了松垮不坚固，太紧了装配不上，必须不宽不紧，这是有数理要求的。从这些记载可以看出，当时车辆的制造技术，已达到很高的水平，对各个部件都有周密严格的技术规定；而且已经认识到其中的一些科学道理，并能够自觉地加以应用了。这正是对商周以来我国制车和用车的丰富的科学概括。

出于战争的需要，春秋战国时期还发明了楼车、巢车等高驾车辆；出现了用于攻城摧坚的冲车等。

（四）青铜冶铸技术

夏、商、西周是我国的青铜时代，青铜器的冶铸是夏、商、西周科学技术水平的集中体现。所谓青铜，主要是铜、锡、铅等元素的合金，它比纯铜熔点

---

① 杜石然等：《中国科学技术史稿》上册，111页，北京，科学出版社，1982。

低，硬度高，具有较好的铸造性能和机械性能。因此，在夏、商、西周，青铜器是人们最重要的生活和生产用具。

青铜器的冶铸，有一个发展的过程。《左传》、《墨子》、《史记》等文献有禹、夏启铸鼎的记载，① 所用的"金"，显然当为青铜。二里头文化约与夏至早商相当，而它的重要特征就是青铜器的大量铸造使用。其品种有工具、兵器、礼器、乐器等。其遗址铸铜作坊面积有 1 万平方米以上。所出土的一件铜爵，据电子探针方法定量分析，含铜 92％、锡 7％，与郑州二里冈青铜尊的成分相同。铜爵制作规整，器壁厚薄均匀，已采用复合范铸造。在一件直径 17 厘米、厚 0.5 厘米的圆形铜片上，四边用 61 块长方形绿松石镶嵌，中间则用绿松石嵌出两圈十字形的图案，每圈都是 13 个。② 这说明二里头文化的青铜铸造技术已达到了较高的水平。

到郑州二里冈文化时期，青铜铸造技术又有进步。青铜器的品种有新的增加，铜器的表面增加了装饰花纹，含铅、锡量有了较大的提高，有了锡青铜和铅青铜之分，而且还出现了大件铜器。这时，具有我国特色的陶范熔铸技术已基本形成。1974 年郑州杜岭镇出土了两件大方鼎，一件高 100 厘米，重 86.4 公斤，一件高 87 厘米，重 64.25 公斤。含铜 75.09％、锡 3.48％、铅 17％。形制为平底方腹，上有双耳，下有 4 个圆柱形空足，器表用兽面纹和乳丁纹装饰。③ 因此可知，在夏代和商代前期，我国的青铜器冶铸技术已经趋于成熟。

商代晚期和西周时期是我国青铜时代的鼎盛时期。这一时期铸造的青铜器，器形大，数量多，纹饰华丽，铸工精良。1938 年安阳武官村出土的后母戊鼎带耳通高 133 厘米，横长 110 厘米，宽 78 厘米，重达 875 公斤。光谱定性分析和化学分析的沉淀法所进行的定量分析表明，其含铜 84.77％，锡 11.64％，铅 2.78％。锡、铅相加为 14.43％。④《考工记》说："六分其金，而锡居其一，谓之钟鼎之齐。"这是说，鼎、钟之类的合金，锡占六分之一，即

---

① 见《左传》宣公三年、《墨子·耕柱》、《史记·孝武本纪》。

② 中国科学院考古研究所洛阳发掘队：《河南偃师二里头遗址新发现的铜器和玉器》，载《考古》，1976（4）。

③ 河南省博物馆：《郑州新出土的商代前期大铜鼎》，载《文物》，1975（6）。

④ 杨根、丁家盈：《司母戊大鼎的合金成分及其铸造技术的初步研究》，载《文物》，1959（12）。

14%左右。后母戊鼎锡和铅所占的比例与《考工计》的记载正同。

像后母戊鼎这样体形较大，制作工艺复杂的青铜器，都是用分铸法铸成的。所谓分铸法，是将器物的一些部位先予铸造，然后再嵌到陶范中与器身铸接到一起；也有的是先铸器身，然后再在器身上安铸附件。在小屯时期，以后一种方法为主。这是一种与古代欧洲不同的，具有我国特色的范铸技术，是我国青铜器铸造技术的一大杰出创造。

春秋战国时期，曾侯乙编钟的设计铸造进一步体现了青铜铸造技术的高度技巧。这套编钟由1件镈钟、45件甬钟和19件钮钟组成，共分8组，悬挂在曲尺形钟架上。每个钟都可以发两个音，整套钟的音域达五个半八度有余，十二个半音齐备，可旋宫转调，音色十分优美。从铸造工艺看，特别是下层甬钟，纹饰繁缛细腻，做工极为精细。据研究，这些钟都是块范法铸造的。以中层甬钟为例，是分两段铸型，四个层次，由136块范和芯组成铸型，一次铸接成型。在铸型制作过程中，共用了12种模具，表现出极高超的工艺技巧，无怪乎一些有识之士把曾侯乙编钟称之为"世界第八奇迹"。[①]

失蜡铸造在春秋战国时期已具有很高水平。目前在中国发现最早的失蜡青铜铸件是河南淅川下寺春秋晚期楚墓出土的青铜禁和青铜盏。铜禁是祭祀时承放酒樽的礼器，形如方案，中间为一平板，四围为透空花边，四沿附有12个怪兽，下边有12只兽形足。四围的透空花边由数层粗细不同的铜梗组成，内层铜梗较粗且直，中层稍细并向外伸展，外层最细，呈卷草状，这三层铜梗互相接合，玲珑剔透。如此复杂的结构，非失蜡铸造不能成形。

从世界范围看，冶铜技术在我国并非发明得最早，但我国很快就发明了铜—锡二元合金和铜—锡—铅三元合金，形成了一整套从冶炼、熔炼到铸造的独特技术路线，很快就走到了世界各国的前列。

（五）冶铁技术

从文献记载来看，中国大约在西周时期已进入铁器时代。《诗经·秦风》中，有"驷驖孔阜"的诗句。古代即有学者认为"驖"是最早的"鐡"字，是

---

① 华觉明：《中国古代金属技术》，210～214页，郑州，大象出版社，1999。

马色如铁的意思。①《国语·齐语》中说，管仲向齐桓公建议："美金以铸剑戟，试诸狗马；恶金以铸**钼**夷斤斸，试诸壤土。"有人认为这里的"美金"指青铜，"恶金"指铁，是用来铸造农具的。郭沫若认为："如果齐桓公既以使用铁作为耕具，则铁的出现必然更要早些。一种有价值的物质真正被有效地使用，是要费相当长远的摸索过程的，特别是在古代。因此铁的最初出现，必然还远在春秋以前。"② 近年来的考古发现已经证实了上述论断。1978 年在甘肃灵台县景家庄春秋一号墓出土一把铜柄铁叶剑，年代属春秋早期；陕西凤翔秦公一号墓出土铁工具四件，此墓由碳 14 测定年代为公元 870±150 年，亦属春秋早期。灵台和凤翔出土的铁器年代均接近西周末期。1990 年三门峡市上村岭虢国一号墓出土一件铁柄铜剑，被冶金史工作者确认为是人工冶铁制品，并证实是"以块炼法锻制而成"③。以上实物证据说明，我国很可能在西周末期即已出现人工冶铁，开始制作和使用铁器。

春秋战国中后期，我国冶铁已具备了实用技术水平。在熟练地掌握了"块炼法"炼铁后，我国又在世界上最早发明了生铁冶炼技术。据《左传》昭公二十九年记载，周敬王七年（前 513），晋国铸造了一个铁制刑鼎，把范宣子所作的刑书铸在上面。其原文是："冬，晋赵鞅、荀寅帅师城汝滨，遂赋晋国一鼓铁，以铸刑鼎，著范宣子所为《刑书》焉。"铸刑鼎的铁，是作为军赋向民间征收来的，这说明至迟春秋战国末期出现了民间炼铁作坊，而且已较好地掌握了生铁的冶炼技术。近几十年来相继出土了一些春秋战国末期吴楚等国的铁器遗物，其中江苏六合程桥吴墓出土的铁丸，经检验为白口铸铁件；在湖南长沙杨家山 65 号墓出土的铁鼎，经金相学考察证明是莱氏体的铸成；长沙窑岭 15 号墓出土的铁鼎系用含有放射状石墨的麻口铁铸成，含碳约 4.3%；湖北铜绿山古矿井出土的战国中晚期铁锤边为麻口铁④。这些事实充分证明，至迟在公元前 6 世纪的春秋晚期，我国已经以高温液体还原法冶炼生铁。生铁的冶炼在冶金史上是一个划时代的进步。欧洲一些国家在公元前 1000 年前后已能生

---

① （唐）孔颖达：《毛诗正义》。
② 郭沫若：《奴隶制时代》，203～204 页，北京，人民出版社，1973。
③ 《虢国墓地再次出土大量珍贵文物》，载《中国文物报》，1991（1）。
④ 中国冶金简史编写组：《中国冶金简史》，262 页，北京，科学出版社，1978。

产块炼铁，公元初罗马已偶能得到生铁，但多废弃不用，直到公元 14 世纪才使用铸铁，其间经历了十分漫长的发展道路。[①] 而我国之所以能够很早发明生冶铸技术，是由于当时冶炼工匠继承和发展了青铜冶铸技术，并运用了长期积累的丰富经验。

至迟在春秋战国之交，我国又创造了铸铁柔化处理技术。所谓柔化处理就是把白口铸铁进行退火处理，使碳化铁分解为铁和石墨，消除了大块的渗碳体，使白口铁变为展性铸铁（可锻铸铁或韧性铸铁）。可锻铸铁的出现是冶金史上又一划时代的事件，它使得生铁广泛用作生产工具成为可能。

战国中期以后，铁器已取代铜器成为主要的生产工具，冶铁业已在广大的地区普遍建立起来，成为一种关系国计民生的重要手工业，其生产规模也大为扩大。如山东临淄齐国故都冶铁遗址面积达 40 余万平方米。河北易县燕下都城址内有冶铁遗址 3 处，总面积也达 30 余万平方米。这时期出现了许多著名的冶铁手工业中心，如宛（今河南南阳）、邓（今河南孟县东南）、邯郸等，出现了像魏国的孔氏、赵国的卓氏、齐国的程郑等一批因冶铁致富的铁商。铁器的使用推广到社会生活的许多方面。《孟子·许行章》有"许子以铁耕乎？"的话。这是文献上关于当时使用铁农具的记载。河北石家庄赵国遗址出土的铁农具已占全部农具的 65%；辽宁抚顺莲花堡的燕国遗址出土的铁农具，在该国农具中已占 85%以上。这些考古发掘的事实证明，铁农具在当时的农业生产中逐渐取得了主导地位，而且这一时期出土的铁器，从兵器到各种手工工具和生活用具等，种类繁多，数量激增，质量完好，出土的地点几乎遍及全国各地。

十、灌溉与堤防工程技术

西周时我国已有引水灌溉的记载。《诗经·小雅·白桦》唱道："滮池北流，浸彼稻田。"滮池是渭水支流滮水的上源，所灌稻田在今西安西南，周都丰镐附近。

---

① 杜石然等：《中国科学技术史稿》上册，89 页，北京，科学出版社，1982。

春秋战国时期，出于发展经济、富民强国的需要，各国都重视修建灌溉工程。这一时期先后兴修的大型灌溉工程有芍陂、漳水十二渠、都江堰和郑国渠等。

芍陂是古代淮河流域较早兴建的一座大型蓄水灌溉工程，位于今安徽寿县安丰城南，又叫安丰塘，是公元前6世纪末楚国令尹孙叔敖领导修建的。水库巧妙地利用了当地东、南、西三面较高，北面低洼的地势状况，利用天然湖泊在四周筑堤，引淠水经白芍亭东积而成湖。《水经注·肥水注》说陂堤长二三百里，"陂有五门，吐纳川流"。说明可能已有闸门设施。由于芍陂及附近其他陂塘的兴建，水稻种植得到很大发展，使这一带富庶起来。

战国初期，魏国要地邺（今河北临漳县邺镇）位于太行山东部冲积平原上。漳水从此地流过，河道不畅，雨季洪水泛滥成灾。魏文侯（前446—前397年在位）时李悝等推行变法，在公元前422年任西门豹为邺令。西门豹沉重打击了当地劣绅和女巫勾结玩弄的"河伯娶妇"的迷信活动，领导百姓在漳河上修建了12道低滚水坝，开凿了12条大渠，引水灌溉漳河右岸土地，变水害为水利。魏襄王时任史起为邺令，又大兴引漳灌邺工程，将大片盐碱地变成水稻田，使魏国河内地区更加富庶。

都江堰在四川灌县。秦昭王（前306—前251）时，李冰担任蜀郡的郡守。他看到岷江洪水经常泛滥，而四川西部的肥沃平原却缺乏灌溉水源，便组织规划，在岷江进入平原地区的起点处"凿离堆，穿二江成都之中。此渠皆可行舟，有余则用灌浸"，创设了都江堰引水灌溉工程。由于设计巧妙、就地取材，效益卓著，都江堰成为世界闻名的农田水利工程之一。都江堰由分水鱼嘴、泄洪飞沙堰和进水的宝瓶口三大基本建筑构成。分水鱼嘴把岷江一分为二：东面为内江，供灌溉之用，西面为外江，是岷江的本流。沿江筑有堤防，鱼嘴和堤防的修筑均就地取材，采用装有卵石的大竹笼叠成；飞沙堰能将多余的水排出，起着调节入渠水量的溢洪道的作用；宝瓶口是内江水流入成都平原上密布的农田灌渠的闸堤工程。三者相辅相成，构成了一个完整的工程系统。据《华阳国志·蜀志》记载，李冰还在都江"作三石人，立三水中"，这些石人起着水尺的作用。这是史籍记载中最早的水位观测设施。由于可以测知内江的水位，估算进水量，为整个工程系统调节水位提供依据，达到合理的灌溉、防洪，分配洪、枯水量的目的。都江堰的兴建，使成都平原大约20万公顷良田得以灌溉，从此"水旱从人"，"沃野千里"，使四川成为"天府之国"。

郑国渠是秦始皇元年（前246）在关中引泾兴建的大型灌溉工程，其设计和领导施工的是原属韩国的一位名叫郑国的水工。郑国渠渠首在仲山西麓瓠口（今陕西泾阳县西北50里的谷口），引泾水东流注入洛水，全长300多里，用了十多年时间才完工。

郑国渠的设计体现了较高的水流水文学知识。谷口是泾水进入渭北平原的一个峡口，东面是广阔的平原，地形西北略高，东南稍低。渠首的选址，使整个水利工程自然形成一个全部自流灌溉系统。引水口选在谷口泾河凹岸稍偏下游处，此段河流流速最大，由此增大了渠道的进水量，使水中大量富有肥效的细泥也进入渠道"粪灌"（淤灌）。引水口处两股水流形成的横向环流（上层由凸岸流向凹岸的水流和下层由凹岸流向凸岸的水流）既在上层增大了引水口的进水量，又在下层使较重的粗沙冲向凸岸，避免了粗沙入渠堵塞渠道。据《史记·河渠书》称，郑国渠的修建，"溉泽卤之地四万余顷，收皆亩一钟"。4万余顷秦亩合今115万市亩。1钟约合今2.2石，即200多斤。这使"关中为沃野，无凶年。秦以富强，卒并诸侯"[1]。

堤防工程技术在先秦时期也取得成就。堤防至少可以追溯到西周。春秋中期，小规模的堤防修筑普遍。战国时期，毗邻黄河的几个诸侯国各自修建较大规模的防洪堤。黄河以东的齐国率先筑起大堤，这样洪水上涨时便向西边的赵国和魏国泛滥，于是赵魏也筑堤挡水。由于他们各自为政，而且相互间不时争战，堤防修建无法统一规划，往往不合理，甚至还有以邻为壑的现象。但黄河堤防的初创为秦汉以后统一修筑黄河堤防系统奠定了基础。

随着堤防修筑，有关的工程技术问题得到重视，这在《管子》和《考工记》中有多处论述。如：掌握好堤防横断面的设计，是保证堤防稳定的一个重要因素，任何土料依其物理性质，都有保持稳定所必须的边坡。《管子·度地》提出，堤防横断面要做成"大其下，小其上"的梯形。关于梯形两腰的坡度，《考工记·匠人》有具体规定："凡为防，广与崇方。其閷叁分去一，大防外

---

① 《史记·河渠书》。

杀。"郑玄注："崇，高也；方，犹等也；杀者，薄其上。"① 后人解释多因循郑说，解释文意为堤防下基的宽度与堤高相等，上顶宽度是下基的三分之二。但这样解释的堤防过于陡峻，既不易施工，也难以稳固。近年，水利史学者认为，引文中"广"指堤顶之宽，"叁分去一"为堤两面坡度的总和（即每边的边坡都分别是1∶1.5，也就是横为1.5、纵为1）。② 这种解释似更合理些。

堤防施工的季节也是重要问题，因为不同季节土壤含水量有别，就会影响工程土料的物理性质。《管子·度地》明确提到堤防施工的时间性，强调了土料含水量和季节的关系以及对堤防质量的影响。《管子·度地》论述道："春三月，天地干燥，水纠裂之时也。山川涸落，天气下，地气上，万物交通。故事已，新事未起。草木萌生可食。寒暑调，日夜分。分之后，夜日益短，昼日益长。利以作土功之事，土乃以刚。"文中指出夏历"春三月"是堤防施工的最好时机，因为这个季节"天地干燥"，土料的含水量比较适宜，容易保证施工质量，即所谓"土乃益刚"。而且这时"山川涸落"，因此可以在河床滩地上取土筑堤。所谓"春冬取土于中，秋夏取土于外"就是这个道理。春三月取土于河床滩地筑堤，既可以起到疏浚河道的作用，同时也节约了堤外的土源，可以确保夏秋防汛抢险时的土料之需。这个原则直到今天还在应用。③ 另外，从农事讲，"春三月"，"故事已，新事未起"，正好利用这一农闲时节大搞水利建设，修筑堤防，而其他几个季节则不利作土功之事。"夏三月"为农忙季节，兴建水利工程占用劳力多，会"贻误农事"；"秋三月"土壤含水量大，"濡湿日生，土弱难成"，不宜筑堤；而"冬三月"则天寒地冻，取土困难，冻土含水量很不均匀，难以捣实。可见，《管子·度地》作者对土料的工程特性和填筑质量的关系，对利用土料含水量来提高填筑质量等问题，已有比较深刻的认识。

---

① 《周礼注疏》，见《十三经注疏》影印本，中华书局，1980。
② 《中国水利史稿》编写组：《中国水利史稿》，110页，北京，水利电力出版社，1979。
③ 《中国水利史稿》编写组：《中国水利史稿》，109页，北京，水利电力出版社，1979。

第九章
先秦的社会生活习俗

一、衣食住行

（一）史前先民的衣食住行

史前时期的先民没有文字，因此他们的衣食住行情况只能根据后人的有关传说记载和现代的考古发现来进行了解考察。

在衣食住行的日常生活需要中，饮食可以说是人类生存的第一物质需要，正如《淮南子·主术》所说，"食者，民之本也。"在史前时期，饮食问题曾经是先民面临的最大的生存问题。随着人类认识自然，改造自然能力的提高，史前人类的饮食品种和结构才开始有所改善。一般说来，在旧石器时代，人们的饮食完全取决于自然界，以采摘野果和狩猎为生。到了新石器时代，在采摘业中逐渐产生了农业，农业的发展又使得动物的驯化饲养成为可能。人类基本解决了饥饿问题，然后才开始考虑饮食的丰美变化。

根据旧石器时代的考古发现，这一时期人们狩猎和食用的动物主要有：野鹿、野猪、羚羊、獾、狐狸等。

到了新石器时代，农业产生并有了很大发展，在我国境内的农作物主要有粟、黍、麦、高粱和水稻。从考古发现来看，粟和黍都是黄河流域适宜种植的农作物。如河北磁山遗址灰坑发现有炭化的粮食，经化验证明是粟，据推算这些粟可达 10 万斤以上；西安半坡遗址中也发现了窖藏和罐藏的粟。甘肃秦安大地湾、东乡林家遗址，都发现了黍类遗存，其中东乡林家遗址的一个窖穴发现的黍类堆积多达 2 立方米，此外，陕西临潼姜寨遗址出土了整罐的黍类作物。麦类作物遗存的发现相对来说较少，根据考古发现，在距今 5000 年的甘肃民乐东灰山遗址出土了大麦、小麦的炭化籽粒。这个遗址还发现了高粱，此外，在郑州大河村遗址出土了仰韶文化晚期的一瓮炭化高粱。稻类农作物的遗存主要发现于我国长江中下游地区。如在距今 7000 年的浙江余姚河姆渡遗址中发现了大量的稻谷和稻壳的遗存，有的遗存堆积达 1 米厚。在距今 5000 年新石器时代晚期的大溪文化和良渚文化中都发现当时水稻已经有粳稻和籼稻两种不同品种。湖南澧县梦溪乡八十墒发现数万颗 8000 年以前的原始栽培稻。

除了粟、稻等主食外，新石器时代的先民也开始栽培和食用蔬菜、油料作物。例如在仰韶文化半坡遗址的 F38 出土的陶罐内发现了白菜和芥菜种子遗存。甘肃秦安大地湾的窖穴内发现了油菜籽，浙江吴兴钱山漾遗址中发现了花生、芝麻、蚕豆和甜瓜子。

在新石器时代，人们饲养食用的家畜、家禽已经很多。根据考古发现，在距今七八千年的磁山遗址、裴李岗遗址、甘肃秦安大地湾一期遗址中，普遍发现了猪、羊、狗、牛、鸡等家畜、家禽的骨骼遗存。在这些家畜家禽中，最普遍饲养的是猪和羊，在中国疆域内，从北方的磁山文化、裴李岗文化、仰韶文化、大汶口文化、龙山文化，西北地区的马家窑文化、齐家文化，东北地区的夏家店下层文化，到南方的河姆渡文化、大溪文化、屈家岭文化、马家浜文化、良渚文化等都发现了猪的饲养的遗迹，表明当时的人们普遍把猪作为主要的肉食来源。在东北地区的红山文化遗址，西北地区的马家窑文化、齐家文化遗址中都有很多家绵羊或家山羊遗骸出土，足见羊也是当时先民的主要肉食来源之一。此外，在北方的磁山文化、仰韶文化和大汶口文化遗址中都发现了黄牛的遗迹。在长江下游新石器时代遗址和北方的大汶口文化、龙山文化遗址中都发现有水牛的骨骼。

从考古发现来看，仰韶文化和大汶口文化遗址都有鱼钩发现，桂林甑皮岩、江西万年大源仙人洞、黑龙江昂昂溪、河北磁山等遗址中，都发现了叉鱼用的鱼镖。浙江河姆渡和河北磁山遗址都有鱼梭出土。这些考古发现表明，鱼类也是新石器时代人类的重要食物。

《礼记·礼运》说远古人类"未有火化，食草木之实，鸟兽之肉，饮其血，茹其毛"。史前时期火的使用对于当时的人类的饮食具有变革性的意义，从此人类告别了茹毛饮血的时代。《韩非子·五蠹》曰："上古之世，……民食果蓏蚌蛤，腥臊恶臭，而伤害腹胃，民多疾病。有圣人作，钻燧取火，以化腥臊，而民说之，使王天下，号之曰'燧人氏'。"人类可以吃到熟食，大大改善了消化过程，使早期人类的体质得到增强。从考古发掘资料来看，早在旧石器时代早期，我们的先民已经开始使用火。如在山西西侯度遗址中发现有燃烧过的动物骨、牙等，在元谋人遗址、蓝田遗址和金牛山遗址中都发现了炭屑和烧过的动物骨。

在王湾三期、后冈二期、客省庄二期等属于新石器文化晚期的龙山文化遗址中，都发现了陶制的鬲、鬻、甗、甑等炊具，这些炊具在其他新石器时代遗址也有发现，表明当时的人们已经懂得了煮和蒸加工食物的方法。

《庄子·盗跖篇》曰："古者民不知衣服，夏多积薪，冬则炀之。"认为最初原始人类并不穿衣服，只是夏天准备木柴，冬天用来取暖。最初衣服的产生，主要是两个用途：遮蔽身体和取暖。《礼记·礼运》云："昔者先王……未有麻丝，衣其皮羽。"《墨子·辞过》："古之民未知为衣服时，衣皮带茭。"《韩非子·五蠹》："古者……妇人不织，禽兽之皮足衣也。"1933 年，考古工作者在距今一万八千年的北京周口店山顶洞人遗址中发现了一枚骨针，长约 82 毫米，直径 3.1~3.3 毫米，学者们一致认为，这表明当时的人类已经会制造和使用骨针，从骨针的大小推断，当时主要是用骨针缝制兽皮，连缀树叶树皮，形成原始的衣服。这种骨针在同样属于旧石器时代的山西朔县峙峪人、河北阳原虎头梁人等洞穴遗址中也有发现。

《世本·作篇》称"伯余制衣裳"、又称"胡曹作衣",《淮南子·氾论训》曰:"伯余之初作衣也,緂麻索缕,手经指挂,其成犹网罗。"伯余据载是黄帝的大臣。这时的衣服已经是用丝麻之类编织而成。考古资料证明,早在新石器时代早期,编织就已出现。如江西万年仙人洞和广西桂林甑皮岩新石器时代早期遗址中发现的陶器,有的就印有编织纹。稍晚的河北磁山遗址中发现的陶器,很多底部都具有席纹、篮纹、方格网状纹等。

考古工作者在属于新石器时代的江西万年仙人洞、河姆渡文化、裴李岗文化、庙底沟文化等遗址中,普遍发现了石质和陶质纺轮。表明作为一种捻线工具,纺轮已经得到广泛使用。

捻线工具的发明和推广,自然会推进纺织技术的发展。在新石器时代遗址中,已经有葛、麻和丝织品发现。1972 年到 1973 年,考古工作者曾在距今6000 多年的江苏吴县草鞋山一处新石器时代遗址的第四层遗存中发现了三块碳化了的纺织物残片①。这是迄今为止在我国发现的最早的纺织物。经有关部门鉴定,这些纺织物的纤维可能是野生葛。《韩非子·五蠹》云:"冬日麑裘,夏日葛衣。"所谓葛衣,就是以葛纤维织制成的衣服。由于用葛纤维织出的葛布疏薄轻凉,因此适合夏天穿着。在距今 5000 年的浙江吴兴钱山漾遗址中,出土了苎麻织物的残片,从经纬密度等方面来看,纺织技术要比草鞋山遗址时期有很大的进步。

史前时期的先民已经掌握了饲养家蚕和纺织丝织品的技术,考古资料表明,中华民族是世界上最早养蚕和纺织丝织品的民族。宋人罗泌《路史》云:"伏羲氏化蚕茧为穗帛,因罔罟以制都布,结其衣服。"伏羲氏是传说中的氏族首领,至少可以表明古人认为养蚕缫丝、纺织的历史是很久远的。在新石器时代早期的浙江余姚河姆渡文化遗址中出土了一个刻有四条蚕纹的牙雕小盅;在良渚文化的吴江梅埝遗址中出土了一件刻有蚕纹图案的黑陶器。1926 年,考古工作者在山西夏县西阴村的仰韶文化遗址中发现了半个人工割裂的蚕壳,在

---

① 《江苏吴县草鞋山遗址》,载《文物资料丛刊》,1980(3)。

郑州青台距今 5500 年的遗址中，发现了一块粘在头骨上的丝帛残片。这是迄今为止发现的最早的丝织品。20 世纪 50 年代末期，同样是在在浙江吴兴县钱山漾遗址，出土了一些绢片和丝带、丝线。这些发现表明，在新石器时代中期，我国已经开始了丝织品的生产。

史前时期纺织的出现和发展，使得当时的人们逐渐摆脱了兽皮、树叶裹身的时代，慢慢有了真正意义上的衣服。当时人们的衣服具体是什么样子，由于有刻绘和雕塑人物造型的出土，我们得以窥其大概。如安徽含山凌家滩的新石器时代墓地中出土了距今 4500 年的玉雕人像，甘肃玉门出土了一件新石器时代晚期的人形彩陶罐，青海大通上孙家寨的一座马家窑文化的墓葬中，出土了一件表现集体舞蹈的陶盆。从这些材料可以看出，在原始社会晚期，先民的服饰已经表现出多元性和地区性。大致说，黄河中上游地区出现的服饰特点主要是：肩套、穷裤、长裙带尾襟、无沿圆帽、翘头靴等，长江中下游地区则主要为上衣下裤，衣有对襟无袖开衫，裤有腰带并以带钩相系，又有扁平冠、玉饰高冠和木屐等等。

此外考古资料表明，人类在很早就开始佩带一些饰品。早在北京山顶洞人遗址中，就发现有白色带孔的小石珠、黄绿色的钻孔砾石、穿孔的兽牙等，表明当时的人们已经开始注意装饰和美感。另外，在西安半坡新石器时代遗址中，发现有用精小的贝壳串连起来的"项链"。在其他遗址中也时有类似的"项链"出土，其中陕西省临潼县姜寨遗址的一处少女墓葬中，出土了一套项饰，由石珠、石管、兽牙、蚌壳等组成，共 8721 件。北京门头沟区东胡林村一处距今 1 万年左右的遗址中出土了一具少女尸骨，尸骨上留有由 50 枚大小均匀的穿孔海螺组成的项链，由七节磨制牛肋骨串联成的骨镯和由穿孔河蚌形成的胸饰，这是所发现的新石器时代早期北方地区人体装饰最齐整的一个。到了距今 5000 年前后的红山文化时期，玉饰品大量出现，多为动物图形的片状坠饰。

《礼记·礼运》云："昔者先王未有宫室，冬则居营窟，夏则居橧巢。"《韩非子·五蠹》曰："上古之世，人民少而禽兽众，人民不胜禽兽虫蛇。有圣人作，构木为巢，以避群害，而民悦之，使王天下，号之曰有巢氏。"《庄子·盗跖》说："古者禽兽多而人少，于是民皆巢居以避之。昼拾橡栗，暮栖木上，

玉猪龙
新石器时代·红山文化
高16.8厘米，宽11.5厘米，厚2.8厘米
内蒙古自治区巴林右旗博物馆藏

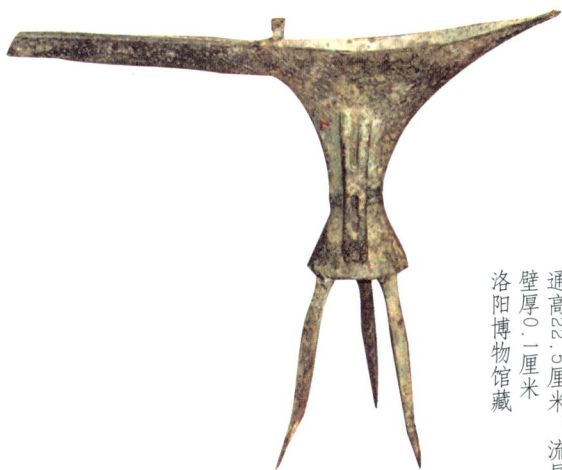

乳钉纹青铜爵
夏
通高22.5厘米，流尾长31.3厘米，
壁厚0.1厘米
洛阳博物馆藏

三足网格纹青铜鼎

夏

高20厘米，口径15.3厘米

中国社会科学院考古研究所藏

亘鬲

商

高22厘米，口径15.4厘米

中国国家博物馆藏

彩陶鹳鱼石斧图缸
新石器时代·仰韶文化
高47厘米，口径32.7厘米，底径19.5厘米
中国国家博物馆藏

釉陶豆
商
高15.5厘米，口径15.4厘米，底径11厘米
广东省博物馆藏

龙虎铜尊
盛酒器 商
高50.5厘米，口径44.9厘米，足径24厘米
中国国家博物馆藏

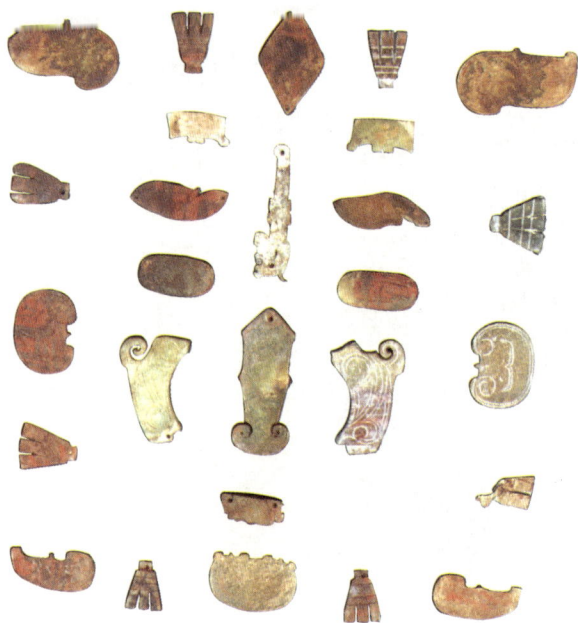

缀玉覆面
西周
最大一件长约6厘米
山西省考古研究所藏

故命之曰'有巢氏之民'。"这些说法认为早期的人类曾经像鸟一样在树上栖息，此外，《礼记》还认为早期人类冬天住在洞穴之中，《墨子·节用中》也说："古者人之始生，未有宫室之时，因陵丘堀穴而处焉"。这些说法都可以从考古发现中得到证明。

在中国北方，早期人类最原始的居住方式就是穴居。穴居分为横穴居室和竖穴居室两种。横穴居室起源于黄土高原，由于黄土松软并具粘性，于是人们在向阳面掏出拱形的洞穴作为栖身之所，这种洞穴容易挖掘，而且冬暖夏凉，因此直至今天还被采用。现在发现最早的横穴居室是山西省石楼岔沟的仰韶文化遗址。此外，在内蒙凉城圆子沟的龙山文化早期遗址等处也有发现。竖穴居室主要建造于平原或面积较大的台地上，在磁山遗址、裴李岗遗址、河南偃师汤泉沟遗址等处都有发现。随着人类能力的提高和需要的增强，又出现了一种半地穴式建筑，"这种半地穴房屋的中间，有几根大的木柱支撑屋顶，周围有小木柱，小木柱间用草索相连，再于草外抹泥，称为'木骨墙'"[1]。这种房屋在宝鸡北首岭遗址中有很多发现。《周易·系辞下》曰："上古穴居而野处，后世圣人易之以宫室，上栋下宇，以待风雨。"到了西安半坡遗址时期，房屋已经基本全部露出地面，墙壁同样为"木骨墙"，室内中间有四根柱子支撑屋顶，室外有门道通往室内。考古工作者还在西安半坡、临潼姜寨、宝鸡北首岭等遗址中发现了大型的房屋。这些大型房屋一般位于聚落的中心，被认为是氏族的公共活动场所。其中西安半坡遗址的大型房屋的面积达 160 平方米，屋内用木骨墙分为一个大房间和三个小房间。以甘肃秦安大地湾遗址为代表的仰韶文化晚期的大型房屋的建筑技术有了很大的进步。[2] 根据发掘简报，这个大型建筑以长方形的主室为中心，侧室左右对称，整个建筑坐北朝南。地面、墙壁所用材料强度很大，房屋结构有大柱、附壁柱、屋外柱、木椽等。

我国南方雨水多，地面潮湿，因此最初的先民可能经历过巢居的阶段，但具体情况已不可考。考古工作者在浙江河姆渡、吴兴钱山漾、吴县草鞋山、吴江梅堰等新石器时代遗址中都发现了干栏式建筑。专家认为，干栏式建筑是由巢居发展而来。根据考古资料，这种建筑可能是先在地上成排打桩，再以榫卯

---

① 王玉哲主编：《中国古代物质文化》，高等教育出版社，1990 年 5 月。
② 《甘肃秦安大地湾 901 号房址发掘简报》，载《文物》，1986（2）。

连接地梁，地梁之上铺上木板作为地面，然后在上面起立柱、架梁、盖顶，形成木结构的房屋。

《周易·系辞下》云："刳木为舟，剡木为楫，舟楫之利，以济不通，致远以利天下，……服牛乘马，引重致远，以利天下，……"在距今7000年的浙江河姆渡遗址中，曾经出土了一只船桨，由一根原木剡成，这一方面印证了《周易》的说法，一方面说明在新石器时代早期的河姆渡文化中，先民已经开始使用舟楫作为交通工具了。《盐铁论·本议》曰："故圣人作，为舟楫之用，以通川谷，服牛驾马，以达陵陆。"牛马作为交通工具是否在新石器时代已经使用，我们尚不能肯定，但是从动物的驯养情况来看，在新石器时代，北方已经有黄牛饲养，南方已经有水牛饲养，因此它们作为交通工具也是极可能的事。远离沿海的内地的史前时期遗址，如郑州西山村仰韶文化遗址，湖北洪湖乌林矶龙山文化遗址等，都发现有海产品的贝壳，表明当时的交通能力不像我们想象的那么低级。

从对原始时期先民的衣食住行的简单描述我们可以看出，由于我国疆域广大，各地的地理环境和气候等自然条件各不相同，加之当时文明的交流非常困难，因此当时的先民在衣食住行方面表现出地区性、群体性、多样性的多元化的特点。

（二）夏商时期的衣食住行

《后汉书·舆服下》曰："上古穴居而野处，衣毛而冒皮，未有制度。后世圣人易之以丝麻，观翚翟之文，荣华之色，乃染帛以效之，始作五采，成以为服。见禽兽有冠角𩕳胡之制，遂作冠冕缨蕤，以为首饰。凡十二章。"认为古人起初以动物的皮毛取暖，后来通过对自然的观察效仿，才出现了真正的衣服和首饰。用功利思想浓厚的墨子的思想来说，就是"衣必常暖，然后求丽"。从前面关于史前时期的服饰的介绍来看，当时的先民已经开始注意服饰实用价值之外的美观。到了夏代，对于服饰的美观有了进一步的追求。同时，服饰已经开始成为财富多少和等级高低的标志。

前面所引《后汉书·舆服下》所说的"十二章"，指用于服冕的12种图案，对于从天子到诸侯、卿、大夫、士在数量上有不同的规定。由于《尚书·

益稷》中记载舜对禹说："予欲观古人之象，日、月、星、辰、山龙、华虫，作会宗彝，藻、火、粉、米、黼黻、絺绣，以五采彰施于五色，作服。"有人认为在舜时服饰已经有"十二章"之制。这种说法的真实性还有待进一步证明。有的学者认为，在夏代之前，已经出现了贫富和阶级分化，并在服饰上有所表现。①

《易传·系辞下》曰："黄帝、尧、舜垂衣裳而天下治，盖取诸乾、坤。"对于这句话一直有不同的理解，一种认为是说黄帝、尧、舜根据乾坤上下之象，制定上衣下裳的古代服制。一种认为，"垂衣裳以辨贵贱，乾尊坤卑之义也"。这样就把衣服辨别等级的作用上推到了传说中的黄帝时代。这种说法同样有待探讨。《论语·泰伯》记载孔子称赞禹："恶衣服，而致美乎黻冕。"据《论语集注》，"衣服"为"常服"，这样孔子的意思是说夏禹日常衣服很简单朴素，甚至破旧，但对于礼服和礼帽却很讲究。而礼仪服饰的作用之一就是为了区分上下尊卑等级。此外，《说苑》称禹"土阶三等，衣裳细布"，认为夏禹已经把衣服作为官僚等级的外在标志。从考古发现，夏代的服饰的确体现了尊卑等级。宋镇豪对晋南襄汾陶寺遗址、河南偃师二里头遗址的墓葬情况进行对比分析，认为墓主服饰的多少、贵贱反映了他们生前身份的显尊与低贱。②如陶寺遗址1650号的中型墓中，男性墓主周身裹着平纹织物，骨架上覆盖麻类编织物达10～12层。二里头遗址一座4号墓，虽然遭到盗掘，仍然发现了200余件绿松石管和绿松石片饰品。相反，在墓群中的大多数小型平民墓中，很少有饰品或其他随葬品。

《左传》哀公七年云："禹会诸侯于涂山，执玉帛者万国。"表明当时丝织业已经在各地普遍流传，同时丝织品仍然是很贵重的。从考古发现来看，夏代贵族的服饰衣料，主要以麻布和平纹丝织品为主。如在河南偃师二里头遗址发掘的一座墓葬中，出土了一件镶嵌绿松石的圆铜器，正面蒙有六层粗细不同的四种布，除一种性质未确定外，其他三种都属于麻布。

到了商代，随着人们生产能力的提高，商代贵族对服饰的要求也越来越高，越来越讲究等级、身份，服饰的等级限制也就越来越严格，这种情形在传

---

① ② 宋镇豪：《夏商社会生活史》，北京，中国社会科学出版社，1994。

统文献中有一定的反映。《帝诰》称商汤"施章乃服明上下","未命为士者，不得朱轩、骈马、衣文绣。"《逸周书·周月解》云："其在商汤，……变服殊号"。

宋镇豪对商代王邑和各地遗址有关服饰的考古发现进行了考察，指出："就殷墟王邑的考古发现而言，当时政治身分和社会地位不同者，所享服饰品类的质和量，差别极为显著。""商代各地遗址所见，服饰品类的等级之分亦甚显明"。[①] 因此可以说，商代从中央到地方服饰等级已经很明显。如著名的妇好墓，墓主作为王妃，享有的玉类饰品多达426件，饰品的动物造型有27种，此外有礼仪性质玉饰品175件，499件骨笄，28件玉笄等。1984年殷墟戚家庄269号墓，出土了大型丝织彩绘帷帐，墓主耳部有玉玦，颈胸部有骨管、玉虎、玉璜等饰品，这可以代表中等贵族的服饰水平。而在大量的平民墓葬中，随葬品极少，衣料多是质粗色单，装饰品多为质地低贱的水产生物介壳。

在衣料方面，商代仍以麻织品、丝织品为主，这些纺织品在考古发现中有更多的出土，而且在纺织技术和纺织品的种类、规模上都要远远超过夏代。河北藁城台西村商代遗址一座房基中出土了一捆麻布，经鉴定为大麻纤维，其中残留的胶质较少，表明当时韧皮纤维脱胶技术的进步。[②] 商代的丝织品的种类有平纹的"纨"、平纹纱类，平纹绉丝的縠，绞纱类的纱罗等。卜辞记载表明，商人有祭祀蚕神的习俗，如"蚕示三牢，八月"，"蚕示三牛"等。在山东益都苏埠屯和殷墟大司空村等的商代遗址的墓葬中，有玉蚕出土。这些都表明商代人对桑蚕的重视，以及丝织业在商代纺织中的重要地位。另外在上述台西村遗址中的麻布中还发现有若干山羊绒毛，表明当时的人们似乎已经懂得利用羊毛作为纺织原料。

《说文》云："裘，皮衣也"。甲骨文中的"裘"字写作衣服上有毛之形，与《说文》一致，表明当时已经用裘皮做衣服。此外，在殷墟侯家庄1004号殷王陵南墓道中，发现了皮甲残片，据推测可能是绘有黑、红、白、黄四色花

---

① 宋镇豪：《夏商社会生活史》，北京，中国社会科学出版社，1994。
②《河北藁城台西村商代遗址发掘报告》，载《文物》，1979（6）。

纹图案的皮制甲衣。①

商代服饰形态如何，文献记载很少，因此只能从商代人像、塑像来探求商代人服饰的大概。宋镇豪正是从这一角度对商代的服饰形态作了研究，②他考察了商代32例人物塑像，总结出商代服饰的十种形态：交领右衽短衣、交领右衽素长衣、交领右衽素小袍、交领长袖有华饰大衣、直领对襟有华饰短衣、高后领敞襟长袖短花衣、圆领长袖短花衣、圆领窄长袖花大衣、圆领细长袖连袴衣、赤身露体或仅于腹前束一窄蔽膝等。《礼记·深衣》曰："古者深衣，盖有制度。"孙希旦集解云："礼衣上衣、下裳，深衣连衣、裳为之，以其用于燕私，尚简便也。"宋镇豪推测，深衣可能是由连袴衣改进而成。

宋镇豪指出："大体说来，衣料质地和做工的考究与否，衣饰纹样的简繁，是商代等级制服饰的基本内容，而中上层贵族间流行窄长袖花衣，中下层社会间的窄长袖素长衣，构成了等级制服饰款式差次的分野，与周代所谓'王之吉服，服大裘而冕'，以宽袍大袖象征权威，恰恰相反。"此外，他还指出："政治身份和社会地位的不同，其发型或冠饰的差异也是极为明显。"上流社会阶层中，"有的高级男性权贵，或将长发胶固加工，做成尖状高耸发型，上缀饰物。有的贵族，头上罩一龙首形冠，长发垂卷过臀，宛似龙体有尾。有的贵妇，则在右耳后编一长辫，上盘头顶，绕经左耳后，辫梢回扣右耳后"。"在中层社会阶层，有的贵族，收发束成前后双髻，前髻大而高挺后卷，后髻略小而突起，前后照应。有的贵族近臣，头顶编一短辫，垂至颈部。""在中下层社会，有的家奴或平民，脑后束一下垂发髻，上插笄，或再在髻上加一半圆形发饰，似为女性发型。有的男性，脑后剪发齐颈，再加工卷曲，而头顶绞成短发，戴一额箍。有的脑后剪发至颈，头顶则另束一髻。"一般来说，商代人的头上都戴有饰物，"简单者施簪插笄，复杂者有雕玉冠饰、绿松石嵌饰冠饰等"③。

商代人物雕像还揭示，古代礼书中所讲的玄冠、缁布冠、皮弁、爵弁、冠卷、颊、巾帻等冠式，在商代都可以找到痕迹。

在商代玉质佩饰很受欢迎，它不仅是身份、权力的象征，而且是通神的

---

① 梁思永、高去寻：《侯家庄第五本——第一〇〇四号大墓》，台北，中央研究院历史语言研究所，1970。

②③ 宋镇豪：《夏商社会生活史》，北京，中国社会科学出版社，1994。

礼器。

商代的人像雕塑还表明，商人在沿袭前人跣足习俗的同时，已经开始着履。根据宋镇豪的考察，"商代高级权贵好以皮革或布帛裹腿，足着翘尖鞋"，多用皮革制成；"商代贵妇人好穿平头高帮履，亦无系带，圆履口，平底无跟"，一般为丝履；"商代中下层贵族或亲信近侍包括一般属臣，有穿素面鞋者，……鞋作高帮，平底无跟，圆鞋口"，质料多为麻、葛；"商代一般贵族或中上层平民的孩童，有穿一种宽松软鞋，……软鞋平底宽头，薄型"，材料为布帛，如此等等。①

陶器的发明至少可以推到 9000 年以前新石器时代早期，在夏代以前，陶器已经成为炊饮的主要用具，而且已经有很多种类。到了夏代，制陶技术更趋成熟，从上层贵族到平民百姓，都使用陶器作为炊饮工具，而且在使用的范围和种类方面都很较以前有很大的进步。宋镇豪指出："商代陶制品已呈两极分化的极端发展趋势。作为一般平民使用者，种类趋于简化，制作亦不精，常见的无非是鬲、簋、豆、盘、罐、瓿、觚、爵、盆等近十种。而贵族阶层享用陶器则趋于礼仪化，不仅造型众多，纹样别致，器类齐备，并且烧制工艺有所提高。""应看到，自有人工制作器皿以后，在最初相当长时期内，并无严格的炊器、食器、盛肉器、盛菜器、饮酌器、沃盥器等等的品类之分，一器多用和饮食不分现象，甚至到夏商两代依旧普遍存在。"②

在陕西绥德出土了一件商代铜钺，其上有"飨"字，像二人相对跪食，其中一个人正在伸手从盘中抓取食物，这表明在夏商时期曾经流行过抓食这种进食方式。此外，从发掘材料来看，夏商人也使用匕、柶、勺、斗、瓒、刀、削、叉、箸等餐具，与抓食方式并行。

《礼记·礼运》曰："夫礼之初，始诸饮食。"夏商时代的饮食像服饰一样，同样具有"明贵贱，辨等列"的礼制教化作用，饮食的这种作用甚至比服饰更早。《周礼·春官·大宗伯》云："以饮食之礼，亲宗族兄弟。"饮食还是加强宗族团结的手段。

《左传》成公二年曰："器以藏礼。"作为礼器的青铜器最早发现于夏代，出土于河南偃师二里头遗址，有爵、斝、盉、鼎、觚等五种。除鼎外，其余四

①② 宋镇豪：《夏商社会生活史》，北京，中国社会科学出版社，1994。

种都是酒具。《墨子·非乐上》记载夏启"湛浊于酒",《大戴礼记·少闲》说夏桀"荒耽于酒",从另一方面证明夏朝贵族已经有喜欢饮酒的风俗。宋镇豪指出,青铜器礼器"因生产水平的制约,数量有限,最先通常为陶、漆制品,青铜礼器实承袭陶礼器及漆礼器而来"①。这从二里头墓葬发现可以得到证明。礼器作为统治者宴饮和祭祀的重要工具,其作用已经超出普通的饮食,它同样具有表明身份,区分等级的作用。

商代人嗜酒之风比夏代尤甚,这在典籍中多有反映。《尚书·酒诰》把嗜酒作为商王朝灭亡的原因之一:"庶群自酒,腥闻在上,故天降丧于殷。"商代亡国之君纣王更是沉湎于酒,《史记·殷本纪》记载商纣王"以酒为池,悬肉为林",类似的记载还见于《说苑·反质》。商代崇尚饮酒的风俗还可以从墓葬的随葬品中得到反映,不仅贵族统治者的随葬品中酒器占有很重要的地位,而且在平民很少的随葬品中,酒器也占有很大的比重。这表明饮酒的风俗已经流传普及到民间。

夏商时期主要的农作物基本上是史前时期的继承,主要有粟、黍、麦、高粱、水稻等。从甲骨文多处商王命令官员或贵妇监督种黍的记载来看,黍在商代是贵重的粮食。从甲骨文记载和考古实物发现来看,夏商时期的肉食,主要有两个来源,一个是马、猪、牛、羊、犬、鸡等家畜,一类是渔猎获得的虎、豹、熊、狸、野兔、野猪、羚羊等野生动物和鱼、鳖、蚌、螺等水产品。

相传商汤的大臣伊尹擅长烹调,以厨师的身份进见商汤,以调味为喻,向商汤进献统治天下之道,因而得到商汤的赏识和重用。《墨子·尚贤上》曰:"汤举伊尹于庖厨之中,授之政。"《史记·殷本纪》则称伊尹"负鼎俎,以滋味说汤,致于王道。"从这些记载中我们可以推知,商代的烹饪已经很注意调味,很有讲究。

从出土的夏商两代的炊具来看,在属于夏代文化的遗址,如二里头文化等,出土的炊具多为煮食用的陶罐,用于蒸饭的陶鬲极少。而在代表商代文化的遗址,如郑州二里冈、小屯等地,出土的炊具以陶鬲、陶甑等蒸食炊具为主。这表明,"夏代饮饪以较原始粗糙的煮烧为主,商代饮饪以较先进精细的

---

① 宋镇豪:《夏商社会生活史》,北京,中国社会科学出版社,1994。

蒸食技术为主"①。

古人认为，宫室的建造自夏代始。《管子·轻重戊》云："夏人之王，……民乃知城郭门闾室屋之筑，而天下化之。"《世本·作篇》则称"禹作宫室"。夏代的建筑规模和技术比史前时期有了很大的提高。以属于夏代晚期的河南偃师二里头文化发现的大型宫室遗址为例，整个建筑群台基面积约 1 万平方米，夯土工程量达 2 万多立方米，建筑、工程规模之大，在史前时期是不可能想象的。殿堂面阔八间，进深三间，从四周柱洞和柱础石推测，屋顶可能为《考工记》所说的"四阿重屋"即四坡出檐式。宫殿四周有一组廊庑式建筑。整个宫殿建筑群由正殿、廊庑、正门、中庭等部分组成，布局严谨，结构紧凑，主次分明，考古工作者推测，它很可能是夏代君主平时起居、处理政事或举行祭祀的地方。②

夏代普通平民的居所主要是地穴式房屋和地面建筑房屋，如在属于夏代的晋南东下冯文化遗址中就发现了这两种房屋。从发掘情况来看，半地穴式房屋的建筑方法是"利用沟的断壁经过修整向内掏挖而成，平面分圆形、椭圆形和圆角方形三种，面积都只有 4 平方米左右。门洞一般高 0.8 米、宽 0.5 米，室内顶部均作穹形，壁下有小龛和火膛"③。

商代的城市宫殿遗址发现很多，主要集中在其活动中心——黄河中下游地区，以及中原周围地区。属于商代早期的偃师商城，其中一座南北长 230 米，东西长 216 米，四周环绕 2 米厚的夯土墙。主体宫殿位于城中，城墙南面正中开有城门。以其中的 4 号墓为例，包括正殿、东庑、西庑、南庑、南门、庭院和侧门等建筑，自成一体。属于商代中期的郑州商城遗址，东城墙长 1700 米，西城墙 1870 米，南城墙长 1700 米，北城墙长 1690 米，整个城垣周长近 7 公里。城墙分层夯筑而成。殷墟是商代晚期都城遗址，整个遗址面积为 24 平方公里，从规模和建筑基址等方面来看，当时的宫殿已经非常雄伟壮观，体现了商代统治者的权力和威严。这些宫殿遗址，很多都有窖穴、水井、壕沟、排

---

① 《中华文明史》第二卷（先秦），石家庄，河北教育出版社，1992。

② 参见中国社会科学院考古研究所二里头工作队：《河南偃师二里头宫殿遗址发掘报告》，载《考古》，1974（4）；北京大学历史系考古教研室商周组：《商周考古》，北京，文物出版社，1979；李瑞澜：《中国社会通史》先秦卷，太原，山西教育出版社，1996。

③ 安金槐：《中国考古》，上海古籍出版社，1992。

水沟等辅助设施发现，表明当时的建筑设施已经比较完善。

与商代贵族统治者的宫殿相比，商代平民的居住条件较差，在商代中心和其他地区发现的房屋与夏代一样仍然为地穴式房屋和地面建筑房屋，只是规模稍大，有的房屋分为多间。此外，商代已经有较大型的村落，如平阴朱家桥商代晚期遗址，在200多平方米内发掘出房屋基址21座。在普通房屋中，一般都有灶坑发现。

《史记·夏本纪》记载夏禹治水时，"陆行乘车，水行乘船，泥行乘橇，山行乘檋。左准绳，右规矩，载四时，以开九州，通九道，陂九泽，度九山"。说夏禹时水陆泥山的交通工具都已具备，未必全信，但禹在治水的同时，对境内的交通条件也进行了修治改善和规划，倒是可能的。《夏本纪》还称"禹乃行相地宜所有以贡"，规定天下九州的贡品，如果没有较好的交通条件，贡品也是很难运到夏王朝的中心中原地区的。当然，夏王朝对周边诸夷的控制、征战也对交通提出了要求。《大戴礼记·少闲》记载："（禹）修德使力，民明教通于四海，海之外肃慎、北发、渠搜、氐、羌来服。"

从考古发现来看，夏代的道路修筑已经具有一定的规模，有的具有较高的规格。山西省夏县东下冯遗址曾经发现一条夏代时期的道路，路面宽1.2～2米，厚5厘米，用陶片和碎石子铺成。在偃师二里头夏末都城遗址中，既有普通的鹅卵石石子路，红烧土路，也有规格较高的石板铺成的甬路。《国语·周语中》引《夏令》云："九月除道，十月成梁"，建桥和筑路同样是夏代发展交通的重要举措。

在夏代，对于大多数人来说，出门远行主要还是靠步行。我们前面提到，在史前时期已经有舟楫发明使用，那么船作为水上交通工具在交通发展的夏代有进一步的进步和发展当无疑问，我们可以从传统文献中找到痕迹。《论语·宪问》有"羿荡舟"的说法，《今本竹书纪年》记载帝相二十七年"浇伐斟鄩，大战于潍，覆其舟，灭之"，如此等等。

作为陆路交通主要工具的车的发明，先秦文献一般都归之禹的手下奚仲，如《墨子·非儒下》云："古者羿作弓，伃作甲，奚仲作车。"《荀子·解蔽篇》曰："奚仲作车，乘杜作乘马，而造父精于御。"《吕氏春秋·君守》也曰"奚仲作车"。传统文献还有夏代统治者乘车的记载。《说苑·君道》载："禹出，见罪人，下车问而泣之。"夏代的车很少，只有贵族统治者才能享用。此外在夏代骑马已成为比较重要的交通工具。

商代的疆域比夏代更为广大，交通也更为发达。根据宋镇豪的研究，商代的道路设施的特点，首先是王邑内道路设施非常方便、有水准，如河南偃师尸乡沟发现的早商都城遗址，城内道路纵横，四通八达，主次道相配，主路有11条之多，宽约6米，厚达半米左右。城门的道路下有木板盖顶的石壁排水沟。其次是方国也重视道路的修筑。三是商代晚期已经形成了以殷墟王邑为中心的纵横向四外辐射的国家道路交通网络。① 宋镇豪还指出，商代在武丁之后在道路上建立了常设性军事据点，以保障道路的畅通，称为"枼陮"；在中心统治区的干道上，还建有食宿交通设施，专供贵族过行住宿过夜，称为"羁"；为加强中央与地方的联系，商代还建立了由一人专门送达的驿传。②

商代人与夏代一样，多数仍靠步行。在使用车方面，在商代遗址中层有多次出土，如第十一次发掘殷墟时，在西北冈王陵东区一个地方就发现了二十五辆车子，五车为一组。此外，从甲骨文车子的字形来看，有的画作两轮、一轴、一辕、一衡、两轭，车厢在轴与辕相交处的形象。③ 此外，商代还有人力拉的车。从出土的商代的单骑或战马殉葬情况来看，商代人曾经以马代步，并可能出现战马。《吕氏春秋·占乐》记载"商人服象，为虐于东夷"。从考古发现来看，商代已经开始驯化养殖象，因此宋镇豪认为，"役象或乘象出行自非难事"④。

商代的水上交通也很发达，据宋镇豪研究，商代立津渡设舟供贵族成员过往摆渡外，王朝内也有相当数量的舟，以备商王、贵族和军事之用。除了划桨的小船，商代还有用绳牵引的大船。

（三）西周时期的衣食住行

西周时期的衣食住行，在传统文献中有一些记载，此外，也可以从考古资

---

① ④ 宋镇豪：《夏商社会生活史》，北京，中国社会科学出版社，1994。

② 宋镇豪：《商代的道路交通》，见田昌五主编：《华夏文明》第三集，北京大学出版社，1992。

③ 彭邦炯：《商史探微》，重庆出版社，1988。

料中了解当时的一些情况。

有关西周时期的服饰情况，在《周礼》、《诗经》、《礼记》等文献中可以找到一些资料。特别是《诗经》，不仅反映了上层统治者的服饰情况，而且有关于普通平民服饰情况的记载。

西周的衣服原料，根据有的学者的研究统计，在《诗经》中提到的纺织品就有绸、缟、锦、绣、素、组、绤、纻、绤、绉等十余种。①

在西周的纺织业中，丝织业占有重要的地位，设有专门管理丝织生产的官员"典丝"。《诗经·郑风·出其东门》曰："缟衣綦巾，聊乐我员。"缟就是丝织品的一种。《诗经》还多次提到锦，并且有"贝锦"等品种。如《诗经·小雅·巷伯》云："萋兮斐兮，成是贝锦。"

除了丝织品外，西周还有用麻、葛等植物纤维织成的纺织品，就是先秦时期所说的布。《诗经·周南·葛覃》描述了葛的生长、加工和纺织的全过程，其中说"为绤为绉"，绤是精细的葛布，绉较粗。此外还有一种葛布称为绉，比绤还要精细。因为葛布比较轻薄，适合做夏天的衣服，因此《韩非子·五蠹》说："冬日麑裘，夏日葛衣。"大麻与苎麻都是较好的纺织原料，但纤维的提取比较麻烦，首先要将胶质去掉。《诗·陈风·东门之池》云："东门之池，可以沤麻，彼美淑姬，可与晤歌。东门之池，可以沤纻，彼美淑姬，可以晤语。"反映了当时主要用水池沤泡，使大麻、苎麻的胶质自然脱掉。

西周时期的皮衣比商代更为普及，种类也更多。仅从《诗经·桧风·羔裘》"羔裘逍遥，狐裘以朝"，"羔裘翱翔，狐裘在堂"的描写来看，当时常见的就有羔裘和狐裘两种，分别用于平时和上朝穿用。周王室有专门负责征收和保管毛皮原料的官员——掌皮，根据《周礼·天官·掌皮》，掌皮的职责为："秋敛皮，冬敛革，春献之。遂以式法颁皮革于百工，共其毳毛为毡，以待邦事。岁终，则会其财赍。"掌皮负责在秋冬征收皮革，交给百工制作，还要在年底进行结算。西周还将皮革用于军事服饰，不仅有革制成的皮甲，还有青铜甲片连缀皮革之上的复合甲。此外，在草原地带发现了相当于西周时期的毛织物，有的是由羊毛和狗毛合股线织成，表明当时已经有毛纺织了。

① 高宇：《从〈诗经〉看周代的服饰制度》，载《辽宁师范大学学报》（社科版），1989（1）。

西周以礼制完备而著称，服饰作为礼制的一部分，对于不同场合和等级都有着严格的规定和要求。前面我们提到，同样是皮衣，周人上朝和平时所穿是不一样的。除了便装和朝服的区分，周人还有祭服、丧服等区别和讲究。当然这些讲究和规定是针对士大夫以上的官员、贵族而言的，对于处于社会底层的平民来说，能够穿暖已经是一种奢侈。《诗经·豳风·七月》中描绘了下层人民的穷困境地："无衣无褐，何以卒岁？"

前文已经指出，十二种不同的纹饰即"十二章"是区分等级身份的重要标志。西周时期这种区别更加规范具体。周天子衣服的纹饰包括全部十二种纹饰；三公衣服的纹饰包括九种纹饰，以龙为首；侯伯的纹饰有七种，以华虫为首等等。此外，冕也是区分等级的重要标志。不同身份，其冕前的旒的数目也不相同，天子之冕十二旒，诸侯九，上大夫七，下大夫五。

从衣服的种类来说，周人主要有冠、冕、弁、体衣等。冠的结构是一个冠圈，中间有一个冠梁，用缨在下巴下打结。冠的作用是将头发束住。冕是贵族统治阶级的首服，上面是一个长方形的版，称为"延"，延前后挂缀的串玉称为"旒"。弁与冕相近，只是没有旒，并且佩戴的场合不同，吉礼之服着冕，通常的礼服着弁。体衣就是衣裳。周人仍然是上衣下裳。《诗经·齐风·东方未明》说："东方未明，颠倒衣裳。"说的是一个人天不亮就起床，结果把衣和裳穿颠倒了。

周人的衣服有单衣和夹衣，冬季的衣服有裘和袍。衣领有两种，交领和直领。"交领因其领下连至襟，而襟又于胸前相交而得名。通常是左襟掩右襟，在右腋下系结，即右衽"①。右衽是华夏民族的服饰特征之一。这种上衣下裳和右衽的服饰习惯，从商代的石刻人物像到战国的木俑基本上没有改变。《论语·宪问》记载孔子曾说："微管仲，吾其被发左衽矣。"异族服饰左衽。中原华夏民族与周边少数民族——所谓戎夷在服饰上是有很大差异的。《礼记·王制》云："中国戎夷五方之民，皆有性也，不可推移。东方曰夷，被发纹身，有不火食者矣；南方曰蛮，雕题交趾，有不火食者矣；西方曰戎，被发衣皮，有不粒食者矣；北方曰狄，羽毛穴居，有不粒食者矣。"说明周边的少数民族

---

① 高宇：《从〈诗经〉看周代的服饰制度》，载《辽宁师范大学学报》（社科版），1989（1）。

在服饰、饮食方面存在着差异。

周代的贵族上衣腰间一般系带，并且不同等级所系腰带不同。带分为大带和革带两种。大带的质料为丝，《诗经·曹风·鸤鸠》："淑人君子，其带伊丝。"革带顾名思义，用皮革制成，主要用于佩带饰物。

周代的鞋子有屦、舄等，《周礼·天官·屦人》郑玄曰："複下曰舄，禅下曰屦。"就是说，舄是双层底鞋，屦是单层底鞋。《诗经》中提到一种"赤舄"，常被周王赏赐给臣下。

据《周礼·天官》，周代王室有典丝、典枲、内司服、缝人、染人、追师、屦人等职官，负责丝、布、王后六服、王宫缝线之事、染丝帛、王后首服、王与后的鞋子等等。

饮食方面，西周时期同样既有沿袭又有变化发展。许倬云认为，西周时期的主食主要为黍、稷、稻、粱、麦、麻、菽、豆。[①] 其中黍和稷最为重要，在《诗经》和《左传》等传统文献中已经并称连言，如《诗经·小雅·信南山》："黍稷彧彧"，《诗经·小雅·甫田》："黍稷薿薿"等等。黍和稷之中黍更为贵重，成为祭祀和待客的上品。当然，稷也是很重要的粮食作物，用于指代国家的"社稷"，就包含着稷。《白虎通·社稷》称"稷，五谷之长，故立稷而祭之也。"

在西周时期，肉食还基本上是贵族的特权，如《诗经·魏风·伐檀》："不狩不猎，胡瞻尔庭有县貆兮？"直到春秋时期仍然如此，《左传》鲁庄公十年记载曹刿的同乡说："肉食者谋之。"根据《礼记·曲礼》，当时祭祀的动物有牛、羊、豕、犬、鸡、雉、兔、鱼等。此外《礼记·内则》还记载了平时燕食的食物：蜗、雉、兔、鱼卵、鳖、蚳、牛、羊、豕、犬、雁、麇、麋、鹌等。

西周人的饮食情况还可以从考古发现中得到一些反映。考古工作者在河南信阳孙砦发掘了一处西周时期的水产遗址，不仅出土了容器和与水产有关的工具，而且发现了鱼骨、蚌壳、猪骨、鹿骨、瓜籽、菱角、桃核、葫芦籽等。

蔬菜和水果方面，《礼记·内则》中所举的蔬菜有芥、蓼、苦、荼、姜、桂。而《诗经》中涉及的蔬菜有萝卜、苦瓜、葫芦、茬椒、芥等，此外还有一

---

① 许倬云：《西周史》，北京，三联书店，1994。

些野生植物。《礼记·内则》、《周礼·笾人》涉及的水果、干果有芝、柿、棋、枣、栗、榛、柿、瓜、桃、李、梅、杏、楂、梨等。

西周时期建筑在建筑材料，建筑辅助设施等方面较前代有了很大发展，在很多建筑遗址中都发现了板瓦、筒瓦和瓦当，这些都是建筑材料上的重大突破。很多遗址还出土了陶质排水管，一头稍细，便于连接，表明当时的排水系统已经非常精细。此外，在扶风云塘的西周灰窑中，还发现了大型陶砖。

在建筑形式上，西周人有沿袭前代传统的一面，如丰镐遗址发现的小型居址，分为土窑式和半地穴式。而在河北省蕲春县毛家嘴遗址则发现了规模较大的干栏式建筑遗址。

西周贵族的建筑在布局、施工等方面都比较讲究。在周人发祥地和灭商前的都城——周原的岐山凤雏村，考古工作者发现了较大的建筑基址，据研究可能属于当时贵族的建筑。整个建筑："以门道、前堂、后室为中轴，东西配置厢房各八间，并有回廊相接，形成一个前后两进、东西对称的封闭性院落。其中前堂是这组建筑的主体。"已经基本具有中国古代建筑的两个主要特点：中式用木构架，采取封闭或由中轴线的院落式布局。"建筑的地面和墙壁都用细泥掺合砂子、石灰涂抹，表面光洁坚硬。有两条用陶水管或卵石砌成的排水管道"①。

《诗经·大雅·緜》描写了周人迁居岐山后修筑道路的情形："柞棫拔矣，行道兑矣。"周人代商建国后，在商代"王道"的基础上，对全国道路进行了规划建设。据杨升南先生研究，周人以都城丰镐为中心，修建了七条通往四方的国家干道，当时称为"周道"或"周行"。它们分别是：（1）从丰镐出发向西、西南，经宝鸡到巴蜀。（2）两条道路向东：一条自丰镐至成周；一条自成周经桧、谭到齐。（3）自成周出发向南，经鄂、申、曾到江汉之浒。（4）自成周出发向东南，经坯、陈、蔡到胡。（5）两条道路向北：一条通晋地；一条通邢、燕。② 西周时期的道路不仅四通八达，而且道路建筑质量很高，《诗经·大雅·大车》云："周道如砥，其直如矢。"西周时期的水路交通当也比较发

① 《中国大百科全书·考古卷》，北京，中国大百科全书出版社，1986。
② 参见杨升南：《说"周行""周道"》，《西周史研究》，载《人文杂志》丛刊第2辑，转引自李瑞兰主编：《中国社会通史》先秦卷，太原，山西教育出版社，1996。

达,《竹书纪年》载昭王南征,"涉汉遇大兕","丧六师于汉",表明当时的水路交通已经用于军事行动。

(四)春秋战国时期的衣食住行

春秋战国时期是大动荡大变革的时代,所谓"礼崩乐坏",表现在服饰上,对礼制规定的僭越现象时有发生,同时在服饰风格、样式上也有很大变化,主要表现为深衣的普遍流行和胡服在中原地区的普及推广。

前文已经指出,所谓深衣是指上下衣相连的一种服装,在商代已经初见端倪,但是这种衣服的普遍流行还是在春秋战国,在当时穿着深衣成为一种时尚,普及到男女老幼,尊卑贵贱,不分文武职别,很受欢迎。

胡服的推广流行是战国时期服饰的一大变化。所谓"胡服",是指西北地区少数民族,当时称"胡人"的服装,它与中原地区宽衣博带式的汉族服装有较大差异,上衣左衽窄袖,改下裳为长裤,脚着革靴,衣身紧窄,腰带上有带钩,便于悬系随身物品。著名的改革者赵武灵王为了适应了战争的需要,不顾许多人的反对,最早推行了这种便于骑射的服装。之后,胡服逐渐在汉族居住区流行开来。

春秋战国时期,诸侯国林立,各国在文化上互有影响的同时,也有着自己的地区特色,这在服饰上也有反映。宋镇豪对出土的春秋战国时期的人像造型和绘图进行了分析研究,对各地服饰的特点进行了总结。[①] 他认为,位于中原地区的周王室和三晋,在服饰上以西周以来的质朴的曲裾交领式服饰为主;齐鲁地区各国,如《史记·货殖列传》所言,"人民多文彩布帛","其俗宽缓阔达",女性服装多长裙收腰曳地,窄长袖,男性服饰曲裾向后斜掩展开,也有宽舒之感,女性发型上喜欢绾偏左高髻;北方地区各国"服饰矜夸而有三晋冠带及齐鲁衣履的错综风格";"西北秦地服饰,厚实而便用,但逊华丽韵味";吴越地区"服饰拙而有式,守成而内具机变"[②],适应当地水土条件,在服饰

---

① 宋镇豪:《春秋战国时期的服饰》,载《中原文物》,1996(2);《从出土文物看春秋战国时代的服饰》(上),载《文物天地》,1996(1);《从出土文物看春秋战国时代的服饰》(下),载《文物天地》,1996(2)。

② 宋镇豪:《春秋战国时期的服饰》,载《中原文物》,1996(2)。

发型上都很有自己的特色；楚地服饰素以轻丽著称，宋镇豪引沈从文先生对楚服特征概括云："男女衣著多趋于瘦长，领缘较宽，绕襟旋转而下，衣多特别华美，红缘缤纷，衣上有满地云纹、散点云纹或小簇花的，边缘多较宽，作规矩图案，一望可知，衣着材料必出于印、绘、绣等不同加工，边缘则使用较厚重织锦"①；江淮之间的小国，服饰方面像政治一样，受到毗邻的南北方大国的影响，如曾经是楚国附庸的曾国，出土的铜人的服饰有楚国细腰服饰的风格；西南地区的巴蜀滇地，多为少数民族居住地，即所谓西南夷，在服饰上以宽松为特点，同时受到邻近的中土诸侯国的影响。

春秋战国时期的饮食结构，主食仍以谷类为主，并且种类不断增加，当时有"五谷"、"六谷"、"百谷"之称；蔬菜有瓜、芋、韭、芥等；肉食则有鸡、鸭、鹅、猪、牛、羊、鱼以及狩猎所得野味等。

当时的烹调技艺已趋成熟，基本上奠定了中国菜肴的特色。从《楚辞·招魂》可以了解当时贵族饮食烹调的一些方面。主食以谷物为主，也有用粮食制作的精美食品"羞"，已经能制作很多点心。调味品丰富，可谓五味俱全。对六畜和野味的烹制方法有轻炖、红烧、炮烤、煎、脍、煮、卤、焖等。饮料分为酒和浆，酒主要有黄酒、香酒和甜酒，浆类似于今天的果子露或甘蔗汁。当时的饮食礼节仍然有 些讲究，特别是对贵族而言，为体现身份地位，对饮食礼仪是很重视的。一般来说，贵族吃饭的顺序为，先喝酒用菜、再吃饭、最后用汤。此外吃饭时还有很多禁忌，用餐时往往有音乐演奏。②

春秋战国时期王权衰微，诸侯争霸，各诸侯国的都城都有很大发展，在规模上难免违背礼制规定。从考古资料来看，东周列国都城的面积一般在 20 平方公里左右，最小的秦栎阳城只有 4 平方公里。

列国都城的选址和布局都颇费心思。随着城市规模的扩大，城市用水成为都城选址的一个重要考虑因素，列国都城一般都建在傍水的冲积扇上，如齐国都城临淄东靠淄水，西有系水；鲁国都城曲阜位于泗水和小沂河之间。同时，各国都城内都发现了密集的水井遗址。列国都城都分为宫城和郭城两部分。宫

---

① 沈从文：《中国古代服饰研究》，商务印书馆香港分馆，1981。

② 以上关于春秋战国饮食部分参考了王玉哲主编：《中国古代物质文化》，北京，高等教育出版社，1990。

城为诸侯王室居住和处理政事的地方，郭城为平民居住区和集市、手工作坊集中地。城郭的布局主要有四种：（1）宫城基本被包围在郭城中心，如鲁国都城曲阜；（2）宫城与郭城分开，如齐国都城临淄，郑韩故城，其宫城嵌入郭城一角，而赵国都城邯郸的宫城则单独分开；（3）宫城设在郭城之外，宫殿区超出宫城城垣范围，以河道作为与居民区的分界，燕下都就是如此；（4）郢城纪南城，宫城位于城郭中央偏南，宫城以东的郭城东南隅，可能是王室的专用地。① 作为都城的辅助设施，都城周围都有城壕，作为排水和防御设施，城内则铺设有全城性的排水沟，分为阳沟和阴沟。阴沟一般用陶管铺成。此外，宫城内设有贮藏物品的窖穴，楚国郢城纪南城有的水井底置有一个大陶瓮，据推测为冷藏窖。

春秋战国时期还兴建了大量的宫室，这些宫室都是台榭式建筑，建筑方法是先夯成阶梯形的土台，然后沿台逐层建木构房屋，以聚合在一起的单层房屋形成类似多层大型建筑的外观。台榭建筑一般注意与周围的自然环境结合，给人融为一体的感觉。

在建筑材料方面，春秋时期列国诸侯的建筑都普遍使用瓦，到了战国时期用瓦更为普遍，列国遗址都有瓦砾出土。战国瓦当多为半圆形，在纹饰图案上，列国各具特色。此外，砖在当时也已普遍使用，在河南郑州碧沙岗、辉县琉璃阁等地都有春秋战国时期的砖出土。

春秋战国时代普通人民已经较少居住地穴式或半地穴式房屋，但是他们居所主要以简陋的草舍茅屋为主，因此居住条件仍然没有太大的改善。

春秋战国时期各国使节往来，战争频繁，因此交通更为发达。在赵武灵王胡服骑射之前，中原各国主要军事交通工具是战车，《左传》中有关诸侯王或将领率战车征战的记载非常多，战车的数目也成为当时衡量一个国家军事力量的重要指标。战车以马为动力，车厢相对较小。日常运输用的大车，则以牛为动力。春秋战国时的车基本构造相同，由车厢、双轮、辕等组成。由于当时各自为政，车轨并不统一。秦始皇统一六国之后，颁布了一系列统一制度的法令，其中就有"车同轨"。从阶层来说，贵族一般乘马车，而平民则乘牛车，

---

① 参见《中国大百科全书·考古卷》，北京，中国大百科全书出版社，1986。

贵族的车往往成为身份和财富的象征，因此非常注重装饰。

赵武灵王胡服骑射之前，骑马仅用于驿传，贵族出行乘车是礼制的规定，只有在迫不得已的情况下，如战败奔逃，才骑马，而且一般认为是很耻辱的事。赵武灵王看到单骑灵活机动，而且行动迅速的优点，大胆推行胡服骑射，取得了很好的成效，中原各国纷纷效仿，骑马逐渐成为主要军事运输作战工具，很快得到普及。

当时陆路交通征战主要用车马，水路则以船为交通工具，由于各国沟渠开凿很多，造船业非常发达，技术也有了很大进步。船分为海船和河船，并且大小种类繁多。在当时船已经频繁用于水战。东南吴越两国争霸，互为攻守，往往水陆并发。当年吴王夫差为了发挥水军优势，开凿了一条自邗沟穿过射阳湖（今江苏宝应）到末口（今江苏淮安）入淮水，然后北通沂水和济水的运河。在出土的当时的器物如铜镜、铜壶上，有的就刻画了当时水上征战的场面，有的战船规模很大，能容上百人，分为两层，上为战士，下为划手；有的船体轻巧，行动快捷。这些都表明当时造船技术已经达到了很高的水平。

当时在山区还使用肩舆（辇）作为交通工具，在河南固始一座贵族女子的墓葬中出土了大、中、小三个肩舆，表明当时贵族也有乘坐肩舆的习惯。

二、婚姻

（一）远古时期婚姻形态的演进

远古时期，人类的婚姻从原始荒蛮的状态，经历不同的婚姻制度阶段，逐渐向文明稳固的一夫一妻制过渡。唐杜佑在《通典》中说："人皇氏始有夫妇之道；伏羲氏制嫁娶，以俪皮为礼；五帝驭时，娶妻必告父母；夏时亲迎于庭；殷时亲迎于堂；周制，先男女之年，定婚姻之时，六礼之仪始备。"从一个角度说明了婚姻制度、礼仪发展完备的过程。

早期人类因为生产能力低下，聚族群居，在男女性关系上曾经经历乱婚、群婚的阶段，这一点古人也有清楚的认识，在很多典籍中都有群居和"知其母不知其父"的描述。如《管子·君臣》云："古者未有君臣上下之别，未有夫妇妃匹之合，兽处群居，以力相征。"《吕氏春秋·恃君》曰："昔太古尝无君矣，其民聚生群处，知母不知父，无亲戚兄弟夫妻男女之别。"《商君书·开塞》云："天地设而民生之，当此之时也，民知其母，而不知其父。"

社会学家认为，两性关系任意结合的乱婚阶段是与极其低下的生产力相联系的。随着人们按年龄生产分工结合的变化以及对不同辈分间性关系的反感，人类逐渐从乱婚状态发展到血缘群婚阶段，也就是在同一群体内，只在兄弟姐妹和从兄弟姐妹间可以两性结合。

中国古代的神话传说中，可以找到血缘群婚的影子。最著名的就是伏羲、女娲兄妹结为夫妇的传说。《绎史》卷八引《独异志》曰："昔宇宙初开之时，只有女娲兄妹二人在昆仑山。议以为夫妇，又自羞耻，兄与其妹咒曰：天若遣我兄妹二人为夫妇，烟悉合；若不，使烟散。于烟头悉合，其妹即来就兄，乃结草为扇，以障其面。"关于女娲之兄为谁，从典籍中也可以找到一些线索。《绎史》卷九引《风俗通》云："女娲，伏羲女弟。"郑樵《通志·三皇考》引《春秋世谱》则曰："华胥生男子为伏羲，女子为女娲。"

兄妹结为夫妇的血缘群婚故事并不少见，如关于百家姓由来的故事，[①] 台湾高山族本族起源的传说等等。[②] 芮逸夫对各地关于兄妹结为夫妇的故事传说进行了收集，得到 22 则，闻一多先生又增加了数则。从这种类型故事的普遍流传，我们可以推测，在中国远古时期的确流行过血缘群婚。

血缘群婚仍然是知其母不知其父，与母系氏族社会相联系。由于血缘群婚属于近亲结合，因此往往给后代带来先天缺陷，久而久之，使氏族成员身体素质下降，儿童夭折增加。在原始遗存的发掘中，经常有儿童瓮棺发现，如新石器时期仰韶文化西安半坡遗址的两次发掘，共发现儿童瓮棺四十余个；宝鸡北首领新时期遗址出土儿童瓮棺十数个；此外，在陕西邠县下孟村仰韶文化遗址和河南淅川下王岗也都有发现。同时，在上述各遗址的其他葬式中也有儿童遗骨发现。对于这一特殊现象，学术界有很多不同的解释，有的学者指出："不论什么原因，除后天死亡之外，不能排除血缘婚媾所造成的先天因素。从这些

---

① 王显恩：《元始趣事集》，见《中国民间文艺》。
② 吴存诰：《中国婚俗》，济南，山东人民出版社，1986。

考古资料可以推断出以往婚姻形态的弊端。"①

原始先民知识贫乏，智力也较低下，因此对于近亲结合的弊端的认识并不是很容易的，可以推测一定是经历了非常长久的时间，这当是由血缘群婚向族外婚过渡经历相当漫长的时间的原因之一。

促成血缘群婚向族外婚转变，除了对于近亲结合弊端的认识外，还有各氏族群落之间的接触不断增加的因素。各个氏族群落在生产生活中，为了共同的利益或目标，比如一些规模较大的狩猎活动，对付共同的敌人等等，必须联合起来，这样就为不同氏族血缘群落男女成员之间的接触提供了机会。

族外婚作为一种新的婚姻形态，最初可能会遭到血缘群落的反对，只有秘密进行。因此很多学者推测，许多关于感应化生的传说，实际上是族外婚的结果。《诗经·商颂》所谓"天命玄鸟，降而生商"，说的是殷人的祖先契是简狄吞鸟卵感化而生。而《史记·周本纪》记载周人始祖弃的身世曰："周原出野，见巨人迹，心忻然说，欲践之，践之而身动如孕者，居期而生子，以为不祥，弃之隘巷……因名曰弃。"有的研究者根据对《仪礼·丧服》、《尔雅·释亲》中记载的叔嫂无服的丧服制度和伯叔非专称、舅姑的两重含义、甥就是婿等亲属称谓的考察，指出在远古时代可能实行过族外婚②。

族外婚还可以从考古发现中得到证明，在代表母系氏族社会的仰韶文化的700多座墓葬中，以单人葬居多，合葬有多种形式，比如几个男子在一起，几个女子在一起，母子在一起，但是却没有成年男女合葬和父子合葬的现象。

族外婚最初处于秘密阶段，不同血缘的男女秘密结合。族外婚得到承认之后，走访婚成为流行的婚媾方式。这种方式一般是男子到另一氏族的女子处过夜，晚去早归。最初的族外婚男女关系并不稳定，每个男女可以与另一个氏族的多个对象发生关系，子女由女方抚养，同样很难确定生父。因此宋镇豪认为，这种婚姻形态"说到底乃是一种氏族对氏族的群婚制，是母系氏族社会的产物"③。

① 李阳，雷聪勇：《原始婚姻探微——致使族内婚向族外婚过渡的几个因素》，载《文博》，1993（3）。
② 王文锦：《我国远古的一种婚姻形态》，载《文史知识》，1987（11）。
③ 宋镇豪：《夏商社会生活史》，北京，中国社会科学出版社，1994。

由于一些男女感情比较稳定，女方氏族需要劳动力等原因，不稳定的走访婚逐渐向对偶婚发展。对偶婚中男女共同生活，互相照顾，相对比较稳定，使个体婚的夫妻观念开始萌芽，而且使得父亲知道自己的子女，子女知道自己的双亲，结束了知其母不知其父的状态。但是由于这种婚姻形式产生于母系氏族社会晚期，必然受到母系氏族社会的约束，这种婚姻形式组成的家庭不能独立于氏族存在，男方在女方氏族居住，但死后要在原氏族埋葬。

当然，婚姻形态并不像后来的研究那样简单规范，有研究者对甘肃秦安王家阴洼仰韶文化墓地进行了研究，发现东西两个墓区男女比例不同，东区 5 个男性对 13 个女性，西区 12 个男性对 5 个女性，而女性多的墓区儿童少，女性少的墓区儿童多。研究者对此进行了分析，最终得出结论：东区实行一夫多妻制，西区实行一妻多夫制，同时两区可能部分实行儿童从舅居。研究者推断："该墓地成员的生前生活中，流行一夫多妻与一妻多夫制，很可能是姊妹共夫与兄弟共妻。既有女子出嫁也有女子招婚上门；自男子言之，既有娶妻入室也有出赘为婚；夫妻共居；孩子既有生于某方长于某方，也有生于西区而长于（或至少理于）东区的，取决于孩子从舅居（或至少从舅埋葬）的制度。"[1] 从这些婚姻形态来看，研究者认为，墓地所反映的当时人可能处于母系氏族向父系氏族过渡的时期。

随着人类生产能力的提高，农业、畜牧业等的发展，男子在氏族中的地位不断提高，人类慢慢进入父系氏族社会，男子为了保持血缘系统的纯洁，把财产传给后代，与之相应，婚姻形态也逐渐由对偶婚过渡到一夫一妻制或一夫多妻制。

对偶婚与一夫一妻制的区别在于对偶婚的男女之间还存在着主要丈夫、主要妻子和次要丈夫、次要妻子的关系，也就是说男女之间还没有完全一一对应，关系还不是非常清除稳定。而到了一夫一妻制，婚姻关系比较稳固，双方特别是女方不能任意解除婚姻关系。由于男性地位的提高和父权的加强，一夫一妻制更主要的是对女方而言的，因此是一种不平等的一夫一妻制，实际上有很多一夫多妻制现象的存在。

---

① 王占奎：《王家阴洼墓地婚姻形态初探》，载《考古与文物》，1996（3）。

一夫一妻制、一夫多妻制以及男女的不平等地位同样可以从原始墓葬中得到证明。例如，在青海柳湾分别属于马家窑文化半山类型、马厂类型和齐家文化的 1500 座墓中，其中有一部分为男女合葬墓，表明了两性婚姻关系的确立。随葬品中男女不同劳动工具的发现，表明当时男子已经比女子在家庭中更有权势和地位，而未成年小孩享有成人葬礼的现象实际上是父系继承制的一种体现。有学者指出，其中的"马厂早期墓 319、348 都是一次葬，一般情况下男女不可能同时死去，所以这显然是女性为男性殉葬。显示了男女两性的地位是不平等，这正是家长制家庭的标志之一"。男女的不平等还表现在入葬方式和尸体摆放等方面。"从齐家文化经鉴定的四座成年男女两性的棺内棺外同坑合葬墓情况来看，男性仰身直肢葬入棺内，而女性则入在棺外，多为侧身屈肢，是夫妻合葬常见的现象。"[1]

随着父权统治的家长制大家庭的发展，以及家庭私有财产的不断积累，氏族组织逐渐解体，人类慢慢进入阶级社会，出现了第一个奴隶制社会——夏代，同时在婚姻形态和习俗上也有了发展和变化。

(二) 夏商时期的婚姻

夏代建国前后，虽然父权制已经取得主导地位，但母系并没有完全退出，因此有时呈现出二者的纠缠斗争的情形。例如东下冯遗址的墓葬发现，既有母子合葬，也有父子合葬的现象。宋镇豪认为，夏禹和其父鲧的婚姻从一个侧面反映了母系与父权的激烈争斗。《山海经·海内经》曰："鲧父生禹。"《天问》则问："伯鲧腹禹，夫何以变化？"史书记载鲧为男性，那么鲧为什么把自己装成怀抱乳子的产翁呢？一些学者认为，产翁之俗是父权制出现之后的产物，丈夫在妻子生育之后，采用模仿妇女生育和哺乳婴儿的姿态，借以达到确认和维护父子血统关系，加强父权的目的。[2] 鲧被殛羽山，成为试图削弱母系婚姻制度的失败者。禹的配偶不止一个，涂山女是史籍中经常提到的一个，从《天问》、《吕氏春秋·音初》、《吴越春秋·越王无余外传》等的有关记载来看，禹和涂山女的婚姻起源于两情相悦的"野合"，经历过走访婚和对偶婚。《汉书·

---

① 吴平：《从柳湾墓地的埋葬习俗看婚姻形态》，载《青海社会科学》，1995（6）。
② 宋兆麟、黎家芳、杜耀西：《中国原始社会史》，北京，文物出版社，1983。

武帝纪》颜师古注引《淮南子》称：禹为治洪水，通轩辕山，化为熊，"涂山氏往，见禹方作熊，惭而去，至嵩高山下化为石，方生启。禹曰：'归我子，'石破北方而启生。"宋镇豪认为，"启的归禹，毕竟使禹取得父子血统关系的确认，在与母系婚制争夺儿子出生优先权的归属方面，禹无疑是成功了"①。

禹之子启建立夏王朝，在与母系婚姻制度的对抗中，更是果敢坚决。《天问》曰："启棘（亟）宾商（帝），九辩九歌，何勤子屠母，而死（尸）分竟（境）地？"另《山海经·大荒西经》云："开（启）上三嫔于天，得九辩与九歌以下。"郭璞注："言献美人于帝。"将女子献祭于天，表明父权的绝对势力。而"勤子"，则说明父权传子制得到巩固，"屠母"则是对母权的胜利。②

我们上文曾经指出，在父权制时代，一夫一妻制主要是对女子而言的，因此当时是一夫一妻制和一夫多妻制并存。有的学者认为，夏代至少在少康中兴以前还处在父权制时代。一夫多妻制在当时往往是贵族身份地位的象征，在山西襄汾陶寺遗址发现的 M3002、M3016、M2001 三座大型墓，其两侧都各有两座中型墓，从两侧死者佩带饰物和随葬品，以及墓位来看，她们应为大墓墓主的妻妾，属于一夫多妻异穴并葬。此外，在山西夏县东下冯遗址发现有一夫二女同穴合葬墓。

居于东方的有穷氏首领后羿乘夏王朝衰微之时，"因夏民以代夏政"，从史书记载来看，有穷氏曾经有妻兄嫂后母的习俗。后羿代夏后，重用养子寒浞，《天问》曰："浞娶纯狐，眩妻爰谋。"《路史·后纪十三上》记载："浞乃蒸娶羿室纯狐，爰谋杀羿。"说明寒浞烝娶后羿的妻子纯狐。《天问》又云："惟浇在户，何求于嫂？""女岐缝裳，而馆同爰止！"章句曰："女岐，浇嫂。"寒浇为寒浞与纯狐所生长子，而女岐为后羿之子媳，寒浇与后羿子为同母兄弟，因此寒浇与女岐二人为叔嫂关系。从女岐为寒浇缝衣服以及二人共同居住来看，这种关系当不是强迫。

夏代的婚姻往往与政治有关或者对政治产生影响。前面所说寒浞妻纯狐杀羿，取得了政权。而太康失国，则是由于在外与有仍二女游乐，失去王室妻族

① 宋镇豪：《夏商社会生活史》，北京，中国社会科学出版社，1994。
② 李衡梅：《我国原始社会婚姻形态研究》，载《历史研究》，1986（2）。宋镇豪：《夏商社会生活史》。

一方的支持。而少康中兴，则与得到妻族有虞氏的支持有关。《左传》哀公元年记载，有虞氏以二姚妻少康，"而邑诸纶，有田一成，有众一旅，能布其德，而兆其谋，以收夏众。"至于夏王朝的灭亡，则与王室妻族与商族的勾结不无关系。

总之，有夏一代虽然已经进入阶级社会，但在婚姻形态上却不是单一的一夫一妻制，而是仍然保留着原始社会末期的一些习俗，呈现出多种婚姻形态并存的状态。而当时贵族王室的婚姻往往与政治目的有关，并且对政局有着举足轻重的影响。

在前文我们曾经指出，商族的祖先契的母亲还处于族外婚时期。据郑慧生的研究，商族"契以后进入父权社会，但婚姻制度商未进入一夫一妻制阶段"，"从契到王亥，商人处在对偶婚制时期"。"商民族从上甲微开始，世系的排列就完全明确了"。"这说明此时的商人父子关系明确，因而其夫妻关系也是稳固的，单一的，商人进入了一夫一妻制时代"①。

商代国王贵族的婚姻制度，主要是一夫一妻制，实际上则是一夫多妻制，例如武丁卜辞中有 64 个妇名，虽然可能包括兄妇、弟妇，但估计他自己的妻子应该不少于 10 个，而最著名的有"后戊"、"后辛"、"后癸"三妃。宋镇豪指出，"殷墟族氏墓地的墓葬，从考古发现看，半数以上不见'死则同穴'的夫妻合葬现象，推测当时相当一批氏族的一般平民，生前并无专门配偶，更谈不上会有什么个体婚姻家庭。《周礼·地官·媒氏》说：'中春之月，令会男女，于是时也，奔者不禁。'……这种非固定性的男女临时婚媾，可能主要在这部分人们中流行。"②

商代贵族主要流行族外婚，男女婚姻主要受到血缘家族的支配，男女双方的因素降到其次。因此贵族的婚姻往往含有很多政治因素，成为联合争取其他家族的重要手段。商王朝的开国君主成汤就曾利用婚姻以达到政治目的。《吕氏春秋·本味》记载："（伊尹）长而贤，汤闻伊尹，使人请之有侁氏（高诱注：侁读曰莘）。有侁氏不可。伊尹亦欲归汤，汤于是请取妇为婚，有侁氏喜，

---

① 郑慧生：《商族的婚姻制度》，载《史学月刊》，1988（6）。

② 宋镇豪：《商代婚姻运作礼规》，载《历史研究》，1994（6）；另可参见其《夏商社会生活史》。本文下面关于商代婚姻的论述主要参考了上述宋镇豪的研究成果。

以伊尹为媵。"这次联姻不仅与有莘氏加强了联系，而且得到了伊尹这个人才，为建立商王朝起到了很大的作用。

在甲骨文中有很多"取干女"、"取仿女"、"取义女"等记载，表明当时商王朝与异族方国间的政治联姻很多。此外，各地异族方国也主动嫁女到商王朝，以求加强稳定与商王朝的联系。甲骨文中有"氐女"、"氐某女"的记载，是指异族方国向商王朝进献本国族或本地域领属某族氏之女。

《周易》泰卦六五曰："帝乙归妹，以祉元吉。"说的是商王帝乙将王族少女远嫁周文王之事。这种婚姻同样出于政治目的。

《礼记·郊特牲》曰："娶于异姓，所以附远厚别。"族外婚不仅出于"附远"的政治目的，而且还有"厚别"的优生考虑。

总之，商代贵族的婚姻"体现了多层次、多方位和错综复杂的特征。不同国族间的政治联姻，是当时家族本位的族外婚制高度发展的产物"[①]。

《礼记·昏义》曰："昏礼者，将合二姓之好，上以事宗庙，而下以继后世也。故君子重之，是以昏礼，纳采、问名、纳吉、纳徵、请期。"商代贵族的婚姻礼仪可能还没有这样完备，但是从甲骨文的有关记载来看，商代贵族婚姻已经有了一些类似的礼仪。这里根据宋镇豪的有关研究略叙如下：

（1）议婚，相当于前面说的纳采、问名。甲骨文中有"取女"、"勿取女"的对贞，卜问商讨婚事。卜辞中有"使人妇伯𢇅"，大致说派使者到女方家长商量取某女之事。卜辞中又有"……归，者女来，余其比"大意是说某家族派媒到商王那里商议嫁女之事，商王表示愿意结亲。据此，宋镇豪认为，"商代议婚，是由男女双方家族作主，有此意向，则遣使说合，而男女当事者是没有个人选择对象的自由的"[②]。

（2）订婚，相当于纳吉、纳徵之礼。甲骨卜辞中有"□□卜……听竹取……占惟……"所谓"听竹取"是指受听与竹族通婚娶女之事。卜辞中又有"贞王听惟女，告"说的是商王听取订婚之事，贞问选择吉日告庙纳吉。

（3）请期，即商定结婚吉日。商代贵族婚姻吉日的选择的特点是，嫁娶吉日往往由商王朝一方决定，月份大多定在二月，日期又以丁日居多[③]。

（4）亲迎。商代婚姻在迎亲、结婚礼仪方面，嫁有媵，娶有迎。商代的媵

---

①②③ 宋镇豪：《商代婚姻运作礼规》，载《历史研究》，1994（6）。

并不是同姓或同族女子陪嫁，而是女方家族派人陪送到男方家族，所陪送之人不一定是女子，如前文提到的伊尹就是男子为媵的例子。在迎娶方面，不是"婿亲迎"，而是派使者前往，与周代有相似之处。但如果方国娶商王室之女，则男方要亲迎。卜辞中有"启委"的贞问，当是卜问是否应该在迎娶时在委女之前为之前导。说明商代已经存在如《礼记·郊特牲》所说的"男子迎亲，男先于女"的礼仪。

（三）西周时期的婚姻

周族在建国前最初是一个偏居一方的氏族部落，经过漫长的发展，逐渐崛起并代商。在这个过程中，周族与其他氏族的联姻结盟，对于周族联合各方力量，孤立敌国起到了不可忽视的作用。相传周人的始祖后稷娶姞姓女子为妻，为周族的崛起做出了贡献。周族先王古公亶父则通过与关中姜姓联姻，顺利迁至岐山下的周原，摆脱了鬼方的侵扰。之后，周族首领季历与山东夷族大姓联姻，周文王娶东夷大姓有莘氏女为妻，加强了与东部的联系，孤立了商王朝。①

《周易·序卦》："有天地然后有万物，有万物然后有男女，有男女然后有夫妇，有夫妇然后有父子，有父子然后有君臣，有君臣然后有上下，有上下然后礼义有所错。"西周时期以礼仪教化著称，对于"合二姓之好。上以事宗庙而下以继后世"②的婚姻的礼仪规定更是非常重视，有一整套严格的礼仪等级规定。

西周时期，实行分封制，私有制和私有意识得到发展，反映在婚姻上，就是男性对女性独占意识的发展，从而进一步冲击了群婚等原始婚姻遗俗，使一夫一妻制得到进一步的普及和发展。一夫一妻制对于周王室、贵族和官员来说，实际上仍是一夫多妻。周代对于周王和贵族官僚的娶妻人数、等级也有礼制上的规定。《礼记·曲礼》曰："天子有后，有夫人，有世妇，有嫔，有妻，有妾。""诸侯有夫人，有世妇，有妻，有妾。"《礼记·昏义》又对天子的妃嫔

---

① 段连勤：《先周的婚姻外交与周民族的崛起》，载《西北大学学报》（哲学社会科学版），1989（4）。

② 《礼记·昏义》。

作了数字上的说明："古者天子后立六宫，三夫人，九嫔，二十七世妇，八十一御妻，以听天下之内治，以明章妇顺，故下内和而家理。"因此，正如《文中子》所说，"一夫一妻庶人之职也。"真正的一夫一妻制是在娶不起妾的平民百姓中实行的，也就是《论语·宪问》所提到的"匹夫匹妇"。

西周贵族的一夫多妻，对于妻子同样注意等级界限的划分。周天子就有后、夫人、嫔、世妇等名目。粗略的讲有嫡庶之分，这种区分，不仅决定着妻子的地位，而且关系到她们的儿子——嫡庶子的地位，以及是否继承财产，承袭王位或爵位。这是周代宗法制度在婚姻方面的一个重要特点。

《礼记·曲礼》曰："男女非有行媒，不相知名。"对于当时的青年男女来说，是没有婚姻自由的，一般要听命于父母之命，媒妁之言。这在《诗经》中有所反映，如《诗经·齐风·南风》曰："娶妻如之何？必告父母。"《诗经·卫风·氓》："匪我愆期，子无良媒。"当然，这种约束主要还是针对贵族青年的，对于下层贫民庶人来说，他们相对要自由些。如前文引述过的《周礼·地官·媒氏》说："中春之月，令会男女，于是时也，奔者不禁。"这种较原始的遗俗大概多是对平民来说的。

根据《仪礼·士昏礼》，西周时期的婚姻礼仪包括纳彩、问名、纳吉、纳徵、请期、亲迎六礼。

纳采：男方请媒人到女方求亲，如果女方同意，男方就给女方送礼，一般为大雁，大雁为候鸟，用来表示顺乎阴阳之意。

问名：如果女方接受礼物，男方便派人到女方询问女子的姓名和出生年月日。

纳吉：男方得到女子的生辰之后，要在宗庙进行占卜。如果不吉利，婚姻就作罢；如果吉利，就派人到女方传送佳音。

纳徵：就是给女方送聘礼。《礼记·曲礼》云："非受币不交不亲。"当时聘礼的规格，不同阶层同样有不同的规定。

请期：男方派人到女方家约定婚期。

亲迎：吉日定好，新郎要亲自迎娶，时间要在黄昏，故称为昏礼。

六礼之外，新娘要在第二天早上拜见公婆，三个月后到男方宗庙拜祭祖先，成为家庭正式成员。

《礼记·曲礼》："夫唯禽兽无礼，故父子聚麀，是故圣人作为礼以教人，使人以礼，知自别于禽兽。"西周时期，除了对结婚礼仪有比较详细周备的规定，也有很多婚姻禁忌，目的在于别禽兽，定人伦。当时比较重要的婚姻禁忌是乱伦禁忌，包括母子不婚、兄妹不婚、不娶母党、同姓不婚等。其他禁忌还有：翁媳不婚、仇雠不婚、不参一族（一个男子不能同时与女方三个同胞姊妹结婚）、诸侯不内娶等。①

（四）春秋战国时期的婚姻

春秋战国时期，诸侯国林立，盛衰无常，战争频仍，社会剧烈动荡，因此表现在婚姻上，既有周代礼制的继承和发展，也有原始婚姻遗俗的再次泛起。

春秋战国时期，结婚除按六礼程序依次进行外，在婚娶礼仪中还有主婚之仪，即主持婚礼之仪。《公羊传·庄公元年》云："天子嫁女乎诸侯，必使诸侯同姓者主之；诸侯嫁女于大夫，必使大夫同姓者主之。"这样做的目的无非是为了体现尊卑等级。

春秋时期婚姻的一个重要特点，就是在贵族中普遍实行媵妾制。媵妾制对于一般贵族而言，是指贵族嫁女，与该贵族的同姓之女从嫁，也就是《礼记·士昏礼》所说的"媵，送也。谓女从者也"；对于诸侯国之间的婚姻来说，是指一国诸侯嫁女，与该国同姓的诸侯一般要派女子作为陪嫁。《公羊传·庄公十九年》云："媵者何？诸侯娶一国，则二国往媵之。"在当时诸侯国之间的媵妾制很普遍，并被认为是符合礼法的。《左传》成公九年记载："二月，伯姬归于宋"，"晋人来媵，礼也"。杜预注曰："同姓故。"诸侯之间的媵妾制，往往出于政治外交的目的。《左传》襄公二十三年记载："晋将嫁女于吴，齐侯使析归父媵之。"晋为姬姓，齐为姜姓，并不符合当时"同姓则媵"的一般礼制。

春秋时期，诸侯嫁女或娶妻并不亲往护送或迎娶，《左传》桓公三年云："凡公女，嫁于敌国，姊妹，则上卿送之，以礼于先君；公子，则下卿送之。于大国，虽公子，亦上卿送之。于天子，则诸卿皆行，公不自送。"实际上这

---

① 详见李衡眉：《周代婚姻禁忌述略》，载《人文杂志》，1990（6）。

种护送迎娶者等级的规定，仍然是身份等级的象征，表示对对方尊重与否。《左传》昭公二年记载，晋侯娶齐少姜为妻，"齐陈无宇送女，致少姜。少姜有宠于晋侯，晋侯谓之少齐。谓陈无宇非卿，执诸中都。"齐国没有派卿护送，因此晋国认为被人看低。相反，如果诸侯亲自护送，同样不合礼制。《左传》桓公四年载，鲁桓公娶齐女姜氏为妻，"齐侯送姜氏于讙，非礼也"。

春秋战国时期同样实行"同姓不婚"的制度。《左传》僖公二十三年记载郑国大臣叔詹说："男女同姓，其生不蕃。"而且从上下文来看，这种观点在当时已经成为共识。《左传》昭公元年记载子产之言曰："内官不及同姓，其生不殖。"也表达了类似的观念。

春秋战国时期诸侯贵族在把礼制作为婚姻之道的同时，也出现了一些原始的婚姻遗俗，表现出婚姻关系的杂乱。其中有与母辈通的"烝"，如：《左传》桓公十六年载"卫宣公烝于夷姜"，夷姜为宣公庶母；《左传》庄公二十八年载"晋献公娶于贾，无子，烝于齐姜"，齐姜为其庶母；《左传》僖公十五年载"晋侯烝于贾君"，贾君为晋惠公庶母；有淫叔父辈之妻的"报"，如《左传》宣公三年："文公报郑子之妃曰陈妫"，杜预注："郑子，文公叔父子仪也。"此外，有夺子妇为己妻的，如《诗经·鄘风·墙有茨》讽刺的卫宣公；有夺昆弟之妻的；甚至有兄妹相乱的，如齐桓公与文姜，如此等等。

对于烝报，有的学者指出："父死子妻其庶母，叔死侄妻其婶是原始群婚遗俗与父系氏族社会亲属关系，成为相混杂而成的特殊婚俗。具体到西周、春秋的实际情况，烝报已经完全纳入了一夫一妻制的框架，成为贵族多妻的重要来源。"[①]

总的来说，春秋战国时期的婚姻制度对西周时期的有关礼制有所继承和发展，进一步趋于文明礼制，同时，也有其时代特征，那就是一些原始婚姻制度仍然可以找到遗存，而且有些方面甚至出现变态发展的情况。

---

① 张彦修：《西周春秋一夫一妻制婚姻的时代特征》，载《河南师范大学学报》（哲学社会科学版），1990（2）。此外，有学者对楚国婚姻中的原始遗俗进行了考察，具体参见宋公文：《论先秦时期原始婚姻形态在楚国的遗存》，载《社会学研究》，1994（4）。

三、丧葬

（一）史前时期丧葬的产生和演变

《孟子·滕文公上》云："盖上世尝有不葬其亲者，其亲死，则举而委之于壑。"这种推测基本上是合理的。远古先民在产生灵魂观念之前，对于人死之后的尸体往往不加处理，弃之山野沟壑。这种推测还可以从考古发现中得到证明，在中国境内发现的原始人类遗址中，较早的如发现于北京周口店龙骨山的北京人、发现于山西襄汾丁村的丁村人、发现于山西阳高县许家窑村和河北阳原县侯家窑村之间的许家窑人，都没有发现墓葬遗迹。这表明，在这些原始人类活动时期，还没有形成丧葬习俗①。

灵魂观念的产生，与梦境和幻觉等有关。原始先民在梦中见到死去的祖先或梦到自己到很远的地方做某事，以及在幻觉中见到死去的人等等，由此逐渐产生了灵魂观念。鬼魂对人界的影响有好坏之分，为了使灵魂有安顿之处，人们逐渐采用墓葬的办法，为死去的人类的灵魂提供一个共同的另一个世界。当然，孟子所说最初人类将其亲尸体"委之于壑"之后，"他日过之，狐狸食之，蝇蚋姑嘬之。其颡有泚，睨而不视。夫泚也，非为人泚，中心达于面目。盖归反虆梩而掩之。"后代不忍心先人的尸体被蝇蚋、狐狸糟踏，于是丧葬之礼因此而起。这种说法也可以作为一种原因。

一般认为，迄今发现最早的墓葬是在距今一万八千年的山顶洞人的洞穴中。该洞穴分为上下两层，上层为居所，下层为墓葬地，埋葬有一男两女三具尸骨，并且有随葬品发现，尸体周围撒有赤铁矿粉。随葬品的出现，与灵魂观念有关。这种埋葬方式考古学者称为"居室葬"。类似情况在属于新石器时代的黑龙江省依兰县倭肯哈达洞穴墓地、江西万年仙人洞墓地和广西桂林甑皮岩洞穴墓地也有发现。

《周易·系辞下》云："古之葬者，厚衣之以薪，葬之中野，不封不树，丧

---

① 参见宋德胤：《丧葬仪观》，北京，中国青年出版社，1991。

期无数，后世圣人易之以棺椁。"最初的墓葬应该是非常简单的，而且也没有棺椁之类。

人类进入母系氏族社会后，氏族居住在同一个村落，死后埋葬在同一个墓地，使鬼魂有共同的归宿，免受外族鬼魂的侵害。前文曾经指出，即使在对偶婚中，男方死后也要安葬到原氏族墓地中。新石器时代的此类墓葬有很多发现，如半坡遗址、姜寨墓地等等。同一墓地往往在身体埋葬方式，头的朝向等方面具有一致性。一般墓坑为土坑，形状为长方形的竖穴。宋镇豪指出："考古发现表明，仰身直肢葬是我国新石器时代最为普遍的葬俗，但墓葬座向和头向所反映的灵魂不灭'之幽之故'观念，各遗址却自有鲜明的个性。"① 因此《礼记·檀弓下》所谓"葬于北方北首，三代之达礼也，之幽之故也"的说法并不确切。的确，墓葬的座向和头向反映了人们关于鬼魂世界方位的观念，但是不同氏族墓地座向和头向并不一致。从考古发现来看，河南密县莪沟北岗聚落遗址墓葬位于居住区的西部和西北部，68座墓葬多为南北向，头向朝南，类似的墓葬有河南郑州大河村遗址墓地。陕西西安半坡遗址的250座墓葬和临潼姜寨遗址的380座墓葬多为东西向，头向朝西。位于东部地区的大汶口文化墓葬一般座向为东西向，头向朝向东方或稍偏南、北②。从这些例子我们可以大致看出，相近地区墓葬的座向和头向基本是一致的，表明了他们对于幽冥世界具有很多共同看法。

当然，各地遗址的墓葬并不完全表现出一致性，而是有一些例外。对于这种情况，宋镇豪的推断是，这些墓葬的墓主可能是非正常死亡③。

上面提到的都属于土葬。在中国历史上不同民族区域曾经实行过火葬、天葬、水葬等不同丧葬方式，在远古时期由于地理环境和风俗的不同，其丧葬方式也肯定有不同。例如，我国北部鄂温克族和鄂伦春族曾实行过天葬，基本做法是，人死后用松树或柳条做成简易木棺或以白桦裹尸，置于搭成的树架之上，尸体上覆盖树枝树叶，任凭风吹雨打，飞鹰叼食。采用这种葬法是当地人来自自然，回归自然，重灵魂而轻肉体等观念的体现。④

在氏族社会前期，成人墓葬多为多人合葬，如陕西华县元君庙墓地、陕西

---

①②③ 宋镇豪：《夏商社会生活史》，北京，中国社会科学出版社，1994。

④ 参见郑国鸾：《北方游猎初民丧葬习俗考》，载《齐齐哈尔师范学院学报》，1994（3）。

渭南史家村墓地，陕西华阴横阵村墓地等。考古学者认为，这种合葬多为二次葬，也就是说，墓内的人并不是同时死亡，而是将不同时间死亡的人的遗骨经过第二次埋葬聚在一起。这一时期的儿童多实行瓮棺葬，具体事例参见本章第二节第一部分。

新石器时代晚期，氏族社会慢慢向阶级社会过渡，反映在墓葬上：一方面是如甘肃齐家文化遗址和山西陶寺遗址的墓地，仍然是集中成片的；另一方面如龙山文化遗址，很少发现成片的公共墓地。随着私有财产和阶级的出现，墓葬中随葬品的差别逐渐增大，而墓葬的外观也有很大的不同。如在江苏吴县草鞋山、张陵山、武进寺墩，上海福泉山、浙江余杭反山、瑶山等地发现的高台墓地，靠人工积土而成，高度为5～20米，面积从数百米到数千米，随葬品有琮、璧以及其他玉制品和陶器、石器，表明死者的身份特殊，应为部落首领之属。高台墓地与周围的平民墓地形成强烈的反差。[①]

从考古资料看，在公元前3000多年的原始社会末期，还出现了人殉现象，如河南濮阳西水坡仰韶文化遗址的大墓中就已经用人殉。这一时期人殉的特点是，殉葬者多为儿童和妇女。如江苏新沂花厅发现的一处距今5000年的墓地中，墓主多为男性，其中M18殉葬一成年女性和两个婴儿，M16殉葬男女少年各一人。[②]

（二）夏商时期的丧葬

《礼记·檀弓上》中有关于三代丧葬制度的记载。其中夏商的记载：关于葬具，"夏后氏堲周，殷人棺椁"；关于丧事时间和祭祀，"夏后氏尚黑，大事敛用昏，……牲用玄，殷人尚白，大事敛用日中，……牲用白"。认为夏商两代在丧葬制度方面有不同的特点，说明丧葬在夏商时期有发展变化。宋镇豪根据考古发现，认为其中关于殷人"大事敛用日中"、"牲用白"以及"殷人棺椁"的说法大致是有根据的。[③]

关于夏代的丧葬情况，从考古发现来看，属于夏代的二里头文化晚期，其墓葬已明显分为大、中、小三种。如偃师二里头发掘的一座大墓，"为长方形

---

①② 徐吉军、贺云翱：《中国丧葬礼俗》，杭州，浙江人民出版社，1991。
③ 宋镇豪：《夏商社会生活史》，北京，中国社会科学出版社，1994。

竖穴土坑，墓口东西长5.2～5.35米，南北宽4.25米，深6.1米，墓地有二层台。墓室东西长1.85米，南北宽1.3米，深1.2米"①。一般中型墓长2米，宽1米，墓底有二层台和墓室。不仅墓葬形制大小体现着等级的不同，而且随葬品的多少贵贱也表现着尊卑的不同。一般在中型墓中，随葬只有两三件陶器，有时有少量的石器和玉器。而在大型墓中，则经常有青铜器、玉器等贵重随葬品出土。如编号为KM3的墓葬中，随葬有铜戈、铜爵、铜戚、铜圆形器、玉钺、玉铲、玉戈以及骨串珠、贝、绿松石等装饰品，墓主应该是属于当时的贵族。在原始社会末期已经出现了木棺，而这一时期又出现了漆木棺。

夏代的墓葬仍然存在着多元性，如在墓葬座向和尸体头向上，洛阳东马沟二里头类型遗址大多数墓葬呈南北向，头向南方，而偃师二里头遗址虽然绝大多数墓葬仍呈南北向，但头向却是朝北。

丧葬制度往往是等级制度在另一个世界的反映。商代等级制度在丧葬方面的反映更加明显。商王和王室贵族的大墓规模更大，设计复杂，随葬品和人殉都远胜于夏代贵族。从殷墟武官村大墓和小屯村妇好墓等的情况来看，商王贵族的大墓一般墓室两端都有墓道，分为"亚"字型、"中"字型、"甲"字型三类。墓室底部有椁室，用于置放棺椁，椁室外用夯土封填，形成二层台。墓中一般都设有专门的殉葬坑，有人殉和马、狗等牲殉。随葬品有青铜器、玉器、石器、骨器、象牙器、陶器、蚌器等，种类数量都非夏代贵族墓葬可比。

商代的殉葬非常盛行，而且数量惊人，据统计，仅在安阳西北岗的王陵区就发现殉葬坑200多个，掩埋的人骨架多达1330人。不仅商王好用殉葬，一般贵族也是如此。商代晚期还出现了一种陪葬坑——车马坑。车马坑一般发现于大墓附近，坑内埋有木质的车和拉车的马。在车的后部还往往埋有殉葬成人和青铜兵器。

考古工作者在属于商代前期的郑州商城内外发现了很多墓葬，多为中小型墓，都是长方形竖穴土坑。死者葬式多为仰身直肢，随葬品多放在头前或两侧，以陶器为主，青铜器次之，一般有3～4件。墓底铺有朱砂，墓底中部有腰坑，其中经常有殉狗发现，有的墓室内有人殉。在属于商代晚期的殷墟发现

---

① 安金槐：《中国考古》，上海古籍出版社，1992。

了1000多座普通墓葬，很多是集中在一些墓区中，墓区可能是同族人的公共墓地。这些普通墓葬仍然是长方形竖穴墓，有的有腰坑和二层台，葬式仍以仰身直肢为主，随葬品以陶器为主。由此可见，在整个商代，对于普通平民来说，丧葬方式并没有很大的变化。

在史前时期，东部地区曾经流行死者口中含玉的习俗，在夏代的中原地区比较少见，商代逐渐流行，在有的墓葬中发现死者口中含有贝或蝉形玉石，手中握有贝或玉石制品，有的学者推测，玉蝉的含握，也许与蝉能蜕化更生有关，人们希望鬼魂能够再生。①

（三）西周时期丧葬的变化和丧葬礼仪的确定

周人代商，在制度礼仪上既有因袭也有革新。由于周人重民，"敬鬼神而远之"，在丧葬方面不像商人那么痴迷，而是有所革新，对于商代的不良做法有所修正和收敛，这主要表现在两个方面。

首先是对厚葬习俗的限制和改变。这主要表现在墓葬的规模和随葬品的优劣多少上。目前还没有西周王陵发现，但是从周原遗址、半镐遗址、洛阳庞家沟遗址、河南濬县辛村卫国墓地、北京房山琉璃河燕国遗址等发现的西周诸侯贵族的墓葬来看，早期很多是长方形土坑竖穴墓，随葬品以陶器为主，铜器较少；辛村卫国公侯或君夫人的大墓比商代方国墓要逊色得多，随葬的青铜器也不多；琉璃河燕国墓葬中的大墓虽然修有墓道，但以单条墓道为主，不像商代贵族国王墓葬多有两条甚至多条墓道。②

其次是人殉在数量和规模上都大大少于商代。据张捷夫统计，在上述五个西周时期遗址的墓葬中，周原和洛阳庞家沟没有发现人殉现象，其他三个遗址，在"近千座墓葬中，共有人殉墓二十三座，人殉总数为三十人，每墓多为一人，少数为二人，最多的四人，而且仅见一例。这就清楚地表明，无论是人殉墓在所发掘的西周墓葬中所占比例，还是人殉墓中殉葬者的人数，都远远低于商墓，呈现出逐渐消亡之势"③。

对厚葬之风的约束收敛和人殉的逐渐减少消亡并不说明周人不重视丧葬。

---

① 宋镇豪：《夏商社会生活史》，北京，中国社会科学出版社，1994。
②③ 张捷夫：《中国丧葬史》，台湾，文津出版社，1995。

相反，周人把丧葬作为一种重要的礼仪加以规定强化，目的是为了"慎终追远"，表达对祖先的思慕和怀念，同时，也是为了从事死引出事生，培养后辈的孝道。同时，与其他礼仪一样，周人的丧葬礼仪的规定同样是为了表明尊卑等级，维护等级尊卑制度。《礼记·王制》曰："天子七日而殡，七月而葬；诸侯五日而殡，五月而葬；大夫、士、庶人三日而殡，三月而葬。"《礼记·丧大记》曰："君大棺八寸，属六寸，椑四寸。上大夫大棺八寸，属六寸。下大夫大棺六寸，属四寸。士棺六寸。君裹棺用朱、绿，用杂金鐕。大夫裹棺用玄、绿，用牛骨鐕。士不绿。君盖用漆，三衽三束。大夫盖用漆，二衽二束。士盖不用漆，二衽二束。""天子棺椁四重，诸侯三重，大夫二重，士一重。"如此等等，从对于死的不同名称，招魂用的复衣的不同，饭含之物的不同，铭旌使用的等级规定，敛衣的不同规定，棺椁的重数尺寸的不同，墓地和葬日的不同，到明器的品种数量的规定，丧葬的仪仗规定等等，有关规定还很多，总的来说就是要把生前的等级制度带到死后的另一个世界中。

在《仪礼》一书中，有"丧服"、"士丧礼"、"既夕"三篇专门记述了当时一般贵族从死亡到埋葬的有关礼节规定。而据《周礼·春官》，当时的官制中设有专门掌管族墓的冢人和专门掌管邦墓之域的墓大夫。

《礼记》、《仪礼》等书虽然成书于西周之后，但其中很多内容，却是西周有关礼制的反映。正如有的学者指出的："西周时期，中国古代丧葬礼仪，已基本定形。丧葬礼仪中的主要环节，像浴尸、饭含、小敛、大敛、吊丧、赠赠、棺椁制度、墓葬制度、明器制度、丧服制度、祭奠制度等等，都已出现。"[1] 这里根据《礼记》、《仪礼》的有关记载，将当时的丧葬之礼略述如下。

（1）初死之礼　一般包括属纩、复、尸体整饰、立丧主、讣等内容。

据《仪礼·既夕礼》和《礼记·丧大记》，人将死时，要给他脱掉旧衣服，穿戴好内外新衣。病人刚死，家属把尸体移到地上，用很轻的新絮——即纩放在死者的口鼻上，来测试其是否真的断气。

古人认为，断气并不意味着人已经死去，因此还要举行为死者招魂的仪式——复。据《礼记·丧大记》这一礼仪的内容为，由死者的亲属持死者的上衣

---

① 张捷夫：《中国丧葬史》，台湾，文津出版社，1995。

登上屋顶，面向北方，挥舞着死者的衣服大喊死者的名字："某某，你回来呀！"，连喊三次，然后把死者的衣服卷起来投到下面，下面的人接住，盖在死者的尸体上。这种仪式表达死者亲属希望死者的灵魂回到尸体上来的愿望。

死者既不能复生，就要开始对尸体进行整饰。首先给尸体沐浴，方法与生人大致相同。沐浴之后，是饭含仪式。前文指出，商代已经流行含贝。饭含是指在死者口中放入玉、贝或饭食，目的是不忍心死者空口而去。

接着是给死者穿上衣服，《士丧礼》云："乃袭三称"，要给死者穿三套衣服，称为"袭"或"小殓"。此外还有给死者整理头发，塞耳，戴上饰品，盖上被子等等。

完成尸体的整饰之后，还有立丧主、为铭、设重、讣等程序，确定丧家的主人，设立幡旗、灵牌，报丧。

(2) 停柩之礼　在尸体整饰之后和出葬之间的时间为停柩的时间，这中间仍有很多礼仪规定。

首先是将尸体移入棺内，称为"殡"，又称"大殓"。首先要陈列入殓的衣服，然后由丧主亲自奉尸殓入棺。

接到讣告者要亲自或派人前往吊丧，吊丧者的服装有一定的规定，并且要与丧主一起跳跃，表示哀痛之至。吊丧者还要送给死者和丧主东西，统称为賵赠。

停柩期间还要请冢人通过占卜决定埋葬的地点和方位。

(3) 埋葬之礼　这是整个丧葬礼仪中最为隆重的，大致包括朝祖、陈明器、启殡、下圹等过程。

朝祖在下葬的前一天晚上，奉灵柩到祖庙朝拜祖先，就像生前远行前一定要向祖先辞行一样。根据《仪礼·既夕礼》，朝祖大致的排列顺序是灵牌最前，其次是奠器，灵柩居中，丧主最后。

陈明器是指在下葬的当天，首先要举行大遣奠，除了设奠品外，还要陈列明器，即随葬品。对于明器，也有相应的等级规定。

启殡是指大遣奠结束后，将灵柩运到墓地的过程。可以车载或人力牵引。

下殡是指将灵柩放入墓圹，一般有两种方式，一是由众人执绋，直接将灵柩放入墓圹；一是有墓道抬入墓室。

（4）葬后之礼　死者下葬之后，仍然有很多繁琐的礼仪规定。

首先是反哭，由丧主奉死者神位返家而哭。

其次是虞祭，虞为安之意，意为祝死者的灵魂得到安息。虞祭要举行三次，第一次在死者下葬当日的中午举行。

卒哭是虞祭之后的祭礼。卒哭意为结束"无时之哭"。子孙在死者由死到殡以及最初守丧期间，非常悲痛，哭声不绝，称为"无时之哭"。卒哭祭礼后，则改为朝夕各哭一次，称为"有时之哭"。

《礼记·檀弓》云："卒哭曰成事，明日祔于祖父。"卒哭之后，要将死者新灵与祖先合享，称为祔祭。

此后还有周年祭的小祥，两周年祭的大祥，以及除去丧服的祭礼禫，一般为二十七月之后。

（四）春秋战国时期的丧葬

春秋战国时期的丧葬，既有完善发展西周时期丧葬礼仪的一面，又有其时代特色，后者突出地表现在各诸侯国厚葬之风又起，不合礼仪的丧葬并不少见。

墨子主张节葬，必定与当时的厚葬之风有关。《墨子·节葬下》曰："今王公大人之为葬埋，则异于此。必大棺中棺，革阓三操，璧玉即具，戈剑鼎鼓壶滥、文绣素练、大鞅万领、舆马女乐皆具，曰必捶涂差通，垄虽凡山陵。此为辍民之事，靡民之财，不可胜计也。"足见当时厚葬之风之盛。

从考古资料来看，发现于河南省三门峡市陕县城东的春秋战国时期小国虢国：其太子墓随葬品有铜编钟、铜甬钟、铜兵车等，其车马坑有车 10 辆，马 20 匹；国君墓出土文物 3200 余件，仅青铜器就有 1700 余件，其中礼器 56 件，兵器 220 余件。墓葬附近有车马坑陪葬，是春秋战国时期王侯贵族丧葬的特点之一。如发现于齐国故城的一座石椁大墓，其东、西、北三面有相连的车马坑，全长近 200 米，在不到一半的马坑的发掘中，就发现殉马 228 匹。

现在发现的最大的春秋战国时期的陵墓是陕西的秦公 1 号大墓，全长 300 米，面积约 5334 平方米，有东西墓道，墓室周壁有三层台阶，底部三层台内为椁室，分主副两部分，各有柏木椁一套。主椁室四周由枋木垒砌而成，顶盖为三层枋木。椁的底部、四周和盖上都填有木炭。可以说墓葬规模宏大，非常奢侈。

此外，在第三层台阶和西墓道与墓道相接处，发现人殉166人，规模之大，非常惊人。前文提到，西周时期人殉现象逐渐减少，而在春秋战国时期，这种现象在一些诸侯国仍然继续，甚至更为惨烈。据《史记·秦本纪》载，秦武公葬时，从死者66人，秦穆公葬时，从死者177人。《诗经·秦风·黄鸟》就是说秦穆公人殉之事。此外，在河南固始县侯古堆东周墓中发现17具小棺，内有女性陪葬者；在齐国故城墓葬中发现6个殉葬者；湖北随县曾侯乙墓发现21个青年女子殉葬者等等。由此可见，当时的王侯贵族不仅在墓葬规模、随葬品方面穷奢极欲，而且在人殉的规模上也要超过西周时期。

《礼记·檀弓上》记载孔子将其父母合葬于防，而考古发现表明战国时期已经存在一椁两棺的墓葬结构，说明在春秋战国时期夫妻合葬逐渐流行。

对于丧葬问题，先秦诸子有不同看法。我们知道，儒家是主张丧葬礼仪的，如《荀子·礼论》曰："礼者，谨于治生死者也。生，人之始也；死，人之终也。始终俱善，人道毕矣，故君子敬始而慎终。终始如一，是君子之道，礼义之文也。夫厚其生而薄其死，是敬有知而慢其无知也，是奸人之道而倍叛之心也。"墨子的节葬，一方面是针对现实中贵族的厚葬风俗，一方面是针对儒家的丧葬主张的。墨子认为，厚葬必然劳民伤财，导致国困民穷，不利于天下太平。以庄子为代表的道家主张齐死生，认为人来自自然，归于自然，因此死亡没有什么可怕的，庄子妻死，庄子鼓盆而歌。正是基于这样的生死观。道家对于丧葬同样采取无所谓的态度："既死，……焚之亦可，沉之亦可，瘗之亦可，露之亦可，衣薪而弃诸沟壑亦可……唯所遇焉。"①

---

① 《列子·杨朱》。

第十章
先民的宗教信仰和方术

一、宗教信仰

（一）天上诸神的信仰崇拜

在人类早期，由于认识征服自然的能力较低，因此对于天上的日月星辰等天体，对于雾雨雷电等气象都有一种神秘和敬畏感，久而久之就产生了信仰崇拜。

在日月星辰中，对人类影响最大，最受关注的是太阳。世界上很多民族对太阳都有过信仰崇拜，中国的先民也是如此。太阳的东升西落，周而复始，它的出现给人类带来了光明，它的西落则给人类留下了黑暗，这些都使先民感到神秘。太阳既可以在寒冷的冬天给人温暖，又会在炎热的夏季给人带来酷暑。既可以在风调雨顺的情况下使作物正常生长，又可以在干旱的情况下仍然光芒四射，使大地干裂，颗粒无收。因此先民对太阳充满敬畏。

在有文字记载以前，从考古文物中，我们可以推测出当时已经有了太阳崇拜。早在新石器时代，在属于仰韶文化的河南陕县庙底沟遗址、郑州大河村遗址等地出土的原始彩陶上，就发现有太阳纹饰。在山东大汶口文化遗址发现的陶器上，常见两种符号，一个是云气上托一日形，一个是日傍于五山之巅，表现了当时人们对日落、日出的观察和重视。在内蒙古狼山发现的原始岩画中，不仅有画有日月星辰的原始天神图，而且还有对太阳膜拜的图像。① 在广西花山发现的岩画则表现了迎日情景。

在《山海经》、《淮南子》等典籍中记载了一些有关太阳的传说，其一致性的说法是都认为曾经有十日。《山海经·大荒南经》说："东南海之外，甘水之间，有羲和之国，有女子名曰羲和，方日浴于甘渊。羲和者，帝俊之妻，生十日。"《山海经·大荒东经》又说："汤谷上有扶木，一日方至，一日方出，皆载于乌。"认为十日都乘载着乌，轮流出行。而据《淮南子·本经训》："逮至尧之时，十日并出，焦禾稼，杀草木，而民无所食。尧乃使羿……，上射十日而下杀猰貐。"据宋镇豪介绍，河南杞县鹿台岗龙山遗址发现有一组祭祀遗存，"外室呈方形，内为一直径约 5 米的圆室，圆室有两条直角相交的十字形纯净黄土带，与太阳经纬方向一致；附近又有一组祭祀坛，中间是一个直径约 1.5 米的大圆土墩，10 个直径半米的小圆土墩均匀环其周围。这一考古发现，似可把'十日'信仰观念上推到龙山时期。"② 朱天顺认为，羲和生十日的传说，可能与某个原始氏族部落以太阳为图腾崇拜有关。而后羿射日，表面上是人与太阳的敌对关系，而实际上则反映了"崇奉后羿为主神的一族和崇拜太阳神为族神的一族的敌对关系"③。而据有的学者考证，"华夏族的'华'与'夏'，华夏帝王的炎帝、黄帝、太昊、少昊等，都是太阳或太阳酋长的不同称谓；从文物、典籍各方面看，都与太阳有密切关系。"④

---

① 见《文物》，1980（6）。转引自詹鄞鑫：《神灵与祭祀——中国传统宗教综论》，南京，江苏古籍出版社，1992。

② 宋镇豪：《夏商社会生活史》，北京，中国社会科学出版社，1994。

③ 朱天顺：《中国古代宗教初探》，上海人民出版社，1982。

④ 景以恩：《太阳神崇拜与华夏族的起源》，载《民间文学论坛》，1998（1）。

《礼记·祭义》云："郊之祭，大报天而主日，配以月。夏后氏祭其暗，殷人祭其阳，周人祭日以朝及暗。"认为三代都有祭日仪式，但是具体时间不同。

《左传》昭公十七年引《夏书》曰："辰不集于房，瞽奏鼓，啬夫驰，庶人走。"杜预注云："逸书也。集，安也。房，舍也。日月不安于舍则食。"说明至少在夏代已经开始对日食产生畏惧。此外，《竹书纪年》云："胤甲居于河西，天有妖孽，十日并出，其年胤甲陟。"《墨子·非攻下》则称："至乎夏王桀，天有**酷**（同酷）命，日月不时，寒暑杂至，五谷焦死。"从这些记载看，在夏代太阳经常以灾异的面目出现，因此，宋镇豪认为："夏人心目中的日神，基本承自中原中西部地区原始信仰余绪，以恶神相视。"①

商代同样认为日神可以引起自然界的变化，只是认为这种变化不仅是灾异，有时也会带来吉祥。如商人认为日食既可能给人间带来灾难，也可能预示着幸福祥和。

《尚书·尧典》有关于迎日、送日的记载，《尧典》的成书年代还有争论，但从甲骨卜辞来看，至晚在商代已经出现朝夕迎送日神的礼仪。

西周时期，日神是天子祭天时的主要祭祀对象，祭日有固定的时间。西周以后，齐国祭祀的八神中，包括日神，楚国则把日神人神化，名之曰"东君"、"东皇太一"。据《春秋》、《左传》，春秋时期仍然保持着"伐鼓用牲"的救日祭礼。如《春秋·庄公二十五年》："六月辛未朔，日有食之。鼓，用牲于社。"

月亮的阴晴圆缺引起先民的无限遐思，"嫦娥奔月"是最著名的神话传说。《山海经·大荒西经》有常羲生十二月的记载。新石器时代仰韶文化时期，一些出土的陶器上已经有月形纹，在一些原始岩画中，月亮被和太阳一起描绘为天上的群神。月亮虽然为人类在夜间提供了照明，但其作用与太阳相比还是较小的，因此在历代的诸神崇拜中，月神的地位比较低，往往处于从属的地位。甲骨卜辞中有关于月食的占卜，但没有记载占卜的目的，也没有记载要进行祭祀，因此朱天顺认为这些卜辞，"最大可能是把月食当成某种征兆而进行问卜的记录。由此可见，月神崇拜在殷代是不被放在重要地位的"②。《礼记·祭义》中说："郊之祭，大报天而主日，配以月。"在郊祭祭天时，以太阳为主要

---

① 宋镇豪：《夏商社会生活史》，北京，中国社会科学出版社，1994。
② 朱天顺：《中国古代宗教初探》，上海人民出版社，1982。

神灵，月神为陪衬。

浩瀚宇宙之中璀璨的星辰给先民带来了神秘之感，斗转星移，流星陨落，彗星掠过，都使人产生种种联想。随着人们对天文的认识，先民认为星辰与气象以至农业都有很大的联系，因此当时对星辰的崇拜主要集中在对农业历法有参照意义的星辰，如商人的辰星和今人的参星。《尚书·洪范》说："庶民惟星，星有好风，星有好雨。"《周礼·春官》中有专门掌管祭祀星辰的官员——保章氏。战国时期，占星术盛行，人们认为，某种星相必定给人们带来某种吉凶祸福。并且流行分野说，认为天上的二十八宿与地上的诸侯各国相对应，通过观测天象来预言吉凶。

古人认为，风雨雷电等气象来自于天，因此这些气象也被列为天上诸神。《山海经·大荒北经》记载了黄帝与蚩尤交战的神话传说："蚩尤请风伯雨师，黄帝乃下天女曰魃，雨止，遂杀蚩尤。"《山海经·海内东经》记载雷神的形象："雷泽中有雷神，龙身而人头，鼓其腹。"此外还有云神、虹神等等。

在气象诸神中，与人类关系最大，最受重视的是风神和雨神。

殷墟甲骨中发现有一片专门记载四方之名和四方风名的甲骨，《山海经》也有关于四方风神的记载，只是名称不同。陈梦家认为，四方之名即是四方之神名，而四方风名就是风神之名，四方风应为四方之神的使者。[①] 从甲骨卜辞来看，商代的祭风主要有两个目的：来风和宁风。商人祭风神用犬，这种风俗到汉代仍然盛行。西周至春秋战国时期，楚国和中原北方对风神的称谓不同，楚国称为"飞廉"，而北方则称为"风伯"、"风师"。

人类进入农业文明后，降雨对于人类的生活非常重要，降水适宜，则农作物丰收，人民生活无忧；太少，则农作物焦枯，而且生活用水也成问题；降水太多，同样对农作物不利，而且容易发生洪水。《墨子·七患》曰："夏书曰：禹七年水；殷书曰：汤五年旱。此其离（罹）凶饿甚矣。"洪水和旱灾同样会造成灾荒。因此，早期人类对于雨水非常重视。殷商甲骨卜辞中有"燎雨"、"燎于云雨"的记载，表明商代曾直接燎祭雨神。此外，卜辞中也有关于去雨、退雨、宁雨以及求雨的记载，而致祭的对象则一般不是雨神，而是方神、土地

---

① 陈梦家：《殷墟卜辞综述》，北京，科学出版社，1956。

山川神、商人祖先等，表明当时人认为，降雨、止雨并非雨神的特权，而是很多神灵都有这种神性。

（二）地上诸神崇拜

在古代先民的观念中，天生万物，地承载养育万物，大凡地上生长的植物和生活的动物，都有赖大地母亲的爱护滋养。《释名·释地》说："土，吐也，吐生万物也。"《易经》坤卦《彖传》云："万物资生，乃顺承天。坤厚载物……"大地虽然比不上上天的创造主宰万物之功，但其养育万物之恩却是非常深厚的，因此古人往往把大地比喻为万物之母。而人类的生存，则要依靠万物，人类的衣食住行所需的各种物品，都要取自土地、山岳、河川。另一方面，土地、山岳、河川，并不是总给人类带来富足幸福，在古人眼中，它们也有发怒的时候，地动山崩，河水泛滥，都会给人类造成灾难。人类对于依赖的这些生存资源和环境，感到神秘莫测，认为其中必有神灵主宰，才会这样喜怒无常，于是慢慢形成了对地上诸神的崇拜。

土地是人类居住的地方，也是人类最直接的生活资料来源，因此在地上诸神中，土地神最受崇拜，所受祭祀最广。《礼记·郊特牲》云："社，所以神地之道也。地载万物，天垂象，取财于地，取法于天，是亦尊天而亲地也，故教民美报焉。"

《史记·封禅书》说："自禹兴而修社祀，郊社所从来，尚矣。"说夏代就有了社祀的形式，可能不太可靠，但说夏代已经存在土地神崇拜，还是可信的。土地神在商代称为"土"神，从有关土神的祭祀记载来看，商代的土神已经摆脱了原始土地崇拜的性质，它不但掌管农业的丰年与否，而且还兼管风雨日月等气象、天体。到了周代，土地神被明确称为"社"，其职能进一步扩大，由自然发展到人事，甚至成为国家的保护神。从《左传》、《礼记》等书的记载来看，社神的职掌非常广泛，对社神的祭祀也非常频繁，从春耕时的祭祀"春祈"，秋收后的祭祀"秋报"，冬天杀牲后的祭祀"蜡祭"等常规祭祀，到发生战事时的祭祀和载之出征，天子外出打猎以及遇到日食、月食、天旱等自然灾害时的祭祀等等。西周时期不同等级、行政单位都立有社。《礼记·祭法》曰："王为群姓立社，曰大社。王自为立社，曰王社。诸侯为百姓立社，曰国社。

诸侯自为立社，曰侯社。大夫以下成群立社，曰置社。"社祭在春秋战国时期有所发展，当时从国家到州、县、里都有社，并举行社祭，它的职能逐渐从掌管土地事务过渡到各级社会的保护神。

《孝经·援神契》说："社者，五土之总神。土地广博不可遍敬，故封土为社以祀之，以报功也。"作为五土总神的社，由于土地辽阔不能一一祭祀，因此累土为社，加以祭祀。据何星亮等人研究，封土为丘可能是最早的社神形象，但并不是唯一的形象，古人还把石头、树、树枝、木桩作为社神的形象，甚至较晚时还以人形为社神的形象。①

地上的农作物，是先民生命最直接的依靠，当时人对谷神也是崇拜有加。五谷众多，不能一一崇拜祭祀，于是以稷为总称，周代时称谷神稷。《白虎通·社稷》说："人非土不立，非谷不食。……五谷众多，不可一一祭也。……稷，五谷之长，故立稷而祭之也。"由于社神、稷神对人类生活非常重要，关系到一个国家民族的兴衰存亡，这对于古代农业文明尤其如此，因此又称国家为"社稷"。经过商周，社神由于职掌的不断扩大，地位得到不断提升，成为国家的保护神。而稷神仍然只作为谷神，相对社神来说，其地位处于下降的状态。

古人认为巍峨峻峭的高山是接近天的地方，因而对山也产生了神秘的崇拜，河流海洋，曾给人们带来富足和幸福，也曾给人们带来灾难和痛苦，它们的变化多端仿佛有喜怒无常的神灵在背后主宰着，因此，先民对河海也充满了畏惧和崇拜。另外，《礼记·祭法》云："山林川谷丘陵能出云，为风雨，皆曰神。"这是说，山谷河流能够生云成雨，因此被奉为神灵。而风雨对农业有很大的影响，因此山川河流当然要受到顶礼膜拜。《尚书》记载虞舜巡狩四岳，"望于山川，遍于群神"。后世关于帝王祭祀名山大川的记载比比皆是。据《左传》哀公六年记载，楚昭王患病，卜官占卜认为是"河为祟"，这说明，在古人心目中山川还有为祟使人得病的神力。

在商代"河"神受到隆重的祭祀礼仪，有关卜辞不下五百条。这里的"河"是指黄河。卜辞中也有关于祭祀其他河流的记载，但在次数上远远不能

---

① 何星亮：《土地神及其崇拜》，载《社会科学战线》，1992（4）。杨琳：《古代社主的类型》，载《中国典籍与文化》，1998（3）。

与黄河相比。周代河神的数量增多，长江、黄河、淮河、济水被称为"四渎"，列于天地神位之旁享受祭祀。河神不仅可以祈雨，《左传》中有祭祀河川祈求战争胜利、救灭大火等记载。

商代祭祀的名山很多，往往数山同祭，称为"十山"、"五山"等。从卜辞记载来看，商代祭祀频率和规模最大的是华山，山川之中，华山的祭祀频率仅次于"河"。在《尚书·舜典》中已经有东、西、南、北四岳，到战国时，把中岳与四岳合称五岳。即东岳泰山，南岳霍山（后改称衡山），中岳嵩山，西岳华山，北岳恒山。五岳之中，在东岳泰山举行的祭祀天地的封禅大典最受重视，相传在三代时已经有到泰山封禅的祭礼，此后历代天子都不敢怠慢。在《左传》中就有关于望祭的记载。所谓望祭是向本国境内的山川河海所在方向拜祭，祈求吉祥平安。在周代，"溥天之下，莫非王土"。因此周天子可以对天下的山川进行望祭，而诸侯王则只能对境内的山川进行望祭。《礼记·王制》称"天子祭天下名山大川，诸侯祭名山大川之在其地者。"望祭本身表明当时的人们认为高山、河、海可以影响其所在的国家的命运和某个人的健康。

根据《礼记》记载，周代的贵族有"五祀"，即祭祀五种神灵，具体五种神灵包括哪些，说法不一。其中一种说法中包括门户神和灶神。从《礼记》来看，周天子到王公士大夫，都有祭祀住宅门神的习俗。

（三）鬼魂信仰与祖先崇拜

在上章关于丧葬一节中提到，在距今一万八千年的山顶洞人的洞穴中，曾经发现有埋葬的尸体，死者身边摆有随葬品，并撒有赤铁矿粉末。这些迹象表明，早在旧石器时代已经有灵魂观念产生。而史前时期同一墓葬区死者埋葬时的头向大多一致，则与当地人关于死后幽冥世界的方向的共同认识有关。人死后离开肉体的灵魂被称为鬼或鬼魂。西安半坡仰韶文化遗址发现的儿童瓮棺葬，其上盖往往留有小孔，研究者认为，这是供灵魂出入的地方。

《礼记·祭法》曰："人死曰鬼。"古人认为，人死后魂魄没有形体可附着而归于天地间，成为鬼。从训诂学的角度说，"鬼之言归也"。"人死精神升天，骸骨归土，故谓之鬼"①。一般认为鬼魂观念的产生与做梦、幻觉等有关。原始氏族时期的人们对包括自身在内的许多现象多不能做出正确的理解，他们认为在梦中人的灵魂可以暂时离开肉体，而人的死则是灵魂永久地离开了肉体。

人死后埋葬时，要有随葬品，这些随葬品最初多为死者生前常用的工具、生活用品等，这表明，古人认为，人死后变成鬼魂，在另一个世界仍然有像人世间那样的日常生活的需要。古人认为，鬼魂对人世间的人们具有祸福的不同影响，可以在暗中帮助保佑某件事的成功或某人的平安，也可以使某人有疾病灾难降临。因此，当人们遇到灾祸或者是祈求吉祥时，都要对鬼魂进行祭祀。在商代卜辞中有关于鬼魂作祟的占卜祭祀的记录。

可以说，祖先崇拜是在鬼魂观念产生的基础上形成的，祖先崇拜本身就是一种特殊形式的鬼魂崇拜。人们对于祖先的祭祀，并不像对一般鬼魂的祭祀那样功利化，遇到灾难或者期盼吉祥才想到祭祀，而是有固定的时间方式。原始先民认为祖先死后的鬼魂对本氏族、部落的吉凶祸福有更直接的关系，因此祈求崇拜的重点就转到祖先神上。对祖先的崇拜祭祀，除了祈求保佑以外，还包括对先祖的缅怀追思。

考古发现表明，祖先崇拜的产生不晚于母系氏族社会。如在仰韶文化遗址中发现很多妇女的面部塑像或画像，这表明女性在当时受到尊敬与崇拜，可以说是母系氏族社会祖先崇拜的反映。到了父系氏族社会，结束了"知其母不知其父"的时代，男性家长祖先取代女性成为氏族崇拜的对象。这在这一时期的原始遗址中有很多发现：如浙江河姆渡遗址的七千多年前的陶塑神像；甘肃礼县高寺头、秦安县大地湾和寺嘴、天水县柴家坪等地，均出土了仰韶文化时期的彩陶瓶，瓶口塑成人头偶像，这些陶瓶都是祖先神的偶像。

《礼记·祭法》说："夫圣王之制祀也，法施于民则祀之，以死勤事则祀之，以劳定国则祀之，能御大菑则祀之，能捍大患则祀之。"在氏族社会，氏族首领往往就是这个氏族的族长，他们往往具备强壮勇猛和聪明果敢的个性，在险恶的生存环境下和与异族的冲突中才能带领整个氏族生存下来。这样的祖先才会被崇拜祭祀，认为他们死后也具有神秘伟大的力量，能够保佑本氏族逢

---

① 王充：《论衡·论死》。

凶化吉，子孙繁衍壮大。因此，他们成为氏族崇拜的祖先神，享受本族的祭祀。

在我国的古代神话传说中，原始祖先都是立下惊天动地伟业，为人类的生存和文明进步做出杰出贡献的英雄。盘古开天辟地，女娲造人补天，大禹治水，后羿射日，伏羲作八卦，神农尝百草，黄帝发明指南车等等神话传说都是如此。此外，有许多传说中祖先神的形象是半人半兽的，有的是鸟身人首，有的是蛇身人首，还有的是牛面人身等等，表现了图腾崇拜和祖先崇拜的混合。

《礼记·祭法》说："祭法：有虞氏禘黄帝而郊喾，祖颛顼而宗尧。夏后氏亦禘黄帝而郊鲧，祖颛顼而宗禹。殷人禘喾而郊冥，祖契而宗汤。周人禘喾而郊稷，祖文王而宗武王。"根据神话传说，商代人的祖先契是由于仙女吞食鸟卵而生，周人的祖先后稷是其母姜嫄踩巨人的脚印交感而生。古代的宗庙大祭主要有禘、郊、祖、宗四类。所谓禘，是指祭祀祖先最远的所出，以始祖配祀；郊，是指祭天，以始祖配祀；祖，是指祭祀开创王国事业传给后世子孙的祖先；宗，是指祭祀因德高望重而不迁毁庙的祖先。四代的氏族始祖、远祖等祖先都有着不平凡的壮举的神化或传说。

随着氏族、部落的发展分支，又形成新的氏族、部落。许多氏族部落有着共同的远祖，但因为祖先众多，不能一一祭祀，于是有关于始祖、远祖和近祖的划分，古代称太祖、祧祖和祢祖，各有相应的祭祀制度。在上引《礼记·祭法》中可以看出，殷人和周人在郊祭时都以帝喾作为始祖陪祀，这是因为殷人的祖先契和周人的祖先后稷都出自帝喾，因此可以说他们有共同的始祖。

在父系氏族社会中，一个氏族通常由按男子计算的五代以内的家庭成员组成的，他们的直接的祖先有四代，高祖，曾祖，祖父，父亲。到了第六代男子成人后，根据这一代人的高祖的不同，又分成许多新的氏族。这样原先的高祖就成了远祖。在部落和后来的国家中，只有本族的嫡系子孙才能够继承部落或国家的权力和财产，他们的姓氏名号不变，而且享有祭祀始祖和远祖的权力，称为"大宗"，其他旁系氏族受到大宗的领导和保护，称为"小宗"。小宗平常只能祭祀四代以内的近祖，只有在整个胞族共同祭祀祖先时，才能参与祭祀始祖和远祖的活动。

考古工作者根据发现推测，在属于夏代的河南二里头三期遗址中，已经存在宗庙，而且在建筑格局上开启后代"右社稷、左宗庙"的先河。

《礼记·表记》云："殷人尊神，率民以事神，先鬼而后礼。"在商代的诸神中，祖先神是最受重视尊崇的神灵，在殷商甲骨卜辞中，关于祖先的卜辞最多，有15000多条。根据卜辞记载来看，殷人祭祀祖先有著名的周祭法，即以每旬十天为单位，对先祖轮流祭祀的方式，足见祖先崇拜在当时的重要性。值得指出的是，商人对于女性祖先神也很崇拜，这表明当时的祖先崇拜还保有原始时期的痕迹。根据商人向祖先神祈求和贞问的内容来看，殷人祖先神神力广大，涉及自然、社会、军事等很多方面，他们可以左右或预知年成的好坏、牲畜的盛衰、风雨的顺逆、身体的安恙、甚至后代的生育等等。当时的人们认为，祖先神不仅可以带来福祉，也可能带来灾难。因此，当遇到灾年或商王室成员有疾病等其他灾祸时，商王都要占卜一番，看看是哪位祖先在作祟，占断出结果后，就对该祖先进行祭祀祷告，祈求消除灾祸。

卜辞记载表明，商人祭祀祖先的祭品主要有羊、猪、狗等，祭品的数量远远多于祭祀其他神灵，祭祀的方法有燎、升等。燎祭是将牺牲放在柴上焚烧，通过烟雾上达，使祖先歆享。升祭是将要祭祀的祖先神迁至宗庙中特定的祭所——"升"中单独祭祀。

到了西周时期，祖先崇拜仍很重要，周人深信人死之后"骨肉归复于土，若魂气则无不之也"，肉体虽然消失，但灵魂却无处不在。与殷商相比，西周时期祖先神的自然职权逐渐消亡，社会职权逐渐扩张，祖先崇拜与王权政治逐渐结合。① 周代礼制对于宗庙祭祀也有明确的规定。《礼记·王制》曰："天子七庙，三昭三穆，与太祖之庙而七；诸侯五庙，二昭二穆，与太祖之庙而五；大夫三庙，一昭一穆，与太祖之庙而三；士一庙，庶人祭于寝。"祖先崇拜祭祀的严格界限实际上是为了保护嫡系子孙的宗族和国家权力。这种规定和界限在周代以"礼"的形式确定了下来，实现了政治权力和祖先祭祀权的密切结合。这种礼制对祖先崇拜规定了严格的等级制度，从祭祀祖先的范围到规模，都根据地位的高低而不同。这实际上从一个方面确立了等级制度的严肃性。从周代以后，历代统治者都把宗庙祭祀权与政治权力等同看待。宗庙的消亡或迁

---

① 参见李瑞兰：《中国社会通史》（先秦卷），太原，山西教育出版社，1996。

移象征着国家的灭亡。

春秋战国时期，诸侯争霸，表现在祖先崇拜上，就是纷纷吹捧抬高自己的祖先，为自己的政治野心提供证据，甚至将祖先神上推，追溯到远古时代传说的英雄。同时，由于战争频繁，祖先神成了各诸侯国战争前祈求胜利的对象。另一方面，由于以孔子为代表的儒家提倡遵奉周代的祭祀礼仪，在"敬德"、"明德"等人文观念的影响下，对祖先的敬畏和祈求逐渐被对祖先的思慕和崇敬所补充甚至替代。

对祖先的崇拜祭祀和祭祀天地同为古代最重要的三种祭祀礼仪。虽然祖先祭祀的地位不如祭祀天地，但祖先崇拜的观念的影响却是非常大的，以至至高无上的皇天崇拜和象征领土的后土崇拜也不能降低祖先崇拜的地位，而只能形成天、地、祖宗三足鼎立的局面。儒家学派的创始人孔子曾经说过："郊社之礼，所以事上帝也；宗庙之礼，所以祀乎其先也。明乎郊社之礼，禘尝之义，治国其如示诸掌乎？"①"万物本乎天，人本乎祖"，天是万物的源头，而祖先则是一个家族种姓的开始。因此，祖先崇拜和祭祀是关系到治国安邦的大事。

（四）天神崇拜与天命思想

《山海经·大荒西经》曰："开上三嫔于天，得《九辩》与《九歌》以下。"有的研究者认为，虽然其中有后世增饰之处，夏代天神是否称"天"也无实证，但"夏代已有天神宗教观念当是没有疑问的。"②

商代的天神称为"帝"。对于商代是否已经出现了作为至上神的"帝"，学者们有不同的见解。较早期的观点认为，殷人卜辞中的"帝"就是上帝，是至上神③。随着材料的增多和认识的深化，现在很多学者倾向于认为，商代的"帝"或"天"，只是众神之一，还不是至上神。他们认为，支配各种气象，产生风、雨的能力，在殷人眼里并不是帝的专利，社神、河神和山岳之神也有这种神力。并且，帝不是适应人间的需要安排风雨，而是盲无目的，从这一点

---

① 《礼记·中庸》。
② 李瑞兰：《中国社会通史》（先秦卷），太原，山西教育出版社，1996。
③ 如郭沫若：《先秦天道观之演进》；陈梦家：《殷墟卜辞综述》："卜辞中上帝有很大的权威，是管理自然与下国的主宰。"

看，帝实际上是自然之"天"。与其他自然神和祖先神相比，帝的降祸降福并不是根据人世君王行为的好坏，而是有很大的随意性。据统计，在殷人祈求丰年的四百多条卜辞中，多是向社神、河神、和山岳神以及王亥、上甲等祖先神的祭祀祷告，帝和年成有关的卜辞仅占三条。此外，殷人遇事只是向帝提出问题，如会不会刮风下雨，会不会干旱等等，而没有奉献祭品，这也是与其他自然神和祖先神的不同之处。我们认为这种根据和解释是比较扎实可信的。从上面的几个方面看，帝并不处于高出其他神灵，统摄一切的地位，而只是众神之一。

真正作为至上神的"帝"或"天"，出现在周代。以祖先神配属于天帝，是周代才有的事情。如《诗经·文王》说："文王陟降，在帝左右。"《诗经·大明》又说："维此文王，小心翼翼，昭事上帝，聿怀多福。"周人认为，祖先的道德与天帝相配，所以能够在天帝左右。这也表明，到周代祖先神已经不能和天帝平起平坐，而是处于从属的地位。

既然天帝在周人那里成为至上神，那么必定受到周人隆重的祭祀礼遇。当时祭天是周天子的特权，每年分春、冬两次郊祭。春天祭天是为了祈祷丰年，而冬天祭天则是为了报答天神的恩德。祭天的礼仪非常隆重，但祭品却不像祭祀祖先那样丰富，《礼记·礼器》说："有以少为贵者，无了无介，祭天特牲。"

在商代及以前的时期，虽然当时的人们还没有产生作为至上神的天，但他们对主宰命运的诸神的敬畏和崇拜却是非常普遍的。从殷人对祖先的祭祀最为频繁的事实，以及祭祀的内容来看，他们认为个人和邦国的命运更多地是由祖先神决定的。

《尚书·西伯戡黎》记载："西伯既戡黎，祖伊恐，奔告于王曰：'天子，天既讫我殷命，格人元龟，罔敢知吉。非先王不相我后人，惟王淫戏用自绝，故天弃我。……'王曰：'呜呼！我生不（否）有命在天。'祖伊反曰：'呜呼！乃罪多参在上，乃能责命于天。'"从中我们可以看出，商纣自恃天命不可改变，而祖伊则认为，天命是可以改变的。这段文字虽然不一定是殷人手笔，但却反映出天命观念在商周之际的演变。

在周代，天成为总揽一切，决定一切的至上神，周人对于命运之天充满了虔诚和敬畏。《诗经·维天之命》就说："维天之命，於穆不已。"《诗经·我将》又说："我其夙夜，畏天之威，于时保之。"周人开始称国王为"天子"，上天是最高主宰，天子是人间的主宰，而天子的命运也是由上天决定的，因此周天子对上天更是充满敬畏之情。

周人认为商王朝是上天赐予的，但天命并不是一成不变的，文王、武王推翻商纣统治是上天的旨意，是上天奖善惩恶的体现。在《尚书》、《诗经》以及当时的青铜器铭文中充满了这样的表述。如《诗经·大雅·大明》云："有命自天，命此文王"，《大盂鼎》的铭文云："文王受天佑大命。"《诗经·昊天有成命》又云："昊天有成命，二后受之。"《尚书·康诰》则云："天乃大命文王，殪戎商，诞受厥命。"在《尚书·多士》中周公对商代的遗民说："昊天大降丧于殷，我有周佑命，将天明威，致王罚，敕殷命终于帝。"在《尚书·牧誓》和《逸周书·克殷》等篇中一再强调周人克商是"恭行天之罚"，是"受天明命"。

在周人天命思想中，天命并不是专断和不可改变的。如《尚书·君奭》说"天不可信"，《尚书·西伯戡黎》说"惟命不于常"，《尚书·伊训》说得很明白："惟上帝不常，作善降之百祥，作不善降之百殃。"这样，我们再来理解"天不可信"，实际上是说，不能像商纣王那样，自信负有天命，任意妄为，而必须小心谨慎。周人认为天的最主要权威即在于天命予夺，这种天命的予夺并不是随意和没有根据的。这种根据就是统治者的政德和人民对统者的反应。殷人之所以失掉了天下，正是由于商纣王暴虐不仁，失去人心。因此说，"皇天无亲，惟德是辅"，"天视自我民视，天听自我民听"。因此周人提出了"敬德保民"的思想。

那么天的意志怎样体现呢？根据天人感应说，上天对君主的善政，就奖赏给风调雨顺和吉祥的征兆；对于恶政，就通过自然灾异，进行惩罚警告。历来统治者对吉祥和灾异的征兆都很重视，反应了他们对天命的敬畏和重视。关于天人感应的文献资料最早当为《尚书·洪范》，在这篇相传为殷商遗民箕子为周武王陈述的"天地之大法"中，有"庶征"专述众多应验之象。在西周设有专门掌管记录自然界吉祥或灾异之象以备天子询问的官员。如《周礼·春官》所记的专门负责观察"日月暗淡无光"、"白虹弥天"等异常云气，辨明吉凶的"眂祲"以及职掌记录星象的反常变动，预言吉凶的"保章氏"都属此类。《左传》桓公十七年说:"天子有日官诸侯有日御"来观测记录日食等反常天象。

二、以卜筮为代表的方术

(一) 卜筮及其影响

1. 卜筮的界定及讨论范围

卜、筮是古代两种重要的占卜方式,在先秦文献中已经常并称。

《尚书·洪范》:"稽疑,择建立卜筮人,乃命卜筮。"

《尚书·君奭》:"若卜筮,罔不是孚。"

《礼记·表记》:"昔三代明王,皆事天地之神明,无非卜筮之用。"

《诗经·小雅·杕杜》:"卜筮偕止,会言近止。"

《左传·哀公八年》:"圣人不烦卜筮。"

《国语·晋语》: "立大子之道三,身钧以年,年同以爱,爱疑决之以卜筮。"

这里的卜筮都是两种占卜方式的合称。至于《荀子·王命篇》所言"钻龟陈卦",《韩非子·饰邪说》讲的"凿龟数策",以及《史记·龟策列传》所说的"搋策定数,灼龟观兆",实际上都可看作对卜和筮方法的解释。所谓"卜"是指一种通过钻灼龟甲兽骨而求得兆象以定吉凶的占卜方式,而"筮"则是指一种以蓍草为占卜工具,通过一定的揲数而成卦来判断吉凶的占卜方式。"卜筮"则是这两种方式的合称。卜筮并称,正表明二者的重要性及它们之间的密切联系。

"卜筮"这两类占卜活动是古人认为动、植物有灵性,并以之沟通人神观念的体现。这里所说的"卜筮",大致是在此种意义范围。需要说明的是,在龟卜之前尚有以动物肩胛骨占卜的时期,而且骨卜和龟卜共存过很长时间,据传统文献来看,我们的古人对此不甚了解。而这一问题的真正了解,则是殷墟甲骨发现之后的事情。现代考古学对于我们了解古代思想文化所起的作用由此可见一斑。下面进行讨论时,若单指用甲骨占卜,则用"龟骨卜"一词,或沿用传统的说法,称为"龟卜",若单指用蓍策占卜,则称"筮占"或"占筮",

而"占卜"则是在比较宽泛的意义上使用。

尽管传统文献对于先秦卜筮有所论及，但多语焉不详，特别是对于骨卜和《易传》所述筮法之前的筮法更是鲜有论及，使我们今天很难有一个全面的了解。现代考古学为我们了解这一问题提供了丰富的实物材料，这是我们比前人幸运的地方。这里试图以考古资料为主，参以传统文献和前人研究成果，对先秦卜筮情况做一总体考察，并试图探究其在思想文化史上的影响和意义。

2. 卜筮在先秦史上的重要地位

卜筮在我国古代特别是先秦时期有着十分重要的作用，张秉权认为，龟骨卜在古代社会中维系着人们的精神生活，"从它流传时期的悠久和散布地域的广泛上，可以看出它那神秘的迷人力量，曾经使得许多时代里的许多地方的许多人们，相信它可以为他们解决生活上的种种问题"[①]。张先生在这里谈的仅是甲骨占卜，从商周"数字卦"的发现，周人对《周易》的重视，以及战国卜筮类竹简的不断发现来看，筮法在先秦社会生活中的重要地位也是不可忽视的。

《尚书·洪范》曰："汝则有大疑，谋及卿士，谋及庶人，谋及卜筮。"这是讲遇到重大疑难问题时需要考虑的因素。其后曰："汝则从，龟从，筮从，卿士逆，庶民逆，吉。卿士从，龟从，筮从，汝则逆，庶民逆，吉。庶民从，龟从，筮从，汝则逆，卿士逆，吉。"说明王、卿士、庶民只要有一方得到卜筮所代表的神意的赞同，即为吉。由此可见卜筮所代表的神意具有决定性的作用。如果卜筮皆非吉，即使其他方面同意，也应倍加小心："龟筮共违于人，用静吉，用作凶。"相传周武王胜殷之后，"以箕子归镐京，访以天道，箕子为陈天地之大法，叙述其事，作《洪范》"（《尚书》孔颖达疏）。"洪范九畴"的重要内容之一为"稽疑"，而卜筮是"稽疑"的最重要的依据，因此卜筮也是"天地之大法"的重要内容，足以证明它在当时的重要地位。

《礼记·曲礼》："卜筮者，先圣王之所以使民信时日，敬鬼神，畏法令也；所以使民决嫌疑，定犹与也。"

《史记·龟策列传》："自古圣王将建国受命，兴动事业，何尝不宝卜筮以

---

① 张秉权：《甲骨文的发现与骨卜习惯的考证》，见《中央研究院历史语言研究所集刊》，第37本下册，1967。

助善！……王者决定诸疑，参以卜筮，断以蓍龟，不易之道也。"

《白虎通·蓍龟》说："天子下至士，皆有蓍龟者，重事决疑，亦不自专。"并解释说："圣人独见先睹，必问蓍龟何？示不自专也。或曰：清微无端绪，非圣人所及，圣人亦疑之。"

由此可见，卜筮在先秦时一个非常重要的作用便是当先民遇到重大疑难犹豫之事时，提供神的旨意，以"定嫌疑，决犹与（豫）"。

卜筮的作用有其变化发展的过程，在卜筮使用之初，先民认为自己的命运完全掌握在上天和神灵的手中，而卜筮所呈兆象代表着天命神意，因此当他们遇到重大问题或犹豫不决之事时，就完全听命于卜筮所示的神意。后来卜筮逐渐为统治者所利用，成为"神道设教"的工具：在"建国受命"时，以卜筮证明自己是"受命于天"；在取得天下后，则用来使百姓"信时日，敬鬼神，畏法令"；当统治者面临重大决策而意见不一致时，卜筮所代表的天意又起到了统一意志的作用。统治者利用卜筮向臣民表明，所做的决定实是受命于天或与天命一致，并非自我专断。据《尚书·盘庚下》记载，盘庚迁都，很多人反对，说迁都将"震动万民"，盘庚则以卜筮所代表的天命为依据，说明自己迁都是因为卜呈吉兆，所以"非敢违卜"。有时在采取重要行动之前，卜筮所呈现的吉兆，还可以向臣属表明，此行受到上天的庇佑，因此可以起到团结民众，鼓舞士气的作用。《尚书·泰誓中》记载周武王伐纣，在做战前动员时，除引用历史上暴虐必亡天下的事例来说明伐纣必胜外，还有一个很鼓舞人心的吉兆："朕梦协朕卜，袭于休祥，戎商必克。"这是说梦和卜俱吉，天示吉祥，因此讨伐商纣必获全胜。

根据传统文献，卜筮似乎仅仅用来决定所谓国家大事，其实并非如此。根据考古资料，我国在新石器时代已有骨卜的习俗，表明骨卜是当时先民精神生活的重要组成部分，而在人类生产力低下，征服自然能力较弱的情况下，想必事无巨细，都要根据骨卜的征兆来采取行动。

商代是迷信鬼神的时代，根据卜辞记载，占卜内容涉及到上至国家大事，下至日常生活琐事的方方面面。《左传》成公十三年说"国之大事，在祀与戎"，而祭祀和攻伐都是商人卜辞中非常重要的内容，足以表明占卜在当时之重要。在神权与政权合一的商代，巫师主持祭祀，并掌握着沟通人神的手段，因此居于显赫的地位。据张光直先生研究，商代巫师沟通人神的手段很多，其中很重要的一种就是占卜，这从另一方面证明了龟卜在当时的重要地位。此外，有的学者根据传统文献的记载和甲骨上出现的数字，推断商代已经筮法与卜法并用。从"数字卦"出现于青铜器、陶器和卜骨上来看，筮法在当时的作用也是不可忽视的。

周原大量西周卜用甲骨的发现，证明周人除用筮法之外，卜法也是非常重要的。随着周代对礼乐制度和人本身的重视，巫和卜筮的地位呈下降的趋势。尽管如此，《左传》和《国语》中卜、筮之例的记载，证明在"礼坏乐崩"的时代虽然出现了一些违卜现象，但卜筮的使用阶层更为广泛，在许多重大问题的决策上仍起着举足轻重的作用。战国时期向来被看作人文主义盛行的时代，但近些年的楚地卜筮简的不断发现，表明先秦诸子形而上的玄思和道德追求在当时或许只是少数先进知识分子的思想，并不代表时代的整体面貌。

卜筮是先人利用动物或植物之灵性沟通人神的一种手段，其中包含着他们对于天地人神之间关系的看法。卜筮由纯粹的祈求神灵解决疑难，到与神讨论甚至最后成为一种统一意志，遇事决断所依赖的形式，以及卜筮内容的变化等等，都可以反映先秦思想文化的发展变化，因此很值得进行探讨。

3. 先秦卜筮的分期

为了便于叙述和针对不同阶段的特点进行分析探讨，有必要对先秦卜筮进行分期。由于新石器时代至夏代主要是骨卜的时代，几乎很少有卜甲发现，且在政治形态上有很大相似之处，与商代有很大的不同，因此这里把夏及以前作为一个时期单独讨论。商代是甲骨占卜非常发达的时期，且多数学者认为已出现筮法，其在特点上既不同于前代也不同于后来的周代，因此单独列为一个时期。周代卜用甲骨的发现主要集中在西周，而且一般认为《周易》成书于西周初年，这一时期的卜筮既继承商代又有其自己的特点，故作为一个时期。春秋战国是动荡的年代，卜筮之法当亦有不小的变化，《左传》、《国语》和楚地占卜简的出土，为了解这一时期的卜筮情况提供了宝贵的材料，故单列为一个时期。这样，本文把先秦卜筮大致分为四个时期：夏及以前，商代，西周，春秋战国，与一般历史分期基本一致。

（二）夏朝及以前的卜法

1. 商以前的有关考古发现

《史记·太史公自序》说："三王不同龟，四夷各异卜，然各以决吉凶。"不同时代的卜法有所变化和发展。人们根据殷代甲骨占卜的成熟繁盛推知在此之前当有一个很长的发展时期，而此种推论已为考古发现所证实。早在1930年至1931年，当时的中央研究院史语所考古组在山东省历城龙山镇城子崖遗址下层文化层获得卜骨六片，这是早于商代的卜骨的较早发现，其后商以前的卜骨不断有发现，到目前为止，出土地点已有近三十处，遍及陕西、甘肃、四川、内蒙、辽宁、吉林、山西、河北、河南、山东、江苏等十一个省，东滨于海，西至川、甘，南达扬子江下游，北及图门江流域。这些卜骨一般都留有烧灼痕迹，大都未经整治和钻凿，以牛、羊、猪骨为主，此外，尚有少数鹿骨发现，这与当时以牛、羊、猪为主要畜牧对象和祭祀"三牲"恐怕有很大的关系，而鹿骨则与狩猎有关，同时反映了骨卜攻治技术由粗到精的发展过程。一般来说，遗址的年代越早，其攻治技术也就越简单。

2. 骨卜起源的推测

有关骨卜起源的原因、时间及地域问题一直众说纷纭，因为迄今为止所发现比较成熟的文字是商代的甲骨文，因此在此之前的情形只能借助出土卜骨参考边远少数民族的有关习俗作一推测。

发现卜骨的最早年代，随着考古发现的增多而不断向远古推进。在《新中国的考古发现和研究》一书中，作者认为："富河文化的先民有占卜的习俗，用鹿类动物的肩胛骨，仅有灼而无钻或凿痕。这是我国占卜习俗最早的实物例证。"这一卜骨的绝对年代，经C14测定为公元前3510年。随后萧良琼在《周原卜辞和殷墟卜辞之异同》一文中指出："现在看到的最早的卜骨，是陈列在郑州河南省博物馆的，在河南淅川出土的羊肩胛骨。陈列说明指出它是仰韶文化层的卜骨。"谢端琚在《中国原始卜骨》一文中又提出新的证据，再次改写使用卜骨的年代："1992年，中国社会科学院考古研究所甘肃工作队在甘肃武山县马力乡傅家门遗址进行发掘时，在马家窑文化层一座长方形半地穴式房子内（编号为92KWF·T3F11），发现了一组带有灼痕与阴刻符号的卜骨。"作者认为傅家门遗址出土的卜骨属马家窑文化石下岭类型，而石下岭类型采送的标本，经 C14 测定，其绝对年代为公元前 3980 年，比富河文化又早了四五百年，因此作者认为："这个属石下岭类型的卜骨年代是迄今所知为最早的。"也许正如考古发现不断把人类历史推向远古一样，考古发现也会把卜骨使用年代进一步向前推进。

关于骨卜是由某地起源，然后传及各地，还是在不同地域同时产身，以及如果是前说，这个地域究竟是哪里等问题，至今没有一致的意见。李济、石璋如都认为骨卜是东方的习惯，很可能的是东夷的祖先黑陶文化的传统。这种观点已为进一步的考古发现所否定。我们可以认为商代的龟卜或许是从东夷的骨卜而来，但是却不能认为该地区是骨卜的发源地。我们知道，现在发现的最早的卜骨在西北的甘肃而不是东部，但同时我们也不能由此断言骨卜起源于西部。在当时的条件下，文化习俗的传播恐怕是比较困难的，因此笔者认为这种习俗在早期恐怕是在各地自发产生的。

那么，骨卜是怎样产生的呢？在没有确切的文献记载的情况下，只有根据出土材料和传统文献作一些推测了。朱天顺在《中国古代宗教初探》中推测："关于骨卜的起源，无古籍记载可考据，但可以作如下推想。有一次人们在烧烤带骨的兽肉时，骨头炸裂声引起了人们的注意。随后进行的战斗得到了大胜，或狩猎丰收。于是烧烤兽肉时，兽骨炸裂成了吉祥的征兆。兽骨的炸裂是无意中造成的，后来人们就把它利用于占卜，以兽骨是否炸裂为吉兆或凶兆。后来或许发生了这样的事：兽骨炸裂的吉兆不灵验，人们在寻找不灵验的原因时，注意到了裂纹的大小、横直、长短等情况，在无数次重复过程中，整理出了一套关于烧烤兽骨炸裂的占卜信条。到了这个时候，在偶然中产生的烧烤兽骨的原始前兆迷信，就发展成为有问题随时可以进行的一种占卜了。"朱氏的推测指出了由极富偶然性的被动的原始征兆到主动求"兆象"的发展过程，还是很有道理的。

笔者认为需要补充的是，为什么先民认为动物之骨才能够传达祖先或神灵的意志。我认为这也许与以这些动物祭祀神灵及祖先有关。从笔者了解的情况看，现在所用于占卜的动物肩胛骨，除占极少数的鹿骨外，主要是羊、猪、牛骨，而这三种动物恰好是古代祭祀所用的三牲。由此笔者推测，或许先民认为经过神灵祖先歆享的三牲能够传达他们的意旨。英国学者艾兰女士说："在新石器时代，所用来占卜的兽骨包括猪、狗、牛、羊等，这些动物也是祭祀祖先的供品。可能是最初在供品烧烤时出现了偶然性的炸裂，于是人们自然地想到烧灼这些兽骨，并释读兽骨上的纹路。"① 《左传》成公十三年："国之大事在祀与戎。祀有执膰，戎有受脤，神之大节也。"膰，杨伯峻注曰：祭祀宗庙之肉，祭毕，分与有关人员。此外，《左传》中还有有关"致胙"习俗的记载，即把祭祀过祖先的肉，给诸侯或其他人分食。笔者推测分食的目的，或许是认为祭祀过祖先或神灵的肉会沾上灵异之气，给人们带来好运。在生产力低下的远古时代，祭祀过的带骨兽肉也一定会分食的，由此在烧烤的过程中形成炸裂声和裂纹，逐渐以之为传达神灵祖先旨意，预示吉凶祸福的根据。

3. 龟灵观念与龟卜的出现

我们的先民对神龟的崇拜由来已久，在河南省舞阳市贾湖村的距今 7500 至 8500 年的新石器时代遗址中，发现了祭祀、随葬用龟的现象，表明在当时已经有了对龟灵的崇拜。在考古发掘中，除了以龟随葬以外，还发现了许多以龟为造型、纹样的礼器和工艺品。高广仁、邵望平对史前时代的一些特殊龟壳遗存进行分析，认为"龟甲极可能由织物、皮革或绳索缀合为囊，……从内装石子或背甲涂朱来看，似非日常用品，当与医、巫有关，或具有原始宗教上的其他功能，是死者生前佩带的灵物。因此可以说，大汶口文化早期已出现了'龟灵'观念"②。

由此可知，在商代以前已经有龟灵观念存在是没有问题的。《礼记·礼运》云："麟凤龟龙，谓之四灵。"其中只有龟是实际存在的，其他则是传说之物。那么，龟为什么受到人们的崇拜呢？大多数学者都同意，龟主要是因为寿命长而受到崇拜。《淮南子·说林训》说："必问吉凶于龟者，以其历岁久矣。"一般地，学者认为龟卜与骨卜同时或稍晚。据现在所见材料，在商以前的卜龟发现仅有一例，即属于青莲岗文化的江苏省南京北阴阳营遗址，这也许说明，在早于商代时期龟卜并未象骨卜那样普遍流行，也不像商代那样占有重要地位，

---

① 艾兰：《龟之谜》，汪涛译，成都，四川人民出版社，1992。

② 高广仁、邵望平：《中国史前时代的龟灵与犬牲》，见《中国考古学研究》，北京，文物出版社，1986。

或许只是偶尔为之。

4．巫与占卜

《国语·楚语下》记载了颛顼命重、黎绝地天通的传说："昭王问于观射父曰：'周书所谓重、黎使天地不通者，何也？若不然，民将能登天乎？'对曰：'非此之谓也。古者神民不杂，民之清爽不携贰者，而又能齐肃衷正，其智能上下比义，其圣能光远宣朗，其明能光照之，其聪能听彻之。如是则明神降之，在男曰"觋"，在女曰"巫"，是使制神之处位次主，而为之牲器时服。……

'及少皞之衰也，九黎乱德，民神杂糅，不可方物。夫人作享，家为巫史，无有要质。民匮于祀，而不知其福，烝享无度，民神同位。民渎齐盟，无有威严；神狎民则，不蠲其为；嘉生不降，无物以享；祸灾存臻，莫尽其气。

'颛顼受之，乃命南正重司天以属神，命火正黎司地以属民，使复旧常，无相侵渎，是谓绝地天通。'"

这是说，在中国原始宗教的最初阶段上，已有专门负责事神的人员，其他人则不能从事这一活动。在原始宗教的第二阶段上，巫的沟通人神的垄断地位被打破，人人祭祀，家家作巫，任意登天，结果造成祭品匮乏，人民不再得到保佑。在第三阶段上，绝地天通，重新恢复民神不杂的秩序。这样，大致经历了巫师——家家巫史——恢复专业巫师的过程。笔者认为，在原始社会初期社会生产力不够发达没有专业分工的情况下，很可能没有专业巫师，而是家家巫史，只是到了职业分工、阶级分化之后，巫才作为一种职业垄断了沟通人神的权利，成为统治阶层的一部分。占卜作为沟通人神的手段之一，也成为巫的专长。《楚语》的这一段有关原始宗教发展阶段的论述，虽未必完全符合史实，但从中却可以看出，在家家为巫史的情况下，人人可以直接从神那里得到启示。因此，在人间不存在绝对的权威，造成秩序大乱，而只有在民神异业，统一由巫代为沟通人神的情况下，才能够统一意志，维持秩序。因此，无论是单纯向神请求答案或是借神以加强统治，巫与卜筮在当时都是十分重要的。本文讨论的卜筮最初往往是与巫相联系的。许多学者认为，巫是最早掌握古代知识系统的阶层，是后来知识分子的雏形，而他们的这种身份也必然会对后来的知识分子产生影响。

5. 当时卜法的推测

当时的卜法，没有文献可查，因此，我们只能根据出土实物和今天西南少数民族中流传的羊骨卜这一活化石作些推测。汪宁生认为："古代骨卜当还处于不加修治而直接烧灼的阶段（特别是齐家文化卜骨）时，和西南这些少数民族现已保存的羊骨卜在很多方面都是一致的。"[①]

根据出土发掘报告，在商之前的卜骨一般不作加工或攻治十分简单，很少施有钻凿，而是直接用火烧灼。凉山彝族羊骨卜的占卜材料是有所选择的："羊必须是杀死或为祭祀活活打死的，若是病死或被野兽咬死，其骨不能用来占卜。骨上的肉要用刀刮下或用手撕下，若用口啃咬，亦被认为'不灵验'。"[②]笔者推测在商代之前的骨卜材料也应该是有所选择的，一般可能仍与祭祀有关。林声对云南永胜县彝族（他鲁人）的羊骨卜进行了考察，其过程、方法大致如下：

"将羊骨置于碗上，左手持骨臼，右手用火草团在骨的边缘来回摩擦，同时即喃喃地进行祷祝。"祷祝将完时，将米撒在羊骨上。"祷祝以后，即将火草团用唾液粘在骨的正面，然后引火点燃。当火草团点燃后不到一分钟，骨面发出爆裂声，'录锡'（占卜者——引者注）急忙抹去火草余烬，伸手就在火塘旁拈了一点墨灰，在骨的反面已被烧裂处涂抹一番，再用手沾一点唾液，将墨灰揩去。这时裂纹内有了墨灰，就清晰地显露出来了，这就是'卜兆'。"[③] 汪宁生关于凉山彝族的卜法的记述与上引大致相同，所不同者是后者边灼骨边祷祝，祷祝词念完之后，将骨置于嘴边，以使所祈祷的事传达于羊骨，再突然将骨丢于地上，以让天地神灵听见。另外，《史记·龟策列传》关于占卜程序的记载与上引材料有很多相合之处。综合这些材料，笔者推测商以前的卜法大致是这样的：

首先准备好占卜用骨，然后进行祈祷，与神约定吉凶所呈现的不同征兆。然后用火在骨的背面进行烧灼，使正面呈现兆纹，再用黑灰或其他方法使兆纹明显易辨。最后根据兆纹所示解释吉凶。

---

①② 汪宁生：《彝族和纳西族的羊骨卜》，见《文物与考古论集》，北京，文物出版社，1986。
③ 林声：《云南永胜县彝族（他鲁人）"羊骨卜"的调查研究》，载《考古》，1964（2）。

（三）商代的卜筮

1. 商代卜筮的考古发现

商代卜筮的考古发现，最初是从殷墟甲骨的发现开始的。殷墟属商代晚期，后来考古发现又证明商代早期、中期也有使用甲骨占卜的习俗。有关殷人筮占的问题，虽然传统文献有"巫咸作筮"的说法，但却历来为学者们所怀疑，在许多人心目中，殷人只有甲骨占卜而无筮占。后来随着刻有数字的殷人甲骨和器物的不断发现，大多数学者才接受殷人已经有筮占的说法。笔者认为刻在甲骨和其他器物上的数字符号虽然在形式上与后来通行的《周易》六十四卦完全不同，但是其基本方法都是经过一定的揲数，形成某种卦象以定吉凶。另外据介绍，在从武丁到帝辛时的甲骨文中，有很多"✠"字，杨树达先生在《积微居金文说·史懋跋》中认为即是"筮"字，徐葆则考证甲骨文中的"爻"、"教"、"学"诸字都与筮法有关，这又从文字学方面提供了证明。因此，笔者赞同多数学者的意见，认为商代已有筮法。

在讨论卜用甲骨出土情况之前，应先对夏商的分期界限作一说明。这一问题目前文物考古界主要有两种看法：（1）认为豫西地区的龙山文化中、晚期和二里头文化早期是属于夏代文化，而二里头文化晚期（即三、四期）应属于商代早期；（2）认为二里头文化早期与晚期才是与夏代有关的文化遗存。商代早期应在二里头文化之后。在这里笔者采用第一种观点，把二里头文化晚期作为商代早期。有的学者以卜骨攻治形态的不同为这一分期提供了证明："二里头一、二期文化出土的卜骨只有灼痕，而二里头三、四期文化的卜骨已经是先钻后灼了。由此可以看出，在二里头一、二期文化与三、四期文化之间有着很大的不同，显示了二者之间发生过某种变革。结合一些文献看，这种变革正是成汤自东向西灭掉夏而建立了商王朝的反映。"[①]

至于商代中期，则以商代二里岗时期的郑州商城遗址为代表，在钻凿形态上与其相似，大致可以断定为中期的尚有河南辉县琉璃阁、褚邱、陕县七里铺，以及河北藁城台西村等。

[①] 杨育彬：《关于夏代文化的几个问题》，见《夏文化研究论集》，北京，中华书局，1996。

根据《新中国的考古发现和研究》："二里头上层的早商遗址中出土的卜骨多用牛、羊、猪的肩胛骨作为原料，有的未经加工，有的经过整治，采用先钻后灼的办法占卜。"到了中期的二里头文化，其卜骨"有钻无凿，以单钻为主，也有极少数并列的双联钻，钻穴很深，密集而无规则。有时正反面都有钻穴与灼痕，也有直接烧灼的。牛胛骨的攻治，削除或保留臼角，骨臼切除三分之一，或二分之一，或保持原状，其中极大多数是牛的肩胛骨，极少数是鹿、羊、猪、狗等的肩胛骨。并且有牛的头骨一片，这是在殷代遗址中，第一次发现卜用的头骨。此外，已发现卜用龟甲骨，这在早期是没有的"。

由上述材料可以发现，从商代早期到中期在卜用甲骨材料、卜骨的攻治和钻凿形态上都有很大的变化，表明了商代龟骨卜的发展过程，因此可以把中期看作是由早期的粗疏到晚期的精细成熟的过渡时期。

至于到了以安阳殷墟为代表的商代晚期，其攻治形态已趋完备，一般都经过精细的整治，然后施以钻凿，而且排列也很规则。商代卜用骨的发现地域极广，除当时的中心河南以外，还有山东、河北、吉林、内蒙古、陕西、四川、湖北、安徽、江苏等省，而且除当时商城以外，许多地方都有龟甲出土，其中包括远离中原地区的四川成都和湖北沙市等地区，并且在形制、烧灼上表现出许多与商都相似的特点，可以证明当时的龟卜是由商的统治中心传向四周地区的。

由于蓍草容易腐烂，不像甲骨那样可以长期保存，故有关商代筮占的考古发现主要是指出土的甲骨或器物上刻有的数字符号，有的学者称之为"数字卦"。真正指出这些数字符号为易卦的是张政烺先生，此后许多学者注意收集此类资料，取得了一定的研究成果。

2. 天命鬼神观念的盛行与龟骨卜的频繁使用

商代是天命鬼神观念盛行的时代，已经出土的甲骨卜辞足以证明这一点。在商代，巫师掌握着占卜以及其它沟通天人的手段，因而在当时神权与政权合一的年代，他们居于显赫的地位。许多学者指出，商代的许多国王本身就是巫，明显的文献例证是《吕氏春秋·季秋季·顺民》所载："昔者汤克夏而正天下，天大旱，五年不收，汤乃以身祷于桑林，……"这很显然是一种求雨的巫术。除国王之外，商王的很多要臣也是巫。如《尚书·君奭》提到的伊尹、保衡、伊陟、臣扈、巫咸、巫贤、甘盘七个商代名臣，其中至少有三个是巫，即伊陟、巫咸和巫贤。巫在商代政治生活中的地位足以说明沟通人神、祭祀神鬼在当时是极为重要的事。

从出土的甲骨卜辞来看，占卜涉及王室日常生活乃至国家大事的方方面面。关于占卜内容，有多种分类，郭沫若《卜辞通纂》除干支数字外，分为五类，陈梦家据郭沫若分类稍加改变为六类，较为简单概括：

祭祀　对祖先或自然神的祭祀求告等

天时　风、雨、**旹**、水以及天变等

年成　年成与农事等

征伐　与方国的战争、交涉等

王事　田猎、游止、疾病、生育等

旬夕　对今夕来旬的卜问等

卜辞所反映的占卜内容证明，当时的甲骨占卜不仅用来贞问祭祀、征伐、年成等国家大事，还用来占卜田猎、生育、疾病等王室生活琐事，卜辞内容的广泛和卜用甲骨数量之大，表明在商代龟骨卜已经成为统治者生活中不可或缺的组成部分。

3. 商代的卜法

由于商代的卜用甲骨出土最早，且数量最多，使学者们得以充分利用出土材料和传统文献相印证，因此关于商代卜法的研究是最深入的。这里主要以殷墟时期为主，综合前人的研究成果加以探讨。

首先是占卜前的准备工作。关于甲骨的来源，学者们根据出土材料和甲骨刻辞进行了分析研究，大致认为龟甲多来自南方，少数来自西部。而牛肩胛骨则多来源于商都周围，这也是当时畜牧业已较发达的一个证明。与前代相比，商代甲骨在攻治形态上和钻凿方面有明显的不同。商之前出土的甲骨多未经整治和钻凿，直接在甲骨上施以火灼，到了商代早期则已有明显的攻治痕迹和钻凿形态，至于安阳时期，无论是攻治技术还是钻凿形态以及钻孔的排列都已表现出相当成熟的状态。此外，还有一点明显的不同，就是商之前用龟甲占卜的现象极为罕见，而在商代晚期则是司空见惯的，以至于很难说龟甲和牛肩胛骨在当时占卜中何者更为重要。因此可以说，以龟甲占卜是商人对骨卜的一个重要发展。于是有的学者推测，商人可能继承了前人的龟灵崇拜，并把它和已有的骨卜习俗相结合，产生了龟甲兽骨并用的现象。

龟甲的整治，大致是先剖去肠腹，使之成为"骨直空枯的骨壳"，然后从龟壳的上下甲之间截分为两部分，连接上下甲的甲桥留在腹甲上。甲桥要锯去外缘一部分，错治其边缘使成较整齐的弧形。卜用背甲有两种处理方法：一种是从中脊平分，对剖为二，较大的背甲往往如此；一种是对剖以后，再锯去近中脊凹凸较甚的部分和首尾两端，使成为鞋底形。此外，还要对龟甲的表面进行处理，刮去龟甲正面表皮上的胶质鳞片，刮平鳞片交叠处的坼文，刮磨错平正反两面高厚不平之处。

如果说在安阳期之前的商代的卜骨的攻治还十分粗糙的话，那么到了安阳时期，已经十分精致了。一般卜骨的骨脊要连根削去，再加以错平，骨臼锯去一半，成为半月形，可以在上面刻字，骨臼下面的隆起部分，也往往锯掉削平，所以骨臼的一边往往有着一个近于直角的缺口。此后还要进行刮、削、错磨等工作，使之厚薄均匀，表面平整，便于烧灼和刻辞。对甲骨的整治，除了美观之外，还有很实际的功用，那就是为了使卜兆易于出现和卜辞易于刻写。

甲骨整治之后，还要进行钻凿。钻凿不但可以使得坼兆易于裂现，而且似乎还有着控制卜兆的功用。我们知道，在商代之前的卜用兽骨，没有经过钻凿，因此兆纹往往是凌乱的，毫无规律可寻，而经过钻凿之后，卜兆都表现为"卜"字形，而且这些钻凿的凹穴在甲骨上常常是左右对称排列整齐的，这样反映在卜兆上也必然是如此。卜骨上的钻穴是圆形的，凿穴是枣核形和指甲形的。有时只有钻没有凿，有时也作成双联凹穴，由一个纵深的枣核形凹穴，和一个横而较浅的平底的指甲形凹穴，互相联套而成。在卜甲上的圆形的钻穴，无论是指甲形或是枣核形的，都是凿出来的。在卜骨上的圆形的钻穴，有用钻子凿成的，也有用刀子凿成的。

甲骨经过攻治钻凿之后，一般由专门的官员进行管理，曾有考古发现表明，有殷人和卜用材料埋在一起的现象，或许死者生前是管理这些材料的。至此，占卜前的准备工作已经完成。

在商人需要占卜时，首先是向甲骨提出自己所需解答的问题，祈求神灵通过兆纹指点迷津。这就是《周礼》所说的"命龟"，也就是郑注所说的"告龟

人头形器口彩陶瓶
盛水器　新石器时代·仰韶文化
通高31.8厘米，口径4.5厘米，底径6.8厘米
甘肃省博物馆藏

太阳神纹石刻
新石器时代·城背溪文化
高105厘米，宽20厘米，厚12厘米
湖北省博物馆藏

人形浮雕彩陶壶
新石器时代·马家窑文化
高34.4厘米，口径9.3厘米
中国国家博物馆藏

成王方鼎及内壁铭文
炊器　西周
通高28.5厘米，口长18.1厘米，口宽15.5厘米
美国纳尔逊美术馆藏

殷墟出土龟甲占卜文

西周叔牝方彝
西周
高32.6厘米，长23.5厘米，
宽19厘米，重7.75千克
洛阳博物馆藏

叔矢方鼎铭文

以所卜之事"。在甲骨卜辞中，相当于"命辞"部分。也许在贞问之前，尚有一定的仪式，以示对神灵和甲骨的尊敬。

贞问之后，便取来准备好的甲骨施以烧灼，以求显示兆纹。由于烧灼甲骨需火力集中，有足够的热度，因此学者们推测所用之火当为炭火。不久，甲骨发出"卜"的炸裂声，并出现像"卜"形的兆纹，因此我们知道"卜"字既像其声又像其形。

呈兆之后，卜师们根据兆纹，判断吉凶，并将卜辞契刻于甲骨上，一般还要将事后应验与否的结果补记上去。

关于商代的卜法，有两个问题值得深入讨论，其一是"对贞"，其一是"习卜"。

前文提到过，商代甲骨上钻凿的凹穴一般都是左右对称的。而且在龟甲上的双联凹穴，一般是纵深的枣核形凿穴靠近龟甲的边缘，而横而浅的平底指甲形凿穴总是靠近龟甲的中缝（又称千里路），这样烧灼之后，兆干与千里路平行，而兆枝总是指向千里路。而肩胛骨一般右肩胛骨的兆枝向右，左肩胛骨的兆枝向左。

我们知道，商人贞卜的时候，往往从正反两个方面进行卜问，所以语气上有肯定和否定两种。这就是对贞。而甲骨在钻凿形态上的对称则为对贞提供了物质基础。可以说，商人钻凿的对称排列是他们占卜时采用对贞的方式的结果。至于商人如何从卜兆上判断神灵的启示是肯定还是否定，在今天已经很难了解了。

在商周数字符号中，有很多成对的"数字卦"，学者们认为都是后来所说的"之卦"，笔者认为，从出现数字卦的卜骨来看，数字卦和卜兆有对应关系，而且这些成对数字卦不是像后来所说的"之卦"那样，由一卦变为另一卦，而可能是经过两次揲数而成，根据"对贞"是卜法中最为常见的形式这一事实，笔者认为其中有些成对数字卦极有可能是筮法中的"对贞"。

"习卜"在商代卜法中也是一个很重要的问题，自20世纪30年代至今，已有十九位学者曾经讨论过这一问题，但目前尚有争议。这些意见大致可以分为三类：第一种认为每卜用三龟或三骨，是为一习。第二种"习"即"因"，依据之意，所谓"习一卜"、"习二卜"，即是依据第一卜或第二卜行事之意。

第三种认为"习"即"卜筮不相袭"之"袭"，有重复之意。这方面又有多种不同的解释。

综合各位学者的意见，结合从商代到战国的三卜制，以及这一时期的习卜事例，笔者认为，"习卜"当指在同一天内在三块甲骨由三人占卜一轮之后，仍不能得到满意的答案，在紧迫的情况下，对上一轮三人或其中一人贞问的事情进行重复占卜。习卜和一般的重复占卜不同，它当是一种特殊的重复占卜形式。

根据学者们的研究，殷人对一事的贞问经常进行多次占卜，除了贞问一事于一龟或一骨者外，大都是同时利用数龟或数骨贞问同一事情，但龟甲与牛骨很少在同一事情上并用。武丁时盛行龟卜，常一次卜用五龟，至禀帝、康丁、武乙、文武丁时骨卜盛行，常卜用三骨。卜用三骨后来逐渐固定下来，成为三卜制。

在一事多卜的占卜中，殷人往往每灼龟占卜一次，就在兆枝的左（或右）上方刻下兆序。兆序不仅表明与附近的卜兆的密切关系，还表示有关卜兆附近卜辞的占卜次数。

4. 蓍数与龟象

对于商代有筮法的认识，也是现代考古学的一大贡献。传统文献有"三易"说，即夏有《连山》易，商有《归藏》易，周为《周易》。很长一段时间，学者们以为《连山》、《归藏》之说不足为据。但随着数字卦的破译和出土材料的增多，一些学者开始对此问题进行了探讨，认为传统文献的说法也许并非子虚乌有。

《左传》僖公十五年："龟，象也；筮，数也。"说明卜法是"灼龟观兆"，以兆象定吉凶，而筮法则是数卜的方法，通过几次揲蓍成卦来判断吉凶。

《白虎道·蓍龟》说："干草枯骨，众多非一，独以蓍龟何？"这里提出一个值得深思的问题，在众多"干草枯骨"中为什么单单以蓍龟为占卜物呢？该篇的回答是："此天地之间寿考之物也，故问之也。龟之为言久也，蓍之为言者也。久长意也。"认为蓍龟用以占卜的原因是它们都有很长的寿命。经历了很多之后，便对未来有一定的预见性，就像人们常常向老人求教，是因为其经验丰富一样。李时珍在《本草纲目·草部四》说："老人历年多，更事久，事能尽知也。"可说是一种很好的解释。

关于蓍，《说文解字·艸部》释"蓍"曰："蓍，蒿属。生千岁，三百茎。《易》以为数。"说蓍"生三千岁"，恐怕是一种夸张。不过，蓍草确有不同于一般草之处，那就是一般的草多为一年生，而蓍草却是多年生的直立草本植物。蓍草可以用药，祛除疾病，并且有香味，茎杆挺直、结实而轻，便于揲数，加上它寿命较长，古人以为能通神灵，知吉凶，故以之为卜筮之具。

《易·系辞》"大衍之数"章记载的揲蓍之法，许多学者认为非古法。从出土甲骨、器物上的数字卦来看，有三个数字和六个数字组成的易卦，其方法大致也应以蓍草按一定规则揲数而得出数组成数字卦。学者们还从现代西南少数民族的数卜法中得到启示，也许这与商代筮法更为接近。

我们知道，神龟之所以被用来作为占卜之物，与认为其长寿而加以崇拜的龟灵观念有很大关系。此外，还有什么别的因素呢？笔者认为还有一个重要的原因是神龟的形象与古人心目中宇宙有相似之处。龟背甲的隆起圆形、腹甲的平整略方，与古人的"天圆地方"观念比较一致。艾兰女士认为："龟有圆圆的穹形的背甲和宽平的腹甲，这与古代中国人认为天是圆穹拱形的，地是平的这个想法有所联系。"[1] 在安徽含山凌家滩出土的玉龟，很象后来的式盘。另外，在殷墟发现了一个奇异的龟甲，在四条腿上各刻有一行六个数目字，都是由内向外写，突出四维的地位，类似式盘。因为式盘的基本模式是模仿天圆地方的，因此笔者推测龟被用来占卜与它的外形有天地之象有一定的关系。

5. 商代的数字卦与《连山》、《归藏》

1978 年 12 月在吉林大学召开的古文字讨论会上张政烺先生破译"数字卦"之后，许多学者汇集了许多殷周甲骨、器物上的易卦，并进行了许多有益的讨论。总的来说，大多数学者赞同张政烺先生的解释。我们现在所了解到的数字卦材料最早是在商代。

综合各学者的研究统计，属于商代的数字卦大约有 23 例，其中由六个数字组成的重卦 18 例，三个数字单卦 2 例，另有四个数字组成的易卦 3 例。其中有 9 例为卜骨，3 例青铜器，5 例为陶范和陶器皿，6 例为磨石。张政烺先

---

[1] 艾兰：《龟之谜》，汪涛译，成都，四川人民出版社，1992。

生认为四个数字组成的易卦大致为互体，这样商代易卦至少已有单卦、重卦、互体三种形式。值得注意的是，这些例证中，有近一半是刻在卜用甲骨上的，这与《尚书·洪范》中所反映的商人卜筮并用的情况是一致的。周代甲骨上也有数字卦发现，李学勤先生的解释是卜兆与筮数互相参照："……为了参照，就可以将筮得的数刻在兆旁边，表明其间关系，估计两周甲骨上的数字符号，都是卜筮所刻关于同一事项揲筮的结果，与卜兆有参照的关系，都不是由兆象得出来的。"[1] 李先生的解释也可用于商代甲骨上的这种情形。

在数字卦例中，我们还可以看到两个或两个以上数字卦一组的现象，如张家坡殷代卜骨有两例两卦一组的卜骨，殷墟四盘磨卜骨发现三卦一组，一正刻，两个倒刻。《邺中片羽二集》所记陶爵范上的两个数字卦，安阳苗圃北地的石磨上的六个数字卦等等。笔者在前文已经指出，成对数字卦中有的极可能是筮法中的"对贞"。至于两个以上的数字卦组，笔者认为可能是筮法中的一事多卜。

1950 年在殷墟四盘磨 SP11 坑中，发掘到三块卜骨，其中一块横刻三行文字。张先生考释为"未济"（七八七六七六）、"否"（七五七六六）、"明夷"（八六六五八七）三个"易卦"，"未济"之下释"曰隗"二字，"否"卦之下释"曰魁"二字。这种独特形式引起学者们的关注。《周礼·春官·太卜》："掌三易之法，一曰《连山》、二曰《归藏》、三曰《周易》，其经八，其别卦皆六十有四。"郑玄注曰："三易卦、别之数亦同，其名占异也。每卦八，别者重之数。"郑注是说古代用蓍占卦有三种方法，都用八卦，重卦都是六十四卦，主要区别是卦名不同。张政烺认为四盘磨卜骨上的这两个数字重卦，当属于《连山》易，其根据主要是：（1）郭宝钧、陈梦家都认为该骨的刻辞是习契之辞。两数字卦其一变成卦爻是坤乾，下有"曰魁"二字；其一变成卦爻是离坎，下有"曰隗"二字。"魁和隗当是卦名。""乾坤离坎在八卦里是重要的卦，正倒不变样，它们配对凑在一起，不是偶然的，不像筮占的结果，而可能是一部筮书的首篇，被习契的人刻在这里。"（2）连山也写作列山，"神农连山氏""一号魁隗氏"。"据孔颖达说，连山、归藏原是书名，而都曾成为朝代的称号。参

---

① 李学勤：《西周甲骨的几点研究》，载《文物》，1981（9）。

照这个经验，可以推测是由于有了《魁隗》，历史上的神农氏才被称为魁隗氏。《魁隗》是什么？当是《连山》的异名。"①

饶宗颐先生认为殷代有六十四卦，从殷代出土甲骨器物上的六位数字重卦可得到证明，并指出："《归藏》六十四卦名，大部分和《周易》很有出入，向来没有人敢相信。可是从马王堆三号墓出土的汉初《周易》写本，卦名与今本亦大不相同，比勘之下，有的反和《归藏》卦名接近，令人觉得后人传述的《归藏》各卦，必有它的来历，并非完全没有根据。"②

曹定云认为："四盘磨'易卦'卜骨肯定不是《周易》，以时间和族属推之，似应为《归藏》。"③

曹氏以时间和族属推知其当为《归藏》，张先生则从筮书名及神农名号入手，以为其为《连山》。饶先生则是根据帛书《周易》与《归藏》卦名的相似之处，推断《归藏》还是有来历的。此外，李家浩、连劭名根据王家台秦简"易占"释文与《归藏》比较，认为传本《归藏》不是伪书，进一步证明了饶先生的推断。如果说《连山》为夏易，四盘磨卜骨反映的是《连山》，则说明殷人有沿袭夏易的一面，不管怎样，我们至少可以认为，《周易》之外，《连山》、《归藏》是有可能存在的，殷人不仅有筮法，而且可能与周人还是有不同的。

6. 卜筮与祭祀

《左传》成公十三年载："国之大事在祀与戎。"商代甲骨卜辞中以有关自然神祇和祖先祭祀最多，证明商代祭祀的频繁和祭祀在商人生活中的重要地位。"祭祀先卜"，卜辞中有关祭祀的占卜记载正说明了祭祀与占卜的关系。《春秋左传》中有很多卜郊祭的记载。商代先王宗庙是储存占卜材料和进行卜筮的场所，这些都从另一方面反映了卜筮和祭祀的密切联系。

对于常规祭祀，占卜主要用来决定祭祀的日期和应用的牺牲。此外，当统治者遇有灾难变异时，也要进行占卜，确定是哪位祖先或神灵因不受歆享而发怒，然后向这位祖先或神灵献祭，以求免除灾害或病患，这在古代称为"祠

① 张政烺：《试周初青铜器铭文中的易卦》，载《考古学报》，1980（4）。
② 饶宗颐：《殷代易卦及有关占卜诸问题》，载《文史》，第20辑，1983。
③ 曹定云：《殷墟四盘磨"易卦"卜骨研究》，载《考古》，1989（7）。

禳"，而由于神灵或祖先震怒而降的灾害则称为"祟"。美国学者吉德炜（David N. Keightley）在 Sources of Shang History 的序言中为我们描述了一幅商人占卜的图景。当时武丁牙疼，于是进行占卜，问到底是得罪了那位祖先，每灼一龟，都要问因为祖先某某，还是不是因为祖先某某，直到得到肯定的答复为止。

当确定应该祭祀某个祖先神灵后，要进行祠禳时，仍需要进行占卜，决定该使用何种方式，献祭何种祭品。这种祭必先卜，卜祭相袭的习俗反映了占卜和祭祀的密切联系。

从占卜与祭祀的关系上，可以看出商人已经由纯粹的向神祈问，把一切问题的答案都由神来操纵的被动地位，转向提出问题由神来选择的试图部分操纵占卜结果的占卜形式。商人甲骨钻凿形态的规整和对卜兆方向的控制也许也表明了这一倾向。

（四）西周时期的卜筮

1. 西周建立之前及前期的卜筮情况

如果说先秦文献中关于商代卜筮的材料很少，那么相比之下，有关西周卜筮的记载还是很多的。这些记载主要集中在《诗经》和《尚书》中。

《诗·大雅·绵》："古公亶父，来朝走马。率西水浒，至于岐下。……周原朊朊，堇荼如饴。爰始爰谋，爰契我龟；曰止曰时，筑室于兹。"有学者认为《诗经》这段古公卜居岐山的传说，是文献中所见的周人使用龟卜的最早记载。这说明远在古公之时，周人就已经学会使用龟卜了。

《诗·大雅·文王有声》："考卜维王，宅是镐京，维龟正之，武王成之。"郑玄注曰：'考犹稽也。宅，居也。稽疑之法必契灼龟而卜之。武王卜居，是镐京之地。龟则正之，谓得吉兆。"

《尚书·周书·泰誓》是武王伐纣之前的誓词，其中篇说："朕梦协朕卜，袭于休祥，戎商必克。"

《尚书·周书·金縢》记载了周公为武王卜病的事例："既克商二年，王有疾，弗豫。……公乃自以为功，为三坛同墠。……乃卜三龟，一习吉。启籥见书，乃并是吉。"

《诗》、《书》关于周人卜筮之事尚有多例，此外，《史记》、《论衡》也有记载，兹不赘述。

有关西周卜筮的出土材料，虽不像商人那么丰富，但也是不断有出土发现。根据现有材料，最早发现的一片西周卜骨，是1951年在陕西彬县获得的，1954年，山西洪洞县坊堆村南发现两版卜骨，畅文斋、顾铁符认为是春秋战国时代的，李学勤先生由卜骨上的字形判断年代，认为它应当是西周的。此外发现西周甲骨的地区还有：洛阳及周围地区，陕西长安丰镐遗址，北京昌平白浮和陕西岐山、扶风间的周原遗址。其中周原发现的甲骨最多，卜辞内容丰富，引起学术界的普遍重视。

周原卜用甲骨也是学术界争议最大的一种，争议的焦点在于歧山凤雏村宫殿基址所出的几片记有祭祀殷王先祖成汤、太甲等卜辞的甲骨的族属问题，限于篇幅，我们这里不详细讨论。关于这几片甲骨的族属，大致有两种相反的意见：① 认为是周人的，持此论的主要有徐锡台、徐中舒和高明。② 认为属殷人，李学勤、王宇信认为占问致祭成汤之人可能是商代最后一个王纣，王玉哲认为这些甲骨属于商王室，很可能是在殷商末年商纣王时，掌管占卜的卜人投奔周人时携带过去的。此外杨升南的观点与前两种有所不同，他认为："这几片甲骨的文辞是商人，它是商王帝辛为册封周方伯这一典礼中，所进行一系列占卜的卜辞，受封的周人把帝辛的占卜，用周人的语言记录下来，契刻在周人的甲骨上。"笔者认为这几片甲骨大致为周人在殷的占卜记录。

关于周人筮法的出土材料，要比商人多，主要是甲骨和器物上的数字易卦。最早的周人的数字卦，当属发现于宋代的"安州六器"之一的中方鼎。所铸文字末有两个数字卦。此后，学者们对有关数字卦进行收集，到目前为止西周数字卦已有50例。其中六位数字卦37例，三位数字卦13例。

2. 西周时期的卜法

甲骨占卜是周人重要的占卜形式之一，这在周原发现大批甲骨之前，似乎未被人们认识。有学者认为，早在周的祖先公刘时期，"想必周人龟卜文化已经产生了，因为这一时期正是商王武丁统治时期，此时的周邦已成为商王朝在西部的一个重要方国。而商、周关系往来也很密切，例如通婚、朝聘等等，这在卜辞中有明证。武丁时期是商代龟卜文化发展之鼎盛时期，很难想象如此声势浩大的商代龟卜文化不影响与之关系密切的周邦国"①。

周人卜法固然有与殷人相联系的地方，但也有其自己的特色，例如，周人的甲骨刻辞极少，据介绍，在歧山凤雏第一次发现的一万一千片中，有字的只有二百多片，比例很小。《周礼·春官》说："凡卜筮，既事，则系币以比其命。"是说占卜的结果要记录在简册上，这也许是周代更为普遍的记录占卜结果的方式。

周人卜法在取材方面兼用龟甲和兽骨，龟甲以腹甲为主，有时也用背甲，兽骨则仅限于牛胛骨。这和殷墟甲骨中的主要系统的情形基本上是一致的。

在甲骨的攻治钻凿上，西周与商代有比较明显的区别："西周的腹甲，甲首经掏挖后留有宽厚边缘，一望可知与殷墟、济南大辛庄等地的商代卜甲不同。西周的胛骨修治比较简陋，一般不锯去臼角，不如殷墟多数卜骨精致，但殷墟也有一些修治简单的类似标本。西周甲骨的突出特征，是在钻凿形态上。其卜甲绝大多数有排列规则而密集的方凿，这是商代甲骨所没有的。其卜骨则俱圆钻，钻孔规整、平底，应当是用钻钻成的，不像有些殷墟甲骨的圆'钻'实际是挖出来的。方凿和圆钻都加刻一纵槽，方凿的槽在一侧，圆钻的槽则在中央，呈所谓猫眼状。"西周甲骨"使用时大多以臼部向下为正，臼向上或向旁是个别的。殷墟甲骨的情形相反，以臼部向上为通例，不过也有极少数臼部向下的例子。"②

周人的卜辞在体例上也不像殷墟卜辞由叙辞到命辞、占辞、验辞那样完整，比较简短扼要，多数只有贞辞，有不少没有验辞。

虽然商周甲骨有不同特点，但"周因于殷礼"，西周甲骨不少方面与殷墟甲骨是一脉相承的。只是由于族别和时代的不同，才形成了自己的独特风格。西周甲骨在出土情况、钻凿形态、文字的辞例、甲骨分埋等方面与殷商甲骨也有很多相似之处。特别值得注意的是，西周甲骨独特的钻凿形态，似乎在殷墟甲骨第一期武丁时代即可找到"祖型"。

总之，可以说西周甲骨既有其民族时代特色，又有与殷墟甲骨一脉相承的方面。

---

① 刘玉建：《中国古代龟卜文化》，南宁，广西师范大学出版社，1992。
② 李学勤：《西周甲骨的几点研究》，载《文物》，1981（9）。

关于西周的龟骨卜，我们可以参考传统文献和出土材料作进一初步了解。

西周甲骨占卜大致分为三个不同的时期：文王时期、武成康时期、昭穆时期，包括了整个西周的前期。

从周原甲骨的分析看，周人占卜可分为卜祭、卜告、卜年、卜出入、卜田猎、地名、人名、官名、月象、杂卜等十类。

《周礼·春官》："太卜掌三兆之法，一曰玉兆，二曰瓦兆，三曰原兆。其经兆之体，皆百有二十，其颂皆千有二百。"孙诒让注曰："此谓卜法权舆上古，历代改制，其法非一，周时取其占验最精而可用者，存此之法，使卜官职之，故此惟有三兆也。"这说明周人沿用前人的三种卜法。而后文的"掌三易之法"、"掌三梦之法"似可证明此说。《春官》说："以邦事作龟之八命，一曰征，二曰象，三曰与，四曰谋，五曰果，六曰至，七曰雨，八曰瘳。"这是说"国之大事待蓍龟而决者有八"。又曰："以八命者赞三兆、三易、三梦之占，以观国家之吉凶，以诏救政。"郑司农云："以此八事，命卜筮蓍龟，参之以梦，故曰以八命者赞三兆、三易、三梦之占。"

据《周礼·春官》，西周有庞大的占卜机构和细致的占卜分工。

《春官》曰："凡国大贞，卜立君，卜大封，则眡高作龟。大祭祀，则眡高命龟。凡小事，卜。国大迁，大师，则贞龟。凡旅，陈龟。凡丧事，命龟。"这是说明根据事情的重要与否，所参加的占卜官员的等级以及采取的礼仪有轻重之不同。

"卜师掌开龟之四兆，一曰方兆，二曰功兆，三曰义兆，四曰弓兆。凡卜事，眡高，扬火以作龟，致其墨。凡卜，辨龟之上下左右阴阳，以授命龟者而诏相之。""开"或以为"开出其占书也"，或以为"丌发其兆"。当以后者为是。"上下左右阴阳"吴廷华云："龟之上下左右，皆以龟甲言。盖在攻治之后，临卜时辨之，则即甲之上下左右阴阳耳。"

"龟人掌六龟之属，各有名物。天龟曰灵属，地龟曰绎属，东龟曰果属，西龟曰靁属，南龟曰猎属，北龟曰若属，名以其方之色，与其体，辨之。凡取龟用秋时，攻龟用春时。各以其物，入于龟室。上春衅龟，祭祀先卜。若有祭祀，则奉龟以往，旅亦如之，丧亦如之。"这是说龟人的职掌是负责各类神龟的喂养，杀龟，收藏和提供龟甲。

"菙氏掌共燋契，以待卜事。凡卜，以明火爇燋，遂龡其焌契，以授卜师，遂役之。"菙氏专门负责提供火源，并协助卜师进行占卜。

"占人掌占龟，以八筮占八颂，以八卦占筮之八故，以眡吉凶。凡卜筮，君卜体，大夫占色，史占墨，卜人占坼。"占人负责占龟，并且君、大夫、史在占龟中有不同的分工。

"凡卜筮，既事，则系币以比其命，岁终则计其占之中否。"这是说卜筮之后要对占卜的结果进行记录，年终考察所占断是否灵验。

3. 筮法的演变与《周易》的形成

前文提到，在周人的甲骨及青铜器上也发现了刻有六位或三位数字的易卦，这表明周人所用的九六之数和阴阳爻组成的易卦是由数字易卦演化而来。

张政烺先生曾对数字卦中出现的数字进行统计，在 32 例 168 个数字中，"六字出现次数最多，计 63 次；其次是一字，计 36 次；而二、三、四都是 0 次"。为什么二、三、四没有出现？张先生的设想是："二、四并入六、三并入一。"其原因是"古汉字的数字，从一到四都是积横画为之，一二三三自上而下书写起来容易彼此掺合，极难区分，因此把二、三、四从字面上去掉，归并到相邻的偶数或奇数之中"[①]。他认为这说明当时观象重视阴阳，那些具体数目并不重要。

张政烺通过对数字卦材料的整理统计，认为在一百六十来个古筮考古资料中，一和六出现频繁，一是奇数也是阳数，六是偶数也是阴数，使人很自然地感觉到一、六就是阳爻（—）阴爻（——）的前身。有的学者则认为是一、八，目前这一问题尚无定论。周人何时开始用阴、阳爻画卦，由于这方面材料甚少，目前尚难得出结论。从传统文献来看，最早出现易卦的是《左传》，或许可以推知阴阳爻表示的易卦在此之前已出现。

《周易》经文成于何时，一直是学者们关注和争论的问题。顾颉刚先生在甲骨文字学研究成果的基础上，发现《易经》卦、爻辞中有不少是记录商周人物和故事，断定《易经》的"著作年代当在西周初叶"。此后，许多学者根据不断发现的新材料进行论证，《周易》成书于殷末周初，已为大多数学者所接

① 张政烺：《试周初青铜器铭文中的易卦》，载《考古学报》，1980（4）。

受，《系辞》所言："《易》之兴也，其于中古乎?"现在看来也是有一定根据的。

　　《周易》本经的成书年代可以从先秦和两汉的传统文献和马王堆帛书《易传》中有关记载加以推断。《系辞传》曰："《易》之兴也，其当殷之末世，周之盛德邪，当文王与纣王之事邪，是故其辞危。"其中的"邪"，以往学者多以为是"疑词"，但是帛书易传《易之义》相似的论述为"《易》之用也，段（当为殷之误）之无道，周之盛德也"，显然是一种肯定的叙述，而且清人王引之在《经传释辞》中认为"邪"字也可以表陈述语气的论述，因此，我们可以认为，《系辞》中这两个"邪"字和"也"字用法相同，表达的是肯定的语气。帛书易传《要》篇所载孔子语说得很清楚："文王仁，不得其志，以成其虑，纣乃无道，文王作，讳而避咎，然后《易》始兴也。"

　　《左传》昭公二年载晋韩宣子在鲁太史处读到《易象》和《鲁春秋》之后，感叹："周礼尽在鲁矣。吾乃今知周公之德，与周之所以王矣。"由此可知，《易象》是一部权威的、出自周王室的释《易》之书。这部书从卜筮角度释《易》之外，对《易》的创作过程和主旨，特别是对以周文王为代表的周王室和《易》的关系也应有所说明。孔子晚年回鲁国整理文献，据《鲁春秋》作《春秋》，所以他看到同藏在鲁太史处的《易象》是十分自然的事。孔子晚年易学观的转变应与这部书直接有关。因此，《系辞》、《易之义》和《要》等先秦文献关于《周易》本经的作者和成书年代的记载是有确凿来源的，这至少可以从孔子追溯到鲁太史所藏的《易象》。

　　两汉文献如《淮南子·要略》、《史记·太史公自序》、《法言·问神》、《汉书·艺文志》关于《周易》的论述，都肯定先秦文献中周文王与《周易》有关的说法，并且有些还对文王作《易》有一些具体说明。《汉书·艺文志》说文王"作上、下篇"，实质上是说《周易》的卦爻辞为文王所作。《淮南子·要略》说"伏羲为之六十四变，周室增以六爻"，"六十四变"当指六十四卦，"增以六爻"当指增加六爻的爻辞，卦辞也当在内。但是爻辞中"多文王后事"，据孔颖达的"父承子业"说，《淮南子》所说的"周室"，应该包括周文王、周公父子。从史籍记载来看，周公是周代礼乐的主要制作者，因此他对太卜所掌的《周易》的卦爻辞加以改编加工，并非没有可能。①

由上所述，我们可以知道，周文王、周公与《周易》都有密切的关系，并且极可能是卦爻辞的编定加工者。

关于《周易》一书的性质，笔者认为当是在前人长期易筮记录基础上整理、编纂而成，是专门用来检验易筮吉凶的范本。

4. 卜筮与礼乐文化

周王朝的建立，一方面继承了殷人的制度、文化，并有所损益，正如《论语》所说："周因于殷礼，所损益可知也。"另一方面，许多学者认为周人经历了重大的历史变革之后，在社会制度及思想方面都有很多显著的变化，突出的一点便是对天命鬼神观念的淡化和对人世伦理和敬德保民思想的重视。《礼记·表记》记载了孔子对三代文化的比较，有关殷周部分，孔子说："殷人未渎礼，而求备于民。周人强民，未渎神，而赏爵刑罚穷矣。"又说："殷人尊神，率民以事神，先鬼而后礼，……周人尊礼而尚施，事鬼敬神而远之……"陈来认为这"表明殷人虽已有礼，但居文化主导地位的是鬼神，礼完全不具有任何优先性（此礼是人道之礼）。周人尊礼，礼在周人的文化体系中占主导地位，享有对其他事物的优先性。由于人道之礼居主导地位，鬼神祭礼虽仍保留，却已渐渐远之，向神道治教的方向发展"②。孔子曾感慨"郁郁乎文哉，吾从周"。他对周礼的肯定和对周公的崇拜也正在于周礼对人间伦理的强调，而周公则是传说中周代礼乐的制作者。

"周因于殷礼"，周人在思想、制度上发生上述变化时，并不是完全抛弃殷人的文化，对殷人的祭祀文化即有损益，成为礼乐的一个重要组成部分。《礼记·祭统》说："凡治人之道，莫急于礼。礼有五经，莫重于祭。……夫祭有十伦：见事鬼神之道焉，见君臣之义焉，见父子之伦焉，见贵贱之等焉，见亲疏之杀焉，见爵赏之施焉，见夫妇之别焉，见政事之均焉，见长幼之序焉，见上下之际焉。此之谓十伦。"虽然祭祀在礼之中是最重要的，但是它所关注的不再是以向鬼神祈求益福禳灾为重点，而是更多地关注君臣、父子、贵贱、亲疏、夫妇等人间伦理和秩序。从此我们可以看出："在殷商对神鬼的恐惧崇

---

① 以上论述采用廖名春先生说，详见《从先秦秦汉文献论〈周易〉本经的作者问题》，载台湾《孔孟学报》第 71 期，1996 年 3 月。

② 陈来：《古代宗教与伦理》，北京，三联书店，1996。

拜，与周人对天的尊崇敬畏之间，有着很大的道德差别。前者仍是自然宗教的体现，后者包含着社会进步与道德秩序的原则。"虽然周代鬼神祭礼具有更加完备的系统，但在政治实践上不具有中心的地位。政治实践领域的中心注意力转向了人事的安排和努力，特别是制度系统和规范系统。"①

与祭祀相同，卜筮在礼乐文化居主导地位的西周，也处于从属地位。这是因为，卜筮是祭祀的一项重要内容。如《周礼·春官》说："龟人有祭祀则奉龟以往。"即是说有祭祀则须占卜。随着祭祀所注意的中心由鬼神到人事的转变，卜筮作为沟通人神的手段必然受到冷落，而越来越转向礼仪方面。当然这并不是说西周统治者就完全不相信卜筮，前文已经说明，周人在遇到重大决策时，仍需求助于卜筮以决疑。但是周人越来越注重卜筮的仪式，而把其沟通人神的作用放在其次了。荀子说卜筮之事"君子以为文，百姓以为神"，这虽不能完全代表西周时期统治者对卜筮的看法，但这种倾向在西周已露端倪。我们知道，周人在祭祀重大活动之前都须卜筮以定吉凶，但慢慢的这种活动变成祭祀等活动礼节仪式的一部分，而其向鬼神求福的初衷则有些淡化了。《周礼·春官》除了记载对各卜筮之官职掌的规定，在其他篇章还有对具体卜筮仪式的描述，这表明周人已将卜筮纳入整个礼乐文化体系之中。而卜筮也由在殷商时期无事不卜的中心主导地位，慢慢成为西周的一种礼乐文饰，退居到政治生活的从属地位。

（五）春秋战国时期的卜筮

1. "礼坏乐崩"与卜筮制度的变革

春秋战国时期是"礼坏乐崩"、战争频繁的动荡时期，周王只是名义上的天子，实际政治上则被诸侯霸主所主宰。这一时期"王官失守"，周王朝的卜筮之官也有从王朝流向诸侯国的现象，随着礼乐制度的破坏，卜筮制度也必然产生一些变化。周礼对尊卑贵贱不同者进行卜筮的等级规定，必然随着诸侯在政治上的僭越而有所变革。

龟卜是天命神意的象征，所以最初它一直被王室所垄断，成为大事决疑和统一意志的工具。西周时期，龟卜主要为王室所控制、使用，诸侯中使用龟卜

---

① 陈来：《古代宗教与伦理》，北京，三联书店，1996。

的极为少见。在诸侯国中,鲁国因周公对周王朝的显赫功德而得以享天子之礼,"世王乃命鲁得郊,祭文王"①。郊祭之前是要卜择日期,《左传》中有很多鲁人卜郊的事例。《左传》定公四年又有受周天子赐卜的记载。由此可知,在当时龟卜不是任何人都可以随便享用的。但是,建国后的考古发现证明,不仅在西周都邑丰镐遗址,也不仅在周初的封国燕、晋等边远地区不断有带文字甲骨出土,而且周人的发祥地——周原一带还发现了成批甲骨。据此,笔者认为春秋战国时期龟卜的变化主要是天子以外,诸侯、大夫到家臣普遍使用龟卜,而不是诸侯以下开始使用龟卜。

至于蓍筮制度的变化,这方面的文献记载很少。从《周礼·春官》对"筮人掌三易"、"凡国之大事先筮而后卜"的记载,我们知道,筮法对于周王室也具有十分重大的意义,周王朝有专掌蓍筮的官员,为重大决策提供参考。

《左传》庄公二十二年记载:"其少也,周史有以《周易》见陈侯者,陈侯使筮之。"这是《周易》见于史书的最早记载。从这条记载看,《周礼·春官》所说"筮人掌三易"之一的《周易》,当只为周王室和少数诸侯所用,并没有流传到所有诸侯国。只是到了王室衰微,周史才敢以《周易》讨好陈侯,而《周易》所载筮法才得以在诸侯各国广为流传。据《左传》、《国语》,当时使用《周易》筮法的国家有鲁、齐、晋、秦、郑、陈、卫等诸侯国,而楚、吴、越等南方诸侯尚无用《周易》占筮的记载。从已发现的战国楚地卜筮类竹简来看,当时流行着以数字示卦的筮法,这与商周的数字卦一样,是一种不同于《周易》的较早形态的筮法。从商代已有数字卦存在这一事实,我们可以推测春秋时期楚地可能已经有这种筮法,而《周易》所代表的筮法在当地并未流行使用。

除以《周易》直接筮占吉凶外,《左传》中还记有以《周易》爻辞进行论证、解说的事例,这与当时引《诗》、《书》的作用是一样的,可以说已经表现出以义理解《易》的倾向。

如《左传》襄公二十八年:

> 子大叔告子展曰:"楚子将死矣。不修其政德,而贪昧于诸侯,以逞

---

① 《史记·鲁周公世家》。

其愿，欲久，得乎？《周易》有之，在复之颐，曰：'迷复，凶。'其楚之谓乎！欲复其愿，而弃其本，复归无所，是谓迷复，能无凶乎？……"

这是引用《周易》爻辞证明自己的观点。

又《左传》昭公二十九年：

> 秋，龙见于绛郊。魏献子问于蔡墨……蔡墨对曰："……龙，水物也，水官弃矣，故龙不生得。不然，《周易》有之，在乾之姤曰：'潜龙勿用。'其同人曰：'见龙在田。'其大有曰：'飞龙在天。'……"

此是引用《周易》爻辞证明龙的存在。

2. 先秦文献中所载的春秋时期卜法与筮法

由于关于春秋时期卜筮情况的出土材料极少，而《左传》、《国语》中所载卜筮之例相对多一些，所以本节主要依据后者来探讨当时的卜筮情况。

当时的卜法及有关情况，刘玉建在《中国古代龟卜文化》一书中收有《左传》中的龟卜之事 70 例，并作了简短的分析。根据他的分析总结，占卜的内容分为十一种：战争、任命大小官员、立太子、营建都邑宅、生育、疾病、婚、郊祭、雨、梦、其他。这些内容基本上未出前代的范围，但也有其时代特色，如在 70 例中，战争占了 20 例，自然与当时战争频仍有关，而对立太子的重视，则是由于当时礼制废弛，废长立幼之事经常发生的缘故。

值得注意的是，《左传》记载了一些龟卜的繇辞：

> 初，懿氏卜妻敬仲，其妻占之，曰："吉。是谓凤皇于飞，和鸣锵锵。有妫之后，将育于姜。五世其昌，并于正卿。八世之后，莫之与京。"

> 卜人曰："筮短龟长，不如从长。且其繇曰：'专之渝，攘公之羭。一薰一莸，十年尚犹有臭。'必不可。"

> 孙文子追卜之，献兆于定姜。姜氏问其繇。曰："兆如山陵，有夫出征，而丧其雄。"

> （襄公十七年）卫侯贞卜，其繇曰："如龟窥尾，衡流而方羊裔焉。大国灭之。将之。阖门塞窦，乃自后逾。"

另外，《左传》尚有所卜兆名的记载，僖公二十五年："使卜偃卜之，曰：'吉，遇黄帝战于阪泉之兆。'"哀公九年："晋赵鞅卜救郑，遇水适火，占诸史赵、史墨、史龟。"

此外，《左传》言占卜，没有称用骨者，表明当时已不用骨作为占卜工具。周原及其他地区出土的有关材料表明，西周前期仍然是甲骨并用。从周原出土的一万七千余片甲骨来看，卜甲一万六千七百余片，卜骨三百多片。这表明西周是卜骨逐渐减少以至消亡的时期。

以上是《左传》中所见龟卜情况。《国语》中也有关于卜兆和繇辞记载。

《晋语一》云："献公卜伐骊戎，史苏占之，曰：'胜而不吉。'公曰：'何谓也？'对曰：'遇兆，挟以衔骨，齿牙为猾，戎夏交摔。'"下文史苏又曰："其兆云：挟以衔骨，齿牙为猾。"

从上引《左传》、《国语》材料，我们虽无法考察当时具体的占卜过程，但却可以知道当时的占卜应已有具体的占卜之书，有具体的兆象之名和与之对应的繇辞，但似乎各国所用占卜之书并不完全一致，有的或许只有兆名，并无繇辞。这也是所见卜兆、繇辞的较早记载。由此笔者认为《周礼·春官》所言："太卜掌三兆之法，一曰吉兆，二曰瓦兆，三曰原兆。其经兆之体，皆百二十，其颂皆千有二百。"（其中颂即繇辞）当非虚言，可以推测，至少在西周时期已经有专用于占卜之书，已有与卜兆相对应的繇辞。

至于具体的卜法，从当时诸子的有关论述来看，与商代大致相同。如《荀子·王制篇》说："钻龟陈卦，主攘择五卜，知其吉凶妖祥，伛巫跛击之事也（击读为觋）。"《韩非子·饰邪篇》说："钻龟数策，兆曰大吉，而以攻燕者赵也。"《庄子·外物篇》说："卜之，曰杀龟以卜吉。乃剥龟七十二钻而无遗策。"表明当时仍是以钻凿烧灼为具体龟卜方法。其中还值得我们注意的是，《荀子》、《韩非子》所述表明，当时卜筮仍是两种很重要的占卜形式。

除有关龟卜情况外，《左传》、《国语》还有反映筮占情况的记载。

《左传》、《国语》所记筮事，有遇某卦者，有遇某卦之某卦者，有遇卦之八者，其中遇某卦者，是直接取得某卦，一般以该卦卦辞作为吉凶之据，有时也参以该卦象进行分析。如《左传》成公十六年：

> 楚晨压晋军而陈。……苗贲皇言于晋侯曰："楚之良，在其中军王族而已。请分良以击其左右，而三军萃于王卒，必大败之。"公筮之，史曰："吉。其卦遇复䷗，曰：'南国蹙，射其元王，中厥目。'国蹙、王伤，不败何待？"公从之。

此事以所遇之卦卦辞占断吉凶，只是所言卦辞不见于今本《周易》。

又如《左传》僖公十五年：

> 秦伯伐晋。卜徒父筮之，吉。涉河，侯车败。诘之。对曰："乃大吉也，三败必获晋君。其卦遇蛊䷑，曰：'千乘三去，三去之余，获其雄狐。'夫狐蛊，必其君也。蛊之贞，风也；其悔，山也。岁云秋矣，我落其实而取其材，所以克也。实落材亡，不败何待？"三败及韩。

此兼以卦辞及内外卦象阐明吉凶，而卦辞仍不见于今本《周易》。

以上两例皆遇某卦类，尚秉和与高亨均以为属于六爻不变者。

遇某卦之某卦者，《左传》有十一例，《国语》有两例。此类卦是否之卦，学者们有不同意见。尚秉和与高亨先生皆主张有变卦，并总结了从一爻变到六爻变的不同情况。而有的学者根据《左传》没有用九、六代表爻性，以序数来表示爻位，推断《左传》中引《易经》爻辞也一律用"在某卦之某卦"，都是以与本卦一爻相异之卦来固定爻位。有的学者"看到数字卦一至九这九个数字都出现，因而怀疑《系辞》所载'大衍'筮法是否系《周易》原有，否认《左传》、《国语》里的之卦说，将'某卦之某卦'看成是示爻，解释成'某卦的某卦'"。廖名春先生认为："先有之卦说，后才有之卦的形式示爻。后者与前者性质虽有别，但从用法上看，后者却是前者的引伸。"此种解释较公允。廖名春先生还引用帛书《易传》的材料，与《左传》相证明，认为："《左传》昭公三年'明夷之谦'说与《缪和》篇的'嗛之明夷'说本质上是一致的。这说明，不但春秋时史官习用之卦说，战国时期儒家的经师解《易》也同样沿袭此法，否认之卦说是不可取的。"[①] 笔者认为《左传》、《国语》中遇某卦之某卦是示爻的观点只适用于两卦只有一爻相异的情况，如果两卦有二个以上爻不同则很难解释。

如《国语·周语》："单襄公曰；'……成公之归也，吾闻晋之筮之也，遇乾䷀之否䷋，曰："配而不终，君之出焉。"……'"此是否卦初、二、三爻皆变，如按示爻说则有些说不通。

《左传》、《国语》中争论最多的，莫过于遇某卦之八，这样的情况共有

---

① 廖名春：《帛书〈易传〉象数说考释》，见《象数易学研究》第一辑，济南，齐鲁书社，1996。

三例:

(1)《国语·晋语》:"十二月,秦伯纳公子、董因迎公于河。公问焉,曰:'吾其济乎?'对曰:'……臣筮之,得泰之八,曰:是谓天地配,"亨,小往大来。"今及之矣,何不济之有?'"

(2)《国语·晋语》:"公子亲筮之,曰:'尚有晋国!'得贞、屯、悔、豫,皆八也。筮史占之,皆曰:'不吉。闭而不通,爻无为也。'……"

(3)《左传》襄公九年:"穆姜薨于东宫。始往而筮之,遇艮☶之八,史曰:'是谓艮之随☳。随其出也,君必速出。'"

关于"之八",有的学者认为皆为无变爻现象,有的学者引用《说文解字》对"八"字的训诂,认为:"八,即背,即相反。'遇艮之八'就是以原来筮法确定一卦一爻,再把原来不动的爻全部换成相反的爻,这样组成一个新的卦,再以新组成的卦辞为占。"[1] 这种解释对于前两种情况显然不能适用,所以恐难成立。而第一种说法则无法解释第二、第三种情况,把第三种情况不适合归结于"史官根本不愿意为一个权力斗争的失败者说卦",恐只是一种臆测。高亨先生以所得变卦之法解释以上三例,颇有合理之处,可参看其文[2]。

高亨先生认为第一例乃一爻或两爻为九六,而宜变之爻可与变之爻不相值者,其宜变之爻,不值"九"、"六"而值"八",故云"得泰之八"。

关于《左传》、《国语》所记筮事的筮法是否即为《易·系辞》"大衍之数"章所记筮法,学者们也有不同意见。尚、高二先生主张二者可互相发微。如高亨先生说:"吾人研求东周筮法,自须参照近世之筮法,并以《周易·系辞》所载之筮法,与《左传》、《国语》所记之筮事熔合裁度之。《系辞》所载之筮法,略而不详,非参以《左》、《国》,无以究其变;《左》、《国》所记之筮事,杂而无贯,非本乎《系辞》,无以明其术。兼观并考,熔合而裁度之,晚周筮法,庶几可知。"[3]

从《左传》、《国语》所记之筮事,我们还可以对当时的筮占制度有所了解:

---

① 毛福仁:《从〈左传〉、〈国语〉筮例看〈周易〉的信息处理方式及其他》,见《周易纵横录》,武汉,湖北出版社,1986。

②③ 高亨:《周易筮法新考》,见《周易古经今注》(增订版),北京,中华书局,1984。

其一，当时虽"礼坏乐崩"，筮占普及，但判定筮卦之吉凶，仍需由史官或太卜来做。这样的例子很多。

前引《左传》成公十六年："公筮之，史曰：'吉。'其卦遇复……"

又《左传》昭公五年："初，穆子之生也，庄叔以《周易》筮之，遇明夷之谦，以示卜楚丘，曰：'是将行而归为子祀。'"

再如《左传》襄公二十五年"武子筮之，遇困䷜之大过䷛，史皆曰："吉。"

可见，具体的某卦可由诸侯王、大臣等亲自筮得，而对于所得卦象所示吉凶的解释，仍需由各诸侯国的卜史进行。这表明在当时像《周易》之类的筮书，虽然已由周王室传播到诸侯，但并不是人人可以据以判断吉凶，或许由于此事并非简单之事，而且历来卜、史有掌卜筮的传统，故仍由他们来完成。这也从一方面表明，当时的卜史之官虽地位没有以前各代重要，但在为诸侯大臣决疑断吉凶上仍有十分重要的作用。

由《左传》、《国语》二书的筮例，还可以了解到，正如龟骨卜在具体进行之前要进行一番祷告，并提出所要问的问题一样，春秋时的筮占也要在揲蓍之前，提出所要了解的事，请神明赐示吉凶。大致与卜辞中的贞辞相似。

《左传》昭公七年："孔成子以《周易》筮之曰：'元尚享卫国，主其社稷。'遇屯䷂。又曰：'余尚立絷，尚克嘉之！'遇屯䷂之比䷇。"

《国语·晋语》："公子亲筮之，曰：'尚得晋国！'得贞、屯、悔、豫。"

其中贞辞中大都含有"尚"字，表希冀之意。

此外，一个值得注意的问题，就是当时卜筮并用的情况。《周礼·春官·筮人》说："凡国之大事，先筮而后卜。"但《左传》、《国语》中的记载很多是先卜后筮。如《左传》哀公九年，"晋赵鞅卜救郑，遇水适火"，史赵、史墨、史龟有不同的解释，阳虎又"以《周易》筮之"。又《左传》僖公四年晋献公卜以骊姬为夫人，卜之不吉，筮之吉。孔颖达在《礼记·曲礼上》疏说："春秋乱世，皆先卜后筮，不能如礼。"还是有一定道理的。

3. 春秋诸侯国对卜筮的使用

关于春秋诸侯国卜筮使用情况，现在所能参考的传统文献，主要是《左传》、《国语》。已有学者据此作了较详细的考察。

总的来说，春秋时期上至周王室，下至鲁、晋、楚、卫、郑、齐、陈、秦、邾、蔡、吴、随、滕、宋等大小诸侯国都使用龟卜，诸侯国没有大小之分，在地域上从中原地区远及边裔，突出地反映了春秋时期龟卜大普及的时代特征。根据《左传》龟卜之例的统计，各国中以鲁国最多，而其中卜郊之例很多。其原因是鲁国在祭祀方面享天子之礼，从西周开始就有使用龟卜的特权。而作为祭祀的一个主要内容的郊祭，其先必卜日期和祭祀所用牺牲。卜例较多的其次是晋国，《左传》中晋国国君和大臣使用龟卜的事例很多，因此君臣重卜应是晋国龟卜文化比较发达的重要原因之一。龟卜之例较多的另一个诸侯国便是楚国。我们知道，《国语·楚语》曾将精通鬼神的观射父和左史倚相，以及楚地之龟并列为"楚国之宝"，由此可见，对鬼神巫术的信奉和本地产龟，是楚国盛行龟卜的重要原因。

在讨论春秋时各国筮占使用情况之前，我们有必要说明的是，对于"遇某卦"与"遇某卦之某卦"是两种不同的筮法，还是一种筮法中的不同情况，许多人也有不同意见。如王青即持前种观点，他认为："高亨认为此筮得卦象（指遇某卦类）为六爻皆七八，不变之卦，所以不及变卦。这种解释是不正确的。"他认为此类情况"当是另一种筮法，此筮法用杂占之书，因此可以不用变卦"。"与变卦法相比，这是一种较为粗糙简单的筮法，但它可能是变卦法产生之前的一种通行筮法"。

基于上述观点，他认为"春秋年间《周易》以及相应的变卦筮法流行于鲁、晋、卫等几个中原地区的周朝同姓封国，陈国得《周易》较早，但在桓庄年间，变卦筮法尚未流行。僖公十五年，秦国只有较为粗糙的本卦筮法，用杂占之书断占，可能尚未见到《周易》。昭公十七年，楚吴越等国连筮法都尚未流行。"[①] 其以"遇某卦"与"遇某卦之某卦"为两种不同的筮法虽未必正确，但对于筮法在各国的不同情况的认识却是可以接受的。

4. 战国时期占卜楚简与当时的卜筮情况

有关战国时期的卜筮情况，传统文献很少有记载。建国后战国占卜类楚简的不断发现，为我们了解这一问题提供了很好的材料。这些材料比较集中的有

---

① 王青：《春秋诸国所用筮书筮法考》，载《文献》，1992（2）。

三处，即湖北江陵望山 1 号楚墓、江陵天星观楚墓、荆门包山 2 号楚墓。此外，在湖南常德和湖北江陵的小型楚墓中也零星发现过此类竹简。目前包山 2 号楚墓和望山 1 号楚墓竹简已整理出版，天星观一号楚墓竹简也有一些零散的介绍和讨论。

从卜筮内容来看，三处都以"出入侍王"和贞问疾病吉凶为主。前者是因为墓主都是楚国官员，甚至官居要职，因此非常关心自己的仕途。后者则可以说是当时世风的一种反映。《吕氏春秋·尽数》说："今世上卜筮祷祠，故疾病愈重。"说明了当时人遇上疾病多采取卜筮祷祠的方式以图消除疾病。根据包山、望山楚简，占卜记录主要包括前辞、命辞和占辞三部分，除没有验辞外，与商代以来的卜辞形式是一致的。在贞问疾病时，往往有两问。第一次占卜，通常先举出病情，然后询问"尚毋死"或"尚毋有咎"，然后进行卜筮占断，指出吉凶，一般在最后指出墓主仍然有祸祟，应该采取那些方法进行禳除，也就是所谓"夺"。第二次占卜，主要是占问"祠禳"的吉凶。"祠"是祭祷、馈享神祖，求其致福赐命，"禳"是解除妖祥之害。这两类内容表明了卜筮和祭祀的密切联系，反映了"祭必先卜，卜祭相袭的早期传统"。《汉书·地理志》说楚人"信巫鬼，重淫祀"，在这里可以得到证明。

根据包山 2 号楚墓和天星观 1 号楚墓竹简记录，前后为两个墓主占卜的贞人都有十余人，而且在天星观 1 号墓竹简中所记的贞人范获志，在望山 1 号墓的竹简中也出现了①，因此，可以推测，他们大概是职业化了的贞人。这些职业化的贞人不仅为身份和地位都很高的贵族占卜，而且也为社会地位较低的人占卜。《史记·日者列传》集解引《墨子》曰："墨子北之齐，遇日者。日者曰：'帝以今日杀黑龙于北方，而先生之色黑，不可以北。'墨子不听，遂北，至淄水。墨子不遂而返焉。日者曰：'我谓先生不可以北。'"《集解》认为"古人占候卜筮，通谓之'日者'"，此也当是职业化的贞人。职业化贞人的出现和增多，表明卜筮的进一步普及流行。这些贞人上为达官贵人排忧解难，下为一般平民百姓卜问吉凶，成为当时很多人的精神依托。

在占卜所用工具方面，战国楚地卜筮类楚简所反映的要比前代丰富。所用

---

① 湖北省文物考古研究所、北京大学中文系编：《望山楚简》，87 页，北京，中华书局，1995。

龟有宝家、长则、长灵、驳灵等多种，策也有央筮、丞德、共命三种。从一次占卜由多个贞人使用不同占卜工具的情况来看，当时的卜筮有不同的占卜方法，似乎要比三代卜筮之法丰富，表现出卜筮发展演变的一面。

天星观和包山楚墓竹简的筮占结果都以成对的六位数字卦组的形式出现。我们知道在《左传》中已开始用阴阳爻表示卦象，如果说阴阳爻示卦是数字卦的发展的话，那么楚国当时或沿用较古的记录卦象方法。许多学者认为这种成对的数字卦是之卦，根据前文的推测，我们认为也有筮法中的对贞的可能。此外，在包山和望山楚简中都有"习卜"一词，反映了卜筮形式上的历史延续性。

包山竹简所反映的卜筮有五种情况："（1）卜；（2）卜／卜／筮；（3）筮／卜／卜；（4）卜／卜／卜（外加习占也是卜）；（5）卜／筮／卜／筮／卜，说明虽属卜筮兼用，但更主要是用卜。如果将第四种情况习贞特例除外，第四种情况属于三贞，这样，在每次贞事中，一贞二次，三贞三次，五贞二次，每次均为奇数。《尚书·洪范》云："立时人作卜筮，三人占则从二人之言。"《左传》成公三年引述这句话说："《商书》曰：'三人占，从二人'，众政也。"《春秋公羊传》僖公三十一年云"求吉之道三"，何休注："三卜吉凶必有相奇者，可以决疑，故求吉必三卜。"之所以采用奇数次，是因为如不能得出一致结果，也必定会有占居多数的意见。而这是建立在每卜只有吉凶两种结果的基础上。

有的学者曾根据传统文献很少有关于战国的龟卜的记载，推想当时已逐渐没落。但战国占卜类楚简的发现，否定了这一推测。

5. 诸子对卜筮的态度

先秦诸子虽有着不同的政治主张和人生理想，但也有一些共同的趋向，这就是越来越忽略或轻视鬼神，而具有较强的人文主义色彩。如儒家已把祭祀当作一种调节身心和维持等级秩序的庄重礼仪，孔子说："祭神如神在。"荀子说卜筮之事"君子以为文，而百姓以为神"。老庄一派则试图摆脱对人性的束缚，追求一种"逍遥游"。墨子虽然尊"天命"，"明鬼"，但其着眼点仍是放在人身上，希望以这些信仰来对君主有所约束。总的来说，先秦诸子对所谓非常灵验的卜筮多持怀疑或否定态度，或者是重新给以人文主义的解释。

在诸子中对卜筮持肯定态度的主要是以《管子》为代表的法家。《管子·

山权数》说："诗者所以记物也，时者所以记岁也，春秋者所以记成败也，行者道民之利害也，易者所以守凶吉成败也，卜者卜凶吉利害也。六家者即见其时，使预先早闲之日受之，故君无失时，无失策。万物兴丰无失利，远占得失，以为末数。诗记人无失辟，行殚道无失义，易守祸福凶吉不相乱，此谓君柄。"其中"守"即"卜"，《管子》认为易可以卜"凶吉成败"，"卜者卜凶吉利害"，实际上是肯定卜筮在预知吉凶祸福上的作用。此外，《吕氏春秋·壹行》记载："孔子卜，得贲。孔子曰：'不吉。'子贡曰：'夫贲亦好矣，何谓不吉?'孔子曰：'夫白而白，黑而黑，夫贲又何好乎?'"《吕氏春秋》号称杂家，非某一学派之专门论述，据考证《壹行》为法家言论，而其中孔子的言行与他重德不重占的易学观很不一致，因此有托名之嫌，本篇所反映的也应是法家以《周易》为卜筮之书的态度。

除以《管子》为代表的法家外，诸子多表现出对信奉卜筮的批评，以及以义理解《易》的倾向。

荀子非常重视发挥人的力量，曾提出著名的"制天命而用之"的主张。《王制》篇说："相阴阳，占祲兆，钻龟陈卦，主攘择五卜，知其吉凶、妖祥，伛巫跛击之事也。"荀子是在说职业分工，人各司其职时说这番话的，他并不否定把"钻龟陈卦"作为一种职业。那么他认为卜筮真的很灵通吗? 不是的。荀子说："卜筮然后决大事，非以为得求也，以文之也。故君子以为文，而百姓以为神。"荀子认为在重大决策之前进行卜筮并非是为了求得决策结果，而是一种表示庄重的文饰礼仪。这里也揭穿了卜筮是对以为神的百姓的一种欺骗。对所谓"君子"来说，已经不再相信它所谓的灵验了。

《荀子·礼论》篇说："故殡，久不过七十日，速不过五十日，是何也? 曰：远者可以至矣，百求可以得矣，百事可以成矣。其忠至矣，其节大矣，其文备矣。然后月朝卜日，月夕卜宅，然后葬也。"又说："卜筮视日，斋戒修涂。"这些表明，荀子已经把卜筮当作庄重的丧葬礼仪的一部分，而忽略其预知吉凶的作用。

荀子还认为，"善为易者不占"，他引用《周易》主要是用以论证自己的观点和阐发其中的义理。《非相》曰："故君子之于言无厌，鄙夫反是，好其实不恤其文，是以终身不免埤污庸俗。故《易》曰：'括囊，无咎无誉'，腐儒之谓也。"这是借《易》坤卦六二爻辞讽刺儒门中有些人缄口不言，不求有功，但求无过的消极做法。这与他经常引《诗》进行论说是一样的。

荀子还对《周易》所蕴含的义理进行了阐发，如他在《大略》篇对咸卦的解释："《易》之咸，见夫妇。夫妇之道不可不正也，君臣、父子之本也。咸，感也。以高下下，以男下女，柔上而刚下。聘士之义，亲迎之道，重始也。"这是融汇《易传》中的《彖传》、《说卦》、《序卦》对咸卦的微言大义进行了阐发。

韩非子主张以法治国，以奖励耕战，惩处奸邪，达到富国强兵的目的。他虽是法家的代表人物，但由于受学于荀子，受到儒家人文主义占筮观的影响。并且他处处以"富国强兵"为唯一是非标准的极其功利化的思想，也使他能够看到迷信卜筮所带来的危害。在他看来，迷信卜筮，把胜败吉凶决定权交给龟策是非常愚蠢的。在《亡征》篇，韩非子把"信卜筮"作为亡国之征之一："用时日，事鬼神，信卜筮，而好祭祀者，可亡也。"他认为："龟策鬼神不足举胜，左右背向不足以专战，然而恃之，愚莫大焉。"然后他举了一个越王勾践恃龟而败，弃龟而胜的例子："越王勾践恃大朋龟与吴战而不胜，身臣入宦于吴；反国弃龟，明法亲君以报吴，则夫差为擒。"在韩非子看来，"明法亲君"是治国之要，而迷信卜筮只会导致失败乃至亡国的命运。

此外，《吕氏春秋》的一些篇章也表示出对卜筮的怀疑乃至否定。《尽数》篇说："今世上卜筮祷祠，故疾病愈来。譬之若射者射而不中，反修于招，何益于中？"这里批评了当时那些不知养生之道，病至则求诸卜筮祷祠的迷信做法，认为这样做就像射不中而修正标的一样不明智。

《制乐》篇记载了这样一个故事："成汤之时，有谷生于庭，昏而生，比旦而大拱，其吏请卜其故。汤退卜者曰：'吾闻祥者福之先者也，见祥而为不善，则福不至；妖者祸之先者也，见妖而为善，则祸不至。'"这里借成汤之口，表明祸福之关键在于人的行为的善恶，而不是卜筮所能预知的。体现了天命奖善惩恶的思想。

6. 卜筮在春秋战国时期地位之推测

我们知道，卜筮在商代和西周都是极其重要的占卜形式，在《周礼·春官》中与卜筮并提的只有占梦，但其重要性是不能和卜筮相比的。

前面提到，在春秋时期卜筮已经是大流行，从王室及重要诸侯的独占变为诸侯、大夫乃至家臣都可为卜筮。卜筮的流行，其神秘性已逐渐化解，并且由于一些掌管卜筮者的失宠甚至沦为平民，卜筮在这一时期开始流入民间是极为可能的。

战国时期具体的卜筮记载甚少，从已发表的战国楚地占卜简来说，主要是占问疾病，上文所引《吕氏春秋·尽数》所说"卜筮祷祠"，也是针对疾病的。虽然仅从这些极少的事例很难推测出当时卜筮已沦为不甚重要的地位，只限于疾病等日常生活小事的占问上，但我们知道，在春秋战国时期，由于天文学的发达，星占也是一种比较重要的占卜形式。观天象以言吉凶似乎比卜筮更直接，而且这种技术在当时并非人人都可为的，因此有一定的神秘色彩。《吕氏春秋·制乐》曾记载"宋景公之时，荧惑守心，公惧，召子韦而问焉。曰：'荧惑在心何也?'子韦曰：'荧惑者，天罚也；心者，宋之分野也。祸当于君。'"这是一个言星象的著名的故事。此外，《左传》中此类据天象预言人事的事例很多。如当时鲁国的慎梓、郑国的裨灶、晋国的卜偃都曾据天象做过很"灵验"的预测。

王梦鸥认为，在战国时期："兵祸连结，除急于占星望气之外，那些知天数者的空言歧见，亦必有待占筮家之最后裁定。……在这情形之下，如果遇到素具权威的知天道者，他无论在意见或地位上都不愿向占筮者低头，将会感到自己亦须制作一部宝典与《周易》对抗了。""卦爻的形象，毕竟是人为的，若论其权威性，殊不如'天象'之直接显示。因为日星之运转与气候之变易，那许多自然现象，更像是'天'或'神'的意思所在。因此前世知天数者的遗言或遗训，亦即更像天神之直接授意，其可信性亦远在繇辞之上。如果要对抗那名为《周易》的占筮书，由阴阳家看来，必须选择润饰前世占星候气者的预言，编订一部更简便而又更具权威的宝典。《管子·五行篇》和《吕氏春秋》十二纪正是这样的日月星历。"① 《五行篇》中就主张用日月星历代替卜筮："以天为心，以地为母，以开万物，以总一统，通乎九制六府之充，而为明天子，……故通乎阳气，所以事天也，经纬日月，用之于民；通乎阴气，所以事

---

① 王梦鸥：《阴阳五行家与星历及占筮》，见《历史语言研究所集刊》第四十三本，第四分册，43 页。

地也，经纬星历，以视其离。通若道，然后有行。然则，神筮不灵，神龟不卜，治之至也。"此外《国语·吴语》也云："天占既兆，人事又见，我蔑卜筮矣。"

王梦鸥的观点是有道理的，正是由于星相学及日月星历的流行，卜筮必然受到冲击，战国秦汉时朝出土的大量日书以及汉代天人感应、阴阳灾异学说的盛行也说明了这一点。

由上述讨论我们可大致推测，在春秋战国时期，卜筮虽然仍占据着重要地位，但其已受到了来自阴阳家的日月星历的挑战。卜筮地位也逐渐衰微以至流入民间当是情理之中之事。

（六）其它占卜

1. 梦占

对于古人来说，做梦是一件非常难以解释的事，梦中可以见到早已不在的人，可以做出一些稀奇古怪的事，有时又可以与自己想要做的事衔接起来，所谓日有所思，夜有所想。梦的这种神秘莫测和无法左右的特点使人们以为，梦境有预卜未来的作用。因此，古人把梦境作为一种预示未来的征兆，经过对不同梦境的总结，就可能形成根据梦兆预卜未来的梦占。

研究者在殷墟卜辞中发现了关于梦兆的最古老的记录，如"壬午卜，王曰贞，又梦"等等。这表明，在殷商时期商王对梦兆很重视，遇到好梦噩梦都要占卜一番，预测一下祸福吉凶。《尚书·商书·说命》三篇，据说是殷王"高宗梦得说，使百工营求诸野，得诸傅岩，作说命三篇"。其上篇曰：高宗"梦帝赉予良弼，其代予言。乃审厥象，俾以形旁求于天下。说筑傅岩之野，惟肖，爰立作相"。这是较早的关于梦兆应验的记载。

到了周代对占梦仍然很重视，并且设有专门为王室占梦的官员。《汉书·艺文志》曰："《易》曰：占往知来。众占非一，而梦为大，周有其官。"根据《周礼·春官·大卜》："大卜掌三梦之法，一曰致梦，二曰觭梦，三曰咸陟。"而《春官·占梦》则曰："占梦掌其岁时，观天地之会，辨阴阳之气，以日月星辰占六梦之吉凶。一曰正梦，二曰噩梦，三曰思梦，四曰寤梦，五曰喜梦，六曰惧梦。季冬聘王梦，献吉梦于王，王拜而受之。乃舍萌于四方，以赠恶梦。遂令始难欧疫。"从这些记载可以看出，当时的梦占已经非常细致，并且与天地阴阳、日月星辰等自然现象相联系，同时占梦官每年年底还要为天子求吉梦而襐除恶梦。

春秋战国时期，为诸侯占卜的，主要是各国的史官，这表明，当时的史官不仅负责卜筮，而且也负责梦占。如《国语·晋语》记载，虢公做了个噩梦，于是"召史嚚占之"。《左传》昭公三十一年记载，赵简子做梦，"占诸史墨"。这一时期的占梦更加灵活，联系的因素也更多，不仅有日月星辰，还有当时盛行的五行思想。如前面说到的赵简子请史墨占梦一例："十二月辛亥朔，日有食之。是夜也，赵简子梦童子羸而转以歌，且占诸史墨曰：'吾梦如是，今而日食，何也？'对曰：'六年及此月也，吴其入郢乎？终亦弗克。入郢必以庚辰，日月在辰尾。庚午之日，日始有谪。火胜金，故弗克。'"史墨的占梦，联系了日食，日月运行的位置，五行生克等因素。当时的史官通晓多种占卜术，这里可以说是梦占与星占等的结合。

2. 星占

先民认为日月星辰是天上的神灵，天体运行的失常，日食、月食、彗星等天象的出现是神灵喜怒哀乐的表现，由此也可以影响人世的吉凶祸福。慢慢地，随着人们对天象观察的细致深入和不断总结，逐渐开始根据星相预测吉凶。

《史记·历书》司马贞索隐称《系（世）本》和《律历志》记载："黄帝使羲和占日，常仪占月，臾区占星气，伶伦造律吕，大桡作甲子，隶首作算数，容成宗此六术而著《调历》也。"这里所说的"占日"、"占月"、"占星气"，主要不是指星占，而是指对日月星辰的观察。笔者推测，最初的对日月星辰的观察，主要是为了计算时日、制作历法的需要。随着某些星相和人事的偶然联系，比如彗星出现，随后某位重要人物死去，人们开始相信星相的变化是上天神灵喜怒的表现，决定着某个民族、国家和个人的命运，于是开始了主动观测天文现象来预测人事吉凶的主动性的活动。可以说，星占也是一种天人感应观念的表现。

据《史记》记载，夏代已经出现专门为国王占星的官员。古代星占书中有《巫咸星占》一书，相传为商代名臣巫咸所作。虽然这极可能是后人的假托，但巫咸作为当时的大巫，却极有可能作过星占之事。同时，在商代甲骨卜辞中也发现有关于星占的记录。到了西周时期，巫掌握的各种占卜本领成为不同官员的职责。《周礼·春官·保章氏》曰："保章氏掌天星，以志星辰日月之变动，以观天下之迁，辨其吉凶。以星土辨九州之地所封，封域皆有分星，以观妖祥。"保章氏不仅根据星相的变动预言吉凶，而且将周天子分封的诸侯国与星相联系对应，判断妖祥。而后者就是春秋战国时期流行的分野说的早期形式。《左传》桓公十七年说："天子有日官，诸侯有日御。"表明到了春秋战国时期，诸侯和天子一样，拥有负责星占的"日官"。据《左传》等书记载，当时著名的星占家有：周天子的苌弘、史佚，郑国的裨灶，楚国的唐眜，鲁国的慎梓，晋国的士文伯等。《左传》记载他们能够根据天象预言吉凶，而且往往很应验，因此，很受统治者的重视。

《左传》昭公十年记载："夏四月，陈灾。郑裨灶曰：'五年陈将复封，封五十二年遂亡。'子产问其故。对曰：'陈，水属也；火，水妃也。而楚所相也。今火出而火陈，逐楚而建陈也。妃以五成，故曰五年。岁五及鹑火，而后陈卒亡，楚克有之，天之道也，故曰五十二年。'"裨灶的解释不仅运用了分野、星相，而且还联系了五行说。

《左传》昭公七年记载："夏四月甲辰朔，日有食之。晋侯问于士文伯曰：'谁将当日食？'对曰：'鲁、卫恶之。卫大，鲁小。'公曰：'何故？'对曰：'去卫地如鲁地，其大咎其卫君乎！鲁将上卿。'公曰：'《诗》所谓"彼日而食，于何不臧"者，何也？'对曰：'不善政之谓也。国无政，不用善，则自取谪于日月之灾，故政不可不慎也。'"在这里士文伯一方面根据天象预言鲁、卫将有灾难，一方面又认为为政不善者将受日月之灾，实际上是运用了天人感应说加以解释。

3. 日书

《墨子·贵义》曰："子墨子北之齐，遇日者，日者曰：'帝以今日杀黑龙于北方，而先生之色黑，不可以北。'子墨子不听，遂北，至淄水不遂，而反焉。日者曰：'我谓先生不可以北。'"所谓日者就是专门预测时日吉凶的人。从这一记载我们还可以推测，最初的日者可能只是根据记忆中某日某位重要人物发生的吉凶事件来预测的，后来才逐渐出现了专门预测时日吉凶的日书。

在考古发掘中，经常有日书发现，其中有些就属于战国时期的。如长沙子弹库战国楚墓帛书日书，湖北江陵九店楚墓出土的战国楚日书，甘肃天水放马滩秦墓出土的战国末年秦日书等等。

此外，《管子·四时》、《礼记·月令》、《吕氏春秋·十二纪》都强调不同季节时令应该做什么，不应该做什么，实际上可以看作是日书一类书的演变，只是这些内容针对的是人君，而不是一般百姓，或者我们可以称之为帝王的"月书"。如《礼记·月令》曰："孟春之月，日在营室，昏参中，旦尾中。其日甲乙，其帝大皞，其神句芒，其虫鳞，其音角，律中大蔟。其数八，其味酸，其臭膻，其祀户，祭先脾。"之后说明天子应该做的事和发布的政令。然后指出当月的禁忌："是月也，不可以称兵，称兵必天殃。兵戎不起，不可从我始。毋变天之道，毋绝地之理，毋乱人之纪。孟春行夏令，则风雨不时，草木蚤落，国时有恐；行秋令，则其民大疫，猋风暴雨总至，藜莠蓬蒿并兴；行冬令，则水潦为败，雪霜大挚，首种不入。"

结语

先秦文化的鸟瞰

从以上十章的讨论，我们可以得出如下结论．

先秦时期的中华文化是多元一体的。

从旧石器时期开始，由于起源和地域的不同，中华文化呈现出多元性，各文化在产生和发展的初期都形成了自身的特点。这种多源性延续发展着，到了新石器早中时期，中华大地上的文化多姿多彩，展现着多元并进的面貌。新石器中期以后，随着各文化不断地发展，地域的扩张和人口的迁徙越来越频繁，各文化之间的交流也越来越密切，而这些文化都是自成体系、各有特色的，交流之后必有冲突和对立，对立之后必是征服和同化，于是以黄河中下游为核心汇聚，逐渐融为一体，形成了多元一体的中华文化。多元一体文化格局的形成，经历了石器时代、青铜时代这一漫长的过程，既有三皇五帝作先驱，又有夏商周三代来开路，终由秦王嬴政的一统天下而告初步完成。

夏商周至战国社会制度文化的基本趋势是由早期国家向成熟国家转化。

史前时期，生活于现今中国大地上的远古人群，不仅逐步创造出丰富多彩、各具地域特色的物质文化，还在走向原始社会解体的过程中，逐渐产生了等级制度和专制制度的因素。由于史前人类的生产力水平非常低下，人们以群体的形式共同生活、共同劳动，所有的食品或用品都为全体成员共同分享。进入氏族社会之后，人们以血缘关系结成牢固的共同体，在很长的一段时间里，继续保持着人与人之间的平等关系。

夏商周三代属于我国历史上的早期国家阶段。早期国家在中原的产生和发展，是各种势力相互冲击、互相刺激、彼此促长的结果。因此，在夏商周三代先平行发展、继而政权更迭的过程中，它们在制度方面，显然具有相似的特征。夏朝国家明显地带有更多早期国家初始期的特点。鼎盛期在夏之后的商周，它们在制度方面较夏朝更加成熟，其早期国家的特征也较为稳定。商周时期最重要的社会制度当属宗法制度和封建制度。此外，土地制度作为政治权力分配的反映和国家经济统治的基础；法律制度作为国家公共强力的表现，则可从另外的角度反映出商周时期早期国家的特征及其制度特点。

早期国家向成熟国家转化的过程，是始自春秋中晚期，经历战国，到秦始皇统一天下建立秦朝帝国才最终完成的。经过战国二百多年的大变革，较之早期国家阶段，已发生重大改变。以古老的村社共同体为基础的井田制瓦解了，各大诸侯国通过按户授田的土地制度，造成了当时较为先进的小农经济的生产方式，成为延续两千年历史的君主政权的经济基础。在加强对小农控制和加强君权的过程中，户籍制度、郡县制度逐渐成形。而郡县制度和中央集权官僚体制的出现，以及相应的法律制度的完善，则表明各国都已经建立起了适应于中央集权的政治体制。这些政治体制上的变革，无疑意味着在早期国家时期作为关键制度的宗法制度和封建制度，已被无情的滚滚向前的历史洪流所抛弃。中国历史由此走进成熟国家阶段。

春秋战国是我国古代思想学说的奠定时期，以孔子为开山的儒学从此成为中国文化的主流。

这一时期的黄金时代是所谓的诸子时代。殷末周初以前，文献不足征。而殷末周初至诸予以前，影响深远的思想学说主要有《洪范》九畴说、《周易》阴阳变易说和以周公为代表的敬德保民思想以及尔后的理性思潮。

先秦诸子是中国思想学说史上的第一个高峰。先秦诸子各派中，儒家是最早，也是最大的学派。先秦儒学，以孔子为开山，经过其后学，特别是子思、孟子、荀子的发展，不但在理论水平上达到了亘古未有的高度，而且影响深远，长期成为中国文化的主流。

其它如以墨翟为代表的墨家学派"背周道而用夏政"，与儒家分庭抗礼；以老子、庄子为代表的道家学派以"道法自然"的自然哲学为框架，探讨宇宙之本源，生命之奥秘，人生之真谛，坚持特立独行之品格，常以异端面貌出现，在中国思想史上独具特色；以商鞅、申不害、慎到、韩非为代表的法家学派则在国家组织和领导的理论和方法方面进行了深入的探讨，主张中央集权，以法治国，但实质是以君主为本位，这不但为专制帝国的形成提供了理论基础，也深深影响了后来两千多年的中国文化；阴阳五行观念是先秦诸子思想的共同背景，而黄学则反映了先秦诸子后期思想学说的融合倾向。

先秦时期的汉字与汉语已形成其后来的基本面貌。

汉字起源大致开始于仰韶文化时期，到夏代初年，开始进入字符积累阶段，到商代后期，就已经形成较为成熟的文字体系了。

殷商甲骨文、西周金文、战国文字是先秦时期有代表性的文字。

甲骨文是刻在龟甲、兽骨上的文字的通称。商代和周代都有甲骨文，但现在发现的甲骨文大部分属于殷商时期，因而人们习惯上把甲骨文视为殷商文字的代表。

甲骨文是我国现存的最古老而又成系统的文字，从构形的角度看，传统六书中的象形、指事、会意、形声四种造字方法，在甲骨文里都已具备。但是，殷商甲骨文毕竟还处在汉字发展的初级阶段，在有些方面还较原始，带有明显的早期汉字的特点。

在商代中期，金文已开始出现。两周时期，在青铜器物上铸刻文辞开始盛行。金文的发展与盛行，与青铜器的藏礼作用有着非常密切的关系。商代早期的青铜器，主要是一些日用器具，其上多没有铭文，个别青铜器上也只是出现族徽性的单字。从商代后期开始，青铜器的藏礼作用日益明显。到西周时期，一些日常用于祭扫宴享的青铜器被赋予了特殊的意义，青铜器的不同组合方式代表着不同的身份和等级。青铜器成了家族的荣耀、国家的象征。到了西周后期，青铜器的这种作用达到了顶峰，其上的铭文也变得越来越长。西周晚年以至春秋，宗法制关系逐渐瓦解，王室势力逐渐日渐衰落，"礼崩乐坏"的局面愈演愈烈，青铜器的藏礼作用逐渐衰落，到战国时期重又回复为日用器具，长篇铭文已非常罕见。

战国文字地域性差异非常复杂，但也具有一定的规律性，即：距周王朝所在地越远，变化就越大。秦居西周故地，基本上继承了西周文化，其文字形体也与西周金文一脉相承，除了书写风格上渐趋规整匀称之外，结构上的变化并不明显。而六国文字则变化剧烈，与西周金文差距越来越大。所以，人们习惯把战国文字分成两大系，即西方秦系文字和东方六国文字。

根据《诗经》等先秦文献的押韵和汉字的谐声偏旁，先秦古韵可分为三十韵部。先秦声母具有无轻唇音，无舌上音，娘、日二组归泥，一部分喻母字分别归定、匣二母等特点。先秦汉语的声调不仅有音高的因素，还很有可能有音长的因素；先秦汉语中有平、上、去、入四个声调，但就某一只体韵部而言，却不能具备四个声调。阴声韵部一般有平、上、去三个声调；阳声韵部有的有平、上、去三个声调，有的有平、上两个声调，有的只有一个平声声调；入声韵部一般只有入、去两个声调。

先秦时期是文学艺术发展的初创阶段，也是第一个繁荣时期。

从《山海经》、《楚辞》等文献中钩沉出来的远古神话片断，可以构成一个古灵精怪的神话世界。

中国历史上第一部诗歌集《诗经》从各个方面展现了商周数百年间的风情画卷，极具上古文化史的参考价值，其价值取向更在于它开创了中国文学创作的种种手法，是古代文学的源泉，在中国文学史有着重要地位。

楚辞一变《诗经》四言之章句，古朴之语言，而代之以铺张之声势，谲怪之想象，华美之语言，成为先秦文学乃至整个中国古代文学中一奇丽的瑰宝。其主要创作者屈原成为中国历史上第一个伟大的诗人。

先秦散文经历了漫长的发展阶段，直到战国，散文才趋于成熟。春秋战国之交的《论语》语言精炼、刻画生动，已经初步具有文学风味。其后战国诸子纷纷以言语论辩之利，鸣一家之言。《墨子》、《孟子》、《荀子》、《庄子》、《韩非子》无不长于辩论，善于说理，同时又各具特色。而史家记言记事的传统在此时也被加以敷衍扩张，《国语》、《左传》等一批历史散文相继问世。它们的特点是人物生动鲜明，情节曲折变幻，在记史的同时，又具有较高的文学价值。战国时代百家争鸣的特定历史条件下，散文一体大放异彩，成为后世文章之典范。

先秦文学最大的特点是文学还没有成为独立的部门，与哲学、史学紧密地结合在一起，文学还是士人不自觉的创作。但是，先秦时代所奠定的文学基础，使中国成为当之无愧的诗的国度和散文的国度。

商代已有确立绝对音高观念和十二律的可能。西周开国之初，周公就制礼作乐，以后就有了大司乐为首的宫廷乐舞管理机构。西周宫廷音乐称为"雅乐"，其特点是以齐奏为主，曲调简单，节拍缓慢。春秋战国时期，以"郑卫之音"为代表的"新声"兴起。"新声"就是一种新曲调，其特点是节奏加快，较为粗俗，对人的感官性刺激较强，较之呆滞森严的雅乐更为热情奔放，生动活泼。雅乐伴奏的乐器以打击乐器鼓、钟、磬为主，而"新声"则以丝竹之音为主。

夏代的雕塑艺术已有相当成就。商代继踵其华，其中以青铜器的艺术造诣最高。商代后期的青铜器器形高大厚重，造型精巧富于变化，装饰繁缛华美。造型艺术上最突出的特点就是鸟兽形器的流行。西周中期，青铜艺术发展到了顶峰。西周晚期的青铜器延续中期的特征，在造型艺术和装饰艺术上处于停滞状态。春秋战国时期雕塑艺术出现了繁荣的局面。春秋战国时代的绘画，正处于由萌芽向成熟过渡的阶段。其作品主要有壁画、铜器画、漆画、帛画。

春秋战国时期盛行剑术、角力、御车、射箭、蹴鞠等活动，娱乐活动主要有斗鸡、走犬、六博、弈、投壶、讴歌、戏等，后世的戏剧，先秦时期已有萌芽。

先秦时期，特别是春秋战国时期，是中国兵学发展的第一个高峰。

夏商时期，随着国家的建立，军队作为国家机器的组成部分，在国家中起着重要的作用。西周随着国家机器的不断完善，军事方面亦较以前有了较大的发展，其制度日臻完备。春秋时期，由于兵器数量增多，质量提高，杀伤力增大，战争的规模也越来越大，军事学术也迅速发展，不仅有了指导全局的战略思想，而且在战术上也有很大发展。与此相适应，这时的军事制度也在承袭西周军事制度的基础之上不断完善，并酝酿着产生新的制度。战国时期，兵器数量和品种增加，战斗性能提高，城防系统的加强，战争规模进一步扩大。战争主要是诸侯大国之间的兼并战，各国的军力大幅度增长。车兵已从主力地位衰退，步兵逐渐成为军队的主力兵种。青铜兵器在战国时已达到高峰。在此以前，铁兵器在春秋时仍处于萌芽阶段。战国中晚期以后，随着冶铁业技术的发展，铁制兵器逐渐增多。中国古代兵学在这时的发展达到了一个后世无法比拟的高峰。

先秦时期教育的发展趋势是官学的由盛而衰和私学的兴起。

上古时期，惟官有学，而民无学。当时各科的教师也由官员兼任，并无专职从教人员。以商代而言，有专职的乐臣，这些从事乐的人员，同时也是乐的教员。商代的武官如多射、卫、多马、亚、箙同时也担任教射国学的义务。射和御的教和学，并不固定在某个场所进行，而常常在田猎或军事演习时进行，贵族子弟随之观摩学习。甲骨卜辞明文有"大学"一辞，也必有小学。贵族子弟可能已是每日往学，所学不外乎书数之属。

周代有国学，也有乡学。国学就是天子、诸侯所立之学，分大学、小学。乡学即州党之学，也即地方之学。乡学也称乡校，为平民（自由民）所设。西周学校的教师当由原始氏族社会的长老制度演变、发展而来。其始盖为部落之长老，兼领兵、行政、教育等。后世分化为师旅之师的武职，又有掌礼乐的乐师之职。在政教合一、官师合一的西周，此二类人又兼任学校教师，教师称"师"，殆由此而来。西周国学的教育对象是国子，而以礼、乐、射、御、书、数，即"六艺"为基本内容。

春秋时期"礼坏乐崩"，"天子失官，学在四夷"。官学衰落而私学兴起，孔子就是新兴私学的典型代表。

战国时期，出现了官学、私学并存的局面。由于"百家争鸣"的形势所决定。无论官学和私学都没有固定的格局。学校在设置、知识传授、学生招收等方面都呈现多样化的倾向。

先秦时期是我国科技文明的初曙。

先秦时期是我国古代科技的奠基时期，也是我国在科技上领先于世界其它民族的黄金时代。先秦时期的科技文化，不但是先秦物质文化的结晶，也是先秦思想文化的知识背景。

我国传世的第一部历法，是相传出于夏代的《夏小正》，它记录了一年十二个月中每个月的天象、物候，以及人们在该月中所应从事的生产和生活活动。从殷墟卜辞看，商人已习惯于立表测影，用以定方向，定季节。他们对日月的观测已达到较高的水平。西周已用十二地支来计时，把一天分为十二个时辰。至少在西周已有了漏壶这一计时工具。还用圭表测影，确定冬至和夏至等节气。春秋时期，已能较准确地推求回归年长度。二十四节气的形成有可能会早到春秋时期，最迟也当不会晚于战国。春秋战国时期，创立了岁星纪年法。《春秋》有世界上关于天琴座流星雨的最早记载，有最古的陨石记录，有最早关于哈雷彗星的记录。战国时期，人们对彗星的观测则更为精细。有称为世界上关于彗星形态的最早著作。在行星和恒星的观测上，战国时期的成就尤为惊人。

商代已有奇数、偶数、倍数的概念，说明当时人们已掌握了初步的运算技能。春秋战国时期，我国尚未形成数学体系，但人们已积累起丰富的数学知识。四则运算方法春秋时已趋于完备，筹算已臻于成熟，分数已常被使用，已形成较完备的长度、面积和容积的计量单位。

传说神农曾教民尝百草之滋味，"一日而遇七十毒"。商代的右相伊尹发明了用水煎煮药物为人治病的汤液。考古发掘证明，商代已能用针灸治病。春秋战国时期，是我国医学大发展和传统医学理论得以确立的时期。

夏商西周时期，先民已初步形成一些原始的生物学知识。春秋战国时期，先民对动、植物及其同周围事物的联系的认识又有新的积累和提高。

春秋战国时期，我国物理学知识的水平可以《考工记》和《墨经》为代表。《考工记》是春秋末年齐国人的著作，它记述了30项手工业生产的设计规范、制造工艺等技术问题，是一部有关手工业技术规范的汇集。可贵的是，《考工记》对手工业生产的若干技术环节还进行了科学概括，有着丰富的物理学，尤其是力学知识。《墨经》中有关力学和几何光学的内容也富有特色。

春秋战国时期，是我国地理学的初创期。"地理"这一名词，就是这一时期出现的。我国最早的一批地理著作《禹贡》、《五藏山经》、《管子·地员》等，也都先后产生于这一时期。《孙子兵法》可算作"军事地形学"的雏形。战国末年，齐人邹衍提出了"大九州"说。《尸子》一书也推测北极有常年结冰的情况。春秋战国时期的地图，除已使用一些符号来表示山川、河流、道路、城郭、林木、物产外，还有一定的比例关系。后来裴秀总结的"制图六体"的原则至晚从战国起即已开始应用。

春秋战国时期，已形成了以五行、阴阳学说和气论为代表的自然观和科学观。五行说已由当初的五种物质材料，发展成一种循环相生、循环相克的事物演化学说，不但是五种物质属性的理论，而且成为具有普遍意义的理论模式，它满足既能相生又能相克，不可逆而又符合最简单原则，并且渗透到自然科学的许多门类。阴阳已由原初的普通词语发展成具有相互对峙、抗衡的两类自然因素。气论产生于西周，初始就与阴阳说结合。气论自然观是在中国的社会生活、生产科技实践的基础上产生和发展的，它反过来又对中国古代的社会生活、生产和科学技术起到规范指导作用。气论不仅是中国古代哲学的大宗和主流，而且渗透到各门学科中去，为曾居世界领先地位的中国古代科学技术奠定了理论基础。

夏商西周时期，我国的生产方式，以自我延续的村落聚居农业为主。其耕作方式从"砍烧法"、"游耕制"转向以三年周期的轮流休耕制。春秋战国时期，传统农业发展进入一个重要的阶段。铁农具和牛耕的使用为兴修水利、开垦荒地和改进耕作技术准备了条件。农业技术的重大进步还表现在开始大量地使用肥料，改良土壤。春秋战国时期还出现了专门讲述农业生产和农业技术的农书。

夏商西周时期，畜牧业已比较发达，饲养的马、牛、羊、鸡、犬、猪六畜齐备。春秋战国时期，畜牧业继续发展，养禽业兴起。

夏商西周时期，我国的手工业技术在制陶、纺织、青铜冶铸、制车、建筑等方面逐步形成一些特色。春秋战国时期，这些手工业技术得到更大程度的发展。

西周时我国已有引水灌溉的记载。春秋战国时期，各国都重视修建灌溉工程。这一时期先后兴修的大型灌溉工程有芍陂、漳水十二渠、都江堰和郑国渠等。堤防工程技术也取得了一定的成就。

先民生活习俗的基本特点是由野蛮走向文明。

旧石器时代人们狩猎和食用的动物主要有：野鹿、野猪、羚羊、獾、狐狸等。到了新石器时代，农业产生并有了很大发展，在我国境内的农作物主要有粟、黍、麦、高粱和水稻。人们已经懂得了煮和蒸加工食物的方法。已经开始了丝织品的生产。在中国北方，早期人类最原始的居住方式就是穴居。而南方，则是由巢居发展为居住在干栏式建筑里。

到夏代，人们对于服饰的美观有了进一步的追求。同时，服饰已经开始成为财富多少和等级高低的标志。到商代，随着人们生产能力的提高，商代贵族对服饰的要求也越来越高，越来越讲究等级、身份，服饰的等级限制也就越来越严格。古代礼书中所讲的玄冠、缁布冠、皮弁、爵弁、冠卷、頍、巾帻等冠式，在商代都可以找到痕迹。夏代以前，陶器已经成为炊饮的主要用具，而且已经有很多种类。到了夏代，制陶技术更趋成熟，从上层贵族到平民百姓，都使用陶器作为炊饮工具，而且在使用的范围和种类方面都很较以前有很大的进步。夏商时期曾经流行讨抓食，但夏商人也使用餐具。夏朝贵族已经有喜欢饮酒的风俗。夏代饮饪以较原始粗糙的煮烧为主，商代饮饪以较先进精细的蒸食技术为主。宫室的建造自夏代始。夏代普通平民的居所主要是地穴式房屋和地面建筑房屋。夏商时期的道路修筑已经具有一定的规模，有的具有较高的规格。对于大多数人来说，出门远行主要还是靠步行。但车、船、骑马都已发明。

西周以礼制完备而著称，服饰作为礼制的一部分，对于不同场合和等级都有着严格的规定和要求。西周时期的主食主要为黍、稷、稻、粱，麦、麻菽、豆。其中黍和稷最为重要。西周时期建筑在建筑材料、建筑辅助设施等方面较前代有了很大发展，在很多建筑遗址中都发现了板瓦、筒瓦和瓦当，这些都是建筑材料上的重大突破。西周时期的道路不仅四通八达，而且道路建筑质量很高，水路交通也比较发达。

战国时期在服饰风格、样式上也有很大变化，主要表现为深衣的普遍流行和胡服在中原地区的普及推广。春秋战国时期的饮食结构，主食仍以谷类为主，并且种类不断增加。当时的烹调技艺已趋成熟，基本上奠定了中国菜肴的特色。各诸侯国的都城都有很大发展，还兴建了大量的宫室，这些宫室都是台榭式建筑。在建筑材料方面，春秋列国诸侯的建筑都普遍使用瓦，到了战国时期列国用瓦更为普遍，各具特色。而普通人民居所则主要以简陋的草舍茅屋为主。赵武灵王之前，骑马仅用于驿传，中原各国主要军事交通工具是战车。赵武灵王大胆推行胡服骑射，中原各国纷纷效仿，骑马逐渐成为主要军事运输作战工具，很快得到普及。

先秦时期先民的婚姻形态经历了由对偶婚到一夫一妻制或一夫多妻制的不同阶段。有夏一代虽然已经进入阶级社会，但在婚姻形态上却不是单一的一夫一妻制，而是仍然保留着原始社会末期的一些习俗，呈现出多种婚姻形态并存的状态。商朝人父子关系明确，因而其夫妻关系也是稳固的，单一的，可以说进入了一夫一妻制时代。西周时期，一夫一妻制得到进一步的普及和发展。但一夫一妻制对于周王室、贵族和官员来说，实际上仍是一夫多妻。春秋时期婚姻的一个重要特点，就是在贵族中普遍实行媵妾制。社会上普遍实行"同姓不婚"的制度。

最初的墓葬非常简单的，而且也没有棺椁之类。在氏族社会前期，成人墓葬多为多人合葬。原始社会末期已经出现了木棺，夏代则出现了漆木棺。夏代不仅墓葬形制大小体现着等级的不同，而且随葬品的多少贵贱也表现着尊卑的不同。商代等级制度在丧葬方面的反映更加明显。周人把丧葬作为一种重要的礼仪加以规定强化，影响极大。春秋战国时期的丧葬，既有完善发展西周时期丧葬礼仪的一面，又有其时代特色，后者突出地表现在各诸侯国厚葬之风又起，不合礼仪的丧葬并不少见。春秋战国时期夫妻合葬逐渐流行。

先民的宗教信仰和方术源远流长。

新石器时代已有了太阳崇拜。夏商周三代都有祭日仪式。春秋战国时期，占星术盛行，人们认为，某种星相必定给人们带来某种吉凶祸福。并且流行分野说。古人认为，风雨雷电等气象来自于天，因为这些气象也被列为天上诸神。在气象诸神中，与人类关系最大，最受重视的是风神和雨神。

地上诸神中，土地神最受崇拜，所受祭祀最广。夏代已经存在土地神崇拜。到了周代，土地神被明确称为"社"，其职能进一步扩大，由自然发展到人事，甚至成为国家的保护神。春秋战国时期社祭有所发展，当从国家到州、县、里都有社，并举行社祭，它的职能逐渐从掌管土地事务过渡到各级社会的保护神。先民对谷神崇拜有加，对山、河、海也产生了神秘的崇拜。

祖先崇拜的产生不晚于母系氏族社会。夏代已有宗庙，而且在建筑格局上开启后代"右社稷、左宗庙"的先河。在商代的诸神中，祖先神是最受重视尊崇的神灵。西周时期祖先神的自然职权逐渐消亡，社会职权逐渐扩张，祖先崇拜与王权政治逐渐结合。周代礼制对于宗庙祭祀有明确的规定。这种礼制对祖先崇拜规定了严格的等级制度，从祭祀祖先的范围到规模，都根据地位的高低而不同。这实际上从一个方面确立了等级制度的严肃性。从周代以后，历代统治者都把宗庙祭祀权与政治权力等同看待。宗庙的消亡或迁移象征着国家的灭亡。对祖先的崇拜祭祀和祭祀天地同为最重要的三种祭祀礼仪。虽然祖先祭祀的地位不如祭祀天地，但祖先崇拜的观念的影响却是非常大的，以至至高无上的皇天崇拜和象征领土的后土崇拜也不能降低祖先崇拜的地位，而只能形成天、地、祖宗三足鼎立的局面。

商代的天神称为"帝"。但帝并非至上神，而只是众神之一。殷人认为个人和邦国的命运更多地是由祖先神决定的。真正作为至上神的"帝"或"天"，出现在周代。以祖先神配属于天帝，是周代才有的事情。周人认为上天是最高主宰，天子是人间的主宰，而天子的命运也是由上天决定的，但天命并不是一成不变的。天的意志根据天人感应学说而体现。

卜筮在我国古代特别是先秦时期有着十分重要的作用。卜筮使用之初，先民认为自己的命运完全掌握在上天和神灵的手中，而卜筮所呈兆象代表着天命神意，因此当他们遇到重大问题或犹豫不决之事时，就完全听命于卜筮所示的神意。后来卜筮逐渐为统治者所利用，成为"神道设教"的工具，在"建国受命"时，以卜筮证明自己是"受命于天"，在取得天下后，则用来使百姓"信时日，敬鬼神，畏法令"。当统治者面临重大决策而意见不一致时，卜筮所代表的天意又起到了统一意志的作用。统治者利用卜筮向臣民表明，所做的决定实是受命于天或与天命一致，并非自我专断。

商代是迷信鬼神的时代，"国之大事，在祀与戎"。商代已经筮法与卜法并用。周代巫和卜筮的地位呈下降的趋势。但卜筮的使用阶层更为广泛，在许多重大问题的决策上仍起着举足轻重的作用。战国时期向来被看作人文主义盛行的时代，但近些年的楚地卜筮简的不断发现，表明先秦诸子形而上的玄思和道德追求在当时或许只是少数先进知识分子的思想，并不代表时代的整体面貌。

主要参考文献

安金槐. 中国考古. 上海古籍出版社, 1992.

白寿彝主编. 中国通史. 第二卷, 第三卷. 上海人民出版社, 1994.

陈梦家. 殷墟卜辞综述. 北京: 中华书局, 1988.

黄中业. 战国盛世. 郑州: 河南人民出版社, 1998.

金景芳. 古史论集. 济南: 齐鲁书社, 1981.

金景芳. 中国奴隶社会史. 上海人民出版社, 1983.

金景芳, 吕绍纲, 吕文郁. 孔子新传. 长沙: 湖南出版社, 1991.

李朝远. 西周土地关系论. 上海人民出版社, 1997.

李零. 李零自选集. 南宁: 广西师大出版社, 1998.

李学勤. 新出青铜器研究. 北京: 文物出版社, 1990.

裘锡圭. 古代文史研究新探. 南京: 江苏古籍出版社, 1994.

裘锡圭. 文字学概要. 北京: 商务印书馆, 1988.

施治生, 郭方主编. 古代民主与共和制度. 北京: 中国社会科学出版社，1998.

睡虎地秦简整理小组. 睡虎地秦墓竹简. 北京：文物出版社，1978.

任继愈主编. 中国哲学发展史. 先秦. 北京：人民出版社，1983.

郭沫若全集. 历史编 2. 北京：人民出版社，1982.

匡亚明. 孔子评传. 南京大学出版社，1990.

陈来. 古代宗教与伦理——儒家思想的根源. 北京：三联书店，1996.

续修四库全书. 经部易类第一册. 上海古籍出版社，1995.

廖名春. 周易经传与易学史新论. 济南：齐鲁书社，2001.

廖名春. 荀子新探. 台北：文津出版社，1994.

谢祥皓编. 孟子思想研究. 济南：山东大学出版社，1986.

梁韦弦. 孟子研究. 吉林大学博士学位论文，1992.

谭承耕. 《论语》《孟子》研究. 长沙：湖南教育出版社，1990.

方授楚. 墨学源流. 上海书店，1989.

杨俊光. 墨子新论. 南京：江苏教育出版社，1992.

熊铁基，马良怀，刘韶军. 中国老学史. 福州：福建人民出版社，1995.

刘笑敢. 庄子哲学及其演变. 北京：中国社会科学出版社，1988.

崔人华. 庄子研究. 北京：人民出版社，1992.

余明光. 黄帝四经与黄老思想. 哈尔滨：黑龙江人民出版社，1989.

顾易生，蒋凡. 先秦两汉文学批评史. 上海古籍出版社，1990.

蔡钟翔. 中国文学理论史. 北京出版社，1987.

褚斌杰. 中国古代文体概论. 北京大学出版社，1984.

谭家健. 先秦散文艺术新探. 北京：首都师范大学出版社，1995.

黄震云. 楚辞通论. 长沙：湖南教育出版社，1997.

游国恩等. 中国文学史. 北京：人民文学出版社，1963.

褚斌杰等. 先秦文学史. 北京：人民文学出版社，1998.

方铭. 战国文学史. 武汉出版社，1996.

郭杰等. 先秦诗歌史论. 长春：吉林教育出版社，1995.

赵沛霖. 诗经研究反思. 天津教育出版社，1989.

赵明主编. 先秦大文学史. 长春：吉林大学出版社，1993.

中央美术学院美术史系中国美术史教研室. 中国美术简史. 北京：高等教育出版社，1990.

陈少丰. 中国雕塑史. 广州：岭南美术出版社，1993.

秦蕙田. 五礼通考. 清光绪六年庚辰江苏书局重刻本.

程瑶田. 释宫小记. 清经解本.

金榜. 礼笺. 清经解本.

黄以周. 礼书通故. 光绪十九年癸巳黄氏试馆刊本.

刘师培. 刘申叔遗书. 宁武南氏校印本，1934.

王国维. 观堂集林. 北京：中华书局，1984.

杜石然等. 中国科学技术史稿. 上册. 北京：科学出版社，1982.

中国科学院自然科学史研究所地学史组主编. 中国古代地理学史. 北京：科学出版社，1984.

钱宝琮. 中国数学史. 北京：科学出版社，1981.

中国冶金简史编写组. 中国冶金简史. 北京：科学出版社，1978.

梁家勉主编. 中国农业技术史稿. 北京：农业出版社，1989.

中国硅酸盐学会. 中国陶瓷史. 北京：文物出版社，1982.

中国水利史稿编写组. 中国水利史稿. 北京：水利电力出版社，1979.

王玉哲主编. 中国古代物质文化. 北京：高等教育出版社，1990.

中国大百科全书·考古卷. 北京：中国大百科全书出版社，1986.

宋镇豪. 夏商社会生活史. 北京：中国社会科学出版社，1994.

中华文明史第二卷（先秦）. 石家庄：河北教育出版社，1992.

彭邦炯. 商史探微. 重庆出版社，1988.

李瑞兰主编. 中国社会通史. 先秦卷. 太原：山西教育出版社，1996.

王友三. 中国宗教史. 济南：齐鲁书社，1991.

詹鄞鑫. 神灵与祭祀. 南京：江苏古籍出版社，1992.

朱天顺. 中国古代宗教初探. 上海人民出版社，1982.

艾兰. 龟之谜. 汪涛译. 成都：四川人民出版社，1992.

刘玉建. 中国古代龟卜文化. 南宁：广西师范大学出版社，1992.

李零. 中国方术考. 北京：人民中国出版社，1993.

蒲慕州. 追寻一己之福——中国古代的信仰世界. 允晨文化实业股份有限公司（台湾），1995.

何星亮. 土地神及其崇拜. 社会科学战线，1992 年第 4 期.

杨琳. 古代社主的类型. 中国典籍与文化，1998 年第 3 期.

景以恩. 太阳神崇拜与华夏族的起源. 民间文学论坛，1998 年第 1 期.

后记

　　《中国文化发展史》先秦卷是在全书主编龚书铎先生的指导下，由廖名春（清华大学）、邹新明（北京大学）、陈颖飞（清华大学）、黄爱梅（华东师大）、李若晖（北京大学）、郑振峰（河北师大）、田旭东（西北大学）、申屠炉明（南京大学）、戴吾三（清华大学）、方铭、许欣（北京语言文化大学）等合作完成的。其中：

　　第一章由陈颖飞撰写。

　　第二章由黄爱梅撰写。

　　第三章由廖名春、李若晖撰写。

　　第四章由郑振峰撰写。

　　第五章由方铭、许欣、廖名春撰写。

　　第六章由田旭东撰写。

　　第七章由申屠炉明撰写。

　　第八章由戴吾三、廖名春撰写。

第九、第十章由邹新明撰写。

导论、结语由廖名春撰写。

此外，廖名春还编撰了本卷各章、节的提纲，担任了统稿。

撰写过程中，得到了山东教育出版社陆炎编审、华夏出版社李占领编审的大力帮助，博士生阎平凡看了部分清样，搜集了本卷的图版。谨致以诚挚的感谢。由于水平有限，本书不足之处在所难免，尚祈方家与广大读者不吝指正。

廖名春

2012 年 5 月

图书在版编目(CIP)数据

中国文化发展史. 先秦卷 / 龚书铎主编；廖名春分册
主编 . — 济南：山东教育出版社，2013.6（2022.7 重印）
ISBN 978-7-5328-7930-4

Ⅰ. ①中… Ⅱ. ①龚… ②廖… Ⅲ. ①文化史－
中国－先秦时代 Ⅳ. ①K203

中国版本图书馆 CIP 数据核字（2013）第 167982 号

总 策 划/陆　炎
责任编辑/陆　炎
装帧设计/石　径

ZHONGGUO WENHUA FAZHAN SHI
XIAN-QIN JUAN
中国文化发展史
先秦卷

龚书铎　总主编
廖名春　主　编

主　管：山东出版传媒股份有限公司
出版者：山东教育出版社
　　　　地址：济南市市中区二环南路 2066 号 4 区 1 号　　邮编：250003
　　　　电话：(0531)82092660　　网址：www. sjs. com. cn
发行者：山东教育出版社
印　刷：山东临沂新华印刷物流集团有限责任公司
版　次：2013 年 6 月第 1 版
印　次：2022 年 7 月第 2 次印刷
规　格：787 mm×1092 mm　1/16
印　张：36.75
字　数：630 千
书　号：ISBN 978-7-5328-7930-4
定　价：91.00 元

（如印装质量有问题，请与印刷厂联系调换）
印厂电话：0539－2925659